Beiträge zur Geschichte
Vorpommerns

Mit freundlicher Unterstützung der
Sparkassen in Mecklenburg-Vorpommern
-
und der Hansestadt Demmin.

Beiträge zur Geschichte Vorpommerns

Die Demminer Kolloquien 1985-1994

Im Auftrag der Abteilung Vorpommern
der Gesellschaft für pommersche Geschichte,
Altertumskunde und Kunst e.V.
herausgegeben von
Haik Thomas Porada

THOMAS HELMS VERLAG

Die Deutsche Bibliothek - CIP-Einheitsaufnahme

Beiträge zur Geschichte Vorpommerns : die Demminer Kolloquien 1985-1994 / hrsg. von Haik Thomas Porada im Auftr. der Abteilung Vorpommern der Gesellschaft für Pommersche Geschichte, Altertumskunde und Kunst e.V. - Schwerin : Helms, 1997
ISBN 3-931185-11-7

Abbildungsnachweis:
Thomas Helms, Hamburg: 16, 18, 23, 27, 29, 79, 181, 183, 186, 225, 239, 279, 287, 377; Heinz Großkopf: 176, 177; Heinz-Gerhard Quadt: 217, 218; Henning Rischer: 281; Werner Wöller: 289; H. Bolz, Waren: 324.
Verlag und Herausgeber danken folgenden Institutionen für die Bereitstellung von Vorlagen: Stadtarchiv Stralsund: 19; Friedrich Karl von Bismarck-Osten: 20; Stiftung Pommern Kiel: 21; Landesamt für Bodendenkmalpflege Mecklenburg-Vorpommern: 325, 328, 330, 329, 332.
Die Karte auf Seite 381 wurde der Veröffentlichung:
Wirtschafts- und Verkehrsgeographischer Atlas von Pommern. Herausgegeben von Werner Witt. - Stettin 1934 entnommen.

© 1997 by THOMAS HELMS VERLAG
Wallstraße 46 - 19053 Schwerin
Tel 0385-564272   Fax 0385-564273

Alle Rechte vorbehalten. Ohne schriftliche Genehmigung des Verlages ist es nicht gestattet, das Werk unter Verwendung mechanischer, elektronischer und anderer Systeme in irgendeiner Weise zu verarbeiten und zu verbreiten. Vorbehalten sind die Rechte der Vervielfältigung - auch von Teilen des Werkes - auf photomechanischem oder ähnlichem Wege, der tontechnischen Wiedergabe, des Vortrages, der Funk- und Fernsehsendung, der Speicherung in EDV-Anlagen, der Übersetzung und der literarischen oder anderweitigen Bearbeitung.

Druck: Rügendruck GmbH, Putbus
Bindung: S. R. Büge, Celle
Printed in Germany

ISBN 3-931185-11-7

Inhalt

Ernst Wellmer
Geleitwort des Bürgermeisters der Hansestadt Demmin, des Schirmherrn der Demminer Kolloquien zur Geschichte Vorpommerns ... 7

Haik Porada
Vorwort des Herausgebers ... 9

Henning Rischer
Einführung in die Vorgeschichte und Entstehung der Demminer Kolloquien ... 11

Joachim Wächter
Überblick über die Geschichte Vorpommerns von 1600 bis 1630 ... 15

Joachim Wächter
Zur frühen Schwedenzeit in Vorpommern 1630 bis 1720 ... 27

Rolf Rodigast
Die Position der Stadt Greifswald in der agrarpolitischen Auseinandersetzung zwischen Regierung und Landständen am Vorabend der Aufhebung der Leibeigenschaft in Schwedisch-Pommern ... 33

Jörg-Peter Findeisen
An der Schwelle einer neuen Sozialordnung. Schwedisch-Pommern nach 1750 zwischen Zunft und Konkurrenz ... 35

Peter Kiehm
Die Feldzüge des brandenburgischen Kurfürsten Friedrich Wilhelm in Vorpommern 1675 bis 1679: Hintergründe und Ziele ... 77

Bernd Jordan
Johann Joachim Spalding - Ein Vertreter der Aufklärung in Pommern ... 79

Jörg-Peter Findeisen
Zukunftsorientiertes Wirtschaftsdenken in Schwedisch-Pommern zwischen 1650 und 1806 ... 83

Günther Rudolph
Karl Rodbertus (1805 -1875), der »Seher von Jagetzow« ... 95

Konrad Fritze †
Zur politisch-militärischen Machtkonstellation im vorpommerschen Raum im 10. - 12. Jahrhundert ... 105

Joachim Wächter
Entwicklung der deutschen Besiedlung und der Christianisierung des vorpommerschen Raums bis zum Beginn des 14. Jahrhunderts ... 115

Heidelore Böcker
Die Bedeutung von Städten bei der Festigung feudaler Territorialherrschaften am Beispiel des Fürstentums Rügen ... 125

Horst-Diether Schroeder †
Der Erste Rügische Erbfolgekrieg - Ursachen, Verlauf und Ergebnisse ... 129

Werner Lamprecht
Zur Herausbildung der Sozialdemokratischen Partei in Pommern ... 141

Gerhard Janitz
Zur Entstehung der KPD in Pommern 1914 bis 1920 ... 147

Horst Wernicke
Das Herzogtum Pommern, das Reich und Dänemark zwischen Lehnsstaat, Territorialfürstenstaat und Ständestaat 1348 - 1468 ... 151

Kazimierz Bobowski
Die Siegel und die Bildung des Wappens der Stadt Demmin seit der Mitte des 14. Jahrhunderts bis 1648 ... 169

Heinz Großkopf
Zur Münzgeschichte Vorpommerns ... 175

Joachim Wächter
Die Reformation in Pommern ... 179

Inhalt

Hans-Joachim Hacker
Pommern in der Zeit des
Dreißigjährigen Krieges ... 189

Herbert Ewe
Stadt und Universität in ihren
Beziehungen vom 15. bis zum
19. Jahrhundert ... 195

Ekkehard Ochs
Zur Musikkultur in Vorpommern
bis 1648 ... 201

Barbara Resch
Lenné-Parks in Vorpommern und
Mecklenburg ... 213

Heinz-Gerhard Quadt
Adolf Pompe, Gustav Reichardt,
Charles Voß - Ein Beitrag zur
Musikgeschichte in Pommern ... 215

Joachim Buhrow
Die Aufklärung in Greifswald -
Eine Blütezeit der Wissenschaft in
Vorpommern ... 223

Konrad Fritze †
Pommern und die Hanse ... 229

Heidelore Böcker
Demmin - eine Hansestadt? ... 237

Joachim Wächter
Die Bildung des Regierungsbezirks
Stralsund ... 251

Karl-Heinz Loui
Stralsund im Revolutionsjahr 1848 ... 257

Heidelore Böcker
Hemmende Faktoren städtischer
Entwicklung im spätmittelalterlichen
Vorpommern/Rügen ... 265

Henning Rischer
Zur Geschichte der Stadt Loitz ... 277

Werner Wöller
Zur Geschichte der Stadt
Gützkow ... 285

Arnold Engfer
Zur Geschichte der Stadt Jarmen ... 291

Joachim Wächter
Das Fürstentum Rügen -
ein Überblick ... 299

Gunnar Möller
Geschichte und Besiedlung der
Terra Gristow vom 7. bis
14. Jahrhundert ... 315

Ulrich Schoknecht
Zur slawischen Besiedlung im
mittleren Peeneraum ... 323

Joachim Wächter
Zur Geschichte der Besiedlung
des mittleren Peeneraums ... 333

Orts- und Personenregister ... 343

Anhang ... 369

Henning Rischer/Haik Porada
Tagungsthemen und Themen aller
gehaltenen Vorträge der
Demminer Kolloquien
zur Geschichte Vorpommerns
in den Jahren 1985 bis 1994 ... 370

Joachim Wächter
Zeittafel
zur pommerschen Geschichte ... 373

*Roswitha Hanske/Haik Porada
und Joachim Wächter*
Sachverzeichnis zu den im
Greifswald-Stralsunder Jahrbuch
Band 1 bis Band 13/14
veröffentlichten Beiträgen ... 378

Joachim Wächter
Zur Geschichte des
Greifswald-Stralsunder Jahrbuchs ... 406

Geleitwort des Bürgermeisters der Hansestadt Demmin, des Schirmherrn der Demminer Kolloquien zur Geschichte Vorpommerns

Seit nunmehr 10 Jahren finden die Demminer Kolloquien zur Geschichte Vorpommerns unter Pommernfreunden, geschichtsinteressierten Bürgern und Historikern regen Zuspruch. Diese Veranstaltung ist zu einer Tradition geworden und trägt wesentlich dazu bei, daß diese Region keine vergessene preußische Provinz der Zeitgeschichte bleibt. Welche Gratwanderung bei der jährlichen Organisation solch einer Veranstaltung beschritten wurde, kann nur einschätzen, wer in der damaligen DDR gelebt hat und den Willen der führenden Partei, der SED, erkannte, die alte Region Vorpommern aus dem Bewußtsein der Menschen auszulöschen.

Seit 1990 kann über die Geschichte Pommerns frei und ungehindert geforscht, berichtet und gelesen werden. Es existiert nach wie vor ein großer Informationsbedarf. Diesem trägt der vorliegende Sammelband Rechnung.

Viele, die in der pommerschen Geschichtsschreibung Rang und Namen haben, sind in diesem Werk mit einem Beitrag vertreten.

Ihnen und dem Herausgeber sowie allen Sponsoren sei an dieser Stelle herzlich Dank gesagt.

Ernst Wellmer
Bürgermeister der Hansestadt Demmin

Vorwort des Herausgebers

von

Haik Thomas Porada

Die Demminer Kolloquien zur Geschichte Vorpommerns umfassen bisher einen Zeitraum von mehr als zehn Jahren, in dem sich die Voraussetzungen für die Beschäftigung mit der pommerschen Landesgeschichte grundlegend verändert haben.
Zwei Ziele werden mit der Veröffentlichung der bisher gehaltenen Referate verfolgt. Einerseits war in all den Jahren von zahlreichen Teilnehmern der Kolloquien der Wunsch geäußert worden, ihnen die Vorträge auch in gedruckter Form zugänglich zu machen. Dabei spielte die Tatsache, daß seit dem Fall der Mauer der Kreis der an der pommerschen Geschichte Interessierten nicht nur in Vorpommern sondern in ganz Deutschland kräftig angewachsen ist, eine große Rolle. Da sind zum einen die aus ihrer Heimat vertriebenen und geflohenen Pommern, die die Erinnerung an ihre Herkunft unter immer schwierigeren Umständen wach gehalten haben. Zum anderen sind dort Angehörige jüngerer Generationen, die, so wie ich, in einem in dieser Hinsicht weitgehend von seinen historischen Bezügen entleerten Raum geboren und aufgewachsen sind. Für sie war es eine große Überraschung, für manche wohl auch ein Schreck, den wahren Namen ihrer Umgebung in der Wende zu hören. Ein großes Thema unserer Zeit ist die Suche nach Identität, nach den regionalen Bezügen - in Vorpommern vielleicht mehr als anderswo. Deshalb scheint es sehr angebracht, mit diesem Band eine Dokumentation für die im Rahmen der Demminer Kolloquien geleistete Arbeit vorzulegen. Ohne diese Möglichkeit zum Gedankenaustausch über Themen, die sonst weitestgehend tabu waren, hätte sich der Neuanfang 1989/90 in Vorpommern wohl noch schwieriger gestaltet.
Andererseits verbinde ich mit der Veröffentlichung der nachfolgenden Beiträge die Hoffnung, daß künftig die auf den Demminer Kolloquien gehaltenen Vorträge regelmäßig publiziert werden.
Der größte Teil der Beiträge wird mit diesem Sammelband erstmals einer größeren Öffentlichkeit präsentiert. Die Kolloquien richten sich in erster Linie an einen Kreis interessierter Laien. Die Referenten spiegeln ein breites Spektrum unterschiedlicher Zugänge zu einer Beschäftigung mit regionaler und lokaler Geschichte wider. Der gemischte Charakter dieser Publikation wurde dadurch geprägt.
Allen Autoren war die Möglichkeit freigestellt, ihre Beiträge zu überarbeiten und zu ergänzen. Das trifft auch für die bereits

veröffentlichten ersten drei Kolloquien zu. Die dort gehaltenen Vorträge waren schon vor der Wende erschienen, allerdings in teilweise sehr verkürzter Form. Heute sind diese Hefte gar nicht oder nur sehr schwer erhältlich. Einige Beiträge erscheinen hier in ihrer Originalform, sind somit also auch Dokumente ihrer Entstehungszeit.

Für die große Bereitwilligkeit nahezu aller Referenten, mir ihre Manuskripte für dieses Buch zur Verfügung zu stellen, fühle ich mich zu tiefem Dank verpflichtet. Bedenkt man den großen zeitlichen Abstand, der zum Teil zwischen den Vorträgen und der jetzt erfolgenden Veröffentlichung liegt, weiß man die Anstrengungen der Autoren zu schätzen.

Von Anfang an wurde ich bei der Arbeit an diesem Band von Herrn Dr. Henning Rischer (Loitz), dem Organisator der Kolloquien, und Herrn Dipl.-Archivar Joachim Wächter (Greifswald) tatkräftig unterstützt. Ein herzlicher Dank geht deshalb an diese beiden Herren, die sich so entscheidend für das Zustandekommen und die Fortführung der Kolloquien eingesetzt haben!

Für die Hilfe bei der computergestützten Erfassung der Beiträge danke ich Herrn Knut Stenzel (Grimmen). Meinem Vater, Herrn Eckhard Porada (Grimmen), Herrn Ivo Asmus (Greifswald) und Herrn Dirk Schleinert (Görmin) schulde ich besonderen Dank für ihre Bereitschaft, das Gesamtmanuskript zu korrigieren.

Dem Thomas Helms Verlag bin ich für die unkomplizierte und fachkundige Zusammenarbeit sehr dankbar.

Die Abteilung Vorpommern der Gesellschaft für pommersche Geschichte, Altertumskunde und Kunst e. V. ist als heutige Trägerin der Demminer Kolloquien zugleich Auftraggeberin für diesen Sammelband. Das Erscheinen dieser Publikation wurde durch eine großzügige Förderung der Sparkasse Vorpommern (Greifswald) und der Hansestadt Demmin ermöglicht.

Greifswald, im März 1997   Haik Thomas Porada

Einführung in die Vorgeschichte und Entstehung der Demminer Kolloquien

von

Henning Rischer

Als zu Beginn der 80er Jahre das Geschichtsdogma der SED nicht mehr zu halten war und die Geschichte etwas differenzierter gesehen werden durfte, bekam die Landesgeschichtsschreibung wieder einen höheren Stellenwert. Was aber z.B. in Sachsen relativ problemlos zu machen war, stellte sich in Vorpommern als sehr kompliziert dar. Hier wurde seit 1945 systematisch darauf hingewirkt, den Begriff Pommern, bzw. Vorpommern, zu verdrängen. Das begann 1947 mit der offiziellen Streichung des Wortes »*Vorpommern*« aus dem Landesnamen und endete mit einer systematischen Verdrängung des Begriffes aus allen Publikationen. Offiziell wurde das Gebiet zwischen der Trebel und der Oder als »*Ostmecklenburg*« bezeichnet. Aber selbst unter diesen rigiden Vorschriften war die Beschäftigung mit der pommerschen Geschichte in der DDR nie ganz verschwunden. Die *Greifswald-Stralsunder Jahrbücher*, die »*Arbeitsgemeinschaft Kirchengeschichte*« der »*Evangelischen Landeskirche Greifswald*«, wie sich die Pommersche Evangelische Kirche damals nennen mußte, und zahlreiche Arbeiten an der Greifswalder Universität sollen als Beispiele dafür genannt werden. Ganz sicher gab es in Vorpommern noch weitere Aktivitäten, die hier nicht alle erfaßt werden können.

1983/84 fand sich im Demminer Museum, das damals von Hans Clemens geleitet wurde, ein kleiner Kreis zusammen, der sich vorgenommen hatte, die pommersche Geschichte kennenzulernen und zu verbreiten. Hans Clemens kann als der eigentliche Initiator dieses Kreises gelten. Solche Zusammenkünfte konnten in der DDR nur unter dem Schirm des Kulturbundes stattfinden. Per Gesetz waren in den Anfangsjahren der sowjetischen Besatzungszone alle eigenständigen Vereine aufgelöst und Neugründungen untersagt worden. Es waren nur Gruppierungen innerhalb einer sogenannten »*Massenorganisation*« wie FDJ, Kulturbund usw. zugelassen.

Man unterschied im Kulturbund zwischen »*Freundeskreisen*« und »*Interessengemeinschaften*«. Der Unterschied bestand in der Festigkeit des Zusammenschlusses. Der Freundeskreis war die lockerste mögliche Form.

Zu solch einem Freundeskreis schlossen sich im Demminer Museum die an der pommerschen Geschichte Interessierten zusammen. Anfangs trafen sich höchstens 10 Personen, überwiegend aus Demmin. Die ersten Referenten waren Joachim

Wächter und Rudolf Biederstedt aus Greifswald.

Probleme traten auf, als die Zusammenkünfte in der örtlichen SED-Zeitung, die zynischerweise auch noch »*Freie Erde*« hieß, angekündigt werden sollten. Mit der Bezeichnung »*Vorpommern*« tat sich die Kreisleitung der SED schwer, gestattete aber schließlich dessen Gebrauch für diesen Zusammenschluß.

Sehr bald tauchte der Wunsch auf, Probleme der pommerschen Geschichte in einem breiteren Rahmen zu erörtern und damit mehr Menschen zugänglich zu machen. Es sollte verhindert werden, daß durch die Verdrängung des Begriffes Pommern und die schleichende Vereinnahmung des Gebietes durch Mecklenburg die historische Identität der Menschen in Vorpommern zerstört würde. Es entstand der Gedanke, in regelmäßigem Abstand Kolloquien zu veranstalten, die Themen zur pommerschen Geschichte zum Inhalt haben sollten.

Die Betonung pommerscher Geschichte sollte sich dabei nicht gegen einen der Nachbarn richten, sondern nur das Verwischen von historischen Tatsachen verhindern. Ein weiteres Motiv für die Veranstaltung solcher Kolloquien war die Verbreitung der Ergebnisse der zahlreichen Forschungen zur pommerschen Geschichte aus ganz Deutschland.

Ausgewiesene Wissenschaftler sollten die Gelegenheit bekommen, ihre jeweiligen Forschungsergebnisse einem interessierten Publikum, das im wesentlichen aus Laien bestand, darzustellen. Auch sollte ihnen ein Forum eröffnet werden, auf dem sie im persönlichen Gespräch Verbindungen knüpfen und Forschungsergebnisse austauschen können.

Mit besonderer Freude haben wir auch mehrfach einen polnischen Historiker, Professor Bobowski aus Wrocław (Breslau), begrüßt. In diesen Begegnungen konnte damals schon, ganz frei von Propaganda, zwischen Polen und Deutschen über pommersche Geschichte gesprochen werden.

Der erste Schritt für die Vorbereitung der Kolloquien wurde am 16. Oktober 1984 getan. An alle Kreisorganisationen des Kulturbundes auf dem Gebiet Vorpommerns wurde von einem Vorbereitungskreis ein Schreiben geschickt, in dem für 1985 zu einem Treffen nach Demmin eingeladen wurde. Als Thema wurde »*Die Schwedenzeit in Vorpommern*« gewählt. In diesem Jahr waren 170 Jahre vergangen, seit das schwedische Vorpommern an Preußen übergegangen war. Die Reaktion auf die Information war erstaunlich groß. Aus nahezu allen vorpommerschen Kreisen kamen Meldungen.

Das Kolloquium wurde zum 6. Juli 1985 angesetzt. Es sollte ursprünglich im Demminer Museum stattfinden. Aufgrund der zahlreichen Teilnehmer hätte das aber nicht ausgereicht. Der Vorsitzende des Rates des Kreises gestattete die Benutzung des großen Sitzungssaales unter bestimmten Auflagen.

Wenige Tage vor dem Kolloquium kam eine Anfrage von der Kreisleitung der SED. Sie wollte wissen, warum Vorpommern wieder in den Vordergrund gestellt würde und warum ausgerechnet Joachim Wächter, der Leiter des Kirchenarchivs aus Greifswald, sprechen sollte. Es wurde eine Liste der Referenten und der zu erwartenden Gäste angefordert. In einem Schreiben an die Kreisleitung der SED konnte man sich seitens des Kulturbundes auf den damaligen Chefideologen Hager berufen, der die Erforschung der Geschichte der ehemaligen Länder auf dem Gebiet der DDR gefordert hatte.

Das erste Kolloquium hatte ca. 40 Teilnehmer aus ganz Vorpommern.

Einführung

Bei den nächsten Veranstaltungen gab es zwar keine sichtbaren Probleme mit der Kreisleitung der SED, es kann aber angenommen werden, daß entsprechende Informanten anwesend waren.
In regelmäßigen Abständen wurden die Verantwortlichen der Massenorganisationen zur Berichterstattung in die Kreisleitung bestellt. Helmut Kruse, der damalige Kreissekretär des Kulturbundes, er stammt aus Stolp und ist sehr an der pommerschen Geschichte interessiert, konnte offensichtlich die Funktionäre in der Kreisleitung beruhigen und so den Organisatoren der weiteren Kolloquien eine ungestörte Arbeitsatmosphäre verschaffen. Das betraf aber nur die Kolloquien. Als, in Anlehnung an eine Publikation aus Sachsen, ein »*Vorpommerscher Küchenkalender*« herausgegeben werden sollte, legte die Kreisleitung der SED ihr Veto ein und verhinderte den Druck einer bereits druckfertigen Vorlage. Aufschlußreich war die Begründung. Man solle die Menschen hier in der Demminer Gegend nicht irritieren. Sie fühlten sich angeblich schon als Mecklenburger.
Vom 2. Kolloquium im Herbst 1985 an wurde die Bezeichnung »*Demminer Kolloquium zur Geschichte Vorpommerns*« verwendet. Auch innerhalb der Organisatorengruppe gab es Bedenken, das Wort »*Vorpommern*« ohne weitere Zusätze, wie z.B. »*ehemaliges*« oder »*historisches*«, zu verwenden. Solche »*Anregungen*« kamen auch aus der Kreisleitung der SED. Letztlich setzte sich die jetzige, seit 1985 verwendete Bezeichnung durch.
Nach den ersten Kolloquien erfolgte eine inhaltliche Abstimmung mit der damals schon sehr erfolgreich tätigen »*Arbeitsgemeinschaft Kirchengeschichte*« der evangelischen Kirche.
Neben dem Kulturbund trat bis 1990 auch die Kulturabteilung des Rates des Kreises als Einladender auf. Von den Parteistellen wurde das offenbar nicht bewußt wahrgenommen. Damit wurde jedoch eine staatliche Sanktionierung der öffentlichen Verwendung des Begriffs »*Vorpommern*« erreicht.
Ursprünglich war für die ersten zehn Kolloquien eine chronologisch aufgebaute Bearbeitung der pommerschen Geschichte von den Anfängen bis ins 19. Jahrhundert vorgesehen.
Es war von Anfang an unter den Organisatoren der Kolloquien unstrittig, daß Gegenstand der Vorträge die Geschichte ganz Pommerns, also auch Hinterpommerns sein sollte. Allerdings wurde das nicht zu stark öffentlich herausgestellt.
Es sollten ursprünglich jährlich zwei Veranstaltungen stattfinden. Das scheiterte am zu hohen Arbeitsaufwand. Nach dem zweiten Kolloquium, das Karl Rodbertus gewidmet war, mußte auf Weisung des Verantwortlichen für Kultur beim Rat des Kreises eine Veranstaltung zur »*Geschichte der Arbeiterbewegung in Vorpommern*« vorbereitet werden. (Das ursprünglich geforderte Thema war: »*Die Auswirkungen der Großen Sozialistischen Oktoberrevolution auf Vorpommern*«.)
Weitere solche von der Ideologie der SED durchsetzten Themen konnten verhindert werden.
Einige Vorträge, oder wenigstens kurze Zusammenfassungen, konnten dank finanzieller Unterstützung durch die Demminer Stadtverwaltung auch schon vor 1989 gedruckt werden. Sie wurden hauptsächlich über das Museum in Demmin vertrieben.
Mit dem Ende der DDR verlor auch der »*Kulturbund*« seinen Charakter als allein zugelassene Kulturorganisation. Für die weitere Trägerschaft der Demminer Kolloquien wurden drei Möglichkeiten erörtert. Erstens war die Gründung eines ei-

genständigen Vereins für pommersche Geschichte mit Sitz in Greifswald im Gespräch. Er war als Nachfolger des ehemaligen »*Rügisch-Pommerschen Geschichtsvereins*« gedacht. Eine zweite Möglichkeit war die Gründung einer Abteilung Vorpommern der Gesellschaft für pommersche Geschichte, Altertumskunde und Kunst, die seit 1824 bestand und nach dem zweiten Weltkrieg in Hamburg ihre Arbeit wieder aufgenommen hatte. Als dritte Variante war eine eigenständige »*Gesellschaft für vorpommersche Geschichte*« im Gespräch, die aber sehr eng mit der Hamburger Gesellschaft zusammenarbeiten sollte.

Unter den Organisatoren der Kolloquien gab es dazu keine einheitliche Meinung. Man kam überein, die Anwesenden darüber entscheiden zu lassen. Das achte Kolloquium, das der 850-Jahrfeier der Stadt Demmin gewidmet war, sollte die Entscheidung bringen. Es hatte die Rekordbeteiligung von 142 Personen. Erstmals konnten ohne Probleme auch Bürger der alten Bundesländer teilnehmen und offen und unbehindert sprechen.

Nach einer streckenweise polemischen und kontroversen Diskussion erfolgte eine schriftliche und geheime Befragung der Anwesenden.

Während in der Einladung die »Gründungsversammlung der Gesellschaft für vorpommersche Geschichte« mit der Wahl eines Vorstandes ausgedrückt war, ergab die Abstimmung, daß eine deutliche Mehrheit der Anwesenden eine Abteilung Vorpommern innerhalb der Gesellschaft für pommersche Geschichte, Altertumskunde und Kunst wünschte. Dem wurde entsprochen.

Seit dieser Zeit ist diese Gesellschaft Träger der »*Demminer Kolloquien zur Geschichte Vorpommerns*«. Die Bezeichnung »*Vorpommern*« wurde im Namen beibehalten, um keine Verwechslungen mit den »*Kolloquien zur Geschichte Pommerns*« aufkommen zu lassen, die von der Greifswalder Universität veranstaltet werden.

Die Hansestadt Demmin, die korporatives Mitglied der Gesellschaft ist, unterstützt die Vorbereitung und die Durchführung der Kolloquien maßgeblich.

Überblick über die Geschichte Vorpommerns von 1600 bis 1630[*]

von
Joachim Wächter

1. Demminer Kolloquium zur Geschichte Vorpommerns am 6. Juli 1985
unter dem Tagungsthema: »Einige Aspekte der Schwedenzeit in Vorpommern«

*Politische Gliederung
des Herzogtums Pommern*

Nachdem das Herzogtum Pommern unter Herzog Bogislaw X. von 1478 bis 1523 und dann auch noch unter seinen beiden Söhnen vereint gewesen war, war es 1532 zu einer Teilung des Landes in Pommern-Wolgast und Pommern-Stettin, später auch als Vorpommern und Hinterpommern bezeichnet, gekommen. Diese Teilung war 1541 und 1569 durch Verträge im wesentlichen bestätigt worden.[1]
Neben diesen beiden Landesteilen gab es noch einen dritten, das bischöfliche Stiftsgebiet Kammin, zuletzt auch als Bistum Kammin bezeichnet. Der Bischof von Kammin hatte 1248 den östlichen Teil des Landes Kolberg erworben[2] und diesen 1277 (1276) durch den westlichen Teil dieses Landes[3] und 1329 durch das Land Bublitz[4] erweitert. Dadurch war ein bischöfliches Territorium entstanden, für das die Kamminer Bischöfe im Laufe der Jahrhunderte eine große Selbständigkeit erlangt hatten. Sie hatten für das Kamminer Stiftsgebiet schließlich sogar die Reichsunmittelbarkeit, d.h. die direkte Belehnung durch den Kaiser, und damit die völlige Unabhängigkeit von den pommerschen Herzögen angestrebt. Um das zu verhindern, war von diesen dafür gesorgt worden, daß von 1556 an nur noch Mitglieder des Herzogshauses zu evangelischen Bischöfen von Kammin gewählt wurden.[5]
Infolgedessen gab es zu Beginn des 17. Jahrhunderts in Pommern drei Landesteile: Die Herzogtümer Pommern-Wolgast und Pommern-Stettin sowie das Bistum Kammin. Alle drei unterstanden jeweils einem Angehörigen des pommerschen Herzogshauses, hatten eine eigene Landesverwaltung und eine eigene Hofhaltung, diese in Wolgast, Stettin und Köslin. Außenpolitisch traten allerdings nur die beiden Herzogtümer Pommern-Wolgast und Pommern-Stettin in Erscheinung.[6]

*Entwicklung im
pommerschen Herzogshaus*

Anfang des 17. Jahrhunderts vollzog sich im pommerschen Herrscherhaus, im Greifengeschlecht, ein Generationswechsel. Die Urenkel Herzog Bogislaws X. wurden durch die nachfolgende Generation abgelöst.[7]
Im Jahre 1592 starb Ernst Ludwig, der seit 1569 Herrscher des Landesteils Pommern-Wolgast gewesen war. Für seinen achtjährigen Sohn Philipp Julius übernahm Ernst Ludwigs Bruder Bogislaw XIII. vormundschaftlich die Regierung und

Das Wolgaster Schloß um 1532

führte sie bis 1603. Im Jahre 1600 starb Johann Friedrich, seit 1569 Herzog in Pommern-Stettin. Sein Nachfolger war drei Jahre lang sein jüngerer Bruder Barnim X., bis auch er kinderlos verschied. Daraufhin übernahm 1603 Bogislaw XIII. die Regierung in Stettin. Mit ihm verstarb 1606 der letzte der Brüder, deren Eltern Philipp I. und Maria von Sachsen gewesen waren.[8]

Infolgedessen gelangten Vertreter der nächsten Generation in Pommern zur Herrschaft. 1603 war Philipp Julius vom Kaiser für großjährig erklärt worden und hatte in Wolgast die Regierung von seinem Onkel Bogislaw XIII. übernommen. In Stettin trat 1606 Philipp II., der älteste Sohn Bogislaws XIII., die Herrschaft an. Sein jüngerer Bruder Franz war bereits 1602 evangelischer Bischof von Kammin als Nachfolger Kasimirs VI. geworden, der dieses Amt seit 1574 innegehabt hatte und nun davon zurückgetreten war[9] (er starb 1605). Die Herrschaft über die drei Regierungsbereiche des pommerschen Landes durch die jüngere Generation war somit in wenigen Jahren geregelt worden und schien für die Zukunft gesichert zu sein. Aber diese jüngere Generation sollte die letzte im Mannesstamm des pommerschen Greifengeschlechts werden.

Kirchliche Verhältnisse

Durch die Einführung der lutherischen Reformation in Pommern 1534/35 war dort ein landesherrliches Kirchenregiment entstanden. Die geistliche Leitung war in jedem der drei Landesteile einem Generalsuperintendenten übertragen worden, der u.a. die Generalsynoden seines Bereiches, d.h. die Zusammenkünfte und Beratungen der Pastoren der bedeutenderen Städte, zu leiten hatte. In jedem Landesteil war ein Konsistorium für die Wahrnehmung der geistlichen Gerichtsbarkeit, einschließlich der Ehegerichtsbarkeit, geschaffen worden, und zwar in Greifswald, Stettin und Kolberg. Die Bedeutung dieser Konsistorien, die anfangs wohl nicht gerade überragend gewesen war, hatte Ende des 16. Jahrhunderts zugenommen.[10]

Zwischen den drei Generalsuperintendenten hatte offenbar eine gute Zusammenarbeit bestanden. Von Zeit zu Zeit hatten sie neben den Synoden ihres jeweiligen Zuständigkeitsbereichs Generalsynoden für ganz Pommern durchgeführt. Es war gelungen, einheitliche kirchliche Ordnungen für das gesamte Pommern einzuführen: 1563 eine verbesserte Kirchenordnung, 1564 eine Zusammenstellung von Bekenntnisschriften (Corpus doctrinae Pomeranicum), 1568 eine verbesserte Agende, 1574 Synodalstatuten und 1594 Bestimmungen für die Präpositen.[11]

Damit besaß die pommersche Landeskirche Anfang des 17. Jahrhunderts trotz ihrer dreiteiligen Organisation ein gemeinsames solides Fundament und verfügte unter dem herzoglichen Kirchenregiment über eine erhebliche geistliche Selbständigkeit. Diese Tatsachen sollten sich in Zeiten späterer Teilung unter fremden Herrscherhäusern günstig auf die Erhaltung einer gewissen Einheitlichkeit des Kirchenwesens in Pommern auswirken.[12]

Überblick über die Geschichte Vorpommerns von 1600 bis 1630

Verhältnisse auf dem Lande

Schon im 16. Jahrhundert hatte sich die Lage der Bauern verschlechtert. Nach der Umwandlung des Landklösterbesitzes in herzogliche Ämter 1535 waren dort die Bauern von den herzoglichen Amtsleuten stärker als vorher zu Dienstleistungen herangezogen worden. Besonders ungünstig war aber die Entwicklung für die Bauern im Bereich adeliger Grundherrschaften gewesen. In dem Streben nach Erhöhung der Einkünfte war es beim Adel bereits Mitte des 16. Jahrhunderts zum Bauernlegen gekommen. Besteuerbare Höfe waren z.T. den Bauern genommen und ihr Land dem abgabenfreien Teil des adeligen Besitzes zugeschlagen worden. Diese Entwicklung war vor allem im Stettiner Herzogtum vor sich gegangen, in dessen östlichem Teil die Lage der Bauern ohnehin schlechter gewesen war. Ein Verbot dieser Bauernvertreibung hatte nichts genutzt.[13]

Zu Beginn des 17. Jahrhunderts verschlechterte sich auch im Wolgaster Herzogtum, d.h. in Vorpommern, die Lage der Bauern. Schon im 16. Jahrhundert war dort mit der Anlage herzoglicher Ackerwerke begonnen worden. Zu ihrer Vergrößerung wurden auch dort Bauern gelegt und dadurch die Dienstleistungen der verbliebenen erhöht. Eine 1611 begonnene Verpachtung der herzoglichen Ackerwerke verschlimmerte ebenfalls die Situation der Bauern, da die Pächter von ihnen ungemessene, d.h. unbegrenzte Dienste verlangen durften.[14] Solche Maßnahmen im fürstlichen Bereich mußten sich natürlich auch nachteilig für die Bauern in adeligen und städtischen Grundherrschaften auswirken.

Im Stettiner Herzogtum wurde 1616 eine erweiterte Bauern- und Schäferordnung erlassen. In diese Neufassung der Ordnung, die vorher lediglich eine Art polizeilicher Ordnung für das dörfliche Leben gewesen war, waren Festlegungen über die Unfreiheit der Bauern eingefügt worden. Ausdrücklich wurde in ihr festgeschrieben, daß die Bauern Leibeigene seien, ungemessene Frondienste zu leisten hätten und sich ohne Widerspruch fügen müßten, wenn ihnen von der Obrigkeit, d.h. der Grundherrschaft, Hof, Äcker und Wiesen genommen oder wenn sie auf einen anderen Hof umgesetzt würden.[15] Diese Legitimierung des Bauernlegens kann als ein Zugeständnis Herzog Philipps II. an den Adel betrachtet werden. Die Herzöge waren von der Steuerbewilligung durch die Stände und damit den Adel abhängig. Ihre auf Grund kostspieliger Hofhaltung - trotz der 1535 erfolgten Erweiterung ihres Besitzes durch die Klosterländereien - entstandene Geldnot zwang sie immer wieder, die Ausschreibung von Steuern zu fordern, für deren Bewilligung sie Zugeständnisse machen mußten.

In Vorpommern lehnte allerdings 1618 Herzog Philipp Julius die Einführung dieser neuen Bauernordnung mit der Begründung ab, daß die älteren Ordnungen genügten, wenn sie von den Beamten gründlich gehandhabt würden. Fast drei Jahrzehnte später erhielt die neue Ordnung aber auch in Vorpommern Geltung.[16]

Verhältnisse der Städte

Die bedeutendsten Städte Pommerns lagen im Küstenbereich und waren Mitglied des Städtebundes der Hanse. Diese war aber im Niedergang begriffen. Im Ostsee-Nordsee-Handel war sie eindeutig von den Niederländern überflügelt worden, die bereits in der zweiten Hälfte des 16. Jahrhunderts über eine weitaus größere Handelsflotte verfügt hatten. Die Hanse konnte ihr Zwischenhandelsmonopol in Ost- und Nordsee auch wegen der Entstehung eigener Handelskräfte in den skandinavischen Ländern und in England nicht mehr aufrecht erhalten. Dafür kennzeichnend war die Ausweisung der Hansekaufleute aus England und die Beschlagnahme des hansischen Stalhofs in London 1598. Im Jahre 1616 kam es noch einmal zu einem Bündnis gegen den Dänenkönig. Wegen dessen Maßnahmen gegen die fremden Kaufleute wurde 1613 ein lübisch-niederländisches Bündnis geschlossen, dem sich 1616 neben anderen Hansestädten auch Stralsund, Greifswald und Anklam anschlossen, ohne daß sich aber daraus sichtbare Folgerungen ergaben. Nachteilig wirkte sich andererseits auf die pommerschen Hansestädte auch die Tatsache aus, daß Herzöge und Adel die wirtschaftliche Freiheit der Bauern verminderten und den Getreidehandel selber betrieben, auch an den Städten vorbei.[17]

Das Stettiner Schloß

Gleichzeitig mit den äußeren Schwierigkeiten kam es in manchen Städten zu innerpolitisch-sozialen Spannungen und Kämpfen. Die Herzöge waren bestrebt, solche Situationen zur Stärkung ihrer Stellung gegenüber den Städten zu nutzen. In Greifswald entschied 1604 der Wolgaster Herzog Philipp Julius einen innerstädtischen Streit zugunsten der Opposition mit der Absetzung von zwei Bürgermeistern und dem Syndikus. Ein zweites Mal griff der Herzog nachdrücklich 1618 in Greifswalder Angelegenheiten gegen den Rat ein und machte die Absetzung von 35 Administratoren rückgängig. Schließlich konfirmierte er 1624 einen 1623 geschlossenen innerstädtischen Vertrag, der ein 50-Männer-Kollegium als Vertretung der Bürgerschaft vorsah.[18]

In Stralsund ging Herzog Philipp Julius ähnlich radikal vor. Nachdem es schon 1611 zu Auseinandersetzungen zwischen dem Herzog und der Stadt gekommen war, rückte der Herzog 1612 mit bewaffneter Macht in Stralsund ein, erhob in einer Proposition Forderungen hinsichtlich der Kirchen- und Gerichtshoheit sowie des Finanz- und Steuerwesens, berief im Blick auf die innerstädtische Opposition Quartierversammlungen ein und veranlaßte schließlich einen Interimsvertrag vom 24. Februar 1612. Am Ende kam es 1615 zu einem Erbvertrag, der das Verhältnis zwischen dem Herzog und der Stadt Stralsund regelte, und 1616 zu einem Bürgervertrag, der im wesentlichen das Verhältnis zwischen Rat und Bürgerschaft ordnete. Die Verträge stellen letztlich einen Kompromiß dar, gehen aber auf das Eingreifen des Herzogs zurück.[19]

In Stettin verbot Herzog Philipp II. eine 1606 in der Stadt vorgesehene Tranksteuer und 1608 ebenso eine beschlossene Waren- und Getränkabgabe. Die her-

Überblick über die Geschichte Vorpommerns von 1600 bis 1630

Das Schloß in Bergen

zoglichen Vorwürfe gegenüber der Stadt mündeten schließlich 1612 in einen Interimsvertrag über die gegenseitigen Zuständigkeiten von Herzog und Stadt, dem 1613 die Einsetzung einer Bürgerschaftsvertretung von 60 Männern folgte. 1616 entstand in Stettin wegen einer Erhöhung der Bierpreise ein Aufruhr gegen die städtische Obrigkeit, der erst durch das Eingreifen des Herzogs beschwichtigt werden konnte. 1617 bestimmte dann der Herzog, daß 17 Vertreter der Bürgerschaft bei der Verwaltung und 18 Bürger bei der Finanzwirtschaft der Stadt mitwirken sollten. Und 1619 verordnete Herzog Franz die Mitarbeit eines Ausschusses von 22 Mitgliedern bei einer dreijährigen Steuer auf Kaufmannswaren und Getränke.[20]

Die Auseinandersetzungen zwischen den Landesherren und den größten Städten im Lande beweisen einerseits eine eindeutige Stärkung der landesherrlichen Stellung, andererseits aber auch eine durchaus noch vorhandene Begrenzung der landesherrlichen Gewalt durch diese Städte. Die Bürgerverträge bekunden, daß innerhalb der größere Städte vielfach eine stärkere Verteilung der Macht erfolgte, indem die alte Alleinherrschaft des Rates endgültig durch die Bildung dauerhafter Vertretungen der Bürgerschaft ein Ende fand. Insgesamt war Anfang des 17. Jahrhunderts die Stellung der Städte in Pommern aus äußeren und inneren Ursachen geschwächt.

Zwei vorpommersche Orte rückten damals endgültig in den Rang kleinerer Städte auf: Franzburg und Bergen. Das 1587 als Manufaktur- und Handwerkerstadt von Bogislaw XIII. gegründete Franzburg, das den Charakter einer Adelsrepublik bekommen sollte, erhielt 1612 von Philipp Julius das Stadtrecht und die Stellung einer Amtsstadt.[21] Bergen, Mittelpunkt und Hauptort Rügens, der schon seit Jahrhunderten eine Reihe städtischer Eigenschaften besaß, wurde 1613 von Philipp Julius mit Stadtrecht bewidmet.[22]

Verfassungsverhältnisse

Neben den Herzögen waren in Pommern die Stände, d.h. Geistlichkeit, Ritterschaft (bzw. Adel) und Städte - nicht die Bauernschaft -, maßgebend. Die Vertreter von Herzog und Ständen kamen zu Beratungen und Entscheidungen auf Landtagen zusammen. Insbesondere wurde über die Ausschreibung von Steuern, häufig zur Deckung herzoglicher Schulden, beraten. Die Verhandlungen auf den Landtagen waren ein zähes Ringen zwischen Herzog und Ständen.

Herzog Bogislaw XIII. mußte die erneute Bildung von Landtagsausschüssen, den Landratskollegien, zugestehen. Unverkennbar waren diese leichter und mit geringeren Kosten als die gesamten Landtage einzuberufen. Die Städte wurden an den Landratskollegien zunächst nicht beteiligt. Nachdem im Wolgaster Landesteil aber die Städte 1606 ein Mitberatungsrecht erhalten hatten, besaßen 1610 Stralsund, Greifswald und Anklam das volle

Teilnahmerecht. Im Stettiner Landesteil bekamen das die Städte Stettin und Stargard erst 1634, ein Zeichen ihrer größeren Abhängigkeit.[23]

1614 wurde im Wolgaster Landesteil festgelegt, daß der Herzog bei der Besetzung einer ritterschaftlichen oder städtischen Landratsstelle nur jeweils aus zwei von den Ständen vorgeschlagenen Personen eine auswählen durfte. Das Landratskollegium sollte aus einem Prälaten, acht Adeligen und drei städtischen Vertretern - aus Stralsund, Greifswald und Anklam - also insgesamt zwölf Mitgliedern bestehen. Vorsitzender war der Erblandmarschall, der jeweils der Familie von Maltzahn oder der Familie von Bugenhagen angehörte. Der allgemeine Landtag sollte nur noch selten zusammentreten. Im Landratskollegium sollte jeder der adeligen Distrikte mindestens einen Vertreter haben. In den 1620er Jahren versuchte man an eine ursprüngliche Einteilung anzuknüpfen, d.h. im Wolgaster Landesteil vier bis sechs Bereiche und im Stettiner Landesteil zehn Bereiche sowie einen für den schloßgesessenen Adel zu bilden. Vorlagen für das Landratskollegium wurden zunächst in den Distriktstagen und in der Städteversammlung, zu der die Städte gesondert zusammentraten, beraten. Dann ergingen entsprechende schriftliche Hinweise an das Landratskollegium. Aus den Distrikten entwickelten sich später die Landratskreise.[24]

Höfische Kunst- und Wissenschaftspflege

Die ersten Jahrzehnte des 17. Jahrhunderts stellten in Pommern eine Blütezeit für Wissenschaft und Kunst dar, insbesondere durch ihre Pflege am Stettiner Hof. Aber auch im Wolgaster Landesteil fanden sie durch den weitgereisten Herzog Philipp Julius Beachtung.

Herzog Philipp Julius von Pommern-Wolgast

Philipp Julius war sehr bemüht, für den Glanz seines Hofes zu sorgen. Dementsprechend ließ er in Bergen auf Rügen in den Jahren 1605 bis 1611 ein stattliches Jagdschloß errichten und seit 1612 das Wolgaster Schloß ausbauen. Aus Abbildungen, Schriftzeugnissen und erhalten gebliebenen Resten läßt sich entnehmen, daß die zerstörten und restlos verschwundenen Gebäude im Äußeren und Inneren ansehnlich und kunstvoll gestaltet und ausgestattet gewesen sein müssen. An seinen Hof holte er englische Schauspieler, die er sehr schätzte. Verdienstvoll war die Fertigstellung einer ersten genaueren Rügenkarte 1608. Ihre Anfertigung hatte der Herzog dem Rostocker Professor Eilhard Lubin übertragen, der ein Jahrzehnt später die große Pommernkarte vollendete. Wie sein Vater Ernst Ludwig förderte Philipp Julius die Universität Greifswald, die gerade eine günstige Entwicklung durchlief. Hatte Ernst Ludwig 1591 den Bau eines Kollegiengebäudes der Universität in Auftrag gegeben, so schenkte Philipp Julius 1619 der Universität einen prächtigen Mantel und einen Hut für den Rektor.[25]

Überblick über die Geschichte Vorpommerns von 1600 bis 1630

Philipp II.

Mit Philipp II. saß seit 1606 ein ausgesprochener Kunstliebhaber auf dem Stettiner Herzogsstuhl. Bereits früh war er in Barth, wo sein Vater Bogislaw XIII. 1582 eine fürstliche Druckerei einrichten ließ und 1588 eine bebilderte plattdeutsche Bibel gedruckt wurde, und dann auf Reisen mit Bildung und Kunst in Berührung gekommen. Früh hatte er begonnen, Sammlungen anzulegen, und bereits vor 1604 stellte er einen Katalog seiner Gemäldegalerie und ein Verzeichnis seiner Sammlung antiker Kaisermünzen zusammen.

Auf Philipp II. geht auch die Entstehung des berühmten Rügenwalder Silberaltars zurück. Philipp erteilte dem Braunschweiger Goldschmied Johann Körver den Auftrag, das Leiden Christi auf silbergetriebenen Tafeln darzustellen. Nach Körvers Tod Ende 1607 wurde die Arbeit von 1610 an durch die Augsburger Christoph und Zacharias Lencker fortgesetzt und nach Christoph Lenckers Tod von 1616 an durch andere Augsburger Goldschmiede fertiggestellt. Herzogin Elisabeth, die Frau Bogislaws XIV., hat schließlich die Silberplatten zu einem Altar zusammenfügen lassen, den sie 1636 der Rügenwalder Schloßkirche stiftete.

Eine Sammlung besonderer Art stellte das »*Neue Stammbuch*« Philipps dar, in dem er von 1612 bis 1618 lose Blätter einheitlichen Formats mit Bildern biblischen Geschehens und mit Wappendarstellungen, auf seinen Wunsch von fürstlichen Persönlichkeiten gestiftet und von bedeutenden Künstlern ausgeführt, vereinigte. 1617 stellte Philipp kleinformatige Gemälde, Handzeichnungen, Skizzen und Stiche zu »*Visierungsbüchern*« zusammen.

Seit 1610 hatte Philipp II. einen ständigen Briefwechsel mit dem Augsburger Patrizier Philipp Hainhofer, der für ihn gegen ein Jahresgehalt zum Korrespondenten über politische Neuigkeiten in Europa und zum Vermittler von großartigen Kunstgegenständen wurde. Hainhofer kam 1617 nach Stettin und brachte dem Herzog aus Augsburg den einzigartigen sogenannten Pommerschen Kunstschrank.

Im Jahre 1618, aber erst nach dem Tode Philipps II., wurde die 1610 in Auftrag gegebene große Lubinsche Karte von Pommern, deren Umrahmung die Abbildungen der pommerschen Städte und der pommerschen Adelswappen bilden, fertiggestellt.[26] Auch erst nach dem Tode des Herzogs wurde 1619 der als Kunstkammer, Bibliothek und Rüstkammer vorgesehene neue Flügel des Schlosses vollendet.

In die Regierungszeit Philipps II. fiel 1613 die Veröffentlichung des späteren Stettiner Bürgermeisters Paul Friedeborn »*Historische Beschreibung der Stadt Alten-Stettin*« sowie vermutlich der Anfang an dem 1628 vollendeten Werk des Superintendenten D. Daniel Cramer »*Großes*

Pommerisches Kirchen-Chronikon«.
Mit Recht wurde Philipp II. von seinen Zeitgenossen als Mäzen von Kunst und Wissenschaft bezeichnet.[27]

Weitere Entwicklung im pommerschen Herzogshaus

Am 3. Februar 1618 starb Philipp II. Sein Nachfolger wurde der jüngere Bruder Franz, der seit 1602 das Amt des Kamminer Bischofs innegehabt hatte. An seine Stelle als Kamminer Bischof trat Ulrich, der jüngste der Söhne Bogislaws XIII. Als Franz 1620 auch starb, kam Bogislaw XIV. in Stettin zur Regierung. 1623 wurde er auch Bischof von Kammin, nachdem Ulrich bereits 1622 verstorben war. Und 1625 mußte Bogislaw nach dem Tode seines Vetters Philipp Julius auch noch die Herrschaft in Wolgast übernehmen. Damit waren alle drei Landesteile Pommerns in einer Hand vereinigt. Aber Bogislaw XIV. empfand diese Situation offenbar als eine Last. Er war ebenso kinderlos wie seine verstorbenen Brüder und sein Vetter Philipp Julius.[28]

Regierungsverhältnisse

Es hat nahegelegen, nun für das vereinigte Pommern eine Gesamtregierung einzusetzen. Aber die Landstände lehnten den Vorschlag ab, so daß es bei getrennten Regierungen in Wolgast und Stettin und auch bei einer eigenen Verwaltung im Bistum Kammin blieb. Erst am 28. November 1627, als schon der Feind im Land stand, wurde ein Geheimer Rat für die Gesamtpolitik des Herzogtums gebildet. Er bestand aus fünf Mitgliedern, je zwei aus dem Wolgaster und dem Stettiner Landesteil und einem aus dem Kamminer Bistum. Ratspräsident wurde der bischöfliche bzw. stiftische Statthalter Paul von Damitz. Im Jahre 1628 wurde außerdem ein Kriegs- und Staatsrat, bestehend aus sechs Mitgliedern, eingesetzt. Er sollte als Ausschuß der Stände die Landesregierung, insbesondere in eiligen Angelegenheiten, beraten. Auch seine Leitung wurde Paul von Damitz übertragen. Außerdem sollte ein Ökonomierat für die Oberleitung der Hofhaltung zuständig sein. Aber zwischen den Ständen der beiden Teilherzogtümer bestanden weiter Gegensätze. Insbesondere auf Wolgaster Seite gab es noch längere Zeit Vorbehalte. Es kam sogar zur Einsetzung eines eigenen Statthalters in Wolgast in der Person von Volkmar Wolf von Putbus. Infolgedessen waren die Voraussetzungen für eine gesamtpommersche Regierungstätigkeit nicht gerade günstig.[29]

Außenpolitik

Die beiden Herzöge von Wolgast und Stettin betrieben vor 1625 eine ausgesprochene Neutralitätspolitik und hielten sich von außenpolitischen Verwicklungen zurück. Sie vermieden es, Bündnisse gegen den katholischen Kaiser einzugehen und sich mit evangelischen Mächten zusammenzuschließen.
Sie hielten sich sogar von den Kreistagsangelegenheiten eines Reichsfürsten, der sie ja waren, fern und zahlten erst nach dringender Aufforderung ihre Kreissteuern. Die auf Grund eines 1623 in Jüterbog gefaßten Kreistagsbeschlusses angeworbenen Söldner wurden nach einigen Monaten wieder entlassen. Den Ständen wurde daraufhin der herzogliche Befehl erteilt, ihre Heeresfolge und Verteidigungsmaßnahmen vorzubereiten. Auswirkungen ergaben sich aber nicht.[30]
Wegen seiner großen Schulden ließ Herzog Philipp Julius seit 1623 Verhandlungen mit Dänemark über eine Verpfändung Rügens führen. Der Abschluß eines Vertrages, der eine pfandweise Überlassung der Insel für 150.000 Reichstaler

vorsah, kam schließlich 1625 nur dadurch nicht zustande, daß der Stettiner Herzog Bogislaw XIV. seine Zustimmung verweigerte.[31]
1626 wurde endlich begonnen, Maßnahmen zur Verteidigung des Landes zu treffen. Sie wurden 1627 zunächst verstärkt, dann aber zum Teil wieder fallengelassen. So war das Herzogtum wehrlos, als im November 1627 kaiserlich-wallensteinsche Truppen an seinen Grenzen standen und Quartier verlangten. Am 10. November 1627 kam es infolgedessen zur Kapitulation von Franzburg, durch die der Einmarsch von acht Regimentern unter Hans Georg von Arnim besiegelt wurde. Die Folge waren furchtbare Ausplünderungen, Zerstörungen, Mißhandlungen und Ermordungen durch die wallensteinschen Söldnerhorden. Trotz aller vorbeugenden vertraglichen Festlegungen von 1627 herrschte vielfach zügellose Gewalt der fremden Truppen.[32]
Von einer Einquartierung sollten vor allem die Residenzstädte Wolgast, Stettin und Köslin sowie Altdamm befreit sein. Nicht ausgenommen war Stralsund. Aber es protestierte gleich und verhandelt zäh mit dem Ziel, sich von einer Besetzung loszukaufen. Als die Stadt auf die hohen Forderungen der kaiserlichen Seite nur teilweise einging, setzte im Mai 1628 eine Belagerung mit Beschießungen und heftigen Angriffen ein. Dänische Hilfstruppen kamen über See den bedrängten Belagerten zu Hilfe. Außerdem trafen schwedische Unterhändler in der Stadt ein und boten Hilfe bei Abschluß eines Bündnisses an. In ihrer Notlage ging die Stadt auf die schwedischen Bedingungen ein und schloß am 25. Juni 1628 einen Bündnisvertrag mit Schweden, das daraufhin Truppen und Material schickte. Außerdem traf nochmals ein dänisches Hilfskorps in Stralsund ein, ohne daß Dänemark der

Franzburg

Stadt Bedingungen gestellt hätte. Schließlich gab Wallenstein die Belagerung, die er zuletzt selber geleitet hatte, auf. Stralsund war gerettet, hatte aber seine Selbständigkeit doch verloren, da es nun an Schweden gebunden war.[33] Das wurde symbolisch für das ganze Land.
Im Jahre 1629 verhandelte Dänemark mit Herzog Bogislaw XIV. über einen Ankauf der Insel Rügen. Darauf besetzten schwedische Truppen schnell die Insel. Den Kaiserlichen gelang es nicht, Rügen wieder einzunehmen.[34]
Im Juni 1630 ankerte eine schwedische Flotte unter dem Schwedenkönig Gustav II. Adolf vor Peenemünde, und schwedische Truppen landeten. Schnell wurden die Inseln Usedom und Wollin von ihnen besetzt. Am 9. Juli erschien Gustav Adolf vor Stettin. Er erreichte in Verhandlungen mit den Beauftragten des Herzogs und schließlich mit Bogislaw XIV. selbst die Übergabe der Stadt, die er am 11. Juli betrat. Bis Ende Juli 1630 wurden dann große Teile Pommerns von den schwedischen Truppen eingenommen, auch Wolgast. Gleichzeitig liefen wochenlange Verhandlungen zwischen den Vertretern Schwedens und Pommerns wegen eines Bündnisvertrages, in dem die Schweden für sich auch die Verwaltung des Landes nach Bogislaws Tod absichern wollten, eine Festlegung, gegen die sich die Pommern ohne Einverständnis des erbberechtigten Kurfürsten von Brandenburg ver-

wahrten. Letztlich kam es am 25. August 1630 zum Abschluß eines Vertrages, der das Datum des 10. Juli erhielt. Von den pommerschen Ständen wurde der Vertrag erst nach einem Dreivierteljahr bestätigt. Ebenfalls 1631 wurde die Besetzung Pommerns durch schwedische Truppen mit der Eroberung Demmins, Kolbergs und Greifswalds vollendet. Pommern war damit sowohl militärisch als auch vertraglich in die Abhängigkeit von Schweden geraten.[35]

und eines Teils seiner Landbevölkerung sowie zur Verarmung seiner Städte. Insgesamt kam es zu einer Katastrophe für das Land. Zuletzt, 1630, wurde die kaiserliche Besetzung Pommerns durch das Einrücken schwedischer Truppen unter Gustav Adolf beendet. Zugleich wurde aber damit eine neuerliche Besetzung des Landes eingeleitet, mit der seine langfristige Abhängigkeit von schwedischen Interessen verbunden war.

Zusammenfassung

Die Zeitspanne von 1600 bis 1627 war für Pommern eine Zeit ohne kriegerische Geschehnisse. Die Herzöge verstärkten ihre Stellung gegenüber den Städten, deren wirtschaftliche Lage sich verschlechterte. In einer Reihe von Städten kam es zur Bildung ständiger Bürgervertretungen neben dem Rat. Mit einer verschwenderischen Hofhaltung der Herzöge war einerseits eine Förderung von Kunst und Wissenschaft verbunden, andererseits aber auch eine ständige Geldnot. Diese ermöglichte dem Adel - im Zusammenhang mit seinem Recht zur Genehmigung notwendig werdender Landessteuern -, durch Zugeständnisse der Herzöge eigene wirtschaftliche Interessen auf Kosten der Bauern abzusichern. Die Lage der Bauern verschlechterte sich; das Bauernlegen wurde in einem der Landesteile legalisiert. Das Herzogshaus begann seit 1618 mit erschreckender Schnelligkeit auszusterben. Dadurch wurde das Land von 1625 an noch einmal in einer Hand vereinigt, bis 1637.

Der Zeitraum von 1627 bis 1630 war für Pommern zunächst durch die Einquartierung kaiserlich-wallensteinscher Truppen im Lande gekennzeichnet. Diese Besetzung Pommerns führte zu einer Vernichtung großer Teile seiner Landwirtschaft

[1]* Dieser Vortrag wurde zum Druck etwas erweitert und mit Anmerkungen versehen. Da ein Verständnis der vorpommerschen Geschichte ohne Beachtung der gesamtpommerschen und der hinterpommerschen Geschichte nicht möglich ist, wurden diese - soweit erforderlich - in die Darstellung einbezogen.

Vgl. Günter Linke, Die pommerschen Landesteilungen des 16. Jahrhunderts, Stettin 1935 (Diss.).

[2] Pommersches Urkundenbuch (PUB), Bd. I, 2. Aufl., Nr. 487.

[3] PUB II Nr. 1060 u. 1044.

[4] PUB X Nr. 5726.

[5] Vgl. Hermann Waterstraat, Der Caminer Bistumsstreit im Reformationszeitalter (Schluß), S. 235 ff. u. 251, in: Zeitschrift für Kirchengeschichte XXIII, 1902, S. 223-262; Hellmuth Heyden, Kirchengeschichte Pommerns, Bd. 2, 2. Aufl., Köln 1957, S. 1-3 u. 5 f.; Norbert Buske, Pommern als Territorialstaat - ein Überblick über die politische Entwicklung, Schwerin 1993, S. 15.

[6] Vgl. Martin Wehrmann, Geschichte von Pommern, Bd. 2, 2. Aufl., Gotha 1921, S. 61, 65 f., 109 u. 112.

[7] Vgl. Martin Wehrmann, Genealogie des pommerschen Herzogshauses, Stettin 1937, insbes. die Stammtafel.

[8] Vgl. Wehrmann 2^2 (s. Anm. 6), S. 83 ff.

[9] Vgl. Wehrmann 2^2 (s. Anm. 6), S. 88 f. u. 103 f.

[10] Vgl. Heyden 2^2 (s. Anm. 5), S. 16, 21 f., 26-28 u. 36.

[11] Vgl. Heyden 2^2 (s. Anm. 5), S. 22, 24 f., 32-35 u. 50.

[12] Vgl. Joachim Wächter, Das Verhältnis von Ter-

ritorialgewalt und Kirche in Pommern nach Einführung der Reformation (1534/35), S. 106 f., in: Jahrbuch d. Gesellsch. f. niedersächsische Kirchengeschichte, 86. Bd./1988, S. 93-107.

[13] Vgl. Wehrmann 2² (s. Anm. 6), S. 95 f.

[14] Vgl. Wehrmann 2² (s. Anm. 6), S. 117.

[15] Johann Carl Dähnert, Sammlung gemeiner und besonderer Pommerscher und Rügischer Landesurkunden, Bd. 3, Stralsund 1769, S. 823 ff.; vgl. Wehrmann 2² (s. Anm. 6), S. 96 u. 106.

[16] Vgl. Martin Spahn, Verfassungs- und Wirtschaftsgeschichte des Herzogtums Pommern von 1478 bis 1625, Leipzig 1896, S. 201; Wehrmann 2² (s. Anm. 6), S. 152; Dähnert (s. Anm. 15), S. 823, Zusatz zur Überschrift.

[17] Vgl. Johannes Schildhauer, Konrad Fritze, Walter Stark, Die Hanse, 5. Aufl., Berlin 1982, S. 215-224; Philippe Dollinger, Die Hanse, Stuttgart 1966, S. 440 ff.

[18] Vgl. Rudolf Biederstedt, Die Entstehung ständiger Bürgervertretungen in Greifswald und anderen vorpommerschen Städten 1600 - 1625, Köln/Weimar/Wien 1993, S. 92 ff., 162 ff., u. 178 ff.

[19] Vgl. Herbert Langer, Stralsund 1600 - 1630, Weimar 1970, S. 179 ff.; Wehrmann 2² (s. Anm. 6), S. 112 f.; Geschichte der Stadt Stralsund, hrsg. v. Herbert Ewe, Weimar 1984, S. 146-155 von Herbert Langer.

[20] Vgl. Martin Wehrmann, Geschichte der Stadt Stettin, Stettin 1911, S. 247 ff.

[21] Vgl. Kurt Hoffmeister, Franzburg, Eine schwierige Stadtgründung durch Bogislaw XIII., Stralsund 1937; Heinrich Bandlow, Geschichte der Cisterzienser Abtei Neuenkamp und der Stadt Franzburg, Tribsees 1890, S. 23 ff.

[22] Vgl. Horst-Diether Schroeder, Zur mittelalterlichen Geschichte Bergens, S. 225 ff., in: Wiss. Zeitschr. der E.-M.-Arndt-Univ. Greifswald, Jg. XII, 1963, Gesellschs.- u. Sprachwiss. Reihe, Heft 2, S. 219-227; E. Steurich, Geschichte der Stadt Bergen auf Rügen 1613 - 1913, Bergen 1913, S. 13-22.

[23] Vgl. Spahn (s. Anm. 16), S. 194 u. 196.

[24] Vgl. Wehrmann 2² (s. Anm. 6), S. 114; Spahn (s. Anm. 16), S. 197 f.

[25] Vgl. Hellmuth Bethe, Die Kunst am Hofe der pommerschen Herzöge, Berlin 1937, S. 107-110; Wehrmann 2² (s. Anm. 6), S. 118.

[26] Vgl. Alfred Haas, Die große Lubinsche Karte von Pommern, Stolp 1926; Herbert Ewe, Stralsunder Bilderhandschrift, Rostock 1979.

[27] Vgl. Bethe (s. Anm. 25), S. 70-106; Wehrmann 2² (s. Anm. 6), S. 106-108; Hellmuth Bethe, Neue Funde zur Kunst am Hofe der pommerschen Herzöge, S. 162 ff., in: Greifswald-Stralsunder Jahrbuch Bd. 1/1961, S. 152-171.

[28] Vgl. Wehrmann 2² (s. Anm. 6), S. 109. 112 u. 118 f.

[29] Vgl. Wehrmann 2² (s. Anm. 6), S. 119 f.

[30] Vgl. Wehrmann 2² (s. Anm. 6), S. 115 f.

[31] Vgl. Wehrmann 2² (s. Anm. 6), S. 117.

[32] Vgl. Fritz Adler, Die Belagerung Stralsunds 1628, Stralsund 1928, S. 1-20; Wehrmann 2² (s. Anm. 6), S. 121 ff.

[33] Vgl. Adler (s. Anm. 32), S. 21 ff.; Langer (s. Anm. 19), S. 229 ff.; Wehrmann 2² (s. Anm. 6), S. 125 ff.

[34] Vgl. Wehrmann 2² (s. Anm. 6), S. 130.

[35] Vgl. Wehrmann 2² (s. Anm. 6), S. 131-135.

Zur frühen Schwedenzeit in Vorpommern 1630 bis 1720*

von
Joachim Wächter

1. Demminer Kolloquium zur Geschichte Vorpommerns am 6. Juli 1985
unter dem Tagungsthema: »Einige Aspekte der Schwedenzeit in Vorpommern«

1630, Ende Juni
Landung eines schwedischen Heeres unter König Gustav II. Adolf auf Usedom, Verdrängung der kaiserlichen Truppen und schnelle Besetzung großer Teile Pommerns.

1630, 11. Juli
Eintreffen Gustav Adolfs in der ihm von Herzog Bogislaw XIV. übergebenen Stadt Stettin, die vorher von kaiserlicher Besatzung frei geblieben war.
Der schwedische König strebte einen Vertrag mit dem pommerschen Herzog an, der nicht nur ein Bündnis bewirken, sondern den Schweden auch die Verwaltung des Landes nach dem Tode des pommerschen Herzogs so lange sichern sollte, bis über die Nachfolge des Herzogs, die dem Kurfürsten von Brandenburg zustand, entschieden wäre und der Nachfolger die Kriegskosten ersetzt hätte.

1630, 25. August (4. September)
Vertragsabschluß zwischen Schweden und Pommern, der das Datum des 10. (20.) Juli erhielt; dabei Einbeziehung der schwedi-

Gustav II. Adolf

schen Forderungen nur als Vorbehalt des schwedischen Königs.

1631
Zu Beginn des Jahres 1631 war der größte Teil Pommerns von den kaiserlichen Truppen befreit. Einnahme Demmins im Februar, Kolbergs im März und Greifswalds am 13. Juni durch die schwedischen Truppen. Damit befand sich das gesamte Pommern in schwedischer Hand und Gewalt.

---

* Stichwortmäßige Zusammenfassung des kurzfristig vertretungsweise übernommenen Vortrags

1634, 9. Oktober
Schenkung des restlichen, größten Teils des Amtes Eldena durch den Herzog an die Universität Greifswald, die 1626 schon einen ersten Teil des Amtes erhalten hatte.

1634, 19. November
Veröffentlichung der Regimentsverfassung, nach der die pommersche Regierung an der Seite des 1633 schwer erkrankten Herzogs aus einem Statthalter, einem Präsidenten und sieben Mitgliedern bestehen sollte.
Es war vorgesehen, daß beim Tode des Herzogs dieses Kollegium gleich alleine die Regierungsverantwortung übernehmen sollte.

1635, Herbst
Vorrücken kaiserlicher Truppen nach Pommern und Besetzung von Gebieten im Oderraum bis 1636.

1637, 10. März
Tod Bogislaws XIV., des letzten einheimischen Pommernherzogs. Das Regierungskollegium blieb im Amt und führte die Regentschaft als Fürstlich pommerische hinterlassene Räte; schwedische Zustimmung, aber Ablehnung durch den Kurfürsten von Brandenburg.

1637/38, Winter
Kämpfe zwischen schwedischen Truppen unter Banér in Hinterpommern und kaiserlichen Truppen unter Gallas in Vorpommern. Schwere Notzeit für Land und Bevölkerung: Banérsche Tid.

1638, 17. März
Rücktritt des pommerschen Regierungskollegiums wegen seiner Ablehnung durch den Kurfürsten Georg Wilhelm von Brandenburg. Einsetzung eines schwedischen Zivilgouverneurs und eines schwedischen Militärgouverneurs unter einem Generalgouverneur.

1640
Ablehnung eines schwedischen Entwurfs der Landesverwaltung durch die pommerschen Stände auf einem Landtag in Stettin mit Rücksicht auf Brandenburg. Darauf von schwedischer Seite Einsetzung eines Staatsrats sowie je eines Konsistoriums und eines Hofgerichts in Stettin und Greifswald.

1646
Neudruck der 1616 nur für den Landesteil Pommern-Stettin erlassenen Bauern- und Schäferordnung und damit ihre Ingeltungsetzung für das ganze Pommern. Dadurch auch für Vorpommern Einstufung der Bauern als Leibeigene und Legitimierung des Bauernlegens, d.h. der Einziehung bäuerlichen Besitzes durch den Grundherrn.

1648, 24. Oktober
Friedensvertrag von Osnabrück zur Beendigung des Dreißigjährigen Kriegs. Schweden erhielt Vorpommern mit der gesamten Odermündung und einem Streifen von Hinterpommern längs der Oder; Brandenburg bekam Hinterpommern, aber ohne einen Landstreifen auf dem östlichen Oderufer, in dem die Städte Bahn, Greifenhagen, Altdamm, Gollnow und Kammin lagen.
In Vorpommern nahm der schwedische König die Stellung eines pommerschen Herzogs ein; in dieser Eigenschaft war er deutscher Reichsfürst.
Vorpommern gehörte also nicht zum schwedischen Staatsgebiet, war aber als Territorium des Deutschen Reichs gleichzeitig ein Land der schwedischen Krone.

Zur frühen Schwedenzeit in Vorpommern 1630 bis 1720

1653, 4. Mai
Abschluß des Grenzrezesses zwischen Schweden und Brandenburg mit genauer Festlegung der Grenze zwischen beiden Teilen Pommerns. Danach erst, am 6. Juni, Übergabe und damit verbunden Räumung des brandenburgischen Teils durch Schweden.

1653
Einrichtung des Tribunals in Wismar als Oberappellationsgericht für alle Besitzungen der schwedischen Krone in Deutschland und damit auch für den schwedischen Teil Pommerns.

1657
Zusammenlegung der beiden bestehenden Hofgerichte - in Stettin und Greifswald - zum Hofgericht Greifswald und der beiden Konsistorien - in Stettin und Greifswald - zum Konsistorium Greifswald.

1657
Im schwedisch-polnischen Krieg Einfall polnischer Truppen in Pommern, Plünderung und Verheerung Pasewalks und der Umgebung Anklams.

1659
Im Krieg gegen Schweden vergebliche Belagerung Stettins durch kaiserliche Truppen und Greifswalds durch brandenburgische Truppen; Einäscherung von Gartz durch polnische Truppen.
Einnahme der Städte Altentreptow, Loitz, Tribsees und Demmin und Unterstellung unter die Herrschaft des Kurfürsten von Brandenburg, aber auf Grund des am 3. Mai 1660 geschlossenen Friedens von Oliva Rückfall an Schweden.

1663, 17. Juli
Erlaß der »*Regimentsform der Königlich Schwedisch-Vorpommerschen Regierung*«, der Verfassung für den schwedischen Teil Pommerns.

1674
Einfall schwedischer Truppen in die brandenburgische Uckermark.

1675-1678
Nach der schwedischen Niederlage am 18. Juni 1675 bei Fehrbellin Eroberung Vorpommerns durch brandenburgische Truppen unter dem Großen Kurfürsten Friedrich Wilhelm: 1675 Besetzung Wolgasts, 1676 Belagerung und Einnahme Anklams und Demmins, 17. Dezember 1677 Einnahme Stettins nach fünfmonatiger Belagerung, September 1678 Landung auf Rügen bei Neukamp, zugleich der Dänen im Norden der Insel, 15. Oktober 1678 Einnahme Stralsunds und 8. November 1678 Einnahme Greifswalds.

Preußensäule bei Neukamp (Rügen) mit dem Großen Kurfürsten

1679, 29. Juni
Friedensvertrag von St. Germain: Auf Druck Frankreichs Rückgabe Vorpommerns an Schweden, nur Anfallen des seit 1648 bzw. 1653 schwedischen Landstreifens am östlichen Oderufer an Brandenburg, außer den Gebieten Altdamm und Gollnow, die schwedisch blieben.

1690
Neudruck der pommerschen Kirchenordnung von 1563 in plattdeutscher Sprache mit hochdeutscher Übersetzung und als Anhang der Gesetze für die Präpositi (Leges präpositorum) von 1594 und der Synodalstatuten (Statuta synodica) von 1574 in lateinischer und deutscher Sprache.

1691
Neudruck der Agende von 1568/69 in plattdeutscher Sprache mit hochdeutscher Übersetzung.

1692
Auf Grund der 1680 in Schweden angeordneten Einziehung von verschenktem und verpfändetem Domanialbesitz: Einsetzung einer Reduktionskommission in Stettin zur Feststellung von einzuziehenden Gütern und gegebenenfalls - bei Einverständnis - zu ihrer Überlassung an die Besitzer nach Tertialrecht, d. h. in Erbpacht unter Erlassung eines Drittels der festgesetzten Pacht.

1692-1709
Als Besteuerungsgrundlage Schaffung der Schwedischen Landesmatrikel von Vorpommern durch Vermessung des Landes sowie seine Kartierung und Beschreibung in über 1.500 Karten und über 70 Ausrechnungs- und Beschreibungsbänden und durch Anlage eines zusammenfassenden Katasters.

Diese Matrikel spiegelt die durch die Kriege bewirkte Verminderung der Bevölkerung, die Verödung bäuerlicher Wirtschaften und die Bildung oder Vergrößerung von Ackerwerken und Gütern wider.

1700
Beginn des Nordischen Krieges zwischen Schweden einerseits sowie Rußland, Sachsen-Polen und Dänemark andererseits.

1711, August
Einmarsch russischer, sächsisch-polnischer und dänischer Truppen ins schwedische Vorpommern; nur Stralsund und Stettin nicht besetzt.

1713
Niederbrennung des damals zu Dänemark gehörenden Altona durch schwedische Truppen. Als Vergeltung Plünderung und Anzündung von Wolgast und Gartz durch russische Truppen; im letzten Augenblick Bewahrung des ebenfalls zur Zerstörung vorgesehenen Anklam.

1713, 29. September
Nach Belagerung durch russische und sächsische Truppen Kapitulation der schwedischen Truppen in Stettin.

1713, 6. Oktober
Vertrag zwischen dem (brandenburg-)preußischen König Friedrich Wilhelm I. und dem Fürsten Menzikoff, Oberkommandierenden der Belagerungstruppen, über die vorläufige Verwaltung Stettins und des Gebietes zwischen Oder und Peene durch Preußen gegen Zahlung von 400.000 Talern Kriegskosten an die Belagerungsmächte. Einzug preußischer Truppen am selben Tag in Stettin.

1714, 22. November
Eintreffen des Schwedenkönigs Karl XII.

nach abenteuerlichem Ritt in Stralsund und Erneuerung der Kampfhandlungen durch ihn im Februar 1715.

1715, 15. November
Landung preußischer Truppen auf Rügen bei Groß-Stresow.

1715, 24. Dezember
Kapitulation der schwedischen Truppen in Stralsund gegenüber den preußischen und dänischen Belagerern. Übernahme der Verwaltung des nordwestlich der mittleren und unteren Peene gelegenen Teils Vorpommerns, einschließlich Rügens, durch Dänemark.

1720, 21. Januar
Friedensvertrag von Stockholm zwischen Preußen und Schweden: Abtretung des zwischen Oder und Peene gelegenen südöstlichen Teils von Vorpommern mit den Inseln Usedom und Wollin durch Schweden an Preußen gegen Zahlung von 2 Millionen Talern durch Preußen.

1720, 3. Juli
Friedensvertrag von Frederiksborg zwischen Dänemark und Schweden: Rückgabe des nordwestlichen Teils von Vorpommern mit der Insel Rügen durch Dänemark an Schweden.

Damit fanden neun Jahrzehnte, die für Vorpommern in schrecklicher Weise durch Krieg und Zerstörung sowie Not und Tod eines nicht geringen Teils der Bevölkerung gekennzeichnet waren, ihren Abschluß.

Grundlegendes Schrifttum

Johann Carl Dähnert, Sammlung gemeiner und besonderer Pommerscher und Rügischer Landes-Urkunden ..., Bd. 1-3, Stralsund 1765-1769, Supplemente und Fortsetzung, Bd. 1-4, Stralsund 1782-1802, Bd. 3 u. 4 hrsg. von Gustav von Klinckowström

Thomas Heinrich Gadebusch, Schwedischpommersche Staatskunde, 1. u. 2. T. Greifswald 1786 u. 1788

Otto Hintze, Die Hohenzollern und ihr Werk, Berlin 1915, S. 170-280

Martin Wehrmann, Geschichte von Pommern, 2. Bd., 2. Aufl., Gotha 1921, S. 131-211

Carl Drolshagen, Die schwedische Landesaufnahme und Hufenmatrikel von Vorpommern als ältestes deutsches Kataster, Teil I u. II, Beihefte zum 37./38. u. 40./41. Jahresbericht der Geographischen Gesellschaft Greifswald, Greifswald 1920 u. 1923

Reinhart Berger, Rechtsgeschichte der schwedischen Herrschaft in Vorpommern, Würzburg 1936

Pär Erik Back, Herzog und Landschaft, Politische Ideen und Verfassungsprogramme in Schwedisch-Pommern um die Mitte des 17. Jahrhunderts, Lund 1955

Ivar Seth, Die Universität Greifswald und ihre Stellung in der schwedischen Kulturpolitik 1637-1815, Berlin 1956

Hellmuth Heyden, Kirchengeschichte Pommerns, 2. Bd., 2. Aufl., Köln 1957, S. 82-116

Helmut Backhaus, Reichsterritorium und schwedische Provinz, Vorpommern unter Karls XI. Vormündern 1660-1672, Göttingen 1969

Kjell Å. Modéer, Gerichtsbarkeiten der schwedischen Krone im deutschen Reichsterritorium, I. Voraussetzungen und Aufbau 1630-1657, Lund 1975

Eginhard Wegner u. Heiko Wartenberg, Die schwedische Landesvermessung von Vorpommern 1692-1709, in: Die schwedische Landesaufnahme von Vorpommern 1692-1709, hrsg. v. der Historischen Kommission für Pommern in Verbindung mit dem Landesarchiv Greifswald, Städte Bd. 1 Wolgast, o.O. 1992, S. 7-15

Die Position der Stadt Greifswald in der agrarpolitischen Auseinandersetzung zwischen Regierung und Landständen am Vorabend der Aufhebung der Leibeigenschaft in Schwedisch-Pommern

von
Rolf Rodigast

1. Demminer Kolloquium zur Geschichte Vorpommerns am 6. Juli 1985
unter dem Tagungsthema: »Einige Aspekte der Schwedenzeit in Vorpommern«

Wenn man berücksichtigt, daß Greifswald als Hansestadt auch in wirtschaftlicher Hinsicht immer nur eine untergeordnete Rolle gespielt hat, dann überrascht die Größe des Grundbesitzes, den die Stadt bis zum 15. Jahrhundert erworben hatte. (Rostock besaß damals 7 Dörfer, Stralsund 12, Greifswald 23). Damit sollte der Stadt offensichtlich eine sichere ökonomische Basis verschafft werden. Als die Stadt durch die Kriege des 17. und 18. Jahrhunderts an den Rand des finanziellen Ruins geriet, verpfändete sie fast alle ihre Eigenbetriebe, löste aber alle Pfandobjekte bis zur Mitte des 18. Jahrhunderts wieder ein. Die Agrarpolitik war Gegenstand einer latenten Auseinandersetzung zwischen der schwedischen Regierung und den Landständen in Vorpommern. In ihrem Mittelpunkt stand die Frage des Bauernlegens und die Entschädigung der gelegten Bauern.

In ihrer Erklärung vom Oktober 1796 an die schwedische Regierung versuchten die Landstände das Bauernlegen juristisch und ökonomisch zu rechtfertigen (Bauernordnung von 1616). In der Frage des Bauernlegens lassen sich keinerlei Abweichungen der Städte von der Linie der vorpommerschen Ritterschaft feststellen. Anders in der Frage der Entschädigung der gelegten Bauern. Die Bauernordnung von 1616 bestimmte, daß den Bauern im Falle der Legung ihr bewegliches Eigentum und die Hofausrüstung weiter gehörten, und daß sie mit ihren Kindern persönlich frei werden sollten.

Bereits 1774 mahnte die Regierung die Landstände, sich daran zu halten. Nach mehreren Aufforderungen bereiteten die Landstände 1796 eine Stellungnahme vor. Der Entwurf der Ritterschaft wurde den Städten zur Begutachtung übermittelt. Darin hieß es u. a., daß die Herrschaft zwar verpflichtet sei, die gelegten Bauern zu versorgen, die oben erwähnten Punkte der Bauernordnung von 1616 aber keine Anwendung mehr finden könnten. Die Städte billigten diese Haltung nicht nur, sondern forderten zusätzlich, daß die Grundherrschaft überhaupt keine Verbindlichkeiten haben sollte, wenn die Bauern selbst Vermögen besäßen. Die Erklärung, auf die man sich schließlich einigte, wurde der Regierung vorgelegt. Sie blieb jedoch ohne Wirkung, denn 1802 wurde eine gerichtliche Entscheidung zugunsten der Bauern gefällt. Die Landstände protestierten dagegen, aber das Tribunal in Wismar (später als Oberappelationsgericht nach Greifswald verlegt) bestätigte die Entscheidung. Ritterschaft und Städte entschlossen sich danach, einzulenken und der Regierung neue Vorschläge zu unterbreiten. Darin sprachen die Landstände nun nicht mehr vom Bauernlegen, sondern von der Umwandlung der Dienstbauern in Pachtbauern. Diese hätten dann, wenn sie wegen Auslaufens des Pachtvertrages den Hof räumen müßten, keinen Anspruch auf persönliche Freiheit und Eigentum an der Hofausrüstung, denn die Bauernordnung von 1616 träfe in diesem Falle nicht mehr zu, da darin ausdrücklich nur vom Bauernlegen die Rede sei.

Diese Vorschläge der Landstände wurden nicht mehr erörtert (Krieg von 1805). Die Stadt Greifswald verfuhr aber nach diesen Praktiken bereits seit 20 Jahren. Sie führte die Veränderungen in ihrem Bereich ohne entsprechende rechtliche Grundlage durch. Im Zusammenhang mit dem Abschluß von Zeitpachtverträgen (z. B. Brook) praktizierte sie auch das Bauernlegen weiter.

Auf den Landtagen beteuerten die Landstände in ihren »*unterthänigsten gehorsamsten Erklärungen*« zwar regelmäßig, zu Zugeständnissen bereit zu sein, in der Praxis aber verfuhren sie ausschließlich im Interesse der maximalen Steigerung ihrer Einnahmen.

Als der schwedische König Gustav IV. Adolf durch Patent vom 4. Juli 1806 die Leibeigenschaft für Schwedisch-Pommern aufhob, schien sich eine dem »*amerikanischen*« Weg ähnliche Agrarentwicklung in Schwedisch-Pommern anzubahnen. Die Greifswalder Grundherrschaft wandte sich in folgerichtiger Weiterführung ihrer bisherigen reaktionären Agrarpolitik an die Seite des vorpommerschen Adels gegen die Pläne der schwedischen Reformpolitiker.

Nach 1806 zeigte es sich dann, daß auf dieser Grundlage und unter den in Vorpommern gegebenen sozialökonomischen und politischen Bedingungen der Übergang zu kapitalistischen Produktionsverhältnissen in der Landwirtschaft nur auf dem unheilvollen »*preußischen*« Weg erfolgen konnte.

An der Schwelle einer neuen Sozialordnung. Schwedisch-Pommern nach 1750 zwischen Zunft und Konkurrenz

von
Jörg-Peter Findeisen

1. Demminer Kolloquium zur Geschichte Vorpommerns am 06. Juli 1985
unter dem Tagungsthema: »Einige Aspekte der Schwedenzeit in Vorpommern«

Einflußreiche Beamte der schwedisch-pommerschen Regierung in Stralsund beklagten in den Jahren nach 1750 wiederholt den unbefriedigenden Zustand der Landwirtschaft in Schwedens »*deutscher Provinz*«. Ebenso urteilten auch einheimische Gutsbesitzer. Die meisten von ihnen sahen aber weiterhin in der Konservierung der feudalen Zwangsbindungen der leibeigenen Bauern an den gutsherrlichen Teilbetrieb die rentabelste Wirtschaftsform. Doch verdeutlichen solche Wortmeldungen und das Suchen nach neuen Technologien eine allgemeine Unzufriedenheit mit den dortigen landwirtschaftlichen Produktionsmethoden.[1]

Ähnlich Kritisches läßt sich auch über den gewerblichen Sektor vermelden. Dieser kleine deutsche Staat unter schwedischer Herrschaft mit seinen besonderen staatsrechtlichen Strukturen und ungewöhnlich stabil wirkenden Feudalverhältnissen ist trotz guter Quellenlage bisher von der neueren Historiographie relativ wenig beachtet worden. Weder Art und Umfang des ausgewählten Materials noch die Fragestellungen und Ergebnisse der meisten Arbeiten der älteren Pommernforschung können befriedigen.[2]

Zu agrarhistorischen Fragen, zur Ständepolitik, zu verfassungsrechtlichen und Finanzfragen wie auch zur manufakturellen Entwicklung Stralsunds und zur Reformpublizistik im 18. Jahrhundert liegen bereits neuere Forschungsergebnisse vor.[3] Doch fehlt noch immer eine Gesamtdarstellung der ökonomischen Entwicklung Schwedisch-Pommerns.

Für die Zeitspanne zwischen 1500 und den Agrarreformen zur Aufhebung der feudalen Strukturen in der Landwirtschaft liegen zahlreiche Forschungsergebnisse zum Verhältnis von Gutsherrschaft und Bauernwirtschaft in den verschiedenen ostelbischen Territorien vor.[4]

Auch einzelne Aspekte der schwedisch-pommerschen Agrarverfassung wurden ausgewertet.[5] Die derzeit publizierten Forschungsergebnisse zur landwirtschaftlichen Struktur in diesem Teil Pommerns belegen sehr hohe Belastungen der leibeigenen Produzenten im letzten Drittel des 18. Jahrhunderts.

Die vor etwa drei Jahrzehnten zur schwedisch-pommerschen Agrarstruktur publizierten Forschungsresultate betonen noch für das Ende des 18. Jahrhunderts die absolute Dominanz der Hofdienste leistenden leibeigenen Bauern. Erst mit der Aufhebung der Leibeigenschaft hätten sich die gutsherrlichen ritterschaftlichen

Eigenbetriebe mit vorherrschender Lohnarbeit entwickelt, auf deren Übergewicht M. Reißland dann für die Periode um 1820 verwies.[6] Auch für J. Peters beginnt die tatsächliche »*Ausweitung der feudalherrlichen Eigenwirtschaften*« erst am Ende des 18. Jahrhunderts.[7] Es drängt sich die Frage auf, ob das dort Gesagte für das gesamte Territorium in dieser Zeit noch verallgemeinert werden kann. Wie für den Greifswalder Raum, so existiert auch für das Stralsunder Gebiet interessantes Material, das eine weitere Differenzierung erlaubt. Der damalige Pächter von Andershof hatte sich im Sommer 1770 an die Administration des Stralsunder Heilgeist-Klosters als Grundherrschaft mit der Bitte gewandt, die Pachtbauern von Arendsee in Dienstbauern umzuwandeln. Das Kloster lehnte u. a. mit dem Hinweis ab, der Pächter habe seinerzeit die Andershofer Bauern mit der Verpflichtung gelegt, das Ackerland mit gutseigenen Arbeitskräften zu bewirtschaften. Auch ein neuerlicher Antrag, Bauerndienste zu den Außenschlägen von Andershof zu legen, war ein Jahr später wiederum durch die Klosterverwaltung abschlägig beschieden worden.[8]

Künftige Spezialuntersuchungen könnten neue Erkenntnisse über den unterschiedlichen Verlauf der Prozesse bei der Ablösung feudaler Verpflichtungen ermöglichen. Immerhin setzten M. Reißland und J. Peters den Beginn des Übergangs von feudalen zu modernen Produktionsformen im letzten Drittel des 18. Jahrhunderts an.[9] Ein zwar geringes, doch stetiges Anwachsen der Einwohnerzahlen der dortigen Städte - wie es die Tabelle 1 im Anhang dokumentiert - unterstreicht die Berechtigung solcher neuer Fragestellungen nach Umfang und Form der Leibeigenschaft während dieser Periode.

Jüngere Forschungen durch J. Peters und R. Rodigast haben die bisherige Auffassung widerlegt, das massenweise Bauernlegen im letzten Drittel des 18. Jahrhunderts habe den dortigen Bauernstand vernichtet.[10] Unter dem Einfluß der Warenproduktion und den wachsenden feudalen Belastungen, um nur einige Faktoren anzuführen, erfolgte die Differenzierung der Bauernschaft und die auffällige Zunahme der Landarmut bereits in der ersten Hälfte des 18. Jahrhunderts. Andererseits beobachteten die Zeitgenossen gerade in jener Periode neues verstärktes Bauernlegen.[11] Sieht man von dem beschränkten Bodenanteil der Einlieger ab, wurden in der Regel hier die bäuerlichen Produzenten von ihrem Besitz getrennt. Obwohl es sich dabei um »*feudales Bauernlegen*« handelte, können solche Erscheinungen im Prozeß der bürgerlichen Umwälzung unter bestimmten Bedingungen Voraussetzungen für die Anhäufung größerer moderner Kapitalien schaffen.

Doch wurde die Leibeigenschaft als außerökonomische Zwangsbindung des überwiegenden Teils der Bevölkerung auf dem Lande aufrechterhalten, wie es die Tabelle 3 im Anhang belegt. Als Einlieger oder Tagelöhner diente diese auf den neuen Ackerwerken der adligen Gutsherrschaft oder ihrer bürgerlichen Pächter. Auch überwog wahrscheinlich nach wie vor wenigstens im ritterschaftlichen Anteil des Landes der gutsherrliche Teilbetrieb mit bäuerlicher Arbeitsrente.[12] Die allgemeine Bevölkerungszunahme führte aber offensichtlich zu einem allmählich anwachsenden ländlichen Arbeitskräfteüberschuß. Für die Greifswalder Stadtgüter hat R. Rodigast diese Aussage treffen können. Er sah darin eine wesentliche Ursache für relativ günstige Loskaufbedingungen leibeigener land-

armer oder landloser Produzenten dieses Raumes. Doch beschränkte die Stadt diese Möglichkeiten auf die genannten Bevölkerungsschichten. Die Bauern wünschte sie durch den Leibeigenschaftsstatus auch nach Aufhebung der Hofdienste juristisch an den Grund und Boden gebunden.[13]
Da selbst bei hofdienstfreien Bauern solche außerökonomischen Zwangsmittel als unumgänglich erachtet wurden, konnte die Ritterschaft die Arbeitsrente ihrer Dienstbauern nur durch diese Form der Fesselung an das Gut sichern. So haben sich die Stände bis zum Staatsstreich 1806 energisch die allgemeine Aufhebung der Leibeigenschaft durch die Krone verbeten. Andererseits beweisen die Bevölkerungsstatistiken dort bereits im letzten Jahrzehnt einen relativen Rückgang der Landbevölkerung. Im Jahre 1782 betrug der Anteil der Landbevölkerung noch 69,3% an der Gesamtbevölkerung. Dagegen war er bis 1795 schon auf 66,8% abgesunken, wie in Tabelle 2 zu sehen.
Die Geburts- und Sterberegister wie auch die Bürgerbücher der Städte verdeutlichen, daß das gleichzeitige schnellere Wachstum der städtischen Einwohnerzahlen in enger Verbindung zur Fluktuation der losgekauften oder freigelassenen ländlichen Bevölkerungsgruppen betrachtet werden muß. Für Greifswald konnten die Jahre 1780 bis 1799 lückenlos ausgewertet werden. In diesem Zeitraum wurden 321 Menschen mehr geboren als starben.[14] Jedoch nahm die Stadtbevölkerung um 702 Einwohner zu. Das entspricht 1799 einer Steigerung gegenüber dem Ausgangsjahr um 14,1%. 381 Menschen, das sind 54,3% dieses Wachstums, waren von außerhalb in die Stadt gezogen. Im dortigen Bürgerbuch wurden für diese Jahre unter den neu in der Stadt siedelnden 328 Bürgern 135 Männer registriert, die als ehemalige Bewohner schwedisch-pommerscher Dörfer eingetragen wurden.[15]

Die Entwicklung der Stralsunder Einwohnerzahlen ist noch aufschlußreicher. Im Zeitalter von 1779 bis 1800 starben 527 Menschen mehr als geboren wurden. Gleichzeitig wuchs aber die Stadtbevölkerung insgesamt um 625 Einwohner. Das bedeutet gegenüber 1780 eine Steigerung um 5,9%. Dabei resultierte der gesamte Zuwachs von 1.152 Menschen aus einem Zuzug von außerhalb. Knapp 11% der Stralsunder Einwohnerschaft von 1800 sind seit 1779 neu in die Stadt gezogen.[16] Im Bürgerbuch konnten für die Jahre 1779 und 1781 vereinzelt Vermerke über die Herkunft der aus anderen Orten stammenden neuen Bürger gefunden werden. In diesem Zeitraum erwarben 96 Nicht-Stralsunder das Bürgerrecht. 20 jener Männer zogen nachweislich aus Landgemeinden Schwedisch-Pommerns zu.[17]

Für Bergen konnten Angaben für die Jahre 1780 bis 1795 und 1797 bis 1800 zusammengetragen werden. In dieser Zeit wurden 94 Menschen mehr geboren als starben. Doch wuchs Bergens Bevölkerung gleichzeitig um 146 Personen. 52 neue Einwohner zogen von außerhalb zu. Das sind 35,6% des gesamten Zuwachses für diese Periode und entspricht 3,4% der Bergener Einwohnerzahl im Jahre 1800.[18] Für die entsprechenden Jahre erlegten laut hiesigem Bürgerbuch 112 neue Einwohner das Bürgergeld. Unter ihnen konnten 54 einheimische Landleute ermittelt werden. Erfreulicherweise wurde dort auch ausdrücklich eingetragen, wenn es sich um ehemalige Leibeigene handelte. »*Freigelassen*« oder »*losgekauft*« war bei 13 Bürgern bis 1800 notiert.[19]

Leider sind keine so exakten Quellen für

Barths Einwohnerentwicklung verfügbar. Es existieren nur Statistiken für die Jahre 1778 bis 1780, 1790 bis 1797 und 1800. In jenen Jahren wurden hier 128 Menschen mehr geboren als starben. Doch nahm die Bevölkerung bis 1800 um 473 zu.[20] Auch für Gützkow liegen Vergleichswerte über Geburten und Sterbefälle für die Jahre 1780 bis 1785 und 1791 bis 1793 vor. Neben 226 Geburten sind 198 Todesfälle registriert. Im gleichen Zeitraum wuchs hier die Einwohnerzahl um 43 Menschen.[21] Laut Gützkower Bürgerbuch erwarben in diesen Jahren 30 Männer das Bürgerrecht, die teilweise schon längere Zeit dort ansässig waren, deren urspüngliche Heimat aber noch ausgewiesen wird. 13 Neubürger kamen aus schwedisch-pommerschen Dörfern und von dortigen Gütern.[22] Bedauerlicherweise sind ähnliche Quellen für die übrigen Städte nicht auffindbar. Doch läßt sich mit diesem Material jene Tendenz belegen, die J. Peters bereits für die fünfziger Jahre im Zusammenhang mit dem Wachstum der Tribseer Einwohnerzahl bis 1760 vermutete.[23]

In den vorpommerschen Städten vollzog sich analog zum Wachstum der Einwohnerzahlen auch ein verstärkter sozialer Differenzierungsprozeß. Die Mehrzahl der Zugewanderten mußte ihren Lebensunterhalt in der Regel durch Lohnarbeit bestreiten. Doch handelte es sich in den meisten Fällen noch nicht um freie Lohnarbeiter im modernen Verständnis. Zeitgenössische Quellen belegen, daß sie verschiedenen Formen des außerökonomischen Zwangs unterworfen waren. So wurden Klagen laut, daß die Zünfte in Stralsund gegen jene mit Geldstrafen und Arbeitsverboten vorgingen, die für die einheimischen Manufakturen tätig waren.[24]
Um den sozialen Differenzierungsprozeß exakter zu ermitteln, wurde für die Jahre 1783, 1800 und 1805 sowohl die Anzahl der Gewerbetreibenden aller Städte dieses Raumes als auch die entsprechenden Einwohnerzahlen miteinander verglichen. Die Tabelle 4 basiert auf diesem Material. Sie belegt, daß bereits innerhalb der letzten beiden Jahrzehnte des 18. Jahrhunderts in Barth, Loitz, Lassan, Richtenberg und Gützkow ein absoluter Rückgang der kleinen selbständigen Gewerbetreibenden bei gleichzeitigem Anwachsen der Stadtbevölkerung erfolgte. Außerdem kann für alle Städte eine relative Abnahme der Meisterzahlen festgestellt werden. Während in Stralsund, Bergen und Grimmen nur ein geringer Rückgang im Verhältnis zum allgemeinen Wachstum der Einwohnerzahlen zu registrieren ist, beträgt die Differenz bei Greifswald, Wolgast, Barth, Loitz und Franzburg bereits zwischen 10 bis 20% . Richtenberg mit einem Rückgang der Gesamtsumme kleiner selbständiger Warenproduzenten im Verhältnis zur Zunahme der Einwohnersumme mit mehr als 41% und Tribsees mit knapp 35% dokumentieren bereits erhebliche sozialökonomische Veränderungen in diesem Zeitraum.

Die Tendenz wird im Vergleich 1800 zu 1805 noch auffälliger. Jetzt weisen außer Stralsund, Lassan und Gützkow schon alle anderen elf Städte einen absoluten Rückgang in der Anzahl selbständiger kleiner Warenproduzenten auf. Daneben läßt sich auch für Lassan eine weitere relative Abnahme feststellen.

Es ist hier nicht möglich, die besonderen Ursachen für die unterschiedliche Entwicklung in den einzelnen Städten weiter zu verfolgen. Auch erschwert das Anwachsen der Branntweinbrenner- und Schiffer-Gewerbe die Bestimmung möglicherweise bereits in dieser Zeit beginnender Konzentrationsprozesse. So wuchs häufig zwar insgesamt die Zahl der selbständigen Gewerbetreibenden weiter, doch sank in einigen Städten die Zahl der Meister in traditionellen Handwerken. Gerade im Schiffergewerbe ist teilweise ein bemerkenswertes Wachstum in den letzten drei Jahrzehnten des 18. Jahrhunderts zu verfolgen. Daher wurden die Schiffer in die Statistik der selbständigen kleinen Gewerbetreibenden aufgenommen. Doch kann nicht gesagt werden, wie viele Kapitäne ihre Schiffe oder doch erhebliche Anteile daran besaßen. Ein Bericht des Wolgaster Rates vom 13. Dezember 1764 nannte auch Kaufleute als Reeder.[25]

In Greifswald waren 1768 nur 13 Schiffer gemeldet. Im Jahre 1783 waren es schon 23 und 1801 sogar 48. Vier Jahre später ist diese Zahl jedoch auf 37 abgesunken. Auch für Wolgast ist eine ähnliche Entwicklung zu beobachten. Während es 1765 erst 65 Schiffer waren, hatte sich deren Anzahl 1783 auf 94 erhöht. Bis 1801 blieb die Zahl konstant, um dann bis 1805 wieder auf 68 zu fallen. Für Barth waren 1783 erst 37 Schiffer registriert. Im März 1801 wurden jedoch 50 angegeben. Mit 61 im Jahre 1805 ist hier eine weitere ansteigende Tendenz zu vermerken. Dagegen war Stralsunds Entwicklung wahrscheinlich durch einen Rückgang gekennzeichnet. 1760 wurden dort noch 115, im Jahre 1765 noch 114 Schiffer gemeldet. Allerdings fügte der Rat der Stadt Ende 1764 einem Bericht an die Regierung ein Schreiben der Schiffer-Compagnie vom 8. November des Jahres bei. Hier hieß es, die *»Schiffer-Compagnie ist jetzo stark 125 Mann, darunter sind nur 62 die Schiffe führen«*. Nach einem Absinken auf 60 im Jahre 1777 und 58 für 1784 stieg dann die Zahl bis 1805 wieder auf 92 Schiffer an. In dieser Zeit zählte die Schiffergesellschaft insgesamt bereits 126 Mitglieder.[26] Auch hier können die Ursachen nicht weiter verfolgt werden.

Für Stralsund wurde die Entwicklung in einigen Berufen in den Jahren 1760, 1765, 1777, 1784 und 1805 untersucht und in der Tabelle 5 zusammengefaßt. Trotz bestimmter Schwankungen in der Periode bis 1784 läßt sich schon für diese Zeit in einigen Ämtern eine Abnahme der Meisterzahlen erkennen. Besonders auffallende Veränderungen werden jedoch 1805 im Schmiedegewerbe bei einem Rückgang auf 20 gegenüber 29 im Jahre 1784, bei den Maurern mit einer Abnahme um 20 Meister und dem Weberamt bei einer Reduzierung auf 18 gegenüber 29 Meistern 1784 deutlich. Die Zahl der selbständigen Meister im Zimmermannsgewerbe fiel sogar von 60 im Jahre 1784 auf sieben Gewerbetreibende 1805.

Für Greifswald konnten ebenfalls Statistiken in diesen Handwerken zusammengestellt werden. Doch weist die Tabelle 6 hier keine so deutliche Tendenz auf. Lediglich bei den Maurern und Zimmerleuten ist ein entsprechender Rückgang zu vermelden. Es kann aber in diesem Zusammenhang nicht untersucht werden, welche Faktoren hier einer Stralsund analogen Entwicklung entgegenwirkten. Erfreulicherweise sind für die Städte Bergen, Grimmen, Tribsees und Gützkow Quellen erhalten, die weitere Schlüsse ermöglichen. Für einige Jahre liegen hier Einwohnerstatistiken vor, die sowohl die Berufsgruppen als auch die Zahl der zusätzlichen Arbeitskräfte ausweisen, die für den jeweiligen genannten Gewerbetreibenden tätig waren. Dabei wurden alle als Gesellen, Lehrburschen, Knechte, Mägde, Arbeitsmänner, Tagelöhner und Einlieger bezeichneten Einwohner zusammengefaßt. Doch ist es nicht möglich, exakt alle in einem Lohnverhältnis stehenden Arbeitskräfte zu ermitteln. Sogenannte *»Cammerdiener, Hausjungfern, Ladendiener, auch ... zur Privatbedie-*

nung gehörende ... Domestiquen« ebenso wie minderjährige Arbeitskräfte unter 12 Jahren sind in den entsprechenden Rubriken gemeinsam mit den Kindern der Gewerbetreibenden genannt.[27] Es kann also davon ausgegangen werden, daß die tatsächlichen Zahlen der für die Gewerbetreibenden tätigen Arbeitskräfte in den hier aufgeführten Städten noch geringfügig höher lagen.

Die Statistik der mit Sicherheit als Lohnarbeiter einzuordnenden Bevölkerungsgruppen dokumentiert trotz bestimmter Schwankungen ein allmähliches Wachstum. Doch ist es relativ gering und bestätigt insgesamt die Feststellung von H. Schultz, daß *»etwa die Hälfte der Handwerker«* ohne Gesellen arbeiteten und nur sehr wenige Meister Lohnarbeiter beschäftigten.[28]

Während die Tabelle 7 für Bergen bereits 1767 ausweist, daß 14,8% der gesamten städtischen Bevölkerung in einem Lohnverhältnis standen, war diese Zahl bis 1787 auf 17,6% gestiegen. In einigen Handwerken, beispielsweise bei den Schneidern, Schmieden und vor allem den Tischlern, lassen sich schon bemerkenswerte sozialökonomische Veränderungen beobachten. Bei einem Rückgang der Meisterzahlen wuchs bei einigen Gewerbetreibenden die Zahl der von ihnen beschäftigten Arbeitskräfte.

Für Grimmen können analoge Aussagen getroffen werden. Während im Jahre 1766 wenigstens 15,4% der Einwohner in einem Lohnverhältnis standen, hatte sich hier diese Zahl auf 18,6% bis 1780 erhöht, und trotz eines Rückganges auf 17,3% im Jahre 1800 wuchs doch die Menge der Lohnarbeiter weiter an. Besondere Veränderungen sind bei den *»Ackerwerktreibenden«* zu bemerken. Noch 1766 beschäftigten 47 Ackerbürger nur 18 zusätzliche Arbeitskräfte. Im Jahre 1800 sind es nur noch 38 mit 35 Lohnarbeitern.

In Tribsees konnten nur für die Jahre 1779 und 1800 entsprechende Statistiken für den Vergleich genutzt werden. Im Ausgangsjahr wurden 145 in einem Lohnverhältnis stehende Einwohner registriert. Das entsprach 14,3% der Stadtbevölkerung. Bis 1800 war diese Zahl allerdings erst auf 15,5% der dortigen Einwohnerschaft gestiegen. Wie in Grimmen läßt sich auch hier bei den Ackerbürgern eine ähnliche Entwicklung anführen. Beschäftigten 1779 noch 45 selbständige *»Ackersmänner«* erst 27 Arbeitskräfte, waren es 21 Jahre später 37 Lohnarbeiter und noch 37 Ackerbürger. Ebenso interessant ist die Entwicklung im Weberamt. Während 1779 von neun Webern nur zwei zusätzliche Arbeitskräfte beschäftigt wurden, standen 1800 bereits fünf Lohnarbeiter bei acht Webern in einem Arbeitsverhältnis.

Auch für Gützkow läßt sich ein geringfügiges Anwachsen der Anzahl der für die Gewerbetreibenden der Stadt tätigen Arbeitskräfte nachweisen. Doch war hier mit 17,5% der Anteil der Lohnarbeiter an der Einwohnerschaft bereits 1779 relativ hoch. Leider lag nur für 1794 entsprechendes statistisches Material vor. Dabei ergab sich ein relativer Rückgang in der Anzahl der Lohnarbeiter im Verhältnis zur Gesamtbevölkerung Gützkows. Auch konnte nicht bestimmt werden, wie hoch der Anteil der Arbeitskräfte unter zwölf Jahren war. Doch fand der Zuwachs in der Einwohnerschaft keine Entsprechung in der Zahl der selbständigen kleinen Warenproduzenten. Eine auffällige Vergrößerung der Handwerkerfamilien durch einen besonderen Geburtenanstieg muß aufgrund der Taufunterlagen ausgeschlossen werden. Ebenso wuchsen solche Schichten wie Kaufleute, Krämer und städtische Beamte nicht bemerkenswert. So kann die Erklärung für den Rückgang in der Zahl der Lohnarbeiter gegenüber der Gesamtbevölkerung Gützkows nur in der nicht weiter differenzierten Statistik der Kinder und Dienstboten unter zwölf Jahren bei den von außerhalb zugezogenen neuen Einwohnern zu suchen sein. R. Kusch hat am Stralsunder Beispiel den Konzentrationsprozeß anhand der preußischen Gewerbeaufnahme von 1816 u. a. auch in solchen Handwerken wie denen der Zimmerleute und Maurer belegen können.[29] Das deckt sich mit der hier für Stralsund und Greifswald bereits bis 1805 beobachteten auffälligen Abnahme der entsprechenden Meisterzahlen. Spezielle Untersuchungen zu den anderen ehemaligen schwedisch-pommerschen Städten nach 1815 stehen leider noch aus. Doch gibt zu denken, daß die Abnahme der Meisterzahlen besonders in solchen Berufszweigen nachweisbar ist, die keine unmittelbaren Ansätze zu einer modernen Warenproduktion boten. Das gilt erstaunlicherweise auch für die Entwicklung der Leipziger Zünfte um 1830. H. Zwahr hat dort u. a. bei den Schneidern und Schuhmachern Gesellenkonzentrationen festgestellt und vermutet sie auch bei den Bäckern.[30]

Für Schwedisch-Pommern könnte eine Erklärung in der wachsenden Nachfrage nach Kleidung und Backwaren aufgrund der gewachsenen Stadtbevölkerung liegen. Offen muß dann aber die Frage bleiben, warum die Anzahl der Meister in diesen Zünften nicht entsprechend zunahm? Deutet also die Zunahme der Lohnarbeiter zum Beispiel im Schneidergewerbe in Bergen - 1767 waren 20 Meister tätig und nur einer beschäftigte eine zusätzliche Arbeitskraft gegenüber 1797, wo nur noch 13 Meister gemeldet waren, aber schon drei mit einer und vier Meister mit zwei zusätzlichen Arbeitskräften produzierten - doch auf Auswirkungen eines Konkurrenzkampfes hin? Im Maurer- und Zimmermannsgewerbe können solche Prozesse mangelnde Bautätigkeit wegen fehlender Kapitalien bei den Kaufleuten, übrigen Handwerkern und städtischen Einrichtungen verdeutlichen, die Veränderungen im Weberhandwerk auf die Konkurrenz billiger ausländischer Manufakturprodukte zurückzuführen sein. Die zeitgenössischen Klagen über Stagnations- und Verfallserscheinungen sprechen zweifellos gegen die Annahme, es handele sich hier um Auswirkungen innerstädtischer, durch moderne Produktionsformen verursachte Differenzierungsprozesse. Andererseits wurden zur gleichen Zeit auch in Schwedisch Pommern zahlreiche Manufakturprojekte versucht und die Warenproduktion intensiviert. Möglicherweise überlagerten sich beide Prozesse, doch scheinen die feudalen Elemente in der städtischen Gewerbestruktur überwogen zu haben.

Doch erweiterte die hier skizzierte soziale Differenzierung und das Anwachsen der Lohnarbeit die Basis für die Umgestaltung der Produktion nach modernen Prinzipien. Daher ist H. Schultz zuzustimmen, die diesen Prozessen über die Manufakturentwicklung hinaus bereits Bedeutung *»für den Beginn der industriellen Revolution«* beimaß, *»obwohl sie den Rahmen der alten Ordnung noch nicht sprengten«.*[31]

Noch unbefriedigend ist gegenwärtig auch der Forschungsstand über den Umfang bürgerlichen Bodenbesitzes in Schwedisch-Pommern nach 1750. Ebenso gibt es noch immer keine exakten Angaben darüber, welche sozialen Schichten des Bürgertums in dieser Zeit als Pächter oder Eigentümer von Gutswirtschaften auftraten. Zur Bestimmung des Wachstums bürgerlichen Bodenbesitzes liegt mit der bekannten schwedischen Landesmatrikel vom Ende des 17. Jahrhunderts eine ausgezeichnete Quelle vor. Doch fehlen entsprechende spätere Bestandsaufnahmen. Die topographischen Tabellen in der zweiten Hälfte des 18. Jahrhunderts vermitteln nur Überblicke. Daher können auf dieser Basis Besitzveränderungen bis zum Beginn des 19. Jahrhunderts nicht ausreichend ermittelt werden. In seinen Arbeiten führte R. Rodigast zahlreiche bürgerliche Pächter an. Doch interessierten ihn weder ihre Herkunft noch die Frage, ob sie dem Patriziat oder anderen vermögenden Bürgern Greifswalds verbunden waren. Ältere Untersuchungen zur Entwicklung des Stralsunder Grundbesitzes berücksichtigten diesen Aspekt ebensowenig.

So wurde es notwendig, den Hinweisen auf die Beteiligung des Handelsbürgertums an Bodenerwerbungen in der zweiten Hälfte des 18. Jahrhunderts in Einzelfällen nachzugehen. Hier erwiesen sich insbesondere die Konkursmeldungen bzw. Pacht- oder Verkaufsanzeigen in den Zeitungen Stralsunds und Greifswalds als aufschlußreich. Beispielsweise konnte ermittelt werden, daß zahlreiche Ratsmitglieder, Kaufleute, Beamte, Juristen und sogar Gelehrte der Städte Stralsund, Greifswald, Wolgast, Bergen und Garz entweder Geld an verschiedene Gutsbesitzer verliehen oder selbst Güter käuflich bzw. zu Pachtrecht erwarben.[32]

Es fällt auf, daß eine erhebliche Anzahl adliger Lehngüter auf diese Weise über Jahrzehnte durch bürgerliche Pächter bewirtschaftet wurden. M. Reißland betonte noch für 1782 feste ökonomische Positionen des Adels in der Landwirtschaft. Doch vernachlässigte er dabei, daß zahlreiche adlige Eigentümer ihren Besitz bürgerlichen Interessenten zur mehrjährigen Nutzung überließen bzw. überlassen mußten. Für 1794 liegt eine nicht näher erläuterte Spendenliste bürgerlicher Pächter im ritterschaftlichen Distrikt Barth vor, die diesen Wechsel in den Besitzverhältnissen auf dem Lande verdeutlicht.[33] Tatsächlich wurde hier der adlige Eigentümer nur noch durch eine entsprechende feudale Geldrente in den Prozeß der Vermögensbildung einbezogen. Die konjunkturbedingten Gewinne erschlossen sich im wesentlichen dagegen dem Pächter.

Leider erwähnen die meisten Pachtverträge die soziale Zugehörigkeit des Pächters und seinen bisherigen Heimatort nicht. Als eine Ausnahme kann der Vertrag des Barther Senats mit dem Kaufmann Jochim Meink über das Stadtgut Planitz gelten.[34] Meink galt den Zeitgenossen als Prototyp eines modernen Großhändlers.[35] Aber auch er suchte einen Teil seines Kapitals in »*liegenden Gründen*« anzulegen. Diese Tradition läßt sich bereits in der hansischen Vergangenheit der wendischen Städte nachweisen. K. Fritze hatte schon für das beginnende 15. Jahrhundert auf Zusammenhänge zwischen Güterbesitz und erhöhter Kreditwürdigkeit des Kaufmanns hingewiesen.[36] Eine Ende des 17. Jahrhunderts abgefaßte anonyme Reformschrift urteilte über diese Haltung, in Stralsund werde bedauerlicherweise nur derjenige geschätzt, der ein Landgut besäße. »*So haben die principalsten Kaufleute sich hiedurch folgendes persuairen laßen und ihre weideste Mittel und Baarschaft in die Land Güther gestecket*«.[37]

Nur über die Auswertung der Kaufabschlüsse oder der Prozeßunterlagen bei den häufigen Konkursverfahren werden detaillierte Aussagen möglich sein, um das Zeitungsmaterial zu ergänzen. Mit Sicherheit kann gegenwärtig nur gesagt werden, daß in der Tat Kaufmannskapital selbst noch im letzten Drittel des 18. Jahrhunderts in der Landwirtschaft angelegt wurde. Aber gerade hier wurden in diesen Jahren auch die Voraussetzungen für die Anhäufung größerer Geldvermögen in Schwedisch-Pommern geschaffen. Deshalb sollte gefragt werden, ob die zeitgenössischen Klagen über vergeudete Kapitalien der Handelshäuser[38] in der Periode nach 1763 immer grundsätzlich berechtigt waren. G. Heitz hatte seine Erkenntnisse über die Stadt-Land-Beziehungen hinsichtlich der städtischen Grundeigentümer dahingehend zusammengefaßt, daß diese »*vor allem auf warenwirtschaftliche Verwertung feudaler Renten zielten*«. Die ostelbischen fronwirtschaftlichen Produktionsformen hätten den städtischen und ländlichen Siedlungen »*nur begrenzte Entwicklungsmöglichkeiten*« eingeräumt. Doch wirkte der »Export von Getreide, von Agrarprodukten insgesamt« als »*Bindeglied ... zur Entwicklung des Kapitalismus in den am weitesten entwickelten Gebieten West- und Nordwesteuropas*«.[39] So muß auch für Schwedisch-Pommern weiter verfolgt werden, welche Auswirkungen diese Tendenzen auf den Prozeß der Ansammlung größeren Kapitals besonders in der Periode des unbeschränkten Getreideexportes haben konnte

Die Konjunktur auf dem westeuropäischen Getreidemarkt in der Zeit nach 1775 erschloß den adligen und bürgerlichen Getreidegroßhändlern günstige Bedingungen zur Akkumulation von Kapital. Während 1780 Getreide im Wert von 332.529 Rt. ins Ausland verkauft wurde, erhöhte sich der Getreideexport 1781 auf 490.897 Rt. Im ersten Jahr wurden insgesamt Waren im Wert von 539.887 Rt. ins Ausland verkauft. Damit betrug der Anteil des Getreidehandels 61,6%. Im folgenden Jahr war der Gesamtumsatz der zu Wasser und zu Lande verkauften Waren aus Schwedisch-Pommern auf 598.392 Rt. angewachsen. Da jedoch die Getreideausfuhren in diesem Jahr erheblich anstiegen, erhöhte sich der Anteil der Getreidehändler am gesamten Handelsumsatz auf 82%. Für 1782 gibt Gadebusch einen Getreideexport von 632.798 Rt. bei einer Gesamthandelsbilanz von 746.777 Rt. an. Das entspricht 84,7%. Obgleich im folgenden Jahr die Getreideausfuhr auf einen Wert von 601.640 Rt. absank, bedeutet das bei einer Gesamtbilanz der Provinz an Exporten in Höhe von 683.667 Rt. sogar einen Anteil der Getreidehändler von 88%.[40]

Natürlich ist ohne weitere Forschungsergebnisse keine Aussage über die Höhe des akkumulierten Kapitals aus dem Getreidehandel der achtziger Jahre des 18. Jahrhunderts zu treffen. Doch kann angenommen werden, daß das am Getreidehandel beteiligte Handelsbürgertum über beträchtliche Kapitalien verfügte. Auch die Zeitgenossen registrierten solche Kapitalbildungen durch einzelne vermögende Handelshäuser.[41] Zu Beginn des 19. Jahrhunderts galten vor allem einige Getreidehändler in Greifswald und Wolgast als sehr reich.[42] M. Reißland führte schon für die letzten Jahrzehnte der Schwedenzeit Stralsunder Kaufmannsfamilien mit Auslandsfilialen an.[43] Es scheint ein Widerspruch zwischen dem Kapitalreichtum einzelner Handelshäuser und den allgemeinen Klagen der übergroßen Mehrheit der Kaufleute, Manufakturunternehmer und kleinen Warenproduzenten über Kapitalmangel zu sein. Ein Streit zwischen Reichenbach und Gadebusch über die Höhe des verfügbaren Kapitals in den achtziger Jahren[44] erwuchs aus diesem offenkundigen Gegensatz. Reichenbach ließ sich dabei offenbar von den Kapitalschwierigkeiten des mittleren und kleinen Handelsbürgertums leiten. Außerdem ist ein beträchtlicher Teil des Gewinns aus dem Getreidehandel schnell wieder abgeflossen. Im letzten Drittel des 18. Jahrhunderts wurde es selten in die gewerbliche Produktion investiert. Nur sehr wenige kapitalkräftige Vertreter des Stralsunder und Greifswalder Handelsbürgertums richteten auch Manufakturen ein. Weitere Versuche sind aus Richtenberg und Wolgast bekannt.[45] Einige, oft schon bald wieder in Konkurs gehende Unternehmen entstanden.

Doch wurde bereits eingangs betont, nur das Zusammenwirken solcher Faktoren wie Geldvermögen, freiverfügbare Lohnarbeiter und die Beschäftigung dieser Arbeitskräfte in Manufakturen oder durch den Verlag löse den Prozeß der Anhäufung modernen Kapitals aus. Es muß deshalb gefragt werden, warum in Schwedisch-Pommern der dritte Faktor nur teilweise gegeben war. Auch bleibt zu klären, welche Auswirkungen das auf die weitere Genese moderner Wirtschaftsstrukturen in Schwedens deutscher Provinz hatte.

Leider liegt bisher nur die Untersuchung von R. Kusch zur manufakturellen Entwicklung Stralsunds im 18. Jahrhundert vor. Noch immer fehlen entsprechende Arbeiten über die übrigen Städte. Doch lagern in den dortigen Archiven mehrere aufschlußreiche Bestände über Handel und Gewerbe Greifswalds, Barths und Wolgasts für die Mitte der sechziger Jahre und ergänzen so die bekannten Quellen aus dem letzten Jahrzehnt dieses Jahrhunderts.

In ihren Reaktionen auf eine königliche Anfrage über den Zustand der Provinz[46] klagten die vier Seestädte 1764/65 über den völlig desolaten Zustand des Handels und der Gewerbe in ihren Gemeinwesen. Ihre Schiffe bekämen nur auswärts Frachten, außer etwas Getreide und Wolle sei nichts mehr zu verschiffen. Hohe Zölle in den einheimischen Häfen und Handelserleichterungen in den benachbarten mecklenburgischen und preußischen Städten erschwerten alle Aktivitäten der Kaufleute Schwedisch-Pommerns. Ebenso trostlos stellte sich die Lage der Manufakturunternehmer und der kleinen Warenproduzenten dar. Der Barther Bericht erwähnte eine Leder- und Wollzeugfabrik. Obwohl die Stadt geschickte Handwerker habe - man unterschied bewußt zwischen manufaktureller und kleiner Warenproduktion der Amtsmeister -, mangele es doch an Absatz. Der Wolgaster Rat nannte neben dem Schiffbau eine auf ausländische Lieferungen angewiesene Salzsiederei. Zwar betonte die Kaufmannschaft ihr Interesse an einer Wollspinnerei, doch hielt man hier die Einrichtung privater konkurrenzfähiger Manufakturen für unmöglich. Nur mit staatlicher Unterstützung sei an eine Entwicklung des Handels und der Manufakturen zu denken. Stralsunds Magistrat klagte insbesondere über den Mangel an dringend benötigtem Handelskapital.[47]

Auch im umfangreichen Greifswalder Rapport vom 25. Februar 1765 bezog sich die Kaufmannschaft auf die wirtschaftspolitischen Fördermaßnahmen der preußischen Regierung.[48] Wie die anderen Städte führte sie als Ursachen eigener wirtschaftlicher Schwäche die fehlende Konkurrenzfähigkeit mit den benachbarten Handelsplätzen an. Anders aber als Stralsund, Wolgast und Barth reichten diese Kaufleute über die Bitte nach Zollerleichterungen hinaus weitere konkrete Vorstellungen ein, durch welche neuen Maßnahmen Handel und Gewerbe zu entwickeln wären. So unterbreiteten sie Vorschläge zur Einrichtung einer Wollwrake auf dem Lande, empfahlen die

steuerliche Belastung der adligen Wollausfuhr und wünschten die Anwendung der schwedischen Manufaktur-Privilegien auf mehrere einzurichtende Manufakturen der Stadt.[49]
Wie der Wolgaster Rat beschrieb der Greifswalder Magistrat den gegenwärtigen gewerblichen Zustand. Alle Alterleute der Ämter hätten geklagt, daß *ein jedes Ambt in Ermangelung des Absatzes wegen Mangel der Nahrung zu klagen Uhrsachen hätten, da viele unter Ihnen nicht so viel* verdienten, als sie zum Leben benötigten. Vor allem entzögen die Handwerker auf dem Lande den Greifswaldern den Absatz außerhalb der Stadt.[50] Hier deutet sich möglicherweise eine offenbar umfangreichere gewerbliche Tätigkeit auf dem Lande an, als bisher für diesen Raum vermutet wurde. Allein in den Jahren von 1795 bis 1800 werden acht Weber auf dem Lande in der Stralsunder Zeitung erwähnt. Dabei handelt es sich fast ausschließlich um Todesanzeigen.[51] Daher scheint die Annahme berechtigt, daß zahlreiche Weber in der zweiten Hälfte des 18. Jahrhunderts auf dem Lande produzierten.

Bekanntlich wich in einigen deutschen Territorialstaaten die unzünftige, auf einen erweiterten Markt strebende Produktion auf das Land aus. Aber in Schwedisch-Pommern war noch bis zum Staatsstreich 1806 nur Schmieden, Schneidern, Leinwebern, Zimmerleuten und Radmachern eine beschränkte Tätigkeit auf dem Lande erlaubt.[52] Doch belegt die Greifswalder Klage, daß diese Formen handwerklicher Produktion bereits Mitte der sechziger Jahre des Jahrhunderts bemerkenswerte Ausmaße angenommen haben müssen, selbst dann, wenn man Übertreibungen in Rechnung stellt.
Im Jahre 1773 berichtete auch der Bergener Magistrat, jedes Handwerk würde *auf dem Lande stärker getrieben, alß in der Policey geordnet ist*. Bevor die Regierung diese Entwicklung nicht eingeschränkt habe, *werden Bedruegnißse, und daraus entstehenden häufigen Concurse in hiesiger Stadt kein Ende seyn*.[53]
Greifswald sah 1765 nicht allein in den ländlichen Gewerbetreibenden eine gefährliche Konkurrenz für die eigenen Ämter. Es wären auch die Soldaten, die *durch Obrigkeitl. Assistence* zu selbständiger handwerklicher Tätigkeit ermuntert würden.[54] Offensichtlich konnten mit Duldung der Regierung schon damals sowohl Landhandwerker als auch Soldaten der Garnison für einen Markt produzieren, der Greifswalds traditionelle Absatzgebiete mit einschloß.[55]
Faßt man die Vorstellungen der Kaufleute über Maßnahmen zur Verbesserung ihrer finanziellen Lage durch Manufakturgründungen zusammen, fällt vor allem das Interesse einiger Greifswalder und Wolgaster Handelsbürger auf. Offenbar sahen diese Kreise beider Städte in jener Zeit noch weniger Möglichkeiten als Stralsund und Barth, auf traditionellen Wegen im Groß- und Seehandel Handelsgewinne zu realisieren. Die Konkurrenz der preußischen Städte wirkte sich hier zweifellos schädlicher als die mecklenburgische auf den einheimischen Handel aus. Stralsund blieb das Handelszentrum zwischen Schweden und der Provinz. Außerdem hatten verschiedene gescheiterte Manufakturversuche vor und während des Krieges[56] dem dortigen Patriziat die Schwierigkeiten offenbart, auf diese Weise sichere Gewinne buchen zu können. So schreckten sie vor den größeren Risiken noch mehr als der Greifswalder Magistrat zurück.
Die Stralsunder Regierung bemühte sich auch in den folgenden Jahren, die manufakturelle Entwicklung sowohl in Greifs-

wald als auch in Stralsund zu fördern.[57] Selbst an den Bergener Rat wandte sie sich im März 1773 mit der Forderung, die Stadt solle anzeigen, *»was für Manufacturen und Fabriquen«* dort gegenwärtig bestünden und wie die gewerbliche Entwicklung gefördert werden könnte.[58] In Stralsund suchte 1775 der damalige Generalgouverneur Graf Friedrich Carl Sinklaire, dem mittleren und kleinen Handelsbürgertum den Kommissionshandel zu erschließen. Der auch später als Manufakturunternehmer tätige Kaufmann Billroth[59] wurde auf seine Weisung von dem Kaufmannseid befreit, nur mit eigenem Geld zu handeln. Dieser Eid, so erläuterte Sinklaire dem König seine Entscheidung, leite seinen *»Ursprung her von dem einseitigen Interesse eines Theils reicher Handelnder in Stralsund, die den mehresten Einfluß gehabt, und durch einen solchen Eid andere nicht so vermögende vom Getrayde-Handel ausschließen, und sich selbst in einen sichern Besitz des berührten Handels setzen wollen ... fürnemlich aber ohne Concurrenz ihrer nicht so vermögenden Mithandelnden treiben können«.* Da es an Kapital in Stralsund fehle, sehe er Kommissionsgeschäfte zur *»Aufhelfung des Handels«* als notwendig an.[60]

Vor allem von der Privilegierung sogenannter *»Contingentsbürger«* versprach er sich eine stimulierende Wirkung. Ein solcher Großkaufmann sollte von allen Bürgerpflichten befreit, sein Kapital ungehindert im Großhandel einsetzen können. Außerordentliche Freiheiten wollte Sinklaire erwirken. Die Contingentsbürger sollten ihre Waren aus der Fremde überall verkaufen dürfen, *»jedoch nur en gros«.* In allen Handelsangelegenheiten sollten sie einem speziellen Handelsgericht unterstehen, nach Belieben *»Güter auf dem Lande und Häuser in den Städten«* kaufen und *»Commissions- und Transito-Handel, Wechsel, und Geld-Negoce treiben, Schiffe bauen und Rhedereyen haben ... Manufacturen und Fabriken einrichten ... Manufacturisten, Fabrikanten und Handwerker mit rudimaterien verlegen«* können. Während ihnen mit Kaufmannswaren nur der Großhandel gestattet werden sollte, räumte Sinklaire für den Verlag mit pommerschen Manufakturwaren sogar den Absatz *»en gros und en detail«* ein.[61]

Andererseits eröffnete zur gleichen Zeit die Freiheit der Getreideausfuhr aus Schwedisch-Pommern dem Patriziat der Städte günstigere Möglichkeiten, im Verkauf landwirtschaftlicher Produkte sofortige Gewinne zu erzielen. In kurzer Zeit waren *»die Kornpreise im Lande merklich gestiegen«.*[62] Daher konnten auch die versprochenen Freiheiten für die Contingentbürger das auf Handelsprofite aus dem Getreidehandel orientierte Patriziat Stralsunds nicht zu neuerlichen Manufakturprojekten anregen. Ebenso mußte sich auch das Interesse der Wolgaster und Greifswalder führenden Handelshäuser wieder ganz dem Agrarhandel zuwenden. Diese Schichten trugen ohnehin die städtischen Lasten nicht oder nur teilweise.[63] Zum anderen mußten solche Regelungen die Konkurrenzfähigkeit anderer Kaufleute in ihren Städten stärken und die eigene Position gefährden.

Doch nahm in den folgenden Jahren das Interesse der kapitalärmeren Gruppen des Handelsbürgertums an Manufakturgründungen zu. Diese Kreise verfügten nicht über das notwendige Kapital, Getreide und andere Landesprodukte im erforderlichen Umfang aufzukaufen. Dagegen erleichterten ihnen solche manufakturfördernden Bestimmungen wie die Freiheiten für Neuanbauende, Zollminderungen für Rohstoffe und Fertigprodukte, städtische und staatliche Kredithilfen den Start als Manufakturunternehmer. Leider fehlen gegenwärtig noch spezielle Untersuchungen, wie weit diese Möglichkeiten tatsächlich bestanden und genutzt werden konnten. Verglichen mit anderen Staaten schien den Zeitgenossen die manufakturelle Entwicklung unbefriedigend.[64] Noch 1794 schätzte die Stockholmer Regierung ein, »*in Pommern und Rügen (sei) ein gänzlicher Mangel an dergleichen Einrichtungen*«.[65] Und zwei Jahre später übermittelte die Stralsunder Regierung gemeinsam mit den Ständen eine Erklärung »*betreffend das Fabrik und Manufactur Wesen dieser Provintz und die sich dabey befindlichen Hindernisse*«. Darin heißt es, zwar sei unbestritten, daß Fabriken die »*Quelle und den Grund ihrs Wohlstandes*« für viele Staaten bilden. Doch wäre es »*ebenso unstreitig, daß alle in dieser Rücksicht in unser Provinz verwandte Bemühungen, in so ferne von Verarbeitung roher Materie im Großen die Rede, ohne dauernde Erfolge gewesen*« seien.[66]

Die Städte selbst schätzten Ende des Jahres 1796 ein, für die Entwicklung der Manufakturen sei »*alles dasjenige geschehen, was eine vernünftige Staats-Ökonomie*« erlaube. So erhielten die Unternehmer »*bey Einschreibungen der nicht einheimischen Rudimaterien und bey den ausgehenden Fabrikaten*« Zollminderungen. Stralsund gestatte sogar seit kurzer Zeit die »*gäntzliche Entfreyung von allen Zulage-Imposten*«. Auch habe man in der gesamten Provinz die ausländischen Konkurrenzprodukte zu einheimischen Manufakturen »*mit einem höheren Impost beleget oder ihre Einfuhr überall verbothen*«. Doch wird an erfolgversprechenden Manufakturen beispielsweise nur die Gerberei des Kaufmanns Lorentz in Stralsund genannt.[67]

Das vorhandene Archivmaterial erlaubt jedoch eine differenziertere Wertung. R. Kusch hat zahlreiche Versuche analysiert, in Stralsund im letzten Drittel des 18. Jahrhunderts zu einer modernen Warenproduktion überzugehen. Die zeitweilig bedeutsame Stralsunder Fayencemanufaktur der Familie Giese mußte 1792 endgültig die Produktion einstellen. Doch galt ihr Gründer, der einflußreiche Kammerbeamte Ulrich Giese, als einer der wohlhabendsten Großkaufleute und Unternehmer Schwedisch-Pommerns. Mit dem Allodialbesitz an der Insel Hiddensee verfügte er gleichzeitig über die Tonerde für seine Manufaktur. Unglückliche Finanzspekulationen ließen ihn schon 1766 nach einem Käufer suchen.[68] Schwere Schäden durch die Explosion eines Pulvermagazins und ungenügende Kredithilfen durch die Landstände wie auch das »*unpatriotische*« Interesse der Käufer an englischem Steingut werden in der zeitgenössischen Literatur als Ursachen des Scheiterns genannt.[69] Doch fanden G. Berlekamp und R. Kusch mit dem Verweis auf die zunehmende Neuorientierung der Bevölkerung auf das billigere formschöne englische Steingut die grundsätzlichen Ursachen. Vor einiger Zeit bestimmte R. Weinhold allgemein für Deutschland das Ende dieser Keramikgattung für die Zeit nach 1775.[70] Dagegen hatte die Stralsunder Seifensiederei noch um die Jahrhundertwende starken Absatz und lieferte gute Ware. Zwei Färbereien, eine Möbel- und die Spielkartenfabrik wurden bereits von den Zeitgenossen für bedeutend gehalten.[71] Weniger sicher war der Gewinn der dortigen Stärkefabrik. Während sie Reichenbach 1784 nur noch als »*trauriger Schatten*« erschien,[72] ist R. Kusch den konjunkturbedingten Schwankungen dieses »*ältesten und langlebigsten Unternehmens in der Schwedenzeit Stralsunds«* nachgegangen und hat sie als eine Vorform eines *»kapitalistischen Betriebes«* gewertet.[73] Von mehreren in den sechziger und siebziger Jahren in Greifswald eingerichteten Manufakturen - eine Wachsbleiche, eine größere Gerberei und eine Salzsiederei[74] - hatte 1784 nur noch die letztere einige Bedeutung. Die um die Mitte des Jahrhunderts gegründete und noch 1765 geförderte Gerberei - von den Zeitgenossen als Manufakturbetrieb empfunden - war inzwischen aufgegeben worden. Doch nennt der Ergänzungsband der »Staatskunde« um 1800 hier auch vier Tabakfabriken, während dort die entsprechenden Stralsunder Betriebe nicht erwähnt werden.[75]

In Wolgast hatte der Schiffbau weiter zugenommen. In den neunziger Jahren des 18. Jahrhunderts wurden 45 neue Seeschiffe gebaut. Allein im ersten Halbjahr 1801 lagen fünf weitere auf Kiel.[76] In Garz produzierte seit 1792 eine städtische Garnspinnerei. Andere, zeitweilig in Prerow, Wolgast, Barth und Stralsund eingerichtete Spinnereien waren bald wieder geschlossen oder doch nur wenig produktiv geworden.[77]

Doch dokumentieren solche ständigen, von einer langsam breiter wachsenden Schicht kleiner und mittlerer Handelsbürger getragenen Bemühungen auch hier die Existenz eines manufakturellen Stadiums. Allerdings zeigt sich, daß die Entstehung solcher neuartig produzierenden Betriebe nicht annähernd das Niveau einiger anderer deutscher Territorialstaaten östlich der Elbe erreichte. Hier kann wahrlich nicht von der Existenz einer *»Handels- und Manufakturbourgeoisie«* - auch nicht in ersten Ansätzen - gesprochen werden. Zwar beschäftigten auch in Schwedisch-Pommern kurze Zeit drei Manufakturunternehmen zwischen 100 bis 400 Lohnarbeiter,[78] doch entsprach die übergroße Mehrheit der eingerichteten Betriebe weder den qualitativen noch den quantitativen Kriterien, wie sie beispielsweise dem Handbuch des Freiherrn von Knyphausen für die preußischen Manufakturen 1769 zu entnehmen sind. Zu dieser Zeit setzten erst Tendenzen eines allmählichen Hinüberwachsens des vorpommerschen Handelsbürgertums mit einigen wenigen Manufakturunternehmern - vorrangig Unternehmer-Kaufleuten - zu einer modernen Unternehmerschicht ein. Die Bedingungen für die Entstehung dauerhafter moderner Unternehmen reiften aber auch hier weiter heran. Das Geldvermögen einiger größerer Handelshäuser, bei den städtischen Stiftungen und einzelnen, an Manufakturprojekten interessierten Unternehmer-Kaufleuten wuchs während des amerikanischen Unabhängigkeitskrieges und der russisch-schwedischen Kampfhandlungen wieder bedeutend. Die allgemeine Bevölkerungszunahme bei gleichzeitiger Pauperisierung größerer Produzentengruppen bewirkte ein Wachstum proletarisierter Schichten in den Städten und auf dem Lande. Das war die Basis für einige erfolgreiche Versuche, ein dauerhaftes *»Kapitalverhältnis«* zu gründen. Doch scheiterten zahlreiche gewinnversprechende Projekte an Hindernissen, die aus den besonderen sozialökonomischen und staatsrechtlichen Verhältnissen Schwedisch-Pommerns erwuchsen.

Noch im letzten Drittel des 18. Jahrhunderts lehnte hier die Mehrheit des eng mit dem Feudaladel verbundenen reichen Handelsbürgertums nahezu jede manufakturpolitische Initiative ab. Gestützt auf zahlreiche Privilegien, die durch die weiterbestehende Zugehörigkeit Vorpommerns zum deutschen Reichsverband gesichert waren, hatten sich die feudalen

Kräfte in der Ständevertretung ein stabiles Machtorgan geschaffen. Hier verhinderten sie selbst jene Reformversuche der Krone, durch die nur einige der ärgsten Anachronismen der Feudalordnung beseitigt werden sollten. Reste feudaler Gesellschaftsstrukturen blieben auch nach dem Übergang Schwedisch-Pommerns an Preußen noch bis weit in das 19. Jahrhundert hinein dominierend erhalten, konservierten überlebte Wirtschaftsformen und erschwerten die bürgerliche Umwälzung Vorpommerns.

[1] Vgl. die einleitenden Bemerkungen bei Findeisen, Jörg-Peter, Fürstendienerei oder Zukunftsweisendes unter feudalem Vorzeichen. Wirtschaftspolitische Reformpublizistik in Schwedisch-Pommern zwischen 1750 und 1806, Sundsvall 1994, S. 1-35.

[2] Als Beispiele sollen hier nur genannt werden: Martin Wehrmann, Geschichte von Pommern, Bd. 2, Gotha 1906, kürzlich als Reprint (Augsburg 1992) wieder aufgelegt; Lotte Müller, Die Entwicklung des Stralsunder Seehandels in der Zeit der schwedischen Herrschaft (1648-1814), Diss. Königsberg 1925; Grundbesitz der Stadt Stralsund und ihrer Klöster, o. O. u. o. J. (1926); Erich Gülzow, Menschen und Bilder aus Pommerns Vergangenheit, Stralsund 1928; ds., Präpositus Picht und General von Dycke, zwei Vorläufer Ernst Moritz Arndts im Kampf gegen die Erbuntertänigkeit, Greifswald 1935.

[3] Siehe dazu die angeführte Literatur zur schwedisch-pommerschen Geschichte bei Gerhard Heitz u. a., Forschungen zur Agrargeschichte, bes. S. 125-129, in: Sonderbd. der ZfG, Historische Forschungen in der DDR 1960-1970; ds. u. a., Forschungen zur Agrargeschichte, in Historische Forschungen in der DDR 1970-1980, S. 635-636. Hier soll noch besonders verwiesen werden auf Rolf Rodigast, Die Greifswalder Stadtbauern im Spätfeudalismus. Untersuchungen zur Entwicklung der wirtschaftlichen und sozialen Lage der bäuerlichen Produzenten im Bereich der Greifswalder Gustherrschaft (1648-1806), Diss. Greifswald 1974; R. Kusch, Zur Entwicklung der manufakturellen Produktion in Stralsund während der späten Schwedenzeit (1720-1815), Dipl.-A. Greifswald 1975; H. Backhaus, Zur Einführung der Leibeigenschaft in Vorpommern im siebzehnten Jahrhundert, in: Das Vergangene und die Geschichte, hrg. v. R. v. Thadden u. a., Göttingen 1973; Jörg-Peter Findeisen, Die progressive wirtschaftspolitische Reformpublizistik in Schwedisch-Pommern im letzten Drittel des 18. Jahrhunderts, Diss. B (Habil-A.) Greifswald 1982; Werner Buchholz, Öffentliche Finanzen und landständische Verfassung in Schwedisch-Pommern 1720-1806, Habil-A. Kiel 1988; ds., Landständische Verfassung und bäuerliches Eigentum in Schwedisch-Pommern und Schweden, in: Zs. f. Ostforschung, 37 (1988), H. 1, S. 78-111; ds., Schwedisch-Pommern als Territorium des deutschen Reiches 1648-1806, in: Zs. f. neuere Rechtsgeschichte, 1990, S. 14-33; Renate Schilling, Schwedisch-Pommern um 1700. Studien zur Agrarstruktur eines Territo-

riums extremer Gutsherrschaft, Weimar 1989. Zur neuesten Literatur siehe: Pommern. Geschichte. Kultur. Wissenschaft, Greifswald 1991.

[4] Es muß einem speziellen Literaturbericht vorbehalten bleiben, die umfangreiche Literatur zu dieser Thematik anzuführen. Hier soll nur auf die erwähnte Literatur bei G. Heitz u. a., Forschungen zur Agrargeschichte ... 1960-1970 u. ds. u. a., Forschungen zur Agrargeschichte ... 1970-1980, S. 619-659, verwiesen werden.

[5] Über die agrarhistorische Forschung in der DDR zur schwedisch-pommerschen Geschichte siehe Anm. 45 auf S. 10 der Einleitung in: J.-P. Findeisen: Fürstendienerei oder Zukunftsweisendes unter feudalem Vorzeichen. Wirtschaftspolitische Reformpublizistik in Schwedisch-Pommern zwischen 1750 und 1806, Sundsvall 1994.

[6] M. Reißland, Grundzüge der Ständepolitik in dem Gebiet von Vorpommern und Rügen während der ersten Hälfte des neunzehnten Jahrhunderts, Diss. Greifswald 1963, S. 276-277. Vgl. dort auch die Auswertungen der Krassowschen Aufzeichnungen auf S. 24-25 u. 38.

[7] J. Peters, Die Landarmut in Schwedisch-Pommern. Zur sozialen Entwicklung und politischen Bedeutung der landarmen und landlosen ländlichen Produzenten in Vorpommern und Rügen 1630-1815, Diss. Greifswald 1961, S. 24.

[8] Stadt-A. Str., Ki. 312, Schreiben v. 3. Oktober 1770 u. 23. Mai 1771.

[9] M. Reißland, S 58; J. Peters, Schwedische Agrarpolitik, S. 593. Vgl. auch K. Spading, Volksbewegungen in Städten Schwedisch-Pommerns um die Wende vom 18. zum 19. Jahrhundert, in: Jahrbuch für Regionalgeschichte, Bd. 2, Weimar 1967, S. 101-102.

[10] J. Peters, Die Landarmut, S. 108-109; ds., Ostelbische Landarmut - Statistisches über landlose und landarme Agrarproduzenten im Spätfeudalismus (Schwedisch-Pommern und Sachsen), in: Jahrbuch für Wirtschaftsgeschichte, 1970, T. 1, S. 115-116; R. Rodigast, Die Greifswalder Stadtbauern, S. 21 u. 247.

[11] Pommersche Bibliothek (PB), 1. St., S. 59-65. Vgl. auch J. Peters, Die Landarmut, S. 109-110 u. 124-128; M. Reißland, S. 15-18 u. 27-30.

[12] Vgl. J. Peters, Schwedische Agrarpolitik, S. 577-578. Siehe auch M. Reißland, S. 43.

[13] R. Rodigast, Besitzrecht, S. 68-72. Siehe dazu Stadt-A. Gw., Rep. 5, Nr. 647, Bl. 380 b. J. Peters glaubt ebenfalls, für die Universitätsgüter und selbst für einige verpfändete Domänen erleichterte Loskaufbedingungen schon vor 1770 feststellen zu können. Siehe Schwedische Agrarpolitik, S. 579. Vor allem registrierte er aber auch für die letzten Jahrzehnte des 18. Jahrhunderts ein bemerkenswertes Anwachsen der Loskäufe. Siehe ebd., S. 583. Schon für den Beginn der zweiten Hälfte dieses Jahrhunderts verweist er übrigens auf Loskaufmöglichkeiten. Siehe ds., Die Landarmut, S. 124.

[14] Stadt-A. Gw, Rep. 5, Nr. 3452.

[15] Ebd., Rep. 3, Nr. 30, Bürgerbuch der Stadt Greifswald, S. 256-329.

[16] Stadt-A. Str., Hs. 29-2.

[17] Ebd., Bürgerbuch der Stadt Stralsund von 1733 bis 1784, Nr. III. 7., Jg. 1779-1784.

[18] Kreisarchiv Rügen, Nr. 858.

[19] Das Bürgerbuch der Stadt Bergen, hrg. v. E. Aßmann, Greifswald 1940, S. 136-153.

[20] Stadt-A. Barth, Rep. 4, XIV A, Nr. 2233 u. 2234.

[21] Vorpommersches Landesarchiv Greifswald (VpLA), Rep. 38 b, Gützkow, Nr. 1028.

[22] Ebd., Hs. Gützkow, Nr. 1: Das Gützkower Stadt-Buch, 1673-1793 u. Nr. 2: Bürger-Buch der Stadt Gützkow, 1793-1833.

[23] J. Peters, Die Landarmut, S. 86.

[24] Versuch in politischen Schriften..., T. 1, Rostock 1762, S. 198-199. Siehe dazu auch die Strafanträge der Ämter gegen unzünftige Produzenten in der Strals. Zeitung, Nr. 65 (30.5.) 1789, 17 (9.2.) 1796 u. 130 (29.10.) 1799.

[25] VpLA, Rep. 10, Nr. 50, Bl. 75.

[26] Ebd., Bl. 82 u. Rep. 40 III, Nr. 142, Bd. 2, Bl. 381. Gedrucktes Zahlenmaterial wurde entnommen aus: Staatsk., T. 1, S. 59, 133, 172 u. 189; Sammlung gemeiner und besonderer Pommerscher und Rügischer Landes-Urkunden, Gesetze, Privilegien, Verträge, Constitutiones und Ordnungen. Zur Kenntniß der alten und neueren Landes-Verfassung insonderheit des Königlich-Schwedischen Landes-Theils. Hrsg. von Johann Carl Dähnert, Bd. 1-3, Stralsund 1765-1769, Supplements-Bde 1-4, Stralsund 1782-1802 (LC), Suppl. 1, S. 1264; Pomm. Museum, T. 1, S. 2-5 u. dem Schwedisch-Pommersch-Rügianischen Staatskalender 1805.

[27] Kreisarchiv Rügen, Nr. 858, Formular der Regierung mit Erklärungen der Rubriken.

[28] H. Schultz, Zur Rolle der Volksmassen, (ZfG 1981) S. 415.

[29] R. Kusch, S. 213.

[30] H. Zwahr, Zur Konstituierung des Proletariats als Klasse. Strukturuntersuchungen über das Leipziger Proletariat während der industriellen Revolution, Berlin 1978, S. 52.

[31] H. Schultz, Zur Rolle der Volksmassen, S. 420.

[32] Hier sind u. a. die Stralsunder Bürgermeister David Ike, Arnold Engelbert Buschmann, das Garzer Stadtoberhaupt Jacob Andersen, die Stralsunder Ratsverwandten Arnold Emanuel Schlichtkrull, Adam Fabricius, Lucas Friedrich Stegmann, Johann Christian Biel, das Bergener Magistratsmitglied Daniel Friedrich Günter und der Camerarius Jürgen Peter Mau, der Damgartener Ratsherr Christian Hinrich o. Hans Peter Berg ebenso zu nennen wie die Stralsunder Kaufleute Christian Jacob Löhding, P. H. Reimer, Johann August Ramsthal, der Barther Kaufmann Jochim Meink, der Unternehmer und Regierungsbeamte, Kammerrat Ulrich Giese, der Wolgaster Kaufmann Commercienrat Homeyer, der Sekretär des Königl. Consistoriums zu Greifswald, Christoph Nürrenberg, der Garzer Bürger Henselmann und die Akademiker Niclas Eggebrecht, Apotheker in Stralsund, Johann Carl Schildener, Apotheker in Greifswald, und Christian Ehrenfried Weigel, Archiater der Medizinischen Fakultät der Greifswalder Universität. Diese Angaben wurden aufgrund von Analysen in der Stralsundischen Zeitung der Jahre 1760-1800, dem Staatskalender von 1747-1806 und den topographischen Tabellen in der LC-Sammlung zusammengestellt.

[33] Str. Zt., Nr. 135 (11.11.) 1794. Hier werden folgende Namen angeführt: Thölke zu Arbshagen, Thölke zu Seehagen, Schepler zu Altenwillershagen, Dörschlag zu Beyerhagen, Todenhagen zu Spitzersdorf, Sievert zu Forkenbeck, Ahrend zu Löbbenitz, Lange zu Niepars, Guderow zu Plennin, Waterstra zu Neuenrost, Kohn zu Eickhof, Löding zu Zarnow, Buchholz zu Starkow, Rieck zu Tempel, Dunker zu Todenhagen, Trudemann zu Neuenlübcke, Lange zu Tribohm, Moll zu Trinwillershagen und Pauli zu Weitenhagen. Siehe dazu M. Reißland, S. 5-7, wo diese Veränderungen in den Besitz- bzw. Nutzungsrechten nicht berücksichtigt werden.

[34] Stadt-A. Barth, Rep. 4 VI H, Nr. 595.

[35] PB, 4. St., S. 130-131.

[36] K. Fritze, Am Wendepunkt, S. 104.

[37] Kurtzer Entwurff der Generalen Vorschläge wodurch das Fürstentumb Pommern nach erhaltenem und durch Gottes Gnaden continuirenden Frieden hinwieder nahrhafft zu machen also, das dadurch das Aerarium Regium könne augiret werden, in: VpLA, Oeconomice Politica Pomeran., Rep. 40, VI, Vol. 30, S. 479-527, III, Paragraph 23.

[38] Siehe dazu die kritischen Bemerkungen in: BzN, 1753, S. 102; Versuch, T. 1, S. 5; PB, 4. St., S. 89.

[39] G. Heitz, Stadt-Land-Beziehungen, S. 354.

[40] PB, 1. St., Anhang, S. 133 u. 137. Siehe auch Staatsk., T. 2, Beilage III C.

[41] PB, 4. St., S. 49-50.

[42] Briefe, 1. Aufl., S. 31.

[43] M. Reißland, S. 57.

[44] Siehe dazu Staatsk., T. 2, Beilage III, Vorbericht, S. V-VI.

[45] PB, 3. St., S. 23-24.

[46] VpLA, Rep. 10, Nr. 50, Bl. 4, 14 u Schreiben des Königs v. 3. September 1764.

[47] Ebd., Bl. 68-71, 73-77 u. 292-296.

[48] Ebd., Bl. 292-296 u. 307-310.

[49] Ebd., Bl. 315.

[50] Bd., Bl. 315-316.

[51] Strals. Zeitung, Nr. 45 (14.4) u. 119 (4.10.) 1796, 20 (16.2.) u. 59 (18.5.) 1797, 28 (6.3.) 1798, 6 (18.1.) u. 140 (22.11.) 1800.

[52] Staatsk., T. 1, S. 281-282 u. LC II, S. 391.

[53] Kreisarchiv Rügen, Nr. 182. Die Städte klagten 1796 beispielsweise darüber, daß allein in einem Teil des »Barthischen Districts 108 Webstühle im Gange« seien. Siehe dazu Riksarkivet Stockh., Gadebusch-Sammlung, Vol. 118, Schreiben der Städte v. 3. Dezember 1796.

[54] VpLA, Rep. 10, Nr. 50, Bl. 317.

[55] Ebd., Bl. 322-325, 315 u. 317; LC, Suppl. 2, S. 466-468. Ebenso klagten die Städte im Schreiben v. 3. Dezember 1796 über »unglaublich stark betriebene Pfuscherey« der Soldaten in allen Gewerben. Siehe Riksarkivet Stockh., Gadebusch-Sammlung, Vol. 118.

[56] PB, 3. St., S. 13-39.

[57] LC, Suppl. 2, S. 498-499.

[58] Kreisarchiv Rügen, Nr. 812.

[59] R. Kusch, S. 133.

[60] LC, Suppl. 2, S. 476.

[61] Ebd., S. 479-481.

[62] Ebd., S. 475 u. 464-465.
[63] Stadt-A. Str., Rep. 3, Nr. 4857.
[64] PB, 1. St., S. 69-81, 3. St., S. 12-113; Staatsk., T. 2, S. 45-52; Polit. J. 1(1781), 11. St., S. 368-370, 12. St. S. 470, 2 (1782), 1. St., S. 225; Neueste Critische Nachrichten, 8 (1782), 5. St., S. 37-38, 29. St., S. 231-232; Pomm. Archiv, Bd. 4, 1. St., S. 94-95.
[65] Kreisarchiv Rügen, Nr. 1134.
[66] Riksarkivet Stockh., Gadebusch-Sammlung, Vol. 118, Schreiben der Regierung v. 10. Juni 1801.
[67] Ebd., Schreiben der Städte v. 3. Dezember 1796.
[68] Siehe Stadt-A. Str., Rep. 1, G 22, 47; Str. Zt., Nr. 139 (21.12.) 1772, 15 (3.2.), 19 (12.2.), 24 (24.2.), 38 (29.3.) 1785; PB, 3. St., S. 37; Pomm. Museum, T. 4, S. 502; R. Kusch, S. 119.
[69] PB, 3. St., S. 37. Vgl. auch Auszug eines Schreibens über Stralsund, in: Pomm. Archiv, Bd. 4 (1785), 1. St., S. 95.
[70] G. Berlekamp, Zur Geschichte der Stralsunder Fayencemanufaktur und ihrer Erzeugnisse, Diss. Greifswald 1970, 2. Bde, Bd. 1, S. 24; R. Kusch, S. 122; R. Weinhold, Zwischen Handwerk und Manufaktur. Zur Geschichte einer Dresdener Töpferfamilie, in: Jahrbuch für Volkskunde und Kulturgeschichte, Bd. 21 (1978), S. 119, Fußnote.
[71] H. C. F. v. Pachelbel, Beiträge zur nähern Kenntnis der Schwedisch-Pommerischen Staatsverfassung, Berlin 1802, S. 15-17.

[72] PB, 3. St., S. 36. Siehe auch Auszug eines Schreibens, S. 94.
[73] R. Kusch, S. 124.
[74] VpLA, Rep. 10, Nr. 55 II, Bl. 315, 318-325.
[75] PB, 3. St., S. 37 u. Pachelbel, S. 36.
[76] Pachelbel, S. 52. In ihrem Schreiben 1796 forderten die Städte auch, »*daß der Häufige Schifsbau auf dem Anclamer Peendamm und bey Demmin nicht ferner verstatten noch diesen Schiffen die Schwedische Freyheit zugestanden werde*«. Offenbar handelte es sich hier also auch um Seeschiffbau außerhalb der Stadt. Siehe dazu Riksarkivet Stockh., Gadebusch-Sammlung, Vol. 118, Schreiben der Städte v. 3. Dezember 1796.
[77] Pachelbel, S. 87 u. Str. Zt., Nr. 35 (21.3.), 40 (4.4.), 50 (25.4.) 1789 u. 144 (1.12.) 1793.
[78] Der Unternehmer Hennings spricht in seinem »*Pro Memoria das Schicksal seiner Manufactur betreffend*« sogar davon, daß er auf 26 Webstühlen arbeiten ließ und 600 Spinnerinnen verlegte. Siehe das Schreiben v. 14. Oktober 1778 in: Riksarkivet Stockh., Gadebusch-Sammlung, Vol. 118. An anderer Stelle berichtete er aber, daß er 1744 mit 22 Webstühlen begann und sich schließlich »*400 Menschen ... von der Manufactur nährten*« . Siehe ebd., Bericht von den Pommerschen Manufakturen ihren empfundenen Hindernissen, deren Wegräumung und denen zu ihrer Einführung und Auffhelfung dienlichen Mitteln. 1776 (handschr. Ms.).

An der Schwelle einer neuen Sozialordnung. Schwedisch-Pommern nach 1750

Tabelle 1, Blatt 1

Wachstumsvergleich Stadtbevölkerung : Landbevölkerung Schwedisch-Pommerns in den Jahren von 1764 bis 1805

	1764	1765	1766	1767	1768	1777	1778	1779
Stralsund		9.288		9.612		10.462		10.565
Greifswald	4.199		4.706	4.611	4.702			4.893
Wolgast	2.183		3.074					3.142
Barth	2.072		2.034			2.744		2.744
Grimmen	860	1.146	1.146					1.184
Tribsees	994			902		902		1.009
Loitz	1.071			1.015				1.127
Damgarten	579			631				597
Lassan	814			814				712
Franzburg	458			276				460
Richtenberg				520				558
Gützkow	558		472	572				653
Bergen	1.542			1.144		1.295	1.385	1.407
Garz	705			686				738
Gesamtsumme Stadtbewohner				28.255	27.357			29.789
Gesamtsumme Landbevölkerung	58.682			60.702	62.110			67.870

	1780	1781	1782	1783	1784	1785	1786	1787
Stralsund	10.612	10.839	10.606	10.840	10.920	10.943	10.869	10.943
Greifswald	4.987	4.970	5.020	5.033		5.198	5.138	5.151
Wolgast	3.142	3.135	3.324	3.623				
Barth	2.851	3.239	3.288	2.927				
Grimmen	1.224	1.190	1.196	1.163	1.178	1.171	1.136	1.167
Tribsees	1.031	1.032	1.040	1.061	1.066			
Loitz	1.121	1.127	1.152	1.164				
Damgarten	598	580	616	612				
Lassan	889	938	982	1.016				
Franzburg	311	397	492	451				
Richtenberg	579	630	584	561				
Gützkow	669	691	685	668	686	689		
Bergen	1.374	1.402	1.382	1.435	1.451	1.445	1.433	1.470
Garz	757	779	738	742				
Gesamtsumme Stadtbewohner	30.145	31.024	31.107	31.296*				
Gesamtsumme Landbevölkerung	68.020	69.525	70.477	70.693				

Tabelle 1, Blatt 2

Wachstumsvergleich Stadtbevölkerung : Landbevölkerung Schwedisch-Pommerns in den Jahren von 1764 bis 1805

	1788	1789	1790	1791	1792	1793	1794	1795
Stralsund	10.708	10.953	11.253	10.997	11.040	11.091	11.035	10.980
Greifswald	5.165		5.333	5.311	5.295	5.321	5.372	5.410
Wolgast		3.449	3.516	3.356	3.542	3.534	3.542	3.623
Barth			2.897	3.303	3.068	3.150	3.095	3.111
Grimmen	1.197	1.231	1.208	1.219	1.209	1.209	1.189	1.296
Tribsees		1.275	1.234	1.183	1.251	1.298	1.277	1.258
Loitz			1.260	1.241	1.218	1.286	1.263	1.306
Damgarten			647	636	640	652	647	667
Lassan			1.126	1.121	1.146	1.175	1.159	1.142
Franzburg			452	540	536	517	511	511
Richtenberg			646	660	617	653	737	706
Gützkow	677		679	696	700	712	759	797
Bergen	1.481	1.506	1.510	1.467	1.515	1.471	1.467	1.427
Garz			664	798	765	880	894	903
Gesamtsumme Stadtbewohner			32.425	32.328	32.542	32.949	32.954	33.135 *
Gesamtsumme Landbevölkerung			73.401	74.477	74.174	74.217	73.537	72.586

	1796	1797	1798	1799	1800	1801	1802	1803
Stralsund	10.907	10.987	11.034	11.192	11.191	11.164	11.377	11.220
Greifswald	5.463	5.497	5.587	5.689	5.740	5.741	5.837	6.013
Wolgast	3.496	3.406	3.526	3.533	3.480	3.770	4.024	3.801
Barth	3.145	3.193	3.127	3.265	3.217	3.238	3.383	3.386
Grimmen	1.247	1.234	1.347	1.361	1.295	1.312	1.437	1.473
Tribsees	1.292	1.422	1.380	1.381	1.382	1.390	1.429	1.558
Loitz	1.359	1.370	1.386	1.365	1.382	1.410	1.426	1.500
Damgarten	667	692	713	697	662	678	722	758
Lassan	1.130	1.157	1.154	1.160	1.191	1.237	1.260	1.284
Franzburg	460	517	543	564	543	528	587	605
Richtenberg	762	735	747	782	773	781	803	824
Gützkow	842	880	910	842	825	834	881	880
Bergen	1.437	1.523	1.515	1.510	1.520	1.535	1.550	1.574
Garz	951	985	1.010	1.006	1.042	1.063	1.083	1.121
Gesamtsumme Stadtbewohner	+2.579 33.158	+2.540 33.598	+2.686 33.870	+2.990 34.347	34.343	+2.356 34.661	+2.536 35.799	+2.524 35.997
Gesamtsumme Landbevölkerung	73.329	73.650	74.459	75.674	74.978	78.288	76.680	77.817

An der Schwelle einer neuen Sozialordnung. Schwedisch-Pommern nach 1750

Tabelle 1, Blatt 3

Wachstumsvergleich Stadtbevölkerung : Landbevölkerung Schwedisch-Pommerns in den Jahren von 1764 bis 1805

	1804	1805	1806	1807	1808	1809	1810
Stralsund	11.003	11.123					
Greifswald	6.079	6.143					
Wolgast	3.729	4.091					
Barth	3.407	3.417					
Grimmen	1.548	1.555					
Tribsees	1.602	1.508					
Loitz	1.537	1.536					
Damgarten	757	781					
Lassan	1.274	1.264					
Franzburg	610	609					
Richtenberg	820	877					
Gützkow	875	817					
Bergen	1.609	1.629					
Garz	1.147	1.089					
Gesamtsumme Stadtbewohner	+2.482 35.997	+2.586 36.439					
Gesamtsumme Landbevölkerung	79.101	79.087					

* Dazu 2 883 Stralsunder Soldatenfrauen und ihre Kinder

Zusammengestellt nach:
Sammlung gemeiner und besonderer Pommerscher und Rügischer Landes-Urkunden, Gesetze, Privilegien, Verträge, Constitutiones und Ordnungen (LC), Suppl. 2, S. 415-418, 3, S. 572; PB, 1. St., S. 123-131; Pomm. Museum, Bd. 1, S. 1-24; Pomm. Sammlungen, H. 6, S. 134-136; Sonnenschmidt, Bd. 1, S. 31-32; Staatsk., T. 1, S. 57-262; Staatskalender von 1790-1816, Riksarkivet Stockholm, Fol. 75; Vorpommersches Landesarchiv Greifswald (VpLA), Rep. 10, Nr. 50, Rep. 38 b, Grimmen, Nr. 1078, 1380, 1381, Tribsees, Nr. 1417, Lassan, Nr. 123, Gützkow, Nr. 1028, Rep. 36, Tit. I A, Nr. 5; Stadt-A. Str., Hs 29-2; Stadt-A. Barth, Rep. 4, XIV A, Nr. 2233, 2234; Kreisarchiv Rügen, Nr. 858, 880.
Grundsätzlich wurden bei widersprüchlichen Angaben die gedruckten Quellen vorgezogen. Doch schienen die in LC, Suppl. 2, S. 415, für Bergen 1767 angegebene Zahl entschieden zu hoch, so dass hier die Angabe der Bergener Einwohnerstatistik des dortigen Magistrats übernommen wurde.

Tabelle 1, Blatt 4

Wachstumsvergleich Stadtbevölkerung : Landbevölkerung Schwedisch-Pommerns in den Jahren von 1764 bis 1805

	Vergleich 1764 : 1780		Vergleich 1780 : 1800	
Stralsund	1.324	14,3	625	5,9
Greifswald	854	20,7	753	15,1
Wolgast	950	43,5	437	11,1
Barth	779	37,6	366	12,8
Grimmen	364	42,3	71	5,8
Tribsees	37	3,7	351	34,0
Loitz	50	4,7	261	23,3
Damgarten	19	3,3	64	10,7
Lassan	84	10,3	293	32,6
Franzburg	-147	-32,1	232	74,6
Richtenberg	59	11,3	194	33,5
Gützkow	81	13,8	156	23,3,
Bergen	-168	-10,9	146	10,6
Garz	52	7,4	285	37,6
Gesamtsumme Stadtbewohner	1.890	6,7	4.144	13,7
Gesamtsumme Landbevölkerung	9.338	15,9	6.958	10,2
	absolute Zahl	in %	absolute Zahl	in %

An der Schwelle einer neuen Sozialordnung. Schwedisch-Pommern nach 1750

Tabelle 1, Blatt 5

Wachstumsvergleich Stadtbevölkerung : Landbevölkerung Schwedisch-Pommerns in den Jahren von 1764 bis 1805

	Vergleich 1800 : 1805		Vergleich 1767 : 1805	
Stralsund	-68	-0,6	1.511	15,7
Greifswald	403	7,0	1.532	33,2
Wolgast	611	17,6	1.017	33,1
Barth	200	6,2	1.333	64,0
Grimmen	260	20,1	409	35,7
Tribsees	126	9,1	606	67,2
Loitz	154	11,1	521	51,3
Damgarten	119	18,0	150	23,8
Lassan	73	6,1	450	55,3
Franzburg	66	12,2	333	120,7
Richtenberg	104	13,5	357	68,7
Gützkow	-8	-1,0	245	42,8
Bergen	103	6,7	215	15,2
Garz	47	4,5	403	58,7
Gesamtsumme Stadtbewohner	2.190	6,4	9.082	33,2
Gesamtsumme Landbevölkerung	4.109	5,5	16.977	27,3
	absolute Zahl	in %	absolute Zahl	in %

Tabelle 2, Blatt 1

Verhältnis von Gesamtbevölkerung zur Landbevölkerung in den Jahren 1764 bis 1805

	absolute Zahl	in%	absolute Zahl	in %	absolute Zahl	in %	absolute Zahl	in %
Gesamt-bevölkerung	*82.827		89.467		97.165		98.165	
Anteil der Landbevölkerung	**58.099	70,2	62.110	69,4	67.870	62,5	68.020	69,3
	1764		1767		1779		1780	

	absolute Zahl	in%	absolute Zahl	in %	absolute Zahl	in %	absolute Zahl	in %
Gesamt-bevölkerung	100.549		***100.549		***101.989		102.500	
Anteil der Landbevölkerung	69.525	69,1	70.477	69,4	70.693	69,3		
	1781		1782		1783		1784	

	absolute Zahl	in%	absolute Zahl	in %	absolute Zahl	in %	absolute Zahl	in %
Gesamt-bevölkerung	103.345		103.068		103.177		103.834	
Anteil der Landbevölkerung								
	1785		1786		1787		1788	

	absolute Zahl	in%	absolute Zahl	in %	absolute Zahl	in %	absolute Zahl	in %
Gesamt-bevölkerung	105.201		105.826		106.805		106.716	
Anteil der Landbevölkerung			73.401	69,4	74.477	69,7	74.174	69,5
	1789		1790		1791		1792	

An der Schwelle einer neuen Sozialordnung. Schwedisch-Pommern nach 1750

Tabelle 2, Blatt 2

Verhältnis von Gesamtbevölkerung zur Landbevölkerung in den Jahren 1764 bis 1805

	absolute Zahl	in%	absolute Zahl	in %	absolute Zahl	in %	absolute Zahl	in %
Gesamtbevölkerung	107.166		106.491		108.604		109.066	
Anteil der Landbevölkerung	74.217	69,3	73.537	69,1	72.586	66,8	73.329	67,2

	1793	1794	1795	1796

	absolute Zahl	in%	absolute Zahl	in %	absolute Zahl	in %	absolute Zahl	in %
Gesamtbevölkerung	109.788		111.015		113.011		113.001	
Anteil der Landbevölkerung	73.650	67,1	74.459	67,1	75 674	67,0	74.978	66,4

	1797	1798	1799	1800

	absolute Zahl	in%	absolute Zahl	in %	absolute Zahl	in %	absolute Zahl	in %
Gesamtbevölkerung	115.305		115.009		116.338		117.518	
Anteil der Landbevölkerung	78.288	67,9	76.680	66,7	77.817	66,9	79.101	67,3

	1801	1802	1803	1804

	absolute Zahl	in%	absolute Zahl	in %	absolute Zahl	in %	absolute Zahl	in %
Gesamtbevölkerung	118.112							
Anteil der Landbevölkerung	79.087	67,0						

	1805			

Tabelle 2, Blatt 3

Verhältnis von Gesamtbevölkerung zur Landbevölkerung in den Jahren
1764 bis 1805

	absolute Zahl	in%	absolute Zahl	in %	absolute Zahl	in %
Gesamtbevölkerung	22.999	27,8	11.307	10,6	35.285	42,6
Anteil der Landbevölkerung	15.302	26,3	4.610	6,2	20.988	36,1
	Vergleich 1764 : 1790		Vergleich 1791 : 1805		Vergleich 1764 : 1805	

*
Zur Bevölkerungszahl Ende 1764 musste die Zahl von Stralsund für 1765 zugerechnet werden, weils sie für 1764 fehlt.
**
ohne Richtenberger u. Bergener Landgemeinde
***
LC, Suppl. 3, S 572 gibt für die Jahre 1782 u. 1783 geringfügig abweichende Zahlen an. So erfaßt Dähnert für 1782 101 544 Einwohner u. für 1783 dann 102 032 Einwohner.

Zusammengestellt nach LC, Suppl. 3, S. 572; PB, 1. St., S. 123-131; Pomm. Sammlungen, H. 6, S. 134-135; Staatsk., T. 1, S. 254-262; Pachelbel, S. 91-92; Staatskalender v. 1790-1806; Sonnenschmidt, Bd. 1, S. 31-33; Riksarkivet Stockholm, Fol. 75; VpLA, Rep. 10, Nr. 50.

An der Schwelle einer neuen Sozialordnung. Schwedisch-Pommern nach 1750

Tabelle 3

Wachstumsvergleich des Anteils der freien und leibeigenen Bevölkerung auf dem Lande 1782 bis 1805

	absolute Zahl	in%	absolute Zahl	in %	absolute Zahl	in %	absolute Zahl	in %
Gesamtzahl der Landbevölkerung	70.477		70.693		78.288		76.680	
Anteil der leibeigenen Landbevölkerung	42.291	60,0	42.446	60,0	46.281	59,1	44.962	58,6
Anteil der freien Landbevölkerung	28.186	40,0	28.247	40,0	32.007	40,9	31.718	41,4
	1782		1783		1801		1802	

	absolute Zahl	in%	absolute Zahl	in %	absolute Zahl	in %
Gesamtzahl der Landbevölkerung	77.817		79.039		79.087	
Anteil der leibeigenen Landbevölkerung	45.580	58,6	46.209	58,5	46.190	58,4
Anteil der freien Landbevölkerung	32.237	41,4	32.820	41,5	32.897	41,6
	1803		1804		1805	

	absolute Zahl	in%	absolute Zahl	in %	absolute Zahl	in %
Gesamtwachstum der Landbevölkerung	6.203		2.407		8.610	
Anteil der leibeigenen Landbevölkerung	2.671	43,1	1.228	51,0	3.899	45,3
Anteil der freien Landbevölkerung	3.532	56,9	1.179	49,0	4.711	54,7
	Vergleich 1782 : 1802		Vergleich 1802 : 1805		Vergleich 1782 : 1805	

Zusammengestellt nach Pomm. Sammlungen, H. 6, S. 134-135; Staatsk., T. 1, S. 254-262; Staatskalender v. 1803-1816; Sonnenschmidt, Bd. 1, S. 31-32.

Tabelle 4, Blatt 1
Anteil der selbständigen Warenproduzenten am Bevölkerungswachstum
der schwedisch-pommerschen Städte zwischen 1783 und 1805

1783	Zahl der Einwohner	Zahl der gewerbetreibenden Handwerker	Anteil der Gewerbetreibenden an der Stadtbevölkerung
	absolut	absolut	in %
Stralsund	* 10.920	961	8,8
Greifswald	5.033	391	7,7
Wolgast	3.623	354	9,8
Barth	2.927	285	9,7
Grimmen	** 1.171	125	10,7
Tribsees	1.061	84	7,9
Loitz	*** 1.164	149	12,8
Damgarten	612	63	10,3
Lassan	1.016	122	12,0
Franzburg	451	43	9,5
Richtenberg	561	68	12,1
Gützkow	668	42	6,3
Bergen	1.435	175	12,2
Garz	742	85	11,5
Gesamtsumme aller Städte	31.384	2.947	9,4

An der Schwelle einer neuen Sozialordnung. Schwedisch-Pommern nach 1750

Tabelle 4, Blatt 2

Anteil der selbständigen Warenproduzenten am Bevölkerungswachstum der schwedisch-pommerschen Städte zwischen 1783 und 1805

1800	Zahl der Einwohner	Zahl der gewerbetreibenden Handwerker	Anteil der Gewerbetreibenden an der Stadtbevölkerung
	absolut	absolut	in %
Stralsund	11.191	995	8,9
Greifswald	5.740	568	9,9
Wolgast	** 4.024	417	10,4
Barth	3.217	302	9,4
Grimmen	1.295	180	13,9
Tribsees	** 1.429	114	8,0
Loitz	1.382	173	12,5
Damgarten	662	83	12,5
Lassan	1.191	69	5,8
Franzburg	543	84	15,5
Richtenberg	773	76	9,8
Gützkow	825	42	5,1
Bergen	1.520	193	12,7
Garz	1.042		
Gesamtsumme aller Städte	*) 33.792 34.834	*) 3.296	9,8

Tabelle 4, Blatt 3

Anteil der selbständigen Warenproduzenten am Bevölkerungswachstum der schwedisch-pommerschen Städte zwischen 1783 und 1805

1805	Zahl der Einwohner	Zahl der gewerbetreibenden Handwerker	Anteil der Gewerbetreibenden an der Stadtbevölkerung
	absolut	absolut	in %
Stralsund	11.123	1.005	9,0
Greifswald	6.143	565	9,2
Wolgast	4.091	347	8,5
Barth	3.417	354	10,4
Grimmen	1.555	179	11,5
Tribsees	1.508	54	3,5
Loitz	1.536	164	10,7
Damgarten	781	87	11,1
Lassan	1.264	104	8,2
Franzburg	609	61	10,0
Richtenberg	877	80	9,1
Gützkow	817	79	9,7
Bergen	1.629	248	15,2
Garz	1.089	69	6,3
Gesamtsumme aller Städte	36.439	3.396	9,3

*
Für Stralsund konnten nur die Handwerkerzahlen von 1784 ermittelt werden. Sie wurden daher mit den Bevölkerungszahlen von 1784 in Beziehung gesetzt.
**
Für Grimmen liegen nur die Handwerkerzahlen von 1785 vor. Sie wurden deshalb mit den entsprechenden Bevölkerungszahlen kombiniert. Für Tribsees und Wolgast waren die Handwerkerzahlen von 1802 gegeben, die deshalb mit den entsprechenden Bevölkerungszahlen verbunden wurden.
***
Für Loitz sind die Handwerkerzahlen für 1784 gegeben. Hier wurde die Bevölkerungszahl von 1783 in Beziehung gesetzt, das bisher die Bevölkerungszahlen von 1784 nicht ermittelt werden konnten.
*)
Da diese Zahl ohne die Garzer Gewerbetreibenden ermittelt wurde, mußte die Gesamtbevölkerung ohne Garz verglichen werden.

An der Schwelle einer neuen Sozialordnung. Schwedisch-Pommern nach 1750

Tabelle 4, Blatt 4

Anteil der selbständigen Warenproduzenten am Bevölkerungswachstum der schwedisch-pommerschen Städte zwischen 1783 und 1805

	Bevölkerungswachstum der Stadtbewohner		Bevölkerungswachstum der Stadtbewohner		Bevölkerungswachstum der Stadtbewohner	
	absolute Zahl	in %	absolute Zahl	in %	absolute Zahl	in %
Stralsund	271	2,5	-68	-0,6	203	1,9
Greifswald	707	14,0	403	7,0	1.110	22,1
Wolgast	401	11,1	67	1,7	468	12,9
Barth	290	9,9	200	6,2	490	16,7
Grimmen	124	10,6	260	20,0	384	32,8
Tribsees	368	34,7	79	5,5	447	42,1
Loitz	218	18,7	154	11,1	372	32,0
Damgarten	50	8,2	119	18,0	169	27,6
Lassan	175	17,2	73	6,1	248	24,4
Franzburg	92	20,4	66	12,2	158	35,0
Richtenberg	212	37,8	104	13,5	316	40,9
Gützkow	157	23,5	-8	-1,0	149	22,3
Bergen	85	5,9	109	7,2	194	13,5
Garz	300	40,4	47	4,6	347	46,9
Gesamtsumme aller Städte	* 2.408	7,7	* 2.647	7,8	5.055	16,1
	1783 : 1800		1800 : 1805		1783 : 1805	

* Da diese Zahl ohne die Garzer Gewerbetreibenden ermittelt wurde, mußte die Gesamtbevölkerung der Städte ohne Garz verglichen werden.

Zusammengestellt nach Staatsk., T. 1, S. 59-250; Pachelbel, S. 11-88; Staatskalender 1805-1808.

Tabelle 4, Blatt 5

Anteil der selbständigen Warenproduzenten am Bewölkerungswachstum der schwedisch-pommerschen Städte zwischen 1783 und 1805

	Wachstum der kleinen Gewerbetreibenden in %	Rückgang der Zahl Gewerbetreibender im Verhältnis zum Bevölkerungswachstum in %	Wachstum der kleinen Gewerbetreibenden in %	Rückgang der Zahl Gewerbetreibender im Verhältnis zum Bevölkerungswachstum in %	Wachstum der kleinen Gewerbetreibenden in %	Rückgang der Zahl Gewerbetreibender im Verhältnis zum Bevölkerungswachstum in %
Stralsund	0,1	-2,4	0,1	+0,7	0,2	-1,7
Greifswald	2,2	-11,8	-0,7	-7,7	1,5	-20,6
Wolgast	-0,6	-10,5	-1,9	-3,6	-1,3	-14,2
Barth	-0,3	-10,2	-1,0	-7,2	-0,7	-16,0
Grimmen	3,2	-7,2	-2,4	-22,4	0,8	-32,0
Tribsees	0,1	-34,6	-4,4	-9,9	-4,3	-46,4
Loitz	-0,3	-19,0	-1,8	-12,9	-2,1	-34,1
Damgarten	2,2	-6,0	-1,4	-19,4	-0,8	-26,8
Lassan	-6,2	-23,4	2,4	-3,7	-3,8	-28,2
Franzburg	6,0	-14,4	-5,5	-17,7	0,6	-34,5
Richtenberg	-2,3	-41,1	-0,7	-14,2	-3,0	-43,9
Gützkow	-1,2	-24,7	4,6	+5,6	3,4	18,9
Bergen	+0,5	-5,4	2,5	-4,7	3,0	-10,5
Garz					-5,2	-52,0
	1783 : 1800		1800 : 1805		1783 : 1805	

\+
absolutes Wachstum
-
absoluter Rückgang

An der Schwelle einer neuen Sozialordnung. Schwedisch-Pommern nach 1750

Tabelle 5

Einige Gewerbe und ihre Entwicklung in Stralsund

	1760	1765	1777	1784	1805
Bäcker	32	31	33	31	33
Böttcher	12	15	5	9	9
Maler	8	9	7	6	6
Maurer	22	20	32	36	16
Schmiede	28	27	28	29	20
Schuster	87	97	91	101	101
Schneider	59	85	63	67	67
Tischler	26	25	21	18	18
Töpfer	4	4	6	6	7
Weber	27	32	29	29	18
Zimmerleute	36	56	61	60	7

Zusammengestellt nach Pomm. Museum, Bd. 1, S. 1-24; Staatsk., T. 1, S. 60-63 Staatskalender 1808

Tabelle 6

Einige Gewerbe und ihre Entwicklung in Greifswald

	1778	1773	1783	1796	1801	1805
Bäcker	21	22	20	15	19	17
Böttcher	4	4	5	5	6	6
Maler	3	3	2	4	6	7
Maurer	10	18	11	17	24	13
Schmiede	20	18	18	18	21	25
Schuster	72	94	84		87	121
Schneider	27	30	22	26	35	42
Tischler	10	9	10	15	15	11
Töpfer	4	3	2	3	3	7
Weber	17	11	14	11	15	18
Zimmerleute	15	16	28	30	32	6

Zusammengestellt nach Staatsk., T. 1, S. 132-133; Staatskalender 1802-1808; Stadt-A. Gw., Rep. 5, Nr. 2614, Bl. 38

Tabelle 7, Blatt 1

Tendenzen einer Zunahme der Lohnarbeit in Bergen im letzten Drittel des 18. Jahrhunderts

Allgemeines Wachstum der Stadtbevölkerung		Anteil der kleinen Warenproduzenten mit eigenen Produktionsmitteln am Wachstum der Stadtbevölkerung	
Absolute Zahl	in %	Absolute Zahl	in %
85	5,9	13	15,3
	1783 : 1800		

	1767		1777		1787		1797	
Einwohnerzahl	1.144		1.295		1.470		1.523	
Anzahl der für die Gewerbe- treibenden tätigen Arbeitskräfte *	169	14,8	179	13,8	259	17,6	252	16,5
	absolute Zahl	in %	absolute Zahl	in %	absolute Zahl	in %	absolute Zahl	in %

*
Hier wurden die Gesellen, Lehrburschen, Knechte und Mägde, Tagelöhner, sogenannte Arbeitsmänner bzw „*arme*" Leute zusammengefaßt. Doch dürfte die Zahl höher liegen, da kindliche Dienstboten gemeinsam mit den Kindern der Gewerbetreibenden unter 12 Jahren ebenso vermischt aufgeführt wurden, wie die sogenannten Hausgenossen wie Lakaien, Stubenmädchen, Köchinnen usw. gemeinsam mit den „*erwachsenen Kindern*" der sie beschäftigenden Gewerbetreibenden genannt wurden.

Veränderungen innerhalb der städtischen Gewerbe

	1767	**1777**	**1787**	**1797**
Ackerbürger	14	20	22	18
ohne zusätzliche Arbeitskräfte	13	15	16	16
mit 1 zusätzlichen Arbeitskraft	1	5	6	-
mit 2 zusätzlichen Arbeitskräften	-	-	-	2
Kaufleute, Krämer, Brauer, Ratsmitglieder, Juristen, Staatsbeamte	18	21	17	16
ohne zusätzliche Arbeitskräfte	4	6	3	3
mit 1 zusätzlichen Arbeitskraft	8	7	5	6
mit 2 zusätzlichen Arbeitskräften	4	3	4	4
mit 3 zusätzlichen Arbeitskräften	-	1	2	3
mit 4 zusätzlichen Arbeitskräften	2	2	2	-
mit 5 zusätzlichen Arbeitskräften	-	1	1	-

Tabelle 7, Blatt 2

Tendenzen einer Zunahme der Lohnarbeit in Bergen im letzten Drittel des 18. Jahrhunderts
Veränderungen innerhalb der städtischen Gewerbe - Fortsetzung

	1767	1770	1787	1797
Bäcker	12	11	13	10
ohne zusätzliche Arbeitskräfte	5	5	5	2
mit 1 zusätzlichen Arbeitskraft	5	3	4	5
mit 2 zusätzlichen Arbeitskräften	1	2	3	2
mit 3 zusätzlichen Arbeitskräften	1	1	1	1
Schneider	20	8	10	13
ohne zusätzliche Arbeitskräfte	19	5	7	6
mit 1 zusätzlichen Arbeitskraft	1	1	1	3
mit 2 zusätzlichen Arbeitskräften	-	2	1	4
mit 3 zusätzlichen Arbeitskräften	-	-	1	-
Schuster	30	32	37	52
ohne zusätzliche Arbeitskräfte	17	22	13	30
mit 1 zusätzlichen Arbeitskraft	11	6	14	15
mit 2 zusätzlichen Arbeitskräften	1	2	7	5
mit 3 zusätzlichen Arbeitskräften	1	2	3	-
Schmiede	11	8	7	7
ohne zusätzliche Arbeitskräfte	3	3	4	1
mit 1 zusätzlichen Arbeitskraft	2	2	1	3
mit 2 zusätzlichen Arbeitskräften	2	2	1	3
mit 3 zusätzlichen Arbeitskräften	1	-	2	-
mit 4 zusätzlichen Arbeitskräften	-	-	-	1
Maurer	6	6	6	6
ohne zusätzliche Arbeitskräfte	6	6	6	5
mit 1 zusätzlichen Arbeitskraft	-	-	-	1
Zimmerleute				
ohne zusätzliche Arbeitskräfte	4	7	11	13
Weber	17	13	18	
ohne zusätzliche Arbeitskräfte	15	13	15	
mit 1 zusätzlichen Arbeitskraft	2	-	3	
Tischler	12	7	4	6
ohne zusätzliche Arbeitskräfte	11	5	-	1
mit 1 zusätzlichen Arbeitskraft	1	1	2	2
mit 2 zusätzlichen Arbeitskräften	-	-	-	2
mit 3 zusätzlichen Arbeitskräften	-	-	1	-
mit 4 zusätzlichen Arbeitskräften	-	-	-	-
mit 5 zusätzlichen Arbeitskräften	-	-	1	-
mit 6 zusätzlichen Arbeitskräften	-	-	-	1

Zusammengestellt nach Kreisarchiv Rügen, Nr. 858 u. 880, Einwohnerzahlen

Tabelle 7, Blatt 3

Tendenzen einer Zunahme der Lohnarbeit in Grimmen im letzten Drittel des 18. Jahrhunderts

Allgemeines Wachstum der Stadtbevölkerung		Anteil der kleinen Warenproduzenten mit eigenen Produktionsmitteln am Wachstum der Stadtbevölkerung	
Absolute Zahl	in %	Absolute Zahl	in %
124	10,6	55	4,7
1783 : 1800			

	1766		1780		1800	
Einwohnerzahl	1.146		1.183		1.295	
Anzahl der für die Gewerbetreibenden tätigen Arbeitskräfte *	176	15,4	220	18,6	224	17,3
	absolute Zahl	in %	absolute Zahl	in %	absolute Zahl	in %

* Siehe Anmerkungen Tabelle 7, Bl. 1

An der Schwelle einer neuen Sozialordnung. Schwedisch-Pommern nach 1750

Tabelle 7, Blatt 4

Tendenzen einer Zunahme der Lohnarbeit in Grimmen im letzten Drittel des 18. Jahrhunderts - Veränderungen innerhalb der städtischen Gewerbe

	1766	1780	1800
Ackerbürger	47	44	38
ohne zusätzliche Arbeitskräfte	34	21	17
mit 1 zusätzlichen Arbeitskraft	9	10	10
mit 2 zusätzlichen Arbeitskräften	3	9	9
mit 3 zusätzlichen Arbeitskräften	1	4	1
mit 4 zusätzlichen Arbeitskräften	-	-	1
Kaufleute, Brauer	6	6	6
mit 1 zusätzlichen Arbeitskraft	-	1	2
mit 2 zusätzlichen Arbeitskräften	4	2	2
mit 3 zusätzlichen Arbeitskräften	2	3	1
mehr als 3 zusätzliche Arbeitskräfte	-	-	1
Bäcker	7	9	10
ohne zusätzliche Arbeitskräfte	1	1	3
mit 1 zusätzlichen Arbeitskraft	5	4	2
mit 2 zusätzlichen Arbeitskräften	-	3	2
mit 3 zusätzlichen Arbeitskräften	1	1	3
Schneider	10	7	10
ohne zusätzliche Arbeitskräfte	9	3	5
mit 1 zusätzlichen Arbeitskraft	1	3	5
mit 2 zusätzlichen Arbeitskräften	-	1	2
Schuster	39	32	33
ohne zusätzliche Arbeitskräfte	16	16	17
mit 1 zusätzlichen Arbeitskraft	16	9	12
mit 2 zusätzlichen Arbeitskräften	3	7	2
mit 3 zusätzlichen Arbeitskräften	4	-	2
Schmiede	6	5	8
ohne zusätzliche Arbeitskräfte	5	2	4
mit 1 zusätzlichen Arbeitskraft	1	2	4
mit 2 zusätzlichen Arbeitskräften	-	1	-
Maurer			
alle ohne zusätzliche Arbeitskräfte	-	3	7
Zimmerleute			
alle ohne zusätzliche Arbeitskräfte	4	3	6
Weber	13	15	16
ohne zusätzliche Arbeitskräfte	5	8	10
mit 1 zusätzlichen Arbeitskraft	6	3	6
mit 2 zusätzlichen Arbeitskräften	-	4	-
mit 3 zusätzlichen Arbeitskräften	2	-	-

Zusammengestellt nach VpLA, Rep. 38 b, Grimmen, Nr. 1380 u. 1381

Tabelle 7, Blatt 5

Tendenzen einer Zunahme der Lohnarbeit in Tribsees im letzten Drittel des 18. Jahrhunderts

Allgemeines Wachstum der Stadtbevölkerung		Anteil der kleinen Warenproduzenten mit eigenen Produktionsmitteln am Wachstum der Stadtbevölkerung	
Absolute Zahl	in %	Absolute Zahl	in %
368	34,7	30	8,2
1783 : 1800			

		1779		1800	
Einwohnerzahl		1.011		1.382	
Anzahl der für die Gewerbetreibenden tätigen Arbeitskräfte *		145	14,3	214	15.5
		absolute Zahl	in %	absolute Zahl	in %

* Siehe Anmerkungen Tabelle 7, Bl. 1

Tabelle 7, Blatt 6

Tendenzen einer Zunahme der Lohnarbeit in Tribsees im letzten Drittel des 18. Jahrhunderts - Veränderungen innerhalb der städtischen Gewerbe

	1779	1800
Ackerbürger	45	37
ohne zusätzliche Arbeitskräfte	31	16
mit 1 zusätzlichen Arbeitskraft	6	9
mit 2 zusätzlichen Arbeitskräften	3	10
mit 3 zusätzlichen Arbeitskräften	5	3
Bäcker	9	8
ohne zusätzliche Arbeitskräfte	2	2
mit 1 zusätzlichen Arbeitskraft	5	3
mit 2 zusätzlichen Arbeitskräften	1	2
mit 3 zusätzlichen Arbeitskräften	1	1
Schneider	7	7
ohne zusätzliche Arbeitskräfte	4	3
mit 1 zusätzlichen Arbeitskraft	2	4
mit 2 zusätzlichen Arbeitskräften	-	-
mit 3 zusätzlichen Arbeitskräften	1	-
Schuster	27	30
ohne zusätzliche Arbeitskräfte	6	11
mit 1 zusätzlichen Arbeitskraft	4	3
mit 2 zusätzlichen Arbeitskräften	1	2
Schmiede	4	5
ohne zusätzliche Arbeitskräfte	4	3
mit 1 zusätzlichen Arbeitskraft	-	2
Maurer	1	4
ohne zusätzliche Arbeitskräfte	1	3
mit 1 zusätzlichen Arbeitskraft	-	1
Zimmerleute	2	5
ohne zusätzliche Arbeitskräfte	2	4
mit 1 zusätzlichen Arbeitskraft	-	1
Weber	9	8
ohne zusätzliche Arbeitskräfte	7	4
mit 1 zusätzlichen Arbeitskraft	2	3
mit 2 zusätzlichen Arbeitskräften	-	1

Zusammengestellt nach VpLA, Rep. 38 b, Tribsees, Nr. 1417

Tabelle 7, Blatt 7

Tendenzen einer Zunahme der Lohnarbeit in Gützkow im letzten Drittel des 18. Jahrhunderts

Allgemeines Wachstum der Stadbevölkerung		Anteil der kleinen Warenproduzenten mit eigenen Produktionsmitteln am Wachstum der Stadtbevölkerung	
Absolute Zahl	in %	Absolute Zahl	in %
157	23,5	kein Wachstum	
1783 : 1800			

	1779		1794	
Einwohnerzahl	653		795	
Anzahl der für die Gewerbetreibenden tätigen Arbeitskräfte *	114	17,5	121	15,2
	absolute Zahl	in %	absolute Zahl	in %

* Siehe Anmerkungen Tabelle 7, Bl. 1

An der Schwelle einer neuen Sozialordnung. Schwedisch-Pommern nach 1750

Tabelle 7, Blatt 8
Tendenzen einer Zunahme der Lohnarbeit in Gützkow im letzten Drittel des 18. Jahrhunderts - Veränderungen innerhalb der städtischen Gewerbe

	1779	1794
Ackerbürger	19	25
ohne zusätzliche Arbeitskräfte	9	8
mit 1 zusätzlichen Arbeitskraft	9	7
mit 2 zusätzlichen Arbeitskräften	1	8
Kaufleute, Krämer usw.	6	7
ohne zusätzliche Arbeitskräfte	2	2
mit 1 zusätzlichen Arbeitskraft	3	1
mit 2 zusätzlichen Arbeitskräften	1	1
mit 3 zusätzlichen Arbeitskräften	-	2
mit 4 zusätzlichen Arbeitskräften	-	1
Bäcker	4	5
ohne zusätzliche Arbeitskräfte	3	1
mit 1 zusätzlichen Arbeitskraft	-	3
mit 2 zusätzlichen Arbeitskräften	1	-
mit 3 zusätzlichen Arbeitskräften	-	1
Schneider	5	9
ohne zusätzliche Arbeitskräfte	3	8
mit 1 zusätzlichen Arbeitskraft	1	-
mit 2 zusätzlichen Arbeitskräften	-	1
mit 3 zusätzlichen Arbeitskräften	1	-
Schuster	20	15
ohne zusätzliche Arbeitskräfte	13	10
mit 1 zusätzlichen Arbeitskraft	4	3
mit 2 zusätzlichen Arbeitskräften	1	2
mit 3 zusätzlichen Arbeitskräften	1	-
mit 4 zusätzlichen Arbeitskräften	1	-
Schmiede	4	4
ohne zusätzliche Arbeitskräfte	2	1
mit 1 zusätzlichen Arbeitskraft	2	3
Maurer	1	2
ohne zusätzliche Arbeitskräfte	1	2
Zimmerleute	1	* 4/2
ohne zusätzliche Arbeitskräfte	1	* 4/2
Weber	5	8
ohne zusätzliche Arbeitskräfte	1	6
mit 1 zusätzlichen Arbeitskraft	-	2
mit 2 zusätzlichen Arbeitskräften	3	-
mit 3 zusätzlichen Arbeitskräften	1	-

* In der Statistik als verheiratete Zimmermannsgesellen ausgewiesen
Zusammengestellt nach VpLA, Rep.38 b, Gützkow, Nr. 1028

Die Feldzüge des brandenburgischen Kurfürsten Friedrich Wilhelm in Vorpommern 1675 bis 1679: Hintergründe und Ziele

von
Peter Kiehm

1. Demminer Kolloquium zur Geschichte Vorpommerns am 6. Juli 1985
unter dem Tagungsthema: »Einige Aspekte der Schwedenzeit in Vorpommern«

Die militärische Eroberung Vorpommerns durch den brandenburgischen Kurfürsten Friedrich Wilhelm beginnt zwar erst nach der denkwürdigen Schlacht von Fehrbellin (28. Juni 1675), die umfassende diplomatische Vorbereitung setzte jedoch spätestens 1672 ein. In diesem Zusammenhang treten zwei miteinander verknüpfte Kontinuitätslinien der brandenburgischen Außenpolitik des 17. Jahrhunderts in den Vordergrund:
Einmal läßt die Politik Friedrich Wilhelms nach seinem Regierungsantritt den Schluß zu, daß er die mit Pommern getroffenen Sukzessionsverträge zur bestimmenden Grundlage außenpolitischer Entscheidungen erhob. Der Teilung Pommerns beugte sich der Kurfürst nur aufgrund eigener ungünstiger Machtpositionen, d. h., Teilergebnisse des Westfälischen Friedens wurden nicht akzeptiert.
Weiterhin war die brandenburgische Außenpolitik jener Zeit außerordentlich eng mit der europäischen Geschichte verwoben. Im allgemeinen trifft die Feststellung zu, daß der Kurfürst versuchte, seine Ziele in Anlehnung an die Macht zu erreichen, die ihm die meisten Vorteile und Subsidien verhieß. Im besonderen wirft sie die Frage auf, wo der Vorteil im Jahre 1672 lag, als sich der Kurfürst entschloß, einen Assistenzvertrag mit den Niederlanden abzuschließen. Im Moment hatte Brandenburg nur Nachteile zu erwarten, da der bevorstehende französisch-niederländische Krieg die rheinischen Gebiete des Kurfürsten ergreifen würde. Als entscheidendes Motiv zum Vertragsabschluß kristallisiert sich im Zusammenspiel mit anderen heraus, daß in dieser Situation die expansive Absicht auf Vorpommern realisiert werden könnte. Friedrich Wilhelm besaß Kenntnis über den französisch-schwedischen Vertrag vom April 1672, in dem Ludwig XIV. Schweden die Rolle des Angreifers gegen aktive Bündnispartner der Niederlande zudachte. Der brandenburgische Feldzug auf niederländischer Seite kalkulierte also provokatorische Wirkung auf Schweden ein, dem man sich offensichtlich gewachsen fühlte. Dieser Interpretation des Bündnisverhaltens steht der Vertrag von Vossem entgegen, mit dem Brandenburg Partner Frankreichs wurde. Er bildet aber ein Element in der bezüglich Pommerns expansiven Konzeption und wurde unter finanziellem Aspekt geschlossen. Gleichzeitig erhöhte er die Bedeutung Brandenburgs als potentieller Teilnehmer der sich formierenden antifranzösischen Koalition. In

diese Linie ordnet sich auch der brandenburgisch-schwedische Vertrag von 1673 - vom Inhalt her ein Nichtangriffspakt - ein. Im Juli 1674 lag eine analoge Situation zu 1672 vor. Brandenburg hatte sich wieder den Niederlanden angeschlossen, was damals nicht erreicht wurde, glückte zwei Jahre später. Um Brandenburg als Gegner Frankreichs auszuschalten, quartierte Schweden Truppen in den Marken ein. Damit verschaffte es dem Kurfürsten die Rolle eines Verteidigers mit Eroberungsabsichten.

In Abhängigkeit von der militärischen Unterwerfung Vorpommerns läßt sich die Entwicklung des brandenburgischen Kriegszieles in drei Phasen gliedern. Bis Juni 1678 wurde der Anspruch auf ganz Vorpommern erhoben. Aufgrund beginnender Isolierung auf dem Nymwegener Friedenskongreß reduzierte Friedrich Wilhelm die Forderung bis Oktober 1678 auf Pommern östlich der Peene, was mit dem momentan Eroberten identisch war. Wenige Tage vor der Kapitulation Stralsunds (21. Oktober 1678) wurde zum ursprünglichen Kriegsziel zurückgekehrt und bis Februar 1679 aufrechterhalten. Dieser Zeitraum sah Brandenburg auf der Höhe militärischer Erfolge. Danach fielen sämtliche Koalitionspartner vom Kurfürsten ab, so daß dieser sich - nach zähem Feilschen in Nymwegen - mit einer geringen Korrektur des Stettiner Grenzrezesses von 1653 begnügen mußte.

Johann Joachim Spalding -
Ein Vertreter der Aufklärung in Pommern

von
Bernd Jordan

1. Demminer Kolloquium zur Geschichte Vorpommerns am 6. Juli 1985
unter dem Tagungsthema: »Einige Aspekte der Schwedenzeit in Vorpommern«

Die Ideen der Aufklärung fanden auch in der Mitte des 18. Jahrhunderts ihren Niederschlag im Wirken von Gelehrten und Geistlichen im damaligen Schwedisch-Pommern. Die geistige Emanzipationsbewegung beruhte ideengeschichtlich unter anderem auf dem Humanismus, der Reformation und dem Rationalismus des 17. Jahrhunderts. Sie formulierte das Programm für den sogenannten »Dritten Stand«, nämlich die Errichtung einer auf Vernunft gegründeten Gesellschaft, die dem auf Aberglauben, Privilegien und despotischer Willkür beruhenden Absolutismus entgegengestellt wurde.
So gehörten der seit 1743 an der Universität Greifswald wirkende Adjunkt Peter Ahlwardt, der Generalsuperintendent und Theologieprofessor Gottlieb Schlegel und der spätere Professor der Geschichte Gotthard Ludwig Kosegarten zu den Gelehrten, die diese Ideen an der Alma mater verbreiteten.[1]
Unter den Geistlichen der Aufklärungszeit zeichneten sich verschiedene durch außergewöhnliche Aufgeschlossenheit für das geistige Leben und Interesse an der Wissenschaft aus. Erwähnt werden sollen hier nur Andreas Pistorius-Poseritz und Bernhard Friedrich Olivius Franck-Bobbin.[2] Den eigentlichen Auftakt zur

Bildnis des Johann Joachim Spalding in der Kirche St. Johannis zu Lassan.

Aufklärung in Pommern hatte aber Johann Joachim Spalding mit seinen Schriften »Gedanken über die Bestimmung des Menschen« (1748) und »Gedanken über den Wert der Gefühle im Christentum« (1761) gegeben.
Johann Joachim Spalding wurde am 1. November 1714 als Sohn des Johann Ge-

org Spalding, des damaligen Rektors der Schule in Tribsees, geboren. Den ersten Unterricht erhielt er von seinem Vater, kam aber dann mit 15 Jahren auf ein Stralsunder Gymnasium. Von 1731-1733 studierte er gemeinsam mit seinem Bruder Gebhard an der Universität Rostock. In seinen selbstbiographischen Aufzeichnungen beklagte er sich, daß dort »*morgenländische und gelehrte Sprachen kaltsinnig und wenig und die Kirchenhistorie gar nicht getrieben wurde*«.[3] In den Jahren von 1734 bis 1740 war Spalding als Informator (Hauslehrer) in Greifswald und verschiedenen Gütern in Schwedisch-Pommern tätig.[4] Der bereits erwähnte Peter Ahlwardt veranlaßte ihn in dieser Zeit zu einem Abrücken vom Wolfianismus. Die Abfassung und Verteidigung seiner Dissertation erweckte in ihm den Ehrgeiz nach schriftstellerischer Anerkennung. Mehrere kleine Arbeiten entstanden in der Folgezeit. Die Jahre von 1740 bis 1749 waren durch Reisen und längere Aufenthalte in Tribsees gekennzeichnet. Er war bis zum Tode seines Vaters im Jahre 1748 sehr bemüht, diesem Hilfe und Pflege zu geben.

Die Schrift »*Gedanken über die Bestimmung des Menschen*« erschien 1748 in Greifswald, fand sehr gute Aufnahme bei dem gebildeten Publikum und wurde sogar später, 1776, von der Königin Elisabeth Christine, der Gemahlin Friedrichs II., ins Französische übersetzt. »*Das Buch ist eine populär angelegte Moral- und Religionsphilosophie. Es beantwortet das Problem seines Titels dahin, daß es fordert, der Regel des Rechts und der Sittlichkeit, sowie der Stimme des Gewissens zu folgen, wie die hier zutage tretenden Grundsätze als Bestimmung der menschlichen Natur von dem Urheber und Leiter der Welt und der Menschheit festgelegt sind.*«[4]

Während einer Reise lernte Spalding 1746 in Berlin Johann Wilhelm Ludwig Gleim und Ewald von Kleist kennen. Beide waren Dichter der Epoche der Aufklärung in Deutschland. Den bedeutenden Schriftsteller und Literaturkritiker der Aufklärung, Johann Christoph Gottsched, lernte er auf einer Reise nach Leipzig kennen. Freundschaftliche Beziehungen, besonders dann später in seiner Berliner Zeit, verbanden Spalding mit dem Verleger, Kritiker und Schriftsteller Christoph Friedrich Nicolai.

Im Frühling 1749 wurde, wie Spalding sich ausdrückt, sein »*Beruf nach dem Pastorat zu Lassan bewirkt.*«[5] Sein Amt als Pastor trat er am Himmelfahrtstag 1749 an der Stadtkirche St. Johannis an. Spalding schreibt dazu in seiner Lebensbeschreibung: »*Hier ist also die Epoche meines Amtes, welches mir in meinen Gedanken seit langer Zeit wichtig gewesen war, und welches ich, obgleich vielleicht unter manchen Fehlern, doch mit aller Treue meines Herzens zu führen gesucht, weil ich eben in dieser Treue das reinste und edelste Vergnügen fand. Die Fürsehung gab mir an diesem meinem neuen Orte Freunde und Gönner unter den Eingepfarrten ...*«[6]

Spalding führte während seiner Lassaner Zeit einen regen Briefwechsel mit Gleim und seinen Berliner Freunden. Er gründete in der Stadt eine kleine Lesegesellschaft, legte sich eine Bibliothek an und beschäftigte sich selbst schriftstellerisch.

Am 12. August 1751 heiratete er Wilhelmine Gebhardi, die Tochter des Pastors Gebhardi in Stralsund. Aus dieser Ehe gingen drei Töchter hervor, die 1753, 1754 und 1756 in Lassan geboren wurden. Spalding selbst sagt, daß sein »*Leben in Lassan ... noch viel glücklicher durch ihre* (Wilhelmines, d. V.) *Gesellschaft, ..., und durch die vielen natürlichen einfachen Vergnügungen, welches die Gegend und einige ungezwungene freundschaftliche Bekanntschaften... darboten.*«[7] Über sein Verhältnis zur Lassaner Gemeinde schreibt Spalding: »*Darunter habe ich mich immer nachher mit Vergnügen der Erfahrung erinnert, daß eine gemeine alte Frau, die mir einige Wochen nach Antretung meines dortigen Amtes auf einem Spaziergange im Felde begegnete, mir die Hand gab, und mir dankte, daß sie sich, wie sie sich ausdrückte, aus meinen Predigten so gut vernehmen könnte, und daraus immer lernte, wie es dem Christentum recht sein müßte.*«[8] In einem Brief an Gleim heißt es 1750: »*In der That, mein Liebster, es ist schlimm von Lassan nach Halberstadt zu ziehen, um sich da auslachen zu lassen. Sie kennen mich als einen Freund, aber sie kennen mich nicht als einen Prediger. Da ich einem Haufen einfältiger Leute so ziemlich gefalle, so laßt mich ja bei solchen bleiben. Ich kann fast keine anderen Gedanken auf der Kanzel haben, als die grade dahin zielen, dergleichen Gattung von Menschen eine vernünftige Gottesfurcht einzuprägen.*«[9] Von Zuneigung und Wärme, mit der Spalding an Lassan hing, zeugen auch die folgenden Zeilen an seinen Halberstädter Freund Gleim aus dem Jahre 1755: »*In Ansehung des natürlichen Landvergnügens würde ich schwerlich bei Ströpke gewinnen können. Meine kleine Stadt ist darin einem Dorfe ähnlich genug, daß ich jenes in seinem vollen Umfang genieße. Mein Garten am Haus lieget so, daß ich daraus fast die ganze weite Natur übersehen kann. Felder, Wiesen, Gehölze nahe und entlegene Dörfer, ein großes Gewässer, und das darüber hinaus liegende Land eines anderen Königs breiten sich vor mir aus, und in diesem meinem Winkel dünk ich mich bei einem frühen Morgen von der Natur und der Gottheit umgeben glücklicher als der große König, dessen Grenzen ich so nahe bin.*«[10] Spaldings stilles behagliches Dasein erinnert mit Recht an das pfarramtliche Idyll in Sesenheim und Grünau. Mehrere Male versuchte sein Freund Gleim, ihm Pfarren in oder bei Halberstadt anzubieten, doch zog Spalding sein Landstädtchen immer wieder vor. So heißt es in einem Brief an Gleim vom Mai 1753: »*Es geht doch nichts darüber, wenn man der Gegenstand von der ganzen Zärtlichkeit eines edlen Herzens ist. Ein Lassan wird dann ein Paradies, selbst eine Wüste würde es werden. Die Wiesen, die Wälder, das Gefilde, ein großes Wasser, das ich aus meinem Fenster und meinem Garten übersehe, wie freundschaftlich lacht mich das alles an, wenn meine Wilhelmine neben mir sitzt und mir Kleists Frühling oder eine Ode von Cramern vorlieset; oder wenn sie mit ihrer kleinen Johanna auf dem Arm mich die Nachtgedanken lesen hört.*«[11]

In die Lassaner Zeit fallen mehrere Übersetzungen aus dem Englischen. Es waren vor allem Schriften des englischen Aufklärers Graf von Shaftesbury, mit denen sich Spalding mehrere Jahre zuvor auseinandergesetzt hatte. Er selbst sagt davon: »*Ob ich ihn gleich bei weitem nicht ganz verstand, so rührte er mich doch seine Art zu denken und zu schreiben, ausnehmend; seine Sittenlehre hatte so sehr meinen Beifall, daß ich kühn genug war, ihn übersetzen zu wollen.*«

Zwei Schriften aus dieser Zeit sollen hier ebenfalls genannt werden. Es handelt sich um die »*Trauungsrede*« zur Schwerinschen und Bohlenschen Vermählung vom 28. August 1750 und um die »*Abschiedspredigt zu Lassan*« vom dritten Ostertage 1757. Beide Werke wurden in Greifswald gedruckt und herausgebracht.

Nach seiner achtjährigen Tätigkeit in Lassan ließ sich Spalding in einen größeren Wirkungskreis berufen. Von 1757 bis

1764 wirkte er als Pastor und Präpositus in Barth. Es ist der Abschluß seines Wirkens in seinem Heimatland Pommern. Während seiner Tätigkeit in Barth erschien 1761 sein Werk *»Gedanken über den Wert der Gefühle im Christentum«*. Diese Schrift wird als theologisch durchgearbeitetste und originellste unter allen seinen Publikationen bezeichnet.

In dieser Barther Zeit fällt 1763 der bekannte neunmonatige Besuch Johann Kaspar Lavaters, den seine beiden Freunde Heinrich Füßli und Felix Heß begleiteten. Ein Gemälde Füßlis von diesem Zusammensein, auf dem Spalding mit seinen Kindern, daneben v. Arnim, und gegenüber Lavater und Heß, an der Seite stehend der Zeichner Füßli, dargestellt sind, befand sich einst in dem Gartenhaus des Barther Pfarrhauses. Ein Stich danach aus dem Jahre 1810 ist in der Denkschrift für Lavater enthalten. In seinem Tagebuch rühmt Lavater an Spalding *»den durchaus reinen zierlichen, immer zuverlässigen und erhabenen Geschmack, der sich in allen seinen Reden und in seinem ganzen Wesen noch leuchtender und mannigfaltiger als in seinen unsterblichen Schriften zeigt, seine tiefe, vielumfassende, wohlgewählte Gelehrsamkeit und überdies sein erhabenes moralisches Gefühl, seine edle Heiterkeit und die unveränderliche Übereinstimmung aller seiner Gesinnungen, die seltene, ungekünstelte, herzöffnende Vertraulichkeit und Einfalt seines Charakters.«*[12]

1764 erfolgte Spaldings Berufung als Oberkonsistorialrat und Probst an die Nikolaikirche in Berlin. Seine Predigten wurden von der Königin, der Gemahlin Friedrichs II., sehr geschätzt; der preußische König selbst lehnte ihn ab und widersprach seiner Aufnahme in die Berliner Akademie der Wissenschaften.

Eine ganze Reihe von literarischen Zeugnissen stammen aus dieser Berliner Zeit. 1768 und 1784 veröffentlichte er zwei neue Bände *»Neue Predigten«*. Im Jahre 1773 erschienen *»Predigten, bei außerordentlichen Fällen gehalten«*.

Seine Tätigkeit in der Berliner Behörde gab ihm Gelegenheit, sich mit Organisationsangelegenheiten dortiger Gymnasien, mit Verbesserungsvorschlägen für den theologischen Lehrbetrieb, sowie mit Reformen für das Gesangbuch zu beschäftigen. Spalding lebte noch 16 Jahre über seine Amtsniederlegung hinaus. Er starb am 22. Mai 1804 im Alter von 89 Jahren in Berlin.

Sein Bildnis, ein Geschenk der Frau des Bischofs Sack, Spaldings Tochter, aus Berlin wurde am 26. November 1820 in der Kirche zu Lassan angebracht. Auch in der Kirche zu Barth befindet sich ein Bild des Johann Joachim Spalding, das an den Mann erinnert, der mit seinem Wirken den Auftakt zur Aufklärung in Pommern gab.

---

[1] Heyden, Zur Geschichte der Aufklärung in Pommern, in: Neue Aufsätze zur Kirchengeschichte Pommerns, Köln - Graz 1965, S. 143 - 144, 146.

[2] Vgl. ebenda, S. 144.

[3] J. J. Spalding, Lebensbeschreibung von ihm selbst aufgesetzt und herausgegeben mit einem Zusatz von dessen Sohne Georg Ludewig Spalding, Halle 1804, S. 3.

[4] A. Uckeley, Johann Joachim Spalding 1714 - 1804, in: Pommersche Lebensbilder, Bd. IV, Köln - Graz 1966, S. 114.

[5] J. J. Spalding, S. 36.

[6] Ebenda.

[7] Ebenda, S. 43.

[8] Ebenda, S. 47.

[9] Briefe von Herrn Spalding an Herrn Gleim (Brief vom 11. 02. 1750), Frankfurt und Leipzig 1771, S. 59 - 60.

[10] Ebenda (Brief vom 20. 04. 1755), S. 126.

[11] Ebenda (Brief vom 25. 05. 1753), S. 115.

[12] A. Uckeley, S. 117 -118.

Zukunftsorientiertes Wirtschaftsdenken in Schwedisch-Pommern zwischen 1650 und 1806

von
Jörg-Peter Findeisen

2. Demminer Kolloquium zur Geschichte Vorpommerns am 19. Oktober 1985
unter dem Tagungsthema: »Karl Rodbertus«

Bereits wenige Jahre nach der formalen Inbesitznahme Vorpommerns forcierte die schwedische Krone ihre Bemühungen zur wirtschaftlichen Effektivierung des Landes. Die allgemeine wirtschaftliche Stagnation in Deutschland und anderen europäischen Ländern, der Bevölkerungsrückgang und die verminderte Nachfrage nach landwirtschaftlichen Erzeugnissen wirkte sich spürbar auf die fiskalischen Einnahmen Schwedens aus den deutschen Besitzungen aus. Um ihre Einkünfte zu erhöhen, mußte die Krone die »Peuplierung« Vorpommerns fördern. So standen damals und in den folgenden Jahrzehnten im Mittelpunkt der wirtschaftspolitischen Reformkonzeptionen Erwägungen, wie durch neue Arbeitsplätze, die quantitative und qualitative Steigerung der Warenproduktion und den gewinnbringenden Absatz besondere Anreize für Siedler aus anderen Ländern im schwedischen Pommern geschaffen werden könnten.

In der zweiten Hälfte des 17. Jahrhunderts sind zahlreiche Denkschriften über Mittel und Methoden zur Verbesserung der Landesökonomie eingereicht worden.[1] Eine neue Periode intensiver Bemühungen der schwedischen Regierung, die Wirtschaftskraft des Landes zu stabilisieren, begann in den Jahren nach dem Nordischen Krieg. Erneut waren es insbesondere die geringen Staatseinkünfte und hohen Subsidien aus Schweden, die derartige Überlegungen stimulierten. 1728 wandte sich die Regierung an die vorpommerschen Städte und forderte Vorschläge, *»auff was art dieselben wieder peupliret und auffgebauet werden können«*. In ihrer Antwort unterbreiteten die Vertreter der Städte entsprechende Gedanken.[2] Graf Moritz Ulrich zu Putbus leitete ein Jahrzehnt später dem schwedischen Reichstag ebenfalls Reformvorstellungen zu.[3] Im gleichen Jahr veröffentlichte auch Thimotheus Merzahn von Klingstädt seine berühmt gewordene Schrift.[4] Weitere neun Jahre danach, im Herbst 1747, entwickelte der Franzburger Amtshauptmann, Hofrat Carl von Boltenstern, vor den schwedischen Reichsständen Vorschläge zur Verbesserung des Handels und der Landesökonomie Pommerns.[5] Sieht man von Klingstädts Vorschlägen ab, wandten sich die Reformschriftsteller Schwedisch-Pommerns jedoch erst nach 1750 direkt an die Öffentlichkeit und lösten teilweise lebhafte Diskussionen in der Presse auch anderer deutschen Staaten aus. Ein Resümee dieser nahezu überschwenglichen Zustimmung[6] drängt die Frage auf, warum diese Reformpolitiker bis in unsere Tage so wenig beachtet wurden? Die Charakterisierung des Kameralismus als »*Verwaltungslehre*« durch die ältere Wirtschaftshistoriographie hatte seinerzeit auch die Untersuchungen der DDR-Geschichtswissenschaftler bis in die siebziger Jahre wesentlich beinflußt. Es lohne nicht, kameralistische Schriften zu lesen, urteilte beispielsweise Jürgen Kuczynski.[7] Noch Mitte der achtziger Jahre galt hier der Mehrheit der Fachleute der Kameralismus denn auch als territorialstaatliche Politik zur fiskalischen Ausplünderung der Untertanen. Dennoch wurde in einigen Einzeluntersuchungen gefragt, ob diese generelle Einschätzung aufrechtzuerhalten war.[8] Reduziert man die Diskussion über das Wesen des Kameralismus auf die Frage, ob er auch eine bürgerliche Interessenvertretung war oder lediglich fiskalische Zielstellungen artikulierte, gewinnen auch die schwedisch-pommerschen Reformvorstellungen einer staatlich gelenkten umfassenden Wirtschaftsentwicklung an Bedeutung für die Klärung dieser Problematik. Ein wesentliches Kriterium einer profeudalen bzw. proreformerischen Zuordnung der Kameralisten ist deren Stellung zu den feudalen Strukturen in der Landwirtschaft und zur Lage der bäuerlichen Produzenten.

In der Orientierung auf den Außenhandel als einziger Quelle zur Reichtumsbildung im Lande und im »*Lob des Kaufmanns*« als Träger dieses Prozesses glaubte Jürgen Kuczynski die wirtschaftstheoretischen Richtungen der »kapitalistischen Merkantilisten Englands« und der »feudalen Kameralisten Deutschlands« unterschieden.[9] Folgt man ihm hier - ohne zunächst zu fragen, wie sinnvoll eine solche Einteilung ist - und nutzt die entsprechenden Bemerkungen der vorpommerschen Kameralisten zum Außenhandel und der Stellung des Kaufmanns, so ergeben sich höchst interessante weitere Möglichkeiten zur Bestimmung deren wirtschaftstheoretischer Überlegungen.

Auf diese Weise wird man neben den eindeutig fiskalisch angelegten Projekten auch jene Gedanken einordnen können, in denen Mittel und Wege zur Hebung der Wirtschaftskraft des einheimischen Handelsbürgertums und der kleinen Gewerbetreibenden gewiesen werden. Dabei muß dann insbesondere unterschieden werden, wieweit hier wiederum der fiskalische Zweck dominiert oder Reformen des Feudalsystems im Interesse des bereits an modernen Produktionsformen interessierten Bürgertums formuliert werden.

Die bedeutendste Reformschrift des 17. Jahrhunderts für diesen Raum - Landsyndikus Heinrich Gerdes 1651 eingereichtes »*Bedenken wie den Commercien in Pommern zu ihrer Erhaltung und Verbesserung nothwendig und nützlich die Hand zu biethen*« - liegt ebenso wie Klingstädts Publikation in gedruckter Form vor. Erhalten sind in pommerschen Archiven »*Des Kantzlers Sternbach Vorschlag von Pommer Landes Verbesserung*«, zwischen 1658 und 1671 verfaßt, »*Verbeßerung von Vor Pommern*«, nach 1674 geschrieben, »*Des H. Vice Präsidenten Owstiens Bedencken wegen Einrichtung des Pommerschen Etats*« von 1681 und »*Kurtzer Entwurff der Generalen Vorschläge wodurch das Fürstenthumb Pommern nach erhaltenem und durch Gottes Gnaden continuirenden Frieden hinwieder nahrhaft zu machen also, daß dadurch das Aerarium Regium könne augiret werden*« aus der Zeit zwischen 1685 und 1700 sowie das Promemorium Boltensterns und die städtischen Vorschläge von 1728.[10]

Gerdes hatte seinerzeit auf den Zusammenhang zwischen »*gutem Flor*« der Commercien und dem Vorteil für den Fiskus hingewiesen. Gleichzeitig mahnte er jedoch die staatlichen Behörden, die Förderung von Handel und Gewerbe über die Steuereinnahmen zu setzen. Es könne »*kein Einkommen oder Vortheil*«, wie groß auch immer, »*höher zu ästimiren*« sein. In Vorpommern wären die Seezölle zu hoch und auch die Landzölle seien »*pestis commerciorum*«. Gleichzeitig polemisierte er gegen die Akzise auf »*Mehl und Getränke*«.[11] Im Interesse der Sanierung der Landeseinwohner sollte der einheimische Kaufmann keine höheren Zollabgaben zu tragen haben, »*als in benachbarten Ländern und Handelsstädten geschiehet*«, um so den ausländischen Handel nach Vorpommern zu ziehen. Die dort üblichen, ungewöhnlich vielfältigen und belastenden Zollgebühren nebst den »*unmäßigen Licenten*« würden die wirtschaftliche Gesundung des zerstörten Landes erschweren. Nur die »*Abschaffung oder leidliche Moderation*« könne zu des Königs »*und des Landes Besten gereichen*«.[12] Die Wiedererschließung veröderter landwirtschaftlicher Nutzflächen, die Ansiedlung zahlreicher, durch Freiheiten privilegierter Fremder, die zwangsweise Eingliederung beschäftigungsloser »*müßiger*« Landeseinwohner in den Arbeitsprozeß und die Erarbeitung einer strengen »*Dienst- und Gesind-Ordnung*« seien notwendig, um die wirtschaftliche Leistungskraft des Landes zu heben.[13]

Diese und zahlreiche andere, der Entwicklung des Handelsbürgertums förderliche Vorschläge weisen Gerdes als Sprecher des vorpommerschen Handelspatriziats aus. Solche, dem englischen Merkantilismus entlehnten weitgehenden Forderungen an die schwedische Krone dokumentieren die Bereitschaft der Kaufleute und kleinen Gewerbetreibenden, die produktive Tätigkeit für einen größeren Markt aufzunehmen.

Sternbach klagte, »*durch die Licenten*« sei der einheimische Handel schwer geschädigt. Bei Aufhebung würde vor allem der Außenhandel zu »*des ganzen Landes Aufnahme ... befordert*«. Derzeit entblöße die verhaßte Akzise einen »*Orth nach dem andern von den Einwohnern gäntzlich*«. Alle Projekte könnten die wirtschaftliche Entwicklung des Landes nicht stimulieren, wenn die Einwohner unter den hohen Steuerbelastungen weiter leiden müßten.[14]

Der Autor von »*Verbeßerung von Vor Pommern*« registrierte, die »*Steigerung der Licenten*« hätte die notwendigen Warenzufuhren reduziert und die produktive Entwicklung der Gewerbe behindert. Er sah voraus, daß die hohen Zölle auch einheimische Schiffer und Kaufleute auf nichtpommersche Häfen lenken mußten. Doch empfahl er dem Landesherrn, geminderte Zolleinkünfte durch höhere Akzisesätze auf Lebensmittel auszugleichen.[15]

Die zahlreichen, auf eine manufakturelle Entwicklung orientierten Schriften lassen den Schluß zu, daß es sich hier nicht um Wunschbilder der schwedischen Krone handelte. Der Anspruch auf weitgehende steuerpolitische Einschränkungen des Staates und Gewährung umfangreicher handelspolitischer Erleichterungen stimmte in dieser Breite keinesfalls mit den steuerpolitischen Interessen der Krone überein.

Berücksichtigt man I. Mittenzweis Erkenntnisse zu den preußischen Ökonomen,[16] dann ist die Stellung der vorpommerschen Kameralisten des 17. Jahrhunderts zu den Leibeigenschaftsverhältnissen - auch im Rahmen einer allgemeinen Analyse des Kameralismus - besonders aufschlußreich. Während der bekannte Kameralist Johann Joachim Becher für die kaiserlichen Erblande den freien Untertanen ein beschränktes Widerstandsrecht gegen tyrannische Obrigkeit einräumte, negierte er dies für Leibeigene. Seinen Appell an die Duldsamkeit der Leibeigenen widerrief er jedoch für den Fall, *»wann man die Leibeigene plagen, und unglückselig machen will«*.[17]

In Schwedisch-Pommern betonte Sternbach, eine Reform des Wirtschaftslebens setzte die Aufhebung der Leibeigenschaft voraus. Freie Bauern würden das Land besser kultivieren und taugten *»auch zu Manufacturen, voraus endlich Herrschaften im Lande mehr Vortheil haben können, alß jetzo von der ihnen mehr Kostbahre als einträglichen Dienstbahrkeit«*. Bei Sicherung der persönlichen Freiheit würden Menschen aus anderen Ländern nach Pommern ziehen. Auch könne sich die Stadtarmut *»bey solcher Freyheit ... zu Diensten aufs Land gerne begeben«*.[18] Auch der Verfasser von *»Verbeßerung von Vor Pommern«* zweifelte nicht, *»daß das verödete und ... entwolkete Vorpommern bald würde besetzet werden«*, wenn *»die Baur-Güter in Pommern von der ... Leib-Eigenschafft ... befreyet werden«*. Dann würden vor allem unfreie Entlaufene aus anderen Staaten die verlassenen Bauernhöfe übernehmen. Leibeigene Bauern seien *»einem Lande mehr schädlich als forderlich«*. Sie vernachlässigten ihren Dienst, denn *»es komme nur all ihr Schweiß und Arbeit ihren Erb- und Grund-Herrn zu guthe, und nicht ihren Kindern, welche in der Dienst und Leibeigenschafft bleiben«*. Die Grundherren fänden genügend *»freye Leute ... wann die Pfron-Dienste gemäße und wohl reguliret seynd«*. Das Beispiel *»der fleißigen Holländer und Brabander«* zeige die Leistungsfähigkeit der Landwirtschaft.[19]

Einen weiteren Schwerpunkt in der vorpommerschen kameralistischen Literatur bildete die Zunftfrage. In der DDR-Historiographie wurde betont, alle Kameralisten hätten hier nur modifizieren wollen. Auch in Preußen sei die Aufhebung der Zunftordnung bis 1786 von keinem Kameralisten propagiert worden.[20] Doch sollte bedacht werden, daß bereits Schröder 1686 die Zünfte als die *»ärgste Pest von gantz Teutschland«* verfluchte und so indirekt eine Aufhebung suggerierte.[21]

In Schwedisch-Pommern diskutierte zur gleichen Zeit Owstien die Auflösung der Zünfte. Durch deren Aktivitäten gingen *»viele gute Handwerker dem Lande«* verloren. Deshalb wären die *»Zünfte entweder gantz aufzuheben, oder doch dergestalt zu restringiren«*, daß sie alle Interessenten zu dem jeweiligen Gewerbe zulassen müßten.[22] Weniger radikal hatte Sternbach einige Jahre vorher vermerkt, die Zünfte könnten *»zwar bleiben«*, doch sollten ihre Rollen so geändert werden, daß sie der Gewerbefreiheit nicht hinderlich seien. Einem jeden müsse die Ausübung des Handwerkes gestattet werden, daß er *»gelernet oder (sich) zu treiben getrauete«*. Daran dürfe er unter keinen Umständen gehindert werden. Auch sollten in den Zünften *»alle Kosten und Zehrungen abgeschaffet werden«*.[23] Der Autor des *»Kurtzen Entwurfs«* wünschte im Interesse der freien Entwicklung der Warenproduktion des Landes Freiheiten für Manufakturen. Vor allem dürften die *»Manufacturen mit keinen Zunfft-Geldern«* und sonstigen finanziellen Belastungen beschwert werden. Sie sollten *»frey und ungehindert«* produzieren können.[24]

Gerdes hatte insbesondere betont, vorteilhafte Geldzirkulation durch den Kaufmann nutze allen Landeseinwohnern. Ebenso schädige mangelndes Handelskapital auch die übrigen Gewerbe. Die Katastrophe der Kaufleute sei die aller Einwohner, *»weil dieses Land keine Silber- noch Goldgruben hat, sondern per commercia Geld, und was des Landes und aller Einwohner Nothdurft erfordert, einzig und allein«* herbeischaffen könne. Daher müßten den Kaufleuten Wege gewiesen werden, wieder zu Geld zu kommen. Deshalb solle der Staat ihnen *»in andern Königreichen«* Wege bahnen. Immer wieder kam er auf den Gedanken zurück, diesen Handel mit einheimischen Produkten durch *»freye unbehinderte commercia ... so viel möglich ... an auswärtige Oerter«* zu treiben. Wichtig war ihm auch der Zwischenhandel mit Produkten, die *»durch die trafiquen an andere Oerter mit Vortheil zu transferiren«* wären. Den Nutzen aller Einwohner betonend, empfahl Gerdes, *»Waaren, so aus andern Ländern importiret werden ... ein(zu)kellern ... die Occasionen (zu) erforschen, ... wie an andern Orten mittelst der Schiffahrt solche wiederum«* mit Gewinn abzusetzen seien.[25]

Er und Owstien hatten erkannt, daß Zölle und Steuern an entsprechenden Festlegungen der Nachbarstaaten gemessen werden mußten. Owstien wollte *»einige Manufacturen aus denjenigen Waaren, welche aus diesem Lande fallen, als in specie aus der Wolle anrichten«* lassen. Sie sollten *»in der Nachbarschaft debitiret«* werden. Das würde sowohl den Landeseinwohnern Arbeit und Gewinn bringen, als auch die Landeseinnahmen fördern.[26] Ebenso wurde in dem *»Bedenken«* auf den Handel *»nach Holland, Franckreich, Spanien und Portugal«* orientiert. Produkte aus dem *»Russischen und Littauischen«* sollten verarbeitet und *»sonderlich nach Sveden und Danemarcken«* verkauft werden. Leider bricht der Text ab, als der Autor entwickelt, welche Landesprodukte dort *»mit gutem profit«* abgesetzt werden könnten.[27]

Dagegen kann der *»Kurtze Entwurf«* seine Verwandtschaft mit jenen kameralistischen Schriften nicht verhehlen, die in erster Linie fiskalische Zielsetzungen ausdrückten. Der Grundsatz, von der Menge der Untertanen hänge das Glück der Fürsten *»wegen der vielen Acisens«* ab, prägte den Charakter dieses Papiers. Doch ließ sich der Autor auch von der Erkenntnis leiten, daß wenige Untertanen *»die schwere Contributionslast«* kaum tragen könnten. So sei die Peuplierung die wichtigste Aufgabe des Staates. Der Wohlstand der vielen Menschen müsse aber durch die staatliche Förderung der Landwirtschaft, der Manufakturen und des Handels gesichert werden. Gäbe es zu viele Einwohner und nur wenige Arbeitsplätze im Lande, erwachse *»nichts alß lauter Haß«*, und *»gäntzlicher ruin der gantzen Lande«* sei zu befürchten.[28] Der Verfasser wünschte zahlreiche Maßnahmen verwirklicht, die objektiv die wirtschaftliche Entwicklung des Landes gefördert hätten. Ein Katalog erhoffter protektionistischer Initiativen durch den schwedischen Staat wurde hier ebenso formuliert wie die Forderung auf garantierte Freijahre und andere Privilegien. Schließlich empfahl er der Krone auch, die Zölle zu mäßigen, *»damit die Holländer und andere Nationes unsere exportanda«* holen, *»wobey den die Licenten beßer augiret werden«*. Wiederholt wird der fiskalische Nutzen als Kriterium notwendiger Schritte der Regierung hervorgehoben. Doch wäre es verfehlt, in dem Autoren einen Apologeten für die Unveränderlichkeit der bestehenden Feudalordnung zu sehen. Neben der Sicherung staatlicher Einkünfte suchte er ernsthaft nach Wegen, die wirtschaftliche Lage der Kaufleute und Handwerker zu verbessern. Es sei nötig, daß der schwedische Staat die Kreditfähigkeit der pommerschen Kaufleute im Ausland sichere, das schwedische Seerecht auch für pommersche Schiffe gelten solle, ihnen alle Erleichterungen in schwedischen Häfen eingeräumt und eine Wechselbank in der deutschen »*Provinz*« eingerichtet werde.[29] Jürgen Kuczynski bewertete die Glorifizierung des Kaufmanns in den englischen merkantilistischen Schriften hoch.[30] Interessanterweise fand auch der Autor des »*Entwurfs*« ähnlich wie Gerdes zu der Erkenntnis, die übrigen Gewerbe könnten ohne den Kaufmann »*nicht bestehen, den dieser durch die Consumption in frembde Öhrten ... alles versilbert und zu Gelde machet*«. So gebe er »*ihnen allen also das Leben*«.[31] Der abrupte Schluß dieses Manuskripts wirft die Frage auf, ob weitere Forderungen zugunsten des Handelskapitals und der Gewerbetreibenden verloren gingen.

Auch in Owstiens Schrift findet sich als Anhaltspunkt die Bemerkung, Pommern müsse zu »*Aufnehmen ... wieder gebracht werden*«, damit sich der König künftig »*deßen Vermögen ... bedienen*« könne. Ebenso wollte er Handel und Gewerbe entwickeln, weil durch hohe Konsumtion »*denen accisen ein großer Zuwachs*« entstünde. Andererseits plädierte er mehrfach für den Rückgang der Zölle und kalkulierte ein weiteres Absinken der Einnahmen ein.[32] Er wie auch Sternbach sprachen sich sogar für steuerliche Belastung des Adels aus. Owstien schlug vor, daß entsprechend ihres Hufenbestandes auch die »*Ritter ... Hufen ... ein gewißes ... hinführo*« steuern sollten. Sternbach wünschte, daß »*der Adel ... jährlich ein gewißes von einem jeden Ritter oder Lehn Pferde*« geben solle und damit »*dem Publico Erstahtung thäte*«.[33]

Es sollte auch bei der Beurteilung fiskalisch angelegter - vom Landesherrn initiierter - Wirtschaftsprogramme die Komplexität der Schriften berücksichtigt werden. Natürlich mußten alle Autoren Konzeptionen vorlegen, die dem fürstlichen Anliegen entsprachen. So kann selbst für den »*Entwurf*« nicht ausgeschlossen werden, daß der Autor die fiskalischen Akzente nur setzte, um gleichzeitig Reformwünsche besser artikulieren zu können. Mit Sicherheit kann aber vermerkt werden, daß sich die Mehrheit der frühen vorpommerschen Kameralisten - obwohl im Auftrag der schwedischen Krone handelnd - in den hier untersuchten Schriften als Interessenvertreter des einheimischen Bürgertums, der unfreien Bauern bzw. modern produzierender freier Landwirte ausweist.

Würdigt man die Vorstellungen Bechers aus der Periode nach 1660 als primär auf die Entwicklung bürgerlicher Unternehmerschichten und des Kaufmannskapitals zielend, dann verdienen diese schwedisch-pommerschen kameralistischen Schriften und vor allem Heinrich Gerdes »*Bedenken*« von 1651 zweifellos mehr Aufmerksamkeit durch die Geschichtsschreibung als bisher. Für die weitere Erforschung des manufakturellen Stadiums der kleinen deutschen Territorialstaaten kommt dieser Schrift eine nicht unerhebliche Bedeutung zu. Interessanterweise hat Johann Carl Dähnert für den zweiten Supplementenband seiner pommerschen Gesetzes- und Dokumentensammlung 1786 gerade jenes »*Bedenken*« ausgewählt. Mit den Reformschriften von Hennings und Reichenbach hatte in dieser Zeit eine neue Etappe wirtschaftspolitischer Ansprüche des schwedisch-pommerschen Handelsbürgertums, der dortigen Manufakturunternehmer und den nach modernen Produktionsstrukturen strebenden Landwirten ihren sichtbaren Ausdruck gefunden. Die Voraussetzungen für die Anhäufung moderner Kapitalien waren weiter herangereift, Projekte gewinnversprechender manufactureller Unternehmungen in der Praxis versucht worden. Doch hatte bis in das letzte Drittel des 18. Jahrhunderts hinein außer Klingstädt keiner der nachfolgenden Reformschriftsteller vor Hennings und Reichenbach wieder so umfassende Reformforderungen formuliert.

Offensichtlich war das auch den reforminteressierten Kräften bewußt geworden. So spricht die Auslese der Gerdes-Schrift aus der Vielzahl solcher wirtschaftspolitischer Reformkonzeptionen sowohl für die gewachsene Kraft des hiesigen, an modernen Produktionsformen interessierten Unternehmertums als auch für die Orientierung der Reformautoren dieser Periode gegen Ende des 18. Jahrhunderts auf weitreichende Veränderungen der bestehenden feudalen Gesellschaftsstruktur. Dagegen zielten die Vorschläge Boltensterns auf die Zustimmung sowohl der schwedischen Regierung und der Reichsstände als auch der vorpommerschen Landstände.[34] Bereits im Sommer 1747 hatten die Reichsstände Kenntnis dieser Schrift erhalten und ihre Zustimmung gegeben.[35] Ganz anders lauteten die Stellungnahmen der Landstände in Schwedisch-Pommern. Obgleich schon 1748 in mehreren Regierungsschreiben eine schnelle Entscheidung gefordert wurde, lehnten Ritterschaft und Städte noch am 14. Dezember 1753 eine endgültige Beurteilung ab. Sie wollten die Vorschläge noch weiter prüfen, schlossen das Schreiben aber mit der Erklärung, es handele sich um einen Versuch Boltensterns, private Vorteile zu gewinnen.[36]

Dieser Ablehnung waren bereits umfangreiche Erhebungen in den Städten vorausgegangen. Die Skala der Äußerungen reichte von »*vollends unglücklich gerathen*«, »*ein leeres und nichtiges project*« bis zu der Feststellung, Boltenstern »*entblöde*« sich nicht, Dummheiten zu schreiben. Anstatt weiter »*Thorheiten*« zu verfassen, solle der Amtmann vor allem sein Amt besser verwalten und seine Gläubiger befriedigen.[37] Nur die Schmiede hatten ein Argument aufgegriffen und verlangten das Verbot der Einfuhr fremder thüringischer Eisenwaren durch den Rat.[38] Auch Hennings, zu diesem Zeitpunkt selbst schon Manufakturunternehmer, wirtschaftspolitischen Überlegungen äußerst aufgeschlossen, lehnte in scharfen Worten Boltensterns Vorschläge ab.[39]

Es ist hier nicht der Platz, auf die berechtigten Gegenargumente der Stralsunder, Greifswalder und Wolgaster Kaufleute und Aspekte der unrealistischen Vorschläge Boltensterns einzugehen. Derartige wirtschaftspolitische Konzeptionen zählen zu der Vielzahl von »*Wunderprogrammen*«, mit denen ihre Autoren persönliche Vorteile und gesellschaftliche Anerkennung suchten. Von hier führt keine Verbindung zu den Reformschriftstellern der zweiten Hälfte des Jahrhunderts. Diese knüpften vielmehr an jene Argumente an, die schon von Gerdes und dann auch von Klingstädt verteidigt wurden. Für die Geschichte des schwedisch-pommerschen Reformschrifttums in der Periode des aufgeklärten Absolutismus kommt der nur wenige Seiten umfassenden Schrift Klingstädts besondere Bedeutung zu. Zwar haben sich weder Hennings noch Reichenbach auf dessen »*Gedanken*« jemals berufen, doch finden sich seine Überlegungen bei beiden wieder.[40] Klingstädt hatte seine Schrift mit der Erklärung eingeleitet, er halte den Beweis für überflüssig, »*daß die Manufacturen das vornehmste Stück des Commercii«* seien. Obwohl daran niemand zweifle, fände man doch im schwedischen Pommern *»überall nichts als Armuth und Mangel«*.[41] Vor allem die Behauptung, das Land wäre für Manufakturen zu klein, sei eine Ursache dieses Zustandes. Auch herrsche im Lande die irrige Ansicht, viele Kaufleute würden auch viel Handel bedeuten. Dem hielt Klingstädt seine Erkenntnis entgegen, daß nur die manufakturelle Verarbeitung der einheimischen Rohstoffe ein ausreichendes Erwerbsleben der Kaufleute und *»die Wohlfahrt des Landes«* sichern könne.[42] Er entwickelte Vorschläge, durch eine Compagniegründung mit dem Kapital von 30 bis 40.000 Rt. eine Wollmanufaktur einzurichten. Durch den Verkauf von Aktien à 500 Rt. sollte das nötige Anfangskapital zusammengebracht werden. Weitere Ausführungen widmete er den Leitungsmethoden und dem Standort der erwünschten Produktionsstätte. Interessanterweise lehnte er Stralsund als ungeeignet ab und empfahl dafür Franzburg oder Barth.[43] Er hatte bereits erkannt, daß die produktive Veredelung der einheimischen Rohstoffe gewinnbringender sei. Doch dächten die Kaufleute nur an die Brauerei und den Getreidehandel, klagte er.[44]

Diese Schrift muß als Versuch gewertet werden, praktische Maßnahmen zur Entwicklung einer schwedisch-pommerschen manufakturellen Tuchproduktion anzuregen. Dabei orientierte sich der Autor nicht auf staatliche, sondern private unternehmerische Initiativen. Hierin unterschied er sich wohl von Reichenbach, dem Beamten, weniger aber von dem Kaufmann und Wollmanufakturunternehmer Hennings.

In der zweiten Hälfte des 18. Jahrhunderts waren es der Stralsunder Kaufmann und Manufakturunternehmer, der Ratsverwandte Johann Nicolaus Hennings, der Gutspächter, potentielle Manufakturunternehmer und oberste Finanzbeamte der Provinz, Kammerrat und Schloßhauptmann Johann David von Reichenbach, und unmittelbar vor und nach der Jahrhundertwende auch der Stralsunder Kaufmann und Holzhändler Johann Martin Gemeinhardt, die in Schwedisch-Pommern in ihren Schriften öffentlich eine Reform des Wirtschaftslebens forderten. Sie entnahmen ihre Argumente vor allem zeitgenössischen Erkenntnissen solcher englischer Merkantilisten wie Mun, Gee und Defoe.

1762 wandte sich erstmalig mit Hennings ein namhafter Vertreter des vorpommerschen Handelsbürgertums den einheimischen Agrarverhältnissen zu. Er empfahl, durch Eigentumsverleihungen und besondere Fördermaßnahmen Siedler ins Land zu holen. Einige Jahre später hob er erneut hervor, die Lage der bäuerlichen Produzenten sei mit der notwendigen Wirtschaftsentwicklung unvereinbar.[45]

Diese Erkenntnis bestimmte noch 1803 die Reformforderungen der Deputierten der Stralsunder Gewerbetreibenden. Unter Gemeinhardts Einfluß erklärten sie, die Freilassung und Übertragung von Eigentum an die städtischen Bauern sei Grundlage ihres gewerblichen Aufschwungs.[46]

Schon zwanzig Jahre vorher hatte Reichenbach auf die Auswirkungen einer mangelhaften bäuerlichen Produktion auf den Binnenmarkt verwiesen und geklagt, man unterdrücke alle bäuerlichen Initiativen. Der leibeigene Bauer sei an einer Weiterentwicklung seiner Wirtschaft nicht interessiert.[47] Bereits damals war ihm klar, daß die Aufhebung der Leibeigenschaft und der Frondienste durch den Schutz der bäuerlichen Anwesen ergänzt werden müßten. In seinem Alterswerk forderte er erneut, der freie Bauer müsse auf eigenem Boden schaffen, »*über sich, seine Kinder und sein Vermögen selbständig entscheiden*«.[48] Beginnen wollte Reichenbach mit der Aufteilung der Domänen in Erbpacht »*zu ewigen Zeiten*« gegen Zahlung einer relativ niedrigen Summe. Doch empfahl er gleichzeitig, man müsse dem Bauern »*sein eigenes Gehöft erb- und so zu sagen eigenthümlich*« überlassen. Wer freie niederländische Bauern gesehen habe, der wüßte, was diese leisten. Der ahne auch, betonte Reichenbach, wie die Landwirtschaft in zwanzig Jahren auch in Vorpommern sein könnte.[49]

Der Hinweis auf freie niederländische Bauern im Zusammenhang mit dem Wunsch nach eigentumlich besessenen Hofstellen wirft die Frage auf, ob Reichenbach als Fernziel Eigentum der Bauern im bürgerlichen Rechtsverständnis vorschwebte. Es kann nicht ausgeschlossen werden, daß er sich lediglich aus realistischen Überlegungen auf die Erbpacht beschränkte. Verfolgt man diesen Aspekt weiter, dann können solche Programme durchaus als Vorbereitungsphase auf dem Weg zur Agrarreform des 19. Jahrhunderts gewertet werden. Die Agrarhistoriker der früheren DDR werteten die bürgerlichen und bäuerlichen Forderungen nach Aufhebung der Leibeigenschaft als ein grundlegendes Element bei der Auflösung der Feudalordnung. Das ermöglicht auch eine gerechte Beurteilung der vorpommerschen Kameralisten des 18. Jahrhunderts.

Neben der Verurteilung der Leibeigenschaft und dem Einsetzen für bessere bäuerliche Besitzrechte wandten sich die Wirtschaftspublizisten besonders gegen das Bauernlegen. In einem Sofortprogramm forderte z. B. Reichenbach 1784 ein prinzipielles Verbot aller nicht durch die staatliche Obrigkeit genehmigten Legungen, Strafgelder für unerlaubte Veränderungen in Bauerndörfern, die Wiedereinrichtung aller im 18. Jahrhundert eingezogenen Bauernhöfe und staatliche Unterstützung für die Neubauern.[50]

Im Gegensatz zu den meisten kameralistischen Schriftstellern anderer deutscher Staaten wandten sich die schwedisch-pommerschen Reformideologen dem ausländischen Handelsmarkt zu. Ähnlich wie der Engländer Thomas Mun hatte Hennings 1753 behauptet, das Landeswohl hänge von der Qualität der durch den Kaufmann auf dem internationalen Markt abzusetzenden Landesprodukte ab. 1757 formulierte er schließlich auch seine Überzeugung, der Kaufmann sei das Leben des Staates. Ebenso setzte Reichenbach 1754 das Kaufmannswohl mit dem Landeswohl gleich.[51]

Selbst in diesem kleinen Staat betrachteten die hier erwähnten Kameralisten die wirtschaftlichen Prozesse unter dem Aspekt gesamtstaatlicher Anhäufung von Reichtum im Lande und wiesen dem Außenhandel eine entsprechende Funktion zu. Hennings betonte 1757, Geld würde »*nicht nützlicher angeleget, als wenn es für fremde, dem Lande fehlende rohe Materialien, dern Werth die Bürger durch Verarbeitung erhöhen, und ... an Fremde, wieder verkaufen, ausgegeben wird*«.[52] Würdigt man Charles Davenant für seine Erkenntnis, daß Geldkapital notwendig in produktives Kapital verwandelt werden müsse[53], wird man solche Wertung auch für Hennings akzeptieren müssen. Dieser fand heraus, daß die »*Manufacturen ... fremdes Geld zu sich*« ziehen und die »*besten Quellen*« sind, »*woraus der Staat Macht und Reichthum schöpfen kann*«. Hennings hatte verstanden, daß produktiv angelegtes Geld neue, höhere Werte schaffen mußte. Aus dem gleichen Grund hatte Reichenbach 1784 geklagt, der zeitweilig vorteilhafte Holzhandel und der damit einströmende Geldgewinn baue nicht auf »*Indüstrie, Gewerbsamkeiten, Manufacturen und Fabricken*« auf und sei deshalb nicht dauerhaft.[54]

Der Ökonomiehistoriker Fritz Behrens hat seinerzeit Muns Verteidigung der Geldausfuhr mit dem Satz gewertet, man sehe hier den Fortschritt in der Einsicht in die ökonomischen Zusammenhänge. Zwar habe Mun das Wesen des Profits noch nicht verstanden, aber »*bereits eine Ahnung davon, daß es objektive Gesetze sind, die die Produktionsverhältnisse eines Landes regeln, und daß sie sich unabhängig vom Wünschen und Wollen der Menschen durchsetzen*«.[55]

Hennings schrieb 1756, Macht und Reichtum eines Landes bestehe u. a. darin, »*daß es ein gutes Waaren-Lager von ein- und ausländischen Waaren habe*«. Nicht durch ein Ausfuhrverbot, sondern durch ein gesamtwirtschaftliches »*Uebergewicht der Landeshandlung*« wird »*Geld am sichersten im Lande erhalten und vermehret*«.[56] Ende der sechziger Jahre hat er den Gedanken erneut aufgegriffen, das Geld als Ware zu nutzen. In dieser Darstellung hatte Hennings als Motto Humes Rechtfertigung der Geldausfuhr an den Anfang und Schluß seiner Überlegungen gestellt. In Übereinstimmung mit dem berühmten Briten stellte er fest, der Staat solle das Geld »*dem Laufe menschlicher Dinge ohne Furcht ... überlassen*«. Im Handel und in Manufakturen angelegt, würde es sich alleine im Lande erhalten und vermehren. Das Geld gehe dem Lande nicht verloren, wenn »*die Waaren, die man aussendet, den fremden Waaren, so man wieder einführet, am Werthe gleich*« seien. Mit dem Engländer Carry stellte Hennings fest, die »*Vielheit des Geldes hängt ab von unserer Handelsbalanz*«.

Bei negativer Bilanz »*muß das Geld nothwendig ausgehen*«.[57]

Deutlich wird hier, daß Hennings verstanden hatte, daß in diesem Fall keinerlei Restriktionen den Abfluß des Geldes hindern konnten. Auch er hatte eine »*Ahnung*«, daß dieser Prozeß unabhängig vom Wünschen und Wollen der Menschen vor sich ging.

Ende der achtziger Jahre des 18. Jahrhunderts war in Vorpommern die von Reichenbach angestrebte »*Kette*« zwischen Landmann, Kaufmann und Unternehmer noch immer nicht geknüpft. Das Scheitern zahlreicher Manufakturprojekte in Schwedisch-Pommern hatte gezeigt, daß hier auch noch nach 1750 der Entwicklung rentabler Manufakturbetriebe durch einzelne Unternehmer nahezu unüberwindliche Hindernisse erwuchsen. Die zu Investitionen bereiten und über das entsprechende Kapital verfügenden Bürger konnten nur durch staatliche Unterstützung in Form von Privilegien, finanziellen Zuschüssen und Verboten zugunsten des jungen Manufakturunternehmertums bestimmte feudale Hindernisse in Stadt und Land umgehen.

Daher betonten alle Reformschriftsteller Vorpommerns, daß die Regierung den Manufakturunternehmern Möglichkeiten erschließen mußte, rasch über größere Kapitalien verfügen zu können. Als staatlichen Zwangsweg, Kapital für Manufakturen bereitzustellen, empfahl Reichenbach die Einführung einer sogenannten Manufaktursteuer auf den Landbesitz je Hufe. Auch sollte eine weitere Steuer ausgeschrieben werden, deren Erlös als Prämienfonds für erfolgreiche Manufakturunternehmer genutzt werden könnte.[58] Aus der Vielzahl der wirtschaftspolitischen Vorschläge sei nur noch die Haltung zur Zunftverfassung nach 1750 herausgegriffen. In Schwedisch-Pommern waren die Zünfte zweifellos nicht das Haupthindernis für die Entwicklung moderner Wirtschaftsstrukturen. Unter Umgehung der Zunftprivilegien erhielten auch in diesem Staat einzelne Manufakturunternehmer Sonderrechte. Allerdings konnte nicht verhindert werden, daß die Stralsunder Zünfte durch aktiven und passiven Widerstand zum Scheitern einiger Manufakturprojekte beitrugen. Schon Hennings hatte auf Hindernisse für die Manufakturen hingewiesen. Während er jedoch die grundsätzliche Aufhebung der Zunftordnung nicht erörterte, regte Reichenbach 1785 entsprechende Schritte an. Im Interesse einer schnelleren manufakturellen Entwicklung des Landes forderte er, man »*schaffe alle Zünfte und Aemter, oder doch allen Zunft- und Aemterzwang ... wenigstens nach und nach ... ab*«.[59]

Mit Recht kann wohl vermerkt werden, daß auch in Schwedisch-Pommern - sowohl im 17. als auch im 18. Jahrhundert - einzelne Wirtschaftspublizisten Reformvorstellungen artikulierten, die den Wünschen eines Teils des dortigen, an modernen Produktionsformen interessierten Handelsbürgertums und der feudalabhängigen Bauern entsprachen. Diese Kameralisten verstanden sich selbst zweifellos vor allem als Staatsdiener im Interesse einer allgemeinen wirtschaftlichen Aufwärtsentwicklung.

[1] Thomas Heinrich Gadebusch, Schwedischpommersche Staatskunde, T. 1-2, Greifswald 1786-1788, T. 1, S. 23-25. Siehe auch J.-P. Findeisen, Fürstendienerei oder Zukunftsweisendes unter feudalem Vorzeichen. Wirtschaftspolitische Reformpublizistik in Schwedisch-Pommern zwischen 1750 und 1806, Sundsvall 1994, S. 93-101; ds., Frühe kameralistische Überlegungen in Schwedisch-Pommern nach dem Dreißigjährigen Krieg, in: Wissenschaftliche Zeitschrift der Ernst-Moritz-Arndt-Universität Greifswald, Gesellschafts- und sprachwiss. Reihe, 36 (1987), H. 3/4, S. 117-119.

[2] Stadt-A. Greifswald, Rep. 5, Nr. 6667, Schreiben vom 12. Juli 1728.

[3] Gadebusch, T. 1, S. 24-25.

[4] Verini a Sinceris (T. M. v. Klingstädt), Patriotische Gedanken über der jetzigen Beschaffenheit der Schwedisch-Pommerschen Provintz samt vorgestellter Nothwendigkeit der darin zu errichtenden Woll-Manufacturen nebst beigefügtem Project wie solches am füglichsten zu bewerckstelligen wäre, Freyburg 1738.

[5] Stadt-A. Stralsund, Rep. 13, Nr. 1918.

[6] Siehe Findeisen, Fürstendienerei, S. 102-104.

[7] Jürgen Kuczynski, Die Geschichte der Lage der Arbeiter unter dem Kapitalismus, Bd. 10, S. 14.

[8] Siehe die Polemik bei J.-P. Findeisen, Fürstendienerei oder Zukunftsträchtiges unter feudalem Vorzeichen. Einige Anmerkungen zur Kameralismus-Diskussion in der früheren DDR - das Beispiel Schwedisch-Pommern, in: ZfG 39 (1991), H. 8, S. 798-812.

[9] Ebd., S. 9.

[10] Sammlung gemeiner und besonderer Pommerscher und Rügischer Landes-Urkunden, Gesetze, Privilegien, Verträge, Constituiones und Ordnungen. Zur Kenntniß der alten und neueren Landes-Verfassung insonderheit des Königlich-Schwedischen Landes-Theils. Hrsg. von Johann Carl Dähnert, Bd. 1-3, Stralsund 1765-1769, Supplements-Bde 1-4, Stralsund 1782-1802 (im folgenden als LC zitiert); VpLA Greifswald, Rep. 40 VI, Vol. 26, S. 387 ff, 435 ff, 733 ff u. Vol. 30, S. 479 ff.

[11] LC, Suppl. 2, S. 419-423, 426-427 und 439.

[12] Ebd., S. 424-428.

[13] Ebd., S. 419-423.

[14] VpLA, Rep. 40 VI, Vol. 26, S. 248 ff.

[15] Ebd., S. 739 und 751.

[16] Ingrid Mittenzwei, Kameralismus und Agrarfrage, in: Volksbewegungen und ideologischer Klassenkampf beim Übergang vom Feudalismus zum Kapitalismus, Rostock 1976, S. 39-45.

[17] Johann Joachim Becher, Politische Diskurs, 3. Aufl. Frankfurt/M. 1688, S. 45-46.

[18] VpLA, Rep. 40 VI, Vol. 26, S. 339-340.

[19] Ebd.

[20] Ingrid Mittenzwei, Preußen nach dem Siebenjährigen Kriege. Auseinandersetzungen zwischen Bürgertum und Staat um die Wirtschaftspolitik (Schriften des Zentralinstituts für Geschichte, 62), Berlin 1979, S. 147.

[21] Wilhelm von Schröder, Fürstliche Schatz- und Rent-Cammer, Leipzig 1686, S. 450.

[22] VpLA, Rep. 40 VI, Vol. 26, S. 491 ff.

[23] Ebd., S. 394-395.

[24] Ebd., S. 508.

[25] LC, Suppl. 2, S. 419, 430 und 437 ff.

[26] Ebd., S. 420; VpLA, Rep. 40 VI, Vol. 26, S. 479.

[27] Ebd., S. 754.

[28] Ebd., Vol. 30, S. 497 ff.

[29] Ebd.

[30] Kuczynski, S. 5.

[31] VpLA, Rep. 40 VI, Vol. 30, S. 516.

[32] Ebd., Vol. 26, S. 439 und 497 ff.

[33] Ebd., S. 502 und 434.

[34] Stadt-A. Stralsund, Rep. 13, Nr. 1918, Schreiben des schwedischen Reichskammer- und Kommerzkollegiums an die Stralsunder Regierung.

[35] Ebd., Beilage zum Schreiben der Regierung an die Landstände vom 12. Juni 1748.

[36] Stadt-A. Greifswald, Rep. 5, Nr. 952, Bl. 217.

[37] Stadt-A. Stralsund, Rep. 13, Nr. 1918, Reaktionen der Stralsunder Gewandhaus-Altermänner, Kaufleute, Krämer, Apotheker und der Ämter der Schuster. Lohgerber, Riemer, Gürtler und Schmiede. Siehe auch die Bemerkungen des Greifswalder Camerarius Balthasar und der Wolgaster Kaufmanns-Compagnie.

[38] Ebd.

[39] Ebd., Brief und Schrift: Kaufmennische Untersuchung und Bedenken, über die von Hr. Hoffrath von Boltenstern vermeintliche dienliche Vorschläge, zu Verbeßerung der Pommerschen Nahrung und Handlung, v. 20. August 1748.

[40] Auch Gadebusch hat diese Schrift in eine Reihe mit den Aufsätzen von Hennings gestellt. Siehe Staatskunde, T. 2, S. 43-46.

[41] Verini, S. 3.

[42] Ebd., S. 10-13.

[43] Ebd., S. 13-20.

[44] Ebd., S. 9-10.

[45] Versuch in politischen Schriften, über die Staatswirthschaft, die Handlung und Manufacturen, T. 1, Rostock 1762, S. 218 und T. 2, Rostock, Leipzig 1769, S. 224.

[46] Johann Martin Gemeinhardt, Benachrichtigung an unsere verehrungswürdigen Mitbürger des zweiten und dritten Standes in Stralsund, (o. O.) 1804, S. 133 ff.

[47] Johann David von Reichenbach, Patriotische Beyträge zur Kenntniß und Aufnahme des Schwedischen Pommerns, 2. St., Stralsund 1784, S. 49.

[48] Briefe über jetzige Zeiten und drückende Theurung, 2. Aufl., Heft 2, S. 13.

[49] Reichenbach, 1. St., S. 100 f.

[50] Ebd., S. 82 f.

[51] Beyträge zum Nutzen und Vergnügen, Greifswald 1756, S. 201, 1753, S. 43-44, 1757, S. 41; Stadt-A. Greifswald, Rep. 5, Nr. 3988: Pommerns Staats-Krankheit, 3. Abschn. § 53.

[52] Beyträge zum Nutzen, 1757, S. 45.

[53] Siehe z. B. Fritz Behrens, Grundriß der Geschichte der Politischen Ökonomie, Bd. 1, Berlin 1981, S. 106.

[54] Versuch, T. 1, S. 106; Reichenbach, 1. St., S. 50.

[55] Behrens, S. 99.

[56] Beyträge zum Nutzen, 1756, S. 56 und 1757, S. 45.

[57] Versuch, T. 2, S. 3, 28 und 42.

[58] Reichenbach, 1. St., S. 112 und 3. St., S. 108.

[59] Versuch, T. 1, S. 198 f; Reichenbach, 3. St., S. 99.

Karl Rodbertus (1805 -1875), der »Seher von Jagetzow«

von
Günther Rudolph

2. Demminer Kolloquium zur Geschichte Vorpommerns am 19. Oktober 1985
unter dem Tagungsthema: »Karl Rodbertus«

Gestatten Sie mir, das uns heute beschäftigende Thema mit einer persönlichen und einer regionalgeschichtlichen Vorbemerkung zu beginnen. Ich freue mich sehr, daß es zu einer solchen Veranstaltung mit dieser Thematik hier in Demmin, nur wenige Kilometer entfernt vom Gut Jagetzow, der langjährigen Wohnstätte der hier zur kritischen Würdigung stehenden historischen Persönlichkeit Karl Rodbertus gekommen ist. Eine solche spezifische Karl-Rodbertus-Würdigung ist erstmalig in der immerhin schon vierzigjährigen Nachkriegsgeschichte, und dieses Erstmalige geschieht hier in Demmin.
Das ist auch insofern besonders bemerkenswert, als der Name der Stadt und des Landkreises Demmin bei und im Zusammenhang mit Rodbertus zumindest zweimal in bedeutsamer Weise vorkommt: Einmal in dem Sinne, daß er im Hinblick auf den Landkreis Demmin die durch Entvölkerung verderblichen sozialen Folgen des dominierenden großen Grundeigentums anprangerte: »*Der Demminer Landkreis*«, so hieß es in einem seiner 'Socialen Briefe', »*hat sich seit der letzten Volkszählung wieder um 1500 Seelen verringert. Latifundia peridere Italiam*«; zu deutsch und als Analogie zu verstehen: Der Großgrundbesitz zerstörte Italien.
Und zum anderen taucht der Name Demmin in der Lebensgeschichte des aufgeklärten Gutsbesitzers auf: Es war ein Demminer Landrat, der den Ex-Minister der gescheiterten 48er Revolution unter Polizeiaufsicht stellen ließ. Eine Akte im Zentralarchiv Merseburg, »*betreffend den Generallandschaftsrat und ehemaligen Abgeordneten Rodbertus wegen politisch verdächtiger Führung*« gibt noch heute Auskunft über Art und Ergebnis dieser Überwachungsmaßnahmen. So berichtet der Demminer Landrat noch im November 1851 an seine vorgesetzte Behörde zur Weiterleitung an das preußische Innenministerium, daß Rodbertus in verschiedenen Versammlungen vor »*Demokraten*« in Stralsund aufgetreten sei, und daß man ihn auch weiterhin zu den »*regierungsfeindlichen Personen*« zählen müsse, da er auch sonst noch keine Anzeichen eines Gesinnungswandels abgegeben habe.[1]
Auch als ich 1973, über 120 Jahre nach dem Verdikt des Demminer Landrates und unter ganz anderem Vorzeichen, meine Rodbertus-Studien begann, war die Meinung zu diesem Greifswalder Professorensohn, der sich mit seiner aus

dem Adel stammenden Frau ein Rittergut leistete, durchweg ablehnend. Er galt bei denen, die überhaupt eine Meinung äußerten, im wesentlichen als junkerlicher Ökonom und borniertner Pommer, der neben seinem Prioritätsanspruch gegenüber Marx bestenfalls einige arbeiterfreundliche Worte von sich gegeben habe, aber ansonsten nicht in die Linie des Fortschritts passe.

Meine erste kleine Rodbertus-Publikation erschien 1975 in den Sitzungsberichten der Akademie der Wissenschaften (Berlin 1975). Ich schickte sie im Januar 1976 an den Bürgermeister der Gemeinde Jagetzow (Völschow) zugleich mit einem erläuternden Anschreiben über die Bedeutung des Mannes als eines überregionalen Denkers und Politikers, dessen Grab im Jagetzower Gutspark einen denkmalpflegerischen Schutz verdiene. Weder eine Antwort noch eine bloße Eingangsbestätigung erhielt ich für diese Sendung nach Jagetzow. Etwa ein halbes Jahr später meldete sich bei mir telefonisch das *»Institut für Marxismus-Leninismus beim ZK der SED«* mit der kritischen Anfrage, was denn da los wäre mit Rodbertus, Jagetzow und irgendwelchen Gräbern, man habe da aus Demmin ein Schriftstück bekommen und werde nicht so recht schlau daraus. Ich erläuterte nach Kräften, u. a. durch den belegbaren Hinweis, daß auch Karl Marx den gelehrten Gutsbesitzer geschätzt habe. Das diesem Vorgang zugrunde liegende Demminer Schreiben an das ZK der SED habe ich nicht gesehen, vermutlich aber wurde in ihm absichernd nachgefragt, ob es sinnvoll und rechtens sei, sich in irgendwelcher Weise mit dem gutsbesitzerlichen Querdenker zu befassen. So war die Lage damals.

Acht Jahre später schickte ich wieder eine Rodbertus-Publikation (diesmal ein umfängliches Buch) nach Jagetzow, doch diesmal kam die Antwort prompt und lautete durchweg positiv: Der Bürgermeister persönlich bestätigte den Empfang des Buches und teilte zugleich mit, daß die Gemeindevertretung den damit verbundenen Sachverhalt ausgewertet und dem Rat des Kreises den offiziellen Vorschlag gemacht habe, die Grabanlage von Rodbertus unter Denkmalschutz zu stellen. Kurze Zeit darauf erhielt ich die ehrenvolle Einladung, hier auf dem zweiten Demminer Kolloquium einen ausführlichen Vortrag über Leben und Wirken dieses sozialkritischen pommerschen Dickschädels zu halten. Damit möchte ich meine eigentlichen Darlegungen beginnen:

Eine halbe Autostunde südlich von Greifswald, nur etwa 2 km abseits der vielbefahrenen Ostseeurlaubsstraße B 96, liegt die zum Kreis Demmin zählende kleine Landgemeinde Jagetzow, die einmal für fast vierzig Jahre (1836 - 1875) Wohnsitz eines Mannes war, den man den *»Seher von Jagetzow«* genannt und dem Karl Marx im *»Kapital«* bescheinigt hatte, *»das Wesen der kapitalistischen Produktion durchschaut«* zu haben.[2] Der nach seinem Tode von standesbewußten Angehörigen gesetzte Grabstein auf dem Jagetzower Friedhof (dem ehemaligen Gutspark) weist ihn als *»königlich preußischen Staatsminister«* aus und verschweigt dabei die Tatsache, daß der als Gutsbesitzer, Privatgelehrter und politökonomischer Schriftsteller in Jagetzow lebende Karl Rodbertus diese Ministerwürde von einer aus den Märzstürmen des Jahres 1848 hervorgegangenen bürgerlich-demokratischen Revolutionsregierung erhalten hatte und nicht aus der Hand eines preußischen Monarchen *»von Gottes Gnaden«*. Diese Grabsteininschrift verrät auch nichts darüber, daß Rodbertus

Karl Rodbertus (1805-1875), der »Seher von Jagetzow«

für die (nur 14tägige) Ausübung dieses Ministeramtes in einer solchen Regierung nach der Niederschlagung der Revolution am 16. Januar 1849 aus Berlin ausgewiesen und in Jagetzow jahrelang unter Polizeiaufsicht gestellt worden war.

Geboren wurde dieser unbequeme Mann am 12. August 1805 im damals noch zu Schwedisch-Vorpommern gehörenden Greifswald als Sohn eines Universitätsprofessors der Rechtswissenschaften. Dieser, Johann Christoph Rodbertus, stammte aus dem gleichfalls schwedisch-vorpommerschen Barth, wo sein Vater eine für damalige Verhältnisse bedeutende Reederei mit zeitweise vierzig Segelschiffen betrieb. Die Mutter dieses unter Polizeiaufsicht gestellten Ex-48er-Ministers, Friederike Eleonore Schlettwein, war als Tochter des berühmten physiokratischen Ökonomen August Schlettwein, der bis 1775 als Professor in Gießen wirkte, auf dem Familiengut in Beseritz bei Neubrandenburg zur Welt gekommen. Da die Zeiten unruhig waren und die napoleonischen Truppen nach der Niederlage Preußens bei Jena und Auerstedt weite Gebiete Norddeutschlands besetzt hielten, lebte die Familie des Greifswalder Professors mit ihren zwei Kindern in Beseritz, und der junge Karl Rodbertus ging nicht in Greifswald, sondern im nur 7 km entfernten Friedland ins Gymnasium. Das Bemerkenswerte dieser Schule bestand damals darin, daß an ihr drei ehemalige Lützower Jäger als Lehrer wirkten, die den Unterricht mit einem fortschrittlichen Geist zu erfüllen verstanden. Es gab zu dieser Zeit kein zweites Gymnasium, so Karl Rodbertus rückblickend in seiner Autobiographie, welches »*im Verhältnis zu seiner Frequenz mehr 'Demagogen' geliefert*« hätte. Die Annalen seiner Schüler würden »*mehrere Todesurteile und eine sehr große Summe von Festungsjahren aufweisen.*«[3] Seit 1823 studierte der Absolvent dieser denkwürdigen Friedländer Schule Rechtswissenschaft in Göttingen, wo er eine Burschenschaft gründete, und seit 1825 finden wir ihn an der Berliner Universität. Nach dem ersten juristischen Staatsexamen in Berlin bekleidete er verschiedene juristische Anfängerstellungen (u. a. Landgericht Brandenburg), um dann - unter dem Eindruck der französischen Julirevolution 1830 - seine so ›normal‹ und unauffällig begonnene juristische Laufbahn abzubrechen und für fast zwei Jahre das durch die zweite französische Revolution aufgewühlte Westeuropa zu bereisen.

Was der 26/27jährige Professorensohn Rodbertus auf dieser ausgedehnten Bildungsreise durch Holland, die Schweiz und das revolutionäre Frankreich sah und erlebte, ist im einzelnen heute nicht mehr zu ermitteln. Ganz sicher aber muß er auf dieser Reise mit den im Vergleich zu Preußen entwickelteren sozialen Verhältnissen dieser westeuropäischen Länder konfrontiert und mit den daraus entspringenden kapitalismuskritischen und frühsozialistischen Theorien bekannt geworden sein. Speziell von der Gedankenwelt des großen utopischen Sozialisten Saint-Simon und des in der politischen Ökonomie epochemachenden Krisentheoretikers Simonde de Sismondi muß Rodbertus auf dieser Reise nachhaltig berührt worden sein, denn diese beiden glanzvollen Namen und die damit bezeichneten Ideen verschwinden nun nicht mehr aus seinem Gesichtskreis und tauchen seit 1839 immer wieder in seinen nunmehr auf die ökonomische Analyse der kapitalistischen Gesellschaft zielenden Schriften auf. Ein späterer bürgerlicher Vulgärökonom attackierte Rodbertus bezeichnenderweise einmal als einen »*deut-*

schen, ins Kommunistische gesteigerten Sismondi« (Hugo Eisenhart). Eine hierfür charakteristische zusammenfassende Stelle in seinen Schriften lautet wie folgt: »*Also erst mit diesem Zustande, erst bei Kommunismus an Boden und Kapital, ist die Gesellschaft vollständig befreit, sowohl vom individuellen wie vom gesellschaftlichen Despotismus, von der Herrschaft Einzelner, wie von dem, was die Alltagsmeinung am Kommunismus fürchtet. Dann erst ist die allgemeine Gesellschaft 'Freier und Gleicher' begründet, die in keiner Beziehung jemanden über sich hat, als den gesellschaftlichen Willen, an dem sie selbst Teil haben*«.[4]

Zurückgekehrt nach Deutschland und inzwischen verheiratet, lebte der 'deutsche Sismondi' zunächst in Dresden und Heidelberg, wo er als zweites Fach nach seinem Jurastudium nunmehr politische Ökonomie studierte, um sich dann ab 1836 als Landwirt in Jagetzow niederzulassen. Dieses etwa gleichweit von Greifswald und Beseritz gelegene Gut Jagetzow, von Rodbertus mit eigenen und elterlichen Mitteln erworben, machte den mit französischem Sozialismus und klassischer politischer Ökonomie vertrauten Professorensohn zum Grundeigentümer über ca. 500 Hektar Acker und Wald, verschaffte ihm aber zugleich eine weitestgehende unabhängige Privatgelehrtenexistenz. Kein preußischer Kulturminister, kein kapitalistischer Verleger, keine Zensurbehörde und insgesamt kein stummer Zwang prekärer ökonomischer Verhältnisse vermochte ihm diese durch die soziale Privilegierung der Klassengesellschaft selbst geschaffene Unabhängigkeit künftig streitig zu machen. Dabei war es sicher nicht die Regel, sondern die fast absolute Ausnahme unter vergleichbaren Konstellationen, daß Rodbertus die ihm durch Vermögen und Herkommen zugewachsenen Freiräume seiner Grundbesitzer- und Privatgelehrtenexistenz zum Verdruß der herrschenden Klasse im fortschrittlichen Sinne nutzte, indem er sich in theoretisch origineller Weise, wenn auch nicht frei von Fehlern und Halbheiten, mit den sozialen und ökonomischen Grundfragen seiner Zeit auseinandersetzte.

Der Stellenwert der von ihm durchweg auf eigene Rechnung gedruckten und veröffentlichten Schriften (u. a. »*Die Forderungen der arbeitenden Klassen*«, 1839; »*Zur Erkenntnis unserer staatswissenschaftlichen Zustände*«, 1842; »*Sociale Briefe an von Kirchmann*«, 1850/51; »*Die Handelskrisen und Hypothekennot der Grundbesitzer*«, 1858) erhellt u. a. aus einem Urteil von Franz Mehring, wonach schon in den 30er Jahren »*Rodbertus die Bedeutung des modernen Proletariats viel klarer und schärfer erfaßt*« habe als z. B. Lorenz von Stein oder andere zeitgenössische Gesellschaftswissenschaftler. Zur Zeit, als Rau nebst anderen deutschen Ökonomen »*die klassische Ökonomie in kleinbürgerlicher Beschränktheit verhunzte, ... da war es*«, so Mehring, »*eine sehr bedeutende Leistung, wenn Rodbertus das Wesen der kapitalistischen Produktion durchschaute und offen aussprach, daß es hier kein Zurück, sondern nur ein Weiter gab*«.[5]

Zu der 1842 in Neubrandenburg und Friedland herausgebrachten Schrift »*Zur Erkenntnis unserer staatswirtschaftlichen Zustände*« haben sich auch Marx/Engels in kritisch-anerkennender Weise geäußert. Rodbertus gab in dieser Schrift eine Weiterentwicklung der Ricardoischen Arbeitswerttheorie im Hinblick auf den von ihm als »*Rente überhaupt*« gesondert hervorgehobenen Mehrwert und kam hierbei wie seine englischen linksricardianischen Vorläufer und Zeitgenossen

(z. B. William Thompson und Richard Jones) zu ökonomisch fundierten utopisch-sozialistischen Schlußfolgerungen. Friedrich Engels schrieb hierzu: »*Für die Zeit, wo Rodbertus' ›Zur Erkenntnis etc.‹ erschien, war es unbedingt ein bedeutendes Buch* ...« Engels fand in ihm eine Parallele zum Weitlingschen Kommunismus und fügte hinzu, daß »*wenn also Rodbertus 1842 seinerzeit sozialistische Konsequenzen aus obigen Sätzen (von Ricardo - G. R.) zog, so*« sei »*das für einen Deutschen sicher ein bedeutender Schritt vorwärts* ...«[6] In den »*Theorien über den Mehrwert*« hat sich Karl Marx über 150 Druckseiten hinweg mit den grundrenten- und mehrwerttheoretischen Auffassungen von Karl Rodbertus beschäftigt und dabei, wie auch schon Engels, heftige Kritik an bestimmten Unzulänglichkeiten geübt, aber schließlich doch den zentralen und für Rodbertus höchst ehrenden Satz geprägt, daß, wenn »*die Wissenschaft der politischen Ökonomie in Deutschland befördert und popularisiert werden*« solle, »*Leute wie Rodbertus ein Journal stiften (müßten)*«.[7] Ganz anders reagierte die akademische bürgerliche Wissenschaft dieser Jahrzehnte. Sie hatte für die von Marx hervorgehobene Förderung der politischen Ökonomie durch Rodbertus nur ein betretenes Schweigen oder aber hämische Kritik zu bieten. Erwähnt seien hier nur Wilhelm Roscher, Haupt der älteren historischen Schule und prominentes Mitglied der Sächsischen Akademie der Wissenschaften, sowie Gustav von Schmoller, Anführer der jüngeren historischen Schule, Mitglied des Herrenhauses und der Preußischen Akademie der Wissenschaften. Roschers Haltung zu dem weitab von den akademischen Zentren auf einem Landgut sitzenden Außenseiter war derart, daß Marx urteilte, Roscher meine es nicht »*ehrlich*« mit der von ihm vertretenen Wissenschaft, denn wer nicht »*respectable*« für ihn sei, der existiere für ihn auch historisch nicht; so »*z. B. Rodbertus existiert nicht für (ihn als) der Theoretiker über die Grundrente, weil er 'Kommunist' ist*«.[8] Schmoller, das Mitglied der Preußischen Akademie der Wissenschaften hingegen, verfolgte nicht die Taktik des Verschweigens, sondern die des herablassenden pauschalen Erledigens, und zwar gleichsam mit der »*Erledigung*« von Marx und Lassalle. »*Im ganzen*«, so heißt es, seien »*die Schriften von Rodbertus, Lassalle und Marx spekulative Ergebnisse der Lektüre von Riccardo und den älteren Socialisten, modificiert durch die deutsche Philosophie und die Gedanken des politischen Radikalismus der dreißiger und vierziger Jahre*«.[9] Der akademische Außenseiter Rodbertus seinerseits, hinsichtlich der zünftigen Vulgärökonomie ohne jede Illusionen, verband dennoch einmal eine etwas verwegene Hoffnung mit der Tätigkeit der etablierten Wissenschaftsakademien, als er an »*sämtliche Akademien Europas*« appellierte, die »*allseitige Behandlung des Kapitals*« zum Gegenstand einer Preisaufgabe zu machen. Möglicherweise stand dabei eine Erinnerung an die heroische bürgerliche Aufstiegsphase Pate, in der die französische Akademie in Dijon 1753 zur Untersuchung der Gründe für die Ungleichheit unter den Menschen aufgefordert hatte. Gut hundert Jahre später, im Jahre 1867, wenige Monate vor Erscheinen des ersten Bandes des Marxschen »*Kapitals*«, schrieb Rodbertus in den in Jena vom mehrfach politisch gemaßregelten Bruno Hildebrand herausgegebenen »*Jahrbüchern für Nationalökonomie und Statistik*« wie folgt: »*Eine allseitige Behandlung des Kapitals, namentlich in seiner historischen Entwicklung, sollte in der Tat die Preisaufgabe sämtlicher Akademien Europas werden, denn nicht eher, als bis seine Rätsel gelöst sind, wird sich die moderne Sphynx, die man die sociale Frage nennt, in den Abgrund stürzen.*«[10] Es war jedoch bekanntlich der von der Universitätslaufbahn ausgeschlossene und des Landes verwiesene politische Emigrant Karl Marx, der zumindest den ersten Band für diese »*allseitige Behandlung des Kapitals*« noch im gleichen Jahr erbrachte, und nicht die in dieser Stoßrichtung nie gestellten Preisaufgaben der damaligen Akademien. Das bedeutete für die von Rodbertus artikulierte Forderung eine Berichtigung hinsichtlich des Adressaten, zugleich aber eine vollinhaltliche Bestätigung dafür, daß die Forderung nach »*allseitiger Behandlung des Kapitals, namentlich in seiner historischen Entwicklung*«, einem dringenden gesellschaftlichen Bedürfnis entsprach. Das im vorliegenden wissenschaftsgeschichtlichen Zusammenhang Bemerkenswerte bestand u.a. darin, daß in diesem nach bisherigen Maßstäben von ganz unerwarteter Seite verfaßten Buch über das Kapital nicht den arrivierten Mitgliedern der bürgerlichen Wissenschaftsakademien Roscher oder Schmoller, sondern dem Außenseiter Karl Rodbertus ein Verdienst zugesprochen wurde, zur Erforschung des Kapitals und der von ihm bestimmten Produktionsweise beigetragen zu haben.[11] Und umgekehrt: Dieser lediglich mit einem Ehrendoktor der Universität Jena (veranlaßt vom politisch gemaßregelten Bruno Hildebrand) ausgestattete wirtschaftswissenschaftliche Autodidakt zeigte sich, ganz anders als die akademischen Koryphäen der bürgerlichen Vulgärökonomie, von der marx'schen Leistung so beeindruckt, daß er seit 1867 mehr als einmal freimütig bekannte, »*ich komme jetzt oft in den Fall, in Marx nachzulesen*«.[12] Es war in der Tat eine Haltung der positiven, wenn auch nicht vorbehaltlosen, Zuwendung und nicht der eine zeitlang gegen Marx hochgespielte Prioritätsstreit, der die charakteristische Position von Rodbertus zu der seit 1867 sichtbar werdenden bahnbrechenden Leistung von Marx bestimmte. Die bis zu diesem Zeitpunkt der Berührung mit Marx erreichte Position des Rodbertusschen Denkens läßt sich hier - auf begrenztem Raum - etwa wie folgt umreißen und dokumentieren:

1. Kapitalismuskritik
Wie andere Sozialisten vor Marx knüpfte auch Rodbertus an Erkenntnisse der besonders von Adam Smith und David Ricardo geprägten klassischen politischen Ökonomie in kritischer und sozialistisch umformender Weise an. Er entnahm ihr die Grundidee der Arbeitswerttheorie, erweitert zu einer Theorie des Arbeitseigentums, und stellte fest, daß das in der täglichen Erfahrung durch seine Konzentration und Machtfülle besonders auffallende Grund- und Kapitaleigentum doch ganz offensichtlich nicht durch eigene Arbeit der Kapital- und Grundbesitzer zustande gekommen sein konnte. Rodbertus nannte dieses große Eigentum, das der von ihm akzeptierten Theorie des Arbeitseigentums so ganz offensichtlich widersprach, »*rentierendes Eigentum*«, und zwar mit dem erläuternden Zusatz, es sei »*das, was den Besitzern, ohne zu arbeiten, Rente gewährt*«.[13] Von dieser Kategorie des »*rentierenden Eigentums*« her (er sprach im Hinblick auf das ganze System auch vom »*Despotismus des rentierenden Eigentums*«) entwickelte Rodbertus seine Theorie von der »*Rente überhaupt*«, die in origineller Weise auf eine Erklärung dessen abzielte, was Karl Marx etwa 20 Jahre später in seiner Mehrwerttheorie umfassend bewies. So finden sich in den Rodbertusschen Schriften »*Zur Erkenntnis unserer staatswirtschaftlichen*

Karl Rodbertus (1805 -1875), der »Seher von Jagetzow«

Zustände« (Neubrandenburg und Friedland 1842) und in dem 1850 in Berlin erschienenen *»Dritten socialen Brief ...«* nach dem Ursprung des Mehrwerts bohrende Fragestellungen von erstaunlicher Tiefenschärfe:
»Welche Gründe, frage ich, bewirken, daß, da jedes Einkommen nur Arbeitprodukt ist, Personen in der Gesellschaft Einkommen beziehen, die keinen Finger zur Herstellung desselben rühren? Dergleichen Personen gibt es ... unzählige, und ganze Klassen ... Welche Gründe bewirken also, daß diese an der 'ursprünglichen Güterverteilung' partizipierenden Personen, ohne darin mit zu arbeiten oder andere Dienste dafür zu gewähren, Einkommen beziehen, das doch nur Arbeitsprodukt ist, das also Arbeitsprodukt anderer ist, wenn sie es auch Grundrente, Kapitalgewinn oder Zinsen nennen? ... Die Antwort auf diese Frage ist die Theorie der 'Rente überhaupt', der Grundrente und des Kapitalgewinnes«.[14] Allen Nachdruck legte Rodbertus auf die Fragestellung, daß *»Rente überhaupt«* und ihre Spezifikationen Grundrente, Kapitalrente (Profit) und Zins etc. nicht nur Arbeitsprodukte schlechthin, sondern vor allem *»Arbeitsprodukte anderer sind, als derer, die sie beziehen«*.[15] *»Rente«*, heißt es hierzu an anderer Stelle, *»ist nach dieser Theorie alles Einkommen, was ohne eigene Arbeit, lediglich auf Grund eines Besitzes, bezogen wird«*.[16]
Aufgrund dieser Sichtweise erkannte Rodbertus die über mehrere Gesellschaftsformationen (*»Eigentumsstufen«*) bis in den Kapitalismus hinein anhaltende Kontinuität der Ausbeutung, die zwar mehrfach einen Formwechsel, aber bislang niemals eine Aufhebung erfuhr, denn nach Rodbertus ist der Status des Lohnarbeiters trotz aller *»freien Lohnkontrakte«* noch immer mit den Statusmerkmalen des seinerzeitigen Sklaven bzw. Leibeigenen behaftet: *»Die Arbeiter sind nackt oder in Lumpen freigelassen worden, mit nichts als ihrer Arbeitskraft. Auch war mit der Aufhebung der Sklaverei oder der Leibeigenschaft die moralische oder rechtliche Verpflichtung des Herrn, sie zu füttern oder für ihre Notdurft zu sorgen, fortgefallen. Aber ihre Bedürfnisse waren geblieben; sie mußten leben. Wie sollten sie mit ihrer Arbeitskraft für dies Leben sorgen? Von dem in der Gesellschaft vorhandenen Kapital nehmen, und damit ihren Unterhalt produzieren? Aber das Kapital in der Gesellschaft gehörte schon anderen als ihnen, und die Vollstrecker des 'Rechts' hätten es nicht gelitten. Mit nackten Händen aus dem Schoß der Erde sich das Material graben, um sich daraus ein eigenes neues Kapital zu bilden? Aber wenn dies auch gelungen wäre, selbst der Boden, auch der unbebaute, gehörte schon anderen als ihnen, und die Vollstrecker des 'Rechts' hätten es abermals nicht gelitten. Was blieb ihnen also in dieser Lage zu tun übrig? Nur eine Alternative: entweder das Recht der Gesellschaft umzustürzen, oder unter den angeführten früheren wirtschaftlichen Bedingungen, wenn auch in veränderter rechlicher Stellung zu ihren früheren Herren, den Grund- und Kapitalbesitzern zurückzukehren, und als Lohn zu empfangen, was sie früher als Futter bekommen hatten«.*[17] Dergestalt sei zwar *»an die Stelle der Anordnung des Sklavenbesitzers der Vertrag des Arbeiters mit dem Lohnherrn getreten, aber dieser Vertrag ist nur formell, nicht materiell frei, und der Hunger ersetzt fast völlig die Peitsche. Was früher Futter hieß, heißt jetzt nur Lohn«.*[18] Den ausbeuterischen Charakter dieses Verhältnisses, in dem das bisherige Stück Brot nicht mehr als Futter vorgeworfen, sondern als *»Lohn«* auf Grund eines *»freien Kontraktes«* gegeben wird,

charakterisiert Rodbertus an verschiedenen Stellen seiner Schriften als ein »*Abjagen*«, »*Abzwingen*« und als direkten »*Raub*«, und zwar als ein Abjagen, Abzwingen und Rauben des vom Arbeiter hergestellten Arbeitsproduktes. Unter zustimmender, aber weiterführender Bezugnahme auf jene vom jungen Proudhon geprägten Kampfparole »*Eigentum ist Diebstahl*« kehrte dieses die Ausbeutung charakterisierende Raubmotiv an einer markanten Stelle seines erst postum veröffentlichten »*Vierten Socialen Briefes*« verstärkt wieder: »*Eigentum (Grund- und Kapitaleigentum) - sagt Proudhon - ist Diebstahl, Sklaverei, Mord. Wenn Grund- und Kapitaleigentum deshalb Diebstahl ist, weil es den Produzenten einen Teil ihres Produktwertes raubt, Sklaverei deshalb Mord, weil es den Menschen um seine freie Entwicklungsfähigkeit bringt, so herrscht selbst in demokratischen Institutionen, die bei Grund- und Kapitaleigentum auch für den Arbeitslohn den 'freien Verkehr' beibehalten, nicht bloß Diebstahl, sondern auch Mord. Denn solange die Arbeiter, sogar in ihrem Produktteil, von den Früchten der zunehmenden Produktivität ausgeschlossen sind, werden sie auch um ihre freie Entwicklungsfähigkeit gebracht. Ihre materielle Lage wird mit Gewalt - der Gewalt der Dinge - auf dem Niveau des notwendigen Unterhalts, und ihre moralische und geistige Entwicklung auf dem ihrer materiellen Lage festgehalten. Bei freier Konkurrenz für den Arbeitslohn besteht also auch noch im Grund- und Kapitaleigentum die Sklaverei wesentlich fort*«.[19] Wenden wir nun den Blick von dieser bemerkenswerten Kapitalismuskritik auf die prognostischen Aussagen, zu den Umrissen der von Karl Rodbertus aus der Situation der Jahre 1831 bis 1850 geahnten und herbeigewünschten sozialistischen Gesellschaft:

2. *Sozialismusprognose*

Wie ein Fragment aus dem wissenschaftlichen Nachlaß ausweist,[20] träumte schon der 26jährige Rodbertus, der 1830/31 eine Reise in das von der Juli-Revolution aufgewühlte Frankreich unternommen hatte, von der »*Abschaffung des Eigentums*«. In den »*Forderungen der arbeitenden Klassen*« aus dem Jahre 1839 wurde dieses Zukunftsbild dahingehend präzisiert, daß es sich dann um Vehältnisse handeln werde, in denen »*die Arbeit nicht bloß das konstitutive, sondern auch das distributive Prinzip des Eigentums wäre*«. Die für die Zukunft zu erwartenden sozialen Verhältnisse würden - und damit solidarisiert sich Rodbertus explizit mit Anschauungen des großen utopischen Sozialisten Saint-Simon - »*mit einer saintsimonistischen Ordnung das gemein haben, daß eben kein rentierendes Eigentum bestünde ...*«[21]

Ein geschichtsphilosophischer Aphorismus aus der gleichen Zeit (Januar 1832) weist ihn als Anhänger einer der Aufklärung verpflichteten Fortschrittsauffassung aus, die in Feuerbachscher Weise nicht nur einer Vergöttlichung des Menschen, sondern auch einer Vermenschlichung der Götter das Wort redet: »*Die Geschichte*« - heißt es - »*ist der Weg der bis in Gott hinaufreichenden Perfektibilität des Menschengeschlechts*«. Diese Perfektibilität des Menschengeschlechts vollziehe sich in Stufen, Perioden oder Zeitaltern und habe ihr letztes Ziel noch nicht erreicht. Im Gegensatz zum Naturgeschehen, wo mit dem Auftauchen des Menschen die physische Entwicklungskette des Menschen abgeschlossen vorliegt, sei »*die soziale und geschichtliche* Entwicklungskette des Menschen hingegen, diese Schöpfung von Nationen und Staaten noch lange nicht zu Ende*«. So sei auch die Entwicklung des Eigentums noch keineswegs abgeschlossen. Entsprechend den verschiedenen »Staatenstufen« gäbe es verschiedene »Eigentumsstufen«, und ihr Verhältnis sei derart, daß der Charakter der »Eigentumsstufe« den der »Staatenstufe« bestimme.[22] Auf dieser Grundlage entwarf Rodbertus eine Geschichtskonzeption der drei Zeitalter: Das erste Zeitalter sei die Antike, ihr liegt als erste Eigentumsstufe das Menscheneigentum alias Sklaverei zugrunde. Als zweites Zeitalter galt ihm die nach dem Untergang der Antike beginnende und bis in die Gegenwart reichende Epoche (also Feudalismus und Kapitalismus zusammen). Ihr liege als zweite Eigentumsstufe das Grund- und Kapitaleigentum zugrunde. Das dritte Zeitalter jedoch, das noch ausstehe, sei die Epoche des Arbeits- und Verdiensteigentums, in der das von fremder Arbeit zehrende »rentierende Eigentum« aufgehoben und das auf eigener Arbeit gegründete persönliche Eigentum wahrhaft konstituiert sei. An dieses so definierte dritte Zeitalter knüpfen sich Rodbertus' utopisch-sozialistische Anschauungen. Man erkennt unschwer, wie hier die linksricardianische Theorie des Arbeitseigentums mit saintsimonistischen und noch weiter zurückreichenden eschatologischen Geschichtskonzeptionen verschmolzen wurde. Man erkennt auch unschwer, wie der Begriff der »Eigentumsstufe« in prinzipieller Weise den Sachverhalt anzielte, für den Marx im Jahr 1859 den exakten Begriff der »Gesellschaftsformation« prägte.

Im Verfolg dieses Denkansatzes und zugleich in Polemik gegen bestimmte landläufige Verunglimpfungen des Kommunismus, der schon damals als mit menschlicher Freiheit angeblich unverträglich hingestellt wurde, kam Rodbertus zu folgenden bemerkenswerten Sätzen: »*Ich behaupte noch mehr! In jenem Zustand mit Kommunismus an Boden und Kapital ist nicht bloß das Eigentum gesicherter, die Freiheit größer, die Gleichberechtigung allgemeiner, als in dem heutigen oder selbst denkbar freiestem Zustande mit Privateigentum an Boden und Kapital, sondern sind Eigentum, Freiheit und Gleichbereichtigung überhaupt und allein erst rein und vollständig zu verwirklichen*«. Rodbertus konstatiert die illusionäre Freiheit innerhalb der bürgerlichen Gesellschaft mit der realen Freiheit in einer kommunistischen Gesellschaft und fährt fort: »*Solange es Grund- und Kapitaleigentum gibt, solange wird es auch 'Herren' geben. Die Rente ist nichts als das letzte geschichtliche Kriterium des 'Herrn'. Erhöhen Sie die bürgerliche und politische Freiheit, wie Sie wollen, bis zum allgemeinen Stimmrecht in Staat und Gemeinde, selbst bis zur 'Anarchie', behalten Sie aber das Grund- und Kapitaleigentum daneben, wie es doch die heutigen Anarchisten wollen, und Sie haben damit auch die Rente und die Herrschaft, den Lohn und den Dienst wieder: wollen Sie aber wahrhaft Anarchie (also Herrschaftslosigkeit, G. R.), so müssen Sie das Grund- und Kapitaleigentum darangeben. Dann freilich haben Sie noch die Wahl, die Wahl zwischen dem Rousseauischen Vierfüßler und der Civilisation mit einem gesellschaftlichen Willen, d. h. mit Staat, Centralisation und Kommunismus*«. Im selben Text heißt es gleichermaßen bemerkenswert: »*In der Tat, die Verehrer der heutigen Zustände täuschen sich nur allzu sehr, wenn sie gegen die Sozialisten Eigentum, Freiheit und Gleichberechtigung zu verteidigen wähnen. Wenn, bei Grund- und Kapitaleigentum, der Verkehr, auch in Bezug auf die Verteilung, auf den Lohn, der freien Konkurrenz überlassen ist, sind gerade diese Güter bis zur Unkenntlichkeit verunstaltet. Nur die*

Aufhebung des Grund- und Kapitaleigentums, nur Kommunismus an Boden und Kapital, bei einer nationalökonomischen Organisation, wie ich sie oben geschildert habe, vermag die Schmälerung jener Güter gründlich zu beseitigen, diese selbst vollständig dem Einzelnen zu sichern«.

Geradezu bekenntnishaft schloß Rodbertus diese Argumentation wie folgt ab: »*Ich gestehe offen, ich meinerseits glaube an die dereinstige Aufhebung des Grund- und Kapitaleigentums. Geschichte, Gegenwart und Wissenschaft haben diesen Glauben gleich sehr in mir begründet*«.[23]

Damit zu einer kurzen Schlußbemerkung, die sich an eine treffende Aussage von Franz Mehring anschließt: »*In seiner Art*«, so Franz Mehring über Rodbertus, »*war er ein ehrlicher Mann und meinte es ehrlich mit der Arbeiterklasse, eben in seiner Art. Er hätte wohl ein besseres Schicksal verdient, als so gänzlich verschollen zu sein, wie er heute ist*«.[24] Dazu nur so viel: Vieles, was früher schicksalhaft erscheinen mußte, hat diesen Charakter heute verloren. Auch das noch von Mehring bedauerte Schicksal des Verschollen- und Vergessenseins für unseren Denker hat sich mit und durch unsere gesellschaftliche Entwicklung grundlegend gewendet. Rodbertus, eben in seiner Art ehrlich zur Arbeiterklasse, blieb nicht vergessen und verschollen, sondern wurde zunehmend zum lebendigen Bestandteil unseres der Gegenwart und Zukunft verpflichteten Geschichtsbewußtseins.[25]

---

[1] Zentralarchiv Merseburg, jetzt: Geh. Staatsarchiv Berlin-Dahlem.

[2] Karl Marx, Das Kapital, Erster Band. In: Marx-Engels-Werke, Bd. 23, S. 556 Anm.

[3] Karl Rodbertus, Autobiographie, 1861, S. XVIII f.

[4] Karl Rodberus, Das Capital, Vierter socialer Brief an von Kirchmann (1851), Ausg. Berlin 1884, S. 220.

[5] Franz Mehring, Zur neueren Rodbertus-Literatur, in: Die Neue Zeit, Bd. 12,2. Stuttgart 1894. S. 523 f.

[6] Friedrich Engels, Vorwort zur deutschen Ausgabe von Karl Marx »Das Elend der Philosophie«, Stuttgart 1885, in: MEW Bd. 21, Berlin 1962, S. 175 f.

[7] Karl Marx, Theorien über den Mehrwert, Bd. 2, in: MEW Bd 26, 2 Berlin 1967, S. 117.

[8] Ebenda, S. 117.

[9] Gustav Schmoller, Grundriß der allgemeinen Volkswirtschaftslehre, Teil 1, Leipzig 1900, S. 96.

[10] Karl Rodbertus, Zur Geschichte der römischen Tributsteuer seit Augustus. In: Jahrb. f. Nationalökonomie und Statistik, Bd. 8. Jena 1867, S. 391, Anm. 47.

[11] Vgl. 2. Anm.

[12] Karl Rodbertus, Briefe und sozialpolitische Aufsätze, 2 Bde., Berlin 1882, S. 112.

[13] Karl Rodbertus, Die Forderungen der arbeitenden Klassen (1839), Ausg. Frankfurt/M. 1946, S. 17.

[14] Karl Rodbertus, Dritter sozialer Brief (1850), Ausg. Berlin 1864, S.114.

[15] Ebenda, S. 115.

[16] Ebenda, S. 50.

[17] Ebenda, S. 140.

[18] Ebenda, S. 52.

[19] Karl Rodbertus, Das Capital, Vierter sociale Brief (1851), Ausg. Berlin 1884, S. 205, Hervorhebung G. R.

[20] Zentralarchiv Merseburg, Signatur Rep. 92.

[21] Karl Rodbertus, Die Forderungen der arbeitenden Klassen, a. a. O., S. 17.

[22] Zentralarchiv Merseburg, a. a. O.

[23] Karl Rodbertus, Das Capital, Vierter sociale Brief, a. a. O., S. 217 ff.

[24] Franz Mehring, Zur neueren Rodbertus-Literatur (1894), a. a. O., S. 523 f.

[25] Das 2. Demminer Kolloquium vermittelt in dieser Hinsicht immer noch wichtige Impulse.

Zur politisch-militärischen Machtkonstellation im vorpommerschen Raum im 10. - 12. Jahrhundert

von
Konrad Fritze †

3. Demminer Kolloquium zur Geschichte Vorpommerns am 5. Juli 1986
unter dem Tagungsthema: »Von Arkona bis Schoppendamm -
Der vorpommersche Raum vom 10. Jahrhundert bis 1370«

Unser vorpommerscher Raum - grob gesagt das Gebiet zwischen dem Unterlauf der Oder im Osten und der Recknitz im Westen - ist, wie bekannt, im Hochmittelalter bzw. am Anfang des Spätmittelalters fest in den Verband des mittelalterlichen Deutschen Reiches einbezogen worden. Das war zu Beginn der Zeitspanne, die wir hier betrachten wollen, noch keineswegs eindeutig oder gar mit Notwendigkeit vorherbestimmmt. Die Entwicklung hätte auch zu ganz anderen Resultaten führen können: etwa zur Einbeziehung dieses Raumes in den dänischen oder in den polnischen Feudalstaat oder auch zur Entwicklung eines neuen, eines größeren und selbständigen westslawischen Staatswesens zwischen Elbe und Oder.

Daß die letztgenannte Möglichkeit nicht zur Realität wurde, hatte im wesentlichen zwei Hauptgründe:
1. Die Entwicklung der westslawischen Völkerschaften zwischen Elbe und Oder verlief in der Phase des Übergangs von der Gentilordnung zur Klassengesellschaft, also in jener entscheidenden Phase, in der die Voraussetzung für die Ausbildung eines Staates geschaffen werden mußte, nicht ungestört. Sie war vielmehr gerade in dieser Zeit massiven Störungen von außen ausgesetzt: von Westen her durch die Deutschen, von Norden her durch die Dänen und von Osten her durch die Polen. Man kann also sagen, daß die durchaus vorhandenen Ansätze zu einer westslawischen Großstaatenbildung zwischen Elbe und Oder immer wieder gestört worden sind, und zwar hauptsächlich, wenn auch nicht ausschließlich, von außen her.
2. Daß der vorpommersche Raum schließlich deutsch wurde und nicht dänisch oder polnisch, lag keineswegs in erster Linie an der überlegenen militärischen Potenz der Deutschen. Gerade in diesem unserem Raum hatten ja wiederholt und ziemlich lange eindeutig die Dänen das militärische Übergewicht. Es lag vor allem an dem seit dem Ausgang des 12. Jahrhunderts enorm zunehmenden Gewicht der deutschen Siedlungsbewegung, in deren Verlauf auch im späteren Vorpommern in rascher Folge eine Vielzahl von neuen deutschen Bauerndörfern und Bürgerkommunen entstanden. Überhaupt beruht die große historische Bedeutung und Wirkung der mittelalterlichen deutschen Ostexpansion nicht in erster Linie auf irgendeiner besondern militärischen oder politischen Überlegenheit der Deutschen, sondern in jener bedeutsamen

Siedlungsbewegung, in deren Gefolge es zu einem großen quantitativen und qualitativen Sprung in der Entwicklung der Produktivkräfte kam und zur festen Einbeziehung der ostelbischen Territorien in die ökonomische und kulturelle Kommunikation von kontinentaler Dimension. Deutlicher in das Blickfeld der westeuropäischen Geschichtsschreibung tritt unser vorpommerscher Raum zuerst in der Karolingerzeit. Auch Karl der Große betrieb bekanntlich eine Ostpolitik. Aber diese Ostpolitik war nicht primär ausgerichtet auf die Eingliederung der ostelbischen Gebiete, sondern vielmehr auf die Unterwerfung und Eingliederung der Sachsen, jenes großen westgermanischen Volksstammes zwischen Elbe und dem westfälischen Raum. Zur Unterwerfung der Sachsen waren schwere Kriege und langandauernde Kämpfe, die sich von 772 bis 804 hinstreckten, notwendig. In diesem Kampf um die Unterwerfung und Einbeziehung der Sachsen suchte Karl der Große Verbündete östlich der Elbe. Er fand sie in der Gestalt des Stammes der Obodriten mit ihrem »Fürsten« Witzan, der von nun an sein wichtigster östlicher Bundesgenosse im Kampf gegen die Sachsen wurde. Diese Obodriten nun, die Verbündeten Karls, hatten ihrerseits Feinde: die Sachsen, die Dänen und schließlich auch im Osten einen westslawischen Großstamm oder Stammesverband, den die karolingische Überlieferung die Wilzen nennt. Einhard, der berühmte Biograph Karls des Großen legt ihnen den Namen Welataben zu. Es ist heute noch in der Forschung umstritten, ob die beiden Namen »Wilzen« und »Welataben« wirklich deckungsgleich gebraucht werden können.

Gegen die Wilzen, die Feinde der Obodriten, unternahm Karl der Große im Jahre 789 einen Kriegszug, der ihn bis in unseren vorpommerschen Raum geführt zu haben scheint. Teilnehmer an diesem Unternehmen waren neben von ihm selbst geführten fränkischen Kontingenten auch Friesen, Obodriten sowie sächsische und sorbische Zwangsaufgebote. Das Ziel dieses Unternehmens war, so berichten die Lorscher Annalen, die Burg, die sogenannte civitas, des westslawischen Fürsten Dragovit, der unter den Bezeichnungen rex und regulus in den fränkischen Quellen erscheint. Dieser Dragovit unterwarf sich und stellte Geisel. Seinem Beispiel folgten dann auch noch andere Wilzenhäuptlinge, die sich der losen Oberhoheit des Frankenherrschers unterwarfen. Die Lage der Burg des Dragovit ist aus den Quellen nicht mit letzter Sicherheit zu erschließen. Vermutlich handelt es sich um den Ort Vorwerk bei Demmin. Das jedenfalls nehmen die meisten Forscher heute als ziemlich wahrscheinlich an.

Wichtig für uns an diesem Vorgang sind nun nicht nur und keineswegs in erster Linie die militärischen Ereignisse, sondern vielmehr die Tatsache, daß hier erkennbar wird, daß bei den Wilzen zu dieser Zeit die Klassen- und Staatsbildung bereits eingesetzt hatte. Wir hören hier von einem Oberhäuptling und anderen Kleinfürsten, die es damals bei den Wilzen gab.

In der Folgezeit dauerte die Feindschaft zwischen den Franken und den Obodriten einerseits und Dänen und Wilzen andererseits an. Es kam noch zu mehreren militärischen Zusammenstößen. So in den Jahren 808, 809, 810 und 812 - allerdings ohne daß es dabei zu einer lange wirksamen Entscheidung um die Herrschaft über diesen Raum kam. Auch haben Karl der Große und seine Nachfolger noch nicht versucht, hier eine Christianisierung der slawischen Stämme in Gang zu setzen, weil die entsprechenden Möglichkeiten der Franken in dieser Beziehung voll in Anspruch genommen waren durch die Eingliederung, auch die kirchliche Eingliederung, der Sachsen.

Bei den Wilzen kam es bald zu einem Rückschlag in der Entwicklung der politischen Zentralisation. Jener Häuptling Dragovit ist im Jahre 809 gestorben - das berichten die fränkischen Reichsannalen. Sie berichten auch, daß Dragovit einen Nachfolger namens Liub hatte, der nach einigen Jahren bei der Auseinandersetzung mit den Obodriten fiel. Der Nachfolger dieses Liub wiederum war sein ältester Sohn Milegost, der aber bald aus den eigenen Reihen einen Rivalen erhielt in seinem jüngeren Bruder Cealadrag, der ihm die Herrschaft über die Wilzen streitig machte. Die streitenden Brüder appellierten im Jahre 823 an Karls Nachfolger Ludwig den Frommen und baten ihn um seine Entscheidung in ihrem Streit um die Herrschaft. Ludwig der Fromme entschied sich für Cealadrag und dieser war der letzte nachweisbare Wilzenfürst in diesem Gebiet. Danach wurde es für rund 100 Jahre in den schriftlichen Quellen still um diesen Raum. Aber aus archäologischen Quellen wissen wir, daß die Entwicklung durchaus weitergegangen ist. So z. B. im frühstädtischen Bereich, wo eine Entwicklung voranschritt - allerdings mit sehr starkem skandinavischem Einschlag. Ich nenne hier nur die Namen der Frühstädte Stettin, Menzlin oder auch Ralswiek.

Das zeitweilige Verstummen der schriftlichen Quellen über diesen Raum hat nun die Entstehung von verschiedenartigen Hypothesen und Spekulationen weite Möglichkeiten eröffnet. Eine der letzten und interessantesten Hypothesen will ich hier kurz nennen, die von dem Marburger Historiker Lothar Dralle stammt (Jahrbuch für Geschichte Osteuropas 1985).

Lothar Dralle, ein durchaus ernstzunehmender Historiker, nimmt für den vorpommerschen Raum und die angrenzenden festländischen Teile einen tiefgreifenden Bevölkerungswechsel für die 2. Hälfte des 9. Jahrhunderts an. Er registriert für einen von ihm vermuteten Bevölkerungswechsel folgende Anzeichen:

1. In dieser Zeit verschwinden die früher vorhandenen Höhenburgen.
2. In dieser Zeit erlischt die Verbreitung der vorher dominierenden ausgezeichneten Feldbergkeramik, die er als das »*Meißner Porzellan*« dieser Zeit bezeichnet.
3. Die frühstädtischen Siedlungen in diesem Raum, insbesondere Menzlin und Ralswiek, haben ihren Höhepunkt überschritten und beginnen niederzugehen.

Aus diesen Anzeichen schließt er, daß größere Teile der damaligen slawischen Bevölkerung aus diesem Raum abgewandert sind - vielleicht unter dem Druck der Obodriten und Heveller, die sich weiter ausgebreitet haben. Und nun allerdings wird seine Hypothese beinahe abenteuerlich: Er meint, daß Teile der aus diesem Raum abgewanderten Bevölkerung slawisch-skandinavischer Herkunft neue Wohnsitze im nordwestlichen Rußland gesucht haben und daß möglicherweise durch sie der Name »*Rus*«, der in seiner Genesis bis heute noch nicht vollständig geklärt werden konnte, von den Zuwanderern aus Rügen dorthin überführt worden sein könnte. In dieser Konsequenz kann ich seiner Hypothese in keiner Weise folgen, aber seine Vermutungen über einen Bevölkerungswechsel, einen Auszug bestimmter Bevölkerungsteile aus dem rügisch-vorpommerschen Raum in der 2. Hälfte des 9. Jahrhunderts erscheinen doch einer Überlegung und einer weiteren Überprüfung wert.

Eine ganz neue Entwicklungsphase für

den vorpommerschen Raum begann dann im 10. Jahrhundert mit dem Einsetzen der feudalen deutschen Ostexpansion unter Heinrich I., dem Begründer des Deutschen Reiches. Die Ursachen der deutschen Expansion sollen hier nicht näher erörtert werden. Mehrere Beweggründe spielten dabei eine Rolle, u. a. auch die Vorbereitung auf die Auseinandersetzung mit dem damligen Hauptfeind des Deutschen Reiches, den Ungarn, vor allem aber die Gier nach Beute und Tributen, die man aus den slawischen Gebieten zwischen Elbe und Oder einzubringen erhoffte. Jedenfalls eröffnete Heinrich I. im Jahre 928 die Expansion mit einem überraschenden Winterfeldzug gegen die Heveller. Im Frühjahr 929 soll er dann auch die Wilzen unterworfen haben. Genaueres darüber ist aber nicht bekannt. Bekannt ist aber eine Gegenreaktion der Slawen auf diesen ersten Angriff Heinrich I. Im August des Jahres 929 kam es zu einer allgemeinen Erhebung der nördlichen Wendenstämme. Führend waren die Wilzen, und unter ihnen besonders die Redarier, die in dieser Quelle erstmalig ausführlich erwähnt werden. Sie drangen über die Elbe vor, vernichten die Burg Walsleben nördlich von Stendal, wurden aber am 4. September 929 in der blutigen Schlacht bei Lenzen von den Truppen Heinrichs I. geschlagen, vor allem durch den Einsatz der neuen Waffe, der Panzerreiterei. Ganze 50 schwer gepanzerte Reiter waren es, die damals diese Schlacht zugunsten der Deutschen entschieden.

In den nächsten Jahren wurden die Wilzen, Obodriten und andere Völker wieder unterworfen, zuletzt 934 die Ukranen in der Uckermark. Zur Überwachung der Wilzen, speziell der Redarier, wurde laut Widukind von Corvey von Heinrich I. ein besonderer Grenzgraf namens Bernhard eingesetzt, aber noch kam es zu keiner festen Einbeziehung dieses Gebietes in den Verband des frühfeudalen Deutschen Reiches.

Diese feste Einbeziehung war dann das Ziel der Ostpolitik Ottos I., des Sohnes und Nachfolgers des Reichsgründers. Daß in seiner Ostpolitik die Ziele weitergesteckt wurden, war schon im Jahr des Regierungsantritts Ottos (936) deutlich erkennbar. Im gleichen Jahr kam es zu einem erneuten Aufstand der Wilzen, namentlich der Redarier. Otto schickte zu seiner Niederwerfung ein Heer unter Hermann Billung, der den Aufstand unterdrückte.

Dieser Hermann Billung wird bei Widukind noch 936 als Markgraf an der Niederelbe gegen, wie es wörtlich heißt, Wagrier, Obodriten und Redarier eingesetzt. Schließlich wurde 937 Gero als Markgraf installiert. Auch zu seiner Markgrafschaft gehörten Gebiete der Wilzen, wie Widukind schreibt. Gemeint sind hier nach einhelliger Auffassung der Forschung wahrscheinlich die Heveller. Trotz der Einsetzung von Markgrafen kam es zu weiteren Aufständen im Slawenland, so z. B. 938 und 939. Aber der Nordosten, das heißt das vorpommersche, rügensche und uckermärkische Gebiet, blieb in den nächsten 15 Jahren verhältnismäßig unberührt - auch von der Christianisierung, die 948 mit der Gründung der Bistümer Havelberg und Brandenburg einsetzte. Diesen Zustand wollte 954 der Markgraf Gero mit einem Zug gegen die Ukranen verändern. Der Zug gegen die Ukranen war dann der Auftakt zu einem neuen großen Aufstand der slawischen Völker im Jahre 955, an dem fast alle nördlichen Slawenstämme beteiligt waren. Zur Niederwerfung dieses Aufstandes mußte Otto I. selbst mit einem starken Heer eingreifen. Er gelangte im Herbst 955 bis an die Raxa, zu einem Fluß, der vermutlich mit der Recknitz identisch ist. Hier geriet das Heer des deutschen Königs nach den ausführlichen Berichten Widukinds von Corvey in eine sehr schwierige Situation. Im sumpfigen Gebiet wurde es zunächst eingeschlossen. Von den Slawenvölkern unterstützten ihn allein die Ranen, die hier erstmalig genauer in der chronikalischen Überlieferung erwähnt werden. Dank der militärisch taktischen Überlegenheit und dank auch der Hilfe der Ranen gelang es Otto I., in der Schlacht an der Raxa am 16. Oktober 955 das Heer seiner slawischen Gegner vernichtend zu schlagen. Der Anführer der Slawen, der Obodritenfürst Stoignev, fiel, die Gefangenen wurden niedergemetzelt. Die Wilzen, die seit dem Ende des 10. Jahrhunderts, besonders seit 983, dann unter dem Namen Lutizen, (das heißt soviel wie die »Wilden« oder die »Grimmigen«) in der Überlieferung erschienen, leisteten noch Widerstand, wurden aber von den Truppen der Markgrafen Gero und Hermann Billung ebenfalls unterworfen. Unmittelbar nach dem Jahr 960 trat im Osten ein neuer Gegner der wendischen Völker auf: Der polnische Feudalstaat, der sich seit 960 unter Miezko I. zu formieren begann und der nun auch eine eigene Expansionslinie nach dem Westen entwickelte.

Mit diesem jungen polnischen Feudalstaat gerieten die Lutizen 963 erstmalig in einen militärischen Konflikt. Damit zeichnete sich die Gefahr eines Zweifrontenkampfes für die slawischen Völker zwischen Elbe und Oder ab. Diese Gefahr wurde jedoch zunächst abgewandt durch den großen Wendenaufstand von 983. Die Ursachen des Aufstandes und die Einzelheiten seines Verlaufes sind hier nicht näher zu erläutern. Nur zwei Tatsachen aus dem großen Wendenaufstand von 983, die für unseren Raum bedeutsam sind, wollen wir festhalten:

1. In diesem Aufstand waren nach eindeutiger Aussage zeitgenössischer Chronisten die vier lutizischen Kernstämme führend: Redarier, Kessiner, Tollenser und Circipanen, d.h. also auch Bewohner dieses Raumes.
2. Das Ergebnis dieses Aufstandes war, daß die nördlichen Völker für einen längeren Zeitraum ihre Unabhängigkeit zurückgewinnen konnten.

Die Hauptgefahr für die wendischen Völker drohte in den nächsten Jahrzehnten nicht aus dem Westen von den Deutschen her, sondern vom Osten, vom polnischen Feudalstaat, der unter dem Nachfolger Miezkos I., dem polnischen Herzog und späteren König Boleslaw Chobry mächtig ausgriff und im Begriff stand, zu einem westslawischen Großreich zu werden. Boleslaw Chobry gelang es, bis zum Jahre 1003 Schlesien, Böhmen und auch Pommern östlich der Oder zu okkupieren. Er versuchte über die Oder hinweg weiter nach Westen vorzudringen und auch die Lausitz und die Mark Meißen seinem polnischen Reichsverband anzugliedern. Dabei kam es zu einem langwierigen militärischen Konflikt mit dem Deutschen Reich unter Heinrich II., zu mehreren Kriegen, die mit Unterbrechungen von 1004 bis 1018 dauerten und in denen der deutsche Herrscher militärisch und politisch nicht das Übergewicht erringen konnte, sondern Boleslaw bedeutende Zugeständnisse machen mußte. In dieser Auseinandersetzung zwischen dem deutschen und dem polnischen Feudalstaat wurden die Westslawen, besonders die Lutizen, zu umworbenen potentiellen Bundesgenossen beider Seiten. Die Lutizen schlossen sich 1003 der deutschen Seite, also Heinrich II., an. Der Grund für diesen Anschluß an den Feind von gestern war eindeutig: Der gefährlichere Feind war zur Zeit im Osten zu suchen, in der Person Boleslaw Chobrys, in der Gestalt des polnischen Feudalstaates. Über dieses Bündnis zwischen Heinrich II. und den heidnischen Lutizen hat der Geschichtsschreiber Thietmar von Merseburg mehrfach ausführlich und mit allen Anzeichen des Entsetzens und der Abscheu berichtet. Für ihn war natürlich ein Bündnis zwischen einem christlichen Herrscher und einem heidnischen Stamm ein Greuel, eine verdammungswürdige Tatsache. Bei der Geistlichkeit in Deutschland also erregte dieses Bündnis, das von harter politischer Notwendigkeit diktiert war, keine Freude. Zur Besänftigung der Geistlichkeit hat dann wohl auch Heinrich II. im Jahre 1004 das 981 aufgehobene Bistum Merseburg wieder hergestellt. Dennoch blieb das deutschlutizische Bündnis von 1003 eine verhältnismäßig kurze Episode. Boleslaw Chobry starb im Jahre 1025. Nach seinem Tode brachen in Polen innere Streitigkeiten aus. Eins der Grundübel der älteren polnischen Geschichte tritt hier also erstmalig historisch relevant in Erscheinung. Nach Ausbruch der Wirren in Polen und der Schwächung der polnischen Königsmacht wurde für die wendischen Völker selbstverständlich der deutsche Feudalstaat wieder zum Hauptfeind. So war es Konrad II., der die traditionelle Ostpolitik der Ottonen wieder aufnahm und aktivierte. In den Jahren 1029 bis 1032 hat er nicht weniger als vier Kriegszüge gegen die Polen im Bunde mit dem Fürsten Jaroslaw von Kiew unternommen und erreicht, daß Polen 1033 wieder lehnsabhängig vom Deutschen Reich wurde und der polnische Herrscher die Königskrone ablegen mußte. 1036 wurden auch die Lutizen wieder abhängig. Allerdings war diese Abhängigkeit noch keine feste und in die verschiedensten Richtungen abgesicherte, sondern es war eine tributäre Abhängigkeit.

Die Lutizen wurden außerdem verpflichtet, Geiseln zu stellen für die Einhaltung des Bündnisses mit dem Deutschen Reich. Von der Wiederaufnahme der Christianisierung des vorpommerschen Raumes war damals noch gar keine Rede. Dennoch, seit dieser Zeit beginnt sich die Situation der wendischen Völkerschaften erneut kritisch zuzuspitzen. Die Gründe dafür waren folgende: Zu dem wieder auflebenden Druck aus dem Westen kam der Druck aus dem Norden hinzu. Das heißt, dieses ist nun die Zeit, wo sich eine dänische Expansion gegen die slawischen Länder am Rande der Ostsee zum ersten Male in größerem Umfange in den Geschichtsquellen niederschlägt. Seitdem aber spitzte sich die Lage der westslawischen Völker zu, und das war auch eine Folge innerer Auseinandersetzungen. Im Westen des Gebietes zwischen Elbe und Oder entstand um 1030 ein erster westslawischer Staat, den manche Historiker sogar als Großreich bezeichnen: Der Staat der Obodriten, der seinen Höhepunkt unter seinem Fürsten Gottschalk erreichte, der von 1043 bis 1066 die Obodriten regierte und der zur Festigung seiner nun schon feudalen Herrschaft über diesen westslawischen Stamm auch die Christianisierung als Mittel benutzte, nachdem er selbst zum Christentum übergetreten war. Allerdings war der obodritische Staat ständigen Einmischungen von Deutschen und Dänen ausgesetzt. 1066 wurde Gottschalk, der erste wirklich erfolgreiche obodritische Staatsgründer, durch einen Aufstand gestürzt und getötet. Drahtzieher waren sowohl auswärtige Gegner als auch der slawische Adel und die heidnische Priesterschaft, die sich gegen die Ausbildung eines solchen Staates in ihrem Bereich zur Wehr setzten. Das Obodritenreich wurde zwar Ende des 11. Jahrhunderts nochmals erneuert, geriet aber mehr und mehr ins Schlepptau des sächsischen Feudaladels. Schon vorher hatte sich bei den Lutizen eine folgenschwere Tragödie abgespielt: der lutizische Bruderkrieg von 1056/57. Meist wird angenommen, daß auf der einen Seite die Circipaner und Kessiner standen und auf der anderen die Redarier und Tollenser. Grund dieser Auseinandersetzungen waren offensichtlich Vorherrschaftsansprüche eines Stammes, der Circipaner oder der Redarier, oder Vorherrschaftsansprüche bestimmter Repräsentanten des sich nun allmählich herausbildenden Adels bei diesen Völkerschaften Tatsache ist jedenfalls, daß sich in diesen lutizischen Bruderkrieg, über den Adam von Bremen und Helmold von Bosau ausführlich berichten, auswärtige Mächte einmischten, nämlich die Sachsen, die Dänen und die Obodriten. Schließlich endete dieser Krieg mit einer Niederlage der Circipaner und mit einer allgemeinen Schwächung des Lutizenbundes. Die Besiegten mußten 15.000 Mark Silber an die auswärtigen Bundesgenossen bzw. die Widersacher zahlen. Helmold sagte bitter: »Vom Christentum war hier nicht die Rede, sondern eigentlich nur vom Geld.« Das Ergebnis dieses Bruderkrieges von 1056/57 war, daß die militärische Kraft des Lutizenbundes gebrochen wurde. Ausdruck dieser Tatsache war ein Ereignis, das die Augsburger Annalen berichten: Im Jahre 1067/68 drang der Bischof Burchard von Halberstadt tief ins Lutizenland ein. Er nahm Rethra, das Hauptheiligtum der Redarier, und entführte von dort das heilige Roß, das er nach Hause ritt in sein Bistum. Das war die erste, allerdings noch nicht endgültige Zerstörung des berühmten wendischen Zentralheiligtums Rethra. Man muß nun feststellen, daß eindeutig in jener Zeit der Zerstörung Rethras auf dem späteren vorpommerschen Gebiet bisher nur die Ranen sowie zumindest Teile der Circipanen, Tollenser und Ukrer feststellbar sind und auf der Insel Usedom die Wolliner. Es gibt also bestimmte Bereiche des vorpommerschen Raumes, die in dieser Zeit noch nicht klar und eindeutig einem bestimmten und uns bekannten Slawenstamm zugeordnet werden können. Das gilt vor allem für das Gebiet der unteren Peene.

Nach Adam von Bremen begann nun Rethras Stern zu sinken, und die führende Rolle dieser Tempelburg ging jetzt mehr und mehr über an das Hauptheiligtum der Ranen, an Arkona.

Im 12. Jahrhundert war auch für die Slawen des vorpommerschen Raumes die letzte Phase ihrer selbständigen Entwicklung angebrochen. Aus allen vier Himmelsrichtungen wurden sie angegriffen: von den deutschen, besonders den sächsischen Feudalherren, von den zeitweilig wieder erstarkten Polen und von den nun mächtig ausgreifenden Dänen. Den Anfang der neuen Bedrängung dieses Raumes machte der Sachsenherzog Lothar von Supplinburg, der spätere König und Kaiser Lothar III. 1114 unternahm er einen Kriegszug gegen die Kessiner und das festländische Gebiet der Ranen, wobei er bei diesem Kriegszug von den Circipanen unterstützt wurde. 1121 eroberte derselbe Lothar die Hauptburg der Kessiner und zwang deren Fürsten Sventipolk, sich zu unterwerfen. Lothar hat dann, nun schon als König, vielleicht im Frühjahr des Jahres 1128, Rethra endgültig zerstört, wenn man bestimmte Andeutungen Ebos, des Biographen Ottos von Bamberg, so deuten will, wie das in der Tat viele Forscher tun.

Zur gleichen Zeit begann auch eine Welle der polnischen Westexpansion unter dem Herzog Boleslaw III. Krzywousty (Schiefmaul). Boleslaw III. unterwarf nach der Eroberung Stettins 1121/22 den pommerschen Fürsten Wartislaw und unterstellte Pommern der polnischen Oberhoheit. Er drang sodann bis an die Müritz vor, gründete 1123 oder 1124 das Bistum Lebus an der Oder, veranlaßte die Christianisierung der Pommern durch Otto von Bamberg und nahm 1135 auf einem Hoftag zu Merseburg Pommern und auch Rügen vom Kaiser zu Lehen. In dieser Zeit also war dieses Gebiet Teil des polnischen Feudalstaates, stand unter der Herrschaft des Herzogs von Polen. Der Pommernherzog konnte, nachdem 1138 und 1139 erst Boleslaw von Polen und dann Kaiser Lothar gestorben waren und wiederum in Polen und dann auch in Deutschland innere Machtkämpfe ausbrachen, nicht nur die polnische Oberhoheit wieder abschütteln, sondern beträchtlichen Landgewinn im Gebiet der Tollenser, Redarier und Ukranen erzielen. Wir sehen also aus diesen Vorgängen des 12. Jahrhunderts, daß Pommern, das ursprünglich östlich der Oder zu suchen ist, festen Fuß gefaßt hatte auf dem Westufer der Oder und sich erheblich ausbreitete auf den Bereich seiner späteren Grenzen. Der spektakuläre Auftakt zur zweiten und wichtigsten Hauptetappe der feudalen deutschen Ostexpansion war der berühmt-berüchtigte Wendenkreuzzug von 1147. Die Parole des Kreuzzuges formulierte Bernhard von Clairvaux, der »*König der Mönche*«, der anerkannte Führer des Zisterzienserordens. Die Parole des Wendenkreuzzuges lautete nicht so, wie das journalistisch zugespitzt auch in manchen historischen Darstellungen erscheint: »*Taufe oder Tod*«. Bernhard drückte das ein wenig ausführlicher aus, indem er u.a. sagte: »*Die Heiden müssen entweder völlig zerschmettert oder sicher bekehrt werden.*« Das ist der authentische Wortlaut. An diesem Wendenkreuzzug waren deutsche Feudalherren unter Heinrich dem Löwen, dänische und auch polnische Feudalherren beteiligt. Zwischen ihnen entwickelte sich nun ein Wettlauf um die Inbesitznahme der slawischen Länder zwischen den Unterläufen von Elbe und Oder. Beteiligt waren am Kreuzzug Abt Wibald von Corvey, der die Inbesitznahme von Rügen anstrebte, weil er behauptete, der heilige Veit sei in Beziehung zu bringen mit Swantewit auf Rügen. Es waren ferner beteiligt der Erzbischof von Magdeburg und der Bischof von Havelberg, die die vollständige Wiederherstellung ihrer Erzdiözese bzw. Diözese anstrebten, sowie Albrecht der Bär, der das Lutizenland zu okkupieren wünschte. Es beteiligten sich auch polnische Feudalherren, die ebenfalls die Hand auf das Lutizengebiet legen wollten, Dänen, die das rügensche und das angrenzende festländische Gebiet zu okkupieren gedachten, und schließlich der Hauptrepräsentant des ganzen Unternehmens, Heinrich der Löwe, der Sachsen- und Bayernherzog, der möglichst alles unter seine Herrschaft bringen wollte. Bekanntlich ist dieser Kreuzzug als militärisches Unternehmen weitgehend gescheitert, vor allem infolge der Uneinigkeit der daran beteiligten christlichen Feudalherren aus den verschiedenen Ländern. Seinen wahren Charakter enthüllte das Unternehmen in der Belagerung von Demmin und Stettin, das damals von dem christlichen Herzog Ratibor verteidigt wurde.

Danach kam dann die stärkste Bedrohung für den rügensch-vorpommerschen Raum aus Dänemark. Dort erfolgte eine wesentliche Stärkung des Königtums durch Waldemar I., der vor allem durch die feste Verbindung zur Hochgeistlichkeit die Königsmacht in Dänemark wieder aufzurichten verstand. Sein Hauptmitstreiter war der bekannte, politisch wie militärisch gleichermaßen befähigte Bischof Absalon von Roskilde, später auch Erzbischof von Lund.

Schon 1136 und 1150 hatte der Dänenkönig Erich II. erstmalig Arkona erobert, aber nicht zerstört. Die Intensität der Angriffe wuchs nun unter Waldemar I. erheblich an. Und schließlich gelang 1168 der große Schlag: Das dänische Heer, unterstützt durch den Obodritenfürst Pribislaw, einen Lehnsmann Heinrichs des Löwen, und die Pommernfürsten Kasimir und Bogislaw, eroberte Arkona und zwang die Rügenfürsten Jaromar und Tetzlaw, sich zu unterwerfen. Mit der Eroberung Arkonas durch die Dänen war das letzte starke Bollwerk der slawischen Unabhängigkeit zwischen Elbe und Oder gefallen. Rügen wurde nun christianisiert und in ein dänisches Lehnfürstentum verwandelt. Erst bei dem Aussterben der einheimischen rügenschen Dynastie im Jahre 1325 wurde dann Rügen mit Pommern vereinigt.

Es gelang den Dänen nach der Eroberung Rügens und besonders nach der Ausschaltung Heinrichs des Löwen 1181, einen großen Teil der südöstlichen Ostseeküstenregion zu okkupieren. Von ihnen abhängig wurden außer Rügen auch die Herzöge von Pommern, die ursprünglich auch schon Lehnsleute des Deutschen Reiches gewesen waren. In Abhängigkeit von Dänemark kamen außerdem die Herzöge bzw. Fürsten von Mecklenburg und Rostock. Lehnsleute des dänischen Königs wurden endlich auch die Grafen von Holstein. Die Ostsee schien zu einem dänischen Binnenmeer zu werden. Dieses dänische Großreichgebilde im südwestlichen Ostseeraum kam dann aber 1227 nach der Schlacht von Bornhöved, in der der dänische König Waldemar II. von einer Koalition norddeutscher Fürsten und Städte geschlagen wurde, zum Einsturz. Die dänische Vormachtstellung in diesem Raum brach zusammen. Das Land wurde nicht dänisch, es wurde auch nicht polnisch, es wurde deutsch. Daß dieses Resultat schließlich zustande kam, war eigentlich nicht so sehr das Ergebnis des Wechsels der militärischen Koalitionen und Kräfteverhältnisse, das war vor allem das Resultat der Siedlungsbewegung, die hauptsächlich getragen wurde von deutschen Bauern und Bürgern, die in der südwestlichen Ostseeküstenregion viele hundert neuer Dörfer und dutzende neuer Städte anlegten.

Entwicklung der deutschen Besiedlung und der Christianisierung des vorpommerschen Raums bis zum Beginn des 14. Jahrhunderts

von
Joachim Wächter

3. Demminer Kolloquium zur Geschichte Vorpommerns am 5. Juli 1986
unter dem Tagungsthema: »Von Arkona bis Schoppendamm -
Der vorpommersche Raum vom 10. Jahrhundert bis 1370«

Kennzeichen der Entwicklung 1124 - 1300

Zwischen 1124 und ungefähr 1300 vollzog sich im späteren Vorpommern eine völlige Veränderung der gesamten gesellschaftlichen Verhältnisse. Dieser Wandel war besonders offenkundig hinsichtlich der Bevölkerung, der Religion, der Siedlungsstruktur und der Wirtschaft, betraf aber alle gesellschaftlichen Bereiche.
Vor 1124 war dieses Gebiet zwischen Recknitz und Kummerower See im Westen und der unteren Oder im Osten gekennzeichnet durch eine slawische Bevölkerung, die eine nichtchristliche Religion besaß, durch eine verhältnismäßig dünne Besiedlung im Festlandsbereich zwischen größeren Waldflächen und durch eine extensiv betriebene Wirtschaft. Um 1300 gab es dagegen in diesem Raum eine gemischte deutsch-slawische Bevölkerung mit christlicher Religion, eine erheblich verstärkte Siedlungsdichte und eine intensivierte Wirtschaft.
Diese Entwicklung ging in zwei Zeitabschnitten vor sich, von 1124 bis ungefähr 1230 und von etwa 1230, vereinzelt schon von den 1220er Jahren an, bis ungefähr 1300 oder bis Anfang des 14. Jahrhunderts. Die erste Zeitspanne ist bestimmt durch die Anfänge der Christianisierung, die zweite durch die Herbeirufung und Einwanderung deutscher Siedler, durch die Verwurzelung des Christentums im Lande und durch einen großen wirtschaftlichen Aufschwung.

Gang der Entwicklung bis 1230
Für die Entwicklung im Zeitraum von 1124 bis ungefähr 1230 waren u.a. folgende Geschehnisse kennzeichnend:
1124/25 predigte Bischof Otto I. von Bamberg auf Bitte und unter dem Schutz des polnischen Herrschers Boleslaw III. Schiefmund im westlichen Pommern, das wenige Jahre vorher von den Polen unterworfen worden war[1], das Christentum und gründete 11 Kirchen, davon je zwei in Stettin und Wollin.[2]
1128 predigte Otto von Bamberg auf Bitte des westpomoranischen Fürsten Wartislaw I., der seine Herrschaft auf das untere und mittlere Peenegebiet ausgedehnt hatte, in diesem Raum und gründete Kirchen in Wolgast, Gützkow und wohl auch Usedom.[3] Gleichzeitig vermittelte Otto auf Bitte Wartislaws bei den Polen und konnte den beabsichtigten erneuten Angriff eines polnischen Heeres auf Pommern verhindern.[4]
1140 wurde durch den Papst ein Pommern-Bistum gegründet, das keiner der

benachbarten erzbischöflichen Diözesen zugeordnet wurde.⁵
1147 fand der sogenannte Wendenkreuzzug ins Peene- und Odergebiet statt. Dabei gelang es dem Pommernbischof Adalbert, ein deutsches Heer vor Stettin mit dem Hinweis auf das Christentum der Bewohner zur Umkehr zu bewegen.⁶
1153 wurde in Stolpe an der Peene ein Benediktinerkloster gegründet⁷ und um 1155 in Grobe bei Usedom ein Prämonstratenserstift⁸. In beide Klöster zogen Mönche aus Magdeburg ein.
1168 eroberten die Dänen die ranische Tempelburg Arkona auf Rügen, vernichteten das dortige Swantewit-Heiligtum und führten das Christentum auf der Insel ein⁹, die im Jahr darauf vom Papst dem dänischen Bistum Roskilde zugeordnet wurde.¹⁰ Der benachbarte Bereich auf dem Festland wurde der Diözese des Bischofs von Schwerin angegliedert; dieser war ebenso wie obodritische Truppen 1168 an dem Zug gegen Rügen beteiligt gewesen.¹¹
1172 wurde das Zisterzienserkloster Dargun westlich von Demmin gegründet und mit dänischen Mönchen besetzt¹², die das Kloster 1199 nach Eldena (Hilda) am Greifswalder Bodden verlegten.¹³ 1173 wurde das Zisterzienserkloster Kolbatz östlich von Stettin, ebenfalls als Wirkungsstätte dänischer Mönche, gegründet.¹⁴
1176 oder in den folgenden Jahren wurde Kammin Bischofssitz.¹⁵
Anfang der 1190er Jahre wurde durch zwei lutizische Große ein Zisterzienserinnenkloster bei Altentreptow gestiftet, das später seinen endgültigen Sitz in Verchen fand.¹⁶ 1193 wurde das Zisterzienserinnenkloster Bergen auf Rügen gegründet und mit Nonnen aus Dänemark besetzt.¹⁷
Zwischen 1168 und 1216 wurde mehrfach eine Marktkirche in Pasewalk bzw. in der Burg Pasewalk als Besitz des Klosters Grobe beurkundet.¹⁸ 1175 erfolgte die erste überlieferte urkundliche Erwähnung der Kirche von Altentreptow.¹⁹ 1187 wurde die Jakobikirche in Stettin urkundlich genannt²⁰, 1193 die Marienkirche in Bergen²¹, 1228 ein Pfarrer und damit mittelbar eine Kirche in Demmin²², 1229 jeweils ein Geistlicher von Benz, Liepe und vom Gnitz auf Usedom²³, 1230 die Michaelskirche in Bukow auf Usedom²⁴ und ein Pfarrer in Wusterhusen.²⁵

Diese Kette von einzelnen Geschehnissen läßt sich zu vier Vorgängen zusammenfassen: Erstens wurde das Christentum in das westliche Pommern und das angegliederte lutizische Peenegebiet sowie nach Rügen gebracht. Zweitens wurde ein Bistum Pommern, das schließlich seinen Mittelpunkt in Kammin erhielt, gegründet. Daneben wurde die Insel Rügen der Diözese des dänischen Bischofs von Roskilde und das angrenzende Festlandsgebiet der Diözese des Bischofs von Schwerin angeschlossen. Drittens wurden einige Klöster gegründet, und viertens wurde eine Reihe von Kirchen errichtet. Dabei ist allerdings für den festländischen Bereich des Fürstentums Rügen aus der Zeit um 1200 keine einzige Kirche urkundlich überliefert. Abgesehen von der Tatsache, daß 1191 die Jakobikirche Stettin als Kirche der Deutschen bezeichnet wurde²⁶, gab es bis zu den 1220er Jahren keine Hinweise auf eine wesentliche Einwanderung deutscher Siedler.

Ursachen der Entwicklung bis 1230
Machtpolitische Erwägungen waren es, durch die zwei äußere Mächte bewogen wurden, das Christentum in das westliche Pommern und in die Insel Rügen hineinzutragen. Nach der militärischen Unterwerfung der Pomoranen durch die Polen 1121 und der Ranen auf Rügen durch die

Dänen 1168 sollte nun die innere Unterwerfung der Besiegten durch Übertragung der Religion der Sieger folgen. Und der äußere Druck war es, der die Pomoranen und die im Peeneraum ansässigen Lutizen einerseits und die Ranen andererseits veranlaßte, das Christentum anzunehmen. Außenpolitische Überlegungen werden diesen Entschluß bestärkt haben, denn 1128 und 1147 erwies sich das Christentum als Schutz gegen militärische Angriffe.

Die Besetzung der ersten beiden Klöster, in Stolpe und in Grobe, durch Magdeburger Mönche entsprach der damaligen außenpolitischen Situation. Am Wendenkreuzzug 1147 war in entscheidender Weise der Magdeburger Erzbischof beteiligt gewesen, offenbar, um die alten Magdeburger Metropolitansprüche aus der Zeit Ottos des Großen auf den Peeneraum zu bekräftigen. Auch wenn dieser Feldzug ohne sichtbaren Erfolg blieb, werden Besprechungen über eine Förderung des unentwickelten Christentums im dortigen Lande mit Magdeburger Hilfe, die natürlich auch eine Stärkung des Magdeburger Einflusses mit sich bringen mußte, stattgefunden haben.[27] Die Gründung einer zweiten Gruppe von Klöstern mit dänischen Mönchen spiegelte den dann gewachsenen Einfluß Dänemarks an der südwestlichen Ostseeküste wider. Die Gründung des pommerschen Bistums 1140 ohne Unterstellung unter den erzbischöflichen Stuhl von Gnesen oder den von Magdeburg und zugleich ohne besondere Bindung an das Bamberger Bistum stellte eine Ausklammerung der verschiedenen auswärtigen Interessen dar. Mit dem Tode des Magdeburger Erzbischofs Norbert 1134 und des polnischen Herrschers Boleslaw III. 1138 waren die Hauptvertreter entgegengesetzter Absichten verschwunden.[28] Gleichzeitig hatte die Abhängigkeit West-Pommerns von Polen ein völliges Ende gefunden.[29] Durch den Tod Ottos von Bamberg 1139 gab es auch den verdienstvollen Träger Bamberger Hilfe und Verbundenheit nicht mehr. So war eine günstige Situation zur kirchlichen Verselbständigung Pommerns entstanden. Als der Sitz des pommerschen Bischofs in den 1170er Jahren von Usedom nach Kammin, also ins Gebiet östlich des Peeneraums verlegt wurde, entzog sich damit der Pommernbischof in erheblichem Maße dem Magdeburger Einfluß und Druck und tat einen weiteren Schritt zur eigenständigen Entwicklung des pommerschen Kirchenwesens.[30]

Die Errichtung von Kirchen war allerdings zu diesem Zeitpunkt noch recht spärlich geschehen und ging auch bis 1230 nur langsam voran. Die Kirchen entstanden überwiegend bei Burgen oder Landeszentren. Pasewalk, Altentreptow, Stettin, Bergen, Demmin, Bukow auf Usedom und Wusterhusen waren solche Landesmittelpunkte. Lediglich im Bereich des Klosters Grobe gab es einige Dorfkirchen wie Benz, Liepe und Netzelkow auf dem Gnitz. Offensichtlich war das Christentum im Lande nur offiziell angenommen worden. Infolgedessen beginnt eine Urkunde Herzog Bogislaws I. aus dem Jahre 1182 mit dem Hinweis, daß der größte Teil seines Volkes in der Lehre des christlichen Glaubens bekanntlich unerfahren und ungebildet sei.[31] Der zum Bistum Schwerin gehörende rügische Festlandsbereich lag um 1200 offenbar völlig im toten Winkel der Christianisierung.[32] Das anscheinend gänzliche Fehlen von Kirchen im dortigen Gebiet zu jener Zeit ist wohl darauf zurückzuführen, daß der Schweriner Bischof noch zu sehr durch Aufgaben im näher gelegenen Bereich seiner Diözese gebunden war.[33]

Wenn mit den deutschen und dänischen Geistlichen kaum Siedler ins Land gekommen waren, so lag das nicht an einem Fehlen von Privilegien, denn diese waren vereinzelt erteilt worden. Vielmehr hatte das wohl folgende zwei Gründe: Einmal waren die westlich und südlich angrenzenden obodritisch-mecklenburgischen und hevellisch-brandenburgischen Gebiete auch noch weitgehend unchristlich und verhältnismäßig menschenleer und bildeten dadurch für deutsche Siedler breite hinderliche, zunächst noch zu erschließende Räume; zum anderen waren anscheinend die Dänen an einer Siedlung außerhalb der Grenzen ihres Landes wenig interessiert, da wohl kein Bevölkerungsüberschuß vorhanden war. Grundsätzlich waren aber schon im ausgehenden 12. und beginnenden 13. Jahrhundert durch manche Privilegien gewisse Voraussetzungen zur Niederlassung deutscher wie auch dänischer Siedler vorhanden.

Siedlungsvoraussetzungen bis 1230
Schon 1150 gab König Konrad III. bei der Bestätigung des Bistums Havelberg dem Bischof die Möglichkeit, dort Bauern beliebiger Völkerschaft anzusiedeln, da die Orte oft durch Überfälle verwüstet und entvölkert worden seien. Die Siedler sollten lediglich dem Bischof unterstellt und frei von Abgaben und Dienstleistungen für andere Herren sein.[34]
1170 befreite der Pomoranenfürst Kasimir I. die Kanoniker des zu gründenden Klosters Broda am Tollensesee und ihre Untertanen, sowohl Deutsche als auch Slawen, vom Burgenbau und in seinem gesamten Territorium vom Zoll.[35]
1209 gestattete der Rügenfürst Jaromar I. dem Kloster Eldena, Dänen, Deutsche und Slawen, Menschen jeder Tätigkeit hinzurufen und anzusiedeln zur Ausübung ihrer Tätigkeiten, zur Einrichtung von Pfarren und Einsetzung von Geistlichen sowie zur Unterhaltung von Krügen.[36]
1219 bestätigte der pommersche Herzog Kasimir II. mit fast dem gleichen Wortlaut dieselben Rechte dem Kloster Dargun.[37] Dabei ging er davon aus, daß bereits Fürst Kasimir I. diese Privilegien dem Kloster gewährt hätte. Eine entsprechende, auf 1174 datierte Urkunde Kasimirs I. scheint aber spätere Zusätze zu enthalten.[38] Trotzdem ist es nicht unwahrscheinlich, daß das Kloster Dargun bereits zu dieser Zeit die Ansiedlungsrechte erhielt. Auf jeden Fall besaß es sie 1219.
1221 schlossen Fürst Wizlaw I. von Rügen und Bischof Brunward von Schwerin über den Zehnten der deutschen Bauern, die im Lande Tribsees siedeln sollten, eine Übereinkunft.[39] Im wesentlichen sollten vom Zehnten, der nach deutscher Gepflogenheit dem Schweriner Bischof zustände, Fürst und Bischof jeweils die Hälfte erhalten.[40] Vom Zehnten bei urbar gemachtem Land wurden für den Fürsten sogar zwei Drittel vorgesehen. Bei diesem Abkommen wurde also schon fest mit der Niederlassung deutscher Siedler gerechnet. Darüber hinaus kam in der Urkunde sogar zum Ausdruck, daß von slawischen Bewohnern bereits deutschen Siedlern Land überlassen worden war, also erste Siedler sich schon in diesem Randgebiet des vorpommerschen Raumes befanden.
1231 verlieh Wizlaw I. bei der Stiftung des Klosters Neuenkamp den Mönchen das Recht, Menschen jedes Volkes und jeder Tätigkeit zu rufen und ansässig zu machen und ihre Tätigkeiten ausüben zu lassen.[41]
Diese Ansiedlungsrechte und -erleichterungen blieben schließlich nicht ungenutzt. Sie begannen, sich seit den 1220er und 1230er Jahren auszuwirken.[42]

Gleichzeitig kam es in verstärktem Maße zur Gründung von Kirchen.

Gang der Entwicklung seit 1230
Einige ausgewählte Tatsachen mögen die Entwicklung seit ungefähr 1230 verdeutlichen.
1231 wurden dem Kloster Neuenkamp bei seiner Gründung der benachbarte Ort Richtenberg mit dem Patronat über dessen Kirche und mit der Salzquelle sowie die Dörfer des Craco, des Ratward und des Wulfer übertragen.[43] Damals waren also in dieser Gegend erste Siedlungen Deutscher vorhanden, womit ja nach dem Text der Urkunde von 1221 zu rechnen war. Außerdem gab der rügische Fürst dem Kloster 300 Hufen Wald, der zu roden war. In wenigen Jahrzehnten wurde in diesem Gebiet eine beachtliche Leistung vollbracht, indem rund 20 Dörfer, die einen deutschen Namen tragen, angelegt wurden.[44]
1234 wurde Stralsund deutsches Stadtrecht verliehen.[45] Zu diesem Zeitpunkt muß es mit dem benachbarten Voigdehagen dort schon eine ältere deutsche Ansiedlung gegeben haben, denn die Voigdehäger Kirche war bis zur Reformation Mutterkirche der Stralsunder Kirchen.[46] Sie muß also eher vorhanden gewesen sein als die Stralsunder Altstadtkirche St. Nikolai.
1234 erhielt auch Prenzlau, das damals zum Herzogtum Pommern gehörte, deutsches Stadtrecht.[47]
Um 1237 bekundete der pommersche Herzog Barnim I., die Rechtsprechung Stettins von den Slawen auf die Deutschen übertragen zu wollen, und bestimmte, daß die innerhalb der Stadtbefestigung wohnenden Deutschen zur Jakobikirche und die dort lebenden Slawen zur Petrikirche gehören sollten.[48] Alle slawischen Dörfer links der Straße nach Prenzlau sollten ebenfalls zur Jakobikirche, die Dörfer zur Rechten zur Petrikirche gehören. Aus diesen Festlegungen läßt sich entnehmen, daß die Zahl der Deutschen in dieser alten wendischen Stadt sehr zugenommen haben mußte, daß aber auf dem Lande anscheinend noch immer nur von slawischen Dörfern gesprochen werden konnte.
1243 bekam Stettin dementsprechend deutsches und zwar Magdeburger Stadtrecht verliehen.[49]
1240 wurde zwischen dem Herzog von Pommern und dem Bischof von Kammin ein Tausch vereinbart.[50] Dem Bischof sollte hauptsächlich das Land Stargard überlassen werden, der Herzog sollte dagegen als Lehen den Zehnten von 1800 Hufen erhalten. Außerdem wurden Getreideabgaben und Zehnte hinsichtlich von Dörfern festgelegt, die in den Landschaften Zehden, Pyritz, Prenzlau, Penkun und Stettin vor langer Zeit verlassen worden waren, aber wieder von Bauern bewohnt sein sollten. Es war also eindeutig eine Neubesiedlung wüster Dörfer vorgesehen.
1243 erhielt das neugegründete Nonnenkloster Stettin u.a. vier Hufen in Reinkendorf[51], woraus sich ergibt, daß damals im Bereich der unteren Oder mit der Anlage deutscher Dörfer begonnen worden war.
1241 erhielt das Kloster Eldena das Recht, in seinem Gebiet Markt abhalten zu lassen.[52] 1248 wurden zu den bisherigen Besitzungen des Klosters, die außer einer dänischen Siedlung rein slawisch waren, mit einem Schlage zusätzlich Greifswald als Marktort und acht Dörfer deutschen Namens urkundlich genannt.[53] Offensichtlich hatte sich seit 1241 eine erhebliche Einwanderung und Ansiedlung Deutscher, sowohl Bauern als auch Bürger, vollzogen. 1280 gab es in Greifswald, das 1250 lübisches Stadtrecht erhalten hat-

te[54], bereits drei Kirchen und im südlichen Gebiet des Klosters fünf Dorfkirchen[55], 1285 im nördlichen Klosterbereich zwei Dorfkirchen.[56] Das heißt, auf die Niederlassung deutscher Siedler im Klostergebiet war die Errichtung von Kirchen gefolgt.

1242 erhielt Loitz an der Peene deutsches und zwar auch lübisches Stadtrecht.[57]

1249 pfarrte der Kamminer Bischof bei der Kartlower Kirche, südlich von Jarmen, die Dörfer Jagetzow, Völschow, Plötz, Vanselow, Schmarsow, Krukow und Kartlow ein.[58] Alle diese Dörfer bekamen später eigene Kirchen oder Kapellen, so daß ein wesentlich engmaschigeres Kirchennetz entstand.

1261 wurde in Stettin ein Kanoniker-Kollegium, das spätere Marienstift, gegründet und diesem das Patronat über die Petrikirche Stettin, die Stephanskirche Gartz und die Kirchen in Tantow, Penkun, Pinnow, Wollin (Woldin), Luckow, Warsow, Ladenthin und Krekow übertragen.[59] Im Raum zwischen Oder und Randow war somit eine Fülle von Dorfkirchen entstanden.

Ursachen der Entwicklung seit 1230

Aus der Urkunde von 1231 für Neuenkamp ergibt sich, daß große Flächen des Landes mit Wald bedeckt und unerschlossen waren. Und die Urkunde von 1240 über den Tausch zwischen Herzog und Bischof beweist, daß es verlassene, wüste Dörfer gab. Es bestanden also beste Voraussetzungen für eine umfangreiche Ansiedlung zusätzlicher Bevölkerungsteile. Eine solche Ansiedlung mußte eine stärkere wirtschaftliche Erschließung und damit die Hebung der gesamten Wirtschaft des Landes mit sich bringen.

Eine Ausweitung der Wirtschaftsflächen konnte für die Landesherren, aber auch für Lehnsträger und Beamte im Lande sowie für kirchliche Amtsträger und Einrichtungen nur von Vorteil sein. Sie konnte nur eine Vergrößerung der ihnen zustehenden Besitzungen, Abgaben und Leistungen mit sich bringen.[60] Ebenso konnten die Landesherren von der Schaffung neuer Wirtschaftszentren, also der Anlage von Städten, erhebliche finanzielle Vorteile erwarten.

Darüber hinaus war aber eine wirtschaftliche Stärkung des Landes geradezu eine Notwendigkeit geworden, wenigstens für das Herzogtum Pommern, zu dem die Gebiete an Oder, Uecker und Peene gehörten. Während das Fürstentum Rügen unter der Lehnshoheit der dänischen Krone eine weitgehend ungestörte Entwicklung nehmen konnte[61], war das Herzogtum Pommern in eine bedrohliche außenpolitische Lage geraten. Die Mark Brandenburg, Mecklenburg und Dänemark bedrängten den Westteil Pommerns. Die Dänen griffen Demmin an, und der Dänenkönig gab 1235 das halbe Land Wolgast dem Rügenfürsten als Lehen.[62] An Mecklenburg verlor Pommern das westlich von Demmin gelegene Land Zirzipanien.[63] An die Mark Brandenburg mußten von pommerscher Seite 1236 die Landschaften Stargard, Beseritz und Wustrow, im späteren Mecklenburg-Strelitz gelegen, abgetreten werden. Gleichzeitig wurde vom pommerschen Herzog Wartislaw III. die Lehnshoheit der brandenburgischen Markgrafen über das Herzogtum Pommern-Demmin anerkannt[64], aber damit wenigstens Unterstützung gegen dänische Eingriffe und gegen ein mecklenburgisches Vordringen ins mittlere Peenegebiet gewonnen. Nachdem in der zweiten Hälfte des 12. Jahrhunderts die wendische Bevölkerung in Mecklenburg und Brandenburg durch Kriegszüge stark vermindert worden war und das pommersche Herrschaftsgebiet nach Süden

Deutsche Besiedlung und Christianisierung des vorpommerschen Raums

und Westen hatte ausgeweitet werden können, war anscheinend inzwischen die Kraft Mecklenburgs und der Mark durch Ansiedlung Deutscher in den westlichen Bereichen dieser Territorien erheblich gewachsen.[65] Deshalb war eine bevölkerungsmäßige und damit wirtschaftliche und militärische Stärkung Pommerns dringend notwendig, wenn man nicht gegenüber Mecklenburg und Brandenburg völlig ins Hintertreffen geraten wollte.

Die deutschen Siedlerzüge hatten inzwischen durch die Gebiete Mecklenburgs und der Mark Brandenburg hindurch die Grenzsäume des vorpommerschen Raumes, d.h. des Fürstentums Rügen und des Herzogtums Pommern, erreicht. So kam es in den 1220er und 1230er Jahren auch auf vorpommerschem Boden zur Ansiedlung Deutscher.[66]

Die Siedler brachten entwickeltere Verfahren in der Landwirtschaft und im städtischen Handel mit, so daß die Wirtschaft nicht nur quantitativ, sondern auch qualitativ einen erheblichen Aufschwung nahm.[67] Und da die Siedler Christen waren, kam es zu einer breiten Verwurzelung des Christentums im Lande, die ihren Ausdruck in dem Bau vieler Kirchen fand.[68]

Siedlungsvorgänge seit 1230
Die Besiedlung des Landes erfolgte auf zwei Wegen. Der eine Siedlerstrom bewegte sich im Küstenbereich in östlicher Richtung und hatte seinen Ursprung im niedersächsisch-friesischen und mecklenburgischen Raum. Der andere, südlichere Siedlerstrom bewegte sich zunächst auch in östlicher und dann im Oderbereich in nördlicher Richtung und hatte seinen Ursprung vor allem im magdeburgischen und altmärkischen Raum. Dadurch entstanden zwei Siedlungsbereiche, die eindeutig gekennzeichnet sind. Sie unterscheiden sich durch ihr Stadtrecht. Im Küsten-Peenegebiet wurde das Lübische, im Oder-Uecker-Gebiet das Magedeburger Recht verliehen. Außerdem sind beide Gebiete durch ihre unterschiedliche niederdeutsche Mundart gekennzeichnet. Schließlich weisen auch manche Ortsnamen sowie in mittelalterlichen Urkunden manche Familiennamen, die Herkunftsangaben enthalten, auf die Verschiedenheit der Ursprungsgebiete der Siedler hin.[69]

Wie sich aus den Urkunden ergibt, förderten die Landesherren, d.h. die Rügenfürsten und die Pommernherzöge sehr die Ansiedlung. Auf Grund ihrer Privilegien erfolgte das Herbeirufen und die Ansetzung der Siedler durch Klöster und Adelige[70] sowie in den Städten durch Bürger.

Die mittelalterliche Ansiedlung im vorpommerschen Gebiet stellte somit weniger eine Expansion von deutscher Seite als eine durch die slawischen Landesherren veranlaßte Intraktion dar. Dementsprechend vollzog sich der Siedlungsvorgang in friedlicher Weise. Die Deutschen siedelten im allgemeinen getrennt in eigenen Dörfern oder eigenen Ortsteilen.[71] Es muß aber bald zu einer Verschmelzung der beiden Bevölkerungsgruppen gekommen sein, wobei die slawische Sprache verlorenging. Durch die im 13. Jahrhundert entstandene Siedlungsstruktur ist die heutige im vorpommerschen Raum noch in starkem Maße bestimmt.

[1] Vgl. Martin Wehrmann, Geschichte von Pommern, I. Bd., 2. Aufl. Gotha 1919, S. 57 f.; Hellmuth Heyden, Kirchengeschichte Pommerns, Bd. I, 2. Aufl., Köln 1957, S. 6; Jürgen Petersohn, Der südliche Ostseeraum im kirchlich-politischen Kräftespiel des Reichs, Polens und Dänemarks vom 10. bis 13. Jahrhundert, Köln, Wien 1979, S. 214 f.; Wolfgang Brüske, Untersuchungen zur Geschichte des Lutizenbundes, 2. Aufl., Köln, Wien 1983, S. 94 ff.

[2] Vgl. Wehrmann, Gesch. Pomm. I² (Anm. 1), S. 60-66; Heyden, Kirchengeschichte I² (Anm. 1), S. 8-12; Petersohn, Ostseeraum (Anm. 1), S. 217-219; Brigitte Metz, Zur Lebensgeschichte des Bischofs Otto von Bamberg, S. 34-36, in: Bischof Otto I. von Bamberg, Beginn der Christianisierung des Peenegebiets, hrsg. v. Norbert Buske, Greifswald 1978, S. 21-44

[3] Vgl. Wehrmann, Gesch. Pomm. I², S. 67-72; Heyden, Kirchengeschichte I², S. 14-16; Petersohn, Ostseeraum, S. 219-224; Metz, Lebensgeschichte (Anm. 2), S. 37-39

[4] Vgl. Wehrmann, Gesch. Pomm. I², S. 70 f.; Heyden, Kirchengeschichte I², S. 15; Petersohn, Ostseeraum, S. 223; Metz, Lebensgeschichte, S. 39

[5] Pommersches Urkundenbuch (PUB), Bd. I, 2. Aufl., bearb. v. Klaus Conrad, Köln, Wien 1970 Nr. 30; vgl. Wehrmann, Gesch. Pomm. I² (Anm. 1), S. 74 f.; Heyden, Kirchengeschichte I² (Anm. 1), S. 20 ff.; Petersohn, Ostseeraum (Anm. 1), S. 277 ff.

[6] Vgl. Wehrmann, Gesch. Pomm. I² (Anm. 1), S. 76-78; Heyden, Kirchengeschichte I² (Anm. 1), S. 16 f.; Petersohn, Ostseeraum, (Anm. 1) S. 287 u. 347 f.

[7] PUB I² (Anm. 5) Nr. 43

[8] PUB I² Nr. 48

[9] Vgl. Heyden, Kirchengeschichte I² (Anm. 1), S. 19; Petersohn, Ostseeraum (Anm. 1), S. 441

[10] PUB I² Nr. 52

[11] Vgl. PUB I² Vorbemerkung zu Nr. 53; Petersohn, Ostseeraum (Anm. 1), S. 72

[12] PUB I² Nr. 59

[13] PUB I² Nr. 136; vgl. H. Hoogeweg, Die Stifter und Klöster der Provinz Pommern, Bd. I, Stettin 1924, S. 457 ff.

[14] PUB I² Nr. 60

[15] PUB I² Nr. 61, 70, 111; vgl. Petersohn, Ostseeraum (Anm. 1), S. 312 ff.

[16] PUB I² Nr. 120; vgl. Hoogeweg, Stifter (Anm. 13), Bd. II, 1925, S. 774 f.

[17] PUB I² Nr. 123

[18] PUB I² Nr. 51a, 72, 79, 127, 171

[19] PUB I² Nr. 66

[20] PUB I² Nr. 108

[21] PUB I² Nr. 123

[22] PUB I² Nr. 244

[23] PUB I² Nr. 255

[24] PUB I² Nr. 268

[25] ebenda

[26] PUB I² Nr. 119; außerdem gab es allerdings auch in Hinterpommern, im Besitztum des Klosters Kolbatz, schon im 12. Jh. deutsche Siedlungen: villa Theutunicorum (PUB I² Nr. 63), Schonevelt (PUB I² Nr. 83a).

[27] Das kann außer 1147 auch auf dem Fürstentreffen in Havelberg 1148 geschehen sein; vgl. Petersohn, Ostseeraum (Anm. 1), S. 347 ff.

[28] Vgl. Petersohn, Ostseeraum (Anm. 1), S. 276

[29] Seit dem Tode Boleslaws III. 1138 gab es in der Geschichte eine lehnsmäßige Unterstellung des westlichen bzw. Herzogtums Pommern unter Polen nicht mehr.

[30] Vgl. Petersohn, Ostseeraum (Anm. 1), S. 313 f.

[31] PUB I² Nr. 90; weitere Belege für die Ablehnung des Christentums bei Heyden, Kirchengeschichte I² (Anm.1), S 43 f., und bei W. von Sommerfeld, Geschichte der Germanisierung des Herzogtums Pommern oder Slavien bis zum Ablauf des 13. Jahrhunderts, Leipzig 1896, Staats- und sozialwissenschaftliche Forschungen, Bd. XIII, Heft 5, S. 137 f.

[32] Vgl. Joachim Wächter, Die Entwicklung des Kirchenwesens auf Rügen im 13. Jahrhundert und in der ersten Hälfte des 14. Jahrhunderts, S. 96, in: Bistum Roskilde und Rügen, hrsg. v. Bertil Wiberg, Roskilde 1987, S. 93-106

[33] Vgl. Karl Schmaltz, Kirchengeschichte Mecklenburgs, 1. Bd., Schwerin 1935, S. 78 f. und 85 f.; Manfred Hamann, Mecklenburgische Geschichte, Köln, Graz 1968, S. 148 f.

[34] PUB I² Nr. 41

[35] Der Text der echten Urkunde von 1170 ist wahrscheinlich in der Bestätigung von 1182 wiedergegeben, während die überlieferte Urkunde mit dem Datum 1170 August 16 gefälscht ist, vgl. PUB I² Nr. 54 u. 90

[36] PUB I² Nr. 148

[37] PUB I² Nr. 193

[38] Vgl. PUB I² Vorbemerkung zu Nr. 62

[39] PUB I² Nr. 208

[40] Eine ähnliche Vereinbarung war 1210 zwischen Bischof Dietrich von Lübeck und Herzog Heinrich Borwin I. von Mecklenburg wegen des Kornzehnten der deutschen Siedler auf der Insel Poel geschlossen worden, vgl. Mecklenburgisches Urkundenbuch, I. Bd., Schwerin 1863, Nr. 197, und Sommerfeld, Germanisierung (Anm. 31), S. 137

[41] PUB I² Nr. 277

[42] Vgl. Klaus Conrad, Urkundliche Grundlagen einer Siedlungsgeschichte Pommerns bis 1250, S. 348 f., in Zeitschrift für Ostforschung 31 (1982), S. 337-360

[43] PUB I² Nr. 277

[44] Nach Alexander Greifeld, Die Auswirkungen der mittelalterlichen Ostexpansion in Vorpommern und Rügen unter besonderer Berücksichtigung der Rolle der Zisterzienserklöster Eldena und Neuenkamp, Diss., Greifswald 1967, S. 83 u. 78, waren im Gebiet der Abtei Neuenkamp bis 1242 bereits 14 Dörfer und bis 1273 insgesamt 21 Dörfer angelegt worden.

[45] PUB I² Nr. 307

[46] Vgl. Hellmuth Heyden, Die Kirchen Stralsunds und ihre Geschichte, Berlin 1961, S. 12; Heyden, Kirchengeschichte (Anm. 1), S. 51

[47] PUB I² (Anm. 5) Nr. 308a; vgl. Lieselott Enders, Die Uckermark, Weimar 1992, S. 68 ff., und dieselbe, Prenzlau - Altstadt, Neustadt und seine hochmittelalterlichen Kirchengemeinden, in: Beiträge zur uckermärkischen Kirchengeschichte, 10. Heft, 1984, S. 1-36, dann in: Herbergen der Christenheit 1987/88, S. 9-27

[48] PUB I² Nr. 348

[49] PUB I² Nr. 417

[50] PUB I² Nr. 377

[51] PUB I² Nr. 416

[52] PUB I² Nr. 380 u. 392

[53] PUB I² Nr. 478; vgl. Joachim Wächter, Entstehung der mittelalterlichen Greifswalder Pfarrkirchen, S. 22 f., in: Festschrift zu den 700-Jahrfeiern der Greifswalder Kirchen, Greifswald 1980, S. 19-35; Klaus Conrad, Herzogliche Städtegründungen in Pommern auf geistlichem Boden, S. 45 ff., in: Pommern und Mecklenburg, Beiträge zur mittelalterlichen Städtegeschichte, hrsg. v. Roderich Schmidt, Köln, Wien 1981, S. 43-73

[54] PUB I² Nr. 514

[55] PUB II Nr. 1171

[56] PUB II Nr. 1343

[57] PUB I² Nr. 397

[58] PUB I² Nr. 519a; 1264 wurde das Patronat über die Kartlower Kirche dem Nonnenkloster Verchen zugewiesen, PUB II Nr. 759

[59] PUB II Nr. 698 u. 710

[60] Vgl. Walter Kuhn, Westslawische Landesherren als Organisatoren der mittelalterlichen Ostsiedlung, S. 225 f., in: Die deutsche Ostsiedlung des Mittelalters als Problem der europäischen Geschichte, hrsg. v. Walter Schlesinger, Sigmaringen 1974, S. 225-261

[61] Vgl. Martin Wehrmann, Geschichte der Insel Rügen, 2. Aufl., Greifswald 1923, S. 43 f.

[62] PUB I² Nr. 317; vgl. Wehrmann, Gesch. Pomm. I² (Anm. 1), S. 97 f.; Conrad, Siedlungsgesch. (Anm. 42), S. 358

[63] Vgl. Wehrmann, Gesch. Pomm I² (Anm. 1), S. 97; Hamann, Meckl. Gesch. (Anm. 33), S. 107; Petersohn, Ostseeraum (Anm. 1), S. 74; Conrad, Siedlungsgesch. (Anm. 42), S. 358

[64] PUB I² Nr. 334; vgl. Jürgen Petersohn, Pommerns staatsrechtliches Verhältnis zu den Nachbarmächten im Mittelalter, S. 109 f., in: Die Rolle Schlesiens und Pommerns in der Geschichte der deutsch-polnischen Beziehungen im Mittelalter, Braunschweig 1980, S. 98-115; Conrad, Siedlungsgesch. (Anm. 42), S. 358

[65] Vgl. Wehrmann, Gesch. Pomm. I² (Anm. 1), S. 97

[66] Auf dem Inselteil des Fürstentums Rügen setzte die deutsche Siedlung später ein, vgl. Wehrmann, Gesch. Rügen (Anm. 61), S. 37 u. 72; Hellmuth Heyden, Untersuchungen und Anmerkungen zur Kirchengeschichte der Insel Rügen, S. 217, in: Neue Aufsätze zur Kirchengeschichte Pommerns, Köln, Graz 1965, S. 205-239; Wolfgang H. Fritze, Die Agrar- und Verwaltungsreform auf der Insel Rügen um 1300, S. 144, 151 u. 162, in: Germania Slavica II. Berlin 1981, S. 143-186; Wächter, Kirchenw. Rügen (Anm. 32), S. 98

[67] Vgl. Friedrich Mager, Geschichte des Bauerntums und der Bodenkultur im Lande Mecklenburg, Berlin 1955, S. 56 ff.

[68] Nach Heyden, Untersuchungen (Anm. 66), S. 217 f., könnte sich aber auf lange Sicht die ursprüngliche Ablehnung des Christentums durch den slawischen Bevölkerungsteil beeinträchtigend auf die Kirchlichkeit der gesamten Bevölkerung ausgewirkt und später zu einer

gewissen Unkirchlichkeit im vorpommerschen Raum geführt haben.

[69] Vgl. Robert Holsten, Sprachgrenzen im pommerschen Plattdeutsch, Leipzig 1928, S. 56 ff.; Kuhn, Landesherren (Anm. 60), S. 254

[70] Vgl. Mager, Bauerntum (Anm. 67), S. 28 f.; Kuhn, Landesherren (Anm. 60), S. 225, 232 f. u. 250; Conrad, Siedlungsgesch. (Anm. 42), S. 350-352

[71] Vgl. Mager, Bauerntum (Anm. 67), S. 48

Die Bedeutung von Städten bei der Festigung feudaler Territorialherrschaften am Beispiel des Fürstentums Rügen

von
Heidelore Böcker

3. Demminer Kolloquium zur Geschichte Vorpommerns am 5. Juli 1986
unter dem Tagungsthema: »Von Arkona bis Schoppendamm -
Der vorpommersche Raum vom 10. Jahrhundert bis 1370«

Über viele Jahrhunderte vollzog sich der Fortschritt in der Geschichte des deutschen Volkes im territorialstaatlichen Rahmen. Territorialstaaten waren als politische Organisation der Feudalklassen auch eine Entwicklungsform der Feudalgesellschaft. Grundlagen für eine differenzierte Einschätzung mittelalterlicher Territorien haben Müller-Mertens[1] und Czok[2] gelegt.[3] Zum einstigen Fürstentum Rügen gehörte bekanntlich nicht nur die Insel Rügen, sondern auch das Festland zwischen der Recknitz im Westen, der Trebel bzw. Peene im Süden und dem Ryck im Osten. Unmittelbar benachbarte Territorialgewalten waren die Fürsten bzw. Herzöge von Mecklenburg und die Herzöge von Pommern. Lehnsherr der Fürsten von Rügen war der König von Dänemark. Nach dem Aussterben der Fürsten von Rügen im Jahre 1325 fiel das Fürstentum an die Herzöge von Pommern.

In der Nähe der meisten rügenschen Städte sind noch heute slawische Burgwälle erkennbar und materielle Hinterlassenschaften aus slawischen Dörfern und Siedlungen städtischen Charakters zu vermuten.[4] Archäologische Forschungen, die auf systematischen Grabungen beruhen, stehen jedoch noch aus. Aus Urkunden geht hervor, daß die Fürsten von Rügen an bestimmten Plätzen gegen die Entrichtung einer jährlich an sie zu zahlenden Grundsteuer und Heerfolgepflicht im Bedarfsfalle Feldmarken vergaben, die zunächst meist nicht allzu groß waren, aber auch die Verfügungsgewalt über bereits vorhandene Dörfer umfassen konnten. Sie sicherten zu, daß die Bürger ihrer Städte nach den Rechtsgewohnheiten leben sollten, die sie aus ihren Herkunftsgebieten bzw. Zwischenstationen kannten und bewidmeten sie dementsprechend vornehmlich mit dem lübischen Stadtrecht, während außerhalb der Städte in der Regel Schweriner Landrecht zur Anwendung kam.[5]

Von 1234 an verliehen die Fürsten von Rügen innerhalb von ca. 80 Jahren in ihrem Fürstentum neun städtischen Siedlungen Stadtrecht: zunächst entlang der Küste (Stralsund, Barth, Damgarten), dann weiter im Binnenland (Tribsees, Grimmen, Richtenberg). Die Stadt Loitz kam durch Grenzveränderungen um 1275 hinzu. Als letztem Ort im Territorium wurde Garz auf der Insel Rügen um 1316 Stadtrecht zuerkannt, wo es drei Jahrhunderte lang die einzige Stadt blieb. Schadegard existierte als Stadt nur bis etwa 1269, Rugendal bis um 1313.

Überblicken wir das gesamte Städtenetz, so ist zu vermuten, daß die Fürsten nicht willkürlich deutsches Stadtrecht zugestanden, sondern damit wohl ganz bestimmte wirtschaftliche, politische und administrative Absichten verfolgten. Sie verliehen (wie im Falle von Stralsund[6]) auch unabhängig vom Vorhandensein einer slawischen Siedlung städtischen Charakters Stadtrecht an Orte, die durchschnittlich 20 bis 30 km voneinander entfernt lagen; umgeben von Flüssen, zumindest aber sumpfigem Gelände, waren die meisten durch ihre natürliche Lage geschützt. Acht von zehn Städten befanden sich an Landhandelswegen, sieben zudem an schiffbaren Gewässern.[7]

Welche Motive mögen die Territorialherren zu gezielter Städtepolitik bewogen haben? Das waren wie anderen Orts auch:

- Intensiver Landesausbau durch Nutzung und Ausbau wirtschaftlicher Gegebenheiten und damit Erhöhung eigener Einnahmen: Nachdem sich die reichen rügenschen Heringsfanggründe bereits als eine große Anziehungskraft auf deutsche Einwanderer erwiesen hatten, war Stralsund die erste Ansiedlung, die (1234) von den Fürsten von Rügen Stadtrecht erhielt.[8] Zur Anlage der Städte Tribsees und Richtenberg, evtl. auch Grimmen, trugen möglicherweise Überlegungen der Fürsten bei, die Gewinnung aus hier vermuteten Salzvorkommen zu fördern.[9] Zur Belebung des Handels sicherten die Fürsten ihren Bürgern Zollprivilegien zu.

- Vom Streben nach Absicherung des Territoriums nach außen zeugt, daß vor allem auch die das Territorium punktuell umsäumenden Ortschaften durch Erteilung von Stadtrechten gefördert werden sollten, und zwar Stralsund, Barth, Damgarten, Tribsees und Grimmen. Barth, Tribsees, Grimmen, später dann Loitz mag vorwiegend die Funktion von Grenzfesten zugedacht worden sein. Bei allen vier Städten wurde noch unter den Fürsten von Rügen eine neue Burg errichtet. Hier hielten sich die Fürsten selbst, zumindest aber ihre Landvögte auf. Durch die Vergrößerung ihrer Stadtfeldmark hoben sich dann vor allem Barth, aber auch Tribsees, Grimmen und Loitz allmählich von den anderen Kleinstädten des Fürstentums ab. Der feudale Territorialherr ließ in bezug auf die Gerichtsbarkeit Abkommen zwischen den Städten zu. Er erlaubte außer Stralsund namentlich auch den genannten vier Städten, fürstliche Gewalt vereint abzuwehren. Diese dosierte Vergabe von Vorrechten erhielt ihnen funktionstüchtige Pfeiler ihrer Macht, wirkte sich auf die wirtschaftliche und politische Entwicklung der Städte aber nur bis zu einem gewissen Grade förderlich aus. Immer wieder griffen die Landvögte willkürlich in die Belange dieser Städte ein. Barth war seit Anfang des 14. Jahrhunderts sogar bevorzugter Aufenthaltsort der Fürsten von Rügen und später auch der Herzöge von Pommern selbst, so daß die relativ günstigen verkehrsgeographischen Bedingungen nur unter unmittelbarer Abstimmung mit den politischen und ökonomischen Interessen der feudalen Stadt- und Territorialherren zur wirtschaftlichen Entfaltung der Stadt nutzbar gemacht werden konnten. Damgarten hingegen befand sich unmittelbar an der Grenze zum Herzogtum Mecklenburg. Ursprünglich mag auch diesem Ort die Funktion einer Grenzfeste zugedacht worden sein. Ob Damgarten aber wirklich in der Lage war, dieser Funktion erfolgreich gerecht zu werden, ist fraglich. Die Fürsten förderten die städtische Entwicklung dieses - sich unmittelbar im Schatten der mecklenburgischen Stadt Ribnitz befindlichen - Ortes

nicht sonderlich. Schadegard, eine Stadt, die sich wahrscheinlich in unmittelbarer Nähe von Stralsund befunden hat, gaben die Fürsten sogar wieder auf: 1269 wurde sie zugunsten von Stralsund geschleift. Fritze äußerte die Vermutung, daß es sich bei Schadegard ursprünglich ebenfalls um eine Befestigungsanlage gehandelt haben könnte, die dann aber möglicherweise aus Konkurrenzgründen bei den Stralsundern Argwohn erregte.[10]
- Zur Festigung der Herrschaft über das eigene Territorium war es das Ziel der feudalen Landesherren, funktionstüchtige Verwaltungsmittelpunkte zu schaffen und wirksame Maßnahmen gegen die Kommunebewegung des sich formierenden Städtebürgertums einzuleiten. Alle rügenschen Städte blieben (abgesehen von Richtenberg, das sich auf dem Grundbesitz des Klosters Neuenkamp befand) dem feudalen Territorialherrn direkt unterstellt, waren also sog. Immediatstädte. Die Erhebung von Ein- und Ausfuhrzöllen, damit eine wichtige Einnahmequelle, aber auch die Möglichkeit der Kontrolle städtischer Wirtschaft, behielten die Fürsten von Rügen ihren eigenen Beamten vor. Beredtes Zeugnis für das Ringen zwischen feudalem Territorialherrn und dem sich formierenden Städtebürgertum vor allem Stralsunds war der Werdegang Schadegards, aber auch Rugendals. Es ist anzunehmen, daß die Fürsten diese Stadt gezielt gründeten, um der unbotmäßigen Stadt am Strelasund durch eine Konkurrenzgründung im Südwestteil von Rügen Schaden zuzufügen.[11] Schon Anfang des 14. Jahrhunderts wurde der Grundbesitz von Rugendal jedoch Garz zugesprochen. Von Rugendal ist fortan keine Rede mehr. (Bei Garz befand sich eine alte Burganlage, die die Fürsten allerdings wohl nur selten aufsuchten.) Garz erhielt als einzige nicht das lübische, sondern Schweriner Recht. Handelte es sich um eine gezielte Maßnahme zur besseren Unterordnung der Stadt? Möglich ist aber auch, daß die Gepflogenheiten des Schweriner Rechts nur besser dem zweifelsohne recht ländlichen Charakter dieser Stadt, die ebenso wie das ehemals unmittelbar benachbarte Rugendal abseits aller größeren Land- und Seehandelswege lag, entsprachen.[12]

Zusammenfassend ist festzustellen: Feudale Territorialherren nutzten auch im Fürstentum Rügen ökonomische Voraussetzungen und bauten offenbar zielgerichtet ein Stützpunktsystem ihrer Macht auf. Städte dienten ihnen als Einnahmequellen, Grenzfesten und Gegengewichte gegen einzelne, sich aber dafür um so mehr von ihnen lösende Kommunen. Durch besondere Kontrolle und partielles Entgegenkommen konnten sie sich einige Städte als funktionstüchtige Pfeiler ihrer Macht erhalten.

Entscheidend für die weitere Entwicklung der Städte war jedoch nicht allein der Wille der feudalen Territorialherren. Die Bedeutung der Städte im Siedlungsnetz ergab sich aus der geographischen Lage, ihrer Funktion in der Herrschaftskonzeption des feudalen Territorialherrn, der Entwicklung anderer städtischer Zentren im gleichen bzw. in benachbarten Territorien und schließlich aus dem Zusammenwirken der Kommunen in Städtebünden.

Eine Reihe von Städten, insbesondere auch hier im norddeutschen Raum, verstand es, die Macht von Städtebünden zur Durchsetzung und Verteidigung ihrer Autonomie gegenüber den feudalen Territorialherren wirksam werden zu lassen. Als namentlich Herzog Bogislaw X. in Pommern und Rügen seit den siebziger Jahren des 15. Jahrhunderts Maßnahmen einleitete, die das Verwaltungssystem neu ordneten und ihm durch veränderte Steuerordnungen erhöhte Einnahmen brachten, konnten sich im Bund der Hanse vereinte Städte zumindest partiell dagegen mit Erfolg zur Wehr setzten. Die ohnehin sehr begrenzte Autonomie der Masse der kleineren Städte wurde in dieser Zeit allerdings faktisch entwertet.[13]

[1] Vgl. Eckhard Müller-Mertens, Vom Regnum Teutonicum zum Heiligen Römischen Reich Deutscher Nation. in: ZfG 1963, H. 2, S. 319-346.

[2] Karl Czok, Charakter und Entwicklung des feudalen deutschen Territorialstaates. in ZfG 1973, H. 8, S. 925-949.

[3] Helga Schultz, Zu Inhalt und Begriff marxistischer Regionalgeschichtsforschung. in: ZfG 1985, H. 10, S. 875-887.

[4] Vgl. Die Slawen in Deutschland. Geschichte und Kultur der slawischen Stämme westlich von Oder und Neiße vom 6. bis 12. Jahrhundert, hrsg. v. Joachim Herrmann. Berlin 1985. (= Veröffentlichungen des Zentralinstituts für Alte Geschichte und Archäologie der Akademie der Wissenschaften der DDR, Bd. 14).
Welt der Slawen. Geschichte, Gesellschaft, Kultur, hrsg. v. Joachim Herrmann. Leipzig - Jena - Berlin 1986.
Dieter Warnke, Wieken an der südlichen Ostseeküste. Zur wirtschaftlichen und gesellschaftlichen Rolle der Wieken im mittelalterlichen Feudalstaat. Berlin 1977. (= Schriften zur Ur- und Frühgeschichte, Bd. 31, hrsg. v. d. Akademie der Wissenschaften der DDR, Zentralinstitut für Alte Geschichte und Archäologie).

[5] Ferdinand Fabricius, Über das Schwerinsche Recht in Pommern. in: Hansische Geschichtsblätter, 22. Jg. (1894) S. 3-45.

[6] Konrad Fritze, Frühphasen der Entwicklung Rostocks und Stralsunds. in: Lübecker Schriften zur Archäologie und Kulturgeschichte, hrsg. v. Günter P. Fehring, Bd. 7, Bonn 1983, S. 119-124.

[7] Friedrich Bruns und Hugo Weczerka, Hansische Handelsstraßen. Atlas: Köln/Graz 1962. Textband: Weimar 1968. Registerband: Weimar 1968. (= Quellen und Darstellungen zur hansischen Geschichte, hrsg. v. Hansischen Geschichtsverein, Neue Folge, Bd. 13).

[8] Konrad Fritze, Die Hansestadt Stralsund. Die ersten beiden Jahrhunderte ihrer Geschichte. Schwerin 1961.
Geschichte der Stadt Stralsund, hrsg. v. Herbert Ewe, Weimar 1984.

[9] Vgl. dazu Winfried Schich, Beobachtungen und Überlegungen zur Salzgewinnung in Mecklenburg und Vorpommern in der slawisch-deutschen Übergangsperiode. in: Germania-Slavica II, hrsg. v. Wolfgang H. Fritze, Berlin-West 1981. S. 107 ff. und 114. (= Berliner Historische Studien, Bd. 4).
Urkunden zur Geschichte des Fürstentums Rügen unter den eingeborenen Fürsten, hrsg. v. Carl Gustav Fabricius, Bd. 2, Berlin 1859. S. 12 f., Nr. XXI (1231 Nov. 8).
Sammlung gemeiner ... Landes-Urkunden, hrsg. v. Johann Carl Dähnert. Der Supplementen 1. Bd., Stralsund 1782 (1349 Mai 5).
Vorpommersches Landesarchiv Greifswald, Rep. 38 bU (Grimmen) Nr. 8 (1561 September 1).

[10] Konrad Fritze, Fürsten und Städtegründungen im Ostseeraum. IV. Greifswalder Ostsee-Kolloquium, April 1985, in: Wiss. Zschr. d. Moritz-Arndt-Universität Greifswald, Ges.- wiss. Reihe 36 (1987) 3/4.
Vgl. dazu auch Horst-Dieter Schröder, Schadegard, St Peter-Paul und die Stralsunder Neustadt. Zu einigen Fragen der älteren Stralsunder Stadtgeschichte. in: Greifswald-Stralsunder Jahrbuch, Bd. 4 (1964) S. 45 f.

[11] Konrad Fritze, Fürsten und Städtegründungen.

[12] Das älteste Stadtbuch der Stadt Garz auf der Insel Rügen, bearb. v. Gottlieb von Rosen. Stettin 1885, S. 2 f., Nr. 6 und S. 39, Nr. 124 (1353); vgl. dazu auch ebenda, Einleitung S. II.
Wilhelm Ebel, Lübisches Recht im Ostseeraum. in: Die Stadt des Mittelalters, hrsg. v. Carl Haase, Bd. 2, Darmstadt 1972, S. 267.

[13] Konrad Fritze, Autonomie von Mittel- und Kleinstädten - dargestellt am Beispiel der mittelalterlichen Städte Vorpommerns. in: Autonomie, Wirtschaft und Kultur der Hansestädte, hrsg. v. Konrad Fritze, Eckhard Müller-Mertens und Walter Stark. Weimar 1984. S. 76-83. (= Hansische Studien, Bd. VI, in: Abhandlungen zur Handels- und Sozialgeschichte, Bd. 23).

Der Erste Rügische Erbfolgekrieg - Ursachen, Verlauf und Ergebnisse

von
Horst-Diether Schroeder †

3. Kolloquium zur Geschichte Vorpommerns am 5. Juli 1986 unter dem Tagungsthema: »Von Arkona bis Schoppendamm - Der vorpommersche Raum vom 10. Jahrhundert bis 1370«

Am 8. November 1325 war Wizlaw III., der letzte einheimische Fürst von Rügen, gestorben, und bereits am 1. August 1326 folgte ihm sein Neffe und Erbe Herzog Wartislaw IV. von Pommern-Wolgast ins Grab. Diese beiden Todesfälle wurden Veranlassung zu einem Kriege, der fast zwei Jahre hindurch das pommersche Gebiet nördlich und südlich der Peene in Mitleidenschaft zog und in der norddeutschen Landesgeschichte unter der Bezeichnung »Erster Rügischer Erbfolgekrieg« bekannt ist.
Historische Quellen für die Vorgeschichte des Ersten Rügischen Erbfolgekrieges sind eine Reihe von Urkunden, die vorzugsweise die verschiedenen Vereinbarungen über die Erbfolge im Fürstentum betreffen und die im wesentlichen im Pommerschen Urkundenbuch[1] veröffentlicht worden sind, sowie eine Reihe von Notizen in skandinavischen Annalen.
Für den Verlauf des Krieges liegt eine außerordentlich wichtige und interessante zeitgenössische Quelle vor in der Beschreibung des Ersten Rügischen Erbfolgekrieges durch die Greifswalder Ratsherren, die unmittelbar nach dem siegreichen Ende des Krieges niedergeschrieben wurde und in der historischen Literatur als »Descriptio Gryphiswaldensis« bezeichnet wird. Der Zweck dieser Niederschrift war allerdings weniger eine genaue Darstellung des Kriegsverlaufes als vielmehr der Wunsch, die Leistungen der Stadt Greifswald für die Führung dieses Krieges und die Kosten, die er verursachte, für die Mit- und Nachwelt festzuhalten. Gerade diese Absicht aber ermöglicht einen tiefen Einblick in die damalige Art der Kriegsführung und die Ausgabendeckung hierfür, denn außer den für die einzelnen Aktionen entstandenen Kosten wird in dieser Darstellung auch angegeben, welche Bürger und Zünfte mehr oder weniger große Beträge hierzu beigesteuert haben und welche Anleihen notwendig waren, um die restlichen Schuldsummen zu begleichen. Sie ist daher auch eine wichtige Quelle für die sozialökonomischen Verhältnisse Greifswalds im ersten Drittel des 14. Jahrhunderts.
Diese Beschreibung, selbstverständlich in lateinischer Sprache, ist im Original im Greifswalder Stadtarchiv erhalten, allerdings nicht ganz vollständig, denn von ursprünglich 15 Blatt sind heute nur noch 9 vorhanden, die Lücken können jedoch nach älteren Abschriften ergänzt werden. Diese Quelle ist mehrfach gedruckt, im Mecklenburgischen und im Pommer-

schen Urkundenbuch und in Theodor Pyls »*Greifswalder Genealogien*«[2].

Spätere Darstellungen dieses Krieges sind weniger zuverlässig, so etwa die mecklenburgische Reimchronik des Werner von Kirchberg, die fünfzig Jahre nach diesen Ereignissen aus mecklenburgischer Sicht geschrieben wurde und offenbar eine Reihe von Ereignissen chronologisch durcheinanderbringt, oder die verschiedenen Fassungen von Thomas Kantzows »*Pomerania*«, die erst zwei Jahrhunderte später verfaßt wurden und deren Angaben sich gelegentlich widersprechen.

Bei der Schilderung der Kriegsereignisse ist daher die Darstellung der »*Descriptio Gryphiswaldensis*« zugrunde gelegt worden. Unter der Regierung der letzten rügischen Fürsten umfaßte das von ihnen beherrschte Gebiet im wesentlichen die Wohnsitze des nordwestslawischen Stammes der Ranen: neben der Insel Rügen als Kernland das Gebiet um Stralsund, den Darß, die Länder Pütte, Barth, Tribsees, Grimmen, Gristow und seit etwa 1272 die ehemalige Herrschaft Loitz. Seine Grenzen gegenüber dem Herzogtum Pommern-Wolgast bildete der Ryck, gegenüber der damals noch selbständigen Grafschaft Gützkow eine Linie von der Peene in nordwestlicher Richtung bis etwa an das Klostergebiet von Eldena. Die Gegend um Loitz war der vom rügischen Kernland am weitesten entlegene Besitz der rügischen Fürsten. Die Grenze gegen Mecklenburg bildete das Urstromtal von Recknitz und Trebel, das nur an wenigen Stellen gute Übergangsmöglichkeiten bot.

Das Fürstentum Rügen war seit seiner Eroberung im Jahre 1168 dänisches Lehen: jeder Fürst von Rügen war verpflichtet, bei seinem Regierungsantritt die Belehnung nachzusuchen und dem dänischen König gegebenenfalls Heeresfolge zu leisten.

Seit etwa 1210 waren von Westen her in wachsendem Maße deutsche Bauern in das ranische Festlandsgebiet gekommen und hatten vor allem in den großen Waldgebieten Dörfer zu deutschem Recht angelegt. Eine bedeutende Rolle bei diesem Vorgang spielten die Zisterzienserklöster Neuenkamp und Eldena. Die ranische Urbevölkerung auf dem Festland hatte sich um 1300 wohl zu einem großen Teil den Deutschen assimiliert, während sie auf der Insel, die von der deutschen Besiedlung nicht in gleichem Maße erfaßt worden war, noch die Mehrheit bildete.

Seit 1234 bzw. 1240 hatte sich gegenüber der rügischen Küste am Strelasund sehr schnell die Stadt Stralsund entwickelt und spielte in der damals entstehenden Hanse schon eine bedeutende Rolle; auf Grund ihrer ökonomischen Stärke konnte sie den Landesherrn weitgehend finanziell von sich abhängig machen und ihm gelegentlich sogar Trotz bieten. Wirtschaftliche Grundlage war der Ausfuhrhandel mit einheimischen Erzeugnissen und vor allem der Zwischenhandel, während die anderen, an den ehemaligen Landesmittelpunkten Barth, Grimmen und Tribsees entstandenen Städte im wesentlichen Ackerbaustädte blieben. Loitz hatte bereits sehr früh, 1242, von den Herren von Gadebusch das Lübische Stadtrecht erhalten und war als »*Schlüssel*« zum Fürstentum Rügen von einer gewissen strategischen Bedeutung.

Um 1240/50 hatte das deutsche Lehnswesen im Fürstentum Rügen Eingang gefunden, und der einheimische slawische Adel, soweit er nicht nach Osten ausgewichen war, hatte sich mit der eingewanderten Ritterschaft verbunden und eine weitgehend einheitliche rügische Adelsschicht gebildet, war zu einem erheblichen Teil wohl auch schon germanisiert. Zum mindesten traf das für das

Fürstenhaus zu; der letzte Fürst von Rügen, Wizlaw III., ein Schüler des Stralsunder Magisters Ungelarde, war in seiner Jugend einer der letzten deutschen Minnesänger gewesen, der seine Lieder, teilweise wenigstens, wohl in niederdeutscher Sprache gedichtet hat[3]; aus seiner frühen Regierungszeit stammen auch die ersten Urkunden in niederdeutscher Sprache. Wizlaw III. war ein Sohn Wizlaws II. und der Agnes, einer geborenen Herzogin von Braunschweig-Lüneburg. Nach dem Tode des Vaters 1302 und seines Bruders Sambor im Jahre 1304 war Wizlaw alleiniger Herr des Fürstentums geworden. Seine Schwester Margarete wurde die dritte Gattin Herzog Bogislaws IV. von Pommern-Wolgast und schenkte ihrem Gatten fünf Kinder, von denen die älteste Tochter Eufemia mit Herzog Christoph II. von Halland verheiratet war, der seit 1319 einige Jahre hindurch König von Dänemark wurde. Die zweite Tochter Margarete war mit Nikolaus, Herrn von Rostock, vermählt worden, doch waren beide zur Zeit des Rügischen Erbfolgekrieges bereits verstorben. Das vierte Kind war ein Sohn, der spätere Herzog Wartislaw IV. von Pommern-Wolgast und Erbe seines Onkels Wizlaws III.

Diese genealogischen Angaben mögen uninteressant und überflüssig erscheinen; sie sind es aber nicht, denn Verwandtschaftsverhältnisse spielen im Mittelalter und noch weit in die Neuzeit hinein eine bedeutende Rolle bei Erbfolgefragen und bei dem Übergang eines Landes oder Landesteils an eine andere Dynastie oder an ein anderes Herrschaftsgebiet.

Wizlaw III. war, allerdings erst in höherem Alter, zweimal verheiratet, in erster Ehe mit einer Margarete, deren Herkunft nicht bekannt ist, und in zweiter Ehe mit Agnes, einer geborenen Gräfin von Lindow-Ruppin. Aus beiden Ehen hatte er Kinder: eine Tochter Eufemia war dem schwedischen Prinzen Magnus Birgersson versprochen, doch kam diese Ehe nicht zustande, eine weitere Tochter Agnes wurde 1324 mit dem Grafen Albrecht II. von Anhalt vermählt. Wohl aus der zweiten Ehe Wizlaws stammte sein Sohn Jaromar, der im Mai 1325, ein halbes Jahr vor seinem Vater, noch unmündig, starb. Kurz zuvor war seine spätere Heirat mit einer Tochter Heinrichs II. des Löwen von Mecklenburg vereinbart worden[4].

Schon nach dem Tode von Wizlaws Bruder Sambor im Jahre 1304 mußte man mit der Möglichkeit rechnen, daß mit Wizlaw III., der damals noch nicht oder jedenfalls kinderlos verheiratet war, das Fürstenhaus aussterben und damit das rügische Lehen erledigt sein würde. Aus diesem Grunde schloß der dänische König Erik Menved im Jahre 1310 mit Wizlaw einen Vertrag, nach dem das Fürstentum Rügen nach dem unbeerbten Tode Wizlaws an diesen dänischen König fallen solle. Dagegen versprach Eriks Bruder Herzog Christoph von Halland in einem Bündnisvertrag vom 25. Oktober 1315 Herzog Wartislaw IV. von Pommern-Wolgast, wenn er bei Eintreten des Erbfalles dänischer König sein würde, das erledigte Fürstentum an Wartislaw zu geben. Nach Erik Menveds Tode wurde Christoph 1319 tatsächlich König, und da durch diesen Todesfall der Vertrag von 1310 hinfällig geworden war, schloß Wizlaw III. auch seinerseits einen Erbvertrag mit seinem Neffen Wartislaw.

Nachdem nun am 8. November 1325 Wizlaw III. gestorben war, vollzog sich der Übergang des Fürstentums an den pommerschen Herzog ohne wesentliche Reibungen. Am 6. Dezember 1325 nahm Wartislaw IV. in Stralsund die Huldigung der Bürger entgegen, bestätigte die Privilegien der Stadt und des Landes und erweiterte sie sogar. Das Fürstentum Rügen wurde allerdings nur in Personalunion mit Pommern-Wolgast vereinigt. Es war zu erwarten, daß der Oberlehnsherr Rügens, König Christoph von Dänemark, der mit Wartislaws Schwester Eufemia verheiratet war, nunmehr die Belehnung des Herzogs mit Rügen vornehmen werde. Ehe es jedoch dazu kam, erhob sich in Dänemark ein Aufstand gegen Christoph, der gezwungen wurde, außer Landes zu gehen und Hilfe bei seinen norddeutschen Lehnsleuten zu suchen. In Rostock schloß er am 4. Mai 1326 ein Bündnis mit den Fürsten von Mecklenburg und Werle und versprach diesen als Entgelt für ihre Hilfe die Belehnung mit dem Fürstentum Rügen. Schon Anfang Juni jedoch traf er sich in Barth mit Herzog Wartislaw und belehnte nunmehr diesen auf dem dortigen Kirchhof durch Überreichung der sieben Lehnsfahnen mit dem Fürstentum. Inzwischen war jedoch Christoph in Dänemark formell abgesetzt, der noch minderjährige Sohn des verstorbenen Herzogs von Schleswig als Waldemar III. zum König proklamiert und Graf Gerhard III. von Holstein zu seinem Vormund ernannt worden. Wartislaw, der den geringen Wert einer Belehnung durch den wankelmütigen und nunmehr vertriebenen Christoph erkannt hatte, wandte sich an die neuen Machthaber in Dänemark, schloß am 14. Juli mit ihnen ein Bündnis und verabredete die Eheschließung zwischen seinem ältesten Sohn Bogislaw und des Königs Schwester Heilwig.

Aber noch während die Gesandtschaft in Dänemark weilte, erkrankte Wartislaw IV. und starb am 1. August 1326 in Stralsund. Erben waren seine Kinder, insbesondere sein ältester, damals etwa acht Jahre alter Sohn Bogislaw (V.); die Vormundschaftsregierung in Kopenhagen erkannte ihn sofort an und versprach, ihn gegen alle etwaigen Gegner zu verteidigen. Der abgesetzte ehemalige König Christoph jedoch belehnte am 6. August Heinrich II. von Mecklenburg und die Herren von Werle erneut mit dem Fürstentum Rügen gegen die Zusage kriegerischer Hilfe der Mecklenburger zur Wiedererringung seiner Herrschaft in Dänemark. Dadurch war nunmehr ein Kampf um die Nachfolge im Fürstentum Rügen vorprogrammiert.

Treibende Kraft auf mecklenburgischer Seite war Fürst Heinrich II., der seit 1302 seine in Westmecklenburg gelegene Herrschaft regierte, sich als Feldhauptmann in dänischen Diensten ausgezeichnet und den Beinamen »der Löwe« erworben hatte, von seinem Schwiegervater als brandenburgische Lehen das Land Stargard und weitere märkische Gebiete empfing und 1317 bzw. 1323 als dänisches Lehen das Land Rostock übertragen erhielt. Mit den rügischen Herren waren die Mecklenburger Fürsten mehrfach versippt: Heinrichs II. 1289 ertrunkener Bruder Johann III. war mit Helena, Tochter Wizlaws II. von Rügen, verheiratet gewesen, Nikolaus II. von Werle und Nikolaus und Waldemar von Rostock waren mit diesem Rügenfürsten verschwägert. 1325 faßte Heinrich II. eine Eheschließung seiner Tochter mit Jaromar, dem einzigen Sohne Wizlaws III., ins Auge, und 1328/29, nach dem verlorenen Rügischen Erbfolgekrieg, heiratete er noch kurz vor seinem 1329 erfolgten Tode die Witwe des letzten Rügenfürsten, der als Leibgedinge das Land Tribsees zugesagt worden war. Der Erwerb des unmittelbar seinem Herrschaftsbereich benachbarten Fürstentums Rügen mußte Heinrich aus den verschiedensten Gründen wünschenswert sein, und ob es dabei geblieben wäre, ist fraglich, denn der westlich der Oder gelegene Teil des Herzogtums Pommern-Stettin

Der Erste Rügische Erbfolgekrieg - Ursachen, Verlauf und Ergebnisse

grenzte an seine von Brandenburg erworbenen Gebiete, und sein Erwerb hätte ihn zum mächtigsten Herrn zwischen unterer Oder und Lübecker Bucht gemacht. Die ihm nahe verwandten Herren von Werle spielten nur eine untergeordnete Rolle. Schon gleich nach dem Tode Wizlaws war indessen auch von anderer Seite Anspruch auf das erledigte rügische Lehen erhoben worden: der Bischof von Schwerin berief sich auf eine Urkunde Wizlaws II. aus dem Jahre 1293, in der dieser bekannte, das Land Rügen vom Bischof von Schwerin als Lehen empfangen zu haben, doch ist diese Lehnsanerkennung nie wirksam geworden[5]. Auch die Belehnung des Grafen Berthold von Henneberg mit dem Fürstentum Rügen durch König Ludwig von Bayern im Jahre 1327 blieb ohne Folgen, so daß von diesen Ansprüchen in der folgenden Schilderung abgesehen werden kann.

Auf pommerscher Seite standen die Ritter und Städte des Fürstentums Rügen und des Herzogtums Pommern-Wolgast unter Führung der Städte Stralsund und Greifswald. Auf die reiche und mächtige Stadt Stralsund hatte es Heinrich II., wie aus seinem Vertrag mit Christoph von Dänemark klar hervorgeht, besonders abgesehen, doch die Stadt dachte gar nicht daran, sich die soeben bestätigten und erweiterten Rechte und Privilegien von dem tatkräftigen mecklenburgischen Fürsten entreißen zu lassen, dessen brutales Vorgehen gegen die Seestädte Rostock und Wismar noch in frischer Erinnerung war. Am 15. August 1326 verbanden sich »riddere, knapen vnde ganze menheit des landes to Royen, dat bevloten is mit dem solten water«, mit der Stadt Stralsund dahin, daß sie weder einen Herrn noch einen Vormund ihrer unmündigen Fürsten ohne beiderseitige Einwilligung annehmen wollten.

Für das im Herzogtum Pommern-Wolgast gelegene Greifswald mußte die Vorstellung, auf der anderen Seite des Ryck mecklenburgisches Gebiet zu wissen und jederzeit von dem Wohlwollen oder der Feindschaft des mächtigen Fürsten abhängig zu sein, ebenfalls abschreckend wirken. Die Stadt verband sich daher mit dem benachbarten Stralsund zu einem festen Bündnis. Beide Städte standen von Anfang an ohne Schwanken auf Seiten der herzoglichen Kinder und ihrer Vormünder.

Anders dagegen sah es mit der Ritterschaft aus; auch diese hatte zwar dem verstorbenen Herzog Wartislaw gehuldigt, erlag aber jetzt zum Teil den Lockungen und Versprechungen Heinrichs von Mecklenburg und wandte sich diesem zu. Die Herzöge von Pommern-Stettin, gleichen Stammes mit den herzoglichen Kindern und daher zumindest moralisch zur Hilfe verpflichtet, hielten sich zunächst neutral und sahen ihre eigenen Kämpfe mit der Mark Brandenburg für wichtiger an, versprachen daher sogar den Mecklenburgern, *»ihnen zur Erlangung des Fürstentums Rügen nicht hinderlich zu sein«*, sondern sich ruhig zu verhalten. So konnten sich die pommerschen Städte lediglich auf die Zusagen der dänischen Vormundschaftsregierung auf Hilfeleistung stützen, die aber unsicher blieb, da Graf Gerhard von Holstein nach wie vor in Dänemark selbst in heftige Kämpfe verwickelt war.

Die kriegerischen Auseinandersetzungen begannen im Spätsommer 1326; Ende August oder Anfang September fielen die Mecklenburger in das Gebiet des Fürstentums ein, beschossen Barth und zwangen die Bürger, die Tore der Stadt zu öffnen und Heinrich II. zu huldigen. Auch Grimmen kapitulierte nach kurzer Belagerung vor den Mecklenburgern, die sofort begannen, die Befestigungsanlagen der Stadt zu verstärken. Dann wandte sich das Heer gegen Loitz, und kaum hatte man vor der Stadt ein Lager aufgeschlagen, kamen die einflußreichen Ratsherren heraus und zeigten sich zur Übergabe der Stadt bereit. Die »*Descriptio Gryphiswaldensis*« berichtet:

»*Nachdem sie (die Ratsherren) auf Befehl der Herren wieder in die Stadt zurückgekehrt waren, ließen sie es zu, daß am gleichen Tage bewaffnete Vasallen der Herren zu Fuß mit ihnen zugleich heimlich die Stadt betraten, bis die Zahl der einrückenden die Zahl der einheimischen Vasallen überstieg, die zuvor in die Stadt geflüchtet waren, um diese zusammen mit den Bürgern zu verteidigen. Als die Ratsherren dies nun absichtlich so vorbereitet hatten, riefen sie die Bürger und die erwähnten Vasallen der Herren zusammen und kündigten auf dem Marktplatz der Stadt in einer Bursprake an, daß sie den feindlichen Herren huldigen und den Lehnseid schwören wollten.*«

So geschah es auch. Im Lager der Mecklenburger huldigten auch die Grafen von Gützkow, die Herren von Winterfeld und andere Adlige den Mecklenburgern, während der Ritter Reinfried von Pentz das befestigte Schloß von Loitz mannhaft verteidigte. Um ihn von jeder Zufuhr abzuschneiden, umgaben die Mecklenburger das ganze an der Peene gelegene Burggebiet mit Befestigungen, so daß weder zu Lande noch zu Wasser irgendetwas in die Burg hineingebracht werden konnte. Während eines Waffenstillstandes verlangten die Mecklenburger von den Greifswalder und Demminer Ratsherren, ihnen die Besitzergreifung Rügens - zu dem diese Städte ja nicht gehörten - zu gestatten, wofür sie versprachen, die jungen pommerschen Herzöge in ihrem eigenen Herzogtum nicht zu stören. Die Städte jedoch verwiesen auf ihr Bündnis mit Stralsund, das sie nicht zu brechen gedachten, und wurden daher nun auch offiziell als Feinde der Mecklenburger betrachtet und als solche behandelt.

Da diese Entwicklung vorauszusehen war, hatte Greifswald zusätzlich zu seiner Bürgerschaft 80 Schwer- und 250 Leichtbewaffnete geworben, während die zur Hilfeleistung aufgerufenen östlich der Oder im Herzogtum Wolgast gelegenen Städte diese verweigerten. Anklam und Demmin hatten eine Hilfstruppe in das Schloß Wolgast gelegt; die verwitwete Herzogin mit ihren Kindern, zu denen im November 1326 noch der nachgeborene Wartislaw kam, hatte in Greifswald sichere Zuflucht gefunden.

Im September 1326 war Graf Gerhard von Holstein mit 600 Reitern in Stralsund eingetroffen, nahm als Schirmherr der Stadt und Vormund der herzoglichen Kinder die Huldigung der Bürger entgegen und zog dann nach Loitz, wo er die von den Mecklenburgern errichtete Befestigung eroberte, dann aber ohne Wissen der Städte einen Waffenstillstand bis zum Juni des folgenden Jahres abschloß, obgleich er ohne Schwierigkeiten die Feinde hätte aus dem Lande treiben können. Schon Mitte Oktober kehrte er wieder nach Dänemark zurück, beließ aber die Ritter Friedrich und Walter Post mit 45 Schwerbewaffneten aus Westfalen und Holstein im Lande, deren Unterhalt 47 Wochen hindurch die Greifswalder 1.409 Mark reinen Silbers kostete.

Nach dem Abzug des Holsteiners verlangten die Stettiner Herzöge, mit der Vormundschaft über den jungen Prinzen betraut zu werden; sie äußerten auch ihr Befremden über die Besetzung des Schlosses zu Wolgast durch Bürger der Städte und erreichten es schließlich, daß sie für das Herzogtum Pommern-Wolgast

Der Erste Rügische Erbfolgekrieg - Ursachen, Verlauf und Ergebnisse

als Vormünder der Herzogskinder anerkannt wurden. Am 24. Dezember 1326 versprachen die Herzöge Otto I. und Barnim III., die Rechte aller geistlichen und weltlichen Stände zu sichern und ohne Zustimmung von vier Vasallen und zwei Ratsherren aus jeder Stadt keine entscheidenden Maßnahmen zu ergreifen. Anfang 1327 kehrte die Herzogin mit ihren Kindern nach Wolgast zurück; sie hieß die bisherige Besetzung des Schlosses durch die Bürger gut und übertrug sie nunmehr sechs ihrer Vasallen unter der Oberaufsicht der Städte Greifswald, Anklam und Demmin.

Kurze Zeit später beschlossen unter der Einwirkung der Mecklenburger die Ritter Heinrich d. Ä. von Schwerin auf Spantekow und sein Sohn Ulrich auf Altwigshagen, den jungen Herzog Bogislaw nächtlicherweile zu Schiff aus Wolgast zu entführen. Durch ihre Kundschafter erfuhren die Greifswalder von diesem Plan, schickten 150 Bewaffnete nach Wolgast und brachten Bogislaw mit Zustimmung seiner Mutter nach Greifswald in Sicherheit, wo er ein Jahr lang mit einer Dienerin und zwei Kämmerern bei Propst Konrad in der Domstraße wohnte.

Der von Graf Gerhard vereinbarte Waffenstillstand wurde von den Städten, wenngleich ungern, gehalten; die von ihnen in Sold genommenen Truppen wurden abgelöhnt und Gefangene zurückgekauft, was die Stadt Greifswald insgesamt 2.870 Mark kostete. Die Mecklenburger indessen kehrten sich wenig an die Waffenruhe; von Loitz aus belästigten und beraubten sie die herzoglichen Untertanen und erpreßten Bürger der verbündeten Städte. In der »*Descriptio Gryphiswaldensis*« heißt es dazu: »*Vielmals wurden sie wegen der vorstehend erwähnten Dinge gemahnt, gebeten und freundschaftlich ersucht, sie wollten in keiner Weise davon abstehen und den Schaden wieder gutmachen; und da der Friede derjenigen, die ihn brechen, nicht gehalten zu werden braucht, und damit ihre Frechheit, die schwerster Rache nicht unwert schien, nicht noch gefährlicher erstarke, kamen Herr Reinfried von Pentz, die Ratsherren von Demmin und wir* (d. h. die Greifswalder Ratsherren) *zusammen und beschlossen, die Stadt Loitz mit allen Mitteln und Wegen, die uns möglich waren, zu erobern und sie in die Hand unserer Herren zurückzuführen. Mit göttlicher Hilfe eroberten wir sie am 13. März 1327 und behaupteten sie auch. Nach ihrer Eroberung sandten wir zu ihrem Schutz und um sicherzugehen von uns aus 50 Bewaffnete und 12 Bogenschützen in die Stadt, die auf unsere Kosten bis zum 2. November, als sie zusammen mit der Befestigung dem Ritter Heinrich Maltzahn übergeben wurde, in ihr verblieben. Und somit beliefen sich die Ausgaben mit dem Sold für die Bewaffneten, die Verluste und andere notwendige Aufwendungen im Hinblick auf den Schutz dieser Stadt einzeln berechnet auf 2600 Mark Pfennige.*«

Zum Schutze des Landes Wusterhusen errichteten die Greifswalder an der Ziese bei Neuendorf eine Befestigung, für die sie insgesamt 516 Mark ausgeben mußten.

Noch während der Laufzeit des Waffenstillstandes erbaten die Städte von den dänischen Machthabern Hilfe rechtzeitig vor Ablauf der Waffenruhe. Sie wurde versprochen, aber das Versprechen nicht gehalten. Daher nahmen die Städte den Ritter Friedrich Post mit seinen Leuten in ihre eigenen Dienste und stellten ihm noch 50 Schwerbewaffnete zusätzlich zur Verfügung. Kurz vor Ablauf des Waffenstillstandes hatten die Grafen von Gützkow, Johann von Dotenberg und Johann von Gristow ihren Übertritt auf die pommersche Seite bekundet, doch wandte sich der Gristower später wieder den Mecklenburgern zu.

Im Juli 1327 wurden die Kämpfe wiederaufgenommen. Die Mecklenburger rückten vor Demmin und belagerten und beschossen die Stadt, ohne indessen viel Schaden anzurichten. Auf der Insel Werder, die Eigentum der Stadt war, verbrannten sie die dort gelegenen Dörfer. Am 16. August erschienen die mecklenburgischen Söldner vor der Stadt Greifswald, um deren Mühlen zu verbrennen. Da aber die Greifswalder die Außenbefestigungen besetzt hielten und verteidigten, wandten sich die Angreifer gegen das Land Wusterhusen, umgingen die Befestigungen an der Ziese und verheerten das Land. Die »*Descriptio*« berichtet weiter: »*Als sie vor die Stadt Wolgast kamen, hatten unsere Bewaffneten, die zuvor von Demmin durch Anklam gekommen waren, in Unkenntnis des Geschehens die Stadt Wolgast gerade verlassen. Als sie feststellten, daß die Feinde im Lande waren, kehrten sie in die Stadt zurück und blieben dort zur Verstärkung ihrer Verteidigung.*« Das feindliche Heer zog dann durch das Land diesseits der Peene, plünderte die Dörfer und verbrannte in Schönwalde den Hof des Greifswalder Ratsherren Dietrich Schupplenberg, obgleich die Hauptleute der Herren von Werle für den Schutz dieses Hofes einen beträchtlichen Geldbetrag erhalten hatten.

Am folgenden Tag zog das feindliche Heer zum Schopendamm bei Loitz und errichtete dort eine Befestigung, die Schopenburg, und verwüstete die dortige Gegend. Die Greifswalder wollten dies verhindern, doch scheiterte der Vorsatz an der mangelnden Unterstützung durch die Stralsunder.

Graf Gerhard von Holstein hatte sich trotz wiederholter Bitten der Städte geweigert, weiterhin in die Kämpfe einzugreifen; die Städte hätten den von ihm auf drei Jahre abgeschlossenen Waffenstillstand gebrochen und er sei ihnen daher in keiner Weise verpflichtet. Daher wandten sich die Städte nunmehr an die Stettiner Herzöge, die am 25. September 1327 ihre früheren Zusagen auf Hilfe und Unterstützung wiederholten.

In den ersten Oktobertagen wagten sich die Mecklenburger von Grimmen und Ekberg, der Burg Johanns von Gristow, aus mit ihren Reitern bis in die Nähe von Greifswald und raubten dort vierzig Kühe. 600 Bürger und eine Anzahl schwerbewaffneter Reiter verfolgten die Mecklenburger, die bei Griebenow nach einem schweren Kampf völlig geschlagen wurden. Auch in den folgenden Monaten konnten die Städte in den Ländern Grimmen und Tribsees eine Reihe von Erfolgen erringen. Einige Tage hindurch belagerten sie Barth, wo sich gerade Heinrich II. von Mecklenburg aufhielt. Der zweimalige Versuch, die Burg Ekberg zu nehmen, mißlang allerdings. Dagegen führten zwei Kriegszüge zu Schiff die städtischen Truppen auf den Darß, wo sie die von den Feinden bedrohte Hertesburg entsetzten. Mit den Anklamern zusammen fielen die städtischen Truppen in das Heinrich II. gehörende Land Stargard ein; mehrfach mußten sie auch den von den Mecklenburgern bedrängten Grafen von Gützkow und der Stadt Demmin zu Hilfe eilen.

In Garz auf Rügen saßen die Ritter Teze Stangenberg und Martin Rotermund, Lehnsleute des Grafen Gerhard; da die Stralsunder ihnen nicht trauten, zogen sie mit Unterstützung der Greifswalder vor die dortige Burg, die am 1. November von den beiden Rittern übergeben wurde und in der Folgezeit von Reinfried von Pentz und den Herren von Putbus verteidigt werden sollte. Am gleichen Tage wurde die Verteidigung von Loitz gegen eine Geldsumme und die Verpfändung von Burg, Stadt und Vogtei dem Ritter Heinrich Maltzahn übertragen. Im März 1328 zogen die Greifswalder, unterstützt von Truppen der Städte Anklam und Demmin und des Grafen von Gützkow vor die Schopenburg bei Loitz; die geplante vollständige Einschließung gelang indessen nicht, weil die von Stralsund erbetene Hilfe ausblieb, und so mußten die Truppen nach einiger Zeit wieder abziehen, ohne einen Erfolg errungen zu haben.

Im April 1328 wandte sich Heinrich II. mit seinen Truppen gegen das Herzogtum Stettin und erschien in der Gegend von Altentreptow; da die Stettiner Herzöge wegen ihrer Kämpfe gegen Brandenburg keine Truppen frei hatten, zogen die Grafen von Gützkow, unterstützt von Hilfstruppen aus Demmin und Altentreptow, gegen die Mecklenburger. Bei Völschow in der Nähe von Demmin gerieten die Truppen aneinander und die Mecklenburger wurden völlig geschlagen, Heinrich selbst entkam nur mit knapper Not der Gefangennahme.

In Stralsund schloß am 1. Mai 1328 die Stadt Greifswald mit König Waldemar von Dänemark ein Bündnis auf zehn Jahre; der König verpflichtete sich, mit dem abgesetzten Christoph und den Mecklenburger Herren keinen Waffenstillstand oder Frieden ohne Zustimmung der Greifswalder zu schließen. Man rechnete also noch mit dem Fortgang des Krieges. Doch die Niederlage bei Völschow scheint Heinrich von Mecklenburg endlich zum Friedensschluß geneigt gemacht zu haben, er sah wohl ein, daß der Erwerb Rügens aussichtslos geworden war. Die Verhandlungen zwischen den Gesandten der Städte und der Mecklenburger wurden wochenlang an verschiedenen Orten geführt, u. a. in Lübeck und dem nahegelegenen Dassow. Sie schritten, vor allem durch die Vermittlung Herzog Barnims III. von Pommern-Stettin, so weit fort, daß am 27. Juni 1328 in Broderstorf an der mecklenburgisch-pommerschen Grenze die Friedensurkunde ausgestellt werden konnte. Sie ist recht umfangreich und regelt in niederdeutscher Sprache eine ganze Reihe von Streitpunkten[6].

Das wichtigste Ergebnis war der Verzicht Mecklenburgs auf das Fürstentum Rügen gegen eine Abfindung von 31.000 Mark lötigen Silbers nach Kölnischem Gewicht, die innerhalb von 12 Jahren zu zahlen war. Als Pfand für diese Summe wurden den Mecklenburgern bis dahin die Länder Barth, Grimmen und Tribsees eingeräumt, die an Mecklenburg fallen sollten, wenn das Geld innerhalb der vorgesehenen Zeit nicht gezahlt werden würde. Die Vogteien Loitz, Hertesburg und Stralsund waren sofort zu räumen und den pommerschen Herzögen wieder zu übergeben; das geschah auch. Die verpfändete Vogtei Barth übernahm Herzog Heinrich selbst, die Vogteien Grimmen und Tribsees die Herren von Werle. Die Versorgung der Witwe Wizlaws III., der Tribsees als Leibgedinge verschrieben worden war, wurde kurzerhand dadurch gelöst, daß Herzog Heinrich sie heiratete. Die Ehe dauerte indessen nicht lange, denn Herzog Heinrich starb schon am 21. Januar des folgenden Jahres 1329.

Mit dem Frieden zu Broderstorf war nach fast zweijähriger Dauer der Erste Rügische Erbfolgekrieg beendet worden. Fast drei Jahrzehnte später flammte der Kampf indessen noch einmal auf: die Pommern hatten die vereinbarte Pfandsumme nicht gezahlt, verlangten aber dennoch die Rückgabe der verpfändeten Vogteien.

Von 1351 bis 1354 wurde wieder gekämpft, in der Schlacht am Schopendamm verlor der einzige Sohn des letzten Grafen von Gützkow sein Leben. Der Stralsunder Friede bestätigte im Grunde die Ergebnisse des Ersten Rügischen Erbfolgekrieges: das Fürstentum Rügen blieb bei Pommern.

Die seit 1982 im Verlag der Wissenschaften erscheinende zwölfbändige Deutsche Geschichte erwähnt den Rügischen Erbfolgkrieg mit keinem Wort, und auch die in den letzten eineinhalb Jahrhunderten erschienen pommerschen und mecklenburgischen Landesgeschichten behandeln ihn im allgemeinen verhälnismäßig kurz. Tatsächlich scheint er ja auch nur eine Episode in den von Kämpfen und Kriegen erfüllten Jahrhunderten des Mittelalters gewesen zu sein, ein Kampf von Feudalherren um den Besitz eines vergleichsweise kleinen Ländchens, wie es deren damals so viele gab.

Für das ehemalige Fürstentum Rügen und darüber hinaus für ganz Vorpommern ist der Ausgang dieses Krieges aber von ganz wesentlicher Bedeutung geworden. Hätte Mecklenburg tatsächlich das Fürstentum Rügen in Besitz nehmen können, wäre es sicherlich auf die Dauer bei ihm verblieben, und zumindest dieses Gebiet, wenn nicht noch weitere Teile Vorpommerns, hätten die Geschicke Mecklenburgs geteilt, das durch seine ständische Verfassung bis zum Jahre 1918 das rückständigste unter allen deutschen Ländern gewesen ist. Das Verbleiben bei Pommern hat es vor diesem Schicksal bewahrt.

Von großer Bedeutung wurde der Ausgang der Kämpfe auch für die Städte, insbesondere für Stralsund und Greifswald, vor allem für die in ihnen herrschende Ratsoligarchie. Ihr Selbstbewußtsein war nach zwei siegreich beendeten Kriegen - wenige Jahre vor dem Ausbruch des Rügischen Erbfolgekrieges waren ja erst die jahrelangen Kämpfe gegen den Dänenkönig Erik Menved zu Ende gegangen - ganz außerordentlich gestiegen. In Stralsund wurde bald nach Kriegsende die dem Rat aufgezwungene Gemeindealtermännervertretung wieder abgeschafft. Die zahlreichen Privilegien, die die Stadt erhalten hatte, machten sie vom Landesherren fast unabhängig. Die Verbindung mit Dänemark führte zu erweiterten Privilegien auf dem wichtigen Markt in Schonen. Der Anschluß an Pommern-Wolgast brachte der Stadt Zollvorteile und ein erweitertes Hinterland für den Handel.

Greifswald hatte für diesen Krieg große finanzielle Opfer gebracht: fast 38.000 Mark Pfennige, ein für jene Zeiten sehr hoher Betrag, wurde von den Ratsherren, den Bürgern und Zünften aufgebracht, etwa 5.600 Mark durch Anleihen und Rentenverkäufe gedeckt. Zum Dank für die Unterstützung des herzoglichen Hauses wurde der Stadt die Zahlung der Orbare erlassen.

Jahrhunderte hindurch wurde noch das 1331 zur Erinnerung an die Wiedereroberung von Loitz und den Sieg bei Griebenow gestiftete »Weckenfest« am Freitag nach Michaelis begangen, bei dem den Armen des Heilgeist- und des St. Georg-Hospitals Bier und je zwei Semmeln (»Wecken«) gereicht wurden und alle Ratsherren sich in der Kapelle von Heilgeist zu einer feierlichen Messe zu Ehren des Heiligen Kreuzes versammelten.

Die Kriegsschäden waren wohl bald beseitigt, und die Stadt nahm in den folgenden Jahrzehnten einen Aufschwung, der sich äußerlich durch die Errichtung von Bauten wie etwa des Heilgeisthospitals vor dem Steinbeckertor ausdrückte. Den Herren von Gristow, deren Burg Ekberg

Der Erste Rügische Erbfolgekrieg - Ursachen, Verlauf und Ergebnisse

die Greifswalder im Jahre 1331 eroberten und zerstörten, und den Herren von Dotenberg konnten sie nach und nach fast alle ihre Besitzungen im Lande Gristow abnehmen, so daß das städtische Gebiet nach Norden bis nach Stahlbrode erweitert wurde. Die Abhaltung der wichtigen Hansetage von 1361 und 1362 in Greifswald bestätigte die Bedeutung, die die Stadt in den Jahrzehnten nach dem Rügischen Erbfolgekrieg gewonnen hatte.

[1] Pommersches Urkundenbuch, Band IV, 1301-1310, Band V, 1311-1320, Band VI, 1321-1325, Band VII, 1326-1330, Stettin 1903 ff.

[2] Th. Pyl und R. Schoepplenberg, Die Patrizierfamilie Schoepplenberg in Greifswald. Berlin und Greifswald 1878 (= Pommersche Genealogien, Band III).

[3] O. Knoop, Dichtete Fürst Wizlaw 3. von Rügen in niederdeutscher Sprache? in: Baltische Studien XXXIV, 1884, S. 277-308.

[4] U. Scheil, Zur Genealogie der einheimischen Fürsten von Rügen. 1962 (= Forschungen zur pommerschen Geschichte, Heft 1).

[5] Kl. Wriedt, Die mecklenburgisch-pommerschen Auseinandersetzungen nach dem Aussterben des rügenschen Fürstenhauses. Kiel 1962.

[6] Eine ausführliche Schilderung des Ersten Rügischen Erbfolgekrieges auf der Grundlage der »Descriptio Gryphiswaldensis« mit Auseinandersetzungen zu den Angaben Kirchbergs und Kantzows findet sich in den »Pommerschen Geschichtsdenkmälern« von Kosegarten, Greifswald 1834, S. 178 ff., wo auch S. 218 ff. der Wortlaut des Friedensvertrages mit Erläuterungen abgedruckt ist.

Zur Herausbildung der Sozialdemokratischen Partei in Pommern

von
Werner Lamprecht

4. Demminer Kolloquium zur Geschichte Vorpommerns am 8. Oktober 1986 unter dem Tagungsthema: »Zur Geschichte der Arbeiterbewegung in Vorpommern«

Eine intensive Forschung zu dieser Thematik hat es leider bis heute nicht gegeben. Dabei bergen die Archive unserer Region, insbesondere das Vorpommersche Landesarchiv in Greifswald und das polnische Staatsarchiv in Stettin, zahlreiche Quellen über die Anfänge der Arbeiterbewegung. Wir finden vor allem die polizeilichen Überwachungsprotokolle von Veranstaltungen und Wahlkundgebungen, Mitgliederlisten, Wahlpropagandamaterialien sowie die Ergebnisse der Reichstagswahlen in den einzelnen Wahlbezirken. Eine weitere wichtige Quelle bei der Erforschung der pommerschen Arbeiterbewegung sind die sozialdemokratischen Presseerzeugnisse, insbesondere der »Volksbote - Organ für die arbeitende Bevölkerung Pommerns«. Die Universitätsbibliothek in Greifswald, die Stadtbibliothek in Stettin und auch die Stadtarchive in Greifswald und Stralsund besitzen Teilbestände dieser sozialdemokratischen Zeitung.

An Geschichtspublikationen möchte ich vor allem die 1893 in Stettin erschienene Arbeit von Fritz Herbert »Die Sozialdemokratie in Pommern - eine geschichtliche Darstellung der Entwicklung der sozialdemokratischen Bewegung 1865-1892« sowie die von Wilhelm Matull geschriebene Publikation »Ostdeutschlands Arbeiterbewegung - Abriß einer Geschichte, Leistung und Opfer«, Würzburg 1973, nennen. Ein Kapitel dieses Buches ist der pommerschen Arbeiterbewegung gewidmet.

Mit der Entwicklung des Kapitalismus und der Entstehung des Proletariats erreichte der Kampf gegen Not, Armut und Unterdrückung für die Umgestaltung der bestehenden politischen und ökonomischen Machtverhältnisse eine neue Qualität. Der Bund der Kommunisten und das von Karl Marx und Friedrich Engels geschriebenen Manifest der Kommunistischen Partei schufen Voraussetzungen zur Organinisierung der Arbeiter und aller sozialistisch Denkenden. In Pommern gehörten Stettin und der Kreis Randow - zu ihm gehörten die Ortschaften des Umlandes von Stettin - zum Zentrum der sich herausbildenden Arbeiterbewegung. Hier kam es 1847 und 1848 zu Tumulten.[1] Hier bildeten sich die ersten Arbeiter- und Gesellenvereine sowie Gewerke heraus. Im März 1849 gab das Bezirkskomitee der Arbeiterverbrüderung Stettin ein »Allgemeines Arbeiterblatt als Organ der Ausschüsse Gesellenbruderschaften und Correspondenzblatt pommerscher Arbeiter« heraus, welches jedoch bald verboten wurde.[2]

141

Die Herausbildung selbständiger Arbeitervereine und einer sozialistischen Arbeiterpartei gestaltete sich in Pommern wegen der ökonomischen Rückständigkeit zu einem langwierigen Prozeß. Über die politische und gewerkschaftliche Organisiertheit der Arbeiter in Vorpommern ist wenig bekannt. In den Jahren 1848/1849 waren auch hier Arbeitervereine entstanden, die sich für eine Verbesserung der sozialen Lage ihrer Mitglieder und Arbeitskollegen einsetzten. So hatten sich zu dieser Zeit auch in Greifswald Gesellen und Arbeiter zu Gewerken zusammengeschlossen, eine Organisationsform, die gewerkschaftlichen Charakter trug. Vertreter dieser Greifswalder Gewerke nahmen auch am Arbeiterkongreß im August und September 1848 unter Stefan Born in Berlin teil. Mit ihm auch 21 weitere Komitees und Gewerke bzw. Arbeitervereine aus Pommern.[3]

Als im Juni 1863 in Frankfurt/Main von Ferdinand Lassalle der Allgemeine Deutsche Arbeiterverein (ADAV) gegründet wurde, war auch ein Vertreter vom Stettiner Arbeiterverein anwesend. Er vertrat dort 250 Mitglieder seines Vereins.[4]

1869 hielten Mitglieder des ADAV in Stettin ihre erste öffentliche Versammlung ab. Eine Mitgliedergruppe wurde gebildet, die wenig später bereits 800 Mitglieder zählte.[5] Doch diese für Stettin hohe Mitgliederzahl konnte nicht gehalten werden. Der Einfluß des ADAV in Stettin ging zurück. Neben den Mitgliedern des ADAV begannen auch die Vertreter der 1869 gebildeten Sozialdemokratischen Arbeiterpartei (Eisenacher) mit ihrer Agitation in Stettin und in Pommern. Beide Arbeiterorganisationen wurden durch Versammlungensverbote oder -auflösungen seitens der staatlichen Machtorgane in ihrer Arbeit behindert. Statt gemeinsam zu wirken, bekämpften sie sich in ihrer Agitation. Es waren vor allem junge, unverheiratete Handwerksgesellen, die die Agitationsarbeit in den pommerschen Städten leisteten. Die Dauer einer solchen Agitationsreise war auch am Finden einer Arbeitsstelle für den Agitator gebunden. War mit der Arbeit der Lebensunterhalt gesichert, konnte abends die Agitationsarbeit geleistet werden.

Bemühungen des ADAV, in Vorpommern Fuß zu fassen, hatte es Ende der 60er Jahre gegeben. In Stralsund sollen 18 und in Greifswald 8 Mitglieder diesem Verein angehört haben. 1869 wurden auch Mitglieder in Barth, Demmin und Ducherow und 1871 auch in Anklam und Grimmen registriert.

Mit der Vereinigung des Allgemeinen Deutschen Arbeitervereins und der Sozialdemokratischen Arbeiterpartei 1875 in Gotha entstand die Sozialistische Arbeiterpartei Deutschlands. Mit der Bildung dieser nun vereinigten Arbeiterpartei waren auch für die pommerschen Mitglieder neue, bessere Möglichkeiten der Organisation und politischen Arbeit ermöglicht worden.

In Stettin tagte 1876 die erste Bezirkskonferenz der Sozialistischen Arbeiterpartei Deutschlands. Elf Delegierte aus den Städten Stettin und Grabow sowie aus den Gemeinden Bredow, Züllchow, Frauendorf und Pommerensdorf berieten über die Aufgaben ihrer Partei. Initiator der Tagung war Gregor Zielkowsky, der Verdienste an der Entwicklung des ADAV in Stettin und Pommern hatte und zeitweilig auch dem Zentralvorstand des ADAV angehört hatte. Die Teilnehmer dieser Bezirkskonferenz beschlossen die Herausgabe einer Zeitung unter dem Titel »*Stettiner freie Zeitung*«. Gregor Zielkowsky übernahm die Redaktion. Die Mitglieder der Sozialistischen Arbeiterpartei Deutschlands in Stettin waren sich, wenige Jahre nach der Vereinigung der Arbeiterparteien, noch nicht des notwendigen einheitlichen Handelns bewußt. Meinungsverschiedenheiten mit Gregor Zielkowsky führten zur Herausgabe einer zweiten Zeitung unter dem Namen »*Stettiner freie Presse*«. Beide Zeitungen mußten nach kurzer Zeit ihr Erscheinen einstellen.[6] Gregor Zielkowsky verließ kurze Zeit danach auch die Partei und gründete in Stettin eine Gruppe der Christlichen Sozialen Arbeiterpartei, die 1878 in Berlin vom Hofprediger Stöcker begründet worden war.

Das am 21. Oktober 1878 in Kraft getretene »*Gesetz gegen die gemeingefährlichen Bestrebungen der Sozialdemokratie*« - kurz Sozialistengesetz genannt - behinderte zunächst die sozialdemokratische Bewegung in Pommern. 1882 nahm der damals 22jährige Buchdrucker Fritz Herbert seinen Wohnsitz in Stettin. Während seiner Wanderjahre durch Deutschland, Österreich und die Schweiz hatte er sich der sozialdemokratischen Bewegung angeschlossen. Von ihm ging in Stettin die Anregung aus, erneut eine Zeitung für die sozialdemokratischen Mitglieder und Wähler zu gründen, die vor allem als Bindeglied der Gleichgesinnten dienen sollte. Am 5. Juli 1885 erschien die erste Ausgabe der neuen pommerschen Arbeiterzeitung »*Volksbote*«. Zunächst wurde sie als Wochenzeitung herausgegeben. Doch das Interesse der Leser war so groß, das sie bald zweimal und dann dreimal in der Woche erschien und sich zu einer vielgelesenen Tageszeitung in Pommern entwickelte.[7] Der Volksbote erschien bis Frühjahr 1933. Er mußte aufgrund des Verbotes der Nationalsozialisten sein Erscheinen einstellen.

Bereits in der ersten Ausgabe formulierte diese Arbeiterzeitung ihre politischen und sozialen Forderungen. So u.a.:

- Die Gleichheit der Staatsbürger vor dem Gesetz;
- die Einstellung aller Ausnahmegesetze;
- das gleiche, direkte und geheime Wahlrecht aller Bürger für alle Körperschaften;
- 10 Stunden Normalarbeitstag;
- Aufhebung der Kinderarbeit;
- Abschaffung der Sonntagsarbeit;
- Einführung eines Mindestlohnes;
- eine Altersversorgung für die Arbeiter wie für die Beamten.[8]

Im Geleitwort der ersten Ausgabe heißt es: »*Wir stehen nicht im Dienst irgendeiner politischen Partei. Unser Blatt soll ein Organ für diejenigen werden, denen die Spalten der Presse bisher verschlossen waren und wir hegen deshalb die Hoffnung, daß die Arbeiter für weitere Verbreitung sorgen und uns in jeder Hinsicht unterstützen werden. Um ein vollständiges Blatt für die Arbeiter zu sein, werden die Stellengesuche gratis angenommen.*«[9]

Fritz Herbert war die Seele der Zeitung. Er war ihr Herausgeber und zugleich Autor, Redakteur, Drucker und Expedient. Fritz Herbert und seine Kampfgefährten konnten nun ihre Anschauungen in Wort und Schrift in den Orten der Provinz Pommern propagieren. Als im Januar 1887 der Reichstag aufgelöst und Neuwahlen für den 21. Februar 1887 festgelegt worden waren, führten die Sozialdemokraten den Wahlkampf unter der Losung »*Diesem System keinen Mann und keinen Groschen*«.[10] Die Stettiner Sozialdemokraten stellten Fritz Herbert als ihren Reichstagskandidaten auf. Er sprach am 7. Februar 1887 auf einer von etwa 4.000 Teilnehmern besuchten Wahlveranstaltung in Stettin-Grünhof zur Militärfrage. In einem Bericht der Polizeidirektion heißt es: »*Der Standpunkt der Arbeiterpartei zur Militärfrage, wir wollen keine Verstärkung sondern eine Verminde-*

rung des Heeres, wir wollen ein Volksheer. Darauf sprach Herbert über den Kandidaten der Freisinnigen Partei Broemel. Dieser wäre auch nicht der Mann für die Arbeiterpartei. In den kommenden Reichstagswahlen müssen Männer gewählt werden, welche die soziale Frage erledigen, 'wir' sagte er wörtlich, 'wollen eine Lösung der sozialen Frage nach demokratischen Grundsätzen'.« In diesem Satz aus dem Munde des hervorragenden Sozialdemokraten in dieser Versammlung erblickte der Polizeikommissar Schmidt eine sozialdemokratische resp. sozialistische, auf den Umsturz der bestehenden Staats- und Gesellschaftsordnung gerichtete Bestrebung und löste demgemäß die Versammlung auf.[11] Es kam zu tumultartigen Auseinandersetzungen. Eine eingreifende Militärpatrouille verletzte durch Gewehrschüsse den Arbeiter August Carl Ferger so schwer, daß er auf dem Weg zum Krankenhaus verstarb. Diese sozialdemokratische Wahlveranstaltung zog die Verhängung des Kleinen Belagerungszustandes am 14. Februar 1887 über Stettin, Grabow und Altdamm sowie über die Amtsbezirke Bredow, Finkenwalde, Scheune und Warsow nach sich. Begründung: »*Hier habe sich die sozialdemokratische Agitation in gefährlicher Weise verstärkt.*«[12]
52 Sozialdemokraten aus Stettin und Umgebung wurden ausgewiesen.[13] Zu ihnen gehörte auch Fritz Herbert. Er erhielt seine Ausweisung am Tage der Reichstagswahl zugestellt. Im Ausweisungsverzeichnis ist zu seiner Person vermerkt: »*Herbert, Buchdrucker, ev., led., Besitzer einer Buchdruckerei, Redakteur und Verleger der Zeitung Stettiner Volksbote, Ohne Barvermögen.*«[14]
Bei den Reichstagswahlen am 21. Februar 1887 konnten die Sozialdemokraten in Stettin ihre Stimmen von 1.139 (1884) auf 4.274 Stimmen (1887) erhöhen.[15] Nun wurde der Volksbote in Stargard gedruckt und in Stettin und anderen Orten der Provinz verbreitet. Im Gebiet des Kleinen Belagerungszustandes illegal.
Im Herbst 1887 nahm Fritz Herbert als Vertreter der pommerschen Sozialdemokraten am Parteitag in St. Gallen in der Schweiz teil. Unter den Teilnehmern befanden sich solche Parteifunktionäre wie August Bebel, Eduard Bernstein, Wilhelm Liebknecht, Paul Singer u. a.[16] Zu den Reichstagswahlen im Februar 1890 stellten die Sozialdemokraten in Stettin wiederum Fritz Herbert als ihren Kandidaten auf. Er, der wegen seiner umfangreichen Arbeit im Volksboten in mehreren Presseprozessen zu 3 Monaten Gefängnis verurteilt worden war, wurde gerade in der Wahlkampfzeit von den kaiserlichen Polizeibehörden inhaftiert. Doch der von den Herrschenden erhoffte Erfolg blieb aus. Fritz Herbert erhielt bei der Wahl die höchste Stimmenzahl aller Kandidaten (7.759) unterlag jedoch bei der Stichwahl dem Freisinnigen Kandidaten, der 9.946 Stimmen erhielt, während für ihn nur 8.468 Wähler votierten.[17]
Für das Gebiet Stettin und Umgebung wurde bereits im Herbst 1889 der Kleine Belagerungszustand aufgehoben.[18] Ein Jahr später fiel das Sozialistengesetz. Die Arbeiterbewegung hatte einen entscheidenden Sieg errungen.
Mit der Rückkehr Fritz Herberts nach Stettin wurde auch der Volksbote in Stettin wieder herausgegeben. Für Fritz Herbert und seine Genossen eine Zeit höchster Anstrengungen: Erweiterung des Blattes, Erhöhung der Auflage und Verbreitung weiterer Presseerzeugnisse der Sozialdemokraten in Pommern. Aber Fritz Herbert ist nicht nur Zeitungsmann seiner Partei, als Agitator ist er in der ganzen Provinz zu finden. So konnten die Wolgaster Sozialdemokraten auf ihrer ersten öffentli-

chen Versammlung im Jahre 1890 in einem Garten in der Bahnhofstraße Fritz Herbert als Redner begrüßen.[19] Am 14. Februar 1891 sprach er auf einer öffentlichen Veranstaltung der Partei in Stralsund über die Ziele der Sozialdemokratie. Auf dieser Versammlung - vermutlich beeinflußt von Fritz Herbert - wurde angeregt, in Stralsund eine Arbeiterzeitung herauszugeben. Die erste Nummer dieser neuen Zeitung »*Stralsunder Volksstimme*« erschien am 27. März 1891.[20]
Auch auf dem zweiten Parteitag der pommerschen Sozialdemokraten - er fand am 28. Juni 1891 in Stettin statt - befaßten sich die 40 Delegierten aus Stettin, Grabow, Bredow, Züllchow, Nemitz, Stolzenhagen, Podejuch, Greifenhagen, Gartz, Pasewalk, Jatznick, Torgelow, Wolgast, Stralsund, Stargard, Pyritz und Köslin mit Problemen der Agitations- und Pressearbeit.
Schwerpunkte des dritten pommerschen Parteitages am 27. Dezember 1892 in Grabow bei Stettin bildeten die Reichstagswahlen 1893 und wiederum die Pressearbeit. Die 40 Vertreter aus 20 Orten[21] nominierten Fritz Herbert als Reichstagskandidaten für den Wahlbezirk Stettin und bestätigten ihn als Verlagsleiter des Volksboten.[22] Der Parteitag konstatierte, daß die sozialdemokratische Bewegung nach dem Fall des Sozialistengesetzes auch in Pommern ihren Einfluß ausbauen konnte und in allen Wahlkreisen organisatorisch verankert war. Fritz Herbert und seine Stettiner Parteifreunde gestalteten die Reichstagswahlen im Sommer 1893 zu einem vollen Erfolg. Wieder erhielten im Wahlkreis Stettin Fritz Herbert und der Kandidat der Freisinnigen Vereinigung Broemel mit Abstand die meisten Stimmen. Erneut machte sich zwischen beiden eine Stichwahl erforderlich. Das Stichwahlergebnis zeigte den Einfluß Fritz Herberts und der sozialdemokratischen Partei. Für Fritz Herbert stimmten 9.351 Wähler. Broemel erhielt 5.896 Stimmen.[23] Das war ein Sieg der Partei Bebels und Liebknechts in Pommern. Erstmalig zog ein von der pommerschen sozialdemokratischen Wählerschaft nominierter Kandidat in das höchste Parlament ein. Für Fritz Herbert eine Anerkennung für sein unermüdliches Wirken.

[1] Vorpommersches Landesarchiv (VpLA) Greifswald, Rep. 72, Nr. 116, 172-175, 203-208.

[2] W. Matull, Ostdeutschlands Arbeiterbewegung - Abriß ihrer Geschichte, Leistung und Opfer. Würzburg 1973, S. 235.

[3] Ebenda.

[4] F. Herbert, Die Sozialdemokratie in Pommern ... Stettin 1893, S. 3 f.

[5] W. Matull, S. 236.

[6] F. Herbert, S. 6 f.

[7] Ebenda, S. 8.

[8] Volksbote, Nr. 1 vom 5. 7. 1885.

[9] Ebenda.

[10] H. Thümmler, Sozialistengesetz § 28. Berlin 1979, S. 197.

[11] Archiwum Pánstwowe Szczecin (APSz), Oberpräsidium Nr. 3171, Bl. 105 f.

[12] H. Thümmler, S. 109.

[13] Ebenda, S. 246 ff.

[14] Ebenda, S. 246.

[15] Ebenda, S. 110.

[16] D. Fricke, Handbuch zur Geschichte der deutschen Arbeiterbewegung 1869 bis 1917. Berlin 1987, Bd. I, S. 116.

[17] F. Herbert, S. 12.

[18] H. Thümmler, S. 113 f.

[19] H. Maur, Zur Geschichte der Arbeiterbewegung des Kreises Wolgast von den Anfängen bis zu den Wahlen zur Nationalversammlung. Wolgast 1960, S. 6.

[20] K. H. Jahnke, Aus den ersten Jahren der Tätigkeit der Sozialdemokratischen Partei Deutschlands in Stralsund, In: Greifswald-Stralsunder Jahrbuch. Bd. I, 1961, S. 78.

[21] Folgende Orte waren vertreten: Stettin, Grabow, Züllchow, Nemitz, Stolzenhagen, Podejuch, Greifenhagen, Pasewalk, Anklam, Wolgast, Stralsund, Swinemünde, Stargard, Pyritz, Köslin, Kolberg, Kammin, Stolp und Lauenburg.

[22] F. Herbert, S. 14 f.

[23] VpLA Greifswald, Rep. 60, Nr. 33.

Zur Entstehung der KPD in Pommern 1914 bis 1920

von
Gerhard Janitz

4. Demminer Kolloquium zur Geschichte Vorpommerns am 8. Oktober 1986
unter dem Tagungsthema: »Zur Geschichte der Arbeiterbewegung in Vorpommern«

Vor dem ersten Weltkrieg gab es wie in vielen deutschen Städten so auch in Stettin unter den jungen Arbeitern eine linke Gruppierung, die, vom engagierten Auftreten Karl Liebknechts gegen den Krieg begeistert, Anhänger seiner Ideen wurden. Sie knüpften Verbindungen zu Berliner Jungarbeitern und tauschten Gedanken und Erfahrungen über politische Gedanken und Aktionen aus. Bei Ausbruch des Krieges wurden viele der männlichen Jugendlichen eingezogen, nur die Jüngsten blieben zu Hause und hielten die Verbindungen, später auch zur Gruppe »Internationale« in Berlin.[1]
Im März 1915 fand in Bern eine internationale sozialistische Frauenkonferenz statt, die über internationale Friedensaktionen beriet. Die Materialien dieser Konferenz sowie die Zeitschriften »Die Internationale« und »Arbeiterpolitik« erhielten die jungen Stettiner Linken auf illegalen Wegen, wie auch Flugblätter für Soldaten mit dem Titel »Kameraden wacht auf!«. In der Jugendgruppe wurden verstärkt Fragen nach Ursachen und Berechtigung von Kriegen diskutiert, und es entstand der Wille, offen gegen Kriege aufzutreten.[2]
Die Aktivitäten der Stettiner Linken mit Unterstützung der Berliner Spartakusgruppe trug dazu bei, daß im ersten Halbjahr 1916 Protestaktionen gegen den Krieg stattfanden, die vom Bezirkssekretär der SPD August Horn organisiert wurden.[3] Da er dies gegen den Willen des Stettiner Parteivorstandes tat, wurde er von seiner Funktion entbunden.
Die Unzufriedenheit vieler Mitglieder der SPD über die Politik ihrer Partei zur weiteren Unterstützung des Krieges drückte sich in der Gründung der USPD aus. In Stettin war August Horn maßgeblich an der Gründung der USPD beteiligt, zusammen mit Herta Geffke, die als Angestellte für die Kriegsfürsorge arbeitete und zu den Spartakusanhängern gehörte. Sie sorgte künftig dafür, daß das Bremer Mitteilungsblatt der USPD und Flugschriften der Spartakusgruppe per Eilpost an Frontsoldaten aus Stettin gesandt wurden.[4]
Unter dem Einfluß der russischen Februarrevolution und der Großen Sozialistischen Oktoberrevolution nahm die politische Aktivität in der Stettiner Arbeiterschaft beträchtlich zu. In den Tagen der Novemberrevolution in Deutschland bildeten sich auch in Stettin Arbeiter- und Soldatenräte, in denen Herta Geffke und der Frontsoldat Hans Strecker mitarbeiteten. Als Soldat hatte er Kontakte zu russischen

Teilnehmern an der Oktoberrevolution aufgenommen, als Verwundeter besuchte ihn im Lazarett in Charkow der Vorsitzende der dortigen Eisenbahnergewerkschaft, an deren Streikversammlungen Hans Strecker teilgenommen hatte. Nach Stettin zurückgekehrt, schloß er sich den dortigen Spartakusanhängern an, denen seine Erfahrungen aus der illegalen Arbeit an der Front und seine organisatorischen Fähigkeiten sehr nützlich wurden.[5]

Am 18. und 19. Dezember 1918 kam es laut Aussage von Hans Strecker in der Wohnung von Maria Wagner, Stettin, Bogislaw-Straße 17, zu einer Zusammenkunft, an der Maria und Richard Wagner, Herta Geffke, Gustav Bartelt, Willi Siefke, Reinhold Eschner und Hans Strecker teilnahmen und die Stettiner Spartakusgruppe gründeten sowie Hans Strecker zu ihrem Vorsitzenden wählten. Sie beauftragten ihn und Maria Wagner, als Delegierte an der Reichskonferenz des Spartakusbundes am 29. Dezember 1918 teilzunehmen. Zu dieser Reichskonferenz im Festsaal des Berliner Abgeordnetenhauses versammelten sich 83 Delegierte aus 46 Orten, berieten die Gründung einer eigenen Partei und konstituierten sich am 30. Dezember als Gründungsparteitag der Kommunistischen Partei Deutschlands, der bis zum 1. Januar 1919 tagte.[6] Seine Beschlüsse sollten überall in Deutschland verbreitet werden, um der KPD landesweiten Einfluß zu verschaffen. So entstanden unter äußerst komplizierten politischen Bedingungen Anfang 1919 die ersten Ortsgruppen der KPD zunächst in solchen Orten, in denen es bereits Gruppen des Spartakusbundes oder der Linksradikalen gegeben hatte, wozu auch Stettin gehörte.

Trotz gewalttätiger Störversuche reaktionärer Matrosen wurde Mitte Januar 1919 die Stettiner Ortsgruppe der KPD gegründet. Zu ihr gehörten: Hans Strecker, Arbeiter in den Stoewerwerken; Walter Krüger, Betriebsrat der Oderwerke; Gustav Bartelt, Nüske & Co.; Otto Haase, Munitionsfabrik Torney; Wartenberg, Kraftverkehr Pommern; Hermann Zimmermann, Podejuch; Ernst Rummel, Arbeiter der Werft »Vulkan«; Willi Siefke, Matrose; Gustav Marks, Malergewerkschaft; Reinhold Eschner, Stadtverwaltung.[7]

Im Frühjahr 1919 kam Karl Schulz im Auftrag der Reichszentrale der KPD nach Stettin. Er wurde Bezirkssekrtär für Pommern und hatte die Aufgabe, die Bildung kommunistischer Ortsgruppen zu unterstützen. In einem vertraulichen Bericht des Polizeipräsidenten an den Oberpräsidenten vom Oktober 1919 heißt es, daß die Stettiner KPD-Ortsgruppe auf etwa 1.500 eingeschriebene Mitglieder angewachsen sei und in der Provinz Pommern bisher acht Ortsgruppen in Stärke von insgesamt 550 Mitgliedern bestehen.[8] Die mitgliederstärkste Ortsgruppe bestand mit ca. 150 Mitgliedern in Muglitz bei Putbus auf Rügen.

An der Gründung der Ortsgruppen hatte Karl Schulz maßgeblichen Anteil. So führte er auch die Gründungsversammlungen der KPD in Demmin am 17. September, in Stralsund am 18. September, in Greifswald am 9. Oktober und in Torgelow am 23. Dezember 1919 durch. In Wolgast und Anklam erfolgte die Gründung der KPD-Ortsgruppen im Oktober 1919.[9] Damit entwickelte sich auch in Pommern eine neue politische Kraft, die vor allem für die soziale Gerechtigkeit und demokratische Rechte eintrat.

Als sich die wirtschaftliche Situation der pommerschen Bevölkerung im ersten Halbjahr 1919 weiter verschlechterte, standen die Kommunisten immer häufiger an der Spitze von Demonstrationen für die Ausgabe von Lebensmitteln an die

Zur Entstehung der KPD in Pommern 1914 bis 1920

hungernde Bevölkerung in Swinemünde, Ueckermünde, Wolgast, Demmin, Jarmen und Anklam. Ähnliches geschah im Julistreik 1919, in dem es vorwiegend um die Verbesserung der sozialen Situation der pommerschen Landarbeiter ging. In der SPD-Zeitung »*Volks-Bote*« hatte sich ein Landarbeiter dazu geäußert: »*Es ist geradezu unerhört, daß die Herren heute noch wagen können, einen Tageslohn von 3,50 Mark zu bieten, ohne jegliche sonstige Vergünstigung. Der pommersche Tagelöhner front wieder wie früher weiter, gekrümmten Rückens und gesenkten Blickes. Wir sind, weil wir hier die Gewerkschaft nicht kennen, weiter den Herren auf Gnade und Ungnade ausgeliefert.*«[10] Der Streik hatte Tarifverhandlungen zur Folge, in denen für die Landarbeiter in der Erntezeit die Arbeitszeitverringerung (auf 10 Stunden) und die Bezahlung von Überstunden festgeschrieben wurde.[11]

Am 13. März 1920 besetzte die Marinebrigade Ehrhardt das Regierungsviertel in Berlin, die Regierung wurde abgesetzt. In Pommern wurde im Zuge des Kapp-Putsches eine offene Militärdiktatur errichtet. SPD, USPD und KPD beschlossen den Generalstreik. Nur diese zumindest anfängliche Entschlossenheit und das energische Handeln der Arbeiterschaft rettete damals in Deutschland die Demokratie.[12]

Vor allem die KPD und die Linken in der USPD bewirkten, daß die Landarbeiter des Kreises Franzburg zusammen mit den Barther Industriearbeitern streikten, daß einige tausend Menschen auf dem Paradeplatz in Stettin demonstrierten, daß in Pasewalk, Torgelow, Gartz, Anklam, Wolgast, Greifswald und Stralsund rechtzeitig Aktionen gegen die Putschisten stattfanden und die demokratischen Kräfte siegten. Gleichzeitig führte diese Politik zu einem weiteren Anwachsen der Mitglie-derschaft der KPD und zur Stärkung ihres Einflusses in Pommern.

[1] Herta Geffke, Bericht vom 10. 6. 1963.
[2] Ebenda.
[3] Klaus Schreiner, Die Auswirkungen der Groß. Soz. Oktoberrevolution auf die Arbeiterbewegung in Vorpommern in den ersten Jahren nach 1917, in: Szczecin pismo poswiecone sprawom regionu zachodnio Pomorskiego, Szczecin 1957, S. 31.
[4] H. Geffke, a. a. O.
[5] Hans Strecker, Bericht vom 26. 10. 1965.
[6] Geschichte der deutschen Arbeiterbewegung, Bd. 3, S. 168.
[7] Hans Strecker, a. a. O., Bruno Ott, Bericht 17. 6. 1965.
[8] Volks-Bote, 5. 4. und 8. 4. 1919.
[9] Der Kämpfer (USPD-Zeitung), 1. 11. 1919.
[10] Volks-Bote, 12. 3. 1919.
[11] Wolfgang Wilhelmus, Der Kampf der Werktätigen in Vorpommern im Juli 1919, in: ZfG, Sonderheft 1958.
[12] Vgl. K. Schreiner, der Kampf der Werktätigen Vorpommerns gegen den militärischen Kapp-Putsch und die daran anschließenden Aktionen im März 1920, Rostock (Dissertation), S. 90 f.

Das Herzogtum Pommern, das Reich und Dänemark zwischen Lehnsstaat, Territorialfürstenstaat und Ständestaat 1348 - 1468

von
Horst Wernicke

5. Demminer Kolloquium zur Geschichte Vorpommerns am 17. Oktober 1987 unter dem Tagungsthema: »Pommersche Geschichte zwischen 1370 und 1648«

»*Wir, Karl von gots gnaden romischer Kung zu allen czyten merer des reichs und Kung zu Behem vorjehen und tun kunt offentlich mit desim brieve alle den, di en sehent, horant lesent, wann der hochgeborn Barnym, herczog von Stetyn, Pomeraner, Wenden und Cassuben, unsir furste und liebir neve, uns gehuldit, gelobit und gesworn hat, getrewe, gehorsam und undirtenyk zu seyn als eyme romischen Kunige und syme rechten herren und hat von uns gemutit sinir lehen, di er von dem reyche zu recht inpfahen sal, des habe wir angesehen getrewen, willigen und steten dienst, der er und seliger gedechtnyss synir vorvarn uns unde dem heiligen romischen reich ofte unvordrossentlich getan hat und noch tun sol und mak in czukunftegen zeiten, dovon lihen wir und haben vorlegen im und sin rechten erben das herczoktum zu Stetyn ...«.*[1]

Mit diesen Worten wurde Barnim III., Herzog von Pommern-Stettin, durch König Karl IV. in den Reichsfürstenstand erhoben. Mit keinem Wort werden die Rechte anderer über die Herzöge von Pommern und über Teile ihres Gebietes erwähnt. Dies ist umso bemerkenswerter, da solche sowohl von den Markgrafen von Brandenburg als auch von den dänischen Königen her bestanden. Das Reichsoberhaupt Karl IV. benötigte in seiner umstrittenen Stellung nach seiner Wahl 1346 Bündnispartner, die er in der Umgebung der Markgrafschaft Brandenburg suchte und fand. Brandenburg befand sich seit 1324 in den Händen der Wittelsbacher, gegen dessen Vertreter auf dem deutschen Königsthron, Kaiser Ludwig dem Bayern, der Luxemburger Karl 1346 als Gegenkönig antrat. Nach dem Tod Ludwigs, der kurz vor der Entscheidungsschlacht eingetreten war, sah sich Karl einer starken wittelsbachischen Front gegenüber, die er mit Heirat, Geld und Intrigen aufzubrechen verstand. Bei der Suche nach Bündnispartnern waren dem König daher die im Umkreis der Markgrafen agierenden politischen Kräfte von besonderem Interesse.

Die pommerschen Herzöge nahmen das königliche Angebot an, weil ihnen die Lehnsabhängigkeit von Brandenburg ohnehin lästig geworden war.[2] Sie lagen mit den Markgrafen beständig in Auseinandersetzungen um ihre Interessen in der Uckermark, in der Neumark, in Ostpommern und in den Kamminer Stiftsangelegenheiten. Diese fanden weitere Teilnehmer in den mecklenburgischen Fürsten, dem Deutschen Orden, dem König von Polen sowie im dänischen Königtum. Es existierte über die Jahrhunderte des Spätmittelalters hinweg ein Geflecht von tatsächlichen wie vermeintlichen Rechten, Machtinteressen und Verbindungen. Die Untersuchung dieses Beziehungsgeflechts wird die Stellung des Herzogtums Pommern im Reich und das Agieren der pommerschen Herzöge außerhalb des Reiches klären helfen.

Zunächst möchte ich betonen, daß ich der Einfachheit halber vom pommerschen Herzogtum insgesamt ausgehe. Dies tue ich eingedenk der Tatsache, daß das Herzogtum seit 1250 ausdrücklich als Gesamthandlehen existierte.[3] Ich bin mir aber auch der Tatsachen bewußt, und dies werden die Ausführungen zeigen, daß es im historischen Verlauf keine einheitliche Politik der Herzöge gegeben hat. Ich möchte mich zudem nicht in den Streit um die richtige Abfolge der einzelnen Herrscher und ihrer Herrschaftsgebiete einmischen, dies trifft insbesondere auf die Zählung der regierenden Herzöge zu.

Nach kurzen einführenden Bemerkungen über die staatsrechtliche Entwicklung Pommerns vom 12. bis zum beginnenden 14. Jahrhundert soll im besonderen dem Problem der pommerschen Lehnsabhängigkeit von Brandenburg gedacht werden. Dies mündet dann in Erörterungen über Entstehung, Inhalt und Form der Reichsunmittelbarkeit des Herzogtums im 14./15. Jahrhundert bis zum Regierungsantritt Herzog Bogislaws X. Den Abschluß werden wenige Bemerkungen zum Verhältnis des Herzogtums und seiner Stände zum dänischen Königreich und zur Städtehanse bilden.

Das Gebiet des slawischen Fürstentums Pommern, das schon in der ersten Phase der deutschen Ostexpansion und -siedlung in eine lose Bindung zum Reich geraten war, wurde während der zweiten Phase seit der ersten Hälfte des 12. Jahrhunderts in das Reich eingebunden. Die ersten Kontakte im 12. Jahrhundert gehen auf die Zeit Kaiser Lothars III. von Supplinburg zurück. Seine Interessen ergaben sich aus seiner Funktion als Sachsenherzog, in die nach seinem Tod alsbald Heinrich der Löwe, der große politische Gegenspieler des staufischen Kaisers Friedrich I. aus welfischem Hause, eintrat. Er knüpfte Kontakte zu den slawischen Fürsten zwischen Elbe und Oder. Über die Christianisierung und über die zunächst lockere lehnsrechtliche Bindung wurde versucht, die Gebiete zwischen Elb- und Odermündung ins welfische Herrschaftsgebiet einzubeziehen. In den sechziger Jahren wurden die slawische »*terrae*« dann in das Herrschaftsgebiet des Sachsenherzogs mit einbezogen.

Die Auseinandersetzung zwischen Welfen und Staufer um die Herrschaft im Reich, die zu Ungunsten des Welfen Heinrichs des Löwen ausging, verschlechterte die Position des territorial sich allmählich konsolidierenden pommerschen Fürstentums. Der Lehns- und politische Prozeß gegen Heinrich den Löwen sowie seine Verbannung nach England entließ seine Vasallen ins Ungewisse. Als ernstzunehmende politisch-militärische, weniger wirtschaftlich-demographische Konkurrenz trat das dänische Königtum in der zweiten Hälfte des 12. Jahrhunderts verstärkt auf den Plan. In das augenblickliche Machtvakuum hineinstoßend wußten sich König Knut VI. und König Waldemar II. geschickt einzuordnen. Kaiser Friedrich I. nahm zwar das Anerbieten des pommerschen Herzogs Bogislaws I. 1181 an, Pommern als Lehen des Reiches an ihn zu vergeben, doch war dieser Akt ohne die beabsichtigte Folgen. Bogislaw I.

entzog sich damit zunächst sowohl dem dänischen Zugriff als auch den polnischen Ansprüchen, aber da die reale Gewalt des Reichsoberhauptes im Norden begrenzt war, setzte sich der dänische König Knut VI., Sohn Waldemars I., an der südwestlichen Ostseeküste durch. 1185 trat er das Erbe Heinrichs des Löwen auf Seiten der Welfen in der Art an, daß ihm beispielsweise der pommersche Herzog huldigte.

Nach dem Tod Knuts minderten Auseinandersetzungen in Dänemark selbst die Fortsetzung der expansiven Politik. Da hinein stießen die Brandenburger. Seit 1198 suchten sich von Süden her die askanischen Markgrafen mehrfach Teile der nördlich, im Odermundungsgebiet gelegenen slawischen Territorien zu unterwerfen. Dies konnte aber die dänische Oberherrschaft wohl im wesentlichen nicht erschüttern. Unter Waldemar II., der in seinem Beinamen »der Sieger« schon den Inhalt seiner auswärtigen Politik trug, festigte sich seit 1202 die dänische Herrschaft auch dadurch, daß die Herrschaft über das 1168 eroberte Fürstentum Rügen ausgebaut werden konnte.

Im Vertrag von 1214, den König Friedrich II. unter dem Druck der Welfen und der unsicheren Lage schloß, sagte er dem dänischen König Waldemar II. alle eroberten Territorien in Slavien, also jene an der südwestlichen Ostseeküste, zu. Die Aufgabe von bisherigen Einflußgebieten des Reiches öffnete dem Dänenkönig den Weg zu weiteren Eroberungen im südlichen Ostseeraum.[4]

Die mit Eigentumsveränderungen einhergehende Kolonisation der Gebiete jedoch vollzog sich vornehmlich durch Siedler aus den deutschen Altsiedelgebieten. Die Leitung oblag sowohl dem einheimischen Fürstentum und dem von ihm abhängigen slawischen Adel als auch dem seit dem Anfang des 13. Jahrhunderts sich festsetzenden deutschen Adligen.

Der Oberherrschaftsanspruch des dänischen Königtums wurde solange geduldet, wie seine Anerkennung aufgrund der dänischen Präsenz und dem Fehlen einer entsprechenden anderen politischen Macht geboten erschien. Jeder Fürst in Norddeutschland allein war jedoch nicht in der Lage, diesem dänischen Einfluß entgegen zu treten.

Ein Zufall, genauer ein Überfall ließ König Waldemar II. und seinen Sohn 1223 in die Hände Graf Heinrichs von Schwerin gelangen. In den darauf einsetzenden Verhandlungen gestand Kaiser Friedrich II., auch namens seines Sohnes Heinrich, dem Grafen, den Markgrafen von Brandenburg und anderen norddeutschen Fürsten alle Gebiete mit vollen Rechten zu, wie sie sie vor der dänischen Eroberung im Besitz hatten.[5] Auf päpstliche Intervention hin wurden diese Festlegungen, die den Vertrag von 1214 aufhoben, gemildert, und als Waldemar II. 1226 aus der Gefangenschaft entlassen wurde, entband ihn der Papst von seinem in Gefangenschaft abgerungenen Eidesschwur.[6]

Der daraufhin von beiden Seiten angestrebte Waffengang kam im darauffolgenden Jahr zustande. Am 28. Juli 1227 fiel bei Bornhöved die Entscheidung auf dem Schlachtfeld. Die Koalition aus norddeutschen Fürsten und Städten sowie Dithmarscher Bauern schuf eine neue politische Situation an der südlichen Ostseeküste. Waldemar II. mußte sich ihr geschlagen geben. Keiner der norddeutschen Fürsten war in der Lage, nun über die Ostsee hinweg in Dänemark etwa Einfluß zu gewinnen. Auf diese Weise endete der erste dänische Zugriff auf norddeutsches Territorium. Die Stunde des erstarkten Hauses der Askanier in der Mark Brandenburg hatte geschlagen. Es erhielt in seiner Belehnung durch Kaiser Friedrich II. 1231[7] den Oberherrschaftsanspruch über Pommern zugesprochen, indem sie selbst als »*ducatus Pomeranie*« bezeichnet wurden. Diese Urkunde steht im engen Zusammenhang mit dem Privileg für alle Reichsfürsten, dem »*Statutum in favorem principum*« vom Sommer 1231/1232, in dem wesentliche Regalien sowie die Hoheit über die jeweiligen Territorien den nunmehr fast souveränen Fürsten zugestanden wurden.

Das Herzogtum Pommern wechselte ohne eigenes Dazutun oder Wollen per Abmachung zwischen Staufer und Askaniern, die den Welfen verbunden waren, den Lehnsherrn. Über die nun folgende Zeit eines de jure - Vasallen eines Reichsfürsten und dem de facto - Dasein eines Reichsfürsten wird anschließend zu sprechen sein.

Im pommerschen Herzogtum vollzog sich im Verlauf des 13. Jahrhunderts der Kolonisationsprozeß mit Stadt- und Dorfgründung, Rodung und Flurveränderungen, der in sozialer Hinsicht sowohl die volle mittelalterliche Ständestruktur entstehen ließ als auch in politischer Hinsicht die Herrschaft des pommerschen Herzoghauses und des sich konsolidierenden pommerschen Adels sicherstellte.

Die Klöster gewannen in diesem Prozeß über die beträchtliche wirtschaftliche Ausstattung durch Herzogtum und Adel daran einen bedeutenden Anteil. Die zunächst überragende Stellung des Fürstenhauses wurde durch diese Schenkungen an die Kirche wirtschaftlich geschwächt. Hinzu kam, daß die durch die Herzöge gegründeten pommerschen Städte sich deren Einfluß zu entziehen begannen. Durch die Erringung städtischer Autonomie nahm die direkte finanzielle Auspressung ein Ende. Die größeren Städte, der Adel und das Stift Kammin wurden zu landespolitischen Größen, mit denen die herrschende Dynastie zu rechnen hatte. Die mehrfachen Landesteilungen seit 1295 verschlechterten die Position der Fürsten beträchtlich. All diese inneren Faktoren spielen in der Außenpolitik und der äußeren Rechtsstellung des pommerschen Herzogtums eine nicht unwesentliche Rolle.

In der Belehnungsurkunde für die Markgrafen von 1231 wurde auf alte Gerechtsame verwiesen, die den Oberherrschaftsanspruch der Askanier über die Pommern begründeten. Es gibt jedoch keinen Hinweis darauf, daß Pommern vor dieser Zeit in irgendeiner Weise in einer lehnsrechtlichen Verbindung zu Brandenburg gestanden hätte. Als Erklärung bleibt allein die veränderte Machtkonstellation im Beginn des zweiten Viertel des 13. Jahrhunderts nach der Schlacht bei Bornhöved.

Mit dem Kremmener Vertrag vom 20. Juni 1236[8] erklärte der Vetter Barnims, Wartislaw III., seine Unterordnung und die Annahme seines Landes als brandenburgisches Lehen unter Verzicht auf die Länder Stargard, Beseritz und Wustrow (späteres Mecklenburg-Strelitz). Seinem Lehnsherren mußte er die Hauptburg Demmin öffnen. Das Lehen selbst sollte im Falle des Todes ohne männlichen Erben an den Senior zurückfallen. Herzog Barnim von Pommern-Stettin wurde mit keiner Silbe erwähnt, seine Erbrechte aber wurden geschmälert.

Aus einigen urkundlichen Belegen ist für die nächsten anderthalb Jahrzehnte eine fortwährende politische und militärische Auseinandersetzung zwischen Pommern und Brandenburg anzunehmen. Dies ergibt sich aus Schutzversprechen der Askanier für pommersche Klöster und anderem mehr.

Im Jahre 1250 fiel nun die von den Brandenburgern lang ersehnte Frucht in deren Schoß. Nach fast zwanzigjährigem zähen Ringen der ungleichen Rivalen erschienen Barnim I. und Wartislaw III. in Hohenlandin bei Schwedt im Hoflager der Markgrafen Otto III. und Johann I. und nahmen ihr Land von jenen zu Lehen. Die Belehnung erfolgte zur gesamten Hand, wie auch alle folgenden Belehnungsakte von der Tatsache ausgingen, daß Pommern stets ein Gesamthandlehen war.

Die pommerschen Herzöge sagten ihre Ansprüche auf die Uckermark auf, wofür sie wieder in den Besitz des Landes Wolgast kamen. Das Gesamthandlehen bedeutete vor allem die gegenseitige Beerbung der Verwandten, bevor das Lehen im Fall erbenlosen Todes des gesamten Greifenhauses - dies geschah 1637 - an den Herren zurückfiel.

Herzog Barnim I. vereinigte nach dem Tod seines Bruders Wartislaw III. 1264 in diesem Sinne erneut das Herzogtum.

In den Jahren von 1250-1278/80 finden wir die pommerschen Herzöge als zwar relativ treue, aber wenig aktive Vasallen der Markgrafen, wie Fritz Zickermann nachgewiesen hat, vornehmlich jedoch gegenüber der johanneischen Linie.

Nur der Kolbatzer Händel und die kriegerischen Auseinandersetzungen mit dem askanischen Vasallen Herzog Mestwin II. von Ostpommern trübten das Verhältnis, obwohl die Markgrafen recht eindeutige Eingriffe in die Rechte ihres Vasallen vornahmen. Dies betraf Eigentumsveränderungen und -bestätigungen etc. von Kirchen und weltlichem Eigentum im Gebiet der Herzöge. Diese Politik wie auch Übergriffe auf herzogliche Gebiete veranlaßten 1280 Herzog Bogislaw IV. und seine Stadt Stettin, sich an Lübeck mit der Bitte zu wenden, sie gegen den Markgrafen zu unterstützen.

Ein Krieg brach aus, den die Markgrafen trotz der umfänglichen Hilfe einiger norddeutscher Fürsten für die pommerschen Fürsten zu ihren Gunsten zu Ende führen konnten. Dies brachte wohl den Rostocker Landfrieden von 1283 in letzter Konsequenz zustande[9], der von den wendischen Hansestädten initiiert, die norddeutschen Fürsten Johann von Sachsen-Lauenburg, Bogislaw IV., Wizlaw II. von Rügen, diejenigen von Werle und die Schweriner Grafen u. a. m. zusammenfaßte.

Die Spitze zielte auf die Markgrafen, die sich anschickten, an die Gestade der Ostsee zu gelangen. König Rudolf I. von Habsburg sah es als eine Notwendigkeit an, den Frieden im Norden des Reiches wiederherzustellen. Im Vertrag von Vierraden im Jahr 1284 entsagte man aller Feindseligkeit und aller Ansprüche. Bogislaw IV. hatte 4.000 Mark zu zahlen.[10] Die begrenzte Wirkung des Vertrages wurde über weitere Regelungen gemildert, so daß in den Folgejahren die Herzöge sich unterordneten. 1288 tauchten Bogislaw IV. und seine Stiefbrüder Barnim II. und Otto I. am markgräflichen Hof auf.

Zeigte sich schon nach 1231 ein unterschiedliches Herangehen einzelner pommerscher Herzöge im Verhältnis zu Brandenburg, so trat dies nach der Teilung von 1295 noch deutlicher zu Tage.[11] Bogislaw IV. von Pommern-Wolgast verband sich mit dem polnischen König Wladislaw Lokietek um das ostpommersche Erbe, auf das die Askanier ebenso einen Anspruch erhoben. Herzog Otto I. von Pommern-Stettin hingegen, wohl auch aus territorialer Nähe ohnehin etwas zur Vorsicht gemahnt, stand auf Seiten der Markgrafen. Bogislaw IV. erzürnte seinen Lehnsherren auch durch die Tatsache, daß er seine Tochter Margarete dem Fürsten Nikolaus von Rostock vermählte, der dafür eine ihm versprochene markgräfliche Tochter sitzen ließ. Rostock wurde daraufhin 1299 belagert und hatte 5000 Mark an die Markgrafen zu zahlen.[12] Otto I. von Pommern-Stettin war in den Friedensvertrag eingeschlossen. Fürst Nikolaus warf sich nun notgedrungenerweise in die Arme von König Erich Menved von Dänemark und nahm sein Land von jenem zu Lehen.

Nach dem Debakel suchte Bogislaw IV. sich mit den Markgrafen 1300 zu arrangieren. Seine Bundesgenossen waren außer Gefecht gesetzt worden, und so blieb nur, gute Miene zum eindeutigen Spiel der Markgrafen zu machen. An den Auseinandersetzungen einer Fürstenkoalition unter Führung König Erich Menveds von Dänemark und der Markgrafen in den Jahren 1311-1312 gegen norddeutsche Städte waren die pommerschen Herrscher ebenso beteiligt, wie an dem Krieg einer norddeutschen Fürstenkoalition von 1314 gegen den askanischen Markgrafen Waldemar, in dem sich Stralsund als letzte wendische Stadt durch das Bündnis mit den Markgrafen die Handlungsfreiheit bewahrte. Der Sieg Stralsunds über die Fürsten und besonders über den eigenen Stadtherren, die Fürsten zu Rügen, ließ die pommerschen Herzöge rasch wieder die richtige Seite erkennen.

Zu ihrem Lehnsherren hielten sie bis zum Templiner Frieden vom November 1317[13] und darüberhinaus bis zu dessen Tode am 14. August 1319. Die eintretende Vakanz blieb nicht ungenutzt. Die pommerschen Herzöge traten in enge Beziehung zu König Christoph II. von Dänemark, für den sie in der Uckermark Amtshandlungen durchführten. Die Uckermark wurde in dieser Zeit zu einem Zankapfel zwischen dem aufsteigenden Mecklenburg unter seinem Fürsten Heinrich dem Löwen und Pommern, wie dann 1325 nach dem Tod des letzten rügischen Fürsten auch das Fürstentum Rügen.

Im staatsrechtlichen Sinne schufen die Herzöge Otto I. und Barnim III. 1320 mit der Lehnsnahme ihrer Gebiete vom Bischof von Kammin vollendete Tatsachen.[14] Dieser hatte sein Gebiet von Papst Johannes XXII. als Lehen zurückempfangen. An Wartislaw IV. erging durch den deutschen König die Aufforderung, im selben Jahr bis Ostern 1322 um die Belehnung nachzusuchen.[15] Warum dieses Angebot, erneut in unmittelbare Bindung zum Königtum zu treten, nicht genutzt wurde, bleibt offen.

Die unsichere politische Stellung König Ludwigs des Bayern hatte daran sicher ebenso einen Anteil, wie die offensichtlichen Ambitionen der Wittelsbacher auf den markgräflichen Besitz. Die Königsferne des Nordens tat wohl ein Übriges. Der laufende Prozeß an der römischen Kurie gegen König Ludwig mag in seinem dann schon zu erahnenden Ergebnis der Bannung Schatten voraus geworfen zu haben. Tatsache ist es, daß die pommerschen Herzöge die Gunst der Stunde nicht nutzten. 1323 sah König Ludwig den Reichsfürstenstand für Pommern schon verwirkt, denn er bestätigte dem Kloster Kolbatz, das sich im Streit mit den Herzögen befand, alle bisherigen Privilegien.[16] Dies geschah im Vorfeld der Belehnung des königlichen Sohnes Ludwig mit der Markgrafschaft, in der die Herzogtümer Stettin und Demmin (Wolgast) eingeschlossen waren.

Die Herzöge suchten, sich durch verschiedene Bündnisse mit umliegenden Fürstentümern, einschließlich den Königen von Dänemark und Polen, Unterstützung zu sichern und gleichzeitig Ursachen zu äußeren Verwicklungen zu beseitigen. Das Verhältnis zu Brandenburg wurde erneut brisant, als 1324 Bischof Konrad IV. von Kammin starb. Papst Johannes XXII. besetzte den Stuhl mit einem Dominikaner, die brandenburgische Partei erhob Berthold von Henneberg, Sohn des markgräflichen Verwesers Berthold von Henneberg, ungeachtet der machtpolitischen Interessen der pommerschen Herzöge und dem Willen des Domkapitels. In dem kleinen Konflikt reflektierte sich die große Auseinandersetzung zwischen deutschem Königtum und Papsttum einerseits, und andererseits die territorrialpolitischen Interessen bei bischöflichen Vakanzen und deren Stellenwert im Verhältnis zwischen Pommern und Brandenburg. Johannes XXII. ließ 1325 die Bannung König Ludwigs und seiner Anhänger verkünden und forderte die pommerschen und schlesischen Herzöge zum Vorgehen gegen die Markgrafen auf.[17]

Das rügische Erbe, daß zunächst doch eine Stärkung der pommerschen Hausmacht erwarten ließ, verwickelte sie in Erbansprüche der Mecklenburger und Brandenburger. 1327 trat Graf Berthold von Henneberg von seinem Lehen Rügen zurück und 1328 einigten sich die mecklenburgischen Fürsten mit den pommerschen Herzögen zu Brudersdorf über das Erbe.[18] Kaum war diese Hürde genommen, da forderte im Januar 1328 Kaiser Ludwig die Herzöge auf, ihr Land zu brandenburgischem Lehen zu nehmen.[19] Den Rechtsanspruch suchte Markgraf Ludwig mit Gewalt durchzusetzen. 1331 bezog daraufhin Pommern eindeutig Partei, nachdem schon seit 1328 im Kamminer Stift die päpstliche Partei Oberhand gewonnen hatte. Im März 1331 wurden die Herzöge aus der Aftervasallität in die Vasallität des Papstes gehoben.[20] Der Rechtstitel - also die Annahme eines recht weit weg sitzenden Lehnsherren - vermochte den Rechtsanspruch der Markgrafen nicht zu mindern. In dieser Konkurrenz verlegte sich die brandenburgische Partei auf den Waffengang. Nach fast zweijähriger Auseinandersetzung einigte man sich im Frieden zu Lippehne am 28. Juni 1333.[21] Auf Betreiben des Kaisers, der auch als Friedensgarant und Schiedsrichter herangezogen worden war, kam dieser Vertrag zustande. Die Lehnsfrage umging man wie die Katze den heißen Brei.

Kaiser Ludwig sah sich zwar auf einer Woge der besonders von den Volksmassen getragenen antikurialen Bewegung, jedoch mußte er den realen politischen Interessenlagen und den durchaus vorhandenen päpstlichen Einflußmöglichkeiten Rechnung tragen. Die Herrschaft der Wittelsbacher in der Mark war jedoch unsicher. Die halbherzigen kaiserlichen Versuche, mit diesem Territorium einen ausreichenden Einfluß im Reichsnorden zu begründen und auszuüben, stießen auf verstärkten Widerstand. Im März 1337 schloß Herzog Barnim von Pommern-Stettin mit König Johann von Böhmen, Vater des späteren Kaisers Karls IV., ein Bündnis, daß sich zunächst gegen Brandenburg, jedoch auch gegen den Kaiser richtete.[22] Im Januar 1338 fanden sich alle bedeutenden norddeutschen Fürsten zwischen Elbe- und Odermündung zu einem Landfriedensbund zusammen[23], denen sich dann ebenfalls die wendischen Städte anschlossen. Hauptgegner waren wiederum die Brandenburger. Über die wendischen Städte erweiterte sich der Bund in den skandinavischen Raum hinein. Der Bund hatte offensichtlich auch zum Zweck, ein Zusammengehen des dänischen und des brandenburgischen Expansionismus zu verhindern. Beim Vordringen der Brandenburger auf pommerschen Boden wurde der am Spandauer Hof Markgraf Ludwigs lebende Sohn König Christophs II. von Dänemark, Waldemar (der spätere IV. seines Namens mit dem Beinamen Atterdag), gefangengenommen. Dies geschah in der Zeit des Höhepunktes nationalen Aufbegehrens im Reich, als sich die in der späteren Goldenen Bulle von 1356 aufgeführten Kurfürsten zum Kurverein in Rhense 1338 vereinigt hatten und alle päpstlichen Einflußnahme auf die deutsche Königswahl zurückzudrängen bemüht waren.

Die pommerschen Fürsten, die ohnehin als Gegner des Wittelsbacher Markgrafen anzusehen waren, standen wohl noch immer im antiköniglich-päpstlichen Lager, als sie nun den Unterpfand freundschaftlicher Bindungen zwischen deutschem und dänischem König in der Hand hatten. König Ludwig benötigte in dieser Situation, in der die päpstlichen Ansprüche umso stärker erhoben wurden, wie sich im Reich die antikuriale Opposition formierte und die Großen des Reiches ihre Rechte gegen Kaiser und Reich geltend machten, die Unterstützung auch der pommerschen Fürsten. Einerseits als Gegengewicht gegen die Kurfürsten und andererseits zur Schwächung der kurialen Partei. Unter Verzicht auf die Rechte seines Sohnes als Herrscher über die Mark Brandenburg belehnte Kaiser Ludwig am 14. August 1338 Herzog Barnim von Pommern-Stettin mit diesem Territorium und hob ihn in den Reichsfürstenstand[24]. Dies vollzog sich mit der Unterzeichnung eines Friedensvertrages zwischen der Mark und dem Herzogtum Pommern-Stettin unter gegenseitigem Verzicht auf Schadensersatz und bei Freilassung Prinz Waldemars von Dänemark. Der Wermutstropfen für Herzog Barnim war die Anerkennung der brandenburgischen Eventualsukzession. Damit endete partiell die Lehnsabhängigkeit von den Markgrafen, die sich ohnehin im Verlaufe eines Jahrhunderts eigenartig gestaltete.

Die aus der Leihe erwachsende Treue der pommerschen Vasallen, die sich in Heerfolge, Bündnistreue, Zeugenschaft, Hoffahrt u. a. m. dokumentierte, war bei den pommerschen Fürsten selten und dann funktional ausgerichtet zu beobachten. Ein anderes Problem ließ diese Haltung durchaus einsichtig werden. Der sowohl in der Mark als auch im Herzogtum mit Landbesitz ausgestattete Adel hielt mehr zu den Brandenburgern als zu den Herzögen. Auch bot die lehnsherrliche bzw. vasallitische Teilungspraxis oftmals die Möglichkeit, sich den Treuepflichten bzw. auch der Pflicht der Schutzherrschaft zu entziehen.

Die pommerschen Herzöge gerieten immer wieder mit den zur Ostsee drängenden brandenburgischen Expansionsplänen in Kollision. Dies ergab sich ebenso aus den pommerschen Interessen an der Ucker- und der Neumark sowie an und in Ostpommern und Pomerellen. Die Beziehungen zu anderen Fürsten wie den polnischen und den dänischen Königen, den mecklenburgischen Fürsten und zum Deutschen Orden beeinträchtigten das Verhältnis zwischen Vasall und Lehnsherr. Real gesehen hat Brandenburg sowohl durch die geschickte Bündnispolitik der pommerschen Vasallen als auch durch die Vielzahl anderer an Pommern interessierter Mächte, die also brandenburgische Konkurrenten waren, seine Lehnsherrschaft über das Herzogtum nur zeitweise ausüben können.

Alle politisch-diplomatischen Mittel - wie Heiratsverbindungen, Bündnisverträge, Nutzung der Lehnsabhängigkeit des pommerschen Adels und der Beziehungen zum Bistum Kammin - änderten an der

Sachlage nichts Wesentliches. Zumal auch die pommerschen Fürsten ihre Verbindungen zum märkischen - mittel- und neumärkischem - Adel und zu märkischen Städten nutzten, um sie als Rechts- und Machtmittel gegen den gemeinsamen Lehnsherren einzusetzen.

Nur bestimmte Vorteile veranlaßten die Herzöge, sich ihrer Treuepflichten zu erinnern. Immer dann, wenn die Markgrafen ihre Rechte und Interessen mit Macht durchsetzen wollten, boten die Herzöge allein oder in Koalitionen Paroli.

Die größeren norddeutschen Städte, die seit den achtziger Jahren des 13. Jahrhunderts in der Städtehanse verbunden waren, unterstützten die pommerschen und anderen Fürsten Norddeutschlands sowohl gegen den askanischen als auch gegen den dänischen Expansionismus, der die Handelsverhältnisse zu stören drohte.

Unter dem Wittelsbacher Markgrafen erlangte zumindestens der regierende Herzog Barnim von Pommern-Stettin die Anerkennung als Reichsfürst unter Verletzung der Erbrechte der Wolgaster Linie, die im Teilungsprozeß von 1295 festgeschrieben worden waren. Die Wolgaster Herzöge wurden aufgefordert, nach Auslaufen der Stettiner Vormundschaft um die königliche Belehnung nachzusuchen. Dies geschah nicht, denn wir finden pommersche Städte - u. a. Stettin, Demmin - im Widerstand gegen die brandenburgische Erbhuldigung, in dem sie sich der Unterstützung der Wolgaster Herzöge versicherten. Die Städte Stralsund, Greifswald und Anklam verbanden sich mit jenen renitenten Städten ebenfalls. Der langerstrebte, einstmals verlorengegangene Reichsfürstenstand der pommerschen Herrscher änderte zunächst nichts. Größere Wirkungen stellten sich erst ein, als der luxemburgische Gegenkandidat der Wittelsbacher, Karl, Sohn König Johanns von Böhmen, 1346 zum Gegenkönig gewählt worden war. Der neue König sah sich durch die starke wittelsbachische Partei genötigt, alle antiwittelsbachischen Kräfte zu sammeln. Die pommerschen und mecklenburgischen Nachbarn der Mark waren in dieser Situation die potentiellen Partner.

Für Pommern kam noch hinzu, daß es aufgrund der Tatsache, daß es sich der päpstlichen Oberhoheit unterstellt hatte, im »*Pfaffenkönig Karl*« auch in dieser Hinsicht einen Gleichgesinnten zu finden glaubte. König Karl suchte den Wittelsbachern nach der Königskrone nun auch die Mark streitig zu machen. Am 5. Juni 1348 belehnte Karl IV. in Znaim Herzog Barnim III. und seine Wolgaster Vettern Bogislaw V., Barnim IV. und Wartislaw V. in Szepterinvestitur mit dem Herzogtum zur gesamten Hand. Mit dieser Belehnung, die zeitgleich mit derjenigen für die Mecklenburger erfolgte, wurden die Rechte der Mark Brandenburg hinsichtlich der Lehnsherrschaft im allgemeinen und um das der Eventual-Erbfolge der Wittelsbacher in Pommern im konkreten geschmälert.

Das Recht des dänischen Königs am Lehen Rügen war schon durch König Ludwig 1327 verletzt worden, als er den Sohn des märkischen Kanzlers Graf Bertold VII. von Henneberg mit Rügen belehnte.[25] In der Gesamthandbelehnung für die pommerschen Fürsten von 1348 war nun auch die Herrschaft über das Fürstentum Rügen dokumentiert. Die pommerschen und zeitgleich ebenfalls die mecklenburgischen Fürsten anerkannten Karl IV. als rechtmäßigen deutschen König.

Den pommerschen Herzögen wurde mit der Übertragung des Reichsjägeramtes ein Vorzug gegeben. In den folgenden Jahren der Regierung Karls IV. enstanden recht enge Bindungen zum königlichen Hof und zum Kaiser persönlich. Die märkischen Wirren am Ende der vierziger Jahre des 14. Jahrhunderts wurden sowohl vom König als auch von den pommerschen Herzögen genutzt. Die Unterstützung des falschen Waldemars in seinen Ansprüchen auf die Mark brachte den letztgenannten die zeitweilig ungeteilte Herrschaft über die Uckermark ein. Die unsichere Stellung der Wittelsbacher in der Mark hinderten diese an Gegenmaßnahmen. Erst die Verwirklichung der Kaiserkrönung Karls IV. 1355, die nur durch Zugeständnisse an die Kurfürsten möglich geworden war, zwang ihn, die Hoffnung auf die Mark zunächst fahren zu lassen.

1357 bestätigte der Kaiser die Belehnung der Wittelsbacher mit der Mark Brandenburg. Dies hatte zur Folge, daß sich die pommerschen Fürsten um eine Bestätigung ihres Reichslehens bemühten und sie auch am 4. März 1357 erhielten. Barnim trug dem Kaiser die Eventual-Vormundschaft an. Im gleichen Zusammenhang ist der Vertrag zwischen Herzog Bogislaw V. von Pommern-Wolgast mit Bischof Johann von Sachsen-Lauenburg in Kammin zu sehen. 1348 hatte Karl IV. den Bischof aufgefordert, daß er um sein Lehen bei ihm nachzusuchen habe. Dies tat er aus verschiedenen Gründen nicht, wohl auch mit Rücksicht auf päpstliche und wittelsbachische Interessen. 1356 konnte durch den Vertrag erreicht werden, daß der Bischof in Abwehr wittelsbachisch-märkischer Ansprüche die pommersche Schirmvogtei anerkannte. Ferner sollten bei kanonischer Wahl in der Diözese Kammin die Herzöge das Bestätigungs- und Aufsichtsrecht haben. Der Vertrag gab dem Wolgaster Herzog eine gewisse Sicherheit für seine hinterpommerschen Landesteile, dem Domkapitel die Gewähr kanonischer Wahl ohne Eingriffe von Außen und dem Bischof Schutz für seine Herrschaft und sein Eigen. Diese antipäpstliche Entscheidung wurde möglich, da nun sich auch des Kaisers kurienfreundliche Politik in eine Politik der Abwehr päpstlicher Einmischung in deutsche Verhältnisse gewandelt hatte. Der erste diesbezügliche Höhepunkt war die Goldene Bulle 1356, in der päpstliche Ansprüche nicht erwähnt werden.

König Waldemar IV. sah sich 1358 gezwungen, alte, traditionell enge Beziehungen zum pommerschen Herzoghaus zu nutzen, um den Kaiser in seiner Auseinandersetzung mit Mecklenburg und Schweden zum Eingreifen zu bewegen. Karl IV. zeigte sich uninteressiert, während Barnim III. sich als Schiedsrichter betätigte. Trotz reger Beziehungen in den sechziger und siebziger Jahren des 14. Jahrhunderts zwischen Karl IV. und den pommerschen Herzögen war ihr Verhältnis nicht ohne Belastung. Die Belehnung Ottos II. von Wittelsbach mit der Mark in Anwesenheit der pommerschen Fürsten erfolgte 1360 ohne Erwähnung der pommerschen Frage. Seit 1363 hatte der Kaiser mit der Mitbelehnung seines Sohnes Wenzel ein unmittelbareres Interesse an der Mark. Spätestens hier wäre zu vermuten, daß die pommerschen Herzöge auf Distanz zum Reichsoberhaupt getreten wären. Das Gegenteil trat ein. Dem pommerschen Fürstenhaus wurde die Ehre zuteil, die vierte Gattin des Kaisers zu stellen. In der Heirat Karls IV. mit Elisabeth, Tochter Bogislaws V. von Pommern-Wolgast und Enkeltochter König Kasimirs des Großen von Polen, dokumentierte sich das besondere kaiserliche Interesse an den norddeutschen Verhältnissen. Bogislaw V. wurde für kurze Zeit zu einer Schlüsselfigur in den Beziehungen des Reiches zu Polen und Dänemark.

1363 empfing er König Waldemar IV. von Dänemark, um ihn nach Krakau und Prag zu begleiten. In Prag war 1364 auch Herzog Barnim III. von Pommern-Stettin anwesend. Dem letzteren wurde die Ehre zuteil, des Kaisers Einzug in Avignon im Mai 1365 als königlicher Zepterträger zu erleben. Hatte schon der Tod Barnims IV. im Jahre 1365 unsichere Verhältnisse im Herzogtum Pommern-Wolgast geschaffen, die erst über kaiserliche Vermittlung von einigen Adligen und der Stadt Lübeck im Anklamer Vertrag von 1368[26] geregelt werden konnten, so verlor die Stettiner Linie in Barnim III. 1368 ebenfalls eine gewichtige Integrationsfigur.

Die engeren Beziehungen zum Kaiser und zum kaiserlichen Hofe wurden durch eine Zeit der Ungewißheit, Vorsicht und Absicherung abgelöst. Vor allem fehlte dem sich anbahnendem Interesse der Luxemburger an einem Wiederaufleben des markgräflichen Lehnsanspruches über Pommern das zuvor wirksame gewordene Korrektiv in den guten persönlichen Kontakten pommerscher Herzöge zum deutschen König Karl IV. 1372 schlossen die Herzöge Swantibor I. und Bogislaw VII. von Pommern-Stettin, Wartislaw VI. und Bogislaw VI. von Pommern-Wolgast einen Beistandsvertrag für den Fall, daß die Mark tatsächlich an die luxemburgische Dynastie geraten sollte. Auch Bogislaw V. von Pommern-Stolp suchte sich durch den Beitritt zu diesem Vertrag einen Rückhalt zu verschaffen. 1373 bestätigte man ihn. Bevor die Mark von Karl IV. im August 1373 gekauft wurde, unternahm er den Versuch, mit einem Vertrag vom Juni 1373 den pommerschen und mecklenburgischen Fürsten die Vorbehalte zu nehmen. Karl IV. zog besonders die Stettiner Herzöge an sich. 1374 schloß er mit ihnen einen Vertrag in Prenzlau. Das Mißtrauen gegen den kaiserlichen Fuchs gab den pommerschen Herzögen Anlaß, den Vertrag 1376 zu erneuern.

Die Wolgaster Herzöge traten in Bündnisverbindungen mit der dänischen Regentin Margarete, die für ihren Sohn Olaf die Regierung führte. Das Engagement der pommerschen Herzöge im skandinavischen Thronstreit des letzten Viertels des 14. Jahrhunderts war vor allem bestimmt durch ihren Gegensatz zu Mecklenburg. Die halbherzige pommersche Unterstützung dänischer Erbansprüche, die durch die Hanse mitgetragen wurden, war auch durch eigene Ohnmacht bedingt, vor allem aber durch die vielfache Verstrickung in die märkischen Angelegenheiten des letzten Jahrzehnts des 14. Jahrhunderts. Der Tod Kaiser Karls IV. hinterließ 1378 ein Machtvakuum, denn sein Sohn Wenzel, seit 1376 mitregierender deutscher König, vermochte weder im Reich noch in der Mark luxemburgische Hausmachtpolitik vom Zuschnitt seines Vaters fortzuführen.

Die Beziehungen der pommerschen Fürsten zum Reichsoberhaupt kühlten merklich ab. In den achtziger Jahren des 14. Jahrhunderts verbanden sich die pommerschen Herzöge mit dem Deutschen Orden, um sich gemeinsam Teile der Mark zu sichern. Das gemeinsame, gleichgerichtete Interesse mußte sie aber bald in Streit geraten lassen. 1390 sehen wir zunächst Wartislaw VII. von Pommern-Wolgast in polnischem Lehensdienst, dann folgten auch die Stettiner Herzöge und 1401 Barnim V. von Pommern-Stolp. Der Erwerb der Neumark durch den Deutschen Orden verursachte einen erneuten Frontenwechsel. Während die pommerschen Fürsten am Geschick des Reiches keinerlei Interesse zeigten, verletzte König Wenzel 1386 mit der Belehnung seines Kanzlers Johannes Brenonis mit dem Bistum Kammin die

Rechte sowohl des Domkapitels als auch der pommerschen Herzöge, die diese aus dem Vertrag von 1356 ableiteten. Der nach kanonischer Wahl eingesetzte und päpstlich bestätigte Herzog Bogislaw VIII. wurde zum Schirmvogt ernannt. 1394 entsagte Johannes Brenonis ohne Hoffnung auf Erfolg dem Bischofstitel.
In diesem Jahr unternahmen die pommerschen Herzöge den Versuch, das Herzog Barnim III. 1365 von Papst Urban V. von Avingnon erteilte Schirmvogteirecht über das Erzbistum Riga für ihr Haus zu nutzen. Der vom Kapitel gewählte Sohn Herzog Swantibors I. von Pommern-Stettin, Otto, erhielt gegenüber dem Kandidaten, der vom Papst und dem Deutschen Orden unterstützt wurde, eine Hilfszusage von König Wenzel. Der selbst schon in arger Bedrängnis stehende König konnte die unsichere Stellung Ottos in Riga nicht lindern. Otto trat 1397 zurück.[27]
In der Regierungszeit König Ruprechts von der Pfalz am Anfang des 15. Jahrhunderts, der auf Betreiben der Kurfürsten nach Absetzung König Wenzels gewählt worden war, sind die Beziehungen des pommerschen Fürstenhauses zu dem Reichsoberhaupt wenig entwickelt. Allein die Heirat seines Sohnes Johann mit Katharina, der Schwester des dänischen Königs Erich von Pommern, 1407 in Ripen läßt die exponierte Rolle des pommerschen Fürstenhauses in den Beziehungen des Reiches zum dänischen Königtum aufscheinen. Es sollte aber auch die einzige wesentliche Beziehung beider Häuser bis 1410/11 bleiben.
Weitaus umfangreicher wurde im Zusammenhang mit dem sich zuspitzenden Konflikt Deutscher Orden - Polen die Beteiligung der pommerschen Fürsten aus den verschiedenen Linien an den Auseinandersetzungen.

1410 schwor Herzog Bogislaw VIII. von Pommern dem polnischen König Wladislaw Treue und Beistand gegen den Deutschen Ritterorden und allen anderen etwaigen Feinden. Dafür belehnte der König Bogislaw mit einigen Besitzungen in Südostpommern (Bütow).[28]
Die Wahl des Luxemburgers Sigismund, des jüngsten Sohnes Karls IV., zum deutschen König rief erneut die brisante Frage nach der Herrschaft in der Mark und deren Ansprüche auf Pommern auf die Tagesordnung machtpolitischer Auseinandersetzungen in Norddeutschland. Die luxemburgische Hausmacht, die nach dem Tode Karls IV. ohnehin durch die Zersplitterung an reichspolitischer Wirkung verloren hatte, konnte den Druck der Kurfürsten auf den König nicht abwehren. Sigismund mußte in Erfüllung der kurfürstlichen Forderung, die zweite luxemburgische Kurstimme abzutreten, die Mark zunächst zeitweilig und später gänzlich an den Burggrafen Friedrich VI. von Nürnberg geben. Der seit 1411 als Verweser der Mark tätige Burggraf suchte alte Rechte in der Mark und an anderen Territorien wieder geltend zu machen. Die Stettiner Linie geriet ob ihrer Erwerbungen in der Ucker- und Neumark 1412 und 1414 in Auseinandersetzungen mit dem Burggrafen Friedrich. Dieser nutzte die Interessengegensätze zwischen den Stettiner und den Wolgaster Herzögen. Er zog Wartislaw IX. durch die Heirat mit seiner Tochter Margarete auf seine Seite. Ein Bündnis vom November 1413 besiegelte diese Allianz. Friedrich hatte die Stettiner Herzöge inzwischen vor dem königlichen Hofgericht verklagt, das im Mai 1415 die Reichsacht über die Stettiner Herzöge und deren Anhänger verhängte.[29] Die unmittelbare Folge dessen war der Eberswalder Frieden vom November 1415. Er änderte an der Sachlage selbst nichts.

Das Herzogtum Pommern, das Reich und Dänemark

Das von König Sigismund einberufene Konzil sollte nicht nur die Kirchen- und Papstfrage klären, sondern auch politische Reformen im Reich in Gang sezten. Zu den politischen Aktionen, die der König während des Konzils in Konstanz vollzog, zählt auch die Belehnung Bischof Magnus' von Kammin, Sohn des Herzogs Erichs IV. von Sachsen, mit seinem Stift. Dies geschah in Anwesenheit Herzog Wartislaws VIII., dem es bewußt sein mußte, daß damit das Reichsoberhaupt den Vertrag von 1356 außer Kraft setzte. An den folgenden Tagen erhielten die Wolgaster Herzöge die Belehnung, während die Stettiner vorbehaltlich kurbrandenburgischen Einspruchs das Lehen erhielten.

1418 zimmerten die Stettiner Herzöge eine große Koalition zusammen, an der die Mecklenburger Herzöge, die Schweriner Grafen, die Werler Fürsten und die Könige von Polen und Dänemark beteiligt worden waren. Gerichtet war sie gegen Brandenburg. Die norddeutschen Städte spürten durchaus auch die Gefahr für die Sicherheit des Handels und ihre städtische Autonomie. Sie waren nunmehr nicht mehr wie ein Jahrhundert zuvor in einer solchen Koalition zu finden, sondern fanden sich zu eigenständischen Einungen zusammen. 1418 wurde über die erste hansische Tohopesate verhandelt.[30] Die seit 1418 von den pommerschen Herzögen geführten militärischen Auseinandersetzungen, die durch einen von König Sigismund für ein halbes Jahr verkündeten Waffenstillstand unterbrochen wurden, endeten 1420 mit dem Verlust der Uckermark.[31] Die Haltung des Reichsoberhauptes in dieser Frage läßt eine vollständige Orientierung auf den augenblicklichen Vorteil erkennen. 1423 schlossen der dänische König Erich von Pommern mit seinen Verwandten in Pommern sowie der Deutsche Orden in Preußen und Livland einen Vertrag[32], der offensichtlich gegen die Annäherung von König Sigismund und Polen sowie den mächtiger werdenden Hohenzollern in der Mark gerichtet gewesen war.[33] Im Februar 1424 griff der König ein und belehnte Otto II. und Kasimir V., Herzöge von Pommern-Stettin[34], mit ihrem Land, ohne mit einer einzigen Silbe ihr Verhältnis zur Mark zu erwähnen. Selbst die pommerschen Rechte an der Uckermark waren in die Privilegien eingeschlossen, so daß der nächste Krieg vorprogrammiert war. Die eben skizzierten Versuche der Hohenzollern, die reichsverfassungsrechtlich unsichere Stellung der Herzöge ausnutzend, alte Rechte des Lehnsherren über den Vasallen geltend zu machen, hielten besonders in der Regierungszeit Kaiser Friedrichs III. von Habsburg an. Besonders im Stettiner Erbfolgestreit 1464 - 1472 sicherte sich der Markgraf im Vertrag zu Soldin 1466[35] und in den Prenzlauer Verträgen von 1469/72[36] den Oberlehnsanspruch. Als Bogislaw X. 1478 die alleinige Regierung im nunmehr vereinigten Herzogtum übernahm, erkannte er aus Opportunitätsgründen die Ansprüche der Hohenzollern an, um sie 1493 im Zusammenhang mit der Reichsreform im Vertrag zu Pyritz[37] gegen die Reichsfreiheit einzutauschen. Aber weder die brandenburgischen noch die Reichsansprüche änderten an der Rechtsstellung der pommerschen Herzöge am Ende des 15. Jahrhunderts etwas. Für die Standesauffassung und den Selbstwert der Fürsten war es wohl doch nicht ohne Wert, dem Reichsfürstenstand anzugehören. Dies klingt aus den Worten der Herzogin Margaretha in einem Brief vom 4. Juli 1479 an den Kurfürsten von Sachsen an: »*Wennen, lieber her und omhe, das ist yn ein sweres, das ein forste von dem an-*

dern zal lehn entfangen, denn es were denn eyn keyser oder konigk. Lieber ohme, bedenckt es selber, wen ir solt von den marggraven ein lehen entfangen.«[38]
Die Beziehungen der pommerschen Fürsten zum Reich vom 13. bis zum 15. Jahrhundert wurden vor allem durch dessen Beziehungen zu Dänemark nach außen und zur Mark Brandenburg bestimmt. War das Herzogtum Pommern aus der Sicht des Reiches zunächst ein Geschenk an die Markgrafen zur Mitte des 13. Jahrhunderts für ihr Wirken im Reichsnorden, so wurde es seit dem letzten Viertel des Jahrhunderts zu einem Spielball der königlichen Politik gegenüber den Großen des Reiches. Die Schwächung der markgräflichen Position nach dem Aussterben der Askanier 1319 und die allmähliche Formierung territorial-fürstlicher Gewalt auch im Herzogtum Pommern spielten eine große Rolle bei der erneuten Aufnahme der pommerschen Fürsten in den Reichsfürstenstand. Das Streben nach dem Reichsfürstenstand ist im Zusammenhang zu sehen mit der Formierung des Kurfürstenkollegiums und der Tendenz, die territorialfürstliche Gewalt auch in anderen Fürstentümern zu stärken. Hemmend wirkte sich auf diese Entwicklung die lehnsstaatliche Struktur aus, die allmählich und seit dem 15. Jahrhundert verstärkt ständestaatlich durchgesetzt wurde. Die vielfachen Teilungen seit 1295 taten ein übriges, die eigene Position zu schwächen. Pommersche Herzöge waren selbst oder mit ihren Vertretungen auf Hof- und Reichstagen und anderen Formen königlich geleiteter Reichsversammlungen nur selten präsent. Persönliche und verwandtschaftliche Beziehungen zwischen Königshaus und pommerscher Herrscherdynastie gab es zu dem Wittelbacher Ludwig dem Bayer, zu den Luxemburgern Karl IV., Wenzel und Sigismund und zu Ruprecht von der Pfalz. Als Zeugen tauchten die Herzöge in königlichen Urkunden selten auf, an den königlichen Handlungen sind sie wohl nur unter Karl IV. beteiligt gewesen. Die übrigen mittelbaren Kontakte in ihrer reichsunmittelbaren Zeit betrafen Schiedssprüche, Achtserklärungen, Garantieerklärungen, Reichsmandate und die Besetzung des Bistums Kammin. Die Lehnsabhängigkeit Pommerns vom Reich blieb wie jene von der Mark eine formale. Der Treueschwur der Herzöge hielt sie nicht davon ab, Bündnisse mit den Königen von Dänemark und Polen zu schließen, die die Interessen des Reiches unberührt ließen. Das Reich hingegen kümmerte sich nur wenig um die Rechtssicherung seines Vasallen gegenüber dem Deutschen Orden und der Kurmark. Die Ohnmacht deutscher Zentralgewalt, im Reichsnorden schon seit 1214 eigentlich gegeben, offenbart sich hinsichtlich seiner Beziehungen zum Herzogtum Pommern eindeutig. Auch die wittelsbachischen und luxemburgischen Bemühungen um Pommern sind nicht Reichspolitik, sondern den dynastischen Interessen geschuldet. Dies konnte im 15. Jahrhundert bei den pommerschen Herzögen nur noch wenig Energien entwickeln, als die Kurmark gegen des Reiches Rechte auftrat. Bogislaw X. gab zunächst den Hohenzollern und dann den Habsburgern den Vorzug. Aus konkurrierenden Rechtsverhältnissen wurden zum großen Teil Scheinrechte. Die fürstliche Souveränität im eigenen Land ließ lehnsherrliche Eingriffe in innere Angelegenheiten nicht mehr so zu.
Die Lage des pommerschen Herzogtums entlang der südlichen Ostseeküste prädestinierte seine Herrscher sowohl dazu, Mittelmänner zu den nördlichen Ländern Europas zu sein als auch den Reichsschutz mit zu gewährleisten. Dem ersten

Das Herzogtum Pommern, das Reich und Dänemark

dänischen Angriff unter König Knut VI. und König Waldemar II. von Dänemark mußte sich Pommern beugen. Von 1185 bis 1227 waren die Herzöge dänische Königsvasallen. Das Reich hatte unter König Friedrich II. 1214 die nordelbischen Gebiete aufgegeben, jedoch fühlten sich diejenigen norddeutschen Fürsten, die die bisherige deutsche Ostexpansion in ihrer zweiten Phase getragen hatte, dadurch hintergangen. König Waldemar II., aus dem Arrest der Schweriner Grafen entlassen, sah sich 1227 bei Bornhöved einer Koalition von norddeutschen Fürsten und Städten gegenüber. Die wendischen Städte unter Führung Lübecks sollten im pommersch-dänischen Verhältnis noch des öfteren eine gewichtige Rolle spielen. Die eigentlichen Sieger waren neben den Städten Lübeck und Hamburg vor allem die askanischen Markgrafen. Deren Einfluß suchten die Hansestädte und die norddeutschen Fürsten, unter ihnen die pommerschen Herzöge, einzudämmen. Der 1283 zustandegekommene Rostocker Landfrieden ist dafür ein Beispiel. In den Auseinandersetzungen mit dem dänischen König Erik Menved zu Beginn des 14. Jahrhunderts standen die pommerschen Vasallen treu bei ihrem Lehnsherren. Auch hier spielten die Interessen der größeren Städte eine nicht unwesentliche Rolle. In der Regierungszeit König Christophs II. bildeten sich engere pommersch-dänische Beziehungen heraus, die 1324 in einem Bündnis gipfelten. Das rügische Erbe und die dänischen Wirren verschlechterten aber bald das Verhältnis. Hinzu kam eine Annäherung des dänischen an das deutsche Königshaus. König Ludwig hatte zwar 1327 unter Verschweigen dänischer Rechte das Fürstentum Rügen einem hennebergischen Grafen verliehen, doch 1338 weilte Prinz Waldemar am markgräflichen-wittelsbachischen Hof.

Das dänische Interesse an Rügen erlosch trotz der Gesamthandbelehnung der pommerschen Herzöge durch Kaiser Karl IV. einschließlich des Fürstentums Rügen nicht. Der gemeinsame Gegensatz zu Mecklenburg vereinte Waldemar IV. mit den Stettiner Herzögen, während sich die Wolgaster aus diesem Konflikt heraushielten. Diese suchten die Nähe Markgraf Ludwigs, während die Stettiner wiederum mit Waldemar IV. ihre eigenen Interessen während der Wirren um den falschen Waldemar verfolgten. Die Waldemarskriege der sechziger Jahre des 14. Jahrhunderts beschäftigten nicht nur die Städtehanse, sondern insbesondere auch die pommerschen Fürsten. Sie waren vor allem in dänischen Diensten zu finden. Dies war unter anderem durch die Tatsache bedingt, daß seit 1363 die mecklenburgischen Interessen an der schwedischen Krone Gestalt angenommen hatten. Der Gegensatz der Herzöge zu ihren Städten - Stralsund, Greifswald, Stettin, Demmin, Anklam und Kolberg - in dieser Zeit hat seinen Ursprung in ihrer Kontrastellung zu Waldemar IV. Der Stralsunder Frieden schloß auf dänischer Seite die pommerschen Fürsten mit ein. Auch unter Margaretes Regentschaft für Olaf in Norwegen und Dänemark blieben die Beziehungen eng. 1376 schloß man ein Bündnis. Der Höhepunkt pommerscher Repräsentanz, Verstrickung und Einflusses in Dänemark ist dann unter König Erich von Pommern, Sohn Wartislaws VII. von Pommern-Stolp, eingetreten. Kronprätendent seit 1388, übernahm er die Regierung erst nach dem Tod Margaretes 1412, nachdem in seiner Person die drei nordischen Reiche in der Kalmarer Union von 1397 vereinigt worden waren. Seit dem Ende des 14. Jahrhunderts ist ein verstärkter Zuzug pommerscher Adliger in dänische Dienste zu verzeichnen. Der rügische Adel baute seine Position aus. Erich von Pommern war sehr bemüht, den Adel und die deutschen Bürger in den Städten heimisch zu machen. In seiner Regierungszeit vollzog sich die Hinwendung zur Dänisierung von Handel und Gewerbe und auch in der Politik. Die Auseinandersetzungen mit der Städtehanse in den zwanziger und dreißiger Jahren des 15. Jahrhunderts stehen dafür. 1423 band Erich die pommerschen Herzöge direkt noch in einem weiteren Vertrag zusammen mit dem Deutschen Orden an sich. Die folgenden Jahre ließen die Herzöge sich erneut zu ihren Städten in Widerspruch bringen, da seit 1426 die wendisch-dänische Auseinandersetzung die Ostsee in beständiger Unruhe hielt. König Erich trat 1436 als Vermittler im Streit zwischen den Herzögen und dem Bischof von Kammin auf. Der Vertrag von 1356 wurde erneuert und hinsichtlich der Kompetenzabgrenzung in Rechtsfragen erweitert.

Das pommersche Verhältnis zu Dänemark war auch geprägt durch die Zugehörigkeit der Insel Rügen zur Diözese Roskilde. Ferner vertraten die Fürsten vom 13. bis zum 15. Jahrhundert auch städtische Interessen in Dänemark. Die Repräsentanz der vorpommerschen größeren und der kleineren hinterpommerschen Kommunen auf den schonischen Märkten ist hier zu nennen wie auch die Privilegienpolitik gegenüber den hansischen Schwesterstädten.

Das dänische Interesse an Pommern lag in der dänischen Süd- und Ostexpansion begründet. Nach dem Verlust der eigenen unmittelbaren Herrschaft über Pommern suchte Dänemark durch geschickte Koalierung stets den 1214 und 1304 von deutschen Reichsoberhäuptern verbrieften Oberherrschaftsanspruch durchzusetzen. Das rasche Eindringen der Ware - Geld - Wirtschaft und damit die große Bedeutung des städtischen Elements im norddeutschen Raum setzte nicht nur den einheimischen Fürsten Machtgrenzen, sondern begrenzte auch dem dänischen Königtum die Einflußmöglichkeiten. Die Herzöge nutzten in der Zeit luxemburgischer Königsherrschaft die engen Beziehungen zum König, um eigene Interessen durchzusetzen. Für Pommern blieben die Beziehungen zu Dänemark nach der Schlacht bei Bornhöved wie auch diejenigen zu Polen ein wichtiges Druckmittel gegen markgräfliches Vordringen. Die politischen Wirren, die sich durch den Tod König Erich Menveds von Dänemark und Markgraf Waldemars 1319 auftaten, wurden durch die pommerschen Herzöge genutzt, um sich dem Reiche erneut direkt in die Arme zu werfen. Die unsichere Position des Markgrafen Ludwig und des Königs Waldemar IV. in Dänemark in den vierziger Jahren taten ein übriges.

Überblickt man nun die aufgezeigten politischen und verfassungsrechtlichen Verhältnisse in der pommerschen Geschichte des 13. - 15. Jahrhunderts bis zur Regierungszeit Bogislaws X., so muß das Dasein des Herzogtums im politisch-rechtlichen Ensemble des Reiches gekennzeichnet werden als ein

- beständig durch die Markgrafen von Brandenburg bedrängtes,
- vom dänischen Königshaus gestütztes,
- vom polnischen Königtum umworbenes,
- vom Deutschen Orden ausgenutztes,
- von den Mecklenburgern geschmähtes,
- vom Reich beständig gebrauchtes,
- von den deutschen Königen des Spätmittelalters gehobenes,
- von den Landständen gebeuteltes,

- sich selbst beständig teilendes und dadurch schwächendes Fürstentum. Die ursprüngliche lehnsstaatliche Struktur wandelte sich unter dem Einfluß der wirtschaftlichen Macht der Städte zur frühen ständestaatlichen Struktur. Unter Bogislaw X. wurden die Ansätze zur territorialstaatlichen Ämterverfassung und -verwaltung weitergeführt. Das Herzogtum Pommern erwarb sich unter Herzog Bogislaw X. einen geachteten Platz unter den Reichsterritorien in der Übergangszeit vom Spätmittelalter zur frühen Neuzeit. Im Gefolge der Reformation und der ersten Teilungen im 16. Jahrhundert gewannen ständestaatliche Tendenzen gegenüber territorialfürstlichen erneut die Oberhand.

Literaturhinweise:

F.W. Barthold, Geschichte von Rügen und Pommern, Hamburg 1839-45.

O. Eggert, Dänisch-wendische Kämpfe in Pommern und Mecklenburg 1157-1200, in: Baltische Studien, N.F. 30.

P. Gäthgens, Die Beziehungen zwischen Brandenburg und Pommern unter Kurfürst Friedrich II. 1440-70, Altenburg 1890.

K. Hamann, Die Beziehungen Rügens zu Dänemark von 1168 bis 1325, Diss. Greifswald 1933 (Greifswalder Abhandlungen zur Geschichte des Mittelalters 4).

H. Heyden, Kirchengeschichte Pommerns, Bd. 1, 2. Aufl., Köln 1957.

A. Hofmeister, Genealogische Untersuchungen zur Geschichte des pommerschen Herzogshauses, Greifswald 1938 (Greifswalder Abhandlungen zur Geschichte des Mittelalters Bd. 11).

W. Jnncker, Der Kampf um die vorpommersche Ostseeküste zur Zeit Erich Menveds von Dänemark und Waldemars von Brandenburg, Diss. Greifswald 1921.

D. Lucht, Die Außenpolitik Herzog Barnims I. von Pommern, in: Baltische Studien N.F. Bd. 51/1965, S. 15 ff.

K. Maß, Pommersche Geschichte, Stettin 1899.

J. Petersohn, Der südliche Ostseeraum im kirchlich-politischen Kräftespiel des Reichs, Polens und Dänemarks vom 10-13. Jahrhundert, Köln-Wien 1979 (Ostmitteleuropa in Vergangenheit und Gegenwart Bd. 17).

Derselbe, Pommerns staatsrechtliches Verhältnis zu den Nachbarmächten im Mittelalter, in: Die Rolle Schlesiens und Pommerns in der Geschichte der deutsch-polnischen Beziehungen im Mittelalter, Braunschweig 1980.

F. Rachfahl, Der Ursprung des brandenburgisch-pommerschen Lehnsverhältnisses, in: Forschungen zur brandenburgischen und preußischen Geschichte V, S. 403 ff.

Derselbe, Der Stettiner Erbfolgestreit(1464-1472). Ein Beitrag zur brandenburgisch-pommerschen Geschichte des 15. Jahrhunderts, Breslau 1890.

M. Spahn, Verfassungs- und Wirtschaftsgeschichte des Herzogtums Pommern von 1478-1625, Leipzig 1896.

M. Wehrmann, Geschichte von Pommern, Bd.1, Gotha ²1919 und Bd. 2, Gotha ²1921.

Derselbe, Genealogie des pommerschen Herzogshauses, Stettin 1937 (Veröffentlichungen der

Historischen Kommission für Pommern, Reihe I, Bd. 5).

K. Wriedt, Die kanonischen Prozesse um die Ansprüche Mecklenburgs und Pommerns auf das Rügische Erbe 1326-1348, Köln-Graz 1963 (Veröffentlichung der Historischen Kommission für Pommern, Reihe V, Heft 4).

F. Zickermann, Das Lehnsverhältnis zwischen Brandenburg und Pommern im 13. und 14. Jh. in: Forschungen zur brandenburgischen und preußischen Geschichte IV/1891, S. 1 ff.

[1] Baltische Studien N. F. Bd. 3, 1899, S. 166 f.
[2] Zum Zusammenhang vgl.: H. Wernicke, 1348 - Karl IV., Pommern und Mecklenburg - Reichspolitik und Nachbarschaft im Konflikt, in: Agrargeschichte, Heft 23 (1990), S. 30 ff.
[3] Pommersches Urkundenbuch, 2. Auflage, bearb. v. Kl. Conrad, Bd. I,1 Nr. 512 f. , Köln - Wien 1970.
[4] Ebenda, Nr. 164.
[5] Ebenda, Nr. 218 zum 24. 9.
[6] Ebenda, Nr. 232 zum 17. 11. 1225.
[7] Ebenda, Nr. 279.
[8] Ebenda, Nr. 334.
[9] PUB, Bd. II, Nr. 1266.
[10] PUB, Bd. II, Nr. 1312.
[11] Ebenda, Bd. III, Nr. 1729 zum 1. 7. und Nr. 1730 zum 12. 7.
[12] Ebenda, Bd. III, Nr. 1914 zum 26. 11.
[13] PUB, Bd.V., Nr.3149/50.
[14] Ebenda, Nr. 3391.
[15] Ebenda, Nr. 3431.
[16] PUB, Bd. VI., Nr. 3704.
[17] Ebenda, Nr. 3868.
[18] PUB, Bd. VII, Nr.4395/96.
[19] Ebenda, Nr. 4361.
[20] PUB, Bd. VIII, Nr. 4853,; Bd. VII, Nr. 4587 zum 18. 9. 1330 das Ansuchen der Herzöge.
[21] Ebenda, Nr.5073/74.
[22] PUB, Bd.X, Nr. 5478.
[23] Ebenda, Nr. 5590.
[24] PUB, Bd. X., Nr. 5654.
[25] PUB, Bd. VII, Nr. 4293.
[26] Lübisches Urkundenbuch, Bd. III, Nr. 645.
[27] Wehrmann, Bd. I, S. 178.
[28] Geschichte des Geschlechts von Zitzewitz mit Urkundenbuch, 1900-1928, Bd. 2, Nr. 16.
[29] Wehrmann, Bd. I, S. 189.
[30] Hansisches Urkundenbuch, Bd. VI, Nr. 170.
[31] Wehrmann, Bd. I, S. 191.
[32] Hanserezesse, I. Abt. , Bd. /, Nr. 625-628.
[33] Wie Anm. 28, Nr. 25.
[34] Wehrmann, Bd. I, S. 191 f.
[35] Ebenda, S. 215 ff.
[36] Ebenda, S. 218 ff.
[37] Ebenda, S. 247.
[38] Codex diplomaticus Brandenburgensis, Bd. II, 5, S. 29.

Die Siegel und die Bildung des Wappens der Stadt Demmin seit der Mitte des 14. Jahrhunderts bis 1648

von
Kazimierz Bobowski

5. Demminer Kolloquium zur Geschichte Vorpommerns am 17. Oktober 1987 unter dem Tagungsthema: »Pommersche Geschichte zwischen 1370 und 1648«

Die Darstellung des Problems der Siegelentwicklung und der Wappenbildung der Stadt Demmin in der Periode von der Mitte des 14. Jahrhunderts bis zum Westfälischen Frieden ist ohne gekürzten Evolutionsabriß dieser äußeren Gepräge des Rechtsstatus' der Stadt im Bereich des Westpommerschen Staatswesens seit dem Anfang seiner Geschichte nicht möglich. Im Zusammenhang damit muß dem vom Titel sich ergebenden Inhalt eine gekürzte Analyse der zu erforschenden verfassungsrechtlichen Erscheinungen vor der Mitte des 14. Jahrhunderts vorangehen. Ein Vortrag zu diesem Thema soll auch mit einer Besprechung der fundamentalen Entwicklungslinien der Stadt überhaupt in Eintracht sein.

Demmin verdankte seine Entwicklung am Anfang der feudalen Epoche in Pommern (die 2. Hälfte des 12. Jahrhunderts und die 1. Hälfte des 13. Jahrhunderts) der hauptstädtischen Funktion im Rahmen eines der westpommerschen Fürstentümer in der Zeit vom letzten Drittel des 12. Jahrhunderts bis 1264. Die ersten Nachrichten über Demmin sind in der zweiten Hälfte des 11. Jahrhunderts von Adam von Bremen überliefert worden, welcher dessen Lage bei einer wichtigen Landstraße unterstrich, die die Elbemündung mit der Odermündung[1] verbindet.

Die Demminer Burg ist im Lichte von archäologischem Material im Dreieck von Tollense und Peene um die Wende des 10./11. Jahrhunderts entstanden, obwohl die Beendigung ihres Baues wahrscheinlich erst gegen Ende des 11. Jahrhunderts stattfand. H. Bollnow datiert die Entstehung der als »Haus Demmin« bestimmten Burg für das Jahr ungefähr 1100[2] (sie wurde in der Zeit des 30jährigen Krieges im Jahre 1631 vernichtet[3]). Es ist eine wichtige Kastellanburg gewesen, in der nach der Meinung von H. Dannenberg die älteste Burgmünze schon seit 1180 funktionierte[4]. Die Stadtlokation nach dem Lübecker Recht fand möglicherweise schon einige Jahre vor 1248[5] statt. Unter diesem Datum ist nämlich Demmin zum ersten Mal in den Quellen als »civitas« erwähnt worden. Eine, den Dimensionen nach nicht große Kastellanburg, welche sich nach den Angaben aus den archäologischen Ausgrabungen rekonstruieren läßt, konnte mit Mühe einen Hof des Residenzfürsten Wartislaw III. umfassen. Es kann angenommen werden, daß die Lokation mit Sicherheit eine Gelegenheit zum Bau einer größeren Schloßresidenz bildete, und zwar zusammen mit einem

Ausbau und mit einer Verstärkung des Wehrmauernsystems, da derartige Praxis sich quellenmäßig in Bezug auf andere Städte im Westpommerschen Staat in Zusammenhang mit ihrer Lokation auf dem Deutschen Recht bestätigen läßt. Die Wehrmauern umfaßten als Ergebnis des Ausbaues in der ersten Hälfte des 13. Jahrhunderts rund fünf Stadttore [6]. Ein bedeutender Ausbau der Stadtwehrmauern ist im Jahre 1547 getan worden, als sie mit einem Wall und mit einem Graben verstärkt worden sind.

Eine sorgfältige Komplexanalyse der urkundlichen Quellen aus dem Gebiet des ganzen Westvorpommern berechtigt zum Datieren der Anfänge der Tätigkeit der Stadtkanzlei oder wenigstens der Institution des Ratsschreibers seit ungefähr dem sechsten Jahrzehnt des 13. Jahrhunderts. Im Lichte der Vergleichsanalyse des Formulars konnte der Brief des Stadtrates von Demmin von 1265 an die Ratsherren von Stralsund (Mecklenburg-Vorpommern, Deutschland)[7], welcher das früheste Tätigkeitszeugnis der Kanzlei von Demmin bildet, für diese Zeit bestimmt werden. Diese für die Stadtgeschichte wichtige Quelle wurde mit dem schon damals existierenden ältesten Stadtsiegel bestätigt. Es war ein rundes Siegel mit einem Durchmesser von 78 mm. Die lateinische, aus den schönstilisierten Buchstaben der Unzialmajuskel zusammengesetzte Umrandungsschrift lautete: »*SIGILLUM CIVITATIS DEMIN*«[8]. Ein Hauptelement des Reliefs des Siegelfeldes bildet ein Wehrschloß mit zwei scharfspitzigen zweistökkigen Türmen, welche von unten mit einer Zinnenmauer mit einem breiten Tor und zwei engen Eingängen für Fußgänger an seinen beiden Seiten verbunden ist. Es ist ein Gitter sichtbar, welches das offene Mitteltor schützt, und auch die breit geöffneten Flügel dieses Tores. Beide Türme sind mit vereinzelten Lilienblumen verziert. Zwischen diesen Türmen, über der Schloßzinnenmauer, ist von oben quer (tranché) ein Schild mit Abbildung des emporstehenden pommerschen Greifen gelegen; der Greif ist nach rechts gewandt. Die Anwendung des heraldischen Zeichens der pommerschen Fürsten scheint auf die Entstehung des Stempels dieses Siegels noch in der Zeit der Regierung des Demminer Fürsten Wartislaw III., also noch vor 1264, zu zeigen. Der Schild ist mit einem Kübelhelm bedeckt, der mit einem Wappenkleinod in Gestalt eines Bündels von Pfauenfedern geschmückt ist.

Viele Dokumente und Briefe des Stadtrates von Demmin aus der zweiten Hälfte des 14. Jahrhunderts (die u. a. im Vorpommerschen Landesarchiv Greifswald aufbewahrt werden) sind mit einem, sicherlich um die Mitte jenes Jahrhunderts verfertigten Stempel des kleinen, sog. geheimen Siegels mit einem Durchmesser von 38 mm bestätigt worden. Seine aus den Buchstaben der unzialgotischen Majuskel zusammengesetzten Legende lautet: »*SECRETUM DE DEMIN*«. Das architektonische Motiv ist in der identischen Form und Komposition vom Stadthauptsiegel entlehnt worden, welches seit ungefähr der Hälfte des 13. Jahrhunderts gebraucht wurde. Dagegen ist an der Stelle des heraldischen Wappens der pommerschen Fürsten (der Schild mit dem Greif) nur der Helm allein untergebracht, der mit fächerförmig auseinandergefalteten Pfauenfedern bedeckt ist. Diese ziemlich charakteristische Änderung des Siegelwappens ist durch die Notwendigkeit verursacht worden, seinem Inhalt eine realere Form zu geben, da Demmin ein Sitz des pommerschen Fürsten nicht mehr war.

Im Jahre 1535 ist ein neues rundes Siegel des Stadtrates mit einem Durchmesser von 37 mm verfertigt worden, und zwar mit der abgekürzten Legende: »*SGIL CIVI DEMMINI ANNO 1535*«[9], in dessem Felde wieder ein Schild erscheint, an dem der pommersche, nach links zugewandte Greif sich befindet; dieser Schild ist zwischen zwei einzelnen Türmen untergebracht, welche ein wichtiges Element des Wehrsystems der Stadt darstellten. Den Grundsätzen der mittelalterlichen Heraldik gemäß symbolisierte dieses architektonische Motiv die Stadt und ihre Stellung im Bereich des 1478 vereinigten westpommerschen Staates, nicht aber das Bild der damals wirklich existierenden Wehrmauern von Demmin, in denen sich mehrere Tore und anderer wichtige Elemente befanden, die bald sehr ausgebaut und sehr verstarkt wurden (in 1547)[10]. Eine wichtige Komponente des ikonographischen Bildes des Siegels des 16. Jahrhunderts war ein Wappen der fürstlich pommerschen Dynastie, welcher an den ehemaligen hauptstädtischen Status von Demmin im Westpommerschen Fürstentum erinnerte. Dieses Zeichen drückte sicherlich ein größeres politisches Programm aus. Indem es der Verstärkung des Ansehens der Stadt diente, welche ein Träger des Wappens mit einer so vorzüglichen Komposition war, knüpfte es an das Programm der Herrscher des vereinigten Westpommerschen Fürstentums an, welches der Verstärkung dieses politischen Organismus und der Erhaltung seiner vollen politisch-rechtlichen Souveränität sowie gleichzeitig der Gestaltung des Gefühls der Staatseinheit inmitten der pommerschen Gesellschaft diente.

Im Jahre 1610 ist in die Kanzleipraxis der Stadt Demmin ein neues Siegel mit einem Durchmesser von 30 mm eingeführt worden, dessen lateinische Umrandungslegende lautete: »*SIGILLUM CIVITATIS DEMMINI AO 161*«[11]. Die Ikonographie dieses Siegels unterscheidet sich ein wenig vom Bilde des vorigen. Beide Türme sind unten mit einer torlosen Mauer verbunden, in der es auch an anderen wichtigen Elementen des städtischen Wehrmauernsystems mangelt. Im Mauerabschnitt zwischen den Türmen befindet sich der emporstehende nach rechts gewandte pommersche Greif.

Das Wappen der Stadt Demmin unterlag vielfältigen Modifizierungen vom 14. bis zum 17. Jahrhundert. Schon am Anfang dieser Periode wies sich die Stadt wechselweise mit dem Zeichen einer einzelnen Lilie[12], oder mit einem Wappen mit dem Greif im Schilde und der Abbildung des Pommerschen Helmes über dem Schild aus[13]. Das von der Pflanzenwelt (Lilienblume) genommene Motiv symbolisierte im Mittelalter am häufigsten die Machtmajestät und ihre Erhabenheit, es unterstrich also einen ausnahmsweise hohen Rang der Stadt im Umkreis der feudalen Sozialordnungsstrukturen, innerhalb derer diese Stadt während beinahe eines Jahrhunderts ein Sitz der obrigkeitlichen Fürstenmacht gewesen ist.

Das Wappen in seiner jetzigen Form hat in der Zeit der Spitzenentwicklung der mittelalterlichen Ritterheraldik (13.-14. Jahrhundert) keine Aufnahme gefunden; es läßt sich erst um die Wende des Mittelalters und der Neuzeit bestätigen. Amtlich ist es erst im Jahre 1659[14] eingeführt worden, das heißt in dem Jahr, in dem Schweden gezwungen war, die Stadt an Brandenburg zu übergeben.

Indem man den Inhalt bewertet, den dieses Wappen darstellt, muß man stark betonen, daß er im Ganzen auf dem Bilde des ältesten, wenigstens seit den letzten Jahren der Herrschaft auf der Burg »Haus Demmin« des pommerschen Fürsten Wartislaw III. gebrauchten Siegels aufbaut. In seiner Symbolik drückte man Reminiszenzen an die Glanzzeit der Stadt aus, welche sich des Status' einer Hauptstadt erfreute. Das architektonische Motiv, das vielleicht in einer realen Weise das Objekt eines Wehrschlosses des 13. Jahrhunderts symbolisierte, stellte gemäß dem Erschaffer dieser Komposition des Wappens die ehemalige Stellung der Stadt dar. Die typischen Elemente des Wehrmauernsystems (Schlösser mit den Fragmenten von Zinnenmauern, Türmen, Toren und dergleichen) bildeten am meisten anerkannte, in der mittelalterlichen Stadtheraldik angewandte Symbole. Ein stilisierter heraldischer Greif in einem zwischen zwei Türmen hängenden Schilde ergänzte vortrefflich eine informatorisch-propagandistische Aussage neben dem angewandten architektonischen Motiv.

Insgesamt knüpfte das Demminer Wappen in seiner ganzen Komposition an die glänzendste Zeit in der Stadtgeschichte an. Eine so komponierte Symbolsprache im Wappen von Demmin drückte einen tiefen Inhalt aus, welcher dem Willen seines Erschaffers nach gewiß bei den Stadtbewohnern ihr Zugehörigkeitsgefühl zu einer Gemeinschaft bilden sollte, die einen entfernten und zugleich so vorzüglichen Geburtsschein gehabt hat. Die Berücksichtigung der ihre pommersche Abstammung unterstreichenden Symbole durch den neuen Stadtvater läßt sich für diese Zeitperiode erklären, da es noch an vollen Anzeichen einer politischen Stabilisierung gerade in diesem Gebiet mangelte. Der in der Komposition dieses Wappens dargestellte propagandistisch-politische Inhalt konnte von den Brandenburgern approbiert werden, denn in ihrem Verständnis konnte ein solcher Gedankenstereotyp funktionieren, in dessen Rahmen das mittelalterliche Staatswesen als ein im allgemeinen in der öffentlich-rechtlichen Hinsicht von Brandenburg abhängig gemachter Organismus behandelt werden konnte. Also das Unterstreichen des pommerschen Geburtsscheines der Stadt Demmin angesichts Schweden bedrohte nicht das Programm ihrer engeren Verbindung mit der Mark.

Die Stadtwappen sind immer noch lebendig, was umso erstaunlicher ist, als der praktische Zweck des Wappens und die gesellschaftliche Grundlage seiner Entstehungszeit längst überholt sind. Die Stadtwappen können dem geschichtsbewußten Menschen unserer Zeit dienen. Sie dienen als Geschichtsquellen, um auf Fragen nach Politik, Stadtherrschaft, Wirtschaft, Ideologie usw. Auskunft zu geben. Sie sind traditionsbeladene Symbole historischer Individualitäten.

Sie sind Zeichen für die Verwurzelung unserer Gegenwart in der Vergangenheit.

[1] Adam Bremensis, Gesta Hamaburgensis ecclesiae pontificum, ed. B. Schmeidler, Scriptores Rerum Germanorum, Hannover-Leipzig 1917, L.II, c. 21.

[2] H. Bollnow, Die deutschen Anfänge Demmins, »Monatsblätter der Gesellschaft für Pommersche Geschichte und Altertumskunde«, Bd. 50, 1936, S. 77.

[3] Lexikon Städte und Wappen der DDR, hg. H. Göschel, Leipzig 1979, S. 84.

[4] H. Dannenberg, Münzgeschichte Pommerns im Mittelalter, Berlin 1893, S. 26-27.

[5] Pommersches Urkundenbuch /weiter Kürzung PUB/, Bd. I, bearb. und hrsg. von R. Klempin, Stettin 1868, S. 362, Nr. 467.

[6] S. Lexikon Städte und Wappen ..., S. 84.

[7] S. PUB, Nr. 789

[8] Lackabdruck dieses Siegels in der Sammlung von Siegelabdrücken im Staatsarchiv in Stettin, I/293.

[9] Ibidem, Nr. I/295.

[10] S. Anm. 6.

[11] Nachzeichnung dieses Siegels in der Sammlung von Oelrichs/Siegelnachzeichnungen/, Staatsbibliothek Berlin, Handschr. Abt., Demmin - Städtische, Nr. 5.

[12] S. Lexikon Städte und Wappen ..., S. 84.

[13] S. O. Hupp, Wappen und Siegel der Deutschen Staedte, 2 Heft: Pommern, Posen und Schlesien, Frankfurt am/M. 1898, S. 8.

[14] Lexikon Städte und Wappen ..., S. 84.

Zur Münzgeschichte Vorpommerns

von
Heinz Großkopf

5. Demminer Kolloquium zur Geschichte Vorpommerns am 17. Oktober 1987 unter dem Tagungsthema: »Pommersche Geschichte zwischen 1370 und 1648«

Es war schon lange mein Wunsch, an diesen Veranstaltungen zur Geschichte Vorpommerns teilzunehmen, aber leider kam es immer zu Terminüberschneidungen mit bezirklichen numismatischen Veranstaltungen. Auch heute findet in Neubrandenburg die erste Jugend-Bezirksmünzausstellung statt und als Leiter des Jurywesens im Bezirksfachausschuß wäre mein Platz dort gewesen. Im Vorjahr hatte ich jedoch dem Bundesfreund Quadt diesen Beitrag zur Münzgeschichte Vorpommerns vorgeschlagen und wollte das auch unbedingt wahrnehmen, da die numismatische Erforschung und Publikation oft in den Hintergrund tritt.

Daher freue ich mich, mit meiner Ausstellung und diesem Beitrag von diesem speziellen Teil unserer Heimatgeschichte berichten zu können. Wenn Sie die Ausstellungsobjekte aufmerksam betrachtet haben, konnten Sie einen großen Überblick zur Münzgeschichte Vorpommerns von den Anfängen im 12. Jahrhundert bis zum Ende eigener Prägungen, nach der Eingliederung Neuvorpommerns in den preußischen Staat 1815, gewinnen.

Beide Austellungsobjekte sind in den Bezirksfachausstellungen 1981 und 1985 mit je einer Goldmedaille ausgezeichnet worden, und waren für die Zentrale Münzausstellung im Januar 1987 in Berlin vorgeschlagen, die unter dem Motto »*Numismatik und Heimatgeschichte*« stand. Leider ist aber keine Einladung dorthin erfolgt - wahrscheinlich denkt man in Berlin eben anders als in Demmin.

Bevor ich nun zur Münzgeschichte Vorpommerns komme, möchte ich einige Sätze zur Währungssituation des Mittelalters in Deutschland sagen und einige numismatische Begriffe erläutern, die immer wieder auftauchen werden:

Im Heiligen Römischen Reich Deutscher Nation herrschte im ausgehenden 15. Jahrhundert ein so kompliziertes und vielfältiges Münzwesen, daß dieses für den sich weiträumig entwickelnden Handelsverkehr sehr hinderlich war. Münzprägungen wurden nicht allein wie früher von den Reichsfürsten durchgeführt, sondern es waren unzählige kleine weltliche und geistliche Herren und viele Städte münzberechtigt. Es entstanden örtlich die unterschiedlichsten Währungen und Nominale, deren Gewicht und Silbergehalt oft so verringert waren, bzw. so voneinander abwichen, daß es dem einfachen Mann unmöglich war, den tatsächlichen Wert festzustellen. Bei den damali-

Heinz Großkopf

Denar (Pfennig) Ø 17 mm Bogislaw II. und Kasimir II. aus einem Fund, der 1195 vergraben wurde.

Hohlpfennig Demmin Ø 16 mm 13. Jahhundert

gen Münzen handelte es sich um sogenanntes Kurantgeld, d. h. der Metallwert einer Münze entsprach ihrem Nennwert. Die Kaufleute mußten eingehende, aufwendige Prüfungen vornehmen, um eine Verrechnung der einzelnen Währungen vornehmen zu können. Regionale Münzvereinbarungen sollten Hilfe bringen. Spezielle Münzwechsler zogen von Markt zu Markt, um mit Waage und Strichbrett den Wert der einzelnen Münzen bestimmen zu können. Mit sogenannten Strichproben bestimmte man den Silbergehalt. Dazu wurden mit der Münze Abstriche auf einem Schieferbrett gemacht, die dann mit den Strichen von Probiernadeln mit feststehendem Feingehalt verglichen wurden. - Sicher eine ungenaue Methode. Nun zu einigen numismatischen Begriffen:
Es taucht im Zusammenhang mit der Pommerschen Münzgeschichte immer wieder der Name Dannenberg auf. Wer war das?
Hermann Dannenberg (1824-1905) war in Berlin Landesgerichtsrat und hat sich als Numismatiker um die Erforschung des mittelalterlichen Münzwesens große Verdienste erworben. 1878-1893 war er Vorsitzender der Numismatischen Gesellschaft in Berlin, Mitbegründer der Zeitschrift für Numismatik usw. Sein Werk *»Münzgeschichte Pommerns im Mittelalter«* ist unentbehrliches Standardwerk für dieses Gebiet.
Es tauchen immer wieder Münznominale auf, die heute nicht mehr geläufig sind. In unserem norddeutschen Gebiet kannte man bis Ende des 14. Jahrhunderts nur Pfennigmünzen. Waren es anfangs noch sogenannte Dichtmünzen, die zweiseitig geprägt, Symbole und Schriftzeichen zeigten, so entstand im 13. Jahrhundert eine neue Münzsorte, die Hohlpfennige oder Brakteaten. Sie wurden aus dünnem Silberblech nur mit dem Oberstempel geschlagen. so daß das Münzbild auf der Rückseite negativ erscheint. Die Größe schwankt, regional verschieden, zwischen 14 und über 40 mm Durchmesser. In unserem Raum waren es *»stumme«* Münzen, d.h. ohne Schrift, mit primitiven Symbolen.
Als erstes größeres Nominal entsteht 1365 in Lübeck der *»Witten«*, der *»penningh van veer penninghen«*. Witten wird diese Münze wegen ihres hellen (silbrigen) Aussehens genannt.
Schilling, als Rechnungseinheit schon in der Münzreform Karls des Großen 780 genannt, wird als geprägtes Geld ab 1432 in Lübeck geschlagen und gilt 12 Pfennige. Doppelschillinge erscheinen ab 1468 und sind lange die ansehnlichsten Münzen in Norddeutschland.
»Große Pfennige« werden im pommerschen Münzbund von 1395 genannt, es sind dem Wert nach Sechslinge (6 Pf. = 1/2 Schilling). Dann gibt's noch Dreiling (3 Pf.) und Blaffert (2 Pf.). Ein Scherf ist 1/2 Pf.

Zur Münzgeschichte Vorpommerns

*Schilling 1492 Ø 20 mm 1,25 g Ag
aus der Münzstätte Gartz/Oder*

*Vinkenaugen Stettin 15. Jahrhundert
Ø 10 mm 0,22 g Ag*

Im Münzfuß ist festgelegt, wieviel Münzen aus der (Gewichts=) Mark zu schlagen sind und wie die Legierung beschaffen sein muß. Bei uns galt die Kölnische Mark = 233,86 g Feinsilber = 16 Lot.
Diese Erläuterungen sollten verdeutlichen, wie kompliziert das Münzwesen war, auch in Pommern. In der ersten Ausstellungsvitrine können Sie sehen, wieviele Münzstätten alleine in Vorpommern bestanden, und daran ermessen, wie dringend nötig eine Münzreform war. Ich möchte in diesem Beitrag aus der vorpommerschen Münzgeschichte zur Zeit Bogislaws X. berichten.
Wie dieser bedeutendste Pommernherzog die herzogliche Verwaltung in seinem Land straffte, so schuf er mit seiner Münzreform von 1489 eine bedeutende Neuordnung des Münzwesens. Außer Stralsund entzog er allen Städten das Münzrecht und regelte die herzoglichen Prägungen. Es wurden in Gartz/Oder bis 1492, in Damm bis 1499 Schillinge und Witten geprägt, danach nur noch in Stettin. Hier wurden bis 1524 Schillinge und Witten geschlagen, bis 1507 »*Bugslaver*« (Goldgulden) und Halb-Markstücke.
Im Rostocker Rezeß von 1504 verpflichtete sich Stralsund, nach des Herzogs Schrot und Korn zu münzen und den Hammer ruhen zu lassen, wenn er nicht münzte. - Das bedeutete das Ende des seit 1325 bestehenden Sundischen Münzfußes.

Die pommerschen Prägungen sollten den heimischen Geldbedarf decken, denn ihr Umfang war durch das Fehlen eigener Erzvorkommen nur begrenzt. So ist das Zustandekommen der ersten pommerschen Goldgulden typisch für die eigenen Prägungen.
Einer Anekdote nach soll das Münzgold livländischen und preußischen Kaufleuten abgenommen worden sein, da sie ihre Goldbarren als Pfeffer und Gewürz deklariert hatten. Dadurch war die Ausprägung der ersten Goldgulden gesichert, zu der Bogislaw X. in Innsbruck, nach seiner Fahrt ins Heilige Land, durch Kaiser Maximilian I. bevollmächtigt worden war.
Bei den pommerschen Goldgulden handelt es sich mehr um fürstliche Repräsentationsmünzen als um Zahlungsmittel. Dagegen sind in der Stettiner Münze zu Beginn des 16. Jahrhunderts Schillinge und Witten in solchen Mengen geschlagen worden, daß sie für mehrere Jahrzehnte neben ausländischen Münzen als Umlaufmittel genügt haben.
In seiner Münzordnung legt Bogislaw X. den rheinischen Goldgulden seiner Währung zu Grunde, dem derzeitigen Wert entsprechend zum Kurs von 3 Mark sundisch oder 1 1/2 Mark lübisch. Die Relation von 2 Mark sundisch = 1 Mark lübisch wurde feststehend und so schmelzen beide gewissermaßen zu einer Einheit zusammen. Diese übernimmt Bogislaw X. und geht, wenn er von Mark, Pfen-

nigen oder Schillingen spricht, stets von sundischer Währung aus.

Wenn ich vorhin regionale Münzverträge erwähnte, so möchte ich zwei hervorheben. Einmal den »*Wendischen Münzverein*«, der wohl für die Entwicklung des Münzwesens im ostelbischen Norddeutschland die größte Bedeutung erlangte. Von den Hansestädten Lübeck, Hamburg, Wismar und Lüneburg wurde er 1379 gegründet und regelte die Ausprägung der Witten, des »*penningh van veer penninghen*«, wie es im Originaltext heißt. Es war die erste Münze im Norden, deren Nominalwert größer war als ein Pfennig. Diesem wendischen Münzverein hatte sich 1381 Stralsund angeschlossen und es wurden hier Witten und Dreilinge nach lübischem Vorbild geschlagen.

Ein pommerscher Münzbund entstand 1395 zwischen den Städten Anklam, Greifswald und Stralsund, nach dem »*Große Pfennige*« geschlagen wurden. Dieser Münzvertrag wurde 1403 mit Rostock erweitert. Ein weiterer Münzvertrag dieser Städte entstand 1428 mit Demmin, Stettin und den Herzögen von Stettin und Wolgast.

Noch ein Wort zu einer typisch pommerschen Münzart, den »*Vinkenogen*«. Wie der Name Vinkenogen entstand, ist ungeklärt. Bartelt, der Verfasser der Stadtgeschichte von Ueckermünde, meint, »*daß der gemeine Mann den darauf dargestellten pommerschen Greif für einen Finken ansah*«, und die kleine, nur 10 mm große Münze daher so bezeichnete. Der lateinische Name ist »*vincones*« und vielleicht ist Vinkenogen nur die Verdeutschung dieses lateinischen Namens.

Wenn nach der Münzordnung Bogislaws X. auch keine Vinkenaugen, wie sie hochdeutsch bezeichnet werden, mehr geprägt werden sollten, so ließen sich diese Pfennigmünzen nicht so leicht verdrängen. Sie wogen nur durchschnittlich 0,26 g und der Silberanteil des Münzmetalls betrug nur 195/1.000. Noch nach 30 Jahren waren sie im Wolliner und Camminer Land im Umlauf, als »*alte Stettiner Münze*« zum Kurs von 4 Mark = 3 Mark sundisch.

Soweit ein Auszug aus der Münzgeschichte Vorpommerns.

Wenn Sie sich gründlicher informieren wollen, empfehle ich das Numismatische Heft Nr. 23, herausgegeben vom Bezirksfachausschuß Numismatik Neubrandenburg. Auf 25 Seiten habe ich dazu berichtet und eine Reihe von vorpommerschen Münzen abgebildet und ausführlich beschrieben.

Die Reformation in Pommern

von
Joachim Wächter

5. Demminer Kolloquium zur Geschichte Vorpommerns am 17. Oktober 1987 unter dem Tagungsthema: »Pommersche Geschichte zwischen 1370 und 1648«

Pommerns Beziehungen nach außen um 1500

Pommern lag am nordöstlichen Rande des Deutschen Reichs. Alte Beziehungen bestanden von Pommern aus in nördlicher, östlicher und westlicher Richtung vor allem durch den Handel und die Politik der Hansestädte. Die Beziehungen nach Süden wurden überwiegend vom Herzogshaus, aber auch vom Adel getragen. Sie waren immer wieder durch Gegensätze und Spannungen zwischen den Herrscherhäusern des Herzogtums Pommern und des Kurfürstentums Brandenburg gekennzeichnet. Von pommerscher Seite war man bestrebt, die Lehnsherrschaft Brandenburgs zu beseitigen, von brandenburgischer Seite wollte man sie erhalten.

Die Beziehungen Pommerns über Brandenburg hinaus zum Kaiser und zum Reich waren lange recht locker gewesen. Bogislaw X., seit 1478 alleiniger Herrscher über Pommern, ging aber zielstrebig daran, eine engere Verbindung zum Kaiser herzustellen, um letztlich durch eine kaiserliche Belehnung für sich die Reichsunmittelbarkeit zu erlangen und damit von der brandenburgischen Lehnsherrschaft freizukommen.

Im Dezember 1496 trat Bogislaw X. eine Reise nach Innsbruck an. Nach seinem Empfang durch den König, späteren Kaiser Maximilian begann er eine Pilgerfahrt ins Heilige Land vorzubereiten, die er von Juni bis November 1497 von Venedig aus durchführte.[1] Er begab sich dann zum Papst nach Rom, wo er unter anderem das nicht unwichtige Vorschlagsrecht für die Besetzung der pommerschen Propsteien erhielt.

Ein nochmaliger Besuch in Innsbruck erbrachte schließlich doch noch nicht die angestrebte reichsunmittelbare Stellung des Herzogs. Aber viele Verbindungen hatte er knüpfen können. So konnte er den bekannten Juristen Petrus von Ravenna und dessen Sohn Vincentius bewegen, von Padua an die Universität Greifswald zu kommen.[2]

Erst nach dem Reichstag von Worms 1521 erreichte Bogislaw X. die Ausstellung eines kaiserlichen Lehnsbriefes, allerdings bei sofortiger Erklärung des Kaisers, daß die Rechte Brandenburgs nicht beeinträchtigt werden sollten. Endlich 1529 wurde den Söhnen Bogislaws im brandenburgisch-pommerschen Vertrag von Grimnitz der unmittelbare Lehnsempfang durch den Kaiser und das Sessionsrecht auf Reichstagen zugestanden. Die Kurfürsten von Brandenburg erhielten von neuem das Recht der Erbfolge in Pommern für den Fall des Aussterbens des pommerschen Herzogshauses. Aufgrund dieses Vertrages konnten die pommerschen Herzöge Georg I. und Barnim IX. am 26. Juli 1530 die Belehnung mit ihren Ländern durch den Kaiser in Augsburg entgegennehmen.[3]

Kirchliche Verhältnisse Pommerns um 1500
Der größte Teil des Herzogtums Pommern gehörte in kirchlicher Hinsicht zur Diözese des Bischofs von Kammin. Für die Insel Rügen war der dänische Bischof von Roskilde zuständig und für das nordwestliche festländische Pommern zwischen Recknitz und Ryck der Bischof von Schwerin.
Der Kamminer Bischof unterstand keinem Erzbischof, sondern unmittelbar dem Papst. Das bischöfliche Kamminer Stiftsterritorium, das sich um die Städte Kolberg, Köslin und Bublitz erstreckte, besaß allerdings keine Reichsunmittelbarkeit.[4]
Seit 1498 war Martin Karith Kamminer Bischof. Er war vorher Berater des Herzogs gewesen und wurde das auch wieder nach seinem Amtsantritt als Bischof, für den der Herzog gesorgt hatte. Auch sein Nachfolger Erasmus von Manteuffel, seit 1522 Bischof, war als vorheriger Hofrat dem Herzog verbunden. Infolgedessen bestand nicht die Gefahr einer unabhängigen bischöflichen Politik und eines Strebens nach Reichsunmittelbarkeit des Stiftsterritoriums.[5]
Das Klosterwesen war in Pommern auf dem Lande überwiegend durch die Feldklöster der Zisterzienser und Prämonstratenser bestimmt. Die Stadtklöster gehörten vor allem den Franziskanern und den Dominikanern.
Frömmigkeit kam im Lande in nicht geringem Maße in Wallfahrten, in der Stiftung von Altären, Bildern, Kerzen und Messen für die Kirchen sowie im Almosenwesen zum Ausdruck. Dadurch gab es für die Kirchen reiche Einnahmen. Außerdem bestand für die Geistlichkeit Steuerfreiheit.
Negative Erscheinungen in der Kirche waren vor allem das Wohlleben mancher Geistlicher und die Ämtervertretung, d. h. die Anstellung von Vikaren oder anderen Vertretern durch die kirchlichen Amtsinhaber zur Ausübung der geistlichen Pflichten. Durch Reformsynoden, z. B. 1492 in Stargard und 1500 in Stettin, versuchten die Bischöfe, den Auswüchsen zu wehren. Entscheidende Besserungen gelangen aber nicht, und das Ansehen der Geistlichkeit blieb zum mindesten teilweise beeinträchtigt.[6]

Anfänge der Reformation in Wittenberg
Zu Beginn des 16. Jahrhunderts war die geltende Auffassung der Kirche, daß gute Werke zur Gewinnung des Seelenheils erforderlich seien. Nur durch die Vermittlung der Kirche mit ihrem Schatz an guten Werken sei Gottes Gnade zu erlangen.
Auf Grund von Bibelstudien kam aber Luther zu der Auffassung, daß die Menschen von Gott als ihrem Vater bereits angenommen seien. Durch den Tod von Jesus Christus sei die Versöhnung erfolgt. Deshalb bedürfe es keiner guten Werke, um zu erreichen, daß Gott gnädig sei. Nur der Glaube an das Evangelium und damit an Jesus Christus sei dazu erforderlich. Aus dem Glauben erwüchsen dann von selbst gute Werke.
Luthers reformatorischer Weg gegen bestehende Auffassungen und Mißstände der Kirche begann 1517 mit der Veröffentlichung von 95 Disputations-Thesen, die sich gegen das Ablaßwesen der Kir-

che richteten, d.h. gegen die damalige kirchliche Gepflogenheit, Ablaß von kirchlichen Bußleistungen und künftigen Fegefeuerstrafen auf Grund von Geldzahlungen zu gewähren. Im Jahre 1518 verteidigte Luther seine Auffassung in Augsburg gegenüber dem päpstlichen Beauftragten Cajetan, und 1519 fand in Leipzig eine öffentliche wissenschaftliche Disputation über die durch Luther aufgeworfenen Fragen zwischen den drei Professoren Luther und Karlstadt einerseits und Eck aus Ingolstadt andererseits statt.

Im Jahre 1520 kamen wichtige reformatorische Veröffentlichungen Luthers heraus: »*Sermon von den guten Werken*«, »*An den christlichen Adel deutscher Nation von des christlichen Standes Besserung*«, »*Vorspiel von der babylonischen Gefangenschaft der Kirche*« und »*Von der Freiheit eines Christenmenschen*«. In diesen Schriften kam unter anderem zum Ausdruck, daß der Glaube an Christus und an Gott entscheidend sei und Gottes Gnade nicht durch gute Werke erkauft werden könne, daß die Kenntnis des Evangeliums wichtig sei und das Wort der Heiligen Schrift die letzte Autorität darstelle, daß von den vorherigen sieben Sakramenten nur zwei, das Abendmahl und die Taufe als wirkliche Sakramente anzuerkennen seien, zu denen in gewisser Weise noch die Buße zu rechnen sei, und daß mit dem Glauben an Gott und Christus die Liebe zum Nächsten verbunden sei, aus der sich Dienst und Hilfe für den Nächsten ergäben.

Im selben Jahr verbrannte Luther öffentlich die Bannandrohungsbulle des Papstes. 1521 bekannte er sich auf dem Reichstag in Worms zu seinen vorherigen Aussagen und widerrief sie nicht. Daraufhin wurde über ihn durch das Wormser Edikt die Reichsacht verhängt und Luther auf dem Rückweg von Worms zu seiner Sicherheit im Auftrag des sächsischen Kurfürsten Friedrich des Weisen auf der Wartburg verborgen.[7]

Übergreifen der reformatorischen Lehre auf Pommern

In diesen ersten Jahren der Reformationsbewegung gab es bereits Verbindungen zwischen Wittenberg und Pommern. 1518 studierte der eine Sohn Bogislaws X., der spätere Herzog Barnim IX., in Wittenberg. Im Oktober 1520 schrieb Barnim einen freundlichen, allerdings unverbindlichen Antwortbrief an Luther, der ihm wohl eine seiner Schriften gesandt hatte. Seit 1519 studierte auch Peter Suawe aus Stolp in Wittenberg. Er wurde 1521 von Luther zu seiner Begleitung nach Worms ausgewählt.[8]

Im Herbst 1520 lernte Johannes Bugenhagen, der damals Rektor der Stadtschule in Treptow/Rega und gleichzeitig Lektor am benachbarten Prämonstratenserstift Belbuck war, beim Treptower Stadtpfarrer

Johannes Bugenhagen

Otto Slutow in einem Kreis gebildeter Männer Luthers Schrift »*Vorspiel von der babylonischen Gefangenschaft der Kirche*« kennen. Nach anfänglicher Ablehnung überzeugte sie ihn völlig und veranlaßte ihn, sich noch mehr mit Luthers Überlegungen zu befassen. 1521 ging er nach Wittenberg und ließ sich an der dortigen Universität einschreiben. Wie er wurde auch der Treptower Kreis reformatorisch, was am Ende bedeutsam für die Ausbreitung der Reformation in Pommern wurde.[9]

1521 hielt Johann Kureke in Treptow reformatorische Predigten in aufreizender Weise, so daß es zu Unruhen kam. Kureke wurde deshalb vom Kamminer Domkapitel verhaftet, kam aber im Sommer 1521 schon wieder frei. Als Herzog Bogislaw X. auf Veranlassung des späteren Bischofs Manteuffel das gegen Luther gerichtete Wormser Edikt veröffentlichen ließ, befürchteten die Treptower Reformationsanhänger Zwangsmaßnahmen. Sie verließen deshalb die Stadt, zerstreuten sich und trugen das reformatorische Gedankengut weit hinaus.

Andreas Knopke und Joachim Möller gingen von Treptow aus nach Riga, wo Knopke zum Reformator dieser Stadt wurde. Christian Ketelhot und Peter Suawe begaben sich nach Stolp. Otto Slutow und Johannes Lörke blieben in Treptow, wo Slutow erster evangelischer Pfarrer wurde. Johannes Boldewan, der Abt des Klosters Belbuck, wurde eine Zeitlang in Kolberg gefangen gehalten, ging dann nach Wittenberg, wurde evangelischer Pfarrer in Belzig und schließlich in Hamburg. Verschiedene Mitglieder des Treptower Kreises - Johann Kureke, Georg von Ückermünde und Christian Ketelhot - gelangten nach Stralsund. So wurde das reformatorische Gedankengut von Treptow aus weit hinausgetragen und schlug auch anderswo Wurzeln. Bemerkenswerterweise nahm der Herzog im Dezember 1522 die Besitzungen des leer gewordenen Klosters Belbuck in herzogliche Verwaltung.

Ein anderer Ausgangspunkt der reformatorischen Bewegung in Pommern war Pyritz. Dort predigte, ebenfalls 1521, Johannes Knipstro öffentlich im reformatorischen Sinne. Er hatte seit 1516 in Frankfurt/Oder studiert und war 1518 bei einer Disputation gegen den Ablaßprediger Tetzel aufgetreten und deshalb zur Besserung in ein Pyritzer Kloster eingewiesen worden. Im Herbst 1523 mußte er Pyritz verlassen; er ging nach Stettin und dann nach Stralsund.[10]

Durchsetzen der Reformation in pommerschen Städten

Die Treptower und Pyritzer Ansätze führten bald zu einer Ausweitung der reformatorischen Bewegung in einer Reihe von pommerschen Städten.

Stolp: Der Abt des Klosters Belbuck hatte das Patronat über das Kloster in Stolp. Abt Boldewan schickte 1521 Christian Ketelhot nach Stolp. Dieser wirkte mit Thomas Hecket, dem ersten Pfarrer an der Marienkirche und Propst am Nonnenkloster in Stolp, im reformatorischen Geist zusammen. Im Spätsommer 1522 mußte aber Ketelhot seine Predigttätigkeit einstellen. Er ging nach Wolgast, dann weiter nach Mecklenburg und 1523 nach Stralsund. Hecket wurde amtsentsetzt. Aber Peter Suawe sammelte in seinem Haus Lehrer und Bürger und erklärte ihnen den Römerbrief. Die Lehrer förderten das Bibelstudium bei den Schülern. 1524 wurde Suawe verhaftet; 1525 kam er frei und ging nach Greifswald. Aber im Spätherbst 1524 traf, aus Königsberg kommend, Johannes Amandus in Stolp ein. Seine stürmischen reformatori-

Die Reformation in Pommern

Christian Ketelhot

schen Predigten bewirkten eine Spaltung der Bürgerschaft, sowohl in kirchlicher als auch in weltlicher Hinsicht. Es kam zu einem Aufruhr gegen den Rat, Einsetzung eines Ausschusses von 24 Bürgern und Sturm auf Kirchen und Klöster. Darauf erschien im November 1525 Herzog Georg I. in der Stadt und sorgte für Ordnung. Schließlich erteilte er den Stolpern die Erlaubnis, selbst einen Prediger zu wählen. So wurde Magister Jakob Hogensee dort Pastor. Er setzte in ruhiger Weise die Reformation in Stolp durch.[11]

Stettin: Auf Bitten aus Stettin traf im Frühjahr 1523 Paul vom Rode in Luthers Auftrag dort ein. Er predigte zunächst unter freiem Himmel, am 18. März 1523 erstmalig in der Jakobikirche. Herzog Bogislaw X. hörte ihn sich am Fronleichnamstag selbst an und hatte keine Einwände. Seit Sommer 1523 wohl predigte er endgültig nachmittags von der Kanzel der Jakobikirche. Kurze Zeit predigte auch Knipstro in Stettin. Einen dauernden Aufenthalt nahm dagegen dort Nikolaus vom Hofe, der in der Nikolaikirche predigen durfte. 1524 kam es zum Aufruhr gegen den Rat; dabei waren kirchliche und weltliche Bestrebungen vermischt. Auch Ende 1525 gab es Tumulte. 1526 wurde Paul vom Rode durch den Rat in aller Form als Prediger anerkannt. 1527 fand in weiteren Kirchen neben St. Jakobi und St. Nikolai reformatorischer Gottesdienst statt. Die Durchführung von Gottesdiensten im alten Stil hörte allerdings keineswegs auf. Nur allmählich gewann das Luthertum an Boden.[12]

Stralsund: In Stralsund waren im Laufe der Jahre starke kirchliche und soziale Spannungen entstanden. Seit 1523 predigten Georg von Ückermünde, Christian Ketelhot und Johann Kureke in der Stadt. Sie hatten einen großen Zulauf. Am 10. April 1525, in der Woche vor Ostern, kam es aus nichtigem Anlaß zum Ausbruch von Zerstörungswut in der Nikolaikirche und im Johanniskloster. Als zwei Tage später die Kirchenbrecher auf dem Markt zur Verantwortung gezogen werden sollten, stellte sich die Mehrheit auf die Seite der Evangelischen, die dann eine Umbildung des Rates und die Einsetzung ihrer Vertreter als Bürgermeister oder Ratsherren erzwangen. Zusammen mit dem Bürgerausschuß der Achtundvierziger beschloß der neue Rat, daß in Stralsund die lutherische Lehre künftig maßgebend sein sollte. An den Kirchen waren die Prediger nur noch im reformatorischen Sinne tätig, und noch im gleichen Jahr 1525 wurde am 5. November eine evangelische Kirchen- und Schulordnung, die Johannes Aepinus ausgearbeitet hatte, angenommen. Stralsund war damit als erste pommersche Stadt gänzlich reformatorisch geworden.[13]

Greifswald: In Greifswald verhinderten lange Rat und Professorenschaft, die überwiegend altgläubig waren, die Ausbreitung der lutherischen Lehre. 1525 erhielten die konservativen Kräfte in der

Stadt noch eine Verstärkung durch geflohene Priester und Mönche aus Stralsund. Aber 1531 fand der Wille vieler Bürger nach kirchlicher Erneuerung seinen Ausdruck in der Forderung, Johannes Knipstro aus Stralsund, wo er sich seit 1525 befand, zu berufen. Der Rat konnte diese Forderung nicht ablehnen, und am 16. Juli 1531 hielt Knipstro die erste reformatorische Predigt in der Nikolaikirche. Schnell setzte sich nun der evangelische Gottesdienst in der Stadt durch.[14]

Stargard: Reformatorische Strömungen in Stargard bewirkten, daß Johannes Knipstro 1524 dorthin aus Stettin gerufen wurde. Der Rat war zwar gegen ihn eingestellt, er predigte aber wiederholt in der Jobstkapelle, ehe er nach Stralsund ging. 1525 gab es in Stargard Ausschreitungen, die sich gegen den alten Glauben und seine Vertreter richteten; Bischof Erasmus von Manteuffel wurde beschimpft. Schließlich erhielt die Marienkirche in den 1530er Jahren mit Hermann Riecke einen reformatorischen Prediger.[15]

Kolberg und Köslin: Selbst im bischöflichen Stiftsterritorium breitete sich schließlich die lutherische Lehre aus. In Kolberg wurde wahrscheinlich 1530 zum ersten Male evangelisch gepredigt. In Köslin begannen die reformatorischen Predigten im Jahre 1531.[16]

Einführung der Reformation im gesamten Pommern

Infolge der vielfachen reformatorischen Bestrebungen im Lande wurde auf dem Landtag in Stettin 1531, am 21. Mai, die freie Predigt gestattet, falls sich dadurch keine Unruhen ergäben. In manchen Städten unterließ der altgläubige Rat die Veröffentlichung dieses Beschlusses. Das verstärkte die Unsicherheit im Lande. Es bestand Unterschiedlichkeit und Unklarheit.[17]

Bei dieser verworrenen Lage entschlossen sich die Herzöge zu handeln. Zum Dezember 1534 wurde ein Landtag nach Treptow/Rega einberufen, um die Einführung der Reformation im ganzen Lande zu beschließen. Dazu wurde Johannes Bugenhagen, der »*Doktor Pommer*«, der ein enger Vertrauter Luthers und seit 1523 Stadtpfarrer in Wittenberg war und bereits in Braunschweig, Hamburg und Lübeck evangelische Kirchenordnungen geschaffen hatte, eingeladen. Bugenhagen kam auch und war an den vorbereitenden Gesprächen und den Arbeiten für eine pommersche Kirchenordnung beteiligt. Auf dem Landtag ergaben sich dann wegen der Übernahme der Klostergüter Auseinandersetzungen. Es lag nahe, daß der Besitz der Stadtklöster an die Städte fiel. Die Besitzungen der Klöster im ländlichen Bereich waren dagegen umstritten. Sie wurden sowohl von den Herzögen als auch vom Adel beansprucht. Die Herzöge blieben unnachgiebig, denn der Besitz der Landklöster bedeutete für sie einen großen Zuwachs an Vermögen und damit an Macht. Der Adel brach schließlich seine Teilnahme am Landtag ab. Infolgedessen kam es zu keiner förmlichen Beschlußfassung über die Einführung der Reformation.[18]

Die Herzöge hielten aber an der Übernahme der lutherischen Lehre fest. Die in niederdeutscher Sprache abgefaßte und abschließend von Bugenhagen formulierte Kirchenordnung wurde 1535 in Wittenberg gedruckt.[19] Zu ihrer Durchsetzung führte Bugenhagen vom Januar bis Juni 1535 Visitationen in Stolp, Rügenwalde, Schlawe, Stettin, Greifenberg, Wollin, Neuenkamp, Ueckermünde, Greifswald/Eldena, Anklam und Pasewalk durch. Er war dabei von herzoglichen Räten, vereinzelt sogar von den Herzögen selbst, begleitet. Zweck der Visitationen war die Sicherung von kirchlichen Vermögen und Einkünften, die Regelung der Pastorenbezüge, die Einrichtung des Schulwesens und des Armenwesens sowie die Durchsetzung der lutherischen Lehre.[20] So wurde der in Pommern von unten her eingeleitete Übergang zur lutherischen Reformation von oben her dem Abschluß entgegengeführt. In die Reformation Pommerns wurden auch die Gebiete des Herzogtums einbezogen, die vorher zu den Diözesen Schwerin und Roskilde gehört hatten.[21]

Neuordnung des Kirchenwesens in Pommern
In Treptow war die Frage der künftigen geistlichen Leitung des pommerschen Kirchenwesens offen geblieben. Es war vorgesehen, diese Leitung dem bisherigen Bischof Erasmus von Manteuffel zu übertragen. Dieser bat sich Bedenkzeit aus, lehnte aber im April 1535 ab. In Verhandlungen, die auf Veranlassung der Herzöge im Juni 1535 stattfanden, blieb der Bischof bei seiner Ablehnung. Er war nicht zu einem Übergang zum Augsburgischen Bekenntnis bereit, erklärte aber seine Bereitschaft zur stillschweigenden Berücksichtigung der neuen Kirchenordnung. Auch wies er auf seine reichsunmittelbare Stellung als Landesherr des Kamminer Stiftsgebietes hin, bekundete aber seine Bereitschaft, die Herzöge als Schirmherren des Kamminer Stifts anzuerkennen.[22]
Die Haltung des Bischofs ist erklärlich. Die beanspruchte Reichsunmittelbarkeit der Kamminer Bischöfe als weltliche Herrscher über das Kamminer Stiftsterritorium und damit ihre Unabhängigkeit von den pommerschen Herzögen war bislang nicht erreicht worden. Dagegen waren die Bischöfe als geistliche Oberhirten ihrer viel größeren Diözese immer von den Herzögen völlig unabhängig und nur dem Papst unterstellt gewesen. Wenn nun die kirchliche Oberleitung im Lande nicht mehr vom Papst, sondern von den Herzögen ausgeübt würde, käme für die Bischöfe zur bisherigen weltlich-lehnrechtlichen auch noch eine kirchliche Unterstellung unter die Herzöge. Das war freiwillig nicht annehmbar. Umgekehrt hätte die Erlangung der Reichsunmittelbarkeit dem Bischof die Möglichkeit gegeben, bei Annahme der Reformation selber weltliches und geistliches Oberhaupt in seinem Territorium zu sein.
Da Erasmus von Manteuffel das evangelische Bischofsamt ablehnte, wurden im Jahre 1535 Generalsuperintendenten zur Wahrnehmung der geistlichen Leitung der neuen pommerschen Landeskirche eingesetzt, für den Wolgaster Landesteil Johannes Knipstro und für den Stettiner Landesteil Paul vom Rode, schließlich aus praktischen Gründen für das östliche, gesonderte Gebiet des Stettiner Landesteils noch Jakob Hogensee in Stolp. Im Stiftsgebiet behielt weiterhin der Bischof die geistliche Leitung. Die Generalsuperintendenten sollten erst einmal die Visitationen zusammen mit herzoglichen Räten fortsetzen. Sie beriefen und leiteten auch die bald entstehenden Generalsynoden, d.h. die Zusammenkünfte und Beratungen der meisten Stadtpfarrer des Landes. Außerdem wurden sie für die Ordination von Geistlichen, ihre Prüfung und Einführung ins Amt zuständig, auch für die Gerichtsbarkeit der Geistlichen.[23]
Nach dem Tode Manteuffels im Januar 1544 wurde Johannes Bugenhagen zum evangelischen Bischof Pommerns vorgesehen. Als er nach einigem Zögern die Annahme der Wahl verneinte, wurde 1545 der verheiratete Kanzler Herzog Barnims IX., Bartholomäus Suawe, zum Bischof gewählt. Er verzichtete am 12. Ok-

Johannes Knipstro

tober 1545 in einem Vertrag mit den Herzögen auf die Reichsunmittelbarkeit des Kamminer Stifts. 1549 trat er von seinem Amt zurück, um die politischen Schwierigkeiten der Herzöge nach dem vom Kaiser 1548 erlassenen Augsburger Interim zu vermindern.

Sein Nachfolger wurde 1550 Martin Weiher, ein Schüler Melanchthons. Seine Haltung war zwiespältig. Er ließ seine Wahl vom Papst bestätigen und bemühte sich zuletzt um die Reichsunmittelbarkeit. Andererseits erkannte er die Kirchenordnung an und verlangte, daß die reine Lehre gepredigt würde.[24]

Zur Ausschließung künftiger Schwierigkeiten mit den Kamminer Bischöfen veranlaßten die Herzöge nach dem Tode Weihers 1556 die Wahl des ältesten Herzogssohnes Johann Friedrich zum Kamminer Bischof. Da dieser kein Theologe war, wurde zur geistlichen Leitung des Stiftsgebiets 1558 Georg Venediger als Generalsuperintendent eingesetzt. Damit waren alle drei Landesteile Pommerns in der Hand des Herzogshauses und besaßen für die jeweilige geistliche Leitung einen Generalsuperintendenten. Für die Wahrnehmung der geistlichen Gerichtsbarkeit wurde in jedem der drei Landesteile ein Konsistorium gebildet, in Greifswald, Stettin und Kolberg. Auch künftig wurde der Stuhl des Kamminer Bischofs immer mit einem Angehörigen des Herzogshauses besetzt.[25] Die pommerschen Generalsuperintendenten des 16. Jahrhunderts waren vielfach hervorragende Persönlichkeiten; sie arbeiteten offenbar eng zusammen.[26]

Große Bedeutung für die Entwicklung des pommerschen Kirchenwesens bekamen die Generalsynoden, d.h. die Tagungen der Pastoren der größeren Städte eines Landesteils oder auch aller Landesteile zusammen. Auf ihnen wurden alle grundsätzlichen und wichtigen kirchlichen Angelegenheiten Pommerns beraten und entschieden. Für die Generalsynoden gab es keinen festen Rhythmus. Zeitweilig wurden sie jährlich durchgeführt. Die erste fand 1541 im Wolgaster Landesteil statt. Neben den Generalsynoden bildeten sich örtliche Synoden heraus. Zu ihnen gehörten jeweils die Pastoren einer Stadt und der umliegenden Dörfer. Aus den Bereichen dieser partiellen Synoden entstanden die späteren Kirchenkreise. Die Generalsynoden wurden durch die Generalsuperintendenten, die Synoden durch Präpositi, d.h. Pfarrer der den Mittelpunkt bildenden Städte, geleitet.[27]

Alle grundsätzlichen kirchlichen Ordnungen wurden gemeinsam für das gesamte Pommern festgelegt. 1542 wurde zur Ergänzung der Kirchenordnung von 1535 eine Agende herausgegeben, 1563 eine verbesserte Kirchenordnung und 1569 eine verbesserte Agende veröffentlicht. 1564 wurde eine Sammlung von grundlegenden Schriften, das »*Corpus doctrinae Pomeranicum*«, gedruckt, das unter anderem die drei Glaubensbekenntnisse, die Augsburger Konfession sowie Luthers Großen und Kleinen Katechismus enthielt. 1574 wurden »Statuta synodica« beschlossen und 1594 »Leges präpositorum«, d.h. Bestimmungen für die Präpositen, herausgegeben.[28]

Ergebnisse der Reformation in Pommern

Durch die Einführung der Reformation in Pommern wurde an Stelle der geistlichen Weisungen Roms die geistliche Autorität Wittenbergs maßgebend. An Stelle der rechtlichen Unterstellung des Bistums Kammin unter den Papst ergab sich eine rechtliche Unterstellung des pommerschen Kirchenwesens unter die Landesherren. Trotzdem entwickelte sich auf Grund der bedeutenden Persönlichkeiten unter den Generalsuperintendenten eine gewisse Eigenständigkeit der pommerschen Landeskirche gegenüber den Landesherren.

Die pommersche Landeskirche bildete eine Einheit trotz der vorherigen Zugehörigkeit ihres Gebietes zu drei Bistümern und trotz der weiter bestehenden Gliederung des Landes in drei Landesteile.

Die Reformation in Pommern war anfangs eine Reformation der Städte. Dann wurde sie eine Reformation der Herzöge, die schließlich erheblich gestärkt daraus hervorgingen. Aber eine Reformation der Städte ist sie ebenfalls geblieben. Persönlichkeitswerte, die dem reformatorischen Denken entsprechen, wie Eigenverantwortung und Mitbestimmung, kamen überwiegend in städtischen Kirchengemeinden zum Tragen, da Alleinherrschaftsstrukturen lediglich in Städten auf Grund sozialer Auseinandersetzungen beseitigt waren. Die Reformation führte zu einem Ausbau des Schulwesens, auch für Mädchen. Ebenso bewirkte sie eine Neuordnung der Armenversorgung in gemeindlicher Verantwortung. Beide Entwicklungen vollzogen sich ebenfalls überwiegend im städtischen Bereich. Aber damit waren im städtischen Raum allgemeine Maßstäbe für die Zukunft gesetzt.

[1] Vgl. Martin Wehrmann, Die Reise Herzog Bogislaws X. von Pommern in das heilige Land, in: Pommersche Jahrbücher, 1. Bd./1900, S. 33-50.

[2] Vgl. Martin Wehrmann, Geschichte von Pommern, 1. Bd., 2. Aufl., Gotha 1919, S. 248 f.

[3] Vgl. Otto Hintze, Die Hohenzollern und ihr Werk, Berlin 1915, S. 120 f.; Johannes Schultze, Die Mark Brandenburg, 3. Bd., Berlin 1963, S. 220 f.; Wehrmann 1² (s. Anm. 2), S. 252 u. 2², Gotha 1921, S. 28 f.

[4] Vgl. Jürgen Petersohn, Der südliche Ostseeraum im kirchlich-politischen Kräftespiel des Reichs, Polens und Dänemarks vom 10. bis 13. Jh., Köln/Wien 1979, S. 277 ff. u. 289 ff.; Norbert Buske, Pommern als Territorialstaat - ein Überblick über die politische Entwicklung, Schwerin 1993, S. 15 f.

[5] Vgl. Wehrmann 1² (s. Anm. 2), S. 253 f.; Hellmuth Heyden, Kirchengeschichte Pommerns, 1. Bd., 2. Aufl., Köln 1957, S. 184.

[6] Vgl. Heyden 1² (s. Anm. 5), S. 188 ff. u. 196 f.

[7] Vgl. Joachim Rogge, Der junge Luther 1483-1521, Der junge Zwingli 1484-1523, 2. Aufl., Berlin 1985, S. 28 f. u. 139-222; Martin Brecht, Martin Luther, Sein Weg zur Reformation 1483-1521, Berlin 1986, S. 173-453.

[8] Vgl. Wehrmann 2² (s. Anm. 2 u. 3), S. 18 f.; Heyden 1² (s. Anm. 5), S. 225; Brecht (s. Anm. 7), S. 295.

[9] Vgl. Hans-Günter Leder, Leben und Werk des Reformators Johannes Bugenhagen, S. 15 ff., in: Hans-Günter Leder u. Norbert Buske, Reform und Ordnung aus dem Wort, Berlin 1985, S. 9-45; Hans-Günter Leder, Johannes Bugenhagen Pomeranus, Leben und Wirken, S. 13 f., in: Johannes Bugenhagen, Gestalt und Wirkung, hrsg. v. Hans-Günter Leder, Berlin 1984, S. 8-37.

[10] Vgl. Heyden 1² (s. Anm. 5), S. 202 ff.; Wehrmann 2² (s. Anm. 2 u. 3), S. 18 ff.

[11] Vgl. Heyden 1² (s. Anm. 5), S. 204 ff.; Wehrmann 2² (s. Anm. 2. u. 3.), S. 25 f.

[12] Vgl. Heyden 1² (s. Anm. 5), S. 207 ff.; Hellmuth Heyden, Die Kirchen Stettins und ihre Geschichte, Stettin 1936, S. 77-97.

[13] Vgl. Hellmuth Heyden, Die Kirchen Stralsunds und ihre Geschichte, Berlin 1961, S. 126-156; Heyden 1², (s. Anm. 5), S. 210 ff.; Fritz Adler, Aus Stralsunds Vergangenheit, 1. Teil, Greifswald 1922, S. 73-83 u. 89 f.; Geschichte der Stadt Stralsund, hrsg. v. Herbert Ewe, Weimar 1984, S. 108-118 von Johannes Schildhauer.

[14] Vgl. Hellmuth Heyden, Die Kirchen Greifswalds und ihre Geschichte, Berlin 1965, S. 85-99; Heyden 1² (s. Anm. 5), S. 215 f.

[15] Vgl. Heyden 1² (s. Anm. 5), S. 204.

[16] Vgl. Heyden 1² (s. Anm. 5), S. 216 f.

[17] Vgl. Heyden 1² (s. Anm. 5), S. 226 f.

[18] Vgl. Hellmuth Heyden, Protokolle der pommerschen Kirchenvisitationen 1535-1539, Köln/Graz 1961, S. XV-XVII; Die pommersche Kirchenordnung von Johannes Bugenhagen 1535, hrsg. v. Norbert Buske, Berlin 1985, S. 40 ff.; Heyden 1² (s. Anm. 5), S. 228 ff.

[19] Vgl. Kirchenordnung 1535 (s. Anm. 18), S. 46 f.; Heyden 1² (s. Anm. 5), S. 231.

[20] Vgl. Heyden, Protokolle (s. Anm. 18), S. XVII-XXII u. 1-71; Heyden 1² (s. Anm. 5), S. 233 ff.; Kirchenordnung 1535 (s. Anm. 18), S. 161 f., 173 ff., 177 f. u. 189 ff.

[21] Wegen der auf Rügen bestehenden Rechte des Bischofs von Roskilde gab es Schwierigkeiten, die erst 1543 durch den Kieler Vertrag mit Dänemark einigermaßen beigelegt wurden; vgl. Joachim Wächter, Das Verhältnis von Territorialgewalt und Kirche in Pommern nach Einführung der Reformation (1534/35), S. 98 f., in: Jahrbuch der Gesellschaft f. niedersächsische Kirchengeschichte, 86. Bd./1988, S. 93-107.

[22] Vgl. Wächter (s. Anm. 21), S. 95.

[23] Vgl. Heyden 2² (s. Anm. 5), S. 16 u. 2, S. 17, 21 u. 28. Nach dem Tode Jakob Hogensees 1573 wurde in Stolp kein Generalsuperintendent wieder eingesetzt.

[24] Vgl. Heyden 2² (s. Anm. 5), S. 4 ff.

[25] Vgl. Heyden 2² (s. Anm. 5), S. 6 u. 36.

[26] Große Bedeutung hatte u.a. Jakob Runge als Nachfolger Knipstros 1557-1595, vgl. Klaus Harms, Jakob Runge, Ulm 1961.

[27] Vgl. Heyden 2² (s. Anm. 5), S. 32 ff.

[28] Vgl. Heyden 2² (s. Anm. 5), S. 23 ff., 33, 35 u. 50.

Pommern in der Zeit des Dreißigjährigen Krieges

von
Hans-Joachim Hacker

5. Demminer Kolloquium zur Geschichte Vorpommerns am 17. Oktober 1987 unter dem Tagungsthema: »Pommersche Geschichte zwischen 1370 und 1648«

Am 10. November 1626 weilte der schwedische Gesandte Rasche zur Audienz beim Pommernherzog in Stettin. Was hatte er vorzutragen? Zunächst gab er einen Bericht über die Geschehnisse des schwedisch-polnischen Krieges und über die Bemühungen König Gustav II. Adolfs, durch Waffenstillstände zum Frieden zu kommen. Dem Bericht folgte eine brisante Bitte an die Adresse des Herzogs: Dieser möchte doch den Durchzug geworbener Söldner durch Pommern zur erforderlichen Verstärkung der schwedischen Armee gestatten! Zur Untermauerung der Bitte wurde auf die gemeinsamen evangelischen Interessen verwiesen.[1]

Natürlich zeichneten sich nicht erst mit dieser Audienz im Herbst 1626 erste deutliche Konturen einer drohenden Gefahr für Pommern ab. Dafür gab es bereits Monate vorher erste Anzeichen. So im Schreiben des Kurfürsten Georg Wilhelm von Brandenburg an Herzog Bogislaw von Pommern vom 1. Juni 1626. Darin verweist der Brandenburger auf die Gefahr für Pommern, die sich aus der Bewegung der Mansfeldschen Truppen in Richtung Uckermark ableiten ließ.[2] Bereits am 23. Mai hatte Mansfeld sich dahingehend geäußert, einen »*guten pom-merschen Schinken genießen*« zu wollen.[3] Am 14. Juli 1626 spielen die Mansfeldschen Truppen im Brief Wallensteins an Herzog Georg von Braunschweig-Lüneburg abermals eine Rolle. Dieser teilte mit, daß sie, ebenso wie die von Herzog Johann von Weimar, in Richtung Frankfurt aufgebrochen seien. Von Bedeutung war aber vor allem diese Information: König Gustav Adolf von Schweden sei bereits in Pommern an Land gegangen oder werde es demnächst tun und wolle dann längs der Oder nach Schlesien ziehen.[4]

In Ansätzen zeichnet sich somit bereits das Spannungsfeld ab, in das Pommern geraten sollte. Dabei waren doch die Bedingungen für eine gedeihliche Entwicklung des Herzogtums sehr günstig. Zunächst: Die sich im Ergebnis des Prager Fenstersturzes vom 23. Mai 1618 entwickelnden Auseinandersetzungen fanden fernab der Ostseeküste statt. Und dann: Durch den Tod von Herzog Philipp Julius im Februar 1625 bot sich die Chance, die Herzogtümer Pommern-Wolgast und Pommern-Stettin wieder zu vereinigen. Dies geschah 1625 unter Herzog Bogislaw XIV. Otto Fock, dieser verdienstvolle pommersche Historiker, charakterisierte ihn und die Situation wie folgt: »(er) *war zwar ein guthmütiger und wohlmeinender, aber schwacher Fürst, schwach an geistiger Befähigung und Einsicht wie an Willen und Thatkraft. Wie es das Loos solcher Regenten zu sein pflegt, hatte er noch das Unglück, in die Hände schlechter Rathgeber zu fallen, unter ihnen namentlich des Kanzlers Philipp Horn, eines intriguanten und von den kleinlichsten politischen Gesichtspunkten beherrschten Mannes. Dazu hatte Bogislaw die Regierung unter den schwierigsten Verhältnissen übernommen. Schwere Natur-Calamitäten hatten das Land heimgesucht ... Dazu kamen die Verheerungen, welche in diesen Jahren die Pest, die stetige Begleiterin großer Kriege auch in Pommern, zuerst namentlich in dem stettinischen Landestheil anrichtete; ... Und zu den äußeren Calamitäten gesellte sich die Gährung in den Gemüthern; der Adel, die Städte, die Bauernschaften waren unzufrieden und mißtrauisch gegen einander wie gegen die Regierung; ...«*[5] Nach dieser Einschätzung bleibt zwangsläufig ja nur noch die Frage, wie sollte und konnte es mit Pommern weitergehen? Klare Entscheidungen waren nötig, beispielsweise zur Verbesserung der Landesdefension. Dem in Europa längst angewandten System der Werbung von Söldnern stand in Pommern noch immer das Lehnsaufgebot gegenüber. Zwar regten sich die Stimmen, die mehr und bessere Sicherheitsvorkehrungen forderten, doch diese fanden kein Gehör beim Herzog. So war das, was in Anklam geschah, nur allzuverständlich. Die dort liegende Reiterabteilung richtete einen nach dem anderen Tumult an, erschoß Bürger, hielt sich weder an die Befehle des eigenen Oberst noch an das Friedensmandat des Herzogs. So war man allgemein immer stets froh, wenn das zügellose Volk des Landesaufgebots wieder nach Hause entlassen wurde.[6]

Das Anwachsen der Spannungen soll an wenigen Beispielen dokumentiert werden.
Gustav Adolf bat mehrfach im Sommer 1626 bei Herzog Bogislaw XIV. darum, Werbungen in Pommern durchführen zu dürfen. Trotz abschlägiger Antworten wurden sie durchgeführt! Dies rief natürlich Protest auf polnischer Seite hervor, doch nicht nur dies. Polen stellte gleichfalls die Forderung an den Herzog, Werbungen zu gestatten. Die Lage wurde noch komplizierter, als in Mecklenburg geworbene schwedische Truppen durch Pommern nach Polen ziehen wollten. Damit drohte unmittelbare Kriegsgefahr, zumindest aber die Preisgabe der guten Handelsbeziehungen zu Schweden. Die sich bis in das Frühjahr 1627 hineinziehenden Bemühungen Schwedens um den Erhalt einer Durchzugsgenehmigung durch Pommern wurden dann im Grunde mit der einfachsten Lösungsvariante beendet: die schwedischen Oberste erhielten 9.000 Taler als Geschenk und zogen südlich an Pommern vorbei und überquerten auf brandenburgischem Territorium die Oder. Trotz dieser deutlichen Zeichen stellte der Landtagsabschied vom 12. März 1627 fest: »*Die Anordnung eines beharrlichen Defensionswesens lassen Wir unserer getreuen und gehorsamen Landständen Gutachten, daß nemlich zu diesen Zeiten, da ... Wir und unsere Lande bey der Römisch-Kayserl. Majestät, unserm allergnädigsten Herrn, in Kayserlicher Huld und Gnade stehen, auch mit benachbarten Königen, Chur- und Fürsten Uns in guter Correspondence und Friedensbündniß befinden, und bey jetzt vorschwebenden Kriegs-Empörungen überall in Neutralitate versieren, kein überaus grosser Apparatus Bellicus vor die Hand zu nehmen, sondern es noch zur Zeit bey der zu Roß und Fuß aus dem Lande gehöriger Folge und*

Dienste verbleiben möchte ...«[7] Die Aussage werten, heißt folgende Feststellung treffen: Es liegt eine klassische Fehleinschätzung der allgemeinen Lage vor! Fast unglaublich scheint, daß auch der Kriegsrat und die Landstände diese teilten. Die Realität sah aber so aus:
- in der Pyritzer Gegend hatte das Volk unter den Weimarschen Truppen und denen Merodes zu leiden;
- kaiserliche Truppen drangen bereits in Pommern ein;
- vor Mönchgut und im Neuen Tief liegende dänische Schiffe sperrten den Handel;
- das Regiment des Herzogs von Holstein, aus Polen zurückkehrend, durchzog Pommern.

Die Zuspitzung in dieser Spannungsphase stellte das Patent Wallensteins vom 3. November 1627 dar, in dem Arnim aufgefordert wurde, mit der Besetzung von Orten, vor allem von Seehäfen in Pommern, zu beginnen. Dabei werde mit der Kaisertreue Herzog Bogislaws gerechnet.[8] Dieser wandte sich unter demselben Datum an Wallenstein, um ihm zu begründen, daß eine Aufnahme kaiserlicher Truppen in den Seehäfen die Feindschaft fremder Herrscher gegen sein Land hervorrufen und bedeuten würde, daß der Krieg ins Land getragen werde.[9] Bei dieser Einschätzung fehlte der Herzog nicht! Trotz zahlreicher Versuche, das Blatt noch zu wenden, mußte Bogislaw sich in das Schicksal ergeben, das da lautete: Franzburger Kapitulation.

Was nun begann, war die in einer später herausgegebenen Schrift als *»Dreijährige Drangsal«* Pommerns bezeichnete Zeit. Der Archivar aus Stralsund müßte an dieser Stelle sehr intensiv auf die nun folgenden Ereignisse eingehen, spielt seine Stadt dabei doch die Hauptrolle. Er tut dies aber nicht, sondern konstatiert: Mit der Franzburger Kapitulation, der sich Stralsund verweigerte, war Pommern in die Geschehnisse des Dreißigjährigen Krieges einbezogen. Stralsunds Entscheidung vom Juni 1628, sich mit Schweden durch einen *»Allianz-Vertrag«* auf 20 Jahre zu verbinden, stellte nicht unerheblich die Weichen für den Fortgang des Geschehens.

Die Anti-Haltung Stralsunds gegen Kaiser und Herzog schwächte Pommern sehr und die Hinwendung zum König von Schweden schuf diesem die Möglichkeit, seinen Fuß, zumindest die Fußspitze, auf norddeutsches Territorium zu setzen. In einer Instruktion für Salvius begründete Gustav Adolf seinen Schritt damit, daß er *»sich der Defension Stralsunds nicht aus eigener Willkür angenommen* (habe), *um etwa diesen Ort Kaiser und Reich zu entfremden oder gar unter seine eigene Hoheit zu ziehen. Er sei vielmehr der Stadt mit deren vollem Einverständnis nur dazu zum Entsatz gekommen, um die Sicherheit des Hafens und der Ostsee wiederherzustellen, deren Schirm und Schutz den schwedischen Königen obliege«.*[10] Daraus ist die Schlußfolgerung zu ziehen, daß bei neuerlicher Gefahr für die Ostsee, eher sollte man Schweden sagen, der König sich gezwungen sehen würde, die Ordnung wiederum herzustellen. Bevor auf diese einzugehen ist, ein Wort zu dem, was sich im Land abspielte.

Die 1631 vom Herzog veröffentlichte Flugschrift *»Dreijährige Drangsal des Herzogtums Pommern«* ist in ihrer Aussage beweiskräftig genug, um die herrschenden Zustände zu kennzeichnen. Eine zügellose Soldateska beherrschte Pommern. An dieser Stelle soll nun nicht die Breite und Schwere der Ausschreitungen beschrieben werden, doch lassen wir aller guten, in diesem Fall schlechten Dingen, drei sein.

Greifswald gehörte selbstverständlich auch zu den ausgepreßten Gemeinwesen. Gesterding führt uns vor, was für die Tafel des Obersten von Bernstein von der Stadt für eine Woche zu liefern war: 2 Ohm Rheinwein, 7 Tonnen Bier, worunter 2 Tonnen Barthesches Bier, für 5 Reichstaler Weißbrot, für 8 Reichstaler Schwarzbrot, 7 Rinder, 7 Kälber, 14 Lämmer, 20 alte Hühner, 20 junge Hühner, 6 Paar junge Tauben, 4 junge Gänse, 3 Hasen und allerlei anderes Wildbrett, 3 Truthähne, 1 Schwein, 4 Schock Eier, 80 Pfund Butter, 3 geräucherte Schinken, 6 geräucherte Zungen, 2 Seiten Speck, 30 geräucherte Hechte, 6 Schock Krebse, 2 geräucherte Lachse, 4 Schock Heringe, 30 geräucherte Aale, 1 Scheffel Weizenmehl, 2 Stübchen Weinessig, 7 Stübchen Bieressig, frisches Obst, Backwerk und Confitüren, 6 Pfund überzogene Mandeln, je 6 Pfund Anis, Zimt, Coriander, Nelken und 8 Pfund Wachskerzen sowie 28 Pfund andere Lichte, schließlich noch Tafelgläser, Tischwäsche und Holz nach Bedarf.[11] Wie es auf der schwer geprüften Insel Rügen 1629 aussah, ist einer Beschwerdeschrift an die pommerschen Landstände in Ueckermünde zu entnehmen: *»Noch viel mehr werden vom Hunger hart geplagt und ziehet jetzt allererst die Noth je mehr und mehr recht an, indem unerhörte erbärmliche Exempel sich begeben, daß diejenigen, so sich etliche Wochen hero von den Knospen der Bäume, hernach von dem Grase auf dem Felde, oder von Kleie mit Heusamen gemenget Brod gebacken, oder in der Luft aufgedörrte ungesalzene Fische gegessen, jetzt sich wegen Mattigkeit und Schwachheit beginnen darnieder zu legen, und weil sie vorgesetzte Mittel nicht mehr schaffen können, ihnen selbst Arme und Hände anzufressen. Kinder haben ihrer verstorbenen Mutter die Brüste abgefressen. Etliche haben gleich dem unvernünftigen Vieh an der Erde gelegen und Gras gegessen, weil ihnen von den Soldaten kein Kesselchen oder Topf gelassen, darin sie es kochen können. Etliche haben das Graß gekochet und also genießen wollen, ist ihnen aber von denen auch Hunger leidenden Soldaten vor dem Maul weggerissen, und das Gefäß dazu genommen worden«.*[12]

Schließlich sei mit einem letzten Beispiel der Beweis angetreten, daß die Kaiserlichen vor nichts halt machten. Micraelius berichtet: *»Man hat niemand dasmahl verschonet, auch die Kloster-Jungfrauen zu Bergen haben das ihrige, als sie nakkend ausgezogen sind, erfahren müssen«.*[13]

Keines der Beispiele bedarf eines Kommentars. Doch zurück zur latenten Kriegsgefahr im Ostseeraum.

Ob der Kaiser verläßliche Berichte über schwedische Absichten besaß, ist nicht ganz klar. Denn dann hätte er gewußt, daß Gustav Adolf bereits Ende 1627 die Überzeugung gewonnen hatte, in den Krieg in Deutschland eingreifen zu müssen. Das konnte er 1628 noch nicht, da er durch den Krieg mit Polen gebunden war. Im Januar 1629 beschloß der schwedische Reichsrat die Eröffnung eines Angriffskrieges im Reich. Von diesem Tag an wurde die Invasion sorgfältig vorbereitet; sie war nur eine Frage der Zeit und des geeigneten Augenblicks.[14] Wie Ingvar Andersson bemerkt, sah man zwar das Risiko, meinte aber, es wäre entsprechend den Absichten des Königs, *»für das beste und rätlichste, daß Seine Majestät unmittelbar mit der Waffe nachfolgt und mit dem Helm auf dem Kopf verhandelt, auch nicht aus den Händen läßt, was Seine Majestät zu unser aller Sicherheit in jenen Ländern bereits innehat oder als Kriegsmagazin und Stützpunkt sich* aneignen kann, bevor nicht Seine Majestät erkennt, daß das Reich Schweden, die Ostsee, Stralsund und unsere Religionsverwandten gesichert sind«. Diese im Frühjahr 1630 in einer Abschlußverhandlung in Stockholm getroffene Feststellung setzt nur noch das Tüpfelchen auf das i. Nach Mittsommer 1630 landete Gustav Adolf ja dann bekanntermaßen bei Peenemünde auf Usedom. Lassen wir darüber Micraelius berichten: »*Von geweltem Orte, welches der erste Meerhafen nach Stettin ist, fuhr er alsfort die Insul Usedom herum, seines Gegenpartes Vorhaben und Wercke zu recognosciren, und setzt folgendes Tages vollend auf das truckene Land sein Volck aus, ohne einigen Widerstand der Kayserlichen*«.[15] Erst die Einnahme Wolgasts brachte den ersten ernsthaften Widerstand.

Genau genommen beginnt also erst hiermit für Pommern die Zeit des Dreißigjährigen Krieges, denn die vorhergehenden Jahre, so schlimm sie auch waren, stellten ja keinen Kriegszustand dar, sondern eine Besetzung durch kaiserliche Truppen.

Gustav Adolf kam schnell voran und zur Sache. Sein Ziel bei Ankunft in Stettin: Abschluß einer Kapitulation mit dem Herzog. Dieser versucht darin seinen bereits drei Jahre zuvor gescheiterten Neutralitätsgedanken wieder zu installieren. Längere Verhandlungen führten dann zu der unter dem 20. Juli 1630 datierten »*Capitulation und Allianz*« zwischen dem Pommernherzog und dem schwedischen König.[16] Daß dieser eine »*Quartier-Ordnung*« und ein »*Vergleich wegen der pommerschen Defensions-Verfassung*« folgten, soll nur die zielsichere schwedische Politik beleuchten.

Außer Stralsund, das sich ja bereits seit zwei Jahren in schwedischer Hand befand, waren nun die anderen Städte und Dörfer von der kaiserlichen Besetzung durch die schwedischen Truppen zu befreien.

Auf die Darstellung dieser kriegerischen Operationen möchte ich verzichten. Allerdings sei auf deren Ende doch verwiesen, war es doch Greifswald, das erst im Juni 1631 von den Schweden eingenommen wurde. Am Ende dieses Jahres schien Pommern ausgeblutet zu sein. Herzog und Regierung hatten durch Schreiben und Gesandschaften an die schwedische Königin und Gustav Adolf um Reduzierung bzw. Befreiung von drückenden Lasten nachgesucht - allerdings erfolglos. Aus pommerscher Sicht muß die Fortsetzung des schwedischen Kriegszuges in das Innere des Reiches zumindest als kleine Erleichterung gewirkt haben. Zurück blieben dennoch reichlich Probleme. Auf zwei soll aufmerksam gemacht werden. Da sind zunächst die anhaltenden finanziellen und materiellen Forderungen des schwedischen Königs zur Weiterführung des Krieges. Ja und auch das »*Problem Stralsund*« war noch nicht geklärt. Die Stadt hatte sich einen Sonderstatus »erarbeitet«, der sie sogar bewog, den Landtagen fernzubleiben, was zur Schwächung des Herzogtums beitrug.

Abschließend sollen dominante Ereignisse der folgenden Jahre gerafft genannt werden:
- Mit dem Tod Gustav Adolfs, 1632 in der Schlacht bei Lützen, ließ die Manneszucht in der schwedischen Armee, die immer mehr aus fremden Söldnern bestand, merklich nach, was auch die Pommern zu verspüren bekamen.
- Beredter Ausdruck hierfür ist die »*Banirsche tid*«, jenes Jahr 1638, was für die Bevölkerung Leiden brachte, die an die »*Dreijährige Drangsal*« erinnerten.[17]

»Die Schweden sind gekommen,
Haben alles mitgenommen,

*Haben's Fenster eingeschlagen,
Haben's Blei davongetragen,
Haben Kugeln daraus gegossen
und die Bauern erschossen.*«[18]
- Mit dem Tod Bogislaw XIV. trat ein neuer, zwar 1630 in der »*Allianz* ...« bereits aufgegriffener Problemkreis, wieder auf die Tagesordnung. Zu entscheiden war die »*Sucessionsfolge*«.
- Trotz aufwendiger Bemühungen in Münster und Osnabrück blieb für Pommern nur die im Artikel X Absatz 3 des Friedenswerkes festgehaltene Bestimmung:

»*Dieses Herzogtum Pommern und Fürstentum Rügen, nebst denen dazu gehörigen Ländern und Orten, wie auch allen und dazu gerechneten Gebieten, Aemtern, Städten, Castelen, Städtgen, Flecken, Dörfern, Untertanen, Leben, Wasser, Insuln, Seen, Ufern, Hafen, Schiffländen, alten Zöllen und Renten, auch allen anderen geistlichen und weltlichen Gütern, ingleichen nebst den Titeln, Dignitäten, Vorzügen, Freiheiten und Prärogativen, samt allen und jeden geist- und weltlichen Rechten, und Privilegien, welche die vorigen Pommerschen Herzoge gehabt, bewohnet und regiert, soll die Königl. Majestät und das Reich Schweden von diesen Tagen an, besitzen, und dessen frei gebrauchen, und unverletzt geniessen.*«[19]

[1] Max Bär, Die Politik Pommerns während des Dreißigjährigen Krieges. Leipzig 1896, S. 173, Nr. 9.

[2] Ebenda, S. 169, Nr.1.

[3] Ebenda, S. 3.

[4] Documenta Bohemica Bellum Tricennale Illustrantia, Tomus IV, Praha 1974, S. 130, Nr. 269.

[5] Otto Fock, Rügensch-Pommersche Geschichten aus sieben Jahrhunderten, Band VI, Leipzig 1872, S. 111 f.

[6] Ebenda, S. 115.

[7] Johann Carl Dähnert, Sammlung gemeiner und besonderer Pommerscher und Rügischer Landes-Urkunden, Gesetze, Privilegien, Verträge, Constitutionen und Ordnungen. Band 1, Stralsund 1765, S. 648.

[8] Documenta ..., a. a. O., S. 223, Nr. 537.

[9] Ebenda, S. 223, Nr. 538.

[10] S. Goetze, Die Politik des schwedischen Reichskanzlers Axel Oxenstierna gegenüber Kaiser und Reich. Kiel 1971, S. 53.

[11] C. Gesterding, Beitrag zur Geschichte der Stadt Greifswald. Greifswald 1827, A. 248.

[12] Fock, a. a. O., S. 308 f.

[13] Johannis Micrälii, Sechs Bücher vom Alten Pommernlande, Stettin und Leipzig 1723, S. 180.

[14] Documenta ..., a. a. O., S. 25.

[15] Micrälii, a. a. O., S. 180.

[16] gedruckt in: Dähnert, a. a. O., S. 76 ff.

[17] Des Johannes Micrälius eigenhändige Fortsetzung seiner Bücher vom alten Pommernlande, enthaltend die Geschichten des Jahres 1638. In: Baltische Studien, 3. Jg., 1835, Heft 1, S. 128/129.

[18] Herbert Langer, Hortus Bellicus. Leipzig 1980, S. 109.

[19] Dähnert, a. a. O., S. 89.

Stadt und Universität
in ihren Beziehungen vom 15. bis zum 19. Jahrhundert

von
Herbert Ewe

6. Demminer Kolloquium zur Geschichte Vorpommerns am 2. Juli 1988
unter dem Tagungsthema: »Aspekte der Kunst und Kultur im vorpommerschen Raum bis 1648«

Das Thema kann in einem kurzen Vortrag freilich nur in groben Umrissen behandelt werden. Eingrenzungen sind dabei vorab vonnöten. Aus naheliegenden Gründen soll sich die Betrachtung auf die Städte und Universitäten unseres Raumes beschränken. Daß die Bürgermeister und Ratmannen Rostocks und Greifswalds an der Gründung und ersten Entwicklung ihrer Hochschulen maßgeblich beteiligt waren, ist eine Tatsache, die keiner langatmigen Erläuterung bedarf. Als sich der Rostocker Rat am 29. Juli 1419 bemüßigt fand, von den Bürgern die Zustimmung zur Universitätsgründung zu erhalten, unterließ er es wohlweislich nicht, darauf hinzuweisen, daß sie auf seine Initiative hin erfolgt sei. Und bei Greifswald wird kein anderer als ein Bürgermeister, nämlich Heinrich Rubenow, als Gründer der Universität bis in unsere Tage rühmend genannt. Der juristisch geschulte und promovierte Rubenow amtierte überdies als ihr erster Rektor und Kanzler.
Das alles ist hinlänglich bekannt. Weniger bekannt hingegen dürften die Verhältnisse in jenen größeren Gemeinwesen unseres Gebietes sein, die nicht den Status einer Universitätsstadt erlangten. Stralsund soll dafür als Beispiel angeführt werden.

Die Stadt am Strelasund war im Spätmittelalter nicht allein die größte, sondern auch die wirtschaftlich und politisch bedeutendste Stadt Pommerns. Welche Rolle spielte hier die Universität? - Für die Kommune im ganzen, für die Korporationen, die Zünfte etwa - oder wie es hierzulande hieß: die Ämter der Handwerker - und für den einzelnen Bürger? Diese Fragen sind, so scheint es jedenfalls auf den ersten Blick, bisher kaum untersucht worden.
Im Stralsunder urkundlichen Quellenstoff lassen sich bereits vor der Rostocker Universitätsgründung, also vor 1419, Verbindungen zu anderen Universitäten feststellen, so zu der von Paris. Vorher schon hatten Sundische anderwärts studiert. Als am 12. November 1419 der Rostocker Lehrbetrieb seinen Anfang nahm, befand sich unter den ersten Professoren ein Stralsunder, Borchard Plotze. Es währte nicht lange, und junge Sundstädter zogen hierher, ließen sich an der alma mater Rostochiensis immatrikulieren, Söhne von Rats- und Kaufherren zumeist, - im Gründungsjahrhundert 84, im 16. Jahrhundert 231, im 17. Jahrhundert 238. Viele von ihnen bekleideten später wichtige Ämter im Rat und anderswo, waren als Notare, Ärzte, Theologen und Pädagogen

tätig. Zahlreiche Bürgermeister haben hier das juristische Studium absolviert, - der weithin bekannte Bartholomäus Sastrow zum Beispiel, dem wir übrigens eine der ganz frühen deutschsprachigen Autobiographien verdanken. Das Quellengut des 15. Jahrhunderts weist wiederholt auf Beziehungen zu ausländischen Universitäten. So bekundete 1425, d. h. ein Vierteljahrhundert vor der Greifswalder Universitätsgründung, der Rat Stralsunds allen und besonders dem Kanzler, Dekan und den Magistern der medizinischen Fakultät der französischen Universität Montpellier, daß Herman Balsmiter zwei Jahre in der Sundstadt praktiziert und sich der größten Hochachtung bei Männern und Frauen, bei Geistlichen und Laien erfreut habe. - Die Universität Greifswald war jüngst gegründet, als sie sich 1457 fürsprechend beim Stralsunder Rat für Magister Johann Hasenkop zur Erlangung eines Nachlasses einsetzte. 1550 richtete die Universität Rostock ein Gesuch an Stralsund um Rechtsschutz für den an der Schule zu St. Jakobi tätigen Joachim Westfal. Acht Jahre später verwandte sich der pommersche Herzog Philipp I. wegen eines Hausbesitzers der Greifswalder Universität bei dem Rat der Stadt Stralsund.

Ab 1570 mehren sich die Fälle, in denen Stralsund Rechtsgutachten zu mannigfachen Belangen des kommunalen Bereichs erbat, - für die Erhebung von Steuern, die Entrichtung von Wegegebühren und so fort. Von seiten der Universitäten verliefen diese Dienste freilich so ganz uneigennützlich nicht. Die Stadt wurde zur Kasse gebeten. Und vom 16. bis ins 19. Jahrhundert hatte sie vor allem die Landesuniversität Greifswald in vielfältiger Weise finanziell zu unterstützen, hatte Beihilfen zu erbringen - für die Aufrechterhaltung des Lehrbetriebes, die Universitätsgebäude und nicht zuletzt für die Professorengehälter.

Stralsund vermochte bekanntlich mehr und länger als alle Städte im Gebiet der südlichen Ostseeküstenzone seine Selbständigkeit gegenüber dem Landesherren zu behaupten. Als sich seit Mitte des 16. Jahrhunderts die Bestrebungen der pommerschen Herzöge verstärkten, die Stadt - koste es, was es wolle - mehr und mehr untertänig zu machen, verteidigte sie ihre Souveränität bis aufs Messer und bediente sich dabei der Mithilfe von Universitäten. Aus dem Jahre 1574 liegt beispielsweise ein ausführliches Gutachten der Universität Leipzig vor, das im Streit der Stadt mit Herzog Ernst Ludwig zur Jurisdiktion über die Bürger, über ihr Hab und Gut in den harten Kontroversen Bürgermeister und Rat sozusagen Rückendeckung verleihen sollte. Die Universitäten fanden sich in dieser Zeit außerdem bereit, Stralsund Rechtsbelehrungen bei den Auseinandersetzungen mit dem Landesherrn zu erteilen, nicht so sehr und bezeichnenderweise die von Rostock und Greifswald, sondern andere, die von Freiburg im Breisgau, von Tübingen und Wittenberg.

Doch die Beziehungen zu den Hochschulen lassen sich nicht nur - wie bereits angedeutet - für die städtische Behörde festlegen. Sie treten auch und immer wieder bei den Handwerksämtern in den Blickwinkel. So erlangten 1616 die Barbiere zu Stralsund in ihrer Klage gegen die Bader wegen der Ausübung wundärztlicher Tätigkeit ein Rechtsgutachten der Universität Jena. Die Riemer, Beutler und Altschuster wandten sich 1656 gegen Bürgermeister und Rat wegen des Leichentragens bei Beerdigungen der Scharfrichter, Fronknechte, Gerichtsdiener und deren Angehörigen an die Juristische Fakultät der Universität Frankfurt an der Oder.

Und als 1682 die sundischen Schwarzfärber nicht mit den Schönfärbern ins Reine kamen, ersuchten sie dieselbe Universität um eine Stellungnahme.
Im 16. Jahrhundert bereits und später zunehmend bemühten einzelne Bürger die Universitäten bei der Klärung ihrer Anliegen, erbaten den Urteilsspruch bei Zeugenaussagen, Grenzregulierungen, Kapitalkündigungen, bei Verleumdungen und Beleidigungen, forderten Rechtsgutachten an bei testamentarischen Bestimmungen, bei Erbschaftsdifferenzen, fraglichen Schiffsladungen, ausgebliebenen Pachtzahlungen usw. Ab und zu will uns Heutigen der Verhandlungs-, der Rechtsgegenstand allzu lapidar erscheinen. Die 1624 an die Juristische Fakultät der Universität Frankfurt gerichtete Appellation in der Klage des Christian Hagemeister gegen die Witwe des Statius Hane wegen des Eigentumsrechts an einer Grabstelle in der Jakobikirche geht noch halbwegs an. Wenn aber Benedict Albrecht und Arnold Schlichtkrull 1710 meinten, ihren Streit wegen Erneuerung der gemeinsamen Dachrinne an ihren Häusern in der Ossenreyerstraße nicht ohne Einwirkung der Universität Halle schlichten zu können, dürfte dies zumindestens merkwürdig sein.
Das städtische Quellenmaterial gestattet in den Beziehungen zu den Universitäten ferner tiefe Einblicke in die Sozialgeschichte. Über Raub, Mord und Totschlag, auch über Ehebruch, werden viele Einzelheiten mitgeteilt. 1642 wurden Inquisitionsverfahren gegen Anna Müller, die Ehefrau des Hans Framer, wegen Weissagerei und 1736 gegen Trin Witten, die Ehefrau des Marten Wienholtz, wegen Zauberei und Hexerei eröffnet und dabei gleich drei Fakultäten der Universität Greifswald, die Juristische, Theologische und Medizinische, hinzugezogen. Vorher,
1668, hatte die Juristische Fakultät derselben Universität das Todesurteil im Strafverfahren gegen Anna Dannenfeld wegen Kindestötung bestätigt. Diese Beispiele lassen sich beliebig fortsetzen.
Auch das Auf und Ab in der Entwicklung von Universitäten fand in den sundstädtischen Akten einen eindrucksvollen Niederschlag. Als die Rostocker alma mater im 18. Jahrhundert ihren absoluten Tiefstand erreichte, den die Historiker Karl Friedrich Olechnowitz und Gerhard Heitz überzeugend darzustellen wußten, trat schlagartig ein Rückgang bei Immatrikulationen Stralsunder Bürgersöhne ein. Wenn sich im 17. Jahrhundert dort noch 238 hatten einschreiben lassen, waren es im gesamten 18. Jahrhundert lediglich 49. Jetzt setzte ein stärkerer Zug zur Universität Greifswald ein - wohl auch wegen der Präsens namhafter schwedischer Wissenschaftler.
Doch auch hier war wahrhaftig längst nicht alles zum Besten bestellt. Die Aufzeichnungen des Stralsunder Archivs geben darüber deutlich genug Auskunft. So gelangte 1755 ein Vorgang vor den Konvent der vorpommerschen Städte, bei dem Stralsund ununterbrochen den Vorsitz führte, in dem sich der Professor Jonas Böckmann bitter über die Unzulänglichkeit des Greifswalder Lehrbetriebs und unsachgemäße Verwendung der Gelder beklagt, die nicht zur dringend notwendigen Anschaffung von Instrumenten der Mathematiker und für andere gewichtige Einrichtungsgegenstände eingesetzt würden. Stattdessen seien sie verausgabt worden für die »*Bequemlichkeit einzelner Professoren*«, wie es wörtlich heißt, für den Bau eines Reit- und Kutschpferdestalles, für die Errichtung von »*Lusthäusern*« (darunter sind Gartenhäuser zu verstehen) und für die seiner Meinung nach völlig überflüssigen Dop-

pelfenster in Professorenwohnungen und anderes. In der Theologie würde, so nach Böckmann, zwar fleißig gelesen, in Physik und Botanik geschehe dagegen fast nichts. Der Terminus Landesuniversität ist genannt worden. Dies war für Stralsund als zu Pommern gehörig stets die Universitas litterarum Grypheswaldensis. Rostock war als mecklenburgische Stadt Ausland. An dem Grenzfluß der Recknitz zwischen Ribnitz und Damgarten schieden sich bis ins 19. Jahrhundert die Geister. Dennoch: die Universität gehörte zu den ganz wenigen Institutionen, bei denen Landes- und Ländergrenzen nachgerade eine untergeordnete Rolle spielten. Der grenzüberschreitende Verkehr - um es mit einer modernen Vokabel zu formulieren - war hier jahrhundertelang gang und gäbe. Nach Ausweis der Matrikel studierten bis zum Jahre 1700 in Rostock 553 Stralsunder, in Greifswald interessanterweise fast die gleiche Zahl, 564. Und sie studierten seit dem Mittelalter ebenso anderwärts, wie die Sundstadt im ganzen Verbindungen zu anderen Universitäten unterhielt, - zu Leipzig, Halle, Wittenberg, Frankfurt an der Oder, Helmstedt, Freiburg, Ingolstadt, Köln, Marburg, Göttingen - um nur diese zu nennen. Das läßt sich mit zahlreichen Belegen - auch in Bürgertestamenten - hinlänglich bestätigen. Lediglich zwei Beispiele sollen dazu genannt sein. 1564 bekundete Heinrich Sonnenberg, daß sich sein Sohn Joachim »*studierend halber*« in mehreren Städten - wie in Wittenberg - aufgehalten, sich in Amsterdam »*in de kopenschop*« geübt und dabei zum Nachteil seines anderen Sohnes Sabel viel vertan habe. Im Jahre 1599 vermachte der Bürger und Schneider Thomas Nykammer seinem Sohn Joachim, der sich des Studiums halber (wie es heißt) im Ausland aufgehalten und viel gekostet habe, eine Anzahl Gegenstände.

Doch den Begriff Landesuniversität darf man keinesfalls ohne weiteres als belanglos abtun. Er hatte vielmehr Gewicht. Über die finanziellen Förderungen, derer sich die Hochschulen durch die Städte erfreuen konnten, ist gesprochen worden. Anderes kam hinzu. Die Gemeinwesen nahmen auch nachhaltig Einfluß auf die Administration der Universität, stellten im 18. Jahrhundert mehrmals die Kuratoren. Als in der ersten Jahrhunderthälfte bei den Greifswalder Theologen ein jahrelanger heftiger Streit um kirchliche Lehrsätze entbrannte, der dicke Aktenbände füllte, bemühten sich die im Konvent der Landstände vereinigten Städte um dessen Schlichtung. Und als der für die Regionalgeschichtsforschung nicht unbedeutende Thomas Gadebusch eine Professur für Geschichte und Staatswissenschaften erstrebte, wurde um Vermittlung, Fürsprache und Zustimmung der vorpommerschen Städte gebeten. 1795 erstattete Stralsunds Bürgermeister Albert Dinnies ein sehr differenziertes Gutachten über die Arbeit der Juristischen Fakultät von Greifswalds Universität.
In dem Verhältnis Stadt-Universität darf indessen auch dies nicht übersehen werden. Als um die Wende vom 18. zum 19. Jahrhundert progressive Kräfte in Erscheinung traten, als der Stralsunder Kaufmann und Kommissionsrat Johann Martin Gemeinhardt sich rückhaltlos für die armen, unterdrückten Schichten der Stadtbevölkerung einsetzte, die Aufhebung der skrupellosen Leibeigenschaft auf den städtischen Gütern forderte, und der konservative Rat der Stadt alles aufbot, um den mutigen Patrioten mundtot zu machen, stand die Universität eindeutig auf seiten der städtischen Behörde. Und Decanus, Ordinarius, Senior und übrige Doktores und Professores der Juristischen Fakultät der Königlich-Preußischen Uni-

versität zu Frankfurt an der Oder waren offenbar sehr gerne bereit, sich über diesen »*Gesetzesübertreter*«, über seine »*aufrührerischen*« Schriften lang und breit zu äußern und über ihn 1805 das Verdammungsurteil mit Brief und Siegel zu bestätigen.

Im 19. Jahrhundert gibt es in den Beziehungen von Sundstadt und Universität natürlich auch viel Positives zu vermelden, so nicht zuletzt auf dem Gebiet des Gesundheitswesens. Allein die Entwicklung der Stralsunder Krankenanstalten wäre ohne die aktive Unterstützung der Medizinischen Fakultäten und ihrer Einrichtungen völlig undenkbar.

Blicken wir abschließend noch einmal auf die Anfänge unserer Universitäten - Greifswald, Rostock - zurück, gilt es festzustellen, daß hinter ihrer Gründung und Entfaltung weitgehend die wirtschaftliche, politische und kulturelle Macht des Städtebürgertums stand. Die Bürger, und zwar nicht nur die der beiden Universitätsstädte, sondern - wenn auch mehr indirekt - die der größeren und kleineren städtischen Gemeinwesen des Territoriums, waren gefordert und willens, die Hochschulen mit ihren Mitteln und Möglichkeiten zu fördern. Am Beispiel Stralsunds sollte dies angedeutet sein.

Quellen: Urkunden, Akten, Literatur des Stadtarchivs Stralsund.

Zur Musikkultur in Vorpommern bis 1648

von
Ekkehard Ochs

6. Demminer Kolloquium zur Geschichte Vorpommerns am 2. Juli 1988
unter dem Tagungsthema: »Aspekte der Kunst und Kultur im vorpommerschen Raum bis 1648«

Der Versuch, die Musikkultur Vorpommerns darzustellen, muß mit Schwierigkeiten rechnen. Nicht nur, daß dieses Territorium den Geschichtsschreibern als ein diesbezüglich offensichtlich unergiebiges Feld erschien, musikkulturelle Aspekte also nur am Rande erwähnt werden und wohl einfach gewohnter fachlicher Akribie geschuldet sind, auch die Quellenlage verheißt dem heutigen Betrachter - nach den Verlusten des letzten Krieges und den nachfolgenden territorialen Konsequenzen - nicht eben fette Pfründe. Das, was in den ersten Jahren des Bestehens eines musikwissenschaftlichen Seminars (1940 dann Institut) an der Universität Greifswald in der Zeit von 1928 bis 1941 unter den Professoren Hans Engel und Walther Vetter an intensiver, aber natürlich nicht erschöpfender Quellenerschließung speziell der pommerschen Musikgeschichte geleistet werden konnte, fand keine Fortsetzung. Die reichhaltigen Ergebnisse sowohl dieser Arbeit als auch gewichtige Aktivitäten des einen oder anderen »Einzelkämpfers« blieben Torso und sind heute oft genug nur noch letzte Spur eines auch vor dem Krieg nicht gerade reichlichen Bestandes an Archivgut, handschriftlichen Kompositionen, frühen Drucken usw. Heute befaßt sich in unserem Lande kaum jemand gezielt mit pommerscher bzw. vorpommerscher Musikkultur - ausgenommen der Referent, und der tut es nebenbei, und ein Greifswalder Kollege, der sich im Rahmen einer Dissertation mit der Zeit des 30jährigen Krieges befaßt. Ich bedanke mich um so herzlicher für die Möglichkeit, im Rahmen dieses Kolloquiums zu einem Thema sprechen zu können, das innerhalb eines solchen, kulturelle Aspekte eines wichtigen historischen Zeitraumes erfassenden Gesamtthemas nicht fehlen darf. Daß hierbei Tatbestände und Entwicklungen bestenfalls in Auswahl erscheinen und auch nur angerissen werden können, sei vorausgeschickt. Das Ganze möge Information und Anregung sein, nicht mehr - aber auch nicht weniger.
Hierarchie und Rangordnung, ein »*gegebenes Prinzip der Rangfolge und der Standesunterschiede im Gesellschaftsgefüge*«[1] - das ist das System, mit dem der Mensch des ausgehenden Mittelalters noch zu leben hatte, ein System, das sich dann im 15. Jahrhundert als sozial-ökonomisch überholt zu erweisen beginnt und das später *»mit zunehmender Ausbreitung der Ware-Geld-Beziehung deutliche Veränderungen im Gefüge der Feudalgesell-*

*schaft«*² zur Folge hat. Geburtsrechtliche Legitimation des Adels einerseits und berufs- wie leistungsbedingter Geltungsanspruch des städtischen Bürgertums andererseits kollidieren. Soziale Unterschiede artikulieren sich zunehmend im Anwachsen von Vermögensunterschieden. *»So verursacht der Aufschwung der Geldwirtschaft schwere Erschütterungen und Zerklüftungen im Gefüge der Klassen und Schichten der Gesellschaft.«*³ Arm und Reich driften extrem weit auseinander. Diese soziale Situation findet ihre konkrete Widerspiegelung in der Kunst, darunter in einer Musikkultur, die dem Menschen, ob arm oder reich, ob Bettler, Bauer, Bürger oder Fürst, Teilhabe an Musik in nahezu einmaliger Totalität bietet. Das gesamte Leben war von ihr durchdrungen, es gab kaum eine Gelegenheit, die ohne ihre Anwesenheit vorstellbar schien. Die Ikonographie, die Auswertung bildlicher Darstellungen, ermöglicht diesbezüglich erstaunliche Feststellungen. Musik am Hof - und dies ist nur Schlagwort für ein Kompendium möglicher Differenzierungen! - bei hohem und niederem Adel, Musik der Klöster, Musik in der Stadt, in Schule und Kirche, auf dem Lande, Musik im Feldzug, im Gerichtswesen, auf Pädagogien und Universitäten, Musik bei Krönungen, Huldigungen, Exequien, Bischofsweihen, ländlichen, bürgerlichen, fürstlichen Hochzeiten, bei Empfängen, Gelagen, Umzügen und Turnieren, herrschaftlichen Jagden, die Tätigkeit von Hofkapellen und bürgerlichen Collegia musica, höfischer Tanz, Ballett, Theater, Maskenspiel, geistlicher Ritus, geistliche Musik, Kirchenlied, Flugblattlied, Ständchen, Tischmusik, Musik im Freien, Liebhabermusizieren, Meistergesang, Instrumentenmacher, Musikverleger, Notendrucker, Musik der Fahrenden, der Spielleute, Stadtpfeifer, Ratsmusikanten, Musik in öffentlichen Häusern und Badestuben, Musik bei der Arbeit, bei öffentlichen Proklamationen - dies in loser Folge nur einige *»Hausnummern«*, Beispiele für eine enorme Funktionsbreite und für einen großen Bedarf an Musik, der sich dann auch in der entsprechenden Vielfalt der Formen, der Ausdrucks- und Musizierweisen manifestiert.

Vorstehendes ist, natürlich nicht in diesem Umfang und in wesentlich bescheidenerem Maße als dies etwa für mittel- und süddeutsche Territorien oder gar solche Länder wie Italien, Frankreich oder England zutrifft, für die Verhältnisse in Pommern auch dann anzunehmen, wenn bildliche Dokumente und schriftliche Überlieferung vergleichsweise spärlich vorliegen. Das Vorhandene berechtigt, da empirisch begründet, durchaus zu bestimmten Verallgemeinerungen.

Auch unser Territorium besaß »seinen« Minnesänger - den Fürsten Wizlaw III. von Rügen (gest. 1325). Die sog. *»Jenaer Liederhandschrift«* hat uns Texte und Noten überliefert.⁴ Berichtet wird auch von einem weiteren, Meister Rumsland, der am Hofe Barnims I. verkehrte. Ein Lied auf den Tod des Herzogs ist erhalten.⁵ Ansonsten tauchen auch hier im Norden schon recht zeitig fahrende Spielleute auf, eine große, als *»Fahrende«* verachtete und als *»unehrlich«* bezeichnete soziale Gruppe, zumeist ohne Bürger- und Wohnrecht in den Städten, andererseits beliebt und notwendig für mancherlei Gelegenheit und nicht selten deswegen dann auch in städtische oder höfische Dienste genommen. *»Joculatores«* (Spielleute) sind in einer Stralsunder Hochzeitsordnung von 1309 genannt.⁶ 1326 bis 1329 werden Joculatores, Trompeter, Pauker und fistulatores (Pfeifer) für Greifswald erwähnt. 1375 wird erneut ein *»joculator«* genannt, 1389 ein *»fistulator«*, der allem Anschein

nach nun schon Bürgerrecht besaß, 1410 nochmals ein Pfeifer, diesmal sogar mit Namen.[7]
In städtischen Diensten stehend, versahen diese Pfeifer oft auch den wichtigen, das Ansehen hebenden Dienst der Stadtkuren (Turmwächter), dessen Pflichten die einzelnen Städte sehr genau auswiesen. Hauptsächliches Wirkungsfeld des Spielmanns aber war die bürgerliche Hochzeit, waren Ball und Tanz. Auch hier genaueste Vorschriften in den Hochzeitsordnungen Stettins, Greifswalds und Stralsunds sowie anderer Städte. Wie streng die Sitten waren, überliefert uns Stralsunds nachmaliger Bürgermeister Sastrow, der wegen ungebührlichen Tanzens auf einer Hochzeit in Greifswald gerichtlich belangt werden soll. Den Grund nennt er selbst: »*Weil ich mit meiner eigenen Braut auf einer Hochzeit in Züchten ein paarmal umhergesprungen ...*«[8]
Spielleute gab es aber auch an den pommerschen Höfen. Im Einnahmen- und Ausgabenbuch (sog. Tresslerbuch) des Hauptsitzes des Deutschritterordens in der Marienburg sind unter den Ausgaben vermerkt:
6. April 1402 »*item 1 m. zwen Spylluten des herzogs von der Stolpe*«[9]
(1. August) 1409 unter diversen Zahlungen an den Herzog von Wolgast: »*item 4 m. des selben herzogen pfyfer geschankt*« (geschenkt)[10]
(21. Oktober) 1409 unter diversen Zahlungen an den Herzog von Stettin: »*item 2 m. des herren herzogen pfyfer*«.[11]
Wachstum und zunehmender Reichtum der Städte führten zu einer Ausdehnung des Musiklebens. Die Kommunen hielten sich nun zunehmend amtlich bestellte »Stadtpfeifer«, »*umb der Musik willen gemeiner Stadt zur Zier*« (Dresden, 1572)[12], oder, wie es in Greifswald 1623 heißt,

damit es »*der Stadt rühmlich sein wird.*«[13] Stadtspielleute erhielten das Bürgerrecht, sie waren sozial »*ehrlich*« (Reichspolizeiverordnung von 1548), auch wenn sich Vorbehalte noch lange hielten. Es gab Meister, Lehrlinge und Gesellen, es gab zunftähnliche, mit gewissen Privilegien ausgestattete Vereinigungen. Alles das aus der Notwendigkeit heraus, je nach Größe der Stadt und Selbstbewußtsein bzw. Repräsentationsbedürfnis eines »*ehrbarn Rates*« den ständig steigenden und sich differenzierenden Bedarf an Gebrauchsmusik unterschiedlichster Art zu decken. Für diese Tätigkeit gab es, eine amtliche Bestallung vorausgesetzt, ein Lohnfixum, daneben die Möglichkeit zusätzlichen Verdienstes, was sich vorwiegend auf Anordnungen der Bürger bezog (z. B. Hochzeiten). Auch hier überaus detaillierte Vorschriften, deren Verletzung - etwa zu wildes Musizieren, zu hohe Geldforderungen, das Spielen im Einzugsbereich eines Kollegen usw. - empfindliche Strafen zur Folge haben konnten.
Die Anforderungen an einen Stadtmusikus waren überall hoch. Abgesehen von der völligen organisatorischen Eigenverantwortlichkeit für seine gesamte Tätigkeit, setzte man das Beherrschen möglichst vieler Instrumente, die Kenntnis verschiedener musikalischer Stile und Musizierweisen voraus. Bestallungsurkunden fordern zudem anständigen, d. h. christlichen Lebenswandel und den mäßigen Gebrauch von Alkohol! Dienst auf dem Rathaus, in der Kirche, nicht selten auch auf dem Turm, das Besorgen von Instrumenten, das Üben mit Gesellen und Lehrlingen sowie das Wahrnehmen der zugesicherten (und für den Lebensunterhalt sehr notwendigen) Nebenbeschäftigungen erforderte tüchtige Musikanten, wie sie uns denn auch in den Schriftstük-

ken unserer Archive auf Gehaltslisten, in Anstellungsurkunden, Personalverzeichnissen, Bürgerbüchern und Gerichtsakten, bei Rechtsstreitigkeiten über die Sicherung ihrer Accidentien, begegnen.
Bevorzugte Instrumente waren bis weit in das 16. Jahrhundert hinein nahezu ausschließlich Blaßinstrumente, Block- und Schnabelflöten, Schalmeien, Dudelsack, Trompete, Holzblasinstrumente, Zink, Trommel und Pauke. Je nach Art des Anlasses wählte man das »*große*« oder »*kleine*« Spiel (Stralsund 1570) bzw. das »geheime« oder »*große*« Spiel (Greifswald 1569).[14] Dies die Unterscheidung von Blech- bzw. Holzbläserbesetzung. »Großes Spiel« war den Hochzeiten des 1. Standes vorbehalten, ein Beispiel dafür, daß sich Musikausübung streng an ständische Hierarchien zu halten hatte ...

Ein Wort zur Musik an den pommerschen Höfen. Überlieferungen sind auch hier rar, aber das Vorhandene spricht durchaus für sich - und für die Herzöge, von denen einige nicht nur Sinn für die bildende Kunst besaßen - ihre Sammlungen bzw. die guten Verbindungen zu Malern (Cranach) oder den besten süddeutschen Kunsthandwerkern und Goldschmieden belegen es (Stichwort Pommerscher Kunstschrank) - sondern auch der Musikausübung und der Musik selbst gebührenden Platz einräumten. Von den herzoglichen Pfeifern war bereits die Rede. Zu nennen wäre nun die für die Repräsentation besonders wichtige Gruppe der Trompeter und Pauker. Sie waren fester Bestandteil des fürstlichen Gefolges, besaßen also eine bevorzugte Stellung, hatten Vorrechte, besaßen eine eigene Uniform - nicht etwa die Livré des Dieners - und übernahmen auch wichtige Boten- und Gesandtendienste.

Keine feste Handlung, und derer gab es viele, kein Feldzug ohne sie. Die Herzöge, durch weite Reisen und verzweigte familiäre Verbindungen mit den »*internationalen*« Standards gut vertraut, wußten, was sie sich schuldig waren. Der Glanz ihrer Trompeten war auch der Glanz ihres Hofes, Synonym für Pracht und Macht, Standessymbol. Martin Dalmar, Notarius und Reisebegleiter Bogislaws X. auf dessen Palästina-Fahrt (1497/1498), teilte mit, daß sich im großen Troß auch »*Acht Trommeter mit 8 Pferden*« befunden hätten.[15] 1512 werden 10 »*Trommeter*« des Herzogs in Schwerin mit 10 Gulden beschenkt und 1516 »*des Herzogs von Pommern Trommeter, Pfeifer und Trommelschläger*« mit Geldgeschenken belohnt.[16] Kantzow nennt 1523 die Trompeter Georgs I. und Barnims IX.[17] Herzog Ulrich (Köslin) reiste zur Entgegennahme der Huldigung durch sein Bistum und hatte dazu eine Schar von »*Trommetern, Instrumentalisten und einen Heerpaukenschläger*« mit.[18] Nicht uninteressant die Reihenfolge, die auf Verwischung der Grenzen zwischen Bläsern und Streichern schließen läßt. Bogislaw XIII. führt 1605 bei seiner gigantischen Huldigungsreise durch Vorpommern »*12 Trommeiter*« und »*Ein Paukenschläger*« mit.[19] Die gleiche Anzahl befindet sich im Trauerzug zur Beisetzung Bogislaws XIV. (1654).[20] Vier Trompeter des Wolgaster Herzogs Ernst Ludwig halten sich 1590 am Hofe zu Güstrow auf, im gleichen Jahre sechs Trompeter in Wolfenbüttel, 1591 wieder drei in Güstrow.[21] 1617- 1619 tauchen erneut in Güstrow »*Trombter des Herzogs von Pommern*« auf.[22] Ernst Ludwig hatte auf einer Huldigungsreise nach Stralsund 12 Trompeter und einen Heerpauker mit, die zu Tische bliesen.[23]

Die Berücksichtigung von Streichinstrumenten erfolgt erst gegen Ende des 16. Jahrhunderts. Für den Bereich des städtischen Musizierens liefert Stralsunds Bürgermeister Gentzkow ein Beispiel. Er notiert am 28. April 1560: »*Dar hadden sie de nien videler ..., de en vorspelen musten, dat se dornah dantzeden*«.[24] Und Sastrow weiß zu berichten, daß der Herzog Philipp I. anläßlich eines Besuches in Stralsund 1555 nicht Trompeter und Pauker, sondern »*polische*« (polnische) Geiger mitbrachte, was auf Unverständnis gestoßen sei.[25] Polnische Geiger sind bis 1620 immer wieder auch in Stettin anzutreffen.[26] Und Philipp Hainhofer, der Kunstsachverständige des Stettiner Hofes aus Augsburg - Berater vor allem Philipps II. -, berichtet im Tagebuch von 1617 von einem Mahl bei Herzog Ulrich, bei dem Lautenisten und »*Violisten*« musiziert hätten.[27] Das Schloß dieses Herzogs in Rügenwalde besaß ein »*Musicantenzimmer*«, einen Raum, der zwar keine Tür, aber vier große Fenster zum Festsaal hin besaß, die beim Musizieren geöffnet wurden. Zur Orgelweihe in der Schloßkirche Köslin waren einheimische und Kolbergische Musikanten gerufen.[28] In Wolgast schließlich befanden sich 1623 vier englische Geiger (und englische Schauspieler).[29] Kittler schlußfolgert aus dem Vorhandensein solcher Musikergruppen auf echtes Musikverständnis der pommerschen Herzöge, »*denn am Stettiner und am Wolgaster Hof befanden sich schon früher als in vielen Schlössern Deutschlands Orchestergruppen aus Kunstpfeifern und -geigern, die als der Beginn orchestraler Hofkapellen anzusehen sind.*«[30] Nach 1606 hatte jeder der Söhne Bogislaws XIII. seine eigene Hofkapelle.[31] Noch zu Lebzeiten Bogislaws XIV. gab es mit Christoph Stecher den ersten und einzigen Musiker am Stettiner Hof, der die Stellung eines Hofkapellmeisters bekleidete.[32]

Die aufgeschlossene Haltung einiger Herzöge zur Musik kommt nicht von ungefähr. Philipp I. z. B. hatte für seine Söhne Ernst Ludwig und Barnim X. genaue Erziehungspläne ausarbeiten lassen. Deren Universitätsstudien in Greifswald und Wittenberg berücksichtigten ausdrücklich vokale und instrumentale Unterweisungen. Für den Greifswalder Aufenthalt heißt es: »*Von zwölf bis eins sollte ein gelarter und erfarner Geselle in der Musica mit den jungen Fürsten singen, oder diese sonst auf einem Instrumente unterweisen.*«[33] Dies galt für Montag und Dienstag. Für den Wittenberger Aufenthalt - man wohnt übrigens im Hause Martin Luthers, der allerdings nicht mehr lebt - wird dem Ernst Ludwig das tägliche einstündige Lautenspiel empfohlen - als Mittel gegen Melancholie.[34] Für den wohl handfesteren Barnim war Ähnliches nicht vorgesehen. Bei dieser Fürsorge Philipps I. wundert es nicht, daß er es war, der bei Wiedererrichtung der Greifswalder Universität auch das Fach Musik nachdrücklich empfahl. Einen Erziehungsplan hatte auch Bogislaw XIII. für seinen Sohn Herzog Ulrich. Dessen Plan der Universitätsstudien in Rostock sah zur Rekreation des Gemüts das Erlernen von Tänzen und ein tägliches »*exercitium musicae*« vor.[35] Im übrigen boten die zum Teil ausgedehnten Reisen einiger Herzöge durch musikkulturell hochentwickelte Länder genügend Anlässe, sich vielfältige musikalische Erfahrungen anzueignen.

Zum reichhaltigen Musikleben des 16. und 17. Jahrhunderts gehörten auch die Kantoreien, d. h. vokale Gruppen (Chöre), die sich aus wenigen Erwachsenen, vor allem aber aus Schülern pädagogischer Einrichtungen rekrutierten. Geleitet von einem Kantor, bestand ihre Aufgabe in der Mitwirkung beim Gottesdienst, in der Ausführung von (einfachem) Choralbzw. (polyphonen) Figuralgesang. Bekannt war die fürstliche Kantorei in Stettin, die sich aus Schülern des herzoglichen Pädagogiums, das im Laufe der Jahre hervorragende Kantoren-Komponisten besaß, zusammensetzte. Aber auch andere Städte und Stadtkirchen hatten ihre Schulen, ihre Sängergruppen, die, ebenfalls von einem Kantor geleitet, u. a. für Gottesdienste herangezogen wurden. Daneben gab es - ein düsteres Kapitel in der Sozialgeschichte - Kurrendesänger, die, ebenfalls Schüler, als Ärmste der Armen singend auf den Straßen bettelten.

Den Schulbereich erwähnen, das heißt zugleich, Fragen nach musikalischen Bildungsinhalten stellen. Die pommersche Schulordnung von 1535 zählt umfänglich auf, was in den einzelnen Klassenstufen zu lernen war, und das reichte vom auch nach der Reformation noch lange gepflegten lateinischen und deutschen einstimmigen Gesang bis zu komplizierter Figuralmusik. Es gab verbindliche Schulwerke, etwa des Listenius »*Rudimenta musica* ...« (1533) - Greifswalder und Stettiner Lehrpläne führen das Werk auf -, das dann, da offensichtlich zu schwer, durch die »*Musica practica praecepta* ...« des Stralsunder Kantors Eucharius Hoffmann ersetzt wird. In Stettin verfaßte der Ratskantor Johannes Praetorius 1619 für seine Ratsschule ein eigenes Lehrbuch, auch eine »*Musica practica praecepta* ...« Erwähnt sei auch, daß Bugenhagens Kirchenordnung von 1535 schulische Belange und die Musik mit gebührender Aufmerksamkeit bedenkt.[36] Bugenhagen fordert auch, daß in größeren Städten Organisten gehalten »*und ehrlich besoldet werden*«[37] sollen. Die kurze, sehr wohl notwendige Bemerkung verweist auf den gravierenden Übelstand sozialer Not, dem sich nahezu alle Organisten an den Stadtkirchen ausgesetzt sahen. Im Rahmen des Gottesdienstes mit noch relativ geringen musikalischen Aufgaben betraut - die Orgel beginnt erst später eine größere und selbständigere Rolle zu spielen - befand sich unter ihnen manch wackerer Musikant, mancher gute, teils auch hervorragende Komponist.

Ein aufmerksamer Blick gebührt auch der Universität Greifswald. 1456 im Rahmen einer feierlichen »*missa universitatis*« im Dom St. Nikolai gegründet, verankern die ersten Statuten der Artistenfakultät (1456) im Komplex mathematischer Disziplinen auch die Musik.[38] Und das »*Registrum librorum facultatis arcium*« von 1482[39] führt auch das für alle Universitäten Europas verbindliche Lehrwerk auf: die »*Musica speculativa* ...« des Johannes de Muris aus Paris (1323). Musik erscheint also - und das ist antikes Erbe - zusammen mit Arithmetik, Geometrie und Astronomie im Quadrivium der »*septem artes liberales*«. Ihre Betrachtungsweise ist eine mathematisch-akustische, eine philosophisch-spekulative, keine ästhetisch-musikalische. Das Klangbild war uninteressant, wichtig waren Zahlen- und Proportionsverhältnisse, mathematische Harmonien (die auch Kosmisches einbezogen, daher der Begriff »*Sphärenharmonie*«). Musik gehörte zu den Studiengrundlagen und mußte von jedem gehört werden, der in einer der großen Fakultäten - Theologie, Medizin, Jurisprudenz - weiterstudieren wollte. Musik erreichte also viele. Auffallend ist, daß zahlreiche Kantoren im gesamten Land ein Universitätsstudium hinter sich hatten.

Bugenhagens pommersche Kirchenordnung plädierte 1535 für die Wiedererrichtung der inzwischen zeitweise verödeten Universität und empfahl als Vorstufe ein Pädagogium nach Marburger Vorbild.[40] Und in Marburg pflegte man die Musik![41] Hinzu kam die Empfehlung Herzog Philipps I. betreffs der Musik, die ihren Niederschlag in den Statuten von 1545[42] fand und in denen Musik als »*hohe und ehrsame Kunst*« - jetzt also schon Kunst! - bezeichnet wurde. 1547 wird eine »*lectio grammaticae et musicae*« errichtet, und der spätere Generalsuperintendent von Pommern, Jakob Runge, mit ihrer Wahrnehmung beauftragt. Ihm folgen 1548 Ludwig Runge und 1549 Peter Eddelink. Danach schweigt sich die Matrikel aus. Zu erwähnen ist, daß im Laufe der Jahre mehrere Musiker-Söhne studierten, daß - schon erwähnt - sehr viele Studenten später als Kantoren begegneten und bereits im Amt befindliche Kantoren akademische Grade (Magister) erwarben. Einen eigenen Instrumentalisten (Musikus) besaß die Universität nicht, sie mußte ihren Bedarf bei akademischen Feierlichkeiten wohl mit Hilfe der Stadtmusici decken, bei Promotionen etwa - 1544 geht bei der feierlichen Prozession zum Rathaus ein Tympanonschläger dem Zug voraus[43] - oder anderen Gelegenheiten, Herrschergeburtstagen oder religiösen Anlässen, wie der ersten Säkularfeier der Augsburgischen Konfession, wo im Rahmen eines festlichen Ritus musiziert und gesungen wurde.[44]

Die Matrikel verzeichnet - leider als einziges Beispiel - für den Mai 1585 eine Disputation »*de musica*« des Greifswalder Johannes Oldenhauer.[45] Ansonsten weist sie für die ersten knapp 200 Jahre ihres Bestehens zahlreiche Namen von überregionaler Bedeutung auf, die mit Musik in Beziehung zu setzen sind: Hermann Bonnus z. B., der als Theologe für das evangelische Kirchenlied wichtig ist, David Chyträus, Verfasser einer Abhandlung »*de musica*« (Jena 1535), Nikolaus Dedelow, Theologe und Kantor, Johann Freder, ebenfalls bedeutender Theologe, der treffliche evangelische Kirchenlieder in niederdeutscher Sprache schrieb, Johannes Micraelius, der berühmte Stettiner Ratsschreiber und Historiker, dessen Schuldramen auch Musikstücke enthalten, der Rostocker Theologe Heinrich Müller, dessen Liedtexte vom bedeutenden Nikolaus Hasse vertont wurden und dessen Predigttexte sich viel später in Johann Sebastian Bachs »*Matthäuspassion*« wiederfinden[46], der Europareisende Andreas Ornitoparch, Verfasser eines wichtigen Musiktraktats, der in Greifswald wahrscheinlich auch gelesen hat (1518), Laurentius Ribow, Verfasser einer 1638 in Greifswald erschienenen Gesangslehre, und viele andere mehr.

Ein Sonderkapitel beanspruchen die Universitätsbuchdrucker, deren musikkultureller Beitrag im Zusammenhang mit dem vorpommerschen Notendruck insgesamt kurz gestreift werden soll. 1533 erscheint - nach Bake[47] - der erste Druck Pommerns überhaupt. Bis zum Jahre 1600 ermittelte dieser Forscher für die Werkstätten in Stettin 341, für Greifswald - Universitätsbuchdrucker - 336 und für Barth 63 Drucke, Zahlen, die heute sicher zu ergänzen wären. Stralsund besaß bis zum Ende des 30jährigen Krieges keine Druckerei. Unter den Arbeiten befinden sich - und das ist für unser Thema von Belang - zahlreiche und auch recht bedeutende Musikalien. Teilweise von Bake erfaßt, hat sie dann in seinerzeit möglicher Vollständigkeit Günther Kittler (Universität Greifswald) in einer Titelzusammenstellung erfaßt und diese, biographisch und musikhistorisch angereichert, veröffentlicht.[48] Bis etwa 1650 sind das nach meiner eigenen, nun auch wieder Kittlers Angaben ergänzenden Aufstellung, rund 90 Drucke, die sich auf Stettin und Greifswald verteilen.

Die Bandbreite des Gedruckten ist groß. Sie umfaßt das anspruchslose, bestimmten Anlässen gewidmete Lied (Chor) für Geburt, Hochzeit, Tod, Amtsjubiläum,

Promotion u. Ä., einfache mehrstimmige geistliche und weltliche Chöre erbaulichen Charakters, instrumental begleitete, auch mit Vor-, Zwischen- und Nachspielen versehene Arien, vielstimmige kunstvolle Motetten, kleine und umfangreich besetzte Sammlungen reiner Instrumentalmusik (Suiten), Gesangbücher, Schuldramen mit Musikteilen, theoretische Lehrwerke. Hinter diesem vielen bedruckten Papier steckt ein bedeutsames soziologisches Moment: der Schöpfer eines Werkes tritt nicht mehr, wie lange geschehen, hinter seinem Werk zurück. Die gedruckte - nicht mehr improvisierte - Note legt ihn fest, er bekennt sich zu seinem Werk als einem nicht nur bloße Handwerklichkeit repräsentierenden, in sich geschlossenen, künstlerisch eigengewichtigen Produkt, das Ehre verdient und Ehre auch dem einbringt, der es als Mäzen mittragen hilft bzw. dem es gewidmet ist. Vom Ansehen eines Künstlers fällt nunmehr auch Glanz auf den Herren, dem er verpflichtet ist, ein wichtiger Fakt, wenn man in Betracht zieht, daß dieses Beziehungsgefüge außerordentlich produktive Konsequenzen hatte. Die bedeutendsten pommerschen Komponisten z. B. widmeten Mitgliedern ihres Herzoghauses zwischen 1577 und 1617 mehr als 60 gedruckte Kompositionen.[49] Die Bedeutung des Notendrucks in Vorpommern, in einem Territorium also, das kaum zu den hochentwickelten gezählt werden kann, darf hohe Werschätzung beanspruchen. Das betrifft sowohl die Menge des Gedruckten als auch dessen für die territoriale Musikentwicklung kaum zu überschätzendes künstlerisches Gewicht.

1578 erschien in Stettin die erste in Pommern gedruckte mehrstimmige Komposition, eine lateinische Figuralpassion des ehemals Greifswalder Studiosus und späteren Rigaer Kantors Paulus Bucenus. 1597 und 1599 werden Kompositionen des Stettiner Stadtmusikus Paul Luetkemann, dem man an die Kunst einer europäischen Berühmtheit vom Range eines Michael Praetorius heranreichende Qualitäten bescheinigte, gedruckt. 1600 und 1604 erschienen theoretische Schriften des Stargarder Kantors Petrus Eichmann, 1607 die bis zu 8 Stimmen umfassenden geistlichen Gesänge des Joachimus Marcus (aus Greifswald gebürtig), die sogar 1608 in Leipzig nachgedruckt werden. Von besonderem Gewicht dann die zahlreichen Kompositionen des Philipp Dulichius. Dieser Mann (1561-1631), genannt auch der »*Pommersche Lassus*«, was besonderer Ehre gleichkommt, war zwischen 1587 und 1631 Kantor am Stettiner Pädagogium. Unter seinen zahlreichen Werken ragen die »*Centuria*« hervor (1607-1612, 4 Bände), eine Sammlung von 100 doppelchörigen Motetten, die zum Besten gehören, was deutsche Meister jener Zeit schrieben! Dulichius ist auch in der berühmten Sammlung »*Florilegium portense*« - Ausgabe 1618 - vertreten.[50] Daß sich auch ein Werk des erwähnten Bucenus in einer Lübecker Sammlung befindet[51], und Kompositionen von Joachimus Marcus und Nikolaus Gottschovius (Stargard) sogar im Musikinventar des fürstbischöflichen Hofes zu Freising verzeichnet sind[52], spricht für die Wertschätzung dieser Komponisten. Erwähnt sei auch, daß neben zahlreichen, Musik enthaltenden Schuldramen, die zwischen 1606 und 1631 in Stettin erschienen, 1649 - und diese geringfügige Erweiterung des Berichtszeitraumes sei erlaubt - mit Andreas Fromms Actus musicus »*Vom reichen Manne und armen Lazaro*« ein nahezu oratorisches Werk die Druckwerkstatt verließ. Mit zahlreichen Instrumenten besetzt, enthielt es ein Einleitungsinfonie, Chöre und z.T. kunstvolle Sologesänge. Der Schöpfer dieses musikgeschichtlich bedeutenden Werkes bezeichnet sich auf dem Titelblatt als »*Professore und Musico des Königl. Paedagogij zu Stettin*«. Eine sehr breite Palette bieten die Greifswalder Notendrucke. Das »*Programm*« der Universitätsbuchdrucker beginnt sozusagen hochkarätig 1582 mit den »*Cantica sacra*« des Stralsunder Kantors Eucharius Hoffmann. Im gleichen Jahr erscheint dessen »*Doctrina de tonis ...*«, ein bedeutsames Lehrwerk. Ebenfalls noch 1582 druckt Ferber mit den »*Piae cantiones ecclesiasticae et scholasticae ...*« das erste schwedische Schulgesangbuch, das »*als erste und wichtigste Sammlung, die uns einen Einblick in die Musikpflege des Mittelalters gestattet*«[53], eingeschätzt wird. Das Werk erlebt vier weitere Auflagen, allerdings nicht in Greifswald, sondern in Rostock und Schweden.

1584 erscheint die 3. Auflage von Eucharius Hoffmanns anderem (erstem) musiktheoretischen Werk (»*Musicae practicae praecepta ...*«), dann folgen viele kleinere Einzelkompositionen, mehrere Psalmbücher, dazwischen, 1592, mit Vertonungen der Psalmen Davids das instrumentale Hauptwerk des in dänischen Diensten stehenden Sängers und Hofkapellmeisters Abraham Praetorius, dessen Lebensspur sich möglicherweise in Richtung Greifswald verliert[54]; 1594, ein weiteres musiktheoretisches Werk, Henning Fabers »*Compendiolum musicae*«, die 37. Auflage des mit insgesamt 46 Ausgaben weitverbreiteten Werkes, und dann 1619 Daniel Fridericis, des weithin berühmten Rostocker Marienkantors »*Sertum musicale alterum*«, vierstimmige, vokal oder (und) instrumental ausführbare Sätze. Fridericis Ruf war hervorragend, seine Bedeutung für das Rostocker Musikleben kaum zu überschätzen, sein Werk weit verbreitet. 1623 erscheint auch noch der 1. Teil der Sammlung, 1624 erneut - nun erweitert - der zweite.

Eine andere verlegerische Großtat: Johann Vierdancks »*Erster Theil neuer Pavanen, Gagliarden, Balletten und Concerten ...*« (1637). Ihr musikgeschichtlicher Stellenwert resultiert aus der Tatsache, daß sie in der Besetzung von 2 Violinen, Violon und Generalbaß die ältesten deutschen Triosonaten sind![55] 1641 erscheinen dann Vierdancks Geistliche Konzerte 1. Teil sowie der 2. Teil der Capricci, Canzoni und Sonaten. 1642 dann in 2. Auflage nochmals der 1. Teil der Geistlichen Konzerte und der bis zur Neunstimmigkeit ausgebaute 2. Teil Geistlicher Konzerte. Die Bedeutung Vierdancks und seiner Werke kann hier nicht erörtert werden. Es genüge der Hinweis darauf, daß er zu den herausragendsten Schülern seines Lehrers zählt - und das war kein Geringerer als Heinrich Schütz.

Erwähnen wir noch einmal, daß 1638 eine in Dialogform abgefaßte Gesangslehre des Greifswalder Studiosus und späteren Kantors am Löbenicht in Königsberg Lorenz Ribow gedruckt wird (»*Enchiridion musicum ...*«), ein Werk, das der berühmte Historiograph Johann Gottfried Walther in seinem Musiklexikon von 1732 ausführlicher Beschreibung würdigt[56], und daß, am äußersten Ende unseres Zeitraumes, nämlich 1650, die leider verschollenen »*Sinfonien, Scherzi, Balletti, Allemanden, Courranten und Sarabanden*« für 2 Violinen und Generalbaß des Stralsunder Nikolaiorganisten Johann Martin Rubert erschienen.

Eine Beobachtung am Rande: Unter den vielen Drucken finden sich nur zwei (Stettiner) Arbeiten, die einen Bezug zu den gravierenden Ereignissen des 30jährigen Krieges erkennen lassen, einmal anonyme vierstimmige »*Klag- und Trau-*

ergesänge vom Creutz« (1627) mit einer Vorrede in Gedichtform, die die Hoffnung auf baldiges Ende der Kriegsnöte artikuliert, zum anderen die gedruckte Predigt des Polziner Pfarrers Christian Ramelow (1649), gehalten anläßlich des Friedensschlusses und mit einem einstimmigen, von Orgel begleiteten Lied »*Gottpreißliche Friedensfreude*« versehen. Zu den geschichtlich wie auch musikalisch wichtigen »*Einzelgesängen*« zählt eine vierstimmige Elegie, beigefügt einer Predigt[57], die der pommersche Feldprediger und Generalsuperintendent Johann Fabricius anläßlich der Aufbahrung des toten Gustavs II. Adolf in Wolgast hielt.

Wenn man davon ausgeht, daß das hier Ausgeführte nur eine Auswahl darstellt, nur grobe Zeichnung eines weitaus umfassenderen und differenzierteren Gesamtbildes ist, dann darf daraus die Schlußfolgerung gezogen werden, daß die Musikkultur Vorpommerns - und dieser Begriff meint mehr als nur Musikgeschichte - ihren eigenen Stellenwert besitzt. Wenngleich eingeräumt werden muß, daß mittel- und süddeutsche Territorien, ungleich zentraler gelegen, zeitlich frühere, intensiver entwickelte und wesentlich reichhaltigere Musikkulturen besaßen, so wäre die Folgerung, daß die periphere Lage Vorpommern eine eigenständige Musikkultur nicht ermöglicht hätte, kurzschlüssig. Es gilt allerdings, ehemals Bekanntes wieder in Erinnerung zu rufen und außerdem zu versuchen, weitere Quellen zu erschließen. Erst dann kann mit einiger Sicherheit und über die bloße Ansammlung von Fakten hinausgehend, Allgemeingültiges zur vorpommerschen Musikkultur, ihren Entwicklungen und Charakteristika, gesagt werden. Eine detaillierte Geschichte der Musikkultur Vorpommerns ist noch nicht geschrieben, aber Bausteine zu einer solchen sind vorhanden. Es gilt, weiterzubauen, und es gilt vor allem wieder damit zu beginnen, etwas von der überaus fleißigen und guten, teils gar hervorragenden kompositorischen Arbeit der vielen Kantoren- und Organisten-Komponisten des 16. und 17. Jahrhunderts auch für unser heutiges Musikleben wiederzugewinnen.

Nachbemerkung

Zwischen der Erarbeitung dieses Vortrages und seiner Drucklegung liegt ein Zeitraum von vielen Jahren. Ihn kennzeichnen tiefgreifende Veränderungen auch hinsichtlich der Forschungsmöglichkeiten, so daß die im Beitrag geschilderte Situation personeller und materialer (Literatur!) Voraussetzungen schon »*historisch*« genannt werden muß. Sie bezieht sich also noch auf die sehr eingeengten, von Quellen- und Literaturmangel bestimmten Arbeitsmöglichkeiten zu Zeiten der DDR. Es ist dennoch darauf verzichtet worden, den Beitrag zu aktualisieren. Er bleibe also Dokument einer Zeit, in der erste tastende Versuche gemacht wurden, auch die Musikkultur Pommerns wieder ins Bewußtsein zu rücken und damit an gute, aus politischen Gründen lange Jahrzehnte verdrängte Traditionen anzuknüpfen. Dabei konnte es kaum um die Präsentation neuer Forschungsergebnisse gehen, wohl aber um den Hinweis darauf, daß die Musikkultur Pommerns insgesamt als Teil pommerscher Geschichte einen unabdingbaren und überdies attraktiven Gegenstand der Forschung darstellt. Nach der politischen Wende 1989 konnte dies von einer universitären Greifswalder Arbeitsgruppe mit mehreren internationalen Konferenzen und zahlreichen Publikationen unter Beweis gestellt werden.

[1] Bowles, Edward, Musikleben im 15. Jahrhundert. Musikgeschichte in Bildern, Bd. III, Lieferung 8, Leipzig 1977, S. 5.
[2] Ebenda, S. 6.
[3] Ebenda.
[4] Jenaer Liederhandschrift, 2 Bde. Leipzig (Holz).
[5] Kittler, Günther, Die Musikpflege in Pommern zur Herzogzeit. Balt. Studien N. F. Bd. 39, Stettin 1937, S. 59.
[6] Engel, Hans, Musik und Musikleben in Greifswalds Vergangenheit, Greifswald 1929, S. 5.
[7] Westien, Fritz, Über die soziale Stellung der Spielleute im mittelalterlichen Greifswald. Greifswald-Stralsunder Jahrbuch, Bd. 5, 1965, S. 150/51.
[8] Sastrow, Bartholomäus, Herkommen, Geburt und Lauf seines ganzen Lebens. in: Ritter, Bürger und Scholaren. Aus Stadtchroniken und Autobiographien des 13. bis 16. Jahrhunderts, Berlin 1980, S. 340.
[9] Das Marienburger Tresslerbuch der Jahre 1399-1409, Königsberg 1896, S. 158.
[10] Ebenda, S. 556.
[11] Ebenda, S. 567.
[12] Salmen, Walter, Musikleben im 16. Jahrhundert. Musikgeschichte in Bildern, Bd. III, Lieferung 9, Leipzig 1976, S. 15.
[13] Engel, Hans, a. a. O., S. 11.
[14] Ebenda, S. 6.
[15] Beschreibung Herzog Bugslaffen des 10. Peregrination nach dem Heiligen Lande ... Durch Martin Dalmar ... in: Thomas Kantzows Chronik von Pommern in niederdeutscher Mundart ... Stettin 1839, S. 301.
[16] Meyer, Clemens, Geschichte der Mecklenburg-Schweriner Hofkapelle, Schwerin 1913, S. 5.
[17] Angabe nach Kittler, a. a. O., S. 61.
[18] Kittler, Günther, Die Musikpflege am Hofe Herzog Ulrichs in Köslin. Monatsblätter der Gesellschaft für pommersche Geschichte und Altertumskunde 47. Jg., 1933, Nr. 5, S. 66.
[19] Stojentin, M. v., Die Erbhuldigung der hinterpommerschen Stände bei der Thronbesteigung Herzog Bogislaws XIII. Balt. Stud. N. F. Band 5, Stettin 1901, S. 46.
[20] v. Behr, Ulrich und v. Bohlen-Bohlendorf, I., Die Personalien und Leichenprozessionen der Herzöge von Pommern aus den Jahren 1560-1663, Halle 1869, S. 580.
[21] Angabe nach Kittler, Günther, Die Musikpflege in Pommern zur Herzogszeit, a. a. O., S. 62. Kittler bezieht sich auf Meyer, a. a. O.; dort konnten diese Angaben aber nicht gefunden werden.
[22] Meyer, Clemens, a. a. O., S. 23.
[23] Kittler, Günther, Die Musikpflege in Pommern ... a. a. O., S. 62.
[24] Engel, Hans, a. a. O., S. 6.
[25] Bartolomäi Sastrows Herkommen Geburt und Lauff seines gantzen Lebens ... Herausgeb. v. G. Chr. F. Mohnicke, 3. Teil, Greifswald 1824, S. 135-136.
[26] Angabe nach Kittler, a. a. O., S. 67.
[27] Kittler, Günther, Die Musikpflege am Hofe Herzog Ulrichs in Köslin, a. a. O., S. 66.
[28] Ebenda, S. 69.
[29] Kittler, Günther, Die Musikpflege in Pommern zur Herzogszeit, a. a. O., S. 67.
[30] Ebenda.
[31] Ebenda, S. 68.
[32] Ebenda, S. 70.
[33] Die Erziehung und Ausbildung der Herzöge Pommerns im Zeitalter der Reformation, Balt. Stud. 9,2 1842/43, S. 99.
[34] Ebenda, S. 103.
[35] Wehrmann, M., Unterrichtsplan für den Herzog Ulrich von Pommern (1602), Monatsblätter ... 1909, Nr. 8, S. 119.
[36] Die pommersche Kirchenordnung von Johannes Bugenhagen 1535. Herausgegeben im Auftrag der Evangelischen Landeskirche Greifswald von Norbert Buske, Berlin 1985, S. 177/78.
[37] Ebenda, S. 176.
[38] Kosegarten, Johann Gottfried Ludwig, Geschichte der Universität Greifswald ... Bd. II, Greifswald 1856, S. 310.
[39] Ders., Geschichte der Universität Greifswald ..., Teil I, Greifswald 1857, S. 232.
[40] Die pommersche Kirchenordnung ... a. a. O., S. 178-181.
[41] Pietzsch, Gerhard, Zur Pflege der Musik an den deutschen Universitäten bis zur Mitte des 16. Jahrhunderts, Archiv für Musikwissenschaft, 7. Jg., 1942, Heft 3, S. 157-158.
[42] Sammlung gemeiner und besonderer Pommerscher und Rügischer Landesurkunden ... (Dähnert), 2. Teil, Stralsund 1767, S. 792.

[43] Kosegarten, J. G. L., Geschichte der Universität Greifswald ..., 1. Teil, a. a. O., S. 197-198.

[44] Mohnicke, D., Die Feier des ersten und zweiten Secularfestes der Uebergabe der Augsburgischen Confession in den Jahren 1630 und 1730 bei uns in Pommern. Sundine, 4. Jg., 1830, Nr. 25, 24. 6. 1830, Stralsund, S. 196.

[45] Aeltere Universitätsmatrikel II. Universität Greifswald, herausgegeben von E. Friedlaender, Bd. 1, Leipzig 1893, S. 331.

[46] Axmacher, Elke, Ein Quellenfund zum Text der Matthäus-Passion, Bach-Jahrbuch 1978, Berlin 1978, S. 181 ff.

[47] Bake, Werner, Die Frühzeit des pommerschen Buchdrucks im Lichte neuerer Forschung, Pyritz 1934.

[48] Kittler, Günther, Die pommersche Notendrucke bis Ende des 17. Jahrhunderts, in: Musik in Pommern. Mitteilungsblatt des Vereins zur Pflege pommerscher Musik, Heft 4, 1935, S. 175-202;

Heft 5, 1936, S. 5-30;

Heft 9, 1941, S. 234-241.

[49] Angabe nach Kittler, Günther, Die Musikpflege in Pommern zur Herzogszeit, a. a. O., S. 70.

[50] Riemer, Otto, Artikel »Philipp Dulichius«, Musik in Geschichte und Gegenwart (MGG) Bd. II, Sp. 430.

[51] Blume, Friedrich, Art. »Buxtehude«, MGG Bd. II, Sp. 554; Karstädt, G., Art. »Lübeck«, MGG Bd. 8, Sp. 1267-1268.

[52] Fellerer, Karl Gustav, Ein Musikalien-Inventar des fürstbischöflichen Hofes in Freising aus dem 17. Jahrhundert, Archiv für Musikwissenschaft, 6. Jg., 1924, Heft 4, S. 482.

[53] Norlind, Tobias, Schwedische Schullieder im Mittelalter und in der Reformationszeit, Sammelbände der Internationalen Musikgesellschaft, 2. Jg., 1900/1901, Heft 4, S. 566.

[54] Vgl. Blankenburg, Walter, Art. »Abraham Praetorius«, MGG Bd. 10, Sp. 1553-1554.

[55] Diese Formulierung trifft Hugo Riemann. Zitiert bei: Noack, Elisabeth, Ein Beitrag zur Geschichte der älteren deutschen Suite. Archiv für Musikwissenschaft, 2. Jg., 1920, Heft 2, S. 275.

[56] Johann Gottfried Walther, Musicalisches Lexicon ..., Leipzig 1732, S. 524-525.

[57] Eitner Lexicon, Bd. 3, 1959, S. 276.

Lenné-Parks in Vorpommern und Mecklenburg

von
Barbara Resch

7. Demminer Kolloquium zur Geschichte Vorpommerns am 1. Juli 1989
unter dem Tagungsthema: »Aspekte der Kunst und Kultur im vorpommerschen Raum
von 1648 bis zum 19. Jahrhundert«

Der Vortrag wurde anläßlich des 200. Geburtstages von Peter Joseph Lenné im Jahre 1989 gehalten und galt den Plänen und Entwürfen Lennés für Parkanlagen mecklenburgischer und vorpommerscher Herrensitze. Er faßte Studienergebnisse des Wissenschaftsbereiches Kunstgeschichte der Ernst-Moritz-Arndt-Universität Greifswald zusammen, die im Rahmen eines Gemeinschaftsprojekts mit den Staatlichen Schlössern und Gärten Potsdam-Sanssouci erarbeitet wurden. Sie liegen seit 1990 in gedruckter Form vor und zwar im »*Katalog Peter Joseph Lenné - Pläne für Stadt und Land*« Harri Günther und Sybille Harksen; Bestandskatalog der Lenné-Pläne in der Plankammer der Staatlichen Schlösser und Gärten Potsdam-Sanssouci, Teil III; Potsdam 1990.
In diesem Zusammenhang sei auch auf den Protokollband der VI. Romantik-Konferenz »*Zu Leben und Werk Peter Joseph Lennés*« am Wissenschaftsbereich Kunstgeschichte der Ernst-Moritz-Arndt-Universität zu Greifswald verwiesen, der 1992 erschienen ist: »*Peter Joseph Lenné - Europäische Landschafts- und Gartenkunst im 19. Jahrhundert*«; VI. Greifswalder Romantikkonferenz der EMAU 1989; Greifswald 1992.
Deswegen wurde auf eine Wiedergabe des Vortrages seitens der Autorin verzichtet.

Adolf Pompe, Gustav Reichardt, Charles Voß - Ein Beitrag zur Musikgeschichte in Pommern

von
Heinz-Gerhard Quadt

7. Demminer Kolloquium zur Geschichte Vorpommerns am 1. Juli 1989
unter dem Tagungsthema: »Aspekte der Kunst und Kultur im vorpommerschen Raum
von 1648 bis zum 19. Jahrhundert«

Als 1985 das Fernsehen der DDR in einer Abendsendung »*Greifswald - die Stadt am Ryck*« vorstellte, erklang nach Jahrzehnten zum ersten Mal wieder diese Melodie offiziell aus den Lautsprechern unseres Landes. (Darbietung einer Strophe des Pommernliedes in Klavierfassung als Tonbandkassette.)
Wie im menschlichen Leben überhaupt, gibt es auch gerade in der Heimatgeschichte einen fortdauernden Wissensverlust, der mal mehr - mal weniger aufgehoben wird, je nachdem, ob und wie wir das Wissen um Vergangenes vor dem Vergessen retten. Darum möchte ich einiges zu diesem Liede in Erinnerung rufen, zumal der Mann, der mit diesem Liede zu tun hat, in dieser Stadt lebte, wirkte und auch seine letzte Ruhestätte gefunden hat.
Am 19. März 1852 schreibt der Student der Theologie und Philologie an der Universität in Halle, Adolf Pompe, einen Brief an seine Mutter in Stettin. Er teilt darin andere alltägliche Dinge mit und fügt dann fast nebensätzlich »*zur Ausfüllung des Raumes*« ein Gedicht mit 5 Strophen bei. Er gab diesem Gedicht die Überschrift »*Heimath*« und fügte unter NB folgende Anmerkung hinzu: »*Das Lied habe ich einem lieben Landsmann, der ein Pommernlied zum Singen sich wünschte, gemacht nach der Melodie 'Freiheit, die ich meine', und es wird jetzt von unseren 12 Pommern hier gesungen mit großer Lust. Blau und weiß sind bekanntlich Pommerns Farben. Übrigens ist nicht alles so genau zu nehmen, wenigstens ich meine, in Halle doch ziemlich Ruhe gefunden zu haben.*«
Pompe meinte die Worte seines Liedes »*Bis in dir ich wieder finde meine Ruh', send' ich meine Lieder, dir o Heimat zu.*« (Darbietung des gesamten Textes als Gedichtvortrag mit musikalischer Untermalung durch alle Strophen vom Tonband.)
Seit Frühjahr 1849 studierte Pompe in Halle Theologie und Philologie. Sein Gedicht war schon 1850 entstanden und paßte in diesen Zeiten also nicht mehr genau auf ihn selbst. Dennoch änderte er diese Zeilen im Brief an seine Mutter nicht. Sie erinnern an Wilhelm Müllers »*Winterreise*«, die Franz Schubert vertonte:
»*Am Brunnen vor dem Tore*« ...
Du fändest Ruhe dort.«
Das Stilgefühl der Romantik findet sich auch sonst in Pompes »*Heimatlied*«. Die erste Zeile »*Wenn in stiller Stunde Träume mich umwehn*«, erinnert an ein Gedicht von Novalis »*Wenn in bangen trü-*

Das Pommernlied

Wenn in stiller Stunde Träume mich umwehen,
bringen frohe Kunde Geister ungesehen,
reden von dem Lande meiner Heimat mir,
hellem Meeresstrande, düsterm Waldrevier.

Weiße Segel fliegen auf der blauen See,
weiße Möwen wiegen sich in blauer Höh',
blaue Wälder krönen weißer Dünen Sand.
Pommernland, mein Sehnen ist Dir zugewandt.

Aus der Ferne wendet sich zu dir mein Sinn,
aus der Ferne sendet trauten Gruß er hin.
Traget, laue Winde, meinen Gruß und Sang,
wehet leis' und linde, treuer Liebe Klang.

Bist ja doch das eine auf der ganzen Welt,
bist ja mein, ich deine, treu dir zugesellt.
Kannst ja doch von allen, die ich je gesehn,
mir allein gefallen, Pommerland, so schön.

Jetzt bin ich im Wandern, bin bald hier, bald dort,
doch aus allen andern treibt's mich immer fort,
bis in dir ich wieder finde meine Ruh',
send' ich meine Lieder dir, o Heimat, zu.

Text: Adolf Pompe, 1852.

Das Pommernlied -
Urschrift in einem Brief des Dichters G. Adolf R. Pompe aus Halle an seine Mutter 1852

Henriette Wilhelmine Pompe um 1880

Adolf Pompe als Pfarrer in Demmin 1883

ben Stunden unser Herz beinah verzagt«. Pompe setzte seinem Brief an die Mutter folgenden Zusatz bei:
»*A(dolf) P(ompe), im Siege über 5 Nebenbuhler gekränkter Poet im Halleschen Wingolf*«, was wohl viel bedeutet, seine Gedichte sind im Studentenkreise beifällig aufgenommen worden.

Daß dieses Gedicht als Lied gerade in Pompes Heimat so von den Menschen angenommen wurde und sich in den nachfolgenden Jahrzehnten zur Hymne des Landes entwickeln konnte, lag gewiß auch an der Melodie. Schon zu Luthers Zeiten übte man die Praxis, neue Texte bereits bekannten wirkungsvollen Melodien zu unterlegen. So war zu Pompes Zeiten Max von Schenkendorf, ein Dichter der Befreiungskriege, der auch an der Völkerschlacht bei Leipzig teilgenommen hatte, noch sehr populär. Sein Gedicht »*Freiheit, die ich meine*« wurde von Karl Groos 1815 vertont und erschien zum ersten Mal in der »*Auswahl deutscher Lieder für Hallesche Burschen*« 1822. Es ist also gut zu verstehen, daß der Hallesche Student Pompe diese Melodie nutzte, und gewiß dürfen wir nicht außer Acht lassen, daß der sentimentale Charakter der Melodie den Siegeszug beflügelte. Pompe gab seinem Liede die Überschrift »*Heimat*« und gebrauchte in dieser von ihm handschriftlich vorliegenden 1. Textfassung nicht das Wort »*Pommernland*« sondern »*Vaterland, so schön*«. Das aber schließt das eine vor dem anderen überhaupt nicht aus. 1853 wurde es zum ersten Mal gedruckt unter dem Titel »*Pommernlied*« und fand in Liederbüchern Aufnahme und Verbreitung. Ich habe Pompes Lied in den vergangenen 30 Jahren bei Führungen über den Demminer Friedhof oft an Pompes Grabstätte dargeboten und selbst einige junge Zuhörer und Teilnehmer, auch kritische Geschichtsinteressierte haben in diesen Zeilen keinen Chauvinismus, Fremdenhaß, Revanchismus oder Eroberungsgelüste gegenüber anderen, vornehmlich Polen, entdeckt. Als die Landesbezeichnung Pommern/Vorpommern nach dem 2. Weltkrieg verschwand, trat auch der Gebrauch des Liedes zurück. Offiziell wurde das Lied wohl auch nicht verboten, aber traute man sich noch? Und in dem Teil Pommerns, in Vorpommern, der nun eine Region, ein Landesteil in der DDR geworden war, hatten sich die Bevölkerungsstrukturen im Ergebnis des Hitlerkrieges ebenso verändert wie überall. Man sang es nicht mehr. Konnte man es singen, wenn die anderen es singen? Die anderen Pommern, die in den Westen Deutschlands gegangen waren! Und wer es vorher nicht kannte, lernte es nun gar nicht erst kennen. Und wer es kannte und nicht mehr sang, vergaß es nach und nach. So wie man das Lied »*Mine Heimat*«, das vielfach als »*Nordseewellenlied*« bezeichnet wurde, auch nicht mehr dort sang, woher es stammte, nämlich »*Wo de Ostseewellen trecken an den Strand*« von der pommerschen Heimatdichterin Martha Müller-Grählert, die in Barth geboren, in Zingst aufgewachsen und 1939 in Franzburg im Altersheim verarmt gestorben ist.

Um die Hebung dieses Erbes von Martha Müller-Grählert haben sich in den letzten Jahren sehr engagiert Männer wie Pastor Manfred Krüger in Prohn und Jörg Scheffelke in Zingst bemüht, bewährt und verdient gemacht.

So haben nun auch wir hier dafür zu sorgen, daß, da jetzt sein Lied auch durch ein bedeutendes Medium erklingt, Pompes Heimatlied nicht mehr schamhaft verschwiegen wird, sondern als die literarische und zugleich musikalische Äußerung eines Dichters des vorigen Jahrhunderts anerkannt wird, der seine Heimat innig liebte und diese unsere Heimat mit ihrer Natur beschreibt, wie sie auch von uns erlebt wird. Wenn wir die Erforschung der Landesgeschichte betreiben, gehört dieser Teil zu den progressiven Traditionen, um die wir uns kümmern und in unsere Pflege aufnehmen sollten. Lassen Sie mich skizzenhaft nun das Leben dieses Mannes beschreiben, dem wir das »*Pommernlied*« verdanken.

Gustav Adolf Reinhard Pompe wurde am 12. Januar 1831 in Stettin geboren. Sein Vater war ein wohlhabender Kaufmann, der aber schon früh verstarb. Für seine aufgeschlossene Haltung gegenüber den Zeitereignissen war für Adolf Pompe wohl einer seiner Lehrer, Ludwig Giesebrecht, maßgebend, der an den Befreiungskriegen teilgenommen hatte und mitten im politisch und sozial bewegten Leben stand. Und musikalisch verantwortlich ist natürlich der in Pompes Vaterstadt wirkende Karl Loewe. Aus einem Stammbuch geht schon früh hervor, daß Adolf Pompe schon als 12jähriger entschlossen war, Theologie zu studieren. Dazu muß man wissen, daß Pompes Mutter und die mit ihr befreundete Frau des Konsistorialpräsidenten Mittelstädt lebhaft am Werk der Weltmission und der Inneren Mission beteiligt waren.

1849 bezog Pompe die Universität Halle. Zum Lehrkörper dieser Zeit gehörte der aus Bergen/Rügen stammende Arnold Ruge, der mit den »*Hallischen Jahrbüchern*« ein theoretisches Organ für die demokratische Opposition schuf.

In Halle wurde Adolf Pompe Mitglied der christlichen Verbindung »*Wingolf*«, die die Mensur und den Trinkzwang verwarf. Im Halleschen Wingolf gab es eine kleine Gruppe, die sich auf ihren inneren religiösen Auftrag beschränken wollte. Die von Pompe geführte Mehrheit wollte aber die Breite des Lebens mit dem christlichen Glauben durchdringen. Sie wurden darum »*Die Pompejaner*« genannt. Im Sammelband »*Aus dem Wingolf*« erschienen zahlreiche Gedichte Adolf Pompes. Nach dem Verlassen der Universität wirkte Pompe seit 1856 im hinterpommerschen Greifenberg als Gymnasiallehrer und amtierte von 1861 bis 1871 als Oberprediger in Labes, weitere elf Jahre ist dann sein geliebtes und gelobtes Lauenburg in Hinterpommern von 1872 bis 1883 die Wirkungsstätte als Superintendent. Pompes Amtsbereiche liegen also ausschließlich in der pommerschen Heimat.

Wie jeder Mensch war natürlich auch Pompe in Zeitzwängen befangen, er huldigte dem nationalen Königtum und verfaßte 1871 einen Festgesang zur Kaiserproklamation. Er sah darin aber seine Alternative zur kriegslüsternen Haltung des französischen Kaisers Napoleon III. 1883 führte der pommersche Generalsuperintendent Albert Jaspis, ein Mann, der sich gegen konservative Kreise für die Landarbeiter einsetzte und schon das Wirken von Pompes Mutter kannte, Adolf Pompe in Demmin als Königlichen Superintendenten und Pastor primarius an der Sankt Bartholomaeikirche ein. Nur runde sechs Jahre verblieben ihm noch in der alten vorpommerschen Stadt an Peene, Tollense und Trebel. Am 23. Dezember 1889, einen Tag vor dem Heiligen Abend, stirbt Adolf Pompe an Lungenentzündung. Das Sterberegister vermerkt: »*... hinterläßt seine Witwe, vier erwachsene Kinder, ein minderjähriges Kind.*«

Eines der erwachsenen Kinder war die 1864 in Labes geborene Hedwig Pompe, die von 1895-1925 in unserer Stadt als Lehrerin am Lyzeum tätig war und vor 50 Jahren, 1939, verstarb. Sie wurde in der elterlichen Grabstätte beigesetzt, die sich in einem gepflegten Zustand befindet und für manchen, der um Adolf Pompes Leben und sein Heimatlied »*Wenn in stiller Stunde ...*« weiß, gezielt aufgesucht wird. Sei er nun alter Demminer oder ein Besucher dieser Stadt.

Gewiß werden sich an Adolf Pompes 100. Todestag mehr Besucher einfinden und in Gedanken seiner Heimatschilderung nachgehen.

Wenige Kilometer von hier im Osten des Kreises Demmin liegt das alte Kirchdorf Schmarsow. Im Pfarrgarten von Schmarsow gab es eine große uralte Buche mit weitausladenden Ästen. 1934 war sie noch vorhanden, 1939 nahm sie durch Sturm und Regen größeren Schaden, am 9. Mai 1940 stürzte der Rest ein. In dieser Buche gab es eine bequeme Sitzgelegenheit in etwa 3 bis 4 Metern Höhe für mehrere Personen. Kamen die Schmarsower von der Arbeit, konnten sie oft aus dieser Buche die schönste Musik hören, darum sagten sie auch »*De Bäuk makt Musik!*« Daher hieß dieser Baum auch die musikalische Buche und wurde in der heimatkundlichen Literatur bis heute, da die Buche nicht mehr steht, allgemein bekannt. Einer, der in dieser Buche musizierte, war Gustav Reichardt, am 13. November 1797 als Sohn des dortigen Pastors geboren. In der Familie mit 8 Kindern im Sinne des aufstrebenden Bürgertums erzogen, brachte er bereits mit 5 Jahren achtbare Leistungen im Gesang und im Spielen mehrerer Instrumente. In der elterlichen Hauskapelle spielte man Mozart und Haydn. Nach dem Schulbesuch in Neustrelitz geht Reichardt nach Greifswald zum Studium zunächst der Theologie. In Berlin wendet er sich dann ausschließlich dem Musikstudium zu. Reichardt hätte auf Bitten des Generalsuperintendenten der Berliner Theater, Graf Brühl, zur Oper gehen können, doch das Lied und das Oratorium lagen ihm näher. Er hatte einen wohltönenden Baß.

Reichardt wurde ein hochgeschätzter Gesangspädagoge, er war mehrere Jahre Dirigent der Berliner Liedertafel. Er wurde mit dem preußischen König Friedrich Wilhelm III. bekannt. Auch übernahm er eine zeitlang den Gesangsunterricht des Prinzen Friedrich Wilhelm, des späteren Kaisers Friedrich III. Nach 12 Jahren aufreibender Lehrtätigkeit widmete er sich nur noch dem Komponieren. Als Beispiele mögen dienen »*Das Bild der Rose*« oder »*Heilige Nacht*«. In jedem Liederbuch vor 100 und mehr Jahren waren Lieder von Gustav Reichardt zu finden. Über die Grenzen Deutschlands machte ihn die Vertonung des Gedichtes von Ernst Moritz Arndt »*Was ist des Deutschen Vaterland?*« bekannt.

Schon als 15jähriger hatte Reichardt E. M. Arndt kennengelernt. Arndts Vater und danach sein Bruder waren Gutspächter in Trantow hier bei Loitz. Am 28. Januar 1812 betrat Arndt durch die Hoftür das Trantower Gutshaus, während der Bruder mehrere französische Soldaten und Offiziere, die sich einquartiert hatte, mit Wein in einen tiefen Schlaf beförderte. In der Nacht ordnete Arndt seine Papiere, packte ein, schrieb die letzten Briefe und Aufträge. Kurz nach Mitternacht verabschiedete er sich von Schwester und Sohn »*Korl Treu*«, und dann trat er in den knirschenden Schnee hinaus. Durch die Peenesümpfe ging es über das gefrorene Wasser hin. Bevor er die rettende mecklenburgische Grenze erreichte, fand Arndt Zuflucht bei Reichardts Vater hier in Schmarsow, wo er auf dem Heuboden verborgen wurde. Für Ernst Moritz Arndt war des Deutschen Vaterland nicht ein »*Deutschland, Deutschland über alles*« im Sinne faschistischer Eroberungsideologie. Für ihn stellt das Vaterland, das er von fremder Unterdrückung frei und staatlich geeint wünscht, den höchsten Wert dar.

Sollte der einzelne bei der Ausübung seiner staatsbürgerlichen Pflicht in einen Konflikt zwischen Treue zu seinem Landesherren und der Verantwortung gegenüber der Nation geraten, so darf es für ihn kein Zögern geben, sich für Deutschland zu entscheiden. Im »*Kleinen Katechismus für deutsche Soldaten*« (1812) sagt er: »*Das ist deutsche Soldatenehre, daß der Soldat fühlt, er war ein deutscher Mensch, ehe er von deutschen Königen und Fürsten wußte, es war ein deutsches Land, ehe Könige und Fürsten waren; daß er es tief und inniglich fühlt: das Land und das Volk sollen unsterblich und ewig sein, aber die Herren und Fürsten mit ihren Ehren und Schanden sind vergänglich.*«

Ich erinnere hier daran, daß die Ernst-Moritz-Arndt-Medaille von 1955 bis 1974 die höchste Auszeichnung der nationalen Front war. Arndts Lied, 1813 nach der Völkerschlacht bei Leipzig entstanden, wurde 1814 anläßlich des Sieges über Napoleon und Blüchers Einzug in Paris zum ersten mal in Berlin gespielt - aber die Melodie zündete nicht und verfehlte ihre Wirkung. Erst 1825, als Reichardt seine Melodie komponierte, erreichte das Lied seine Popularität. Reichardt hatte am 3. August 1825 mit vier musikalischen Freunden die Schneekoppe erstiegen, hier kam ihm die zündende Melodie, gewiß angesichts der überwältigenden landschaftlichen Eindrücke. Die Melodie wurde schnell populär. Der »*Deutsche Sprachverein*« ließ später an der Koppenkapelle auf der Schneekoppe eine Gedenktafel anbringen. Reichardts Lied mit Arndts Text war bis zur Reichsgründung 1871 gewissermaßen die Nationalhymne der Deutschen, erst dann kam »*Heil Dir, im Siegerkranz ...*«. Gustav Reichardt starb als »*Patriarch der deutschen Musik*« am 18. Oktober 1884 in Berlin. Schon zu Lebzeiten hatte der Volksmund ihn mit »*Herr*

Deutschland« benannt. Gustav Reichardt, wohnhaft in Berlin, Motzstraße, wurde auf dem Mattheikirchhof begraben. Über eine interessante Begebenheit aus Reichardts Leben berichtet Reichardts Sohn, der unter Bismarck Legationsrat und Wirklicher Geheimrat war: Am 17. August 1868 besuchte Gustav Reichardt, als er sich mit Frau und Sohn in Thüringen aufhielt, am Fuße der Wartburg in Eisenach unseren plattdeutschen Dichter Fritz Reuter. Es gab eine längere herzliche Unterredung, die vorwiegend in Plattdeutsch verlief und in Freundschaft fortdauerte.

Der als zweiter in der musikalischen Buche in Schmarsow musiziert hatte, war ebenfalls ein Schmarsower Pastorensohn. Es war Charles Voß, am 20. September 1815 in Schmarsow geboren. Er machte in Neustrelitz und in Berlin seine musikalischen Studien und ging 1846 nach Paris, wo er ein hervorragender Pianist wurde und über 15 Jahre zu einem der modernsten Komponisten seiner Zeit zählte. Voß schuf Fantasien, Potpouris und Tänze, die im Zeitalter der Musikautomaten auch für die verschiedensten mechanischen Instrumente Verwendung fanden.

Charles Voß war zu Konzertreisen viel im Ausland. Er starb am 29. August 1882 in Verona/Italien. Er vergaß aber am Ende seines Lebens seinen Geburtsort nicht, denn in seinem Testament bedachte er seine alte Schule in Schmarsow. Vor etwa 50 Jahren lebten in der Nähe von Dresden noch Nachkommen von Charles Voß. Ich danke der fast neunzigjährigen Kantorin und Musiklehrerin Dorothea Kasten, selbst ein Teil pommerscher Musikgeschichte, mit der ich die musikalischen Beispiele von Pompe, Reichardt und Voß auf Tonband aufzeichnen konnte.

Die Aufklärung in Greifswald - Eine Blütezeit der Wissenschaft in Vorpommern

von
Joachim Buhrow

7. Demminer Kolloquium zur Geschichte Vorpommerns am 1. Juli 1989 unter dem Tagungsthema: »Aspekte der Kunst und Kultur im vorpommerschen Raum von 1648 bis zum 19. Jahrhundert«

Wohl jeder Besucher der Universitätsstadt Greifswald nimmt sich die Zeit, das Universitätsviertel mit dem repräsentativen Hauptgebäude zu besuchen. Es ist in den letzten Jahren sowohl außen als auch innen, dort vor allem in der historischen Aula, mit erheblichen Kosten restauriert worden. Auch der Garten im Innenhof ist nach alten Plänen des 18. Jahrhunderts neu gestaltet. Bei einer Führung erfährt der Besucher dann, daß der Greifswalder Mathematikprofessor Andreas Mayer selbst der Baumeister dieses stattlichen Gebäudes war. Die feierliche Einweihung erfolgte nach knapp dreijähriger Bauzeit am 28. April 1750, es war der Geburtstag des schwedischen Königs, damals gehörte Greifswald in der Folge des Dreißigjährigen Krieges zu Schweden.

Zu Beginn des 18. Jahrhunderts war es um den mathematischen und naturwissenschaftlichen Unterricht an den deutschen Universitäten nicht gut bestellt. Einen maßgeblichen Anteil an der Verbesserung der akademischen Lehre hatte dann der Philosoph und Mathematiker Christian Wolff (1679 - 1754), Exponent der Aufklärung in Deutschland, der in Leipzig und Halle Mathematik, Physik und Philosophie lehrte. Jedoch mußte er schon 1723 die junge aufstrebende Universität Halle wegen einer Denunziation beim König in Berlin unter Androhung der Todesstrafe über Nacht verlassen. Er fand in Marburg Aufnahme an der Universität, war nun erst recht berühmt, seine Bücher zur Mathematik und zur Philosophie der Aufklärung fanden weite Verbreitung, in der Greifswalder Universitätsbibliothek sind sie alle als Originaldrucke vorhanden. In Marburg wurde der Student Andreas Mayer (1716 - 1782) aus Augsburg sein Lieblingsschüler. Als Sohn des angesehenen Stadtarchitekten erhielt er bei diesem einen gründlichen Privatunterricht, auch in der Architektur, Bau- und Festungsbaukunst. Da er schon mit 11 Jahren den Vater verlor, unterstützte die Stadt Augsburg sein Studium von 1733 bis 1736 in Marburg, Wittenberg und Berlin. In Berlin studierte er bei Christfried Kirch Astronomie, der seit 1717 dort Nachfolger im Amt seines Vaters Gottfried an der Preussischen Akademie der Wissenschaften war. Dieser hatte noch bei dem bedeutenden Astronomen Johannes Hevelius (1611 - 1687) in Danzig studiert. Es ist daher kein Zufall, wenn die Universitätsbibliothek in Greifswald noch heute unersetzbare astronomische Werke von Hevelius in ihrem Magazin hat. Sie wurden ihr von Mayer mit Widmungen von ihm und von Hevelius geschenkt. Auf Anraten von Wolff ging Mayer 1736 wieder nach Wittenberg und wurde nach der Promotion zum theologischen Thema »Elementa theologiae naturalis, methodo illustrii WOLFII« Adjunkt mit mathematischen und physikalischen Lehraufträgen. Unter seinen ersten Schriften fehlen auch theologische Arbeiten nicht, wie es bei Gelehrten damaliger Zeit durchaus üblich war, z.B. bei Newton, Leibniz und Euler. In Greifswald war damals die Mathematik gänzlich verwaist. Seit 1702 lehrte zwar Jeremias Papke hier, der aber 1735 sein Lehramt wegen seiner orthodoxen Haltung im unseligen Pietistenstreit verlor und nach Schweden ging. Dort setzte er den Streit bis zu seinem Tode unerbittlich fort. Sein Nachfolger im Amt, der schwedische Mathematiker Sven Wagenius, war sehr kränklich und starb schon 1739. Daher mußte der hiesige Dekan, Professor Schwartz, sich erneut um einen Nachfolger bemühen. Es ehrt ihn, wenn er, wie schon 1735, erneut an Christian Wolff schrieb, um von dem eine Empfehlung einzuholen. Damals gab Wolff für seinen Schüler Mayer ein glänzendes Gutachten, der Briefwechsel ist noch im Archiv der Universität unversehrt vorhanden, ein sehr wertvoller Besitz.

Die Argumente sind typisch für die Forderungen der Aufklärung: Neben der reinen ist vor allem die angewandte Mathematik zu lehren, dazu gehörte damals die Architektur, Civil- und Festungsbaukunst, Feldvermessung und sphärische Trigonometrie für Astronomie und Nautik, alles in deutscher Sprache zu lehren, daher sollte auch im schwedischen Vorpommern ein Deutscher den Vorzug erhalten, so kam es dann auch. Vorsorglich schickte Wolff seine Empfehlung für Mayer an den schwedischen König nach Stockholm. Im Antrag des hiesigen Rektors an die schwedische Regierung vom 12. Oktober 1740 lesen wir: »*Es würde uns nicht wenig erfreuen, wenn die Akademie das Glück hätte, daß die Wahl auf den Herrn Mayern, der auch von Herrn Regierungsrat Wolffen für den geschicktesten Mathematicus in Teutschland angerühmt worden, fallen und derselbe mit königlicher Vollmacht begnadet würde.*«

Die schwedische Regierung hatte durch den Generalgouverneur Mayerfeldt, zugleich Kanzler der Universität, bereits am 8. September 1739 angemahnt: »*Ich wünsche, daß die Stelle dereinst mit einem geschickten und friedliebenden Subjecto möge wieder besetzt werden!*« Schon am 22. Oktober 1740 bestätigte die Regierung in Stockholm die Professur für Mayer. Sein Umzug nach Greifswald erfolgte Ostern 1741, die Quittung für die Umzugskosten über 90 Taler ist noch im Archiv vorhanden. In Greifswald setzte die öffentliche Meinung in diese Berufung große Hoffnungen, wir lesen in den Pommerschen Nachrichten: »*... worauf er* (Mayer) *im Jahre 1741 den Ruf zur öffentlichen Lehrstelle der Mathematik erhielt, womit in der Folge noch die Experimentalphysik verbunden ward. Bei einem so jungen geschickten Mann und einem so muntern, feurigen Kopf, als er einer war, hatte die Akademie gleich Ursache, sich vieles zu versprechen.*«

Um es vorweg zu nehmen, Mayer hatte als akademischer Lehrer sofort großen Erfolg. Sein für die Greifswalder Universität so segensreiches Amt füllte er über 41 Jahre bis zu seinem plötzlichen Tode im Dezember 1782 ohne eine Unterbrechung aus. Der Tod riß ihn mitten aus seiner Arbeit, wie aus der Anzeige der Witwe hervorgeht, die noch in der Universitätsbibliothek vorhanden ist. Er brachte erstmals die Astronomie in professioneller Form nach Greifswald mit, in seinem

Die Aufklärung in Greifswald - Eine Blütezeit der Wissenschaft in Vorpommern

Greifswald, Universität und Dom, gezeichnet und gestochen von W. H. Rossmäßler, Berlin 1838

von ihm gebauten Wohnhaus sieht man noch die runden Bodenfenster, aus denen er seine astronomischen Beobachtungen vornahm. Zur Steigerung der Meßgenauigkeit errichtete man in der Mönchskirche des Grauen Klosters am Wall ein 45 Fuß hohes Gnomon, um die Mittagshöhe für Greifswald zu verbessern. Zur Längenmessung dienten die Sonnenfinsternisse von 1764, 1765 und 1769, dazu die Durchgänge der Jupitermonde und der Venus vor der Sonne. Diese Bestrebungen haben in Greifswald reiche Früchte getragen, denn vor allem diese astronomischen Arbeiten sind über die Grenzen Greifswald hinaus bekannt geworden und haben das Ansehen der Akademie gestärkt.

Sein Schüler und Amtsnachfolger, Lambert Heinrich Röhl aus Ribnitz, trat mit Erfolg in die Fußstapfen seines Lehrers, wurde 1762 Observator astronomicus und erhielt 1775 die erste astronomische Professur in Greifswald. Im gleichen Jahr richtete die Universität auf Betreiben von Mayer mit Hilfe des Magistrats eine Sternwarte in einem alten Festungsturm der Stadtmauer am Hafen ein, der heute noch steht und baulich gesichert ist. Röhl schrieb 1768 eine zweibändige »*Einleitung in die Astronomie*«, es war in Greifswald das erste gedruckte Lehrbuch zu diesem Thema und erschien im letzten Lebensjahr des Autors 1790 noch einmal, wieder in Greifswald gedruckt. Typisch für die Mathematik in der Aufklärungszeit sind Mayers Arbeiten zur Landesvermessung. Als im Winter 1757 Bodden und Ostsee weit hinaus zugefroren waren, hat Mayer mit seinen Studenten von Wampen bis Freesendorf hinter Lubmin eine Basislinie von 56.000 Fuß vermessen und damit zuerst exakte Küstenvermessungen in Vorpommern und Rügen durchgeführt. 1763 ist die noch heute vorhandene und zum 525. Gründungsjubiläum der Universität erneut gedruckte Karte von Mayer erschienen, die alle Karten seiner Vorgänger wesentlich verbesserte.

Neben diesen wissenschaftlichen Arbeiten hat er unermüdlich jahrein und jahraus Mathematik, Physik und Astronomie unterrichtet, wie wir aus den Ankündigungen der Akademie in Greifswald wissen. Ausdrücklich wird auf die Bücher seines Lehrers Christian Wolff und seines Freundes Professor Karsten in Rostock verwiesen, dazu kamen die Lehrbücher der höheren Mathematik und Physik von Leonhard Euler, in ganz Europa verbreitet. Sowohl die *»Anfangsgründe der Mathematik«* von Karsten, aber vor allem die *»Festkörperphysik«* von Euler sind in Greifswald sogar gedruckt worden, letzteres in lateinischer Sprache mit einer zweiten Auflage, eine Meisterleistung der Greifswalder Universitätsdruckerei.

Den Idealen der Aufklärung verpflichtet, reichte es nicht, die modernen Wissenschaften nur im Hörsaal zu verbreiten. Gerade zur Zeit, als Mayer nach Greifswald kam, waren durch die Gründung von zwei neuen wissenschaftlichen Gesellschaften für eine öffentliche Tätigkeit sehr günstige Vorraussetzungen geschaffen. Von A. Balthasar wurde 1739 die *»Königliche Gesellschaft zu Greifswald«* gegründet. Auf der ersten Versammlung am 2. September 1739 steckte er selbst das Ziel ab: *»Das Aufnehmen und die Verbesserung der Wissenschaften überhaupt, als auch der Muttersprache zum Vorwurf ihrer Bemühungen«.* Wenige Jahre später, am 1. Oktober 1742, eröffnete A. Balthasar dazu noch die *»Societas collectorum historiae et iuris patrii«,* deren Früchte sind für Greifswald und die Pommernforschung unschätzbare Verdienste. Durch beide Gesellschaften rückte Greifswald zusammen mit der Universität an die erste Stelle des kulturellen Lebens in ganz Pommern. Mayers Beiträge in der Gesellschaft sind vor allem astronomische Vorträge. Eine Arbeit von ihm füllt viele Bände und ist bis zu seinem Tode gründlich besorgt worden: *»Der neue Pommerschrugianische Staatskalender«.* Das königliche Privileg dafür erhielt er am 20. Juli 1746 aus Stockholm, der Druck erfolgte in Greifswald, den Band für 1783 nach seinem plötzlichen Tode hatte er schon fertig. Sein Nachfolger Röhl setzte die umfangreiche Arbeit mit neuem Privileg fort. Neben vielfältigen regionalen Nachrichten enthielt der Kalender Jahr für Jahr genaue Angaben über den Lauf von Sonne, Mond und Planeten, alles in mühsamer Kleinarbeit eigens für Greifswald berechnet. Alle besonderen Vorgänge am Himmel, wie Sonnen- und Mondfinsternisse, wurden genau beschrieben und erklärt. Dies nicht ohne Grund, solche Kalender hatten damals auch eine wichtige philosophische Aufgabe zu leisten. Die öffentliche Meinung erwartete von ihnen einen erfolgversprechenden Kampf gegen Aberglauben, Unwissen und Rückständigkeit, dieselbe Aufgabe hatte der berühmte Euler in seiner Berliner Zeit für den Preussenkönig zu leisten. Bei Mayer lesen wir im Kalender von 1747: *»Die Vernunft ist es also, die dem Menschen selbst diesen großen Vorzug erwürbet, durch diese einzige Kraft ist er allen Thieren überlegen, dieser muß er sich vorzüglich bedienen, denn er lebt nur durch sie, wenn auch das übrige von ihm untergeht«,* und an anderer Stelle: *»Der ist für den Weisesten zu halten, der diese Wissenschaften mit nutzbaren Entdeckungen bereichert und erweitert. Bedächte dieses der durch Würde, Rang und Reichtum aufgeblasene Mensch, und lehret den wahren Wert der Künste und Handwerke richtig zu beurtheilen, so würde er den Nächsten nicht mit so verächtlichen Augen ansehen, wie es leyder oft geschiehet.«*

Die Aufklärung in Greifswald - Eine Blütezeit der Wissenschaft in Vorpommern

Wie wir sehen, muß man nicht erst das berühmte Wort von Kant über die Ziele der Aufklärung heranziehen.

Zu den Idealen der Aufklärung gehörte auch in Greifswald die Forderung nach Toleranz in theologischen Streitfragen. Wohl als erster trat Mayer bereits 1743 für Spinoza (1632 - 1677) ein und wurde sofort von konservativer Seite scharf angegriffen, eine bemerkenswerte Seite im großen Buch der Philosophiegeschichte. In seinem Greifswalder Aufsatz »*Ob Spinoza ein Attheist gewesen?*« von 1743 lesen wir: »*Mein Vorhaben ist es ... an den Tag zu legen, nach welchem der Benedictus de Spinoza unter die gröbsten Attheisten bisher wider sein Verschulden gerechnet worden. Man muß ihm die Gerechtigkeit widerfahren lassen, daß er durch unermüdliche Übungen des Geistes seinen Verstand ungemein verschärfet und verschiedenartige Proben davon an den Tag geleget ... Haben nicht Aristoteles, Plato und viele andere, deren Andenken wir, wie auch billig ist, in Ansehung ihrer Verdienste auch verehren, eben auch Irrthümer gelehret, welche nach ihren Folgen ebenso schändlich seyn, als die des Spinoza? Und dennoch halten wir es vor das größte Lob, mit diesen Männern verglichen zu werden. Allein ein Spinoza zu heißen, kann nicht anders als mit dem gänzlichen Ruin der Ehre und des Standes verknüpft seyn, wie solches die Erfahrung bezeuget. Was ihn am meisten gehässig macht, ist, daß er eine strenge Nothwendigkeit aller Dinge behauptet. Vielleicht hat er unter dem Wort Nothwendigkeit eben das verstanden, was unsere Theologi und Philosophi ›Veritatem determinatam‹ nennen.*«

In einer schnellen, scharfen Zurechtweisung schreibt J. H. Balthasar: »*Nun muß man auch eine Apologie auf den berüchtigten Spinoza lesen, welche dem Ansehen nach in Greifswald verfertiget worden. Die Vertheidigung dieses unglückseligen Mannes ist mit solcher Dreistigkeit geschehen, daß man sich wundern muß, als wenn alle anderen gelehrten Männer diejenigen Worte nicht hätten einsehen können, welche der Verfasser zum Grunde seiner Entschuldigung geleget.*«

Mayers Antwort, ein Credo der Aufklärungsphilosophie: »*Daß man mit dem Beynamen eines Attheisten viele rechtschaffenen Männer beleget, deren Unschuld die gegen ihre Verdienste mehr dankbare Nachwelt sattsam gerettet. Descartes, Leibniz, Wolff geben hiervon die allerneuesten Exempel, welche sattsam beweisen, daß diese üble Gewohnheit bis in diese Stunde noch nicht ganz und gar nachgelassen hat ... Ein Hauptgrund, welcher mich von Jugend auf bewogen, kein Urteil eher zu fällen, als bis ich vorher alles genau sowohl nach den Regeln der Vernunftlehre, als auch der allgemeinen Menschenliebe erwogen. Ich habe mir solches allzeit zu einem ständigen Gesetz gemacht, welches zu übertreten ich mich auch durch das Ansehen der größten Männer niemals werde verleiten lassen.*« (Man vergleiche wieder Kant.)

Doch nun zurück zu dem schönsten Zeugnis des 18. Jahrhunderts in Greifswald, dem neuen Universitätshauptgebäude. Das 1592 nach den Plänen des Herzogs Ernst Ludwig von Pommern-Wolgast gebaute Collegienhaus in der Domstraße war lange baufällig und wurde 1747 abgetragen. Am 3. August 1747 erfolgte die Grundsteinlegung für den neuen Mittelflügel auf den alten Fundamenten. Mayer hielt als königlicher Bauherr und Dekan schon nach knapp dreijähriger Bauzeit am 30. April 1750 in der neuen Aula eine Festrede, nach der er spontan die Promotion der erst 14jährigen Tochter von Professor Balthasar zur Baccalaurea artium

vornahm, nachdem diese zuvor eine vielfach gerühmte lateinische Rede in der Aula zelebriert hatte, beides ungewöhnliche Vorgänge an einer Universität des 18. Jahrhunderts.
Bereits am 14. Juli desselben Jahres wurde die Aula vom Bibliothekar Dähnert als Universitätsbibliothek eingeweiht, vorbildlich für die damalige Zeit ausgestattet. Für diese hervorragende Leistung mit enormen Kosten zollten die Zeitgenossen den Bauleuten mit Mayer an der Spitze hohes Lob. Wir lesen in der »*Pommerschen Bibliothek*«, Band 1 von 1750: »*Der im Bauwesen vollkommen erfahrene Professor Mayer hat in diesem ihm völlig übertragenen Baugeschäfte das Vertrauen der königlichen Regierung und der academischen Commune, so vorteilhaft zu vergüten gewußt, daß durch seine unermüdliche Anordnung, Fürsorge und Aufsicht in einer sehr kurzen Frist ein Gebäude zu seiner Fertigkeit gediehen, an dem die Kenner, was Schönheit und Geschmack erfordert, wahrnehmen, die ganze Einrichtung aber dem Hauptzweck, so gemäß befinden, daß kaum eine deutsche Akademie etwas vorzüglicheres oder gleiches wird aufweisen können.*«
Ein Flügel des in der DDR-Zeit abgerissenen Schlosses in Putbus, Bürgerhäuser in Greifswald, darunter sein eigenes in der Papenstraße, und rekonstruierte Dorfkirchen in der Umgebung sind weitere Bauten von Mayer.
Nach dem plötzlichen Tode Mayers trug sein Schüler Röhl, Professor astronomicus, die Hauptlast der akademischen Ausbildung in Mathematik, Physik und Astronomie. Auf der Berufungsliste für Mayers Nachfolge stand der junge Dozent Jacob Bernoulli aus Basel, Mitglied der berühmten Mathematikerfamilie, Nachfolger wird aber der schwedische Gelehrte Zacharias Nordmark.

Leider haben nicht alle Bemühungen Mayers und seiner Freunde um das wissenschaftliche Profil der Akademie die Zeiten überdauert. Besonders in der Zeit der französischen Besatzung gab es schwere Rückschläge. Napoleon schenkte die reichen Universitätsgüter seinen Generälen, die Universität sollte sogar ganz geschlossen werden. Die Sternwarte ist damals verfallen und ausgeraubt worden, die Kirchen dienten als Vorratslager. Es waren gerade die schwedischen Professoren, die bei ihrer Regierung für den Erhalt der alten pommerschen Landesuniversität eintraten, zum Glück mit Erfolg.

Benutzte Quellen:

L. H. Röhl: Vitae Andreae Mayeri, Gryphiswaldiae (1784).

D. H. Biederstedt: Leben und Schriften Neuvorpommerscher Gelehrter, Greifswald (1824).

J. G. L. Kosegarten: Geschichte der Universität Greifswald, Bd. I, II (1857).

R. Schulz: Die königliche Deutsche Gesellschaft zu Greifswald, Dissertation 1914, Universität Greifswald.

J. C. Dähnert: Pommersche Bibliothek, Bd. 1 - 5, Greifswald (1750-1755).

derselbe: Pommersche Nachrichten von gelehrten Sachen, Greifswald (1743-1748).

Pommern und die Hanse[1]

von
Konrad Fritze †

8. Demminer Kolloquium zur Geschichte Vorpommerns am 7. Juli 1990
unter dem Tagungsthema: »Pommern und die Hanse - 850 Jahre Demmin«

Pommern und die Hanse oder die Hanse und Pommern - ich habe längere Zeit überlegt, wie ich das Thema meines Vortrages formulieren sollte. Das ist beileibe kein müßiges Spiel mit Worten, denn beide Formulierungen eröffnen jeweils ganz unterschiedliche Sichten auf die zu behandelnde Materie und verlangen wohl auch einigermaßen verschiedenartige Ausgangspunkte.
Als historische Phänomene sind Pommern und die Hanse nur sehr schwer miteinander vergleichbar. Es fällt schon sehr schwer, Spezifika ihrer wechselseitigen Beziehungen, die es ja ganz zweifellos gab, genau zu benennen. Zu verschieden waren Pommern und die Hanse hinsichtlich ihres politisch-rechtlichen Status und ihrer wirtschaftlichen und sozialen Struktur, in Bezug auf den Radius ihrer Wirksamkeit und auch in Bezug auf ihr internationales Gewicht.
Pommern war im Mittelalter ein Territorialfürstentum im Rahmen des Heiligen Römischen Reiches Deutscher Nation - und von diesen Fürstentümern gab es bekanntlich mehrere Dutzend. Allerdings zählte Pommern nicht zu den kleinen, sondern vielmehr zu den größten deutschen Fürstentümern. Es umfaßte im 15. Jahrhundert eine Fläche von rund 30.000 Quadratkilometern und es hatte damals annähernd 350.000 Einwohner. Das war in jener Zeit recht ansehnlich. Schleswig-Holstein besaß zur gleichen Zeit etwa 15.400 Quadratkilometer mit rund 235.000 Einwohnern, in Mecklenburg lebten auf cirka 16.000 Quadratkilometern etwa 240.000 Menschen.
Pommern unterhielt im Mittelalter auch durchaus beachtliche überregionale, ja, internationale Beziehungen. Das läßt sich schon an den Familienverbindungen des pommerschen Herzogshauses sehr klar und eindrucksvoll ablesen: Pommersche Herzöge bzw. Herzogssöhne waren mit Frauen aus über zwanzig verschiedenen Fürstenhäusern verheiratet. Die Liste dieser Fürstenhäuser reicht vom benachbarten Mecklenburg bis zur Pfalzgrafschaft bei Rhein, der Burggrafschaft Nürnberg und der Markgrafschaft Mähren. Sie enthält immerhin drei Kurfürstenhäuser, nämlich das sächsische, das brandenburgische und das pfälzische, und sogar drei Königshäuser - Polen, Dänemark und England. Ein Sproß des pommerschen Herzogshauses - Erich von Pommern, der Sohn Wartislaws VII. aus der Stolpischen Linie des Wolgaster Hauses - wurde sogar auf Betreiben und als Nachfolger der großen Königin Margarete Unionskönig

der Drei nordischen Reiche (und hat in dieser Position der Hanse dann übrigens schwer zu schaffen gemacht). Nicht weniger eindrucksvoll ist die Reihe der pommerschen Prinzessinnen, die durch Heirat in andere Fürstenhäuser aufgenommen wurden. Es waren insgesamt mindestens 24 verschiedene Dynastien, in die pommersche Herzogstöchter einheirateten. Der geographische Radius reicht hier von Kurland über Schlesien bis zur Pfalzgrafschaft bei Rhein. Mehrere polnische Herrscher und auch König Friedrich I. von Dänemark waren Schwiegersöhne regierender pommerscher Herzöge. Der absolute Höhe- und Glanzpunkt dieser dynastischen Verbindungen fällt ins 14. Jahrhundert: Elisabeth, die Tochter Bogislaws V. aus dem Wolgaster Hause und Enkelin des Polenkönigs Kasimirs des Großen, des Gründers der Krakauer Universität, wurde die vierte Gemahlin Kaiser Karls IV. und gebar diesem 1368 den späteren Kaiser Sigismund.

Pommern war also durchaus kein unbedeutendes Territorialfürstentum. Aber es war doch andererseits auch kein politisch bedeutender Faktor von kontinentaler Dimension. Selbst im Reich und seiner engeren Region am Südrande der Ostsee konnte es sich oft nur mit größter Mühe und Not behaupten. Das lag vor allem daran, daß Pommern in allen Himmelsrichtungen Nachbarn hatte - nämlich Polen, den Deutschen Orden, Dänemark, Mecklenburg und Brandenburg -, die ihm zum Teil zumindest zeitweilig an Macht überlegen waren und zudem Pommern gegenüber immer wieder heftigste Expansionsgelüste hegten. Dadurch vor allem kam es zu jener Besonderheit der pommerschen Geschichte, die Udo Arnold kürzlich in seinem sehr anregenden und gedankenreichen Überblick über die pommersche Geschichte die »*Fremdbestimmung Pommerns*« nannte, und in der er überhaupt ein dominierendes Charakteristikum der historischen Entwicklung unseres Heimatlandes sieht.

Ganz anders verhält es sich mit der Hanse. Sie war ganz zweifellos ein historisches Phänomen von europäischer, von kontinentaler Dimension. Auf dem Höhepunkt ihrer Entwicklung um 1400 gehörten ihr rund 200 Städte an, die in dem weiten Raum zwischen Visby auf Gotland im Norden, Erfurt und Krakau im Süden, Reval im Osten und Kampen an der Zuidersee im Westen lagen. Ihr Wirkungsradius ging darüber aber noch weit hinaus. Er reichte von Norwegen bis Norditalien, von Spanien, Portugal, England und Schottland bis ins westliche Rußland, umspannte also fast den ganzen Kontinent mit mehreren Millionen Quadratkilometern. Die Hanse war der größte Städtebund des europäischen Mittelalters - ich gebrauche diesen Begriff »*Städtebund*«, obwohl ich weiß, daß er in der internationalen Forschung nach wie vor heftig umstritten ist. Sie verkörperte eine große Wirtschaftsmacht, sie war ein in weiten Teilen Europas auch von Königen respektierter politischer Faktor, und sie hatte einen sehr starken politischen Einfluß innerhalb und außerhalb der Reichsgrenzen, den sie auch vermittels einer bedeutenden militärischen Stärke durchzusetzen in der Lage war, wenn alle Mittel und Methoden der berühmten hansischen Diplomatie nicht zu den gewünschten Resultaten führten.

Aus dieser skizzenhaften Gegenüberstellung wird wohl deutlich, daß Pommern und die Hanse recht ungleiche und auch durchaus ungleichgewichtige historische Größen waren. Dennoch soll nun die Beantwortung der zwei wichtigsten Fragen, die unser Thema enthält, gewagt werden: Was hat Pommern der Hanse bedeutet

Pommern und die Hanse

und gegeben und zum anderen: Was hat die Hanse für Pommern bedeutet und ihm geben können?

Zunächst zur Frage, was Pommern der Hanse gegeben hat. Da die Hanse in erster Linie eine Handelsmacht war, beginnen wir hier mit der Erörterung ökonomischer und für den Handel besonders wichtiger verkehrsgeographischer Sachverhalte.

Pommern war - wie der pommersche Chronist Thomas Kantzow um 1535 nachdrücklich hervorhob - ein Land, in dem vor allem Produkte der Land- und Forstwirtschaft in reichlichem Maße erzeugt wurden. Diese Erzeugnisse spielten bereits in der frühen Hansezeit als Exportwaren eine wichtige Rolle. Das zeigt zum Beispiel eine Greifswalder Zollrolle, die aus der Zeit vor 1275 stammt. Als Exportwaren nennt sie Getreide, Hopfen, Holz verschiedener Verarbeitungsformen, Rinder, Schweine, Ziegen und Fische, vor allem Heringe. Die Ausfuhr dieser Waren fand während des gesamten Spätmittelalters statt und stieg dann im 16. Jahrhundert beträchtlich weiter an. Viele andere Waren hatte Pommern dem hansischen Handel allerdings auch nicht zu bieten. Gewiß wurde aus den Salinen von Kolberg und Greifswald gelegentlich auch Salz ausgeführt, aber insgesamt blieb dieser Export doch eher bescheiden. Und das Raseneisenerz, das schon im Mittelalter in der Gegend von Torgelow und Ueckermünde gewonnen wurde, konnte noch nicht einmal den Eigenbedarf der Dorfschmiede in diesem Landstrich decken.

Pommern verfügte über eine recht günstige verkehrsgeographische Position im hansischen Handelsgebiet. Fast in der Mitte der südlichen Ostseeküste gelegen, verliefen durch pommersches Territorium uralte bedeutende Handelswege von West nach Ost und von Süd nach Nord. Die langgestreckte pommersche Küste wies zahlreiche günstige Stellen für die Anlage von Häfen auf, unter ihnen nahm der Hafen von Stralsund das ganze Mittelalter hindurch eine herausragende Stellung ein. Der Aufstieg Stettins zum größten deutschen Ostseehafen begann bekanntlich erst wesentlich später. Das pommersche Flußsystem konnte schon früh auch für den hansischen Handel genutzt werden - es ermöglichte z.B. auch solchen Städten wie Anklam, Demmin und Stargard die Teilnahme am hansischen Handel über See und verband vor allem über Peene, Oder, Warthe und Netze die pommerschen Seehäfen mit dem Hinterland.

Pommern war im Mittelalter durchaus kein städtearmes Land. Im 15. Jahrhundert gab es hier immerhin 57 Städte mit rd. 85.000 Einwohnern, das entspricht etwa 24 Prozent der Bevölkerung Pommerns. Das war ein für diese Zeit recht ansehnlicher Urbanisierungsgrad, wenn man zum Vergleich Schleswig-Holstein mit 20, Mecklenburg mit 22 und Schweden mit nur 10 Prozent heranzieht. Der Urbanisierungsgrad Pommerns von rund 24 Prozent entsprach also im 15. Jahrhundert dem von Edith Ennen angenommenen mitteleuropäischen Durchschnitt von 20 bis 25 Prozent. In dieser Hinsicht kann demzufolge von einer Rückständigkeit Pommerns im Mittelalter gar keine Rede sein.

Von den insgesamt 57 pommerschen Städten gehörten immerhin siebzehn der Hanse an - und zwar fünf westlich der Oder gelegene (Stralsund, Greifswald, Anklam, Demmin und Stettin) und zwölf östlich der Oder gelegene (Belgard, Gollnow, Greifenberg, Kammin, Kolberg, Köslin, Rügenwalde, Schlawe, Stargard, Stolp, Treptow und Wollin). Die Zugehörigkeit zur Hanse summierte nicht nur die Kräfte der betreffenden Städte, sondern sie potenzierte sie geradezu. Dadurch konnten selbst relativ kleine pommersche Hansestädte, wie zum Beispiel Anklam und Demmin ein sehr beträchtliches Maß an Autonomie gegenüber der Landesherrschaft gewinnen. Die größte pommersche Hansestadt Stralsund war eigentlich seit Beginn des zweiten Viertels des 14. Jahrhunderts vom Landesherrn de facto weitestgehend unabhängig. Dadurch konnte gerade diese Stadt in der hansischen Politik eine sehr hervorragende aktive und auch bedeutende Rolle spielen.

Hiermit leiten wir über zu der Frage nach der politischen Bedeutung Pommerns für die Hanse. Man kann ohne jede Übertreibung konstatieren, daß mehrere für die Entwicklung der Hanse herausragend bedeutsame politische Entscheidungen auf pommerschen Boden fielen. Die erste ist auf das Jahr 1316 zu datieren.

Zu Beginn des 14. Jahrhunderts hatte sich eine mächtige norddeutsche Fürstenkoalition mit König Erich Menved von Dänemark verbündet. Eines der Hauptziele der Koalition bestand darin, die Autonomie der Städte Lübeck, Wismar, Rostock, Stralsund und Greifswald kräftig zu beschneiden und diese Kommunen wieder fest der Fürstenherrschaft zu unterstellen. Wäre dieser Plan gelungen, dann hätte die gerade erst begonnene Entwicklung der Städtehanse möglicherweise schon wieder ein Ende gefunden, mit Sicherheit aber wäre sie um Jahrzehnte zurückgeworfen worden. Die Lage für die Städte war äußerst kritisch: Lübeck war schon frühzeitig aus dem Städtebündnis ausgeschert, Wismar und Rostock hatten sich 1311 beziehungsweise 1313 unterwerfen müssen. Die letzte Bastion des städtischen Widerstandes war schließlich Stralsund. Und vor dieser Stadt fiel dann 1316 auch die Entscheidung. In der Schlacht im Hainholz schlugen die Bürger zuerst die feindliche Vorhut und trotzten dann mehrere Monate hindurch - unterstützt von der rügenschen Ritterschaft und dem Markgrafen von Brandenburg, die unterdes die Partei gewechselt hatten - erfolgreich der Belagerung durch das fürstliche Haupheer. Die Fürstenkoalition löste sich auf, das Bündnis der sogenannten wendischen Hansestädte konnte wiederhergestellt werden.

Das zweite Ereignis, das wir hier nennen wollen, ist noch bekannter: Der Stralsunder Frieden vom 24. Mai 1370, der den Sieg der Städte über König Waldemar IV. von Dänemark besiegelte und den Höhepunkt der Hanse dokumentierte. An diesem großen Sieg der Hanse hatten übrigens die pommerschen Städte einen beträchtlichen direkten Anteil: Nach den Festlegungen der Kölner Konföderation von 1367 hatten die Städte Stralsund, Greifswald, Stettin und Kolberg rund ein Viertel der für den Krieg aufgebotenen Schiffe, Kampfmannschaften und schweren Wurfgeschütze zu stellen.

Der dritte Ereigniskomplex, der hier Erwähnung finden soll, fällt in die Mitte des 15. Jahrhunderts. Um diese Zeit war die Hanse bereits in die Defensive gedrängt worden. Die holländische Konkurrenz kam zunehmend auf, der Druck der Territorialfürsten auf die Städte verstärkte sich erneut ganz wesentlich. In dem Bestreben, »ihre« Städte aus der Hanse herauszubrechen und zu einer festen Einordnung in den Territorialstaat zu zwingen, erreichten die Fürsten erste Erfolge. Am bekanntesten ist das Beispiel der Unterwerfung Berlin/Cöllns unter den brandenburgischen Kurfürsten Friedrich I. von Hohenzollern im Jahre 1442. Die pommerschen Hansestädte Greifswald und Stralsund aber konnten derartige fürstliche Intentionen in den fünfziger Jahren des 15. Jahrhunderts noch erfolgreich abwehren, was zweifellos für die Erhaltung des Kerns der Hanse, der wendischen Städtegruppe, von nicht geringer Bedeutung und Wirkung war.

Aber dann kam zu Beginn des 17. Jahrhunderts auch in Pommern das Ende der autonomen Stadtkommune, die ja die elementarste politische Voraussetzung für die Fortexistenz der Hanse war. Am deutlichsten offenbarte sich das am Schicksal Stralsunds im Jahre 1628. Die denkwürdige Verteidigung der Stadt gegen die Belagerungsarmee Wallensteins ist ja im Laufe der Zeit gewissermaßen zu einer Art pommerschen Mythos geworden. Zweifellos war die erfolgreiche Verteidigung eine heroische Leistung der Stralsunder - aber ganz allein schafften sie es eben doch nicht. Erst mußten sie dänische, dann noch schwedische Hilfe in Anspruch nehmen und für letztere einen hohen Preis zahlen: den Allianzvertrag mit Gustav II. Adolf, durch den de facto die bisherige weitestgehende Autonomie der Stadt verschwand. Der Anachronismus der autonomen hansestädtischen Kommune in einer völlig veränderten Umwelt war damit erbarmungslos ans Licht gebracht worden. Die Hanse war nun am Ende; an dem letzten Hansetag 1669 nahm keine pommersche Stadt mehr teil.

Ein etwas diffiziles Problem ist die Haltung des pommerschen Herzogshauses zur Hanse. Zwar leisteten Pommernherzöge dem Städtebund durchaus manche gute Dienste, zum Beispiel in der Rolle von Vermittlern in Konfliktsituationen, aber insgesamt war ihre Haltung gegenüber der Hanse und vor allem gegenüber den bündischen Aktivitäten ihrer pommerschen Hansestädte doch eher distanziert. Das hatte, wie wir nachher noch sehen werden, durchaus triftige politische Gründe.

Als der Kern der noch jungen Städtehanse, die Gruppe der wendischen Hansestädte, zu Beginn des 14. Jahrhunderts im Kampf gegen die mächtige dänisch-norddeutsche Fürstenkoalition stand, verhielt sich der damalige Herzog von Pommern-Wolgast, Wartislaw IV., neutral. Das war in dieser für die Städte so äußerst kritischen Situation, namentlich für Stralsund und Greifswald, durchaus von Vorteil, es war gewissermaßen eine indirekte Unterstützung. Anders waren die Dinge in der Zeit des Kampfes der Hansestädte gegen Waldemar IV. von Dänemark. Die damals regierenden Herzöge Bogislaw VI. und Wartislaw VI. von Pommern-Wolgast nahmen zwar nicht für den Dänenkönig Partei, gerieten aber 1368 mit den Mecklenburger Herzögen, den Verbündeten der Hanse, in Konflikt und forderten hierfür sogar den militärischen Beistand »*ihrer*« Hansestädte, was natürlich von diesen - insbesondere von Stralsund - strikt abgelehnt wurde.

Zur schärfsten Konfrontation zwischen hansischen Interessen und der politischen Haltung der Pommernherzöge aber kam es während des hansisch-dänischen Krieges von 1426 bis 1435. Die Hanse führte diesen Krieg zur Bewahrung ihrer wirtschaftlichen Vormachtstellung im Norden, aber auf dem dänisch-schwedisch-norwegischen Thron saß damals ein Sproß des pommerschen Herzogshauses - der schon erwähnte Unionskönig Erich von Pommern. Die Sympathien der Pommernherzöge galten natürlich ihrem Verwandten. So zwangen sie Greifswald und die anderen pommerschen Hansestädte zur Neutralität in diesem Krieg, nur bei Stralsund verfingen alle Pressionen nicht. Offiziell blieb Pommern in diesem Konflikt zwar neutral, aber der

Herzog Barnim VIII. nahm in eigener Person auf dänischer Seite an den Kampfhandlungen teil - und zwar in führender Position: Als Admiral der dänisch-schwedischen Flotte brachte er im Juli 1427 der hansischen Flotte im Sund eine schwere Niederlage bei und kaperte anschließend noch einen großen Konvoi von hansischen Handelsschiffen, der durch das Skagerak und das Kattegatt in die Ostsee einlief. Das war eine der schwersten Niederlagen, die die Hanse in ihrer langen Geschichte erlitt. Dieser Barnim VIII. von Pommern-Wolgast, rügensche Linie, war offenbar ein sehr kriegerischer Herr. Er beteiligte sich nicht nur an Schlachten, sondern auch an ritterlichen Turnieren. Da war es für die Stralsunder nachträglich eine große Genugtuung, daß dieser Herzog 1434 bei einem Turnier in ihrer Stadt von einem Stralsunder Bürger, dem Ratsherren Arnd Voth, vom Pferd gestochen wurde.

Weit weniger spektakulär, aber noch viel ungünstiger für die Hanse war die Tatsache, daß die pommerschen Herzöge seit der Mitte des 16. Jahrhunderts zu den ersten gehörten, die sich an der Bildung großer Gutswirtschaften in ihrem Lande beteiligten und dann gemeinsam mit dem Adel als Großproduzenten von Agrarprodukten in direkte Beziehungen zu den holländischen Aufkäufern, den ärgsten Konkurrenten der Hansen, traten. Diese Entwicklung, die natürlich kein pommersches Spezifikum war, sondern sich in ganz Ostelbien vollzog, wirkte sich auf die wirtschaftliche Position der Hanse geradezu ruinös aus. Das einstige faktische Hafenmonopol der Hansestädte zerbrach, die hansischen Kaufleute verloren ihre bisher dominierende Stellung im Exporthandel mit Agrarprodukten, der Vormarsch der holländischen Konkurrenz beschleunigte sich mehr und mehr.

Die Erörterung der Frage, was Pommern der Hanse gegeben hat, scheint recht ungünstig auszuklingen. Aber nicht in erster Linie, um diesen Eindruck abzuschwächen, sondern um vielmehr der historischen Wahrheit Rechnung zu tragen, sei diesem Komplex noch ein sehr wichtiger - und zwar ausgesprochen positiver - Zusatz angefügt: Die Hanse verdankt Pommern eine Reihe von Persönlichkeiten, die in der hansischen Geschichte auf verschiedenen Gebieten eine hervorragende Rolle gespielt haben. Nur einige von ihnen können hier genannt werden. An bedeutenden hansischen Politikern sind zu erwähnen: der Stralsunder Bürgermeister Gerwin von Semlow, die führende Persönlichkeit des Rates bei der denkwürdigen Verteidigung der Stadt gegen die Fürstenkoalition im Jahre 1316; der Bürgermeister Bertram Wulflam, einer der Väter des Stralsunder Friedens von 1370; der ebenfalls in Stralsund amtierende Bürgermeister Otto Voge, mit dessen Namen die Behauptung der Autonomie der Hansestädte im 15. Jahrhundert aufs engste verbunden ist, und schließlich der Greifswalder Bürgermeister, Universitätsgründer und namhafte hansestädtische Politiker Dr. Heinrich Rubenow. Zu nennen ist ferner ein im Stralsunder Liber memorialis zu 1397 erwähnter Stralsunder Bürger namens Ghisebert Korling. Er ist der erste namentlich bekannte deutsche Kompaßmacher gewesen. Erwähnt werden soll hier auch der gebürtige Greifswalder Bürgersohn und spätere Stralsunder Bürgermeister Bartholomäus Sastrow, dessen umfangreiche Autobiographie eines der bemerkenswertesten und inhaltsreichsten Werke dieser Gattung aus der frühen Neuzeit ist. Auch einer der größten Künstler der Hansezeit stammt aus Pommern. Der berühmte Bernt Notke, dessen Bilder und Plastiken noch heute in zahlreichen Städten rund um die Ostsee als kostbarste Schätze gehütet werden. Er ist zwischen 1430 und 1440 in Lassan nahe Wolgast geboren worden. Und schließlich muß in diesem Zusammenhang unbedingt auch der Doctor Pomeranus genannt werden - Johannes Bugenhagen, der für die Festigung der Reformation und die Entwicklung des Schulwesens in den norddeutschen Hansestädten Unschätzbares geleistet hat und dadurch auch die Entwicklung der Hanse stark beeinflußte.

Die zweite eingangs aufgeworfene Frage - was hat die Hanse Pommern gegeben - kann hier nur noch skizzenhaft abgehandelt werden. Die wichtigste Leistung der Hanse für Pommern war ohne Zweifel die Einbindung des pommerschen Territoriums in das große Teile unseres Kontinents umspannende Netz der hansischen Handelsbeziehungen. Pommersche Kaufleute konnten unter dem Schirm der hansischen Handelsprivilegien in vieler Herren Länder geschäftlich tätig werden: in den nordischen Königreichen ebenso wie in England, Schottland, Flandern, Frankreich und Rußland. Pommersche Landesprodukte gelangten über die hansischen Handelsrouten weit über See und Sand. Dieser weitausgreifende Handel brachte viel Geld ins Land, aber über die hansischen Handelsverbindungen flossen nicht nur Warenströme, sondern sie dienten ebenso der Übermittlung von Produktionserfahrungen und geistig-kultureller Errungenschaften von einer Region zur anderen.

Die Teilhabe am hansischen Handel brachte Pommern - und insbesondere den pommerschen Kaufleuten - nicht nur Wohlstand, sie verschaffte nicht nur Tausenden von Handwerkern, zum Beispiel Schiffbauern, Böttchern, Repern, Schmieden, Segelmachern, Kistenmachern und auch Trägern, Seeleuten, Fuhrleuten usw. Arbeit und Brot, sondern sie war auch eine wesentliche Grundlage und zugleich eine äußerst wirksame Triebkraft für den Aufschwung von Kultur und Kunst in den pommerschen Städten. Es kann in diesem Zusammenhang nur ganz allgemein hingewiesen werden auf die Entwicklung der profanen und sakralen Architektur, der Malerei und Plastik, der Geschichtsschreibung und nicht zuletzt auch des städtischen Schulwesens in Pommern. Impulse für diese Entwicklungen wurden oft aus anderen Ländern, vor allem aus dem niederländischen, französischen und niederrheinischen Raum mitgebracht, sie wurden von Hansestadt zu Hansestadt weitertransportiert und sie konnten nicht zuletzt auch durch den im hansischen Handel erworbenen Reichtum finanziert werden. Viele hundert erhaltene Bürgertestamente legen dafür auch in den pommerschen Hansestädten Zeugnis ab.

Freilich darf nicht verschwiegen werden, daß diese feste Einbindung in das hansische Handelssystem für die pommerschen Hansestädte auch gewisse bedenkliche Seiten haben konnte. Das betrifft besonders die Entwicklung der einheimischen städtisch-gewerblichen Produktion. Gewiß, der städtische Schiffbau und die mit ihm verbundenen Gewerbe standen in Blüte, und ebenso die Gewerbe, die für den täglichen Bedarf der Bewohner der Städte und ihrer unmittelbaren Umgebung arbeiteten - also Fleischer, Bäcker, Schneider, Schuster usw. Aber leistungsfähige Exportgewerbe entwickelten sich in den pommerschen Hansestädten - mit Ausnahme der Bierbrauerei - kaum und schon gar nicht in der Textil- und Metallwaren-Produktion. In diesen Branchen beherrschten Erzeugnisse aus Flandern, vom Niederrhein, aus Westfalen und aus Oberdeutschland den Markt. Sie waren besser und preiswerter als einheimische Produkte und man konnte sie über das hansische Handelssystem leicht und überdies auch noch profitabel ins eigene Land holen.

Die Einbindung Pommerns in das von der Hanse geschaffene System hat sich natürlich auch politisch stark ausgewirkt. Ausgesprochen positiv waren die Wirkungen für die pommerschen Hansestädte. Die Zugehörigkeit zu dem mächtigen hansischen Bund gab ihnen einen starken politisch-militärischen Rückhalt und ermöglichte es - wie schon angedeutet - selbst kleinen Kommunen, ein geradezu erstaunliches Maß an Autonomie und Unabhängigkeit von der Landesherrschaft zu gewinnen. Was für die Städte ein großer Vorteil war, das bedeutete auf der anderen Seite für die Herzöge, für die Entwicklung des pommerschen Territorialstaates natürlich einen mindestens ebenso großen Nachteil. Die starken und selbstbewußten pommerschen Hansestädte haben die Konsolidierung des pommerschen Fürstenstaates, der durch die Vielzahl der dynastischen Teilungen ohnehin immer seine großen »hausgemachten« Probleme hatte, sehr lange Zeit erschwert und verzögert. Wenn also - wie der schon eingangs zitierte Udo Arnold meint - die »*Fremdbestimmung*« tatsächlich ein Charakteristikum der pommerschen Geschichte war - und es spricht ja sehr viel dafür -, so ist die Hanse mit Sicherheit ein sehr starker Faktor dieser »*Fremdbestimmung*« gewesen, mindestens drei Jahrhunderte hindurch.

Wenn wir nun abschließend eine kurze Gesamtbilanz der Beziehungen zwischen Pommern und der Hanse zu ziehen versuchen, so ist wohl folgendes zu konstatieren: Pommern hat in dem großen internationalen Aktionsfeld der Hanse einen durchaus wichtigen Stellenwert gehabt, es hat in die hansische Geschichte viel Bedeutsames eingebracht, vor allem eine Reihe hervorragender historischer Persönlichkeiten, aber insgesamt gesehen muß man wohl doch nüchtern feststellen, daß die Einwirkungen der Hanse auf die Entwicklung Pommerns stärker und nachhaltiger waren als die Wirkungen, die Pommern auf die Hanse auszuüben vermochte.

[1] Der Vortrag wurde auf dem 8. Demminer Kolloquium (7. Juli 1990) gehalten. Die schwere Erkrankung des Autors und sein früher Tod im Januar 1991 verhinderten die Vorbereitung zum Druck mit Anmerkungen.

Demmin - eine Hansestadt?[1]

von
Heidelore Böcker

8. Demminer Kolloquium zur Geschichte Vorpommerns am 7. Juli 1990 unter dem Tagungsthema: »Pommern und die Hanse - 850 Jahre Demmin«

In der langen Zeit ihres Bestehens ist die Städtehanse nicht etwas ständig Gleichbleibendes gewesen. Entsprechend ihrer Aufgabenstellung veränderten sich Zahl und Kreis der Städte, die aktiv für die Durchsetzung ihrer Zielsetzungen eintreten konnten. Schon Wilhelm Bode stellte fest: »Es ist unmöglich, für einen bestimmten Zeitpunkt oder nur für ein Jahrzehnt eine bestimmte Zahl von Hansestädten anzugeben. Nicht einmal die leitenden Hansestädte scheinen eine zuverlässige Kenntnis gehabt zu haben«[2]. Auch die Antwort Philippe Dollingers auf die Frage: »*Welches waren nun die Mitgliedsstädte der Hanse?*«, lautet: »*Hier haben wir eines der schwierigsten Probleme in der Geschichte der Gemeinschaft vor uns. Man kommt zu unterschiedlichen Antworten - je nachdem, wie man den Begriff ,Hansestadt, definiert: als eine Stadt, deren Kaufleute im Ausland in den Niederlassungen zugelassen waren und in den Genuß von Handelsprivilegien kamen, oder dagegen als eine Stadt, die aktiv an der Organisation und Tätigkeit der Gemeinschaft teilnahm, indem sie ihren Teil an den Lasten trug, die daraus erwuchsen, oder, in der Praxis, als eine Stadt, die direkt oder indirekt zu den Hansetagen einberufen wurde.*« Aus den Quellen ergebe sich, daß man nur die als »*Städte von der Hanse*« ansah, die zu den Hansetagen geladen wurden und dort unmittelbar oder indirekt durch den Delegierten einer anderen Stadt vertreten waren; sie allein seien gegebenenfalls aufgefordert worden, einen finanziellen und militärischen Beitrag zu leisten[3].

In den letzten Jahren hat sich Horst Wernicke von der Greifswalder Universität diesen Fragen wieder zugewandt. Dabei kam er zu dem Ergebnis: Ob eine Stadt Mitglied wurde, hing in Zeiten gering entwickelter Transportmittel für den Handel in erster Linie von der Lage zu den Wasserwegen und natürlichen Straßen ab. Eine Mitgliedstadt mußte neben ausreichenden Lagemerkmalen eigenwirtschaftliche Potenzen besitzen, damit sie im Kampf der Städte untereinander um den lukrativsten Anteil am hansischen Handel erfolgreich bestehen konnte. Außerdem war eine bestimmte Stufe politisch-rechtlicher Handlungsfähigkeit der Kommunen nötig. Vor allem aber hatte ein städtehansisches Mitglied das freie Bündnisrecht zu besitzen[4].

War nun Demmin eine Hansestadt? Wilhelm Carl Stolle, Archidiakon in Demmin, gab seinem 1772 in Greifswald verlegten

Buch den Titel: »*Beschreibung und Geschichte der uralten, ehemals festen, großen und berühmten Hansestadt Demmin* ...«[5]. Der Archivar Gustav Kratz führte 1865 in der Einleitung zu seiner Abhandlung über »*Die Städte der Provinz Pommern*« an: »*Die pommerschen Städte gehörten zu dem lübischen oder wendischen Drittel des Hansebundes. 1283 wird Demmin als Teilnehmer namentlich mit aufgeführt*«[6]. Greifen wir auf das 1939 von Erich Keyser herausgegebene Deutsche Städtebuch zurück, so erfahren wir: »*Demmin. Mitglied der Hanse ›bereits‹ 1358*«[7]. Jüngere Arbeiten gehen davon aus: In Vorpommern und Rügen stellten Stralsund und Greifswald die Beziehungen zu den dortigen Nachbarstädten her. Beide Kommunen gingen mit Anklam und Demmin Verträge und Bündnisse ein, die sich zum vorpommerschen Städtebund ausweiteten[8].

Über Jahrhunderte hat man also die Auffassung weitergegeben: Demmin war eine Hansestadt! Die zeitliche Zuordnung orientiert sich jedoch an zwei verschiedenen Daten: 1283 und 1358. Im Juni 1283 war in Konfrontation zu den Markgrafen von Brandenburg auf Betreiben der Städte Lübeck, Wismar, Rostock, Stralsund, Greifswald, Demmin, Anklam und Stettin zu Rostock ein Landfrieden zustande gekommen, in dem die Landesherren den Städten das Recht zugestanden, zur Wahrung ihrer Sicherheit Bündnisse abzuschließen und in wichtigen Landesangelegenheiten, besonders solchen der Friedenswahrung, ein Mitspracherecht auszuüben[9]. Neben die Kaufmannshansen trat die Städtehanse, deren Charakter seit der Mitte des 14. Jahrhunderts durch eine deutliche Zunahme politischer Beziehungen gekennzeichnet war[10]. Merkmal dieser Tendenz war zweifelsohne, daß im Jahre 1358 die Ratsherren aus Lübeck, Hamburg, Wismar, Rostock, Stralsund, Greifswald, Anklam und Demmin während eines Städtetages in Rostock ein dreijähriges Abkommen zur Abwehr eines Angriffes durch einen Fürsten oder Landesherrn und zur Befriedung des Handels während eines solchen Angriffs trafen[11]. Erstmals zu diesem Jahr finden wir in den Quellen auch die Bezeichnung »*stad van der dudeschen hense*«[12].

Seit wann also waren die Voraussetzungen hansischer bzw. hansestädtischer Aktivitäten in Demmin vorhanden, und woraus resultierten sie?

1. Die verkehrsgeographische Lage Demmins war für den hansischen Handel günstig. Demmin befindet sich an einem Flußkreuz, das durch die von Südwesten nach Osten fließende Peene, die von Nordwesten in sie mündende Trebel und die aus südlicher Richtung kommende Tollense gebildet wird[13].

2. Demmin entwickelte sich schon bald zu einem zentralen Marktort mit kapitalkräftigem Bürgertum. Herzog Bogislaw IV. befreite Demmin um 1290 von allem Zoll und Ungeld für Getreide, untersagte seinen Beamten, die Getreideausfuhr zu verbieten, und gestattete den Bürgern, ihre Mühlen zu befestigen[14]. 1292 bestätigten die Herzöge Bogislaw IV., Barnim II. und Otto I. der Stadt das lübische Recht, die Stadtfeldmark zu Stadtrecht, das Demminer Holz, Fischerei auf dem Kummerower See, freie Schiffahrt von der Mühle vor Malchin bis zur See, freie Fischerei und Schiffahrt auf Trebel und Tollense und Freiheit vom Zoll und Ungeld. Die Herzöge sicherten zu, ihr Vogt werde ohne Zustimmung der Stadt kein Getreideausfuhrverbot erlassen. Sie gestatteten das Mahlen des Getreides außerhalb der Stadt und bestätigten das Eigentum an den Dörfern Rustow, Randow, Groß-Methling, Wotenick, Seedorf, Toitz, Volksdorf,

Demmin - eine Hansestadt?

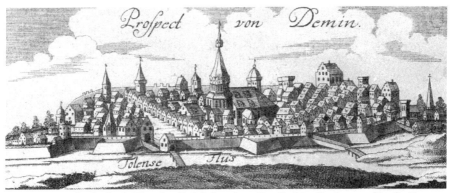

Demmin, Ansicht der Stadt Mitte des 18. Jahrhunderts. Der Fluß im Vordergrund ist die Peene, nicht die Tollense.

Nossendorf, Drönnewitz und Dummersdorf[15]. 1301 (bestätigt 1313) erhielt die Stadt das Recht, ihre Mühlen gegen Kriegsgefahr zu befestigen und neue anzulegen, wo sie wollte[16]. 1302 wurde ihr von Herzog Otto der Anspruch auf Zollerhebung übertragen[17]. Herzog Bogislaw V. ließ Demmin 1332 das Recht der Münzprägung zuteil werden und erlaubte, fremde Münzen zu prüfen sowie Fälscher zu bestrafen[18].

Daß sowohl die Stadt als auch einzelne Bürger bald schon finanzkräftig waren, beweist ebenfalls eine Reihe von Zeugnissen: Schon 1315 hatten 22 Ritter gemeinsam einem einzelnen Bürger, Heinrich Simon aus Demmin, für eine Schuld des Fürsten Wizlaw III. von Rügen in Höhe von 1.000 Mark gebürgt[19]. Im August 1322 bekannte Herzog Wartislaw IV., daß ihm die Stadt Demmin bei der Belagerung von Gnoien die Summe von 900 Mark vorgestreckt habe[20]. Im Juli 1352 bestätigten die Herzöge Bogislaw und Barnim eine Anleihe von 1000 Mark beim Rat von Demmin[21].

So ist es nicht verwunderlich, daß der Handel auch der Demminer Kaufleute bereits im 13. Jahrhundert weit über die Grenzen Vorpommerns hinaus ging. 1283 gewährte der dänische König den Bürgern von Lübeck, Wismar, Rostock, Demmin, Stralsund, Greifswald, Stettin und Anklam Schutz und Handelsfreiheit in seinem ganzen Reich und namentlich auch auf den schonischen Märkten[22]. 1285 versprach König Erich von Norwegen, alle Kaufleute von Lübeck, Hamburg, Wismar, Rostock, Bremen, Stralsund, Greifswald, Stettin, Demmin, Anklam, Gotland, Elbing, Riga und Reval in seinem Land gegen alle Kränkungen zu schützen, und bestätigte die alten Freibriefe der Kaufleute, namentlich auch der Kaufleute aus den Städten Demmin und Anklam[23]. 1326 sicherte König Waldemar von Dänemark Stralsund, Greifswald, Anklam und Demmin und allen Kaufleuten Freiheiten auf Schonen und in ganz Dänemark zu[24].

3. Möglichkeiten zwischenstädtischer Verständigungen, aber auch gezielter Einflußnahme waren schon durch die Verleihung von Stadtrechten mit spezifischem Rechtszug gegeben. Wolgast erhielt 1282 lübisches Recht wie Lübeck, Greifswald und Demmin und im selben Jahr auch Stavenhagen wie Demmin und Treptow[25]. Die Beziehungen wurden frühzeitig durch folgende Abkommen gefestigt: 1265 genehmigten Vogt, Ratsherren und Bürgerschaft von Demmin die mit Stral-

sund getroffenen Vereinbarungen über das Recht der Bürger einer Stadt, gegen die der anderen Zeugnis abzulegen, die Gültigkeit einer Verfestung von Straßenräubern und Mordbrennern für beide Städte, die Auslieferung flüchtiger Diebe und Räuber, die Sicherheit für Güter und Bürger der einen in der anderen Stadt[26]. Auf die Teilnahme am Rostocker Landfriedensbund von 1283, durch den den Städten das Bündnisrecht prinzipiell zuerkannt wurde, ist bereits hingewiesen worden[27].
Wenngleich Greifswald 1294 noch seitens der Herzöge von Pommern das Vorrecht erlangte, daß Holz auf Swine und Peene nur nach Greifswald ausgeführt werden dürfe[28], werden doch noch im 13. Jahrhundert auch wirtschaftliche Abstimmungen der im Peeneraum mehr und mehr dominierenden Städte Greifswald, Anklam und Demmin deutlich: 1286 hatte Herzog Bogislaw IV. von Pommern bestimmt, daß die Stadt Malchin in Anklam keinen höheren Zoll als in Demmin zahlen solle[29]. 1320 befreite Herzog Wartislaw IV. Demmin, Anklam und Greifswald von Zoll und Ungeld auf Swine und Peene[30]. 1323 faßte der Rat der Stadt Greifswald zusammen mit je vier bevollmächtigten Ratsherren der Städte Anklam und Demmin Beschlüsse über die Beschaffung eines hinreichenden Getreidevorrats[31].
Bildeten bereits die kaufmannshansischen Aktivitäten eine erste und wesentliche Grundlage, so wurden die zwischenstädtischen Beziehungen seit den 20er Jahren des 14. Jahrhunderts stabilisiert durch das Zusammengehen der Städte a) in Fragen der Landfriedenssicherung gegenüber dem Raubrittertum und b) unter Ausnutzung von Konflikten zwischen den Landesherren des engeren und des weiteren Raumes.

Zu a) Verunsicherungen des Handels, insbesondere durch das Raubrittertum, wurden zu einem gravierenden Problem sowohl für die Städte als auch für die Landesherren, so daß sich daraus ein teilweises Miteinander zwischen ihnen ergab. Herzog Wartislaw IV. von Pommern-Wolgast schloß 1319 mit Greifswald, Demmin und Anklam für das Land zwischen Swine und Peene und die Grafschaft Gützkow ein Landfriedensbündnis[32]. Die Herzöge Otto I. und Barnim III. bestätigten 1321, es sollten jeweils zwei durch die Städte Greifswald, Anklam, Demmin, Altentreptow und Ueckermünde erwählte Ratsherren und zwei von den Vasallen der Länder Demmin, Altentreptow, Ueckermünde und Groswin gewählte Vasallen Richter über Landfriedensbrecher sein[33]. Im Juni 1322 erteilte Herzog Otto I. von Pommern-Stettin der Stadt Anklam, die mit Hilfe von Greifswald, Demmin und Altentreptow das Schloß Bugewitz zerstört hatte, die Befugnis, gemeinsam mit diesen Städten ähnliche Raubschlösser zu brechen[34]. 1326 gestattete Herzog Otto I. Stralsund, Greifswald, Anklam, Demmin und Altentreptow, widerspenstige und im Landfrieden aufsässige Vasallen zu züchtigen, und gelobte, im Kriegsfall festgehaltene Kaufleute, die von den Städten als befreundete angesehen würden, freizugeben[35].
Mitunter wurde in ein Landfriedensbündnis auch einmal eine kleinere bzw. eine andere Stadt einbezogen oder auch eine Stadt ausgeklammert[36]. Dominierend aber wurde in Vorpommern das Bündnis zwischen den vier Städten Stralsund, Greifswald, Anklam und Demmin. Ihre miteinander vereinbarten Landfriedensabkommen wurden ab 1339 jeweils für einige Jahre geschlossen und bestanden fort bis weit in das 15. Jahrhundert hinein[37].

Demmin - eine Hansestadt?

Zu b) Der Anfall des Fürstentumes Rügen an die Herzöge von Pommern-Wolgast und die damit verbundenen Erbfolge-Auseinandersetzungen mit den Mecklenburgern nach 1325 hatten Greifswald, Anklam und Demmin stärker auch mit Stralsund zusammengeführt. - Kurze Zeit, nachdem Herzog Wartislaw IV. die rügensche Erbschaft angetreten hatte, verstarb er. Die Städte hielten die daraufhin verstärkt aufkommenden Streitigkeiten mit den Fürsten von Mecklenburg für eine günstige Gelegenheit, Einfluß auf die für sie so belastende Zollstätte ihres Landesherren bei Wolgast zu erlangen.

1327 fand sich Herzogin Elisabeth, die Witwe Wartislaws, bereit, gemeinsam mit ihren Räten Vereinbarungen mit den Städten Stralsund, Greifswald, Anklam und Demmin über eine Besetzung der Burg Wolgast zu treffen. Ritter und Knappen verpflichteten sich, falls sie die Burg nicht halten könnten, diese den Städten zu übergeben. Und in der Tat ist die Burg dann, wenn auch nur kurzzeitig, von Stralsund, Greifswald, Anklam und Demmin aus besetzt worden[38]. Stralsund und Greifswald erwarben sich darüber hinaus durch Aktivitäten zum Zweck der Befreiung der Stadt und der Burg Loitz von mecklenburgischer Besetzung Anrechte auf diesen handelspolitisch ebenfalls wichtigen Ort an der Peene, von dem aus gerade der Handel Demmins zu Zeiten, als Loitz sich unter den Fürsten von Rügen befunden hatte, immer wieder behindert worden war[39].

Schließlich leisteten Stralsund, Greifswald, Anklam und Demmin Bürgschaft, als Herzog Barnim III. für sich, das Königreich Dänemark und die unmündigen Söhne des verstorbenen Herzogs Wartislaw IV. mit den Fürsten von Mecklenburg und Werle am 27. Juni 1328 zur Beendigung des rügenschen Erbfolgestreits Frieden schloß - und erzielten die Vertragsklausel, daß die Straßen und Wege zu Wasser und zu Lande sicher und frei wie in alten Zeiten sein sollten[40]. Als das ebenfalls an der Peene gelegene Städtchen Jarmen in das Blickfeld Herzog Barnims III. rückte[41], erreichten Greifswald, Anklam und Demmin gemeinsam, daß der Herzog ihnen versprach, an der Peene nur noch diese Stadt zu befestigen, sonst aber alle Festungsanlagen zu verhindern - ein Zugeständnis, das die vereinten Städte möglicherweise so zu lenken verstanden, daß auch Jarmen nicht mehr befestigt wurde[42].

Erscheint das Verhältnis zwischen den vier wirtschaftlich stärksten und aufgrund dessen auch politisch einflußreichen Städte im vorpommerschen Raum, einschließlich des Fürstentums Rügen, in der ersten Hälfte des 14. Jahrhunderts im großen und ganzen ausgewogen, nähern wir uns nun der Mitte des 14. Jahrhunderts, der Zeit, in der die einen überhaupt erst einen Zutritt Demmins zur Hanse feststellen wollen, die anderen aber auf einen qualitativen Verlust hinweisen.

Gustav Kratz ging davon aus, man habe bei den Bundesstädten in Pommern zu unterscheiden zwischen unmittelbaren und mittelbaren Hansestädten. Mittelbare Hansestädte seien nicht berechtigt gewesen, auf den Hansetagen zu erscheinen, und von einem Vorort vertreten worden, unter dem sie auch ihre Bundespflichten leisteten. Demmin zählte nach Kratz bis 1361 zu den Vororten, sei dann aber als solcher ausgeschieden und nur noch eine mittelbare Hansestadt unter dem Vorort Greifswald gewesen[43]. Inzwischen dienen längst und allgemein verschiedenartige Begriffspaare zur Kennzeichnung der möglichen unterscheidenden Aktivitäten im Rahmen der Hanse. Man spricht von höherer und niederer Klasse, Mitglied und Bundesgenossin, aktiven und passiven Mitgliedern, kleinen und großen Hansestädten. Nach Philippe Dollinger gelten im Gegensatz zu Städten von der Hanse Beistädte, auch wenn sie an Handelsprivilegien teilhatten, nicht als vollberechtigte Mitglieder. Man müsse also innerhalb der Hanse-Organisation zwei Arten von rechtlich nicht gleichgestellten Städten unterscheiden: »*Städte von der Hanse*«, die aktive Mitglieder waren, und »*hansische Städte*«, die gewöhnlich sehr klein und passive Mitglieder gewesen seien[44]. Auch andere Forscher, namentlich solche von der Greifswalder Universität, neigen zu der Annahme dieser zwei Stufen oder Arten hansisch-städtischer Mitgliedschaft. Dabei gehen sie aus von der wirtschaftlichen Kraft und Aktivität der Städte im Rahmen des hansischen Zwischenhandels und sehen die sich daraus ergebenden rechtlich-politischen Beziehungen und Ordnungen als bestimmend für die organisatorische Einbindung an[45].

Wo ordnen wir nun Demmin ein? War es eine Hansestadt oder eine hansische Stadt? Wann und wodurch vollzog sich ein qualitativer Wandel?

Politisch-rechtlich konnte Demmin gegenüber dem Landesherrn während des gesamten Mittelalters sein Mitspracherecht wahren. So beschlossen die Herzöge von Pommern-Wolgast am 25. Mai 1368 in einem Vergleich über ihr Verhalten gegenüber den Fürsten von Werle und Herzog Johann von Mecklenburg: Gäbe es Zwietracht mit »*de stede unde de man*«, so wollten sie sich treffen, um darüber zu verhandeln, und »*dartho bydden unse stede*« Stralsund, Greifswald, Demmin, Anklam, Barth, Stargard, Greifenberg, Treptow a. R., Wollin und Kammin[46]. 1386 beurkundete Herzog Bogislaw VI., daß ein Streit zwischen seinem Bruder Wartislaw VI. und der Stadt Demmin hinsichtlich der Verkehrswege einschließlich Zollerhebung geschlichtet sei, und fügte hinzu: Die übrigen Streitpunkte sollen durch die Städte Stralsund, Greifswald und Anklam entschieden werden[47]. 1421 beklagte sich Herzog Wartislaw IX. bitter, das Land werde durch großen Unwillen, Zwietracht und Ungemach zwischen Prälaten, Mannen und Städten belastet. Umfangreich und folgenschwer waren die Zugeständnisse in einer Anordnung über die Burg- und Hofgerichte: Einem jeden gegenüber, den Armen und den Reichen, sollte gerecht gerichtet werden. Über dieses Recht sollten befinden 16 Männer: acht herzogliche Räte und acht aus vier Städten (Stralsund, Greifswald, Anklam und Demmin). Diese 16 Räte sollten »*zu Hofe rücken*«, und zwar im Wechsel: einmal nach Stralsund, ein anderes Mal nach Greifswald, ein drittes Mal nach Anklam und zu einer vierten Zeit nach Demmin. Dort sollten sie gemeinsam mit dem Herzog richten über alle Gebrechen im Lande[48].

Ende Dezember des Jahres 1450 verziehen die Herzöge - auf Verwendung Stralsund, Greifswalds und Anklams - den Bürgern von Demmin eine Auflehnung, die sie sich hätten zuschulden kommen lassen, als die mecklenburgischen Fürsten vor Kummerow im Felde lagen[49]. Besonders prägnant aber waren die Ereignisse des Jahres 1457: Die Gefangennahme eines herzoglichen Jagdgefolges durch eine bewaffnete Schar aus Greifswald und Stralsund am 5. August zog die Eröffnung von Feindseligkeiten Herzog Erichs zunächst einmal gegen Greifswald nach sich, die mit der Vertreibung des Bürgermeisters Heinrich Rubenow und dessen Flucht nach Stralsund am 22. September einhergingen. Stralsund sollte die Rache des Herzogs ereilen, als seine Bür-

Demmin - eine Hansestadt?

ger, im Vertrauen auf das zugesagte herzogliche Geleit, den Markt von Barth besuchten: Auf der Heimkehr wurden sie am 5. Oktober 1457 auf Veranlassung des Herzogs überfallen, ihrer Barschaft und Waren beraubt und 40 von ihnen gefangengenommen. Nun aber wandte sich Stralsund an Lübeck, Rostock und Wismar um Beistand, und zugleich rief es Greifswald, Anklam und Demmin - aufgrund der zwischen den vier Städten bestehenden Tohopesate - zu gemeinsamem Kampf gegen den Herzog auf. Lübeck, Rostock und Wismar nahmen die erbetene Funktion des Vermittlers an und stellten Unterstützung in Aussicht. Ebenso bekannten sich Greifswald, Anklam und Demmin für Stralsund, so daß sich Herzog Erich noch vor Jahresende zur Herausgabe bzw. zum Ersatz der entwendeten Güter gezwungen sah[50].

Nachdem Herzog Wartislaw X. von Pommern-Wolgast am 17. Dezember 1478 ohne eigene Nachkommen gestorben war, wurde Herzog Bogislaw X. Herr über ganz Pommern. Dieser Herzog sah auch die Neugestaltung des Zollwesens als durchaus entscheidend dafür an, verlorene Machtstützen im Lande wieder fester in seine Gewalt zu bringen. Heftige Konflikte mit den auf Fernhandel orientierten Städten, namentlich mit Stralsund, waren die Folge. Ja, um die Jahrhundertwende kam es zum offenen Bruch, wodurch sich nun auch die mit Stralsund verbündeten Städte konfrontiert sahen, schreckte der Herzog doch selbst vor Sperrung der Straßen nicht zurück. Mit der Begründung, er wolle den bisher üblichen Zoll zu Wasser auf der Peene vor seiner Burg zu Wolgast und zu Lande in der Stadt Damgarten um das Dreifache erhöhen, um Straßen, Wege, Brücken und Stege instandzuhalten, suchte er schließlich um die Unterstützung des Kaisers nach. Im März 1498 befürwortete dieser die beabsichtigten Maßnahmen des Herzogs und verlieh seinem Entscheid im Januar 1499 verärgert Nachdruck. Doch Stralsund weigerte sich weiterhin mit großer Entschlossenheit, Folge zu leisten. Im Februar 1504 berichtete der Marschall des Herzogs, Werner von der Schulenburg, den Herzögen von Mecklenburg: Auf des Herzogs Angebot, sich vor den Städten zu rechtfertigen, hätten die Stralsunder geantwortet, sie besäßen Privilegien, nach denen Streitigkeiten zwischen der Herrschaft und einer der vier Städte Stralsund, Greifswald, Anklam und Demmin von den drei anderen Städten entschieden werden sollten[51].

Die genannten Beispiele zeigen, daß selbst relativ kleine Städte, die an den wiederholt erneuerten Verbündnissen teilhatten, gestützt auf die vereinten Kräfte der Kommunen ein relativ hohes Maß an Autonomie gegenüber den Landesherren erlangen konnten[52]. Rein rechtlich betrachtet ist auch in den zwischenstädtischen Beziehungen kein gravierender Bedeutungswandel feststellbar. Demmin genoß und gewährte den Schutz der Verbündeten.

Zum Jahre 1417 heißt es beispielsweise: Die von Stralsund haben geborgt von denen von Anklam sieben Last Weizen. Greifswald und Demmin sagen, daß man sich an die dementsprechenden Vereinbarungen halten solle[53]. 1450 gaben die Ratssendeboten der Städte Stralsund, Greifswald und Anklam bekannt, in Demmin einen Streit zwischen Rat und Bürgern beigelegt zu haben und auch erneute Zwistigkeiten schlichten zu wollen. Die Schuldigbefundenen jeder Stadt sollten 100 Gulden zahlen[54]. Der Rat von Demmin erinnerte Stralsund 1464 an das auf der Winterversammlung der vier verbündeten Städte gegebene Versprechen Stralsunds und Greifswalds, Demmin gegen

die aus dem Lande Wenden und Mecklenburg Hilfe zu leisten[55]. 1485 entschied der Rat zu Greifswald einen Streit zwischen den Städten Anklam und Demmin wegen der Peene-Schiffahrt[56].
Auch blieb Demmin am Fernhandel beteiligt. König Magnus von Schweden und dessen Sohn Hakon, König von Norwegen, stellten zu Greifswald am 9. September 1361 das erste allgemein-hansische Privileg für Schonen aus: Sie bestätigten den Städten Lübeck, Hamburg, Stade, Bremen, Wismar, Rostock, Stralsund, Greifswald, Demmin, Anklam, Stettin und Kolberg sowie sämtlichen anderen Städten und Kaufleuten der deutschen Hanse ihre Freiheiten für den Handelsverkehr in ihren Reichen und dem wiederzuerobernden Schonen[57]. Im Sommer 1394 bezeugte die Stadt Demmin gegenüber Lübeck, daß Demminer Bürger (Tymmo und Merten Vunke, Dietrich Zodeman und Nikolaus Thůtke) nach ihrer eidlichen Aussage eine von ihnen selbst gefangene und gesalzene Last Heringe in Trelleborg dem Schiffer Johannes van Dulmen anvertraut hatten - mit dem Auftrag, die Heringe nach Stralsund zu bringen. Doch sei der Schiffer durch Sturm nach der Trave verschlagen worden, wo er den Hering verkauft habe. Den Erlös jedoch habe Lübeck mit Beschlag belegt. Demmin bat nun um die Freigabe der Summe[58].
1452 erteilte Herzog Wartislaw IX. den Städten Stralsund, Greifswald, Anklam und Demmin das Privileg, in seiner gesamten Herrschaft, zu Wasser und zu Lande, von allen Zöllen und Gebühren befreit zu sein, und zwar insbesondere auch zu Wolgast von allem Brief- und Schutengeld, einschließlich ihrer Weine, Bier, Fische und Kohlen[59].
Demmin war somit daran interessiert, sich an gemeinsamen Maßnahmen zum Schutz des Handels zu beteiligen. In diesem Sinne schloß es sich an, als 1449 die in Stralsund weilenden Ratssendeboten aus Stralsund, Rostock, Wismar, Greifswald, Stettin, Anklam und Demmin den Lübecker Rat ersuchten, am 11. Januar 1450 zur Tagfahrt nach Rostock zu kommen[60]. Einige Jahre später, 1457, erklärten Ratssendeboten der Städte Stralsund, Greifswald, Anklam und Demmin, den in ihrer Nachbarschaft überhand nehmenden Straßenraub bekämpfen zu wollen, und fragten in Lübeck und Wismar an, was zu tun wäre, sollten sie dadurch in Fehde geraten[61]. 1461 baten Greifswald, Anklam und Demmin in einem entsprechenden Schreiben Lübeck um Bemühungen bei König Christian von Dänemark hinsichtlich einer notwendig erscheinenden Tagfahrt mit Herzog Erich, da der König wegen seiner Ansprüche an den Herzog ihre Kaufleute in seinen Reichen behindere[62].
Dennoch: Demmin hatte im Vergleich zu Stralsund, Greifswald und Anklam den weitesten Weg zur Ostsee. Es war den Landesgrenzen der Herzöge von Mecklenburg und Markgrafen von Brandenburg am nächsten gelegen. Hier war, im Gegensatz zu den anderen genannten Städten, die Burg der Herzöge von Pommern bestehen geblieben. Diese Nachteile wußten die Bundesgenossen immer wieder für sich zu nutzen.
Im Jahre 1361 beispielsweise wurde Greifswald das Stapelrecht unter Aufhebung von Einschränkungen für Getreide bestätigt. Ausdrücklich wiesen die Herzöge darauf hin, niemand, der in ihrem Lande wohnhaft sei und mit Korn oder sonstigen Waren über die Peene durch Wolgast oder auf der Fähre zu Anklam, Gützkow oder Ueckermünde fahre, solle an Greifswald vorüberziehen, ohne dort auf dem Markt seine Güter anzubieten und den

pflichtigen Zoll zu entrichten[63]. 1439 erinnerte Greifswald die Danziger bezüglich ihres Kornkaufs im Lande des Herzogs von Pommern-Wolgast mahnend, Gäste hätten zu keinen Zeiten hier im Lande von Bauern oder anderen Einwohnern Korn kaufen dürfen, sondern nur in »*wonliken kopsteden*« wie Stralsund, Anklam und Greifswald (Demmin fehlt!), da solcher Verkauf den Bürgern großen Schaden zufüge. Auch künftig dürfe entsprechend der landesherrlichen Privilegien Greifswalds durch die Peene kein Gut oder Korn ausgeführt werden, bevor es nicht in Greifswald zum Markt gebracht und der gebührende Zoll dafür entrichtet worden sei[64].

Es verwundert nicht, daß die Folge eines solchen Konkurrenzverhaltens eine mindere Leistungskraft der wirtschaftlich Überflügelten war. Solche Mißverhältnisse deuten sich entsprechend der Aussage von Kratz für Demmin tatsächlich bereits in der zweiten Hälfte des 14. Jahrhunderts an. Nachdem die Herzöge von Pommern die Erbschaft des Fürstentums Rügen angetreten hatten, waren sie durch die auch weiterhin bestehenden Auseinandersetzungen mit den benachbarten Landesherren oftmals hoch verschuldet. So gelang es den kapitalkräftigsten Städten, namentlich Stralsund und Greifswald, seit den 60er Jahren des 14. Jahrhunderts wiederholt, sich als Sicherheit für Darlehen nicht nur Grund und Boden, sondern zuweilen auch Burgen und sogar kleinere Städte mit allen daraus zu ziehenden Nutzungen bis zur Tilgung der Schuldsumme übertragen zu lassen[65]. Demmin jedoch wurde erst 1453 einbezogen, als sich Herzog Wartislaw IX. gezwungen sah, Barth und Tribsees zu verpfänden. Stralsund, Greifswald und Demmin sollten dafür den Herzögen von Mecklenburg 22.000 rheinische Gulden geben[66].

Folglich konnten auch die Leistungen Demmins zum Schutze des Handels nur geringere sein. Als es 1356 um das Aufgebot der verbündeten Städte zum Schutz des Landfriedens ging, verpflichteten sich Stralsund 50 Mann, Greifswald 30 Mann, Anklam und Demmin je 15 Mann zu stellen[67]. In Lübeck wurde 1394 vereinbart, zu Pfingsten sollte eine Flotte von 36 Koggen und vier Rheinschiffen mit insgesamt 2.600 Gewappneten gegen die Seeräuber ausgerüstet werden. Greifswald, Anklam, Wolgast und Demmin sollten zwei Koggen mit 120 Gewappneten stellen[68].

Stralsund und Greifswald nahmen demgemäß bereits seit den 60er Jahren des 14. Jahrhunderts in der Organisation hansischen Handels in Vorpommern die Funktion von Vororten ein. Am 19. Mai 1361 machte Rostock beispielsweise Greifswald Mitteilung über die Tagesordnung der am 24. Juni zu Lübeck stattfindenden Versammlung und bat Greifswald, Demmin und Anklam seinerseits zur Besendung dieses Treffens aufzufordern[69]. Am 9. Oktober 1417 teilten die Ratssendeboten Stralsunds und Greifswalds Lübeck mit, am nächsten Donnerstag kämen die Gesandten des Rates der Städte Rostock, Stettin, Greifswald, Anklam, Demmin und Stralsund in Greifswald zusammen, um über den zu Brügge von den Hamburgern erhobenen Pfundzoll zu verhandeln[70]. 1466 berieten sich die Stralsunder wegen ungewöhnlichen Zolls zu Lübeck mit Stettin, Greifswald, Anklam und Demmin[71]. Eine 1474 zu Lübeck tagende Versammlung faßte den Beschluß, den Stralsundern solle man jenen zu Utrecht zustande gekommenen Rezess über den Frieden mit England zur Kenntnis geben, damit sie die anderen Städte, die bei ihnen lägen (Stettin, Stargard, Greifswald, Anklam und Demmin) unterwiesen[72].

Zusammenfassung

Herkömmliche Meinung ist, die in Vorpommern liegende Stadt Demmin sei seit 1283 bzw. 1358 eine Hansestadt gewesen, die jedoch schon 1361 als solche eine deutliche Qualitätsminderung erfahren habe. Differenzen in der zeitlichen Fixierung wie auch neuerdings wiederum betonte Spezifika in der Fragestellung haben uns die Frage erneut erörtern lassen: War Demmin eine Hansestadt oder eine hansische Stadt? Von wann an kam ihr welche Bezeichnung zu?
Eingehende Untersuchungen eines relativ reichhaltigen Quellenmaterials haben ergeben: Schon im 13. Jahrhundert ging der Handel auch der Demminer Kaufleute weit über die Grenzen Vorpommerns hinaus. Demmin wies jene Merkmale auf (günstige verkehrsgeographische Lage, eigenwirtschaftliche Leistungsfähigkeit, Bündnisrecht), die als Grundvoraussetzungen für die Wahrnehmung hansestädtischer Pflichte und Rechte gelten. Obwohl schon frühzeitig besonders begünstigte Städte (Stralsund, Greifswald) Konkurrenzverhalten hinsichtlich der verkehrsgeographischen Bedingungen zeigten und ihre politische Bedeutung für den Landesherren ausnutzten, erscheinen die wirtschaftlichen Aktivitäten der den Peeneraum wirtschaftlich beherrschenden Städte (Greifswald, Anklam, Demmin) in der ersten Hälfte des 14. Jahrhunderts aufeinander abgestimmt und durch gemeinsames Vorgehen zur Sicherung des Landfriedens stabilisiert. Bis weit in das 15. Jahrhundert in solcherlei Bündnissen verankert, konnte sich die zahlungskräftige Stadt Demmin gegenüber den Herzögen von Pommern während des gesamten Mittelalters ein relativ hohes Maß an landespolitischen Mitbestimmungsrechten bewahren. Rein rechtlich gesehen ist auch in den direkten zwischenstädtischen Beziehungen kein gravierender Bedeutungswandel feststellbar. Auch blieb Demmin am Fernhandel beteiligt. Dennoch wußten Stralsund und Greifswald die genannten Vorteile zur Geltung zu bringen und Privilegien zu erlangen, die der wirtschaftlichen Entwicklung Demmins seit den 60er Jahren des 14. Jahrhunderts spürbar abträglich waren. Folglich wurden auch die Leistungen zum Schutze des Handels geringer. Stralsund und Greifswald nahmen seitdem handelspolitisch die Position von Vororten, auch gegenüber Demmin, ein. Kreuzen wir nun die für Demmin zutreffenden Merkmale unter den Kriterien an, die sich uns in der Literatur zur Definition der Begriffe Hansestadt bzw. hansische Stadt präsentieren, so zeigt sich, wie schwer es ist, den konkreten Fall in ein vorgegebenes Schema zu bringen. Gewiß hatte Demmin schließlich nicht die Möglichkeiten, so aktiv an der Organisation und Tätigkeit der Hanse teilzunehmen wie die zweifelsohne als Hansestädte zu bezeichnenden Städte Stralsund und Greifswald; doch blieb es weitaus aktiver als z. B. Wolgast, Pasewalk oder Gartz (Oder) im selben Territorium[73]. Eine entsprechende Terminologie wäre für die präzisere Verständigung vonnöten, wenngleich der die verschiedenen Stufen voneinander trennende Grad zeitweise nur sehr schmal war. Auch das Beispiel Demmin belegt, daß die Städtehanse in der langen Zeit ihres Bestehens nicht etwas ständig Gleichbleibendes gewesen ist. Zahl und Kreis der Städte, die aktiv für die Durchsetzung ihrer Zielsetzungen eintreten konnten, veränderten sich jedoch nicht nur entsprechend der allgemeinen Aufgabenstellung, sondern waren auch weitgehend vom sich wandelnden zwischenstädtischen Verhalten abhängig.

Demmin - eine Hansestadt?

[1] Überarbeiteter und mit Anmerkungen versehener Diskussionsbeitrag auf dem 8. Demminer Kolloquium zur Geschichte Vorpommerns, Demmin, 7. 7. 1990 - gewidmet Herrn Prof. Dr. Dr. hc. Roderich Schmidt, Marburg. Erstmalig veröffentlicht in: Baltische Studien, N. F., Bd. 77 (1991) S. 7-18. Der Hrsg. dankt dem N. G. Elwert Verlag Marburg und der Schriftleitung der Baltischen Studien für die Nachdruckgenehmigung.

[2] Wilhelm Bode, Hansische Bundesbestrebungen in der ersten Hälfte des 15. Jahrhunderts, in: Hansische Geschichtsblätter 45. Jg. (1919) 1920, S. 231, Anm. 1.

[3] Philippe Dollinger, Die Hanse, 3. überarb. Aufl., Stuttgart 1981, S. 117 ff. (= Kröners Taschenbuchausgabe, Bd. 371).

[4] Horst Wernicke, Die Städtehanse. 1280 - 1418. Genesis - Strukturen - Funktionen. Weimar 1983, S. 84 ff.

[5] Wilhelm Carl Stolle, Beschreibung und Geschichte der uralten, ehemals festen, großen und berühmten Hansestadt Demmin, wie auch der daran liegenden festen und berühmten Burg Haus Demmin genannt, aus Urkunden und bewährten Geschichtsschreibern ausgefertigt. Greifswald 1772.

[6] Gustav Kratz, Die Städte der Provinz Pommern, Berlin 1865, S. 61.
Vgl. auch K. Goetze, Geschichte der Stadt Demmin, Demmin 1903.

[7] H. Bellée, Demmin, in: Deutsches Städtebuch. Handbuch städtischer Geschichte, hrsg. v. Erich Keyer, Bd. 1, Stuttgart - Berlin 1939, S. 154.
Demmin. Ein Stadtführer, hrsg. vom Kreisheimatmuseum Demmin, Demmin 1979, S. 5 f.: »*Demmin schloß sich 1283 dem norddeutschen Hansebund an und trat erst 1607 wieder aus.*«
Lexikon Städte und Wappen der Deutschen Demokratischen Republik, 2., neubearb. und erw. Aufl., Leipzig 1984, S. 84: »*1358 erscheint sie (die Stadt Demmin - H. B.) als Mitglied der Hanse.*«

[8] Johannes Schildhauer, Konrad Fritze und Walter Stark, Die Hanse, 6. Aufl., Berlin 1985.
Vgl. auch Gotthard Raabe, Bündnisse der wendischen Städte bis 1315. Diss., Hamburg, Univ., Phil. Fak., 1970, Hamburg 1971.
Wolf-Dieter Mohrmann, Der Landfriede im Ostseeraum während des späten Mittelalters.
Kallmünz (Oberpfalz) 1972 (= Regensburger Historische Forschungen, Bd. 2).

[9] Hansisches Urkundenbuch (HUB), Bd. 1, S. 313 ff., Nr. 917 (1283 Juni 13).

[10] Johannes Schildhauer, Charakter und Funktion der Städtebünde in der Feudalgesellschaft - vornehmlich auf dem Gebiet des Reiches, in: Hansische Studien, Bd. III (1975), S. 163 (= Abhandlungen zur Handels- und Sozialgeschichte, Bd. 15).

[11] HUB, Bd. 3, S. 197 f., Nr. 426 (1358 Dezember 6).

[12] Die Rezesse und andere Akten der Hansetage (HR), Abt. 1, Bd. 1, Nr. 212 § 10 (1358 Januar 1).

[13] Zur Verankerung im Netz der Wege über Land vgl. Friedrich Bruns und Hugo Weczerka, Hansische Handelsstraßen. Atlas, Köln - Wien 1962; Textband, Weimar 1967; Registerband, Weimar 1968 (= Quellen und Darstellungen zur hansischen Geschichten, N. F., Bd. 13,3).

[14] Pommersches Urkundenbuch (PUB), Bd. 6, S. 379 f., Nr. 4019 (um 1290).

[15] PUB, Bd. 3, S. 153 ff., Nr. 1615 (1292 August 14); bestätigt: PUB, Bd. 4, S. 358 f., Nr. 2514 (1319 Mai 11).

[16] PUB, Bd. 4, S. 16, Nr. 1992 (1301 Juni 15), Bd. 5, S. 123 f., Nr. 2820 (1313 Juli 24).

[17] PUB, Bd. 4, S. 72, Nr. 2062 (1302).

[18] PUB, Bd. 8, S. 151 f., Nr. 5006 (1332 Dezember 29);
vgl. auch HUB, Bd. 2, S. 542, Anm. 1 (1332 Dezember 21);
PUB, Bd. 10, S. 223 ff., Nr. 5564 (133[7] Dezember 29).
1386 beurkundeten die Herzöge: Peene und Trebel sollen nicht versperrt und von den Demminer Waren keine Zölle erhoben, insbesondere auch auf Zollerhebung zu Grimmen und Loitz verzichtet werden. - Vorpommersches Landesarchiv (VpLA) Greifswald Rep. 38 bU (Demmin) Nr. 83 (1386 Februar 7); vgl. auch Stadtarchiv Stralsund (ASt), Nr. 738 (1421).

[19] PUB, Bd. 5, S. 207, Nr. 2932 (1315 Januar 9).

[20] PUB, Bd. 6, S. 126 f., Nr. 3623 (1322 August 9).

[21] Mecklenburgisches Urkundenbuch (MUB), Bd. 13, S. 194, Nr. 7634 (1352 Juli 22).

[22] PUB, Bd. 2, S. 508, Nr. 1273 (1283 Juli 27).
Ein Handelsprivileg König Erichs V. von Dä-

nemark aus dem Jahre 1278, das Zollfreiheit auf dem Markt zu Huistanger gewährte, nennt nach Stralsund, Greifswald und Stettin die »übrigen wendischen Städte«, unter denen sicher auch Anklam und Demmin zu verstehen sind. - PUB, Bd. 2, S. 368, Nr. 1092 (1278 April 21). Vgl. dazu Hildegard Thierfelder, Beziehungen zwischen vorpommerschen und mecklenburgischen Städten im 13. Jh., in: Pommern und Mecklenburg, Beiträge zur mittelalterlichen Städtegeschichte, hrsg. v. Roderich Schmidt, Köln - Wien 1981, S. 75-88 (= Veröffentlichungen der Historischen Kommission für Pommern, Reihe 5: Forschungen zur pommerschen Geschichte, Heft 19).

[23] HUB, Bd. 1, S. 332 f., Nr. 970 (1285 März 13).

[24] HUB, Bd. 2, S. 186, Nr. 443 (1326 Juli 4); vgl. auch S. 200, Nr. 470, Anm. 1 (1328 Mai 1).

[25] PUB, Bd. 2, S. 475 f., Nr. 1235 (1282 Mai); HUB, Bd. 1, S. 308, Nr. 901 (1282 Mai 29). 1309 wurde Demmin lübisches Recht, wie es in Lübeck gebräuchlich sei, bestätigt. - PUB, Bd. 4, S. 358 f., Nr. 2514 (Demmin Mai 11).

[26] PUB, Bd. 2, S. 139 f., Nr. 789 (1265). Besonders bemerkenswert ist dabei die Vereinbarung, keinen Bürger der anderen Stadt aufgrund einer Forderung des Landesherrn festzuhalten. - Vgl. auch dazu Hildegard Thierfelder, Beziehungen (wie Anm. 22). 1343 erklärte die Stadt Neubrandenburg, daß die mit Demmin wegen der Gefangennahme einiger Neubrandenburger Bürger entstandenen Streitigkeiten beigelegt seien. - MUB, Bd. 9, S. 503, Nr. 6344 (1343 September 29). Pasewalk wurde 1354 von den Pommern zurückerworben und schloß am 6. Juni des selben Jahres unter Zustimmung der Herzöge von Pommern ein Schutzbündnis mit der Stadt Demmin. VpLA Rep 38 bU (Demmin) Nr. 62 (1354 Juni 6).

[27] vgl. Anm. 9.

[28] PUB, Bd. 3, S. 194, Nr. 1669 (1294 Januar 20).

[29] HUB, Bd. 1, S. 346, Nr. 1004 (1286 Juni 20).

[30] PUB, Bd. 5, S. 540 f., Nr. 3407 (1320 September 28); vgl. auch: Herzog Bogislaw IV. verlieh 1303 der Stadt Treptow (Rega) das Stapelrecht. Zeugen dessen waren Greifswald, Demmin, Anklam, Greifenberg und Belgard. - HUB, Bd. 2, s. 14, Nr. 29 (1303). 1320 befreiten die Herzöge Prenzlau, Pasewalk und Templin von Zoll und Ungeld in Greifswald, Demmin, Anklam und Stargard, denen jedoch keinerlei Schaden daraus entstehen sollte. - PUB, Bd. 5, S. 536, Nr. 3399 (1320 August 23).

[31] PUB, Bd. 6, S. 164 f., Nr. 3677 (1323 April 5).

[32] PUB, Bd. 5, S. 472 ff., Nr. 3311 (1319 Dezember 5).

[33] HUB, Bd. 2, S. 158 f., Nr. 380 (1321 August 12); PUB, Bd. 6, S. 55 f., Nr. 3528 (1321 August 12). Max Kuhbier, Die pommerschen Städtebünde bis zum Anfang des 15. Jh., ihre Bedeutung für die pommersche Territorialpolitik und für die Hanse. Diss., Münster 1922.

[34] PUB, Bd. 6, S. 114 f., Nr. 3605 (1322 Juni 7).

[35] HUB, Bd. 2, S. 185, Nr. 441 (1326 Juni 12).

[36] Greifswald, Anklam, Neubrandenburg und Demmin: HUB, Bd. 5, S. 2 ff., Nr. 3 (1392 April 3).
Greifswald, Anklam und Demmin: VpLA Rep. 38 bU (Demmin) Nr. 123 und 124 (1446 September 26).
Stralsund, Greifswald, Anklam, Demmin und Stettin: HUB, Bd. 8, S. 39 ff., Nr. 56 (1451 Juni 22).
Stralsund, Greifswald und Demmin: HUB, Bd. 8, S. 608 ff., Nr. 1006 (1461 Februar 23).

[37] PUB, Bd. 10, S. 425, Nr. 5788 (1339 Oktober 19), Nr. 5791 und 5792 (1339 November 11); HUB, Bd. 2, S. 306, Nr. 697 (1342 Mai 10); HR, Abt. 1, Bd. 1, S. 74, Nr. 142 (1346); HUB, Bd. 3, S. 105, Nr. 232 (1352 April 7); HR, Abt. 1, Bd. 1, S. 114, Nr. 182 (1352 April 28), S. 116, Nr. 186 (1353 Mai 9); HUB, Bd. 3, S. 152 f., Nr. 352 (1356 Januar 26), Bd. 4, S. 24 f., Nr. 45 (1362 Juni 29), S. 207 ff., Nr. 504 (1375 Juli 13), S. 245, Nr. 602 (1377 Oktober 31), S. 470, Nr. 1066 (1391 September 29), Bd. 5, S. 40 f., Nr. 57 (1392 September 29), S. 190 ff., Nr. 371 (1399 Mai 1), S. 490 ff., Nr. 933 (1410 April 11), Bd. 6, S. 212 ff., Nr. 382 (1421 Juli 9), S. 631 ff., Nr. 1100 (1433 Dezember 21), Bd. 8, S. 414 f., Nr. 647 (1457 November 9), S. 742 f., Nr. 1206 (1462 Dezember 2).

[38] PUB, Bd. 7, S. 96 ff., Nr. 4270 und 4271 (1327 Februar 8), S. 187, Nr. 4376 (1328 März 15).

[39] PUB, Bd. 2, S. 175 f., Nr. 836 (1267 März 14), S. 177, Nr. 838 (1267 März 21), Bd. 7, S. 431, Nr. 4695 (1292 August 9), Bd. 3, S. 416, Nr. 1949 (1300 Juni 11), Bd. 4, S. 277 f., Nr. 2366

Demmin - eine Hansestadt?

(1307 Oktober 27), S. 358 f., Nr. 2514 (1309 Mai 11);

HUB, Bd. 1, S. 381, Nr. 1100 (1292 August 14), Bd. 5, S.110, Nr. 2807 (1313 Juni 18).

[40] PUB, Bd. 7, S. 212, Nr. 4397 (1328 Juni 27); HUB, Bd. 2, S. 201, Nr. 473 (1328 Juni 27). Zu Beginn des Jahres 1329 sah sich Herzog Barnim III. genötigt, seinen Städten zu versichern, an Oder, Swine, Peene und Haff freie Fahrt auf diesen Gewässern zu gewähren. - PUB, Bd. 7, S. 241 f., Nr. 4438 (1329 Januar 1). Gegen Markgraf Ludwig von Brandenburg gerichtet, gaben die Herzog Barnim III. unterstehenden Städte Stettin, Greifenhagen und Gollnow der Stadt Stralsund 1339 die Erbfolgeerklärung ab, sich keinem anderen Fürsten anzuschließen und - sollten die Herzöge Otto I. und Barnim III. von Pommern-Stettin ohne Leibeserben sterben - sich nur den Herzögen Bogislaw V., Barnim IV. und Wartislaw V. von Pommern-Wolgast als ihren rechtmäßigen Herren anzuvertrauen. - PUB, Bd. 10, S. 392 f., Nr. 5754 (1339 Juni 16). Sie wurden von den Wolgaster Herzögen in Schutz genommen (ebd. Nr. 5753); erneute Erklärung der drei Städte (1339 Juli 8, ebd. Nr. 5760-5762), und zwar je für die Städte Stralsund, Greifswald, und Demmin; die Wolgaster Herzöge setzten den drei Städten als Bürgen für die Einhaltung ihrer Privilegien die Städte Stralsund (Nr. 5764), Greifswald (Nr. 5765), Anklam (Nr. 5766) und Demmin (Nr. 5767), und diese gaben ihnen dann wiederum entsprechende Erklärungen ab (ebd. Nr. 5768-5770, 5772). Ende Oktober 1343 sprachen die Wolgaster Herzöge die Ratsherrn von Anklam und Demmin von aller Verantwortung frei und sicherten zu, ihnen sollten keinerlei Nachteile aus Briefen entstehen, die sie im durch Stralsund und Greifswald vermittelten Frieden im Namen der Herzöge den Fürsten von Mecklenburg und Werle gegeben hätten. - MUB, Bd. 9, S. 506 f., Nr. 6349 (1343 Oktober 26).

[41] Jürgen Petersohn, Reichspolitik und pommersche Eigenstaatlichkeit in der Bamberger Stiftung Herzog Barnims III. zu Ehren des Hl. Otto (1339), in: Baltischen Studien, N. F., Bd. 49 (1962/63) S. 19-38 (S. 35).

[42] PUB, Bd. 4, S. 172, Nr. 2206 (1305 Februar 14), Bd. 7, S. 241 f., Nr. 4438 (1329 Januar 1), Bd. 10, S. 464 f., Nr. 5835 (1340 März 23).

[43] HR, Abt. 1, Bd. 1, S. 190, Nr. 261 und HUB, Bd. 4, S. 12 ff., Nr. 28 (1361 September 9);

Gustav Kratz, Die Städte der Provinz Pommern, Berlin 1865, S. 61 und 543.

[44] Philippe Dollinger, Die Hanse, 3. Aufl., Stuttgart 1981, S. 119.

[45] Horst Wernicke, Zur Frage der Mitgliedschaft in der Hanse, in: Hansische Studien, Bd. IV (1979) S. 191-214 (= Abhandlungen zur Handels- und Sozialgeschichte, Bd. 18).

[46] MUB, Bd. 25, S. 501 ff., Nr. 14593 (1368 Mai 25).

[47] VpLA Rep. 38 bU (Demmin) Nr. 83 (1386 Februar 7).

[48] Johann Carl Dähnert und Gustav von Klinckowström, Sammlung gemeiner und besonderer Pommerscher und Rügischer Landes-Urkunden, Gesetze, Privilegien, Verträge, Constitutionen und Ordnungen (Dähnert), Bd. 3, S. 91 f., Nr. 50 (1421).

[49] VpLA Rep. 38 bU (Demmin), Nr. 125 (1450 Dezember 20) und Nr. 126 (1450 Dezember 30).

[50] HR, Abt. 2, Bd. 7, S. 844 f. (1457 Juli 13); HUB, Bd. 8, S. 396, Nr. 610 (1457 Juli 19); HR, Abt. 2, Bd. 4, S. 398 (1457 August 5), S. 417 (1457 November 9). Wiederholt erneuerten diese Städte auch in der Folgezeit noch ihre »Tohopesaten«, die sie als regionale Bündnisse in der Regel zur Verteidigung der städtischen Privilegien gegenüber den Fürsten und zur Sicherung der Handelsstraßen schlossen. - so: HUB, Bd. 8, S. 414 f., Nr. 647 (1457 November 9), S. 608 ff., Nr. 1006 (1461 Februar 23).

[51] Dähnert, (wie Anm. 48), Bd. 2, S. 19 f., Nr. 14 (1478);

ASt Städtische Urkunden, Nr. 1749 (1479 Mai 18); Dähnert, Bd. 1, S. 10 ff., Nr. 6 (1498 März 4), S. 12 f., Nr. 7 (1499 Januar 25);

HR, Abt. 3, Bd. 9, S. 874 ff., Nr. 682 (1503 September 16/November 7), S. 881, Nr. 690 (1504 Februar 12), S. 882, Nr. 692 § 2, S. 883 f., Nr. 693 §§ 3 und 4 (1504 Februar 25);

Dähnert, Bd. 2, S. 22, Nr. 16 (1504);

HR, Abt. 3, Bd. 5, S. 129 f., Nr. 43 § 32 (1505 Februar 11);

ASt Städtische Urkunden Nr. 1886 (1512 Mai 23);

Auch brachten die Stralsunder zur Gegenklage hervor: Vögte und Amtleute der Herzöge hätten Männer und Frauen, die vom Demminer Jahrmarkt kamen, gefangen gesetzt, die Frauen gar in Hundeställe gesperrt. - HR, Abt.

3, Bd. 9, S. 885 ff., Nr. 694 § 13 und Nr. 695 § 15 sowie S. 887 f., Nr. 696 §§ 10 und 17 (1504 Februar 25).

Vgl. auch Martin Wehrmann, Stralsund und Herzog Bogislaw X. von Pommern, in: Baltische Studien, N. F., Bd. 36 (1934) S. 121-143.

Konrad Fritze, Hansisches Bürgertum und Fürsten in der Konfrontation. Stralsunds Konflikte mit den Pommernherzögen in der zweiten Hälfte des 15. Jh., in: Hansische Studien, Bd. VIII (1989) S. 158-170 (= Abhandlungen zur Handels- und Sozialgeschichte, Bd. 26).

[52] Konrad Fritze, Autonomie von Mittel- und Kleinstädten, in: Hansische Studien, Bd. VI (1984) S. 76-83 (= Abhandlungen zur Handels- und Sozialgeschichte, Bd. 23).

[53] Der Stralsunder Liber memorialis, Teil 2, bearb. v. Horst-Diether Schroeder, Weimar 1969, S. 65 f., Nr. 304 (1417 April 25).

[54] VpLA Rep. 38 bU (Demmin) Nr. 125 (1450 Dezmber 20).

[55] HUB, Bd. 9, S. 49, Nr. 100 (1464 Mai 24).

[56] VpLA Rep. 38 bU (Demmin) Nr. 141 a und b (1485 Februar 8).

[57] HR, Abt. 1, Bd. 1, S. 190, Nr. 261 und HUB, Bd. 4, S. 12 ff., Nr. 28 (1361 September 9).

[58] HUB, Bd. 5, S. 91, Nr. 168 (1394 Juli 2).

[59] Dähnert, (wie Anm. 48), Bd. 2, S. 482 ff., Nr. 130 (1452).

[60] HR, Abt. 2, Bd. 3, S. 441, Nr. 581 (1449 Dezember 13).

[61] HR, Abt. 2, Bd. 7, S. 844 f., Nr. 534 (1457 Juli 13);
HUB, Bd. 8, S. 396, Nr. 610 (1457 Juli 19).

[62] HUB, Bd. 8, S. 655, Nr. 1091 (1461 Dezember 4).

[63] Dähnert, (wie Anm. 48), Bd. 2, S. 253, Nr. 74 (1361); vgl. auch Anm. 28.

[64] HUB, Bd. 7, S. 224, Nr. 436 (1349 März 6).

[65] Stralsund und Greifswald über Loitz, Grimmen, Tribsees, Damgarten, die Hertesburg und Barth: Stralsunder Liber memorialis, T. 1, S. 84 f., Nr. 456 (1369 August 7);
Stralsund über Tribsees: HR, Abt. 1, Bd. 4, S. 39 f., Nr. 40 §§ 2 und 3 (1392 März 7); Stralsunder Liber memorialis (wie Anm. 53), T. 1, S. 154 f., Nr. 872 (1392).
Stralsund und Greifswald über Damgarten und Grimmen: ASt, Städtischen Urkunden, Nr. 738 (1421); Dähnert, (wie Anm. 48), Bd. 1, S. 430 ff., Nr. 4 (1421).
Stralsund über Tribsees: VpLA Rep. 2 (Stralsund) Nr. 57 (1426 Februar 20).

[66] ASt, Städtische Urkunden, Nr. 1188 (1453 Januar 17);
Stralsund über Tribsees: ASt, Städtische Urkunden, Nr. 1207 (1454 Juli 6).

[67] HUB, Bd. 3, S. 152 f., Nr. 352 (1356 Januar 26).

[68] HR, Abt. 1, Bd. 4, S. 168 f., Nr. 192 § 6 (1394 März 3).

1361 war in Greifswald ein Bündnis der Hansestädte gegen König Waldemar IV. Atterdag von Dänemark geschlossen worden, demzufolge Greifswald mit Wismar, Rostock und Stralsund zusammen 6 Koggen und 6 Sniggen mit 600 Mann stellen sollte. - HR, Abt. 1, Bd. 1, S. 182 f., Nr. 255 (1361 Mai 19), S. 192 ff., Nr. 264 und HUB, Bd. 4, S. 17 ff., Nr. 30 (1361 November 19).

[69] HR, Abt. 1, Bd. 1, S. 182 f., Nr. 255 (1361 Mai 19).

[70] HR, Abt. 1, Bd. 8, S. 698, Nr. 1083 (1417 Oktober 9).

[71] Urkundenbuch der Stadt Lübeck (LUB), Abt. 1, T. 11, S. 131, Nr. 130 (1466 August 1).

[72] HR, Abt. 2, Bd. 7, S. 393, Nr. 181 § 13 (1474 April 25), S. 354 f., Nr. 149 (1474 Juni 13), S. 431, Nr. 250 § 5 (1474 August 31).

[73] Heidelore Böcker, Hanse und kleine Städte in Vorpommern und Rügen von der Mitte des 13. Jahrhunderts bis zum Beginn des 16. Jahrhunderts. Voraussetzungen - Aufgaben - Bedeutung. Diss. B, Univ. Greifswald 1989.

Die Bildung des Regierungsbezirks Stralsund
von
Joachim Wächter

9. Demminer Kolloquium zur Geschichte Vorpommerns am 6. Juli 1991
unter dem Tagungsthema: »Pommersche Geschichte im 19. Jahrhundert«

Die Bildung des Regierungsbezirks Stralsund im Jahre 1818 ist nicht ein alleinstehender Verwaltungsakt gewesen, sondern das Ergebnis verschiedener Entwicklungen: erstens einer landesgeschichtlichen Entwicklung in Pommern und einer politischen Entwicklung im Ostseeraum seit 1630 sowie zweitens einer aus der Aufklärung erwachsenen und insbesondere in der Französischen Revolution zum Ausdruck gekommenen verwaltungsgeschichtlichen Entwicklung. Die Bildung des Regierungsbezirks Stralsund stellte schließlich einen regionalen, verwaltungsräumlichen Ausgleich zwischen provinzialer Überlieferung und zentraler, vereinheitlichender Neugestaltung dar.

Die Entwicklung in Pommern und im Ostseeraum von 1630 bis 1815
Während des Dreißigjährigen Krieges landeten im Jahre 1630 schwedische Truppen unter ihrem König Gustav II. Adolf an der pommerschen Küste bei Peenemünde. Sie drängten dann die 1627 in Pommern eingefallenen kaiserlichen Truppen aus dem Land und besetzten ihrerseits das Herzogtum Pommern. Als 1637 der letzte pommersche Herzog, Bogislaw

XIV., starb, wäre der Kurfürst von Brandenburg erbberechtigt gewesen. Aber auch von schwedischer Seite wurden Forderungen erhoben, und - was diesen Nachdruck verlieh - schwedische Truppen standen im Lande. Im Friedensvertrag von Osnabrück kam es 1648 zu einem Kompromiß: Pommern wurde geteilt. Der schwedischen Krone wurde Vorpommern unterstellt, der Kurfürst von Brandenburg erhielt trotz seiner berechtigten Ansprüche auf das gesamte Pommern lediglich Hinterpommern. Die Folge waren die Kriege zwischen Brandenburg und Schweden 1659/60 und 1675 bis 1679 sowie die Kämpfe zwischen Brandenburg-Preußen und Schweden 1715 im Rahmen des Nordischen Krieges.[1]
Mit dem Tod des schwedischen Königs Karl XII. endete 1718 die schwedische Großmachtzeit, d.h. Schweden gab nach und nach seine Außenbesitzungen im Ostsee- und Nordseeraum auf. Nachdem schon 1710 Rußland die schwedischen Territorien im Baltikum besetzt hatte,[2] trat Schweden 1719 die Herzogtümer Bremen-Verden an Hannover ab. 1720 erhielt Brandenburg-Preußen durch den Friedensvertrag von Stockholm vom 21. Januar für zwei Millionen Taler den zwischen Peene und Oder gelegenen Teil Pommerns mit

den Inseln Usedom und Wollin und damit das erstrebte Oder-Mündungsgebiet. Aufgrund des Friedensvertrags von Frederiksborg vom 3. Juli 1720 bekam dagegen Schweden das seit 1715 von Dänemark verwaltet gewesene nordwestliche Vorpommern, einschließlich Rügens, zurück.[3] Als Schweden im Jahre 1803 Wismar und die Ämter Poel und Neukloster Mecklenburg als Pfandbesitz überlassen hatte und im Krieg 1808/09 Finnland an Rußland verlorengegangen war,[4] war als einzige schwedische Außenbesitzung nur noch das nordwestliche Vorpommern übrig geblieben. Dieses nordwestlich der mittleren und unteren Peene gelegene Gebiet wurde 1814 im Kieler Vertrag Dänemark zugewiesen, das dafür Norwegen an Schweden übergeben sollte. Als die Durchführung dieser Abmachung auf Schwierigkeiten stieß, schaltete sich auf dem Wiener Kongreß der preußische Staatskanzler Hardenberg in diese Angelegenheit ein. Es gelang ihm, dieses restliche Gebiet Vorpommerns für Preußen zu erwerben. In einem Vertrag zwischen Preußen und Dänemark vom 4. Juni 1815 verzichtete Dänemark auf dieses Gebiet und erhielt dafür von Preußen das Herzogtum Lauenburg sowie zwei Millionen Taler zugesagt. Außerdem übernahm Preußen die Bezahlung von 600.000 Talern schwedischer Schulden an Dänemark. In einem weiteren Vertrag, den am 7. Juni 1815 Preußen und Schweden abgeschlossen haben, wurde die Abtretung des nordwestlichen Vorpommern durch Schweden an Preußen gegen eine Zahlung von dreieinhalb Millionen Talern durch Preußen vereinbart. Am 23. Oktober 1815 erfolgte dementsprechend die Übergabe dieses Landes durch Schweden.[5] Für Preußen ergab sich daraus die Aufgabe, dieses Territorium in die Verwaltung seines Staates einzugliedern.

Die aus der Aufklärung erwachsene verwaltungsgeschichtliche Entwicklung von 1789 bis 1815

Aus dem Gedankengut der Aufklärung heraus kam es in der Französischen Revolution, 1789, zur Schaffung von unhistorischen Verwaltungsgebieten, die nach verstandesmäßigen, rationalen Gesichtspunkten gebildet worden waren. Die historischen Provinzen Frankreichs wurden damals durch Departements ersetzt, für deren Abgrenzung Flächeninhalt und Bevölkerungszahl maßgebend waren.[6]

In ähnlicher Weise wurde 1806 die Landeseinteilung Schwedisch-Vorpommerns verändert. Anstelle der vorherigen sieben Distrikte wurden die vier Kreise Bergen, Franzburg, Grimmen und Greifswald gebildet, für die es keine historischen Bezüge gab.[7]

In Preußen wurde am 30. April 1815 eine neue Einteilung seines Staatsgebietes angeordnet.[8] Dabei waren zehn Provinzen vorgesehen, die sich jeweils in mehrere Regierungsbezirke gliedern sollten. Während diese Provinzen weitgehend historischen Territorien entsprachen, hatten die Regierungsbezirke keine historischen Vorläufer, sondern waren nach rationalen Gesichtspunkten neu geschaffen worden.[9] In diese verwaltungsräumliche Struktur war das bisherige Schwedisch-Vorpommern einzugliedern.

Der Ausgleich zwischen provinzialer Überlieferung und zentraler Neugestaltung in Vorpommern 1817/18

Durch[10] die preußische Verordnung über die verbesserte Einrichtung der Provinzialbehörden vom 30. April 1815 wurde festgelegt, daß sich die Provinz Pommern in zwei Regierungsbezirke, die Regierungsbezirke Stettin und Köslin, gliedern sollte. Dabei wurde bereits vorgesehen, daß der damals noch zu Schweden gehörende Teil Vorpommerns, einschließlich der Insel Rügen, künftig dem Regierungsbezirk Stettin zugeordnet werden sollte.[11] Aber in einer Instruktion des Staatskanzlers Hardenberg vom 19. September 1815 für die Übernahme Schwedisch-Vorpommerns wurde der pommersche Oberpräsident Ingersleben angewiesen, »gegenwärtig« keinerlei Veränderung in der Verwaltung dieses Gebietes vorzunehmen.[12] Diese neue Verfahrensabsicht war sicherlich eine Auswirkung der im Abtretungstraktat vom 7. Juni 1815 gegebenen Zusicherung Preußens, die Rechte und Freiheiten der Bewohner dieses Gebietes beizubehalten. Dementsprechend beauftragte Ingersleben am Tag nach der Übernahme des Landes durch Preußen den vorherigen Generalgouverneur Schwedisch-Vorpommerns und dessen vorherige Regierung, die Verwaltung dieses Gebietes nach der gültig gewesenen Verfassung fortzusetzen.[13]

Am 21. November 1815 schrieb der pommersche Oberpräsident an den Kösliner Regierungspräsidenten, daß vermutlich das übernommene Gebiet nicht zum Regierungsbezirk Stettin kommen, sondern eine eigene Regierung behalten werde.[14] Noch weiter ging Hardenberg, als er am 23. Januar 1816 zu Ingersleben von der Absicht sprach, das übernommene Vorpommern nicht mit der Provinz Pommern zu verbinden.[15] Die gleiche Absicht bekundete ein vom Innenminister Schuckmann unterschriebener Aktenvermerk vom 13. März 1816, in dem es hieß, der König habe entschieden, daß Neuvorpommern zunächst exemt bleibe, also nicht dem pommerschen Oberpräsidenten zugeordnet werde.[16] Schließlich wurde am 11. Juni 1816 in einer Kabinettsorder des Königs festgelegt, daß der Oberpräsidialbezirk Pommern nur die beiden Regierungsbezirke Stettin und Köslin umfassen solle und Neuvorpommern vorerst davon ausgeschlossen sei. Die Bestimmung über dieses neue Gebiet bleibe dem König vorbehalten.[17]

Am selben Tag beendeten die gemeinsam vom Innenminister und vom Finanzminister zur Erarbeitung von Vorschlägen für die Organisation Neuvorpommerns eingesetzten Räte Beguelin und Bethe ihre Arbeit mit der Einreichung von zwei Berichten. Darin waren sie von dem Vermerk vom 13. März 1816 ausgegangen, hatten aber auch - wohl entsprechend ihrer eigenen Auffassung - vorausgesetzt, daß die neuvorpommersche Regierung nur vorübergehend bestehen bliebe. Sie urteilten eindeutig, künftig könnten *ein* Oberpräsident, *ein* Konsistorium und *ein* Medizinalkollegium alle ganz Pommern betreffenden Angelegenheiten wahrnehmen.[18] Die Vorschläge der beiden Kommissare fanden die grundsätzliche Zustimmung des Innenministeriums, das seine Auffassung in zwei Voten vom 28. August 1816 zum Ausdruck brachte.[19] Zu einer Fortführung der Angelegenheit kam es anscheinend erst mit einer Weisung Hardenbergs vom 24. März 1817, durch die er die Minister des Innern und der Finanzen aufforderte, schleunigst die Vorarbeiten zur Organisation der Regierung Stralsund durchzuführen.[20] Die entscheidende Beratung fand wohl im Mai 1817 zwischen dem Finanzminister Graf Bülow, dem Innenminister von Schuckmann, dem Wirklichen Geh. Oberfinanzrat Rother als Beauftragten Hardenbergs und den beiden ehemaligen Kommissaren, dem Geh. Obersteuerrat Beguelin und dem Geh. Regierungsrat Bethe statt. Schließlich genehmigte der König am 23. Oktober 1817 durch Kabinettsorder die Organisation der *»Regierung zu Stralsund«*. Diese sollte zusammen mit den

Regierungen zu Stettin und zu Köslin zum Oberpräsidialbezirk der Provinz Pommern gehören. Die Zuständigkeit des Konsistoriums und des Medizinalkollegiums in Stettin sollte auf Neuvorpommern ausgedehnt werden. Die entsprechenden neuvorpommerschen Behörden wurden zur Auflösung vorgesehen.[21] Am 5. Januar 1818 führte dann Johann August Sack, der inzwischen Oberpräsident der Provinz Pommern geworden war, die Regierung Stralsund, deren Präsident ihr vorheriger Kanzler von Pachelbel wurde, in ihr Amt ein.[22] Die Grenzen des ehemaligen Schwedisch-Vorpommern wurden nicht geändert.

Mit der Einführung der Regierung zu Stralsund und der Bildung des Regierungsbezirks Stralsund als Teil der preußischen Provinz Pommern erfolgte staatsrechtlich nach 170 Jahren der letzte Schritt zur Überwindung der durch den Friedensvertrag von Osnabrück 1648 begründeten Teilung Pommerns. Der seit 1720 noch schwedisch verbliebene Teil Vorpommerns wurde - vor allem wegen seines geringen Umfangs - nicht als eigene Provinz in den preußischen Staat eingegliedert. Aber auch der entgegengesetzte anfängliche Plan, dieses Gebiet unter Übergehung seines historischen Sondercharakters in den 1815 neu und rational gebildeten Regierungsbezirk Stettin einzubeziehen, kam - vor allem aus politischen Gründen - nicht zur Durchführung. Statt dessen blieb das ehemalige schwedische Vorpommern, das nunmehrige preußische Neuvorpommern als Regierungsbezirk Stralsund ein eigenständiger, historisch bedingter Verwaltungsbereich, der aber formal den systematisch gebildeten, unhistorischen preußischen Regierungsbezirken gleichgestellt wurde. Der Regierungsbezirk Stralsund war sozusagen eine kleine historische Provinz im Gewand eines Regierungsbezirks.[23] Mit der Bildung des Regierungsbezirks Stralsund war somit ein regionaler verwaltungsräumlicher Ausgleich zwischen provinzialen historischen und zentralen systematisierenden Gesichtspunkten geschaffen worden.

Der Fortbestand des Regierungsbezirks Stralsund bis 1932

Schon zwei Jahre nach seiner Einrichtung war der Regierungsbezirk Stralsund in seinem Bestand gefährdet. In einer an das preußische Staatsministerium gerichteten Kabinettsorder vom 3. Februar 1820 wurde hauptsächlich aus Sparsamkeitsgründen die Auflösung von acht Regierungsbezirken in Betracht gezogen. Unter ihnen war auch der Stralsunder als besonders kleiner Regierungsbezirk. Als aber das Staatsministerium am 10. Mai 1820 unter anderem für eine Aufhebung des Regierungsbezirks Stralsund gestimmt hatte,[24] zögerte der König und schob eine Entscheidung hinaus. Erst im Jahre 1825 war geklärt, daß der Regierungsbezirk Stralsund doch nicht aufgehoben würde.[25] Der Regierungsbezirk Stralsund hat am Ende 114 Jahre, bis zum 30. September 1932, bestanden. In diesem Zeitraum war wiederholt seine Erweiterung oder auch seine Auflösung in Erwägung gezogen worden,[26] ohne daß diese Überlegungen verwirklicht worden wären, bis er schließlich in der wirtschaftlichen Not des Jahres 1932 dem Regierungsbezirk Stettin zugeordnet wurde.[27] Vom 1. Oktober 1932 bis zum Kriegsende 1945 gehörte er zum Regierungsbezirk Stettin und unterstand er der Stettiner Regierung. Damit war der am 30. April 1815 veröffentlichte Zuordnungsplan für Schwedisch-Vorpommern im Jahre 1932 doch noch Wirklichkeit geworden.

[1] Vgl. Martin Wehrmann, Geschichte von Pommern, 2. Bd., 2. Aufl., Gotha 1921, S. 130-210; Otto Hintze, Die Hohenzollern und ihr Werk, Berlin 1915, S. 170-278

[2] Vgl. Reinhard Wittram, Baltische Geschichte, Sonderausg., Darmstadt 1973, S. 106 f.

[3] Vgl. Hintze (s. Anm. 1), S. 279 f.; Wehrmann (s. Anm. 1), S. 211; Ingvar Andersson, Sveriges historia, 3. Aufl., Stockholm 1950, S. 286 f.

[4] Vgl. Friedrich Techen, Geschichte der Seestadt Wismar, Wismar 1929, S. 277-279 und 396; Andersson (s. Anm. 3), S. 347

[5] Vgl. Johannes Rassow, Verhandlungen über die Vereinigung des ehem. schwedischen Vorpommerns und Rügens mit Preußen, S. 114 f. und 126-145, in: Pommersche Jahrbücher 16. Bd., 1915, S. 93-199; Karl Griewank, Der Wiener Kongreß und die europäische Restauration, 1814/15, 2. Aufl., Leipzig 1954, S. 259-261; Wehrmann (s. Anm. 1), S. 283 f.; Hintze (s. Anm. 1), S. 486

[6] Vgl. Conrad Bornhak, Preußische Staats- und Rechtsgeschichte, Berlin 1903, S. 380; Walter Markow und Albert Soboul, 1789 Die Große Revolution der Franzosen, Berlin 1973, S. 147

[7] Vgl. Reinhart Berger, Rechtsgeschichte der schwedischen Herrschaft in Vorpommern, Würzburg 1936, S. 51-53

[8] Gesetz-Sammlung f.d. Kgl. Preußischen Staaten, später Preuß. Gesetzsammlung (abgekürzt: GS) 1815, S. 85-98

[9] Vgl. Bornhak (s. Anm. 6), S. 380

[10] Zur folgenden Darstellung vgl. Joachim Wächter, Die Bildung des Regierungsbezirks Stralsund 1815-1818, S. 128 ff., in: Greifswald-Stralsunder Jahrbuch Bd. 10, 1972/73, S. 127-137

[11] GS (s. Anm. 8) 1815, S. 94

[12] Geheimes Staatsarchiv Berlin (abgekürzt: GStA), früher Zentrales Staatsarchiv, Merseburg, Rep. 77 (Ministerium des Innern), Tit. 50 ad Nr. 40 8/9, Bl. 4 (alle hier und nachfolgend angegebenen Signaturen des GStA sind die früher in Merseburg gültigen)

[13] Friedrich Hermann Sonnenschmidt, Sammlung der für Neu-Vorpommern und Rügen in den Jahren 1802 bis Schluß 1817 ergangenen Gesetze, 2. Bd., Stralsund 1847, S. 360 f.

[14] GStA (s. Anm. 12), Rep. 74 (Staatskanzleramt), H II Pommern Nr. 1, Bl. 5

[15] GStA (s. Anm. 12), Rep. 77, Tit. 50 ad Nr. 40 14/15, Bl. 15

[16] GStA (s. Anm. 12), Rep. 77, Tit. 554 Nr. 1 Bd. 1, Bl. 12

[17] GStA (s. Anm. 12), Rep. 74, H II Pommern Nr. 1, Bl. 20 und Rep. 77, Tit. 198 Nr. 10, Bl. 81

[18] GStA (s. Anm. 12), Rep. 77, Tit. 554 Nr. 1 Bd. 1, Bl. 69, 72-73 und 84-85

[19] GStA (s. Anm. 12), ebenda, Bl. 180 f. und 215 f.

[20] GStA (s. Anm. 12), Rep. 74, H II Pommern Nr. 2, Bl. 138

[21] GStA (s. Anm. 12), Rep. 77, Tit. 554 Nr. 1 Bd. 1, Bl. 232-237 und Landesarchiv Greifswald, Rep. 60 (Oberpräsident v. Pomm.), Zg. 33/36 Nr. 148, vorläufige Nr. 1904, Bl. 15-22

[22] GStA (s. Anm. 12), Rep. 77, Tit. 554 Nr. 1 Bd. 2, Bl. 104-111 und Landesarchiv Greifswald, Rep. 60 Zg. 33/36 Nr. 148, vorläufige Nr. 1904, Bl. 87-89

[23] In der Bekanntmachung über die Bildung der Regierung zu Stralsund wurde noch von der Provinz Neuvorpommern gesprochen: Amtsblatt der Kgl. Regierung zu Stralsund 1818, S. 2

[24] GStA (s. Anm. 12), Rep. 90a (Staatsministerium), Abt. B Tit. III 2 b Nr. 6 Bd. 3, Bl. 163-168

[25] Vgl. Wächter (s. Anm. 10), S. 132

[26] Seine Erweiterung war 1848/49 und 1884 erwogen worden, seine Erweiterung oder seine Auflösung 1916 und in den 1920er Jahren

[27] GS (s. Anm. 8) 1932, S. 277

Stralsund im Revolutionsjahr 1848

von
Karl-Heinz Loui

9. Demminer Kolloquium zur Geschichte Vorpommerns am 6. Juli 1991 unter dem Tagungsthema: »Pommersche Geschichte im 19. Jahrhundert«

*»Raum, ihr Herren,
dem Flügelschlag einer freien Seele!«*
Georg Herwegh

In einer 1893 in Stuttgart von W. Blos erschienenen Untersuchung unter dem Titel *»Die Deutsche Revolutionsgeschichte der Deutschen Bewegung von 1848 und 1849«*[1] fand ich im Vorwort des Verfassers folgende Bemerkungen: *»Begreiflicher Weise sieht man im Zeitalter des Reservelieutenants* (gemeint ist Bismarck, A. d. V.) *vielfach mit souveräner Geringschätzung auf das ›tolle Jahr‹ 1848 zurück, in welchem das Volk nur Thorheiten gemacht haben soll, während man die guten Gedanken jener Zeit in den Einrichtungen des deutschen Reiches verwirklicht sehen will.*
Dieser Auffassung«, so schreibt der Verfasser, *»tritt unsere Darstellung entgegen. Sie wird weder die Sieger überschätzen, noch die Fehler der Besiegten beschönigen. Aber sie wird auch den Beweis erbringen, daß die Volksbewegung von 1848 sich ganz andere Ziele gesetzt hatte ... In jener Zeit handelte es sich um die Schaffung eines neuen deutschen Gemeinwesens, erfüllt von demokratischem Geist und gestützt auf freiheitliche, volksthümliche Einrichtungen. Die Märzbegeisterung war mächtig und großartig, eine der schönsten Epochen der deutschen Geschichte, die so arm ist an Volkstriumphen und um so reicher an Siegestagen finsterer Gewalten. Aber es gelang nicht, die Märzerrungenschaften festzuhalten; sie zerrannen dem Volk unter den Händen ... Es mangelte den Deutschen an politischer Erfahrung und sie vertrauten die Sicherstellung ihrer Errungenschaften vollständig einem Parlament an ....«*
W. Blos schlußfolgerte: *»In dem Wechsel zwischen Revolution und Reaktion bleibt immer das bestehen, was in der Zeitentwicklung begründet ist. Die Wirkungen der Bewegung* (wie oft er dieses Wort benutzt!) *von 1848 sind heute sehr wohl erkennbar und sie gipfeln in der Tatsache, daß wir seit dem ›tollen Jahr‹ ein ganz neues politisches Leben haben, daß das Volk als solches für die ganze Entwicklung ein weit mächtiger Faktor als in der vormärzlichen Zeit geworden ist.«*
Es soll nun von Johann Ernst Nizze die Rede sein. In der Hoffnung, daß die Frankfurter Nationalversammlung die bis dahin in den verschiedenen deutschen Ländern getrennt geführte Revolution zu einer gesamtdeutschen Bewegung machen würde, hatten die Stralsunder ihn als ihren Abgeordneten dorthin entsandt.

Nizze wurde am 16. Dezember 1788 in Ribnitz geboren. Er studierte zuerst in Rostock, dann in Heidelberg. 1811 Gymnasiallehrer am Friedrich-Wilhelm-Gymnasium in Berlin, später in Prenzlau. 1812 unterbrach er den Schuldienst, diente 1813/14 im Lützowschen Freikorps und promovierte anschließend in Erlangen zum Dr. phil. 1821 kam er als Konrektor an das Stralsunder Gymnasium. 1827 wurde er Professor und 1832 Rektor.

Johann Ernst Nizze schloß sich in Frankfurt einer liberal zu nennenden Gruppierung an. Nach dem Tagungsort »*Casino-Partei*« genannt, wurden sie auch als die »*Erbkaiserlichen*« bezeichnet und stellten schließlich die stärkste Gruppe als das sogenannte »*rechte Zentrum*« in der Paulskirche dar. Die wichtigsten Programmpunkte dieser Abgeordnetengruppe waren:
- politische Freiheit unter Ablehnung von Reaktion und Anarchie (wobei unter letzterem auch zunehmend republikanische Bestrebungen verstanden wurden),
- Beseitigung der Kleinstaaterei, Einigung Deutschlands,
- Herstellung einer Reichsverfassung, die über den einzelstaatlichen Verfassungen steht, unter der Hegemonie Preußens.

Mit letzterem Punkt war die Frage der Zentralgewalt aufgeworfen. Sie schloß den Streit, ob Republik oder Monarchie, ein. Die Differenzen im Parlament zogen sich bis in den Juni hinein.

Wie alles letztlich ausging, soll hier nicht geschildert werden. Nur so viel: die Casino-Partei unseres Johann Ernst Nizze setzte sich in der Frankfurter Nationalversammlung durch. Am 24. März 1849 beschloß sie, daß der Preußenkönig Deutscher Kaiser sei. Schon am 18. März war Friedrich Wilhelm IV. eine entsprechende Denkschrift überreicht worden, die in den Worten mündete: »*Das Haus Hohenzollern wird bei Deutschland stehen*«. (Am 18. März hatten in Berlin Barrikadenkämpfe getobt!) Friedrich Wilhelm antwortete knapp: Als »*König von Gottes Gnaden könne er aus den Händen der Revolution eine Krone nun und nimmermehr annehmen*«. An den König von Hannover schrieb er: »*Die sogenannte Krone sei aber an sich keine Krone, wohl eher ein Hundehalsband, mit dem man mich an die Revolution von 1848 ketten wolle*«.

Am 18. März 1849 fand die Geschichte der deutschen Bewegung von 1848 und 1849 mit dem Übernahmeangebot an den König von Preußen ihren Endpunkt.

Wie wir noch sehen werden, hat die 1848er Revolution schillernde Personen auch im lokalen Umfeld hervorgebracht. Es wird von ihnen zu sprechen sein. Der Wechsel der Zeiten hat manche, die sich an der Revolution beteiligten, zu anderen Anschauungen bekehrt. Viele von ihnen haben als Überläufer und Streber nicht gerade ein günstiges Beispiel politischer Charakterfestigkeit gegeben.

Meine Darstellung kann Personen nur nach der Rolle beurteilen, die sie in der Deutschen Bewegung von 1848/49 selbst übernommen haben.

Stralsund im Vormärz.

Die Stadt, einstmals einer der Stützpfeiler des mächtigen Hansebundes, deren Bürger selbst Wallenstein trutzten, war zu Beginn des 19. Jahrhunderts zu einer relativen Bedeutungslosigkeit herabgesunken. Man fühlte sich weitab von den politischen und wirtschaftlichen Hauptlinien. Die lange Zugehörigkeit zu Schweden hatte dazu beigetragen, diese Tendenz nur noch zu verstärken.

Doch: als das schwedische Vorpommern, das spätere Neuvorpommern, im Jahre

1815 wieder einem Festlandsstaat, nämlich Preußen, zuerkannt wurde, schien damit auch für Stralsund eine neue Aufwärtsentwicklung in Aussicht. Jedoch vollzog sie sich besonders auf wirtschaftlichen Gebiet sehr differenziert. Zwar hatte sich der Bestand der 17 Stralsunder Reedereien an seetüchtigen Schiffen von 38 im Jahre 1816 bis zur Mitte des Jahrhunderts auf 98 erhöht. (Davon 38 Schoner, 8 Barken, 29 Briggs, 1 Dampfschiff und einige andere.) Die hinzugekommenen Seefahrzeuge wurden z. T. auch auf den Werften der Stadt Stralsund gebaut. Sie fuhren vor allem mit Weizen, Stückgut und Kohle nach Saloniki, Barcelona, Konstantinopel oder Odessa. Wie aus den Schiffahrtslisten zu entnehmen ist, zeigten sie ihre Flaggen sowohl in Riga, Archangelsk, Petersburg, London, Liverpool, Hull und Antwerpen. Der Güterumschlag im Heimathafen ging jedoch ständig zurück.

Nach einer Zusammenstellung der Schifferkompagnie liefen den Stralsunder Hafen von See aus an:

1836   359 Schiffe
1845   266 Schiffe
1847   210 Schiffe

Das hatte natürlich negative Wirkungen für Handwerk und Dienstleistungen. Durch die lange staatliche Trennung vom Binnenland waren wichtige Wirtschaftsverbindungen unterbrochen worden. Daraus erklärte sich u. a. auch für Stralsund und Neuvorpommern die unzureichende Entwicklung der Verkehrswege. Stralsund war mit Greifswald durch eine Chaussee verbunden. Nach Demmin, Grimmen und Rostock führten dagegen nur Landwege, die wegen ihres Zustandes berüchtigt waren.

Der Kampf der Stralsunder Bürgerschaft um einen Anschluß an das gerade entstehende Eisenbahnnetz lief jahrzehntelang erfolglos. Erst im Jahre 1863 erhielt Stralsund Bahnanschluß.

Im Jahre 1846 gab es in dieser Stadt sieben Betriebe, darunter eine Zuckerfabrik, eine Eisengießerei und eine Tuchfabrik mit zusammen 350 Beschäftigten. Im Jahre 1847 wurden zwei Spielkartenfabriken mit 60 Beschäftigten neu gegründet. Diese wenigen Betriebe konnten den bestehenden Arbeitsmangel nicht beseitigen.

Nach einer Zählung des Jahres 1847 war die Einwohnerschaft zu diesem Zeitpunkt auf 16.912 Personen angewachsen. Das Drängen der armen Landbevölkerung in die Stadt bewirkte, daß die Vorstädte stetig wuchsen, so daß 1847 bereits etwa 2.000 Personen (bzw. 438 Familien) außerhalb der Mauern wohnten. Von rund 8.800 arbeitsfähigen Personen der Innenstadt gehörten etwa 2.300 Männer und Frauen dem Tagelöhnerstand an. Obgleich schon zur Mitte des vorigen Jahrhunderts die Zahl der Frauen die der Männer weit überstieg, besaßen von rund 4.900 weiblichen Einwohnern, die das 20. Lebensjahr überschritten hatten, nur 250 das wirkliche Bürgerrecht.

Ohne zu übertreiben, kann gesagt werden, daß etwa nur ein Fünftel der Bewohner im Wahlalter wirkliche politische Rechte besaßen. (1816 z. B. waren es 2.285 von rund 8.400 Personen.)[2]

Inmitten alter, vergilbter Ratsprotokolle fand ich ein m. E. interessantes Schriftstück vom 17. Mai 1847, ein Dokument, daß die Gegebenheiten in der Stadt am Strelasund im Vormärz beleuchtet. In dem »*Extractus protokolli betr. einer Anfrage des Bürgerschaftlichen Kollegii wegen Eintheilung der hiesigen Bürger in verschiedene Stände*« heißt es: »*Kollegium frage an, aus welchen gesetzlichen Bestimmungen die Eintheilung der hiesigen Bürger in verschiedene Stände herrühre, und durch welche gesetzlichen Bestimmungen die Verschiedenheit in der Beilegung politischer Rechte sanktioniert sei*«. Der Rat antwortete: Wegen der Verschiedenheit der Stände nach ihren politischen Rechten gäbe es weder einen Bürgervertrag noch sonst irgendwo gesetzliche Bestimmungen. Es fände jedoch eine Unterscheidung wirklich statt, »*und zwar hauptsächlich infolge seit Jahrhunderts bestehenden Herkommens*«. Dieses »*Herkömmliche*« wurde a. Hd. einer Unmenge von Rezessen, Beschlüssen, Verhandlungen und Protokollen untermauert und zur nun einmal geltenden Norm erhoben.

Anzumerken wäre, daß es in der Stadt Stralsund zu Beginn des 19. Jahrhunderts mehrfach Versuche gegeben hatte, die auf eine grundsätzliche Reform der Stadtverfassung drangen.

Im Jahre 1803 kam es zu den sogenannten »*Gemeinhardtschen Unruhen*«. Als im Jahre 1806 der deutsche Reichsverband formell aufgelöst wurde, versuchte die Königlich Schwedische Regierung unter Gustav IV. Adolf die Initiative zu ergreifen und die schwedische Stadtverfassung einzuführen. Diese Entwicklung wurde jedoch durch die napoleonischen Kriege jäh unterbrochen. Erst nach der Besitzergreifung Stralsunds durch Preußen 1815 trat die Frage der Verfassung neu hervor. Weite Kreise des nach Liberalisierung strebenden zweiten Standes drangen auf die Einführung jener preußischen Hardenbergschen Städteordnung, die unter dem Eindruck des Befreiungskrieges gegen Napoleon entstanden war. Die sogenannte Ratspartei versuchte das abzublocken. Jedoch auch in Stralsund verfehlte die allgemeine Bewegung in Europa nicht ihre Wirkung. Das seit Jahrzehnten eine recht klägliche Rolle spielende »*Bürgerschaftliche Kollegium*« erwachte, getragen von einem Teil der dem zweiten Stand angehörenden Bürgerschaft zu neuem Bewußtsein. Sie forderten energische Reformen der Stadtverfassung und fanden einen durch die Zeit beeindruckten und daher nachgiebigen Rat.

Am 8. März 1848 war es in Berlin »in den Zelten« zu einer Volksversammlung gekommen, an der etwa zweitausend Menschen teilgenommen hatten. Zur gleichen Zeit fanden in anderen Teilen Deutschlands ähnliche Demonstrationen statt. Die Berliner Versammlung hatte in einer an den König gerichteten Adresse folgende demokratischen Forderungen gestellt:

1. Unbedingte Pressefreiheit.
2. Vollständige Redefreiheit.
3. Sofortige und vollständige Amnestie aller wegen politischer Pressevergehens Verurteilten und Verfolgten.
4. Freies Versammlungs- und Vereinigungsrecht.
5. Gleiche politische Berechtigung Aller, ohne Rücksicht auf religiöse Bekenntnisse und Besitz.
6. Geschworenengerichte und Unabhängigkeit des Richterstandes.
7. Verminderung des stehenden Heeres und Volksbewaffnung mit freier Wahl der Führer.
8. Allgemeine deutsche Volksvertretung.
9. Schleunigste Einberufung des Vereinigten Landtages.

Noch konnte der König die Entgegennahme dieser Resolution verweigern, doch immer bedrohlicher, wenn auch gewaltlos, wurden die Demonstrationen der Berliner Bürger und immer gespannter die Lage in den preußischen Provinzen. Bei neuerlichen Protestversammlungen ließ der Bruder des Königs, der spätere Kaiser Wilhelm I., auf die Demonstranten schießen. Damit war das Signal gegeben. Berlin stand in Flammen. Barrikaden wurden errichtet. Nach einem vierzehntägigen Kampf gehörte die Hauptstadt Preußens der Revolution.

Stralsund im Revolutionsjahr 1848

Wie wirkten diese Ereignisse auf die Stralsunder Bürger? Noch bevor die Nachricht von den Berliner Kämpfen eingetroffen sein konnte, kam es in Stralsund zu erregten Demonstrationen. Am Abend des 18. März zwischen neun und elf Uhr zog eine Menschenmenge durch die Straßen der Stadt, ließ Hochrufe auf die Revolution ertönen, und man warf bei einigen als reaktionär bekannten Bürgern des sogenannten ersten Standes die Fensterscheiben ein. So berichtet die »*Sundine*« am 22. März 1848: »*Auch wir haben am Sonnabend unseren Krawall gehabt.*« - Als die Polizei einschritt und einen der Demonstranten verhaftete, zogen die Bürger erregt vor das Polizeigebäude und forderten die Freilassung des Festgenommenen. Der Rat der Stadt und das Bürgerschaftliche Kollegium müssen über diese plötzliche Entwicklung der Dinge recht erschrocken gewesen sein. Die Verhandlungsprotokolle beider Institutionen bleiben den Ereignissen gegenüber vorerst wortlos. Selbst die beiden Stralsunder Zeitungen, die Strucksche »*Stralsundische Zeitung*« und die »*Sundine*«, enthielten sich vorsichtig jeglicher Stellungnahme.
Endlich, am 20. März, rafften sich die Stadtväter auf Antrag des Bürgermeisters Fabricius zu einem gewundenen Beschluß auf. Man hielte es »*nicht für verantwortlich, die eingegangenen Mitteilungen unberücksichtigt zu lassen*«. Das Wohl des Vaterlandes erfordere, »*den von allen Seiten erhobenen Stimmen ein gnädiges Gehör zu schenken*«. Man werde in Erwägung ziehen, »*zu einer Adresse von Seiten des Rathes Gelegenheit (zu) nehmen*«. Damit hatte man vorerst jegliche direkte Stellungnahme weit von sich geschoben, zu der es dann in Form eines Beschlusses nie mehr gekommen ist. Am 21. März veröffentlichte die »*Stralsundische Zeitung*« eine Proklamation des preußischen Königs, in der es hieß: »*An die Deutsche Nation. Eine neue glorreiche Geschichte hebt mit dem heutigen Tage für Euch an: Ihr seid fortan wieder eine einige, große Nation, stark, frei und mächtig im Herzen Europas*«.
Wie wir heute wissen, wurde die Nation nicht so, wie es die Revolutionäre wollten und aus den feierlich versprochenen Reformen, »*sobald sich eine Vertretung des Volkes gebildet*« habe, noch viel weniger.
Wie liefen die Dinge in Stralsund weiter? Am 26. März fand in der Jakobi-Kirche ein öffentlicher Gottesdienst für die Gefallenen der Berliner Barrikadenkämpfe statt. Die Predigt hielt Pastor Pütter. (Unter dem Eindruck der Gegenbewegung distanzierte er sich später öffentlich von der Revolution, indem er sie als »*nun einmal geschehen, ohne über die Notwendigkeiten streiten zu wollen*« betrachtete.) Anschließend kam es auf dem Stralsunder Alten Markt zu einer großen Gedenkfeier. Zwischen den Fahnen der Bürgerkompagnien wehte hier erstmalig in den Mauern der Stadt das schwarz-rot-goldene Tuch.
Im weiteren soll die Situation in der Stadt in diesem Revolutionsjahr an Hand zweier Persönlichkeiten geschildert werden: Carl Ludwig Kübler, Redakteur, Literat, ein glühender Geist, dessen Auffassung in dem Satz mündete: Wer Partei ergreift, der muß auch Färbung haben; sowie Dr. Johannes Engelbrecht, Arzt, Kommunalpolitiker, Demokrat, über dessen Wirken ein Hauch von Basisdemokratie lag.
Wie stark sich die Bewegung des fortschrittlichen Stralsunder Bürgertums in den ersten Monaten nach den Märzereignissen entwickelte, zeigte u. a. die Herausgabe eines eigenen Presseorgans. Der »*Fortschritt*« erschien vom 23. April 1848 bis Anfang des Jahres 1850. Er wur-

de bei Julius Sandhop in Stralsund gedruckt, Redakteur war Carl Ludwig Kübler. In einer der ersten Ausgaben hieß es: »*Auf den Trümmern des Absolutismus erhob sich die junge Freiheit und gab der Majestät des Volkes, die vor dem Sturme der Revolution von den Fürsten nicht anerkannt wurde, ihre Rechte wieder*«. Kübler setzte sich für das »*Prinzip des Fortschritts auf dem Wege der Vernunft*« ein. Zugleich sollte »*der Fehdehandschuh jeder Reaktion, jedem Verräter an der Einheit, an der Freiheit Deutschlands*« hingeworfen werden. In seiner Gedankenwelt hatte der Ruf nach Volkssouveränität einen vorderen Platz. Er war offensichtlich durch den Freiheitsdichter Georg Herwegh stark beeinflußt.

Bereits im Vormärz setzte das vorwärtsdrängende Stralsunder Bürgertum den Kampf um eine neue, demokratische Stadtverfassung auf die Tagesordnung. Nach einem heftigen Meinungsstreit zwischen Kollegium und Rat schlug letzterer vor, eine gemeinschaftliche Kommission zu schaffen, »*die das ganze hiesige Verfassungswerk revidieren*« solle. Letztendlich sollten die Bürger über eine Befragung selbst die Entscheidung treffen. Alle Bewohner, ohne Unterschied ihres Standes, sollten beantworten, »*ob* (sie) *die provisorische Einführung der Städteordnung vom 19. November 1808 nebst deren Ergänzungen und Erläuterungen vom 14. Juni 1832*[3] *oder die einstweilige Beibehaltung des jetzigen Zustandes wünschen*«. In diesem Zusammenhang machte eine Gruppe von Bürgern von sich reden, die außerhalb von Bürgerschaftsvertretung und Rat wirkte. An ihrer Spitze stand der 1811 in Stralsund als Sohn eines Tischlermeisters geborene Arzt Engelbrecht. Die Wochen vor der Befragung waren mit heftigen Auseinandersetzungen angefüllt. Niemals zuvor hatte es das gegeben. Dr. Engelbrecht sprach auf Versammlungen für die Einführung der Städteordnung von 1808. U. a. forderte er die gleichberechtigte Teilnahme der Frauen an solchen Veranstaltungen. - Die Befragung fand im Juli 1848 wirklich statt. Sie nahm einen erregten, fast dramatischen Verlauf. Bei der Abstimmung entschied sich die Mehrheit der Einwohner für die provisorische Einführung der preußischen Städteordnung aus dem Jahre 1808. Eingeführt wurde sie dennoch nicht.

Bald ging es um »*die Wiederherstellung der Ordnung*«. Jene Mitglieder der Bürgerschaft, die sich auf die Seite der März-Bewegung gestellt hatten, wurden aus dem Kollegium kurzerhand ausgeschlossen. Gegen andere wurden die Justizorgane in Gang gesetzt, so auch gegen den Redakteur Kübler und den Arzt Engelbrecht. Die Akten des königlichen Ober-Appellationsgerichtes Greifswald geben darüber beredtes Zeugnis. Im Verlaufe des Jahres 1849 wurden gegen die Akteure der Bewegung 1848/49 insgesamt 135 Monate Gefängnis bzw. Zuchthaus verhängt.

Natürlich waren im Denken und Handeln der revolutionären Bewegung von 1848/49 Utopien enthalten. Das zeigt das Studium der Bemühungen der Frankfurter Nationalversammlung um eine Reichsverfassung. Das beweist auch der Versuch der Stralsunder Bürgerschaft, zu einer demokratischen, kommunalen Selbstverwaltung zu kommen. Jedoch hier wie dort zog man die Erwartungen in die Länge und setzte darauf, daß sich die Situation verändern würde. Auf Frankfurt bezogen: Jeder Tag des Sich-beratens und -diskutierens entzog der Nationalversammlung ein Stück Macht. Und es schwand auch das Vertrauen des Volkes. So wurde aus der Reichsverfassung, den Grundrechten und aus einer Menschenrechtserklärung ebensowenig, wie aus der neuen Stralsunder Stadtverfassung. Gingen damit auch die großen Utopien der Bewegung von 1848 verloren? Z. B. die Utopie einer Gesellschaft der Freien und Gleichen (§ 137 des Entwurfes der Reichsverfassung), ohne Armut (§ 173), der selbstbestimmten Arbeit (§ 158), der individuellen Befreiung jedes Menschen (§ 144), um nur einige zu nennen? Nein, die Utopien dieser großen Bewegung in der deutschen Geschichte gingen nicht verloren. Sie blieben nur unabgegolten.

[1] »*Die Deutsche Revolution, Geschichte der Deutschen Bewegung von 1848 und 1849*«, Wilhelm Blos, Stuttgart, Verlag J. H. W. Dietz, 1893.

[2] Siehe auch »*Stralsund im Revolutionsjahr 1848*«, Karl-Heinz Loui, Schwerin, Petermänken-Verlag, 1958.

[3] Gemeint ist die preußische Hardenbergsche Städteverfassung.

Hemmende Faktoren städtischer Entwicklung im spätmittelalterlichen Vorpommern/Rügen[1]

von
Heidelore Böcker

10. Demminer Kolloquium zur Geschichte Vorpommerns am 4. Juli 1992
unter dem Tagungsthema: »Die kleinen Städte in Vorpommern - 750 Jahre Loitz«

Vier von 18 Städten im Raum zwischen Ostsee und Peene, Recknitz und Peenestrom ist es noch im Mittelalter gelungen, eine gegenüber anderen Städten hervorragende wirtschaftspolitische Kraft zu entfalten. Das waren Stralsund, Greifswald, Anklam und Demmin. Immer wieder steht ihre Teilnahme an fernhändlerisch/hansischen Aktivitäten im Zentrum wissenschaftlicher Erwägungen, wird durch diese aber auch gemahnt zu gebührend differenzierender Sicht![2] Ja, es erscheint angezeigt, nochmals vor Verwischungen über Zeiten und Räume hinweg, von Relationen und des Charakters zu warnen.[3]
Bei dem Versuch der Würdigung von Stellung und Bedeutung einer einzelnen Stadt möge man folglich stärker noch in Erwägung ziehen:
1. Auch im Raum zwischen Ostsee und Peene waren mehrere Städte eingebunden in ein Netz von Handelswegen über Land und befanden sich zugleich noch an einem schiffbaren Gewässer. Hier betraf das außer dem rügenschen Stralsund die Städte Greifswald, Anklam und Demmin, aber auch Wolgast und mit einigen Abstrichen vermutlich noch Barth.
Schiffahrt hatte auch für die ca. 30 km westlich von Stralsund gelegene Stadt Barth offenbar solche Bedeutung, daß die Stadt bereits 1304 ein in Schmuck und Form ähnliches Schiff im Siegel führte wie die benachbarte Stadt Stralsund. Privilegien aus dem 14. Jahrhundert bezeugen, daß Schiffe in das Prerower Fahrwasser kamen, um nach Barth zu gelangen. Hansische Pfundzollisten zeugen von der Bewegung von Frachtgütern, z. B. zwischen Barth und Wismar. Ende der 20er Jahre des 15. Jahrhunderts wurde Stralsund von den verbündeten Hansestädten angelastet, Waren nach Barth zu befördern, um sie unter Umgehung eines Handelsverbotes von dort aus nach Dänemark auszuführen. Daß der Hafen zu einem festen Bestandteil städtischen Lebens geworden war, geht auch aus den Barther Stadtbüchern hervor; seit der Mitte des 15. Jahrhunderts wird hier wiederholt auf eine Straße verwiesen, für die der Name »*Hafenstraße*« üblich geworden war.[4]
Aber: Die Verbindung der Stadt Barth mit dem Meer bildete der Prerow-Strom, und der pommersche Chronist Thomas Kantzow wußte (dann) um 1540 zu berichten: »*Die Stat liegt an einem Bodden, dadurch sie zur Sehe wertz handeln, aber doch weinigk, den der Bodden ist nicht sehr tieff, das sie mit großen Schiffen khönten dadurch segeln; darum segeln*

sie nhur mit kleinen Schuten.«[5] Und über Land, zur zwar bedeutenden Fernhandelsstraße, die von Lübeck bis Danzig führte, waren ohnehin von Barth aus noch ca. vier Kilometer zurückzulegen.[6] Demmin hatte unmittelbaren Anschluß sowohl an Wege über Land als auch über die schiffbare Peene. Schon frühzeitig war es zudem eingebunden in Absprachen und Rechte zur Sicherung der Handelswege, so bereits 1265 in Vereinbarungen mit Stralsund über das Recht der Bürger einer Stadt, gegen die der anderen Zeugnis abzulegen, über die Gültigkeit einer Verfestung von Straßenräubern und Mordbrennern für beide Städte, die Auslieferung flüchtiger Diebe und Räuber, die Sicherheit für Güter von Bürgern der einen in der anderen Stadt. 1326 versprach der pommersche Herzog Otto I. den Städten Stralsund, Greifswald, Anklam, Demmin und Altentreptow, keinem Kauf- oder Fuhrmann, der sich in seinen Landen Groswin und Demmin auf dem Wege zu diesen Städten befände, Zoll, Geleits- oder Ungeld abzufordern; ja, er gestattete ihnen sogar, den Landfrieden brechende Vasallen zu züchtigen.[7]

Dennoch, die Stadt Demmin befand sich verhältnismäßig weit entfernt vom Meer und war auf diesen Wegen zudem den Eingriffen benachbarter Landesherren und konkurrierender Städte ausgesetzt. Ein Vergleich mit dem Fürsten Wizlaw III. von Rügen aus dem Jahre 1307 belegt, daß es durch Verpfählung der Peene vor der Stadt Loitz zu Streitigkeiten gekommen war.[8] Eine weitere Gefahrenstelle befand sich auch für die Demminer in Höhe von Anklam: 1302 hatte Herzog Bogislaw IV. der Stadt Anklam die Insel Fähre vor der Peenemündung zu vollem Eigentum und mit dem Recht übertragen, von dort aus von den vorüberfahrenden Schiffen Zoll zu erheben.[9] Gewiß war es schließlich nicht der einzige Streit, zu dem es zwischen Anklam und Demmin wegen der Peene-Schiffahrt gekommen war, den nun, im Februar 1485, der Rat zu Greifswald zu schlichten sich mühte.[10]

2. Die Anfänge der Stadt Stralsund reichen wahrscheinlich bis in die ersten Jahrzehnte des 13., vielleicht sogar bis an das Ende des 12. Jahrhunderts zurück, und es dürfte wohl kaum einem Zweifel unterliegen, daß in erster Linie Kaufleute daran beteiligt waren.[11] 1234 jedenfalls verlieh Fürst Wizlaw I. von Rügen Stralsund als erstem Ort in seiner Herrschaft das Stadtrecht.[12]

1269 aber vermochten es die Stralsunder bereits, Fürst Wizlaw II. das Zugeständnis abzuringen, in die Schleifung der Stadt Schadegard (»*Ciuitatem nostrem Nouam schadegarde*«) einzuwilligen.[13] Bald darauf bekamen wohl auch andere Städte die Vorrechte Stralsunds zu spüren. Auf der Insel Rügen hatte zuerst Rugendal Stadtrecht erhalten.[14] 1319 aber verfügte das unmittelbar benachbarte Garz bereits über einige Rechte aus dem (relativ kleinen) Grundbesitz der Stadt Rugendal, und 1326 wurde Garz als Rechtsnachfolger in der Verfügungsgewalt über die städtische Feldmark Rugendals genannt.[15] Von Rugendal war fortan keine Rede mehr.[16] Abgesehen von seiner verkehrsgeographisch abseitigen Lage konnte sich aber auch Garz wirtschaftlich nur kümmerhaft entwickeln.

3. In »*gehöriger*« Entfernung (ca. 30 km) von Stralsund hätte sich dagegen die Stadt Barth entfalten können. Doch zu den bereits beschriebenen verkehrsgeographischen Problemen kam hinzu, daß Fürst Wizlaw III. hier um 1315 eine feste, die Stadt unmittelbar tangierende Burg errichten ließ, in der er sich bis zu seinem Tode (1325) vornehmlich auch selbst aufhielt und von wo aus er die

Zollerhebung seinen eigenen Beamten vorbehielt.[17]

Zu den bevorzugten Sitzen der pommerschen Herzöge hatte dagegen zunächst die Burg Demmin gehört. Herzog Wartislaw III. hatte sich nach jener - am Flußkreuz zwischen Peene, Tollense und Trebel gelegenen - Burg »*Dux Demminensis*« genannt. Die Burg war auch nach seinem Tod bestehen geblieben, doch starb mit Wartislaw III. jene Linie des pommerschen Herzogshauses aus; das Herzogtum Pommern-Demmin fiel an Herzog Barnim I. von Pommern-Stettin, dessen Sohn, Herzog Otto I., den Demminern im Jahre 1302 auch das Recht auf Zollerhebung übertrug.[18]

1295 war das Herzogtum erneut geteilt worden, wobei in Anknüpfung an einen früheren Landesmittelpunkt anstelle von Demmin Wolgast am Peenestrom zum Zentrum landesherrlicher Macht erkoren wurde. Schon einige Jahre später, 1306, übereignete Herzog Bogislaw IV. den Wolgastern zwar jenen vermutlich in der Stadt gelegenen Hof, doch entstand auf einer Insel im Peenestrom eine neue feste Burg. Die aus den Zöllen resultierende wichtige Einnahmequelle und damit die Möglichkeit, den gesamten Handel über Peene, Uecker und Oder zu kontrollieren, sollte auch in Wolgast noch über Jahrhunderte in der Hand der Landesherren verbleiben.[19]

4. Am 8. November 1325 war Fürst Wizlaw III. von Rügen verstorben, ohne einen männlichen Nachkommen zu hinterlassen. Älteren Vereinbarungen gemäß fiel die vakante Landesherrschaft an den Herzog von Pommern-Wolgast, Wartislaw IV. Dieser suchte, seine neuen Städte und Vasallen durch Zugeständnisse an sich zu binden.[20]

Schon bald darauf, am 1. August 1326, starb aber auch Herzog Wartislaw IV.; seine Söhne waren noch unmündig. König Christoph II. von Dänemark und dessen Sohn Erich belehnten nun, am 6. August 1326, die Fürsten Heinrich II. von Mecklenburg sowie Johann II. und Johann III. von Werle mit dem Fürstentum Rügen.[21]

Am 25. Oktober 1326 bildeten daraufhin Städte, Ritter und Geistlichkeit in Rügen-Vorpommern einen Regentschaftsrat und sicherten ihre Rechte - auch gegen Übergriffe der Herzöge von Pommern-Stettin - vertraglich ab. Die Stettiner Herzöge, Otto I. und dessen Sohn Barnim III., reagierten ihrerseits, indem sie die Privilegien aller Einwohner bestätigten.[22]

Schließlich, am 27. Juni 1328, vereinbarte Herzog Barnim III. für sich, das Königreich Dänemark und die unmündigen Söhne des verstorbenen Herzogs von Pommern-Wolgast mit den Fürsten von Mecklenburg und Werle zur Beendigung des rügenschen Nachfolgestreits einen Frieden, für den die Städte Stralsund, Greifswald, Anklam und Demmin die Bürgschaft übernahmen.[23]

Das Durchsetzungsvermögen dieser Städte gegenüber den Stettiner Herzögen war in der folgenden Zeit beachtlich. Zu Beginn des Jahres 1329 sah sich Herzog Barnim III. genötigt, ihnen zu versichern, an Oder, Swine, Peene und am Haff keine neuen Burgen oder Schanzen errichten zu lassen und den Bürgern sowie allen Kaufleuten auf diesen Gewässern freie Fahrt zu gewähren. Als das ebenfalls an der Peene gelegene Städtchen Jarmen in das Blickfeld des Herzogs rückte, erreichten Greifswald, Anklam und Demmin gemeinsam, daß der Herzog ihnen versprach, an der Peene nur noch diese Stadt zu befestigen, sonst aber alle Festungsanlagen zu verhindern - ein Zugeständnis, das die vereinten Städte möglicherweise so zu lenken verstanden, daß auch Jarmen nicht mehr befestigt wurde.²⁴ Für die am Bodden gelegene Stadt Barth war die Zusicherung Herzog Wartislaws IV., er wolle dafür sorgen, daß die auf dem herzoglichen Hof gelegene Feste an einen anderen Ort verlegt werde, indes vergessen worden. Ja, Barth war, ebenso wie zwei weitere Städte auf dem rügenschen Festland, Tribsees und Grimmen, im Brudersdorfer Friedensvertrag vom 27. Juni 1328 den Mecklenburgern ausgeliefert worden.²⁵

5. Die Stadt Barth kam nach immerhin 26 Jahren im Februar 1354 an Pommern/Rügen zurück, während die Verpfändung von Tribsees und Grimmen sogar erst im Jahre 1369 ein Ende nahm.²⁶ Die Herzöge von Pommern waren durch die langwierigen Auseinandersetzungen mit denen von Mecklenburg hoch verschuldet. So verwundert es nicht, daß die führenden Fernhandelsstädte nun die Zeit für gekommen hielten, sich ihrerseits durch den Erwerb von weiterem Landbesitz in noch weitaus stärkerem Maße einzubringen. Unter dem Datum des 7. August 1369 ist im Liber memorialis der Stadt Stralsund folglich stolz vermerkt worden: Wir Ratsherren der Städte Stralsund und Greifswald bekennen, daß wir von unseren Herzögen und Fürsten empfangen haben die Schlösser und Länder mit ihrem Zubehör: Loitz, Grimmen, Tribsees, Damgarten, die Hertesburg und Barth. Die selben Schlösser und Länder mit allem Zubehör sollen wir behalten, bis wir von unseren Herren für »*houetstole, schult, koste vnde schaden des löedes*«, die wir für sie übernommen haben, eine Wiedergutmachung erfahren haben. Zwischenzeitlich sollen wir »*man, stede vnde clostere*« bei ihren Rechten lassen, ... Doch sollen uns die genannten »*man, stede vnde clostere*« zukommen lassen alle »*pfleghe*«, die sie unseren Herren zu tun verpflichtet sind.²⁷

Das 15. Jahrhundert brachte weitere Verschuldungen und darauf folgende Verpfändungen mit sich. 1421 erreichten es Stralsund und Greifswald folglich, und zwar wiederum gemeinsam, daß Herzog Wartislaw IX. ihnen seine beiden Schlösser Damgarten und Grimmen sowie die Stadt Grimmen mit dem Zoll in der Stadt und Hebungen aus umliegenden Dörfern für die Dauer von zwei Jahren überließ.²⁸ Als dann, im Dezember 1451, Herzog Barnim VIII. ohne Hinterlassung direkter Nachkommen starb, erlosch mit ihm die rügensche Linie der weitverzweigten pommerschen Herzogsfamilie. Barnim hatte jedoch seine Nichte Katharina, die Herzog Ulrich von Mecklenburg-Stargard versprochen war, testamentarisch mit beträchtlichen Legaten bedacht. Außerdem schuldete er ihr 20.000 Gulden, wofür er der Gläubigerin das Land Barth und die Insel Zingst als Sicherheit verschrieben hatte.

Nun aber zog Herzog Wartislaw IX. von Pommern-Wolgast das gesamte Erbe Barnims an sich und lehnte es strikt ab, irgendwelche Verbindlichkeiten, die der Verstorbene eingegangen war, zu erfüllen. - Und über dieses Verfahren empört, beschlossen die Mecklenburger, sich das Vorenthaltene gewaltsam zu verschaffen. - Wartislaw IX. hatte offenbar fest damit gerechnet, daß »*seine*« Städte ihn unterstützen würden, doch sah er sich getäuscht. Er mußte den von ihm provozierten Krieg gegen die Herzöge von Schwerin und Stargard ohne sie führen und erlitt eine Niederlage, die er schon bald durch einen erneuten Waffengang wettzumachen suchte. Diesmal stellten ihm die Städte zwar Geld und Kriegsvolk zur Verfügung, dennoch richteten die Mecklenburger schwere Verheerungen an.²⁹ Im darauffolgenden Jahr (1453) fühlte sich Herzog Wartislaw IX. folglich gezwungen, Barth und Tribsees zu verpfänden, und zwar diesmal an die Städte Stralsund, Greifswald und Demmin gemeinsam, wofür diese den Mecklenburgern 22.000 rheinische Gulden geben sollten.[30] Die genannten Städte erhielten Land und Stadt Barth mit der »*Manschap*«, der Vogtei sowie allen Dörfern und sonstigem Zubehör, auch mit dem Dorf, Schloß und Land Hertesburg sowie Schloß und Stadt Tribsees mit den Dörfern und allem Zubehör, außer der Orbare aus der Stadt Tribsees, die bereits den Ratsherren von Stralsund versetzt worden war. - Diese »*lande, manscap, stede und slote*« sollten den Ratsherren der drei zahlungskräftigen Kommunen »*ene rechte eelike pandhuldige don*«, wie es sich von rechts wegen gebühre, und gewiesen sein an diese Städte »*gantzlike vulmechtich*«, so lange, bis der pommersche Herzog ihnen die verauslagten 22.000 rheinischen Gulden voll und ganz wiedergegeben habe. Somit unterstanden Barth und Tribsees den Städten Stralsund, Greifswald und Demmin - mit allem Zubehör, mit Dörfern, Hufen, Mühlen, Krügen und Katen, mit Münze, Pacht und Bede, mit Rechten und Diensten, mit dem hohen und dem niederen Gericht (an Hals und Hand), mit Gewässern, Strand und Flüssen. Auch sollten die Geldgeber ermächtigt sein, alles oder einen Teil davon zu verpfänden bzw. zu versetzen, wem gegenüber sie selbst es für richtig befänden.[31]

6. Die Greifswalder hatten sich von ihren Landesherren schon 1361 das Handels-Vorrecht verbriefen lassen: Niemand, der im Lande wohne oder von außen hindurchziehe, über die Peene durch Wolgast oder mit der Fähre zu Anklam, zu Gützkow oder zu Ueckermünde, solle es versäumen, jegliche Kaufmannsware (»*kopenschop edder Veilehave*«) zuerst auf dem Markt von Greifswald anzubieten.[32]

Die Stralsunder erwarben 1408 das Recht, außer ihnen solle im Lande Rügen niemand Tuche zum Kauf anbieten; es sei denn, er wäre in Bergen, Gingst oder Garz auf Rügen ansässig. Auch sollten dieselben mit niemandem eine »*Sellschop edder Wedderleginge*« zum Zwecke des Verkaufs des Gewandes eingehen. Jeder fremde Kaufmann, der dieses Privileg verletzte, solle durch den Einzug seiner Ware bestraft werden.[33] Der relativ eigenmächtige Handel auf den Märkten z. B. von Grimmen erregte den Ärger vor allem der Stralsunder. Legitimiert durch den Stralsunder Rat, begaben sich folglich 1447 zwei Alterleute der Gewandschneiderkompanie von Stralsund in das rügensche Grimmen, um dort vor den Ratsherren Beschwerde darüber zu führen, daß in Grimmen namentlich während der Jahrmärkte jedermann Tuch verkaufe, denn das stehe grundsätzlich nur den Gewandschneidern und ihren Korporationen zu.[34]

Herzog Bogislaw X. bestätigte 1477 den Gewandschneidern aus allen seinen Städten des Fürstentums Rügen, speziell aber denen aus Stralsund, ihre Privilegien; allen anderen wurde - bei Verlust des Gewandes - untersagt, sich deren zu bedienen.[35] Dennoch waren heftige Streitigkeiten selbst unter den allgemein Bevorrechtigten nicht auszuschließen. So berichtete ein Stralsunder Chronist aus dem 15. Jahrhundert über den 26. September 1479 folgendes: »... *to Grymmer kerckmißße do weren de vame Sunde unde van dem Gripeswolde, unde de vame Sunde vorboden den vame Gripeswolde, se scholden neyn want snyden; so sneden se allykewol wanth; so mosten de vame Gripeswolde dar laten ere laken edder wanth unde de pennynghe, de se dar gekoft hadden; ... Item dar na wart dat market to Guskowe*« (Gützkow); »*dar togen de vame Sunde ben myt eren guderen, unde weme se loes leten, de mosten borgen setten, wedder to kamende, wen se se esscheden.«*[36] Erst am 31. Januar 1480 einigten sich Stralsund und Greifswald wegen der Streitigkeiten in Grimmen um Tuch dahingehend, daß die Greifswalder ihr in Grimmen beschlagnahmtes Gewand zurückbekamen und Stralsunder in Greifswald aus der Gefangenschaft entlassen wurden.[37]

Auch im Handel mit Getreide und Bier stellen wir seitens Stralsund rigorose Ausgrenzung zuungunsten benachbarter Städte (Barth) fest. - Im Mai 1306 war es den Barthern gelungen, die seit 1255 festgesetzten jährlichen Getreidelieferungen an den Fürsten von Rügen abzulösen. Im Dezember des selben Jahres hatte der Fürst einem Barther Bürger die Errichtung einer Roßmühle gestattet. Dennoch sahen sich die Ratsherren von Barth veranlaßt, sich an Stralsund mit der Bitte zu wenden, ihren Fischern den Einkauf und Transport von zwei Last Getreide zu gestatten.[38] - 1408 erließ Herzog Wartislaw IX. von Pommern die Verfügung, außer Stralsundern solle es niemandem erlaubt sein, Getreide aus dem Lande Rügen zum Verkauf außerhalb der Landesherrschaft auszuführen. Allen Personen, die sich unterstünden, dieses Vorrecht der Stralsunder zu mißachten, wurde mit Beschlagnahme gedroht. Die Stralsunder nutzten dieses Vorrecht weidlich: Herzog Barnim VIII. schaltete sich ein und ersuchte den Rat von Stralsund, Thomas von Revens mit Getreide beladenes Schiff herauszugeben, das die Stralsunder zurückhielten, obwohl von Reven das Geleit des Herzogs besaß und das Getreide nachweislich in Barth von dem Bürger Burmester gekauft hatte.[39] - Die Greifswalder beharrten gegenüber Danziger Kaufleuten darauf, daß Gäste zu keinen Zeiten von Bauern und anderen Einwohnern Getreide hätten kaufen dürfen; dies sei nur in gewöhnlichen Handelsstädten (*»wonliken kopsteden«*) wie Stralsund, Anklam oder Greifswald gestattet, da solcher Verkauf den Bürgern großen Schaden zufüge. Auch künftig dürfe deshalb durch die Peene kein Gut oder Korn ausgeführt werden, bevor es nicht in Greifswald zum Markt gebracht worden sei.[40]

Einem solchen Konkurrenzgebaren entsprach auch das Verhalten im Handel mit Bier. 1504 trug ein Bevollmächtigter auf der Tagfahrt zu Rostock die Klagen der *»armen Leute«*, der Bürger von Barth, über das Verhalten der Stralsunder vor: Wenn die Barther nach Stralsund Bier fahren, dürfen sie mit ihren Wagen nicht wie andere Fuhrleute passieren, sondern müssen - im Winter wie im Sommer - zunächst draußen, wo die Stralsunder einen Pfahl gesetzt hätten, halten. Das empfände auch der Herzog nicht als gerecht, da Stralsund doch eine *»kopstadt«* sei und der Verkauf möglich sein sollte. Die Ratssendeboten Stralsunds ließen daraufhin antworten: Barther Bier dürfe von alters her in Stralsund nicht eingeführt werden, ohne zuvor geschmeckt und geprüft zu sein.[41] Auch die Beteiligung am Fernhandel wurde damit vermutlich erheblich verzögert. Erst für die 20er Jahre des 16. Jahrhunderts wird belegt, daß Barther Bier nach Dänemark ausgeführt wurde.[42]

7. Traten während des 14. Jahrhunderts nur gelegentlich Klagen über Handelsbehinderungen seitens der Herzöge auf[43], rissen diese seit den 30er Jahren des 15. Jahrhunderts nicht mehr ab. Nicht nur, daß sich die Herzöge enthielten, die Kaufleute vor Seeraub zu schützen[44], sie selbst gaben Schiffe, die in den Hafen von Wolgast kamen, nicht frei[45], ja, sie ließen Schiffe Danziger, Lübecker und anderer Kaufleute angreifen bzw. einnehmen und nach Wolgast oder Ueckermünde führen.[46]

Hatte Herzog Wartislaw IX. 1436 gegenüber den Städten Stralsund, Greifswald und Anklam auch erklärt, er sei bereit, an seine Brüder zu schreiben und dahingehend zu wirken, daß dem Kaufmann von Wolgast aus kein Schaden mehr zugefügt werde[47], so war er es doch offensichtlich selbst, der im Sommer 1438 ein auf der Rückkehr von Stettin begriffenes Schiff im Hafen von Wolgast - trotz erfolgter Zollentrichtung - samt der Ladung zurückhalten ließ.[48] Im Mai 1460 teilten die Hauptleute lübischer Friedeschiffe den Wolgastern mit, sie hätten im Hafen von Wolgast Seeräuber aufgespürt, die der Vogt dort beschütze.[49]

Doch auch der Barther Bodden wurde zunehmend zur Gefahrenzone des Handels: Im April 1440 klagten die Ratssendeboten Stralsunds in Lübeck, der Herzog sammele Räuber und schädige von Barth aus den wasserwärts fahrenden Kaufmann; es sei bereits ein Schiff mit 36 Pferden und anderem Gut entwendet worden. Im Juli 1449 wurde während einer Zusammenkunft zu Bremen berichtet, die Herzöge von Barth und Wolgast hätten etliche Schiffe, die von Holland kamen und nach Danzig segeln wollten, beschießen lassen, woraufhin einige Schiffe nach Lübeck, andere nach Stralsund geflüchtet seien, je nachdem, wo sie sich gerade am nächsten befunden hätten, um dort ihre Toten zu begraben.[50]

Dem sich von 1478 an nahezu ein halbes Jahrhundert ungeteilter Herrschaft erfreuenden Herzog von Pommern, Bogislaw X., mußte es auf eine Regierbarkeit gerade auch der im Laufe der beiden letzten Jahrhunderte weitgehend autonom gewordenen Städte Stralsund und Greifswald sowie in deren Schlepptau bzw. aus eigener Kraft auch Anklams und Demmins ankommen. So gedachte er, namentlich die weitgehenden Zugeständnisse gegenüber den Stralsundern zu reduzieren. Da dies jedoch kein leichtes Unterfangen war, bat der Herzog den Kaiser, Maximilian I., um Unterstützung, zur Bewahrung von Straßen, Wegen, Brücken und Stegen den bisher üblichen Zoll zu Wasser auf der Peene vor seiner Burg zu Wolgast und zu Lande in der Stadt Damgarten um das Dreifache des bisher Üblichen zu erhöhen. Die Stralsunder weigerten sich dennoch mit Entschiedenheit. Der Herzog ließ die Zufahrtswege nach Stralsund sperren. Die Stralsunder fielen daraufhin im Januar 1504 im Lande Rügen ein, plünderten, nahmen Gefangene und ließen sich von Adel und Bauern Eide schwören, hatten schließlich Grund zur Gegenklage: Stralsunder Bürger seien vor Tribsees auf des Herzogs Gebiet von Straßenräubern überfallen und ausgeplündert worden. Drei Bürger seien bei einem Überfall zu Steinfeld getötet worden, die Täter aber würden zu Wolgast gehegt werden; ja, Vögte und Amtleute des Herzogs hätten Männer und Frauen, die vom Demminer Jahrmarkt kamen, gefangen gesetzt und die Frauen dabei in Hundeställe gesperrt.[51]

Zusammenfassung.
In sieben Punkten aufgeführte Beispiele sollten auf städtische Entfaltung hindernde Faktoren weisen. Diese trugen dazu bei, von den Landes- bzw. Stadtherren möglicherweise bereits zu Zeiten der Stadtrechtsverleihung konzipierte Unterschiede zwischen den Städten zu vertiefen sowie zwischenstädtisch zu verselbständigen. Von mehreren Städten gemeinsam positionierte Aktivitäten gegenüber den Landesherren sowie partielle Abstimmung bei der Formierung von Wirtschaftsräumen lassen von einer Städtegruppe sprechen, die während des 14./15. Jahrhunderts entscheidenden Anteil daran

hatte, daß kleine Städte klein blieben. Die führende Städtegruppe, zu der sich im Wirtschaftsraum zwischen Ostsee und Peene, Recknitz und Peenestrom 4 von 18 Städten formierten (Stralsund, Greifswald, Anklam und Demmin) war auf gemeinsamer Grundlage bzw. gemeinsam daran beteiligt, weitere Städte
- vom Fernhandel zurückzudrängen (Wolgast, Barth) bzw.
- in Gestalt landesherrlicher Pfandobjekte als finanzpolitischen Spielball zu handhaben (Barth, Grimmen, Tribsees).
- Eingriffe in die städtische Wirtschaft (Grimmen, Barth) sowie
- mangelnde Einbeziehung in eine Positionierung gegenüber dem Landesherren wirkten sich auf die zum Teil auch durch eine
- weniger günstige verkehrsgeographische Lage

belasteten Städte so aus, daß diese sich schließlich nicht mehr mit eigener Kraft aus ihrer mißlichen Situation lösen konnten oder wollten, ja passiv hinnahmen, wenn Landesherren dazu übergingen, sie durch ortsnahe Übergriffe auf städtischen Handel von diesem weiter zu lösen.

Einem wesentlichen Charakterzug städtischer Wirtschaft, nämlich kaufmännischen Konkurrenzgebarens, entsprach es allerdings auch, daß Uneinigkeit innerhalb der führenden Städtegruppe nicht ausblieb. Wenngleich z. B. der Stadt Demmin als Vorposten gegenüber anderen Landesherrschaften und Eckpfeiler im wirtschaftlich zu erfassenden Hinterland eine ausgreifendere Phase der Stärkung vergönnt war als anderen, war sie doch durch diese Nähe zu benachbarten Landesherrschaften, durch größere Entfernungen zum Meer, durch das Vorhandensein einer landesherrlichen Burg gleichfalls im Nachteil, der den übrigen drei genügend Ansatzpunkte bot, den Demminern ihre Vorteile und -rechte zu beweisen.

Alles in allem sind danach auch in Vorpommern/Rügen hemmende Faktoren städtischer Entwicklung sowohl dem Landesherren als auch den Bürgern anzulasten. Immediatisierte Städte in die Fragestellung einzubeziehen, sollte Anliegen weiterer Forschung sein.

1 Überarbeiteter und mit Anmerkungen versehener Vortrag, gehalten auf dem 10. Kolloquium zur Geschichte Vorpommerns; Loitz, 4. Juli 1992.

2 vgl. dazu inzwischen Heidelore Böcker, Die »guten Beziehungen« zum Landesherren. Handelsrechte zwischen Ostsee und Peene vom 13. bis 16. Jahrhundert, in: Alltag im Hanseraum, hrsg. v. Silke Urbanski, Christian Lamschus und Jürgen Ellermeyer, Lüneburg 1993, S. 41-70 (= De Sulte, Nr. 4; Gerhard Theuerkauf zum 60. Geburtstag); dieselbe, Verfassungswirklichkeit - ein gelungener Balanceakt der Landesherren. Städtische Entwicklung unter dem Einfluß landesherrlicher Territorialpolitik und kaufmännischen Konkurrenzdenkens in Vorpommern und Rügen vom 13. bis 16. Jahrhundert, in: Verwaltung und Politik in Städten Mitteleuropas, Beiträge zu Verfassungsnorm und Verfassungswirklichkeit in altständischer Zeit, hrsg. v. Wilfried Ehbrecht, Köln - Weimar - Wien 1994, S. 159-176 (= Städteforschung, Reihe A, Bd. 34).

3 Heidelore Böcker, Demmin - eine Hansestadt?, in: Baltische Studien, NF, Bd. 77 (1991) S. 7-18; dieselbe, Regionale Bindungen und gesamthansische Beziehungen pommerscher Städte im Mittelalter, in: Hansische Geschichtsblätter, 112. Jg. (1994) S. 57-96.

4 Johann Carl Dähnert und Gustav von Klinckowström, Sammlung gemeiner und besonderer Pommerscher und Rügischer Landes-Urkunden, ... Bd. 2, Stralsund 1767, S. 362 ff., Nr. 96 (1325 Dezember 4/1395); Die hansischen Pfundzollisten des Jahres 1368, hrsg. v. G. Lechner, Lübeck 1935, S. 158, Nr. 430; Hansisches Urkundenbuch, Bd. 6, S. 382, Nr. 680, Anm. 1 (1427 [?] November 18); Stadtarchiv Barth, Die Stadtverlaß- bzw. Auflassungsbücher von Barth, Rep 3 V/136 (1444-1505); Herbert Ewe, Schiffe auf Siegeln, Rostock 1972, S. 38 und 43.

5 Thomas Kantzow, Pomerania, hrsg. v. H. G. L. Kosegarten, Bd. 2, Greifswald 1817, S. 461.

6 Friedrich Bruns und Hugo Weczerka, Hansische Handelsstraßen, Atlas: Köln - Graz 1962, Textband: Weimar 1967, Registerband: Weimar 1968 (= Quellen und Darstellungen zur hansischen Geschichte, NF, Bd. 13,3).

7 Pommersches Urkundenbuch, Bd. 2, S. 139 f., Nr. 789 (1265); Bd. 7, S. 36 f., Nr. 4190 (1326 Juni 12).

8 Ebenda, Bd. 4, S. 277 f., Nr. 2366 (1307 Oktober 27).

9 Ebenda, S. 41 f., Nr. 2023 (1302 März [30]), S. 56 ff., Nr. 2044 (1302 September 25).

10 Vorpommersches Landesarchiv (VpLA) Greifswald, Rep. 38 bU (Demmin) Nr. 141 b (1485 Februar 8).

11 Pommersches Urkundenbuch, Bd. 1, S. 168 f., Nr. 224 (1224 September 14): Fürst Wizlaw I. gewährt den Lübeckern Rechte hinsichtlich der Schiffahrt, des Handels und des Heringfangs. - Vgl. dazu auch Konrad Fritze, Die Hansestadt Stralsund. Die beiden ersten Jahrhunderte ihrer Geschichte, Schwerin 1961, S. 19 (= Veröffentlichungen des Stadtarchives Stralsund, Bd. IV).

12 Pommersches Urkundenbuch, Bd. 1, S. 372 f., Nr. 307 (1234 Oktober 31).

13 Ebenda, Bd. 2, S. 226 f., Nr. 903 (1269); Konrad Fritze äußerte die Vermutung, daß es sich bei dem nordwestlich der Stralsunder Altstadt, am Ufer des Strelasunds gelegenen Ort ursprünglich um eine Befestigungsanlage gehandelt haben könnte, die möglicherweise schon nach einem Überfall der Lübecker 1248 zum besseren Schutz von Stralsund errichtet worden war. - Konrad Fritze, Frühphasen der Entwicklung Rostocks und Stralsunds, in: Lübecker Schriften zur Archäologie und Kulturgeschichte, Bd. 7 (1983) S. 123.

14 Pommersches Urkundenbuch, Bd. 5, S. 143 ff. Nr. 2853 (1313 September 29), S. 191 ff., Nr. 2918 (1314 um November 11). - Möglicherweise gründeten die Fürsten diese Stadt, als sich die Beziehungen der Landesherren zu Stralsund rapide verschlechterten, so daß es schließlich sogar zu bewaffneten Auseinandersetzungen kam. Denkbar wäre deshalb, daß sie in dieser Situation durch eine Konkurrenzgründung im Südwestteil der Insel der unbotmäßigen Stadt Schaden zuzufügen versuchten. - Konrad Fritze, Fürsten und Städtegründungen im Ostseeraum, in: Wiss. Zschr. d. Ernst-Moritz-Arndt-Universität Greifswald, Ges.-wiss. Reihe 36 (1987) 3/4, S. 81.

15 Pommersches Urkundenbuch, Bd. 5, S. 452, Nr. 3287 (1319 September 8); Dähnert, Sammlung der Supplementen 4. Bd., S. 407, Nr. 136 (1326); Pommersches Urkundenbuch, Bd. 7, S. 73 f., Nr. 4235 (1326 November 11).

16 Nur das Siegel dieser Stadt aus dem Jahre 1326 erinnert noch mit seiner anspruchsvollen Umschrift (»*Sigillum Nove civitatis Ruyendale*«) an sie.

17 1255 hatte Fürst Jaromar II. der Stadt Barth zugesichert, seine neue, wahrscheinlich unmit-

telbar am Bodden gelegene Burg ohne Beihilfe der Bürger abtragen zu lassen. - Mecklenburgisches Urkundenbuch, Bd. 1, S. 299 ff., Nr. 312 (1225); Pommersches Urkundenbuch, Bd. 2, S. 18 f., Nr. 604 (1255 April 17). Vgl. dann jedoch Dähnert, Sammlung, der Supplementen 1. Bd., S. 1207, Nr. 63 (1285/ 1294) mit dem Hinweis auf ein »*castrum novum*«; dann die Haushaltsrechnung des Fürsten Wizlaw III.; Pommersches Urkundenbuch, Bd. 6, S. 279 ff., Nr. 3860 (1325 Juli 14 - August 9), schließlich ebenda, S. 300, Nr. 3887 (1325 November 8), S. 310, Nr. 3900 (1325 Dezember 4); Dähnert, Sammlung, Bd. 2, S. 362 ff., Nr. 96 (1325 Dezember 4/1395).

[18] Mecklenburgisches Urkundenbuch, Bd. 2, S. 245, Nr. 1011 (1264 Mai 17); Pommersches Urkundenbuch, Bd. 4, S. 72, Nr. 2062 (1302). Vgl. auch Dietmar Lucht, Herzog Wartislaw III. von Pommern, in: Baltische Studien, NF, Bd. 53 (1967) S. 13-17.

[19] VpLA Greifswald, Rep. 38 bU (Demmin) Nr. 6 und 6a (1295 Juli 1); Pommersches Urkundenbuch, Bd. 1, S. 166 f., Nr. 125 (1193 - 1202 November 12); Bd. 6, S. 332 f., Nr. 3937 (1250); Bd. 4, S. 256, Nr. 2331 (1306); Bd. 2, S. 475 f., Nr. 1235 (1282 Mai); Bd. 6, S. 192 f., Nr. 3725 (1323 November 19); Bd. 4, S. 41 f., Nr. 2023 (1302 März [30]).

[20] Pommersches Urkundenbuch, Bd. 6, S. 300, Nr. 3887 (1325 November 8), Bd. 5, S. 239, Nr. 2977 (1315 Oktober 25).

[21] Ebenda, Bd. 7, S. 52 ff., Nr. 4213 (1326 August 6).

[22] Ebenda, S. 70, Nr. 4232 (1326 Oktober 25); Dähnert, Sammlung, Bd. 1, S. 426 ff., Nr. 2 (1327).

[23] Hansisches Urkundenbuch, Bd. 2, S. 186, Nr. 443 (1326 Juli 4), S. 201, Nr. 473 (1328 Juni 27); Pommersches Urkundenbuch, Bd. 7, S. 212, Nr. 4397 (1328 Juni 27).

[24] Pommersches Urkundenbuch, Bd. 7, S. 241 f., Nr. 4438 (1329 Januar 1); Bd. 10, S. 464 f., Nr. 5835 (1340 März 23).

[25] Ebenda, Bd. 6, S. 310, Nr. 3900 (1325 Dezember 4); Bd. 7, S. 207 ff., Nr. 4395 (1328 Juni 27).

[26] Mecklenburgisches Urkundenbuch, Bd. 13, S. 436 ff., Nr. 7893 und 7894, sowie Bd. 25, S. 380 f., Nr. 14388 (1354 Februar 12), S. 501 ff., Nr. 14593 (1368 Mai 25); Bd. 16, S. 458 ff., Nr. 9938-9940 (1369 Juli 7).

[27] Der Stralsunder Liber memorialis, bearb. v. Horst-Diether Schroeder, T. 1, Schwerin 1964, S. 84 f., Nr. 456 (1369 August 7) (= Veröffentlichungen des Stadtarchives Stralsund, Bd. V,1). - Doch auch die Geistlichkeit hatte finanzielle Schwierigkeiten: 1379 kaufte der Stralsunder Bürgermeister Bertram Wulflam von dem verschuldeten Schweriner Bischof Renten in Grimmen, Tribsees und Barth. - Mecklenburgisches Urkundenbuch, Bd. 19, S. 389, Nr. 11180, und Bd. 25, S. 544 f., Nr. 14643 (1379 Februar 25); dazu allgemein H.-J. Behr, Die Landgebietspolitik nordwestdeutscher Hansestädte, in: Hansische Geschichtsblätter 94. Jg. (1976/S. 18-37).

[28] Stadtarchiv Stralsund, Städtische Urkunden, Nr. 738, und Dähnert, Sammlung, Bd. 1, S. 430 ff., Nr. 4 (1421).

[29] vgl. Konrad Fritze, Hansisches Bürgertum und Fürsten in der Konfrontation. Stralsunds Konflikte mit den Pommernherzögen in der zweiten Hälfte des 15. Jahrhunderts, in: Hansische Studien, Bd. 8, Weimar 1989, S. 158-170.

[30] Stadtarchiv Stralsund, Städtische Urkunden, Nr. 1188 (1453 Januar 17); kurz zuvor hatte sich Herzog Wartislaw IX. bereits veranlaßt gesehen, die Städte Stralsund, Greifswald, Anklam und Demmin gemeinsam in seiner gesamten Herrschaft, zu Wasser und zu Lande, von allen Zöllen und Gebühren zu befreien, und zwar insbesondere auch zu Wolgast von allem Brief- und Schutengeld, einschließlich ihrer Weine, Biere, Fische und Kohlen. - Dähnert, Sammlung, Bd. 2, S. 482 ff., Nr. 130 (1452); vgl. auch Bd. 3, S. 446, Nr. 9 (1452).

[31] Die Landbede für das ganze Land, pro Hufe einen rheinischen Gulden, sollten allerdings nur sie erheben dürfen und sonst niemand. - Einer totalen Ausplünderung des Fürstentums Rügen und der genannten Städte schob Herzog Wartislaw IX. also einen Riegel vor: Was die Gläubiger, Stralsund, Greifswald und Demmin, »*dar van voren*«, das sollte zudem auf die 22.000 Gulden angerechnet werden. - So hatte der Markt von Barth auch weiterhin etwas zu bieten, doch ist bemerkenswert, daß die am 5. Oktober 1457 vom Barther Markt heimkehrenden Bürger Stralsunds angaben, sie seien auf Geheiß Herzog Erichs II. (eines Sohnes des inzwischen verstorbenen Herzogs Wartislaws IX.) überfallen und ihrer Barschaft und Waren beraubt worden, deren Wert sie ausgerechnet mit über 20.000 rheinischen Gulden angaben. - Hanse-Rezesse, Abt. 2, Bd. 7, S. 844 f., Nr. 534 (1457 Juli 13); Bd. 4, S. 398, Nr. 532 (1457 April 5), S. 417-419,[Nr. 566] (1457 November 9); Hansisches Urkundenbuch, Bd. 8,

S. 396, Nr. 610 (1457 Juli 19).

[32] Dähnert, Sammlung, Bd. 2, S. 253 f., Nr. 74 (1361).

[33] Ebenda, S. 16, Nr. 11 (1408 März 25).

[34] Stadtarchiv Stralsund, Städtische Urkunden, Nr. 1102 (1447 September 22); vgl. auch die Aufhebung einer Klage des Stralsunder Schneideramtes gegen Joachim van Kyle aus Barth, Stadtarchiv Stralsund, Rep. 3, Nr. 4524 (1582).

[35] Dähnert, Sammlung, Bd. 2, S. 19, Nr. 13 (1477); erneute Bestätigung 1533, vgl. ebenda.

[36] Zwei Stralsundische Chroniken des 15. Jahrhunderts, hrsg. v. Rudolf Baier, Stralsund 1893, Chronik A, S. 10.

[37] Stadtarchiv Stralsund, Städtische Urkunden, Nr. 1756 (1480 Januar 31); doch 1547 z. B., da schrieb der Rat der Stadt Stralsund wiederum wegen fremder Lakenhändler auf den Jahrmärkten an den Rat der Stadt Grimmen und forderte die Beachtung seiner Vorrechte »na older löblicher wonheidt«; Stadtarchiv Stralsund, Rep. 4, Nr. 286 (1547).

[38] Pommersches Urkundenbuch, Bd. 2, S. 18 f., Nr. 604 (1255 April 17); Dähnert, Sammlung, der Supplementen 1. Bd., S. 1207, Nr. 63 (1285/1294); Pommersches Urkundenbuch, Bd. 4, S. 232, Nr. 2297 (1306 Mai 21), S. 253, Nr. 2327 (1306 Dezember 6); Stadtarchiv Stralsund, Städtische Urkunden, Nr. 53 (Anfang 14. Jahrhundert).

[39] Dähnert, Sammlung, Bd. 2, S. 16, Nr. 11 (1408 März 25); Stadtarchiv Stralsund, Städtische Urkunden, Nr. 596 (erste Hälfte 15. Jahrhundert).

[40] Hansisches Urkundenbuch, Bd. 7, 1. Halbbd., S. 224, Nr. 436 (1439 März 6).

[41] Hanse-Rezesse, Abt. 3, Bd. 9, S. 884 ff., Nr. 694 § 12, Nr. 695 § 14 (1504 Februar 25).

[42] Ebenda, Nr. 370 (1527 März 25), Nr. 381 (1527 Juni 11); Pomerania. Eine pommersche Chronik aus dem sechzehnten Jahrhundert, hrsg. v. G. Gaebel, Stettin 1908, Bd. 2, S. 187: »Es brauet hie gut Bier, das man hin und wieder vorfuhret ...« 1532 aber bestand erneut Veranlassung, daß sich die Brauer aus Barth mit Bürgern und Rat der Stadt Stralsund wegen des Bierverkaufs verglichen; Stadtarchiv Stralsund, Städtische Urkunden, Nr. 1985 (1532 Januar 31). Bald darauf gingen die Stralsunder gemeinsam mit der rügenschen Ritterschaft massiv gegen Bierbrauerei und Kaufmannschaft auf dem Lande vor; vgl. Dähnert, Sammlung, Bd. 2, S. 28 f., Nr. 19 (1534).

[43] Mecklenburgisches Urkundenbuch, Bd. 20, S. 182 f., Nr. 11493 (1383 vor Februar 2), S. 189, Nr. 11498 (1383 Februar 12).

[44] Hansisches Urkundenbuch, Bd. 7, 1. Halbbd., S. 122, Nr. 249 (1435 November 16 - 22), Hanse-Rezesse, Abt. 3, Bd. 9, S. 888, Nr. 696 § 17 (1504 Februar 25).

[45] Hansisches Urkundenbuch, Bd. 7, 1. Halbbd., S. 122, Nr. 249 (1437 Januar 31); Hanse-Rezesse, Abt. 2, Bd. 7, S. 824, Nr. 513 (1449 März 8); Stadtarchiv Stralsund, Städtische Urkunden, Nr. 1326 (1457 August 1).

[46] Hansisches Urkundenbuch, Bd. 7, 1. Halbbd., S. 75 f., Nr. 144 (1435 November 22); Hanse-Rezesse, Abt. 2, Bd. 5, S. 256, Nr. 367 (1463 September 20).

[47] Stadtarchiv Stralsund, Städtische Urkunden, Nr. 900 (1436).

[48] Hansisches Urkundenbuch, Bd. 7, 1. Halbbd., S. 199, Nr. 393 (1438 September 30).

[49] Ebenda, Bd. 8, S. 599 f., Nr. 921-924 (1460 Mai 21/22); vgl. auch Hanse-Rezesse, Abt. 2, Bd. 1, S. 453, Nr. 514 (1436 Februar 4) und S. 457 f., Nr. 520 (1436).

[50] Hanse-Rezesse, Abt. 2, Bd. 2, S. 286, Nr. 355 (1440 April 18); Bd. 3, S. 405 f., Nr. 536 (1449 Juli 18).

[51] Dähnert, Sammlung, Bd. 1, S. 10 ff., Nr. 6 (1498 März 4), S. 12 f., Nr. 7 (1499 Januar 25); Hanse-Rezesse, Abt. 3, Bd. 9, S. 881, Nr. 690 (1504 Februar 12), S. 885 ff., Nr. 694 § 13 und Nr. 695 § 15 (1504 Februar 25), S. 887 f., Nr. 696 §§ 10 und 17 (1504 Februar 25).

Zur Geschichte der Stadt Loitz

von
Henning Rischer

10. Demminer Kolloquium zur Geschichte Vorpommerns am 4. Juli 1992
unter dem Tagungsthema: »Die kleinen Städte in Vorpommern - 750 Jahre Loitz«

Das Demminer Kolloquium zur Geschichte Vorpommerns findet in diesem Jahr in Loitz statt. Der Anlaß ist die 750-Jahrfeier. Daher soll es heute meine Aufgabe sein, den Teilnehmern die kleine Stadt an der Peene in ihrer geschichtlichen Entwicklung vorzustellen. Ich muß mich dabei auf die wichtigsten Ereignisse beschränken. Auf solche, die die Entwicklung der Stadt beeinflußt und geprägt haben.
Bei der Überlieferung geschichtlicher Daten über viele Jahre hin besteht die Gefahr der fehlerhaften Weitergabe und der Bildung von Mythen. Davon ist auch die Geschichtsschreibung in unserer Stadt nicht frei. Ich möchte versuchen, durch besonders kritisches Hinsehen, Dichtung von Wahrheit zu scheiden.
Die erste problematische Phase in der Darstellung der Loitzer Stadtgeschichte ist die Zeit, in der das Gemeinwesen in die Geschichte eintritt. Hochgeschätzte Chronisten unserer Stadt wie Christian und Erich Gülzow, Gerhard Amtsberg, Otto Schumacher[1] u. a. sprechen davon, daß bereits 1102 eine Burg Loitz vom Obodritenfürsten Heinrich zerstört worden sei. Später, 1123 dann nochmals vom Pommernherzog Wartislaw I. Es gipfelt in der Behauptung, Loitz sei der Hauptort der Lutizen gewesen und habe sogar einen Götzentempel besessen.
Konrad Fritze war 1967 der erste, der hier ein Fragezeichen gesetzt hat.[2] Die sehr frühen Erwähnungen basieren wahrscheinlich auf einer fehlerhaften Übersetzung aus der Lebensbeschreibung Ottos von Bamberg.[3] Bei genauer Prüfung wissen wir heute, daß alle Erwähnungen des Namens der Stadt und des Landes Loitz vor 1236 nicht stichhaltig sind.[4] Für die Stadt selbst haben wir als früheste sichere Urkunde erst die Stadtrechtsverleihung von 1242. Sowohl das Land (terra) Loitz als auch die Stadt tauchen also erst in der Zeit auf, als der Zustrom deutscher Siedler massiv einsetzte. Ob in diesem Jahr schon eine slawische Siedlung existiert hat oder ob Loitz auf grüner Wiese errichtet, also planmäßig angelegt wurde, muß derzeit unentschieden bleiben. Ebenso verhält es sich mit der angeblich vorhandenen alten slawischen Burg aus der das spätere Schloß hervorgegangen sein soll. Auch dafür gibt es keinen Beweis. Archäologische Hinweise auf eine slawische Burganlage gibt es bis jetzt nicht. Die schriftlichen Quellen schweigen bis April 1315. In diesem Jahr wird ein steinernes Haus erwähnt. Die Frage, ob das Land Loitz eine aus slawischer Zeit über-

nommene Gliederung ist oder ob die Besiedlung eine Einteilung des weitgehend unbewohnten Raumes notwendig gemacht hat, ist noch schlüssig zu beantworten. 1242 wurde der Ort vom mecklenburgischen Ritter Detlef von Gadebusch mit dem lübischen Stadtrecht belehnt.[5] Über die Person Detlefs von Gadebusch ist nicht viel bekannt. Er gehörte wahrscheinlich zum näheren Umkreis des mecklenburgischen Herrschergeschlechts.[6] Im Loitzer Stadtwappen deuten die beiden Adlerflügel noch auf den Ritter von Gadebusch hin. Stoff zum Nachdenken gibt die große Feldmark einschließlich der beiden Dörfer Zarnekla und Drosedow, die der Ritter den Loitzer Bürgern schenkte.[7] Der Streit zwischen den Söhnen Detlefs von Gadebusch und dem Kloster Eldena um die Dörfer Griebenow, Subzow und Pansow wurde vom Herzog zugunsten des Klosters entschieden. Klaus Conrad deutet den Streit um die drei Dörfer so: Die Loitzer Stadtherren hatten sich auf dem Besitz des Klosters selbständig siedlungspolitisch betätigt und mußten, als der relativ rechtsfreie Raum der frühen Kolonialzeit vorbei war, nachgeben.[8] Über die weitere Entwicklung der Stadt unmittelbar nach der Stadtrechtsverleihung ist nahezu nichts Näheres bekannt. Aus heutiger Sicht müssen wir feststellen, daß Loitz zwischen den Städten Demmin, Anklam und Greifswald nie über den Status einer Kleinstadt hinausgekommen ist. Immer zog es den Kürzeren, wenn es zu einer Interessenkollision mit seinen Nachbarn kam. Das begann unmittelbar nach der Stadtrechtsverleihung mit der Zollfreiheit der Greifswalder und Demminer Kaufleute in Loitz[9] und erreichte einen Höhepunkt in jenem endlosen Streit mit Anklam um die Freiheit des Handels auf der Peene.[10] Kernpunkt war hier die Frage, ob die Loitzer Kaufleute das Stapelrecht Anklams umgehen durften oder nicht. Im Rügischen Erbfolgekrieg erhielt Loitz kurzzeitig eine gewisse Aufwertung.[11] Um die Besetzung der Stadt durch mecklenburgische Truppen rankt sich die Legende, daß sich der Bürgermeister bestechen ließ und den Feinden des Pommernherzogs die Tore der Stadt öffnete. In diesem Zusammenhang gehört es sicher auch ins Reich der Sagen, daß er dafür später auf dem Marktplatz öffentlich verbrannt worden sei. Genausowenig quellenmäßig belegbar ist die Behauptung, daß die Loitzer Bürger, die den Mecklenburgern geholfen hatten, die Stadt verlassen mußten. Am Schoppendamm, nördlich von Loitz entschied sich schließlich 1351 der Kampf um das Fürstentum Rügen zugunsten der Pommernherzöge. Damit endete auch für die Stadt der ständige Wechsel der Herrschaften. (Rügen, Pommern, Brandenburg). Vom Kampf um das Fürstentum Rügen profitierte die Stadt, indem der pommersche Herzog ihr das Recht zur Befestigung verlieh, ihr gestattete die Lehrerstelle zu besetzen, den Zoll überließ und zusagte, keinen Vogt ohne die Zustimmung der Stadtväter einzusetzen.[12] Die Stadt entwickelte sich wirtschaftlich seit ihrer Gründung offenbar positiv. Aus der Tatsache mehrerer Marktprivilegien ist zu schließen, daß sowohl das Angebot der Loitzer Handwerker als auch die Nachfrage in der Stadt und in den umliegenden Dörfern groß war.[13] Kontrovers wird von den Chronisten die Rolle diskutiert, die der Herzogin Sophie Hedwig, die Witwe Ernst Ludwigs, für Loitz und seine Bürger gespielt hat. Sie zog 1592 ins Loitzer Schloß ein. Der Herzog hatte es ihr zusammen mit seinem Landbesitz rings um Loitz testamentarisch vermacht. Je nachdem aus welcher Sicht man ihr Wirken betrachtet, hatte es Schaden oder

Zur Geschichte der Stadt Loitz

Loitz, Albert Grell, um 1845. Von dem ehemaligen herzoglichen Schloß aus dem 16. Jahrhundert blieb nur der kleine Hügel im Vordergrund übrig.

Nutzen für die Stadt. Sieht man es aus der Perspektive der Kirche, wird man die Erweiterung der Marienkirche preisen, wird sich über die Vererbung einer wertvollen Bibliothek freuen und ihr für die Überlassung von Land dankbar sein. Die Stadt hatte weniger Grund sich freundlich an die herzogliche Witwe zu erinnern. Sie betrachtete Loitz als zu ihrem Witwensitz gehörig, fühlte sich also als Eigentümerin der Stadt. Folglich weigerten sich ihre Bediensteten, Steuern zu zahlen. Die Einrichtung einer Apotheke mag man ihr seitens der Stadt zugutegehalten haben. Ebenso die Schlichterolle im Streit mit der Stadt Demmin.[14] Das Streitobjekt war der Ort Rustow. Man einigte sich schließlich so, daß das Land den Demminern gehörte, die Loitzer aber bestimmte Rechte behielten. Die Herzogin starb 1631. Das Schloß, daß knapp 100 Jahre vorher noch einmal renoviert worden war, verfiel.[15] Über die Leiden der Bevölkerung im Dreißigjährigen Krieg ist viel geschrieben worden. Die Verwüstungen mögen in anderen Städten ähnlich schlimm gewesen sein. Die Dörfer ringsum litten ebenfalls erheblich unter dem Krieg. Einige verschwanden zeitweilig völlig. Das mußte die Loitzer auch treffen, lebten sie doch in starkem Maße von der Nachfrage aus den Dörfern. Nach dem Dreißigjährigen Krieg gerieten große Teile des städtischen Grundbesitz zur Kirche, da viele Eigentumsnachweise vernichtet worden waren. So jedenfalls berichtet es Bürgermeister Mehl, der erste Stadtchronist, der bisher nachzuweisen ist.[16] Hier muß bemerkt werden, daß das Verhältnis zwischen der Kirche und dem Rat über die Jahre hin immer wieder Belastungen verschiedener Art unterworfen war. Die nachfolgenden Kriege, die um die schwedischen Besitzungen in Pommern geführt wurden, hatten für Loitz nicht weniger verheerende Folgen als der Dreißigjährige Krieg. Meiner Ansicht nach war unter ihnen besonders der Nordische Krieg von 1700 bis 1720 fast tödlich für die Stadt. Der Dreißigjährige Krieg traf eine Stadt, die wirtschaftlich relativ stabil war. Im Nordischen Krieg war Loitz schon geschwächt und durch den verheerenden Stadtbrand von 1701 fast an den Rand des Ruins geraten. Der damalige Bürgermeister hat die Schäden, die der Krieg in den Jahren 1711 bis 1713 verursacht hat, aufgeschrieben.[17] Sie beliefen sich nach seinen Angaben, die zum Zweck des Schadensersatzes durch die schwedische Regierung gemacht wurden, auf 15.000 Taler. Zum Vergleich muß man wissen, daß der Umfang des Stadthaushaltes damals 2.000-3.000 Taler betrug. Nach 1720 blieb Loitz schwedisch und wurde Zoll- und Grenzstation. Der Siebenjährige Krieg hat zwar einige Schäden verursacht, sie waren aber vergleichsweise gering. Die fast vernichtete Stadt muß sich schnell wieder erholt haben. Ich möchte das daraus schließen, daß bereits 1787 das aus eigenen Mitteln für 5.400 Taler gebaute Rathaus eingeweiht werden konnte. Jeder Kämmerer der neunziger Jahre unseres Jahrhunderts muß neidvoll auf seine Amtsvorgänger des ausgehenden 18.Jahrhunderts blicken. In dieser Zcit wiesen die meisten Jahresrechnungen einen Überschuß aus.[18] In dieses Bild paßt auch die sprunghaft gewachsene Einwohnerzahl. Für das Ende des Nordischen Krieges (1720) wird man sie auf unter 700 schätzen dürfen.[19] (Biederstedt hatte für 1706 760 Einwohner ermittelt.) Ein Jahr nach dem Rathausbau wohnten schon wieder 1.159 Menschen in Loitz. Über den Lebensstandard kann man heute kaum mehr etwas Genaues sagen. Eine grobe Orientierung ermöglicht eine Bürgereinteilung aus dem Jahre 1780.[20] Hierin wurden die Bürger, ihrem Einkommen nach, in 6 Klassen eingeteilt. Die erste und die sechste Klasse umfaßte jeweils 5 % der Bürger. 54% sind in den Klassen 3 und 4 angesiedelt. Interessant ist auch ein Vergleich der Vielfalt der Gewerbebetriebe der Stadt Loitz mit den etwa gleichgroßen Städten der Umgebung.[21] Hier ist zu erkennen, daß Loitz ein sehr breites Spektrum an verschiedenen Handwerksbetrieben hatte. Der prozentuale Anteil der Gewerbetreibenden an der Gesamtbevölkerung war in Loitz sehr hoch im Vergleich zu anderen schwedisch-vorpommerschen Städten. Im äußeren Stadtbild traten am Ende des 18. Jahrhunderts sichtbare Veränderungen auf. Die Stadt begann sich entlang der heutigen Greifswalder Straße nach Norden auszudehnen. Die Zeit der französichen Besetzung der Stadt richtete keine umfangreichen Schäden an. Eine Ausnahme bildete die Marienkirche. Sie wurde von den Franzosen als Magazin benutzt und mußte anschließend aufwendig renoviert werden.

Wir nähern uns jetzt der Zeit, in der in Loitz ein Wandlungsprozeß begann. Aus der eindeutig von Ackerbürgern, Handwerkern, Kaufleuten und Händlern dominierten Stadt wurde, sicher zunächst unbemerkt, eine kleine Industriestadt. Die Glashütte machte 1833 den Anfang zu dieser Entwicklung. Ein Mühlenbaubetrieb folgte 1848. 1888 wurde die Stärkefabrik errichtet und 1924/25 schloß das Dübelwerk diese Entwicklung vorerst ab. Es muß einem Soziologen vorbehalten bleiben, zu untersuchen, wie sich die in fast 100 Jahren vollzogene Veränderung auf die Bevölkerungsstruktur ausgewirkt hat. Ich meine den Wechsel von einem hohen Anteil selbständiger zu einem hohen Anteil abhängig beschäftigter Einwohner. Die Veränderungen müßten sich im Stadtbild, in der Lebensweise der Menschen, in den kulturellen Bedürfnissen usw. bemerkbar machen. Wenn wir diesen Prozeß bis zum Zusammenbruch der DDR fortschreiben, so ging der Anteil der Selbständigen bis auf 4 % zurück. Ein Dauerthema, sicher nicht nur in Loitz, war über die Jahrhunderte hin die ständi-

Zur Geschichte der Stadt Loitz

Loitz, an der Peene

ge Auseinandersetzung zwischen Rat und Bürgern.[22] Aus der Tatsache, daß der Stadt bei ihrer Gründung das Lübische Recht verliehen wurde, lassen sich einige Schlüsse ziehen. Der Rat hatte eine mächtige Stellung in der Stadt. Er ergänzte sich bei Bedarf selbst. Die Bürger, die nicht zum Rat gehörten, werden in zunehmendem Maße Mitspracherechte eingefordert haben. Die ersten Hinweise auf solche Streitigkeiten können wir für Loitz für das Jahr 1616 belegen. In diesem Jahr werden erstmals die Viertels- und Achtmänner als ständige Bürgervertreter erwähnt.[23] Immer wieder flackerte der Streit um mehr Bürgerbeteiligung auf. Manchmal auch gewalttätig. Aber immer blieben die Grundstrukturen unverändert: Auf der einen Seite der allmächtige Rat, der keiner irgendwie gearteten Legitimation unterworfen war und auf der anderen Seite die Bürger, die gerne über ihre eigenen Belange mitentscheiden wollten. Begünstigt wurde die Erhaltung der alten Strukturen durch die äußeren Rahmenbedingungen. Die Schweden, die in Vorpommern 1648 die Nachfolge der pommerschen Herzöge antraten, hatten sich verpflichten müssen, das Rechtssystem in Pommern nicht anzutasten. Ebenso hielten es die Preußen, die das schwedische Vorpommern nach dem Wiener Kongreß von 1815 übernahmen. Es gab also keinen Grund, die Rechtsstrukturen in den Städten des vorpommerschen Raumes nördlich der Peene zu ändern.

Das Revolutionsjahr 1848 hat in den Darstellungen der Stadtgeschichte bisher kaum eine Rolle gespielt. Das Jahr 1848 brachte im Verhältnis zwischen dem Rat und den Bürgern eine, wenn auch sehr kurze Veränderung.[24] Im März 1848 wurden die Bürgervertreter und Ratsmitglieder in offener Abstimmung frei gewählt.

Allerdings nicht für sehr lange Zeit. Genau 5 Monate später waren die alten Stadtväter wieder im Dienst. Als Druckmittel seitens der preußischen Regierung wurde der Stadt unter anderem so lange die Gerichtshoheit entzogen, bis die alten Ratsmitglieder wieder im Amt waren. Die Hauptpunkte der Unzufriedenheit der Bürger waren zu allen Zeiten die nachlässige Amtsführung des Rates, mangelnde Beteiligung der Bürger und angebliche ungleiche Behandlung bei der Besteuerung. Die Einführung der preußischen Städteordnung nach dem Übergang Schwedisch-Vorpommerns an Preußen unterblieb in Loitz ebenso wie in den anderen neuvorpommerschen Städten.[25] Die Ereignisse des 1848er Revolutionsjahres und die Streitigkeiten um die Einführung der Städteordnung stellen derzeit eine Forschungslücke dar. Die zweite Hälfte des 19. Jahrhunderts ist in Loitz unter anderem durch eine starke Zunahme der Bevölkerung gekennzeichnet. Von 1850-1880 stieg die Einwohnerzahl um 1.000 auf 4.000 an. Ein ähnlicher Schub wurde nur noch zwischen 1925 und 1933 sowie unmittelbar nach dem zweiten Weltkrieg erreicht.[26] In der zweiten Hälfte des 19. Jahrhunderts begannen sich die unterschiedlichen Bevölkerungsschichten neben den berufsständischen Vereinigungen in Parteien und Vereinen zu artikulieren. Zunächst hauptsächlich in Vereinen, die die soziale Sicherung ihrer Mitglieder zum Ziel hatten. (Gesellenunterstützungskasse, Vorschußverein als Vorläufer der Sparkasse u. a.) Nach 1867 entstand der Bürgerverein. Er entwickelte sich zu einer kommunalpolitischen Kraft außerhalb der offiziellen Bürgervertreter, mit der man in der Stadt rechnen mußte. Er trat vor allem bei den Bemühungen um mehr Transparenz der Stadtverwaltung in Erscheinung. 1896 gründete sich ein Arbeiterverein.[27] Allen orthodoxen marxistischen Geschichtsschreibern zum Trotz feierte er alljährlich Kaisers-Geburtstag und hatte auch sonst mit Klassenkampf nichts im Sinn. In der Erinnerung der alten Loitzer sind heute noch die Theateraufführungen dieses Arbeitervereins vorhanden. Im Verschönerungsverein schlossen sich um die 100 Loitzer Bürger zusammen. Sie räumten wilde Müllkippen weg und legten unter der Leitung von Christian Gülzow und Ludwig Wöller gegen Ende des Jahrhunderts in der Sandgrube den heutigen Park an (1927 wurde er Gülzow-Park genannt.) Als politische Partei trat 1902 ein Ortsverein der SPD in Erscheinung.[28] Liberale und konservative Gruppierungen folgten bald nach.[29] In diesem Zusammenhang ist es vielleicht von Interesse, über die politische Stimmungslage in Loitz in der Zeit, in der es nachweisbar ist, nachzudenken. Konservative Parteien konnten in Loitz bis 1914 trotz teilweise aufwendiger Agitation kaum mehr als 15% der Wähler hinter sich bringen. Linke und liberale Kräfte beherrschten das Feld.[30] Wie wenig sich diese Tatsache in ein Denkschema rechts-links im heutigen Sinne pressen läßt, mögen Sie daran erkennen, daß die selben Bürger, die SPD oder Liberale wählten, in hellen Scharen zu den von schlimmstem Chauvinismus strotzenden »*Kriegsfestspielen*« des Loitzer Kriegervereins ins Schützenhaus liefen. In der Zeit zwischen 1918 und 1933 war auch in Loitz eine Polarisierung der Bevölkerung zwischen den linken und rechten Extremen zu verzeichnen. Wahrscheinlich aufgrund der Bevölkerungsstruktur hatte dabei die KPD zunächst mehr Anhänger als die NSDAP.
In der Zeit von 1923 bis 1933 war Wilhelm Dahlhoff Loitzer Bürgermeister. Eine imponierende Figur mit geradezu

gigantischem Arbeitsvermögen. Seine Hauptverdienste sind die Industrieansiedlung, umfangreicher Mietwohnungsbau und die Siedlungstätigkeit in den umliegenden Dörfern. 1933 wurde er von der nationalsozialistischen Stadtverwaltung entlassen. Nach 1933 gab es von einigen Fällen zivilen Ungehorsams keinen nennenswerten Widerstand gegen die NS-Herrschaft. Eine Ausnahme bildete der Leiter der KPD-Ortsgruppe, August Levin. Nach seiner Flucht aus einem Konzentrationslager schloß er sich in Holland der aktiven Widerstandsbewegung an. Die Stadt konnte durch das umsichtige und engagierte Handeln des Superintendenten Lic. Karl Winter kampflos an die sowjetischen Truppen übergeben werden.[31] Nach einer kurzen chaotischen Phase, in der linksextremistische Kommunisten mit teilweise krimineller Energie die Stadtverwaltung beherrschten, wurde August Levin von den sowjetischen Militärbehörden zum Bürgermeister ernannt. Als Westemigrant wurde er aber bald wieder abgelöst. Um seine Person wurde und wird gestritten. Beide Mythen, der des makellosen Helden und der des gewalttätigen Stalinisten werden ihm nicht gerecht. Die Tatsache, daß er sich besonders in seiner Zeit als Bürgermeister für die Stadt eingesetzt und auch etwas erreicht hat, ist für objektive Betrachter unbestritten.[32]

Obgleich nach 1961 versucht wurde, eine relativ eigenständige Loitzer Kommunalpolitik zu gestalten, konnte doch der Verfall der Bausubstanz in der Altstadt, die ständig schlechter werdende Versorgung der Bevölkerung und der Zerfall der Infrastruktur nicht verhindert werden. Die ab 1981 bezogenen Wohnblocks in Plattenbauweise lösten damals so manches Wohnungsproblem, stellen aber heute durch ihre mangelhafte Qualität eine große Belastung des Stadthaushaltes dar. Ein kultureller Höhepunkt war die 725-Jahrfeier der Stadtrechtsverleihung im Jahre 1967. In diesem Zusammenhang wurde die Freilichtbühne im Gülzow-Park in freiwilliger, größtenteils unbezahlter Arbeit von Bürgern errichtet. Die Phase des Zusammenbruchs der DDR verlief in Loitz ruhig. Die Bürgerversammlungen in der Marienkirche wurden von der evangelischen Kirchgemeinde organisiert. In der Zeit bis zu den freien Wahlen zur Stadtverordnetenversammlung versuchte ein Bürgerkomitee, den Willen der Bürger zu repräsentieren. Am 30. Mai 1990 konstituierte sich die erste frei gewählte Stadtverordnetenversammlung seit 1933 und installierte eine Koalition aus CDU, SPD, F.D.P. und Bauernpartei.

---

[1] Besonders zu erwähnen sind hier die umfangreiche handschriftliche Stadtgeschichte von Christian Gülzow, die in der Universitätsbibliothek Greifswald aufbewahrt wird, und die undatierte Artikelserie von Gerhard Amtsberg in der »*Loitzer Zeitung*« (um 1942) Ähnliche Darstellungen sind auch in den Arbeiten von Erich Gülzow zu finden.

[2] Fritze, Konrad: 725 Jahre Stadt Loitz (Festschrift zur 725 Jahrfeier 1967) S. 10 ff.

[3] Herbord III 2 (zitiert nach Brüske: Untersuchungen zur Geschichte des Lutizenbundes S. 99) schreibt: »*Circa meridiem vero Leuticiam quaqua versum fumigare aspeximus.*« »*Leuticiam*« wird von den alten Chronisten mit »*Loitz*« übersetzt.

[4] Es wurden alle Loitz betreffenden Urkunden im Pommerschen Urkundenbuch (1. Auflage) mit der neusten Auflage verglichen. Dabei stellten sich die frühen Erwähnungen als Fälschungen oder als ungenau datierbar heraus, z.B. die Urkunde: Pommersches Urkundenbuch (PUB) Bd. 1, 125.

[5] PUB 1, Nr. 397. Eine neue Übersetzung liegt von Wächter vor und ist in den »Loitzer Heimatblättern« Heft 2, 1983 veröffentlicht.

[6] Zum Geschlecht des Ritters von Gadebusch siehe besonders: Biereye, W.: Über die Herkunft der Herren von Loitz. in: Pommersche Monatsblätter, Heft 1, S. 61 ff.
Mülverstedt: Ein mecklenburgisch-rügisches Herrschergeschlecht im Harzgebiete.

[7] Siehe hierzu besonders Überlegungen von Herling in: Buchholz/Mangelsdorf (Hrsg.): Land am Meer - Pommern im Spiegel seiner Geschichte, 1995.

[8] Conrad, Klaus: Herzogliche Städtegründungen auf geistlichem Boden S. 56 ff. in: Pommern und Mecklenburg (Herausgeber Roderich Schmidt), Wien 1981.

[9] PUB II, Nr. 838; PUB II, Nr. 1022 und PUB VII, Nr. 4695.

[10] Der jahrelange Rechtsstreit ist dokumentiert bei Gadebusch (Pommersche Sammlung Bd. I, S. 300 ff.).

[11] Den Verlauf des Rügischen Erbfolgekrieges hat u. a. Schroeder auf dem 3. Demminer Kolloquium dargestellt.

[12] PUB VI, Nr. 3901.

[13] Die Stadt Loitz erhielt im 16. Jahrhundert folgende Marktprivilegien: 1541 Michaelismarkt (Dähnert: Sammlung pommerscher und rügischer Landesurkunden - künftig: Dähnert - Supplementenband 1, Seite 1213); 1573 Pferdemarkt am St. Veitstag (Dähnert - Supplementenband 1, Seite 1213); 1588 Viehmarkt am St. Gallustag (Dähnert - Supplementenband 1, Seite 1214).

[14] Der Streit aus dem Jahre 1617 betraf die Nutzung der Weiden im Kronwald und der Viehdrift in Rustow durch die Loitzer. Vgl. Rischer: Chronik der Stadt Loitz (ungedruckt).

[15] Das Schloß war nach dem Tod der Herzogin nicht mehr ständig bewohnt. Wie Beschreibungen von 1654 (Amtsblatt für die Synode Loitz Nr. 5, 1929) und 1697 (Schwedische Landesmatrikel) erkennen lassen, war es bis 1701 völlig verfallen. In diesem Jahr verwüstete ein Stadtbrand auch die Reste des Schlosses. Der Schutthügel wurde 1906 zur Anlage der Bahnstrecke Loitz-Toitz/Rustow abgetragen.

[16] Die Arbeiten des Bürgermeisters Mehl aus der Mitte des 18. Jahrhunderts werden zum Teil im Vorpommerschen Landesarchiv Greifswald und in der Universitätsbibliothek Greifswald aufbewahrt. Christian Gülzow hat sie teilweise ausgewertet. (vgl. Anm. 17).

[17] Gülzow, Christian: handschriftliche Chronik der Stadt Loitz.

[18] Gadebusch, T. H.: Schwedischpommersche Staatskunde. Erster Theil, Greifswald 1786, S. 223 f.

[19] Biederstedt, R. in: »*Aus unserer Loitzer Geschichte*« Festschrift zur 750 Jahrfeier. Loitz 1992.

[20] Vgl. Anm. 17.

[21] Vgl. Anm. 17.

[22] Exemplarisch dazu: Vorpommersches Landesarchiv (künftig VpLA) Greifswald Rep. 10, Nr. 1166.

[23] VpLA Rep. 38 b (Loitz), Nr. 420.

[24] VpLA Rep. 38 b (Loitz), Nr. 261.

[25] VpLA Rep. 65c Nr. 2019. Siehe dazu auch Wolff, J.: Zur Einführung der preußischen Städteordnung in Schwedisch Vorpommern (Arbeitstitel). Staatsexamensarbeit an der Universität Greifswald (in Vorbereitung).

[26] Vgl. Anm. 19.

[27] Loitzer Zeitung (LZ).

[28] Festschrift zur 725 Jahrfeier. 1967, Seite 22.

[29] 1907 Gründung des Nationalliberalen Vereins; 1909 Gründung eines Liberalen Vereins; 1912 Gründung eines Konservativen Vereins; aus: Rischer: Chronik der Stadt Loitz (ungedruckt).

[30] Rischer: Chronik der Stadt Loitz (ungedruckt).

[31] Bericht von Dr. Friedrich Winter, hinterlegt bei der Stadtverwaltung.

[32] Daten in: Rischer: Versuch über August Levin (ungedruckt).

Zur Geschichte der Stadt Gützkow

von
Werner Wöller

10. Demminer Kolloquium zur Geschichte Vorpommerns am 4. Juli 1992
unter dem Tagungsthema: »Die kleinen Städte in Vorpommern - 750 Jahre Loitz«

Es ist für mich eine große Freude und Ehre, im Jubiläumsjahr der Stadt Loitz Grüße meiner Heimatstadt Gützkow überbringen zu dürfen und Ihnen bei dieser Gelegenheit unser kleines Städtchen ein wenig näherzubringen.
Im Großen und Ganzen wird sich die Entwicklung unserer vorpommerschen Städte ein wenig ähneln, und doch ist jede von ihnen einen bestimmten Weg gegangen. Viele der Kleinstädte können Zeugen der Vergangenheit vorweisen, hier ein Gemälde von einem ehemaligen Schloß, dort eine alte Burg, ein paar Ruinen. Wir Gützkower haben den slawischen Burgwall und unsere alte Geschichtsschreibung, in der wir blättern dürfen, um uns dann mit ein wenig Phantasie vorzustellen, wie es einmal ausgesehen haben mag. - Ältester und markantester Zeuge der Vergangenheit ist das Kirchengebäude der St. Nikolaikirche, dessen Kirchturm weit ins Land schaut.
Aber wollen wir uns erst einmal den geschichtlichen Verlauf vergegenwärtigen: Gützkow spielte schon zu germanischer Zeit eine Rolle, dies geht aus zahlreichen Ausgrabungen und dem Vorhandensein vieler Großsteingräber hervor. Sie wurden zwar im Laufe der Zeit aus ökonomischen Gründen beseitigt, aber Caspar David Friedrich hielt einiges für die Nachwelt fest: Sein Gemälde »*Hünengrab im Schnee*« zeigt ein Großsteingrab, das einmal auf Gützkower Gelände gestanden hat. Die Skizze zu seinem Gemälde »*Hünengrab im Herbst*« fertigte er auf der Neuendorfer Feldmark an, also in unmittelbarer Nähe Gützkows. Ausgrabungen hatten viele Steinwerkzeuge und auch Zeugen der Bronzezeit zutage gefördert. - Mit größter Wahrscheinlichkeit war der jetzige Hasenberg einmal ein »*Haselberg*«, also eine Thingstätte der Germanen, und somit war Gützkow schon damals Mittelpunkt eines größeren Umkreises. Die Lage war für diesen Zweck ideal, die bewaldete Insel war rings von Wasser umgeben, kein Fremder konnte sie betreten. Während der Völkerwanderungszeit besiedelte ein slawischer Volksstamm unsere Region. Sie erwählten sich diese Gegend als Fürstensitz, weil sie hier ein gut verteidigungsfähiges Gelände vorfanden. Auch Fischfang und Viehhaltung waren gut möglich. Sie fanden in den Gützkower Hügeln die Voraussetzung für einen Burgwall, auf dem sie die Burg ihres Fürsten erbauten. Die westliche ansteigende Höhe diente den Einwohnern zum Häuserbau. Ausgrabungen bestätigten dies.

Gleichzeitig erbauten sie auf der jetzt als »Stadtberg« bezeichneten Anhöhe einen Tempel, der weithin berühmte Götzenbilder beherbergte und der Bevölkerung eines weiten Umkreises zu religiösen Handlungen diente. Er wird neben Rethra und Arkona zu den 3 bedeutendsten des norddeutschen Raumes gezählt. Weil zu diesem Heiligtum viel Volk von weither zusammenströmte, liegt hier der Ortsname »Gotzekowe« begründet, was soviel wie »Ort der Gäste« bedeutet, später in »Gützkow« umgewandelt. Im Jahre 1125 wurde dieser Tempel während eines Kriegszuges durch die Sachsen zerstört. In kürzester Zeit stand er aber wieder, schöner als zuvor, ihren Göttern zu Ehren. Der Heimatforscher Walter Ewert war sogar der Ansicht, daß nach der Zerstörung Rethras die Funktion dieses Heiligtums von dem Gützkower Tempel übernommen worden war, da die Bewohner der Gützkower Gegend und auch die Redarier im Bund der Lutizen vereint waren.

Um 1128 fand dann die Vereinigung des Fürstentums Gützkow mit Pommern unter dem Herzogshause statt. Wahrscheinlich erfolgte diese auf friedlichem Wege. Aus Sagen und Aufzeichnungen geht hervor, daß zwischen den Bewohnern der Gützkower Region und den Pomeranen schon immer ein gutes Verhältnis bestanden hatte. In Georg Brüxners Aufzeichnungen über das erste deutsche Turnier, das in Magdeburg stattgefunden haben soll, sind 390 Teilnehmer namentlich aufgeführt. Darunter finden wir als einzige Teilnehmer aus dem damals noch vollkommen heidnischen norddeutschen Raum, Barnim, den Fürsten von Pommern, und den Grafen Wernher von Gützkow. Beide müssen sich wacker geschlagen haben, da sie weder in der Liste der Toten noch der »Blessierten« aufgeführt sind.

Wie bekannt ist, begab sich Bischof Otto von Bamberg 1128 auf seine 2. Missionsreise und hatte alle Adligen durch Herzog Wartislaw in Usedom zusammenrufen lassen. Dort warb der Bischof für das Christentum, und mit allen anderen erklärte sich auch Fürst Mitzlaw von Gützkow für die Annahme bereit. - Bischof Otto kam dann über Wolgast nach Gützkow. Sein Aufenthalt hier währte länger, da er es hier mit einer Hochburg des Heidentums zu tun hatte. Galt es doch, den Heidentempel zu zerstören, über den die ihn begleitenden Mönche schrieben, daß sie ein schöneres Bauwerk nie gesehen hatten. - Da man die Macht der heidnischen Priesterschaft hier fürchtete, schickte Albrecht der Bär von Brandenburg Nachschub und Verstärkung für den Bischof. Fürst Mitzlaw ließ sich mit seinen Untertanen zwar taufen, auch wurde eine provisorische Kirche anstelle des abgerissenen Tempels erbaut, die der Bischof auf den Namen St. Nikolai einweihte, aber Christen waren die Gützkower noch nicht geworden. Es gibt Hinweise, daß die Bewohner sich wieder einen Heidentempel errichteten.

Die Folgezeit war nun gekennzeichnet von Kriegszügen der Deutschen und Dänen, die sich dieses Gebiet unterwerfen wollten. 1164 wurde Gützkow von den Sachsen niedergebrannt. 1177 zerstörten es die Dänen und raubten es aus. Infolge des wechselnden Kriegsglücks läßt sich die Zugehörigkeit der Landschaft Gützkow zu irgendeinem Staatsverbande schwer feststellen. In den ersten Jahrzehnten nach 1128 hat sie hauptsächlich zu Pommern gehört, vielleicht auch vorübergehend unter der Herrschaft Heinrichs des Löwen gestanden. Um die Wende des 12. Jahrhunderts war die Kastellanei Gützkow ein Teil des Fürstentums Rügen. Der dortige Fürst Jaromar I. hatte

Zur Geschichte der Stadt Gützkow

Gützkow, Albert Grell um 1845. Neben einer alten slawischen Burg, die im 13. Jahrhundert von den Grafen von Gützkow übernommen worden war, wurde noch im 13. Jahrhundert eine Stadt gegründet. Sie blieb eine offene, unbefestigte, kleine Landstadt

seine Stellung als Vormund der pommerschen Herzöge dahingehend ausgenutzt, pommersche Landschaften unter seine Herrschaft zu bringen darunter auch Gützkow. 1211 oder 1215 kam sie auf Anordnung Waldemars II. von Dänemark, des Lehnsherrn der rügenschen Fürsten, wieder an Pommern zurück. Noch größer als die Schwierigkeiten, die Kastellanei Gützkow einem Territorium zuzuordnen, sind die bei der Bestimmung ihres Umfanges. Sicher hatten sich die Grenzen in den unruhigen Zeiten laufend verschoben, und sie lassen sich nur allgemein angeben oder vermuten. Schließlich ist 1194 aus einer Entscheidung Knuts von Dänemark etwas über die Ausdehnung Gützkows zu erfahren. Er bestimmte, daß dem Kastellan von Gützkow auch die Landschaften Loitz und Meseritz unterstehen. Ab 1175 sind Gützkower Kastellane namentlich bekannt, 1219 war es Bartholomäus, dessen Sohn Wartislaw, ein Urenkel des Herzogs Ratibor, mit Dobroslawa, der Tochter des Herzogs Bogislaws I.,

vermählt wurde. Ihm wurde das Land Gützkow zugewiesen. Er nannte sich nun Herr Wartislaw von Gützkow. Er muß aber früh verstorben sein, denn schon 1226 wird in einer Urkunde Dobroslawa als Herrin und Gräfin von Gützkow bezeichnet. Sie ging später dann eine Ehe mit dem Deutschen Jaczo von Salzwedel ein, der als der Begründer des Gützkower Grafengeschlechtes angesehen wurde. Zu dieser Zeit setzte auch die Ansiedlung deutscher Kolonisten aus den westlichen Gebieten ein. Da nun Gützkow im pommerschen Bereich wieder zu einem Machtzentrum geworden war, errichtete man auf dem ehemaligen wendischen Burgwall ein repräsentatives Schloß. Zu diesem Zweck war der Burgwall geteilt worden, so daß 2 Berge entstanden. Bei dem Hauptberg, der für die Errichtung des Schlosses vorgesehen war, wurde die ansteigende Schräge mit der Erde aus dem Graben überschüttet und damit die am Abhang befindlichen ehemaligen wendischen Wohnstätten überdeckt. Dies zeigte sich dann später bei den Ausgrabungen 1932. Auf dieser durch die Aufschüttung vergrößerten Plattform wurde das gräfliche Schloß errichtet. - Als Rest dieser alten Pracht hatte sich ein 6 m tiefes und 16 m breites Burgverließ erhalten, auf dem einmal ein hoher Turm gestanden hatte. Allerdings sind diese Steine nun auch nicht mehr vorhanden, sie bildeten das Gützkower Straßenpflaster, das unter der Asphaltschicht liegt. Dieser Schloßberg war mit dem anderen Berg, der Stallungen und Turnierplatz beherbergte, durch eine Zugbrücke verbunden und somit, rings von Wasser umgeben, eine gut verteidigungsfähige Festung.

Das Grafengeschlecht regierte über 4 Generationen hinweg in Gützkow. Im Jahre 1351 sollte nun Johannes V. die Herrschaft antreten. An seinem Hochzeitstag, dem 25. Oktober 1351 waren die Mecklenburger wieder einmal in Vorpommern eingefallen. Graf Johann eilte mit seinen Vasallen, die als Hochzeitsgäste zugegen waren, sofort hin und griff in den Abwehrkampf ein. Am Schoppendamm hier bei Loitz ereilte ihn das Schicksal. Die Mecklenburger waren zurückgeschlagen, aber in seinem Übereifer war Graf Johann seinen Mitstreitern zu weit voran in die Reihen der Mecklenburger eingedrungen und wurde tödlich verwundet. Er fand seine Ruhestätte in Greifswald im Grauen Kloster, das die Gützkower Grafen erbaut hatten. Nach dem Tod seines Onkels, Johanns IV. und der beiden letzten Gräfinnen erlosch 1378 das Grafengeschlecht in Gützkow. Die Grafen hatten der aufblühenden Stadt das Stadtrecht verliehen und auch für Ländereien gesorgt. Gützkow führt heute noch als Stadtwappen das alte Wappen der Grafen, das Jaczo von Salzwedel eingeführt hatte. Während der Grafenzeit wurde das Gützkower Kirchengebäude errichtet, urkundlich erwähnt wurde es erstmals 1241. Auch der Kirche waren viele Ländereien übereignet worden.

Kurzfristig zog in Gützkow noch einmal fürstliches Leben ein, als im Jahre 1425 Herzog Wartislaw IX. seinem Bruder Barnim VII., die Grafschaft Gützkow überließ, der hier seinen Wohnsitz nahm. Es wird darüber berichtet, daß er ein ungezügeltes Leben führte. Ab 1449 wurde die Grafschaft wieder von Vögten regiert, die ihren Wohnsitz in Quilow hatten. Das Schloß war dem Verfall preisgegeben. Der Titel des »*Grafen von Gützkow*« ging auf die Herzöge Pommerns über. Nachdem dann auch das Herzogshaus nicht mehr bestand, trug der jeweils regierende Monarch diesen Titel zu seinem Namen. Der Deutsche Kaiser führte z.B. als letzten Titel den des »Grafen von Gützkow«.

Während die Stadt Gützkow in der Geschichte Pommerns nach 1449 zurücktritt, gewinnt sie auf kirchlichem Gebiet mehr an Bedeutung. Nach Beendigung des 30jährigen Krieges wurde Gützkow 1648 Schweden angeschlossen. In der Folgezeit hatte die Stadt unter den dauernden Kriegen zwischen Brandenburg und Schweden sehr zu leiden, war auch häufig durch brandenburgische Truppen besetzt. 1720 wurde Gützkow Grenzstadt zwischen Preußen und Schweden mit Zollstelle an der Fähre. Das größte Unglück in der Geschichte der Stadt brachte das Jahr 1729, als in der Nacht vom 19. zum 20. Juli fast der ganze Ort durch einen Großbrand in Schutt und Asche gelegt wurde. Die ganze Innenstadt samt Kirche und Pfarrhäusern war dem Brand zum Opfer gefallen. Das Feuer griff mit so einer Schnelligkeit um sich, daß die Bewohner Mühe hatten, nur ihr Leben zu retten. Der Küster verstarb an den erlittenen Brandwunden.

Zur Geschichte der Stadt Gützkow

Gützkow, Ansicht von Westen

Für Recht und Ordnung im städtischen Leben waren die »*Bursprache*« von 1686, die Bruchordnung von 1782, das Stadtreglement von 1793 und der Stadtrezeß von 1858 maßgebend. Diese Verordnungen waren strenge Vorschriften für die Bürger, und jeder hatte sie zu respektieren. Für Randalieren und Diebstahl waren harte Strafen angesetzt.
1815 wurde Vorpommern dann Preußen angegliedert. Die politischen Strömungen gingen auch an Gützkow nicht ganz spurlos vorüber. Die Wogen des Aufruhrs von 1848 erreichten auch unser Städtchen. Am 22. April 1848 sollte ein Bürger auf Anordnung des Bürgermeisters in dessen Eigenschaft als Stadtrichter zur Verbüßung einer Gefängnisstrafe verhaftet werden. Er leistete aber Widerstand, und eine große Menge an Bürgern, unterstützt durch die Bauleute, gab ihrer Sympathie für ihn lebhaften Ausdruck. Erst durch Einsatz einer bewaffneten Landwehrabteilung von 120 Mann konnten

Ruhe und Ordnung wiederhergestellt werden. Der Bürgermeister Wuthenow, Ehemann unserer Heimatdichterin Alwine Wuthenow, zog daraus seine Konsequenzen und ließ sich als Amtsrichter nach Greifswald versetzen.
Das Handwerk hatte in unserer kleinen Stadt schon immer eine große Rolle gespielt. Schon im 18. Jahrhundert bestanden 11 Innungen, darunter die der Schuhmacher schon seit 1621. So können wir zusammenfassend feststellen, daß Gützkow bis zum Ende des 19. Jahrhundert eine aufblühende und ständig wachsende Stadt war. Märkte und Jahrmärkte fanden laufend statt, eine Besonderheit für sich war der weithin bekannte Gützkower Pferdemarkt. Dann aber wurde der Aufwärtsentwicklung durch die Kurzsichtigkeit der Ratsherren Einhalt geboten: Gützkow war als Eisenbahn-Knotenpunkt der Strecken Stralsund-Berlin und Wolgast-Demmin vorgesehen. Aber die Ratsherren lehnten mit der Begründung

ab, daß die Gützkower Bevölkerung dann ihre Einkäufe in Greifswald und Anklam tätigen würde. Gleichfalls wurde 1896 das Projekt abgelehnt, die Streckenführung der Kleinbahn an Gützkow heranzulegen. Aber das Dorf Wieck schloß sich an. So wurde der Wiecker Kleinbahnhof erst 1930 nach der Eingemeindung des Dorfes Wieck zum Gützkower Kleinbahnhof.

Die schulische Ausbildung der Kinder wurde sehr ernst genommen. Sie unterstand nach der Reformation der Kirche. Der jeweilige Diakon war immer Rektor und Leiter des Schulwesens. Die nach dem großen Brand 1729 erbaute Diakonie war gleichzeitig Gützkower Schulhaus. 1832 war durch die ansteigende Schülerzahl ein Neubau notwendig. Dieses neue Haus hat 100 Jahre lang seinen Zweck erfüllt. Die Schüler zogen dann in das Lepelsche Schloß des eingemeindeten Ortsteils Wieck. 1972 wurde dann eine allen Ansprüche gerecht werdende Schule erbaut. Das Schloß mit seinen ansprechenden Räumen hat nun eine neue Funktion, es wurde als Gymnasium eingerichtet.

In der Zeit nach dem ersten Weltkrieg gab es dann, wie überall im Lande, eine hoffnungslose Arbeitslosigkeit, und der Faschismus fand guten Nährboden. Was dann nach dem 2. Weltkrieg geschah, wissen wir alle und waren alle gleich betroffen. Gützkows Stadtväter hatten sich das Ziel gesetzt, die Stadt zur ersten vollsozialistischen Stadt zu gestalten. Handwerk und Gewerbe wurden zerstört. Neuzulassungen zu Handwerksbetrieben wurden nicht genehmigt. In einer Sitzung auf dem Rathaus, in der es um diesen Punkt ging, wurde wörtlich gesagt: Es werden in Gützkow keine Gewerbegenehmigungen gegeben. Wir wollen keine privaten Kapitalisten züchten. - So ist es kein Wunder, daß Gützkow in seiner Entwicklung gehemmt wurde.

Die Ratsherren, die jetzt nach der Wende die Geschicke unseres Städtchens lenken, haben ein schweres Erbe angetreten. Es wird viel Einsatzfreudigkeit und Heimatliebe dazu gehören, Gützkow wieder zu einem betriebsamen Ort zu gestalten. Es sind gute Ansätze da, hoffen wir alle, daß es hier in Gützkow, wie überall im Lande, weiter aufwärts gehen möge!

Gützkow hat eine für Naturliebhaber schöne Umgebung mit seinem Naturschutzgebiet Peenewiesen, seinem Kosenowsee und dem Hasenberg. Es war schon früher ein beliebter Ausflugsort und als Naherholungszentrum gut geeignet.

Hoffen wir alle, daß es gelingt, unserm Lande leistungsfähige Betriebe zu schaffen, die unsern Mitmenschen sinnvolle Beschäftigung geben.

Zur Geschichte der Stadt Jarmen

von
Arnold Engfer

10. Demminer Kolloquium zur Geschichte Vorpommerns am 4. Juli 1992
unter dem Tagungsthema: »Die kleinen Städte in Vorpommern - 750 Jahre Loitz«

Mine sihr verihrten Damen und Herren, Sei marken, dat ick minen Vördrag tau dei hütige Veranstaltung in Plattdütsch hullen mücht, denn ick verträdt den'n Standpunkt, wenn wi 'ne Vörpommersche Abteilung von uns' Gesellschaft för Pommersche Geschicht', Öllertumskund' und Kunst sin will'n, denn möten wi dat uck as 'ne lütt Verpflichtung anseihn, werrer Plattdütsch unner uns tau räden, sülwst wenn dat üm historische Betrachtungen und wissenschaftliche Erkenntnisse gahn deit. Plattdütsch wir ja in unsere Region eis Amtsprak und dor wi dit Plattdütsch werrer fördern will'n, nähm ick dei Gelägenheit hüt wohr, mit minen Bidrag den'n Anfang tau maken.

Mi het eis einer seggt, wer in unsre Gegend nich Plattdütsch versteiht, dei het 'ne Bildungslück', öwer ick sett bi Sei all in dese Rund'n hüt vörut, dat keiner von uns sich dit negative Attribut tauträcken mücht, un so laten's mi denn öwer min Heimatstadt Jarmen vertellen.

Ick möcht' mi in minen Vördrag up einige wesentliche Fakten beschränken, dei in dei letzten Johre in unsern Frünnenkreis bi dei Nahforschungen öwer den'n Ursprung von Jarmen Vörrecht hat hem'n. Wi sünd nich in dei Lag', 'ne Stadtgründungsurkund vörtauleggen, un dormit deilen wi dat Los von manch anner vörpommersch Lüttstadt.

Wi will'n uck absolut nich irgendweck Illusionen nahhingen, dei wi nich bewiesen könn'n, un wi sünd uck nich so vermäten, uns nu tau allerölsten Städte Vörpommerns tau räken, öwer 'nen lütt Wurd' hem'n wi in dei pommersch Geschichtsschriewung uck mittauräden. Un so historisch unbedarvt, as wi ümmer in ölle Upteicknungen henstellt waren, sünd wi ja gor nich. Wi nähmen sülwstverständlich uck dat Recht för uns in Anspruch, uns tau dei Gegend tau räken, dei in dei Urkund' von Kaiser Korl den'n Groten 786 in Mainz erlaten word'n is und dei sich üm dei Gründung von dat Bistum Verden an dei Aller dreigt. Hier is natürlich bloß dei Peen' nennt, denn dei Grenzen von dat Bistum süll'n bet an dei Peen' gahn. Un in dese Peengegend liggen wi, un all dei lütten Städte an dei Peen' hem'n späder in dei pommersch' Geschicht' ja all ehre Bedüdung hat.

Dei Entwicklung, dei denn in unsern Rum insetten deiht, is in ierster Linie kenntleikend dörch den'n gewaltigen Upschwung von den'n mächtigen Lutizenbund, dei ja doch im enzelten chronikalisch leicht nahvulltreckbor is.

291

Mi kümmt dat för Jarmen dorup an, nahtauwiesen, dat dei Havelbarger Stiftungsbreif vom 9. Mai 946 utdrücklich unnerscheiden deiht, dat as Taugehürigkeit tau dat künftige Havelbarger Bistum dei redarischen Gaue nennt ward'n - un dat sünd Tholenz, Ploth, Misereth, Groswin usw. 965 fin'n wi denn öwer in dei urkundliche Erwähnung dei slawischen Stämme Ucrani, Riezani, Riedere, Tholensane un Cerezepani, so - as sei in dei Urkund' nennt word'n sünd. Wenn ick mi nu an Dr. Brüske sine Awhandlung öwer den'n Lutizenbund hollen dau un Herrn Wächter'n sine Utführungen tau dei Besiedlung von unsern Peenrum tau Rat trecken kann, so kristallisiert sich för mi dei redarische Gau Misereth ümmer mihr im Tausammenhang öwer den'n Ursprung von Jarmen herut.

Späder find't man uck in Urkunden dei Beteiknung »Land«, »Provinz«, »Terra« oder »Burgward«, un dei Grenzen von desen Gau Misereth sünd eigentlich ut olle Urkunden tämlich gaud nachwiesbor. Sei reiken in'n Osten von dat Dörp Grüttow bet hen nah Zeitlow in'n Westen un sei hem'n von dei Peen', wenn wi dat in südlicher Richtung seihn will'n, 'ne Utdähnung von etwa 10 bet 15 Kilometer.

Dr. Brüske het ja sülwst eis seggt, dat dei slawischen Gaue bloß in geschlatene, nich alltaugrot Landschaftsbereiche söcht ward'n könn'n, dei rings von einfache natürliche Grenzen ümgäben sünd. Un dese natürlichen Grenzen sünd dei Grüttow'sch Bäk, dei grot Afflußgraben und dei Kuckucksgraben. Innerhalb von dese Grenzen giwt dat denn mit dei Dörper Grüttow, Wussentin, Preitzen, Liepen, Priemen un Padderow Urte, dei ümmer in Urkunden Gegenstand von Schinkungen west sünd. Insbesondere let sich dat nahwiesen in eine Urkund' von'n 12. Juni 1182, dei von Herzog Bogislaw I.

verfügt worden is un wo dei Schinkung an dat Kloster in Stolpe gahn is. Dei öwerhaupt letzte Erwähnung von den'n Gau, Landschaft, Provinz orrer Burgward Misereth is 1228 erfolgt.

Bi uns kümmt nu dei Frag' up: »*Is vör dei urkundliche Irsterwähnung von Jarm'n dei redarische Burgward von dei Landschaft Misereth am End Jarmen west?*« Am 13. August 1269 ward denn Jarmen as Germin taum iersten Mal urkundlich erwähnt. Dese Urkund' is öwer keineswegs in Jarmen sülwst verfat't un utstellt worden, un in dese Urkund' träd't uck bloß ein gewisser Thidericus plebanus as Tüg' up. Uns kümmt nu seit twei/drei Johr taugaut, dat wi dei Geschicht' öwer Jarmen, verfat't von unsern dormaligen Bürgermeister Dewitz, dei in Jarmen von 1839 bet 1845 Bürgermeister west is, in dei Autographensammlung von dei Universitätsbibliothek in Gripswold werrer upfund'n hem'n - allerdings bloß einen Band. Dewitz har dormals Kontakt tau alle Pommernforscher von sine Tid, u. a. Kosegarten, Berghaus, Gesterding, Draeger, Hasselbach, Schwarz un wi sei all noch heit't hem'n. Wat hei uns hinnerlaten het, is ein fast 500 Siden langes Werk, wo hei mit sone Exaktheit alles upschräben het, so dat dat hüt - wenn uck dörch nieger Geschichtsschriewung hier un dor öwerhalt - doch einen gewissen Indruck doröwer hinnerlett, wat eis in uns're Gegend all so passiert is. Un wenn dat all von einen Mann mit Öwersicht un Intelligenz tau Papier bröcht worden is un uck hüt noch in dei Universitätsbibliothek in Gripswold upbewohrt ward, denn könn'n wi uns in unsre Utführungen uck gaud un giern up den'n Inhalt un all dei Feststellungen beraupen.

Dewitz beschrift utführlich Misereth as dei Gegend üm Jarmen. Hei geiht dorvon ut, dat in den'n Gau orrer dei Provinz,

Landschaft orrer Terra Misereth unstriedig uck dat spädere Burgward des glieken Namens nennt ward'n möt. Hei stellt wider fast, dat nämlich Jarmen twischen 1249 un 1269 as christliche Parochie entstahn is, wi sei in ehre Grenzen uck hüt noch bestahn deit. Dei Mudderkirch, dei sich all ümmer in Jarmen befund'n het is höchtwohrschienlich all von dütsche Minschen erbugt word'n, während dei Wenden ümmer noch in Lütten Toitin ehre eigene Ansiedlung behullen hem'n, wi dat uck dorin taum Utdruck kümmt, dat Lütten Toitin in olle Urkunden »*Doytin slavicalum*« nennt ward. Wenn dat nu Dütsche wäst sünd, dei uns' dormaliges Jarmen upbugt hem'n, denn hem'n sei uck dütsches Recht mitbröcht. Wi möten ja ümmer dorvon utgahn, dat im 12. un 13. Jahrhundert dei grode Inwanderungswell' von'n Westen insett't het - uck grad för uns're Gegend. Un dat Jarmen ümmer as'ne Stadt gullen het - von Anfang an - dat leit't Dewitz dorvon af, dat schon dormals söben Dörper tau Jarmen hürt hem'n un in Jarmen inparrt west sünd. Späder is dat dörch dei Chrisianisierung von Lütten Toitin un dei Hentauleggung von Bentzin denn up nägen stägen.

Dewitz meint, dat dat dormals dei Wunsch von den'n Pommernherzog wäst sin möt, Germin - späder den Germen - tau eine blühende Stadt tau maken. Wi seihn dat uck nachher späder, wenn wi upp dei Johre 1339 un 1340 tau spräken kamen möten, wo Herzog Barnim III. von Pommern utdrücklich up dat Jarmer Gemeinwäsen sinen Influß utäuwt het. Un Dewitz meint uck, dat schon bei de Irsterwähnung 1269 schon 'ne Urkund' öwer Jarmen vörhanden wäst sin möt - öwer, wi dat bi andere Lüttstädte in Vörpommern uck is, möt sei verlur'n gahn sin.

Am End' is dei Begründung von dat Parochialverhältnis von Jarmen - orrer Germin, wi dat dormals nennt word'n is - uck eine erforderliche Bedingung von dei Öwernahm' von dat Land Misereth von den'n früheren Besitzer an den'n Landesfürsten wäst. Dese Dinge sünd all noch nich upklärt un dörben in ehre Annahm' keineswegs utschlaten ward'n.

Ob des Ansicht von Dewitz hüt noch deilt warden kann, dat möt ick einstweilen utschluten. Dei Herzöge von Pommern plägten nämlich dormals bi dei Inwanderung von dütsche Edellüd' einigen dei Anlägung von dütschen Urtschaften glicktideig as »*Unnernähmungen*« tau öwerlaten un von dese ingewanderten Edellüd' erschienen in dei Gegend von Jarmen up Grund genauer Genealogien seinerzeit dei Familien Winterfeld, Appeldoorn, Walsleben, Heydebreck un Heyden. Öwer dat is jedenfalls bet jetzt nich bekannt, dat dese Familien dormals mit Germin in Berührung kamen sünd.

Dewitz het dat all gründlich unnersöcht un kümmt tau den'n Schluß, dat dei ursprünglichen Besitzers von unsere Gegend andere Bewidmungen entgegen nahmen hem'n orrer uck up anner Besitzungen nah Hinnerpommern gahn sünd. Urkundliche Nahrichten bewohrheiten dese Tatsachen, dat dei Gründer von dei iersten dütschen Ansiedlungen dese Urter nich ümmer den'n bet dorhen geführten Namen gäben hem'n. Välfach sünd an dei Stell' von dei ollen Urtsnamen uck Geschlechternamen träden, wie dat den uck in dei frühe Geschicht' Bewies' naug gäben deit, dat dei öllere Existenz von den'n einen orrer annern Urtsnamen nahstens den'n Namen von dei Familie krägen het. So ist dat uck in dei Matrikel von dei pommersche Ritterschaft nahtauläsen. In Jarmen schient nu nah dei Unnersäukungen von Dewitz sogor beides gescheihn tau sin. Dei Familie von den'n Kastellan von dat Burgward Misereth hard desen Namen as Familiennamen bibehollen. För gewöhnlich het öwer förtan jeder einzelne von dei niegen dütschen Besitzers den'n Vörnam' und dei Beteiknung »*de Germin*« führt. Dordörch verdicht't sich dat bie Dewitz' gewissermaßen tau einer Evidenz, dat dat »*suburbium Germin*« dat glieke Öller uptauwiesen het, as dat Burgward Misereth. Dewitz kümmt up Grund von utführliche Nahforschungen tau den'n Schluß, dat Thidericus plebanus, dei 1269 in uns' Urkund' as Tüg' upträden deiht, in Würklichkeit »*Thidericus de Germin*« heiten het un dat hei tau sine Tid 'ne hoge kirchliche Persönlichkeit wäst is, u. a. Kanonikus von dei Kirch' tau Kolbarg un Bischof Hermann von Pommern schinkt em - urkundlich nahwiesbor - 1287 einen Soltkothen (Salzsiedestelle) bi Kolbarg, wat uck för sinen Brauder Johann Germin tautreffen deiht. Dese Schinkung an dei beiden Bräuder ward uck 1307 noch in eine Urkund' bestätigt. Wi hem'n dat hier nu bi dei Klärung von dei Besitzverhältnisse von Misereth un bi dat sich nu dorut entwickelnde suburbium Germin mit eine Mudder un twei Söhns tau daun - eine bestahende Familie »*von Germin*« - un twors schient dat gor keine gewöhnliche Adelsfamilie wäst tau sin. Sei möt schon einen fürstlichen Rang hat hem'n, denn dei Fru ward in all dei Urkund'n ümmer as »*Domina*« beteikend. Dei beiden Söhns, Thidericus plebanus und Johann Germin, söllen sich uck as dei »*Leutinen*« beteikend hem'n.

Ick würd' dat hier all nich anführ'n, wenn Dewitz dat nich so gründlich erforscht hard un dese von em sinertid tau Dag geförderten Ansichten uck bet hüt nich wedderleggt öwer woll uck keinen breideren Kreis von uns' Heimatforschern tau Gesicht kamen sünd. Dat steiht ja mi uck nich tau, hieröwer nu ein entgültiges un geschichtliches Urteil tau fällen, denn dat möten gestah'ne Wissenschaftler maken un nich wi Hobbyhistoriker.

Dat is bet hüt twors nich bewäsen, öwer dat is uck keineswegs unmöglich, dat ut dese Familienbeteiknung plötzlich 1269 uns Urt Germin nennt ward, dei sich denn öwer väle Stadien un verschiedenortiger Schriewwies bet hen nah Jarmen entwickelt het.

Mi kümmt dat dorup an, up desen Taustand eis hentauwiesen, denn Engel schriwt in sin Bauk »*Öwer dei Besiedlungsformen in Mecklenburg*«, dat dat eigentlich keine slawischen Siedlungsnamen giwt, dei nich uck von dütsche Inwanderers verwend't worden sünd, un ümgekiehrt uck dorup schluten, dat sülwst utgeprägte dütschrechtliche Gründungen nich dei Beteiligung von slawische Siedlers utschluten daun.

Wat ick hier anführt hew is eine Position, is ein Fakt, dei uns in dei Vergangenheit tau schaffen makt het und mit den'n wi uns uck förtan beschäftigen möten, weil hei ja Upschluß döröwer gäben kann, dat Jarmen ganz bestimmt schon vör 1269 bestahn het. Ick kann dat hier nu nich in aller Gründlichkeit utdüden, öwer wi versäuken, dat in uns drüttes Bauk öwer Jarmen - Geschichte und Geschichten - eindüdig tau erklären.

Ein tweites Problem, dat wohrschienliche Öller von Jarmen ein lütt bäten klorer definieren tau könn'n, hingt mit den'n unseligen Wendenkrüzzug tausammen, dei 1147 dörch Heinrich den'n Löwen inleit't worden is. Un in dit Gefolge von desen Krüzzug hem'n ja denn letzten End's uck dei Dänen för unsre Region eine bedüdende Rull spält. Insbesondere kümmt dor dat Johr 1177 'ne ganz besondere geschichtliche Bedüdung tau, denn in desen Tausammenhang erschienen mi dei Utführungen von den'n dänischen Geschichtsschriewer Saxo Grammaticus im höchsten Grad twiefelhaft. Nu is Saxo ja dorför bekannt, dat hei desen Feldzug von den'n Dänenkönig Waldemar den'n Groten öwerhaupt nich mitmakt het un alls ut Öwerlieferungen upschräben het, wat em von Gewährslüd' taudragen worden is. Nahdem König Waldemar nu Kammin, dei spädere pommersche Bischofsstadt an dei Dievenow un späder, as hei dei Peen' upwarts sägelt is - uck Gütschow völlig dalbrennt un kaputt makt het, kümmt nu dei ganz besondere Erklärung in Saxo'n sine Upteiknungen: *»König Waldemar ging mit seinem Heer über nach der Provinz von Camin«*. In andere Öwersettungen ut dat Dänische heit dat uck *...»setzte über zur Provinz von Camin ...«*.

Un dese Formulierung het natürlich in dei Vergangenheit zwiespältige Gefäulsrägungen weckt un ick möt hier ihrlich sin, wenn wi uns uck bemäuht hem'n, alls noch eis gründlich nahtauläsen un urkundlich tau verglieken, dat uns dese Satz uck nich inlüchten deit.

Ganz egal, wie man dei Wurtbegriff uck setten un wennen will, kümmt uns dat doch 'nen bäten spansch vör, von Gützkow nah Kammin öwertausetten! Hier möt ganz apensichtlich ein schwerer Öwerdragungsfähler vörliggen.

Uck ick neig' tau dei Upfatung, dat mit »Camin« nu würklich nich Kammin an dei Dievenow meint is, sondern mines Erachtens nah dei redarische Landschaft Germin. Gaud - tau dei Tid is ümmer noch von Misereth räd' worden, öwer wer will denn den'n Bewies bringen, dat Saxo'n sin Gewährsmann nich all irgendwat von Germin lüchten hürd het, wennglieks dese Behauptung uck in Wedderspruch tau dei Utführungen öwer dei Familie »de Germin« stahn deit.

Saxo het in sine Schriften öwer König Waldemar's Heerzug öfter eis ein »*G*« an Stell' von ein »*G*« sett't un uck ut ein »*e*« ein »*a*« makt un dat »*r*« ganz vergäten. Also - an dei Stell von »*Camin*«, so steiht dat in dei Annalen schräben, ward dat richtigerwies »*Germin*« heiten möten.

Ick möt mi hier uck wedder up Dewitz'n sine Utführungen beraupen, dei mit geradtau generalstabsmäßiger Akribie nahwäsen het, dat im 12. Johrhunnert König Waldemar mit sin Flott' gor nich Kammin anloppen künn, weil dat von See her dörch dei Versandung von dei Dievenow an ehren Utfluß in dei Ostsee unmöglich west is.

So, as Saxo verkiehrte Urtsbeteiknungen angaben het, so het sich ja dei mittelöllerliche Geschichtsschriewer Thietmar von Merseburg an keine Johreszahlen kiehrt. Wi hem'n hier henn un her recherchiert un kamen tau dei Ansicht, dat dat Johr 1177 för uns Stadt Jarmen 'ne ganz ominöse Johreszahl is. Dorbi is natürlich nich uttauschluten, dat dörch dei falsche Öwerdragung von Landschaftsnamen min lütt Heimatstädtchen bi dei Nennung von sin würkliches Öller üm fast 100 Johr bedragen ward. Wi hem'n desen Ümstand ellenlang un ellenbreit unnersöcht un uck Historiker ut dat vörrigte Johrhunnert hem'n desen Vörgang utgläubig polemisiert, ohne tau einen echten Schluß tau sin. Sülwst ut hütiger Sicht erschient uns dat doch mihr as fragwürdig, wenn dei Dänenkönig Waldemar dormals eine Tausammenkunft mit Heinrich den'n Löwen in Demmin wünscht het, dat hei denn ierst von Gützkow nah Kammin gahn sin sall. Mit dese ganzen Vörgänge het sich schon ein Artikel in dei »*Baltischen Studien*« im vörrigen Johrhunnert beschäftigt, öwer tau eine klore Entscheidung het sich uck keiner dörchringen künnt. Wi hem'n uns sülwst dei Frag' stellt, ob wi up Grund all deser Vörgänge un Schilderungen in desen Tausammenhang uns dorup beraupen können, dat uns Heimatstadt Jarmen 1177 taum iersten Mal as »Camin/Germin« erwähnt worden is, öwer wi seggen uns uck, dat wi dese Frag' vörlöpig mit 'nen klores »Nee« beantwurten möten, weil dese ganze vörgedragene Meinung un Behauptung ierst dei Bestätigung dörch würkliche Historikers benödigt.

Un dei ward sicherlich noch up sich täuben laten, öwer uns makt dat Maut, wenn wi vör allem bi Brüske nahläsen könn'n, dei uns in sine Unnersäukungen öwer den'n Lutizenbund 'ne Füll' von Ereignisse un Tatsaken vor Ogen führt, dei uns so ümfatend dorgestellt schienen, wurbi 'ne kritische Analysierung von geschichtliche Ümständ'n mit konkreten Faststellungen un hypothetischer Vörutschau tau eine glückliche Synthese vereinigt sünd un nich ümmer dorvon utgahn ward, dat alles as 'ne absolute Wohrheit anseihn warden möt. Dat, wat hei schriewen deit, kümmt unsern eigenen Anliggen und unsere eigenen Ansichten nah.

Ja, dat is in gewisser Wis' 'nen Wegwieser för unsere eigenen Erfahrungen und Erkenntnisse un bestätigt unsern eigenen Weg un uck dei Richtung, dei wi bi dei Bestimmung von dat würkliche Öller von Jarmen nahgahn möten. Öwer drei andere markante Punkte von uns Jarmer Stadtgeschicht' bet hin taum Abschluß von't Middelöller mücht ick noch berichten. Dat ein is dei Bamberger Urkund' vom 8. Februar 1339. Mit des' Urkund het Herzog Barnim III. dat Patronat von dei Jarmer St. Marienkirch' dem Kloster Michelsbarg in Bamberg vermakt. Dei Inkünfte von dat Jarmer Kirchspill sünd also regulär ümmer nah Bamberg flaten un noch 150 Johr späder steiht in Bamberger Upteiknungen schräben, dat dese Innahmen ut Jarmen as sogenanntes »Germgeld« anseihn worden sünd. Uns stimmt dese Nahwis glücklich, denn wi hem'n öwer Fründ'n 'ne Awlichtung von dei Originalurkund' ut dat Bayerische Hauptstaatsarchiv in München krägen, dei bi uns in Jarmen verwohrt ward. Mit dese Urkund' ward uck nahwäsen, dat dat 1989 'ne 650jöhrige Kirchengeschicht' giwt, wurbi wi ja ümmer dorvon utgahn, dat uns' Jarmer Kirch' uck schon tau den'n Tidpunkt inricht't worden is, as Bischof Otto von Bamberg dormit begunnen het, uns Pommernland tau missionieren.

Eine Urkund', dei Jarmen uck in dat Rampenlicht pommerscher Geschichtsschriewung bringen deit, is dei 1340 in Stolpe erlatene, wur Herzog Barnim III. sich sinen groten Städten Gripswold, Anklam un Demmin gegenöwer verpflicht't, keine wideren Städte an dei Peen' tau befestigen ... »as sin stedeken thom Germen ...«. Wat hei dormals mit Jarmen vörhat het, enttreckt sich unserer Kenntnis. Denn eins steiht unweigerlich fast - in all unsre Unnersäukungen un in all unsere Nahforschungen un Öwerleggungen könn'n wi bi'm besten Willen nich mihr nahfinnen, wat eis up eine Befestigung im Sinn' von dei Barnim'sche Anordnung henwiesen deit. Wi hem'n in Jarmen nie Muren un Dure hat, wie sei sich in unsere Nachborstädte Demmin, Loitz un Ollenträptow hüt noch vörfinnen. Sülwst dei Teiknungen ut dat Middelöller, dei öwer Jarmen existieren, laten mit etwas Phantasie woll Wälle erkennen, wi sei nahst uck beschräwen sünd, öwer von all dat lett sich hüt bim besten Will'n in Jarmen nix mihr nahwiesen. Wi weiten, wur eis dat Filddur un dat Waterdur stahn hem'n, öwer dat is äben uck bloß dat wi dat weiten. Wi könn'n uns hüt nich mihr erklären, wat Herzog Barnim III. 1340 mit Jarmen vorhat het. Vielleicht deilen wi in dese Beziehung dat Schicksal von dei vörpommersch Lüttstadt Franzburg, denn Herzog Bogislaw XIII. wull ja hier 1587 wohrschienlich uck wat besonderes anstellen, wat öwer niemals tau Utführung gelangt is. Jarmen un Franzburg hem'n niemals eine dragende Bedüdung för Pommern erlangt, sünd öwer dörch dese Erwähnungen in dei pommersch' Geschicht' ingahn. 1535 hem'n wi noch 'nen banniges Datum öllerer Geschichtsschriewung för Jarmen uptauwiesen.

Im Tausammenhang mit dei Inführung von dei Reformation in Pommern het sich dei gesamte pommersche Ritterschaft in Jarmen in dei St. Marienkirch' drapen. Dat ging in ierster Linie darüm, dat dei Klosterbesitz nich ohne vörherige Beradung mit dei Ritterschaft dörch den'n Herzog antast't warden süll. Wurüm grad hier in Jarmen in dei bufällige St. Marienkirch' dei Adel tagt het, hem'n wi bet hüt nich klor definieren künnt. Pastor Magister Caspar Stoy, dei bi 1706 dormit begunnen het, Ordnung in dei Jarmer Kirchengeschäfte tau bringen un dei Kirchengeschicht' uptauschriewen, let sich dor ganz einfach vernähmen, wenn hei meint, dat Jarmen man 'ne lütte Stadt wier, för wenig Upseihn sorgte un im Fall eines herzoglichen Öwergriffs am wietsten westwärts leg, um bi Komplikationen ümmer noch dei Flucht nah Mecklenburg tau gewährleisten.

Mit sone einfachen Würd' is dat in dei Annalen fastholln worden. In Würklichkeit wier dat ein herutragendes geschichtliches Ereignis, wat gerad' im Hinblick up dei Globensbewägung in Pommern von utschlaggäbender Bedüdung wäst is.

Mine sihr verihrten Damen un Herren, ick wull in minen Bidrag bloß poor bestimmte Daten ut dei Jarmer Stadtgeschicht' vordrägen, dei bet hen nah't Middelöller erwähnenswirt sünd. Fru Dr. Böcker het dat ja väl utführlicher von all dei annern vörpommerschen Lüttstädte seggt.

Wi hem'n in unsern Frünnenkreis in dei letzten Johre maches tausammendragen; wi hem'n twei lütte Bäuker öwer Jarmen veröffentlicht un dat Drütte sall nich mihr lang'n up sich täuben laten. Wat nich in grote tausammenhängender Form het kleed't warden künnt, dat hem'n wi in dei Zeitung veröffentlicht un wi freuen uns, dat dat bi dei Jarmer Bevölkerung un uck doröwer hinut bi so väle Minschen, dei sich an dei Heimatgeschicht' un dei Datierungen erfreu'n, väl Spaß un väl Anklang funn'n het. Wi hem'n lüttes bescheidenes Archiv, öwer wi könn'n ümmer dorup tröggriepen un wenn wi eis brukt warden tau irgendeinen Vördrag un wenn wi uns Kenntnisse wider vermitteln könn'n un dormit 'nen lütt bäten heimatgeschichtliches Interesse wecken, denn is dat schon ein Erfolgserläbnis. All uns' lütten Peenstädte hem'n in dei Geschicht' uck ehre Ökelnamen hat un hem's ja uck hüt noch. »Dei blöden Loitzer«, »Gütschow-Pütt« un »Jarmen, taum Gotterbarmen«. Dat liggt doch an uns, dat dei ogenblicklichen - manches Mal uck würklich ein bäten gottserbärmlichen Tauständ'n verännert warden, üm dese verraupene Beteiknung nich ümmer vör uns herschuben tau möten. Öwer wenn ick denn so nahsinnen dau un ut dei Erinnerung so väles noch upschriewen müchte, denn is min lütt Heimatstadt för - trotz alledem - uck dei lütt Stadt an dei Peen' bläben. Man möt ümmer den'n harben Reiz erkennen, dei in dei Beschaulichkeit von uns' Landschaft liggt, von dei schöne Umgäbung un dei eis dragen worden is von dei Uprichtigkeit un Schlichtheit von all uns' Jarmener Börgers un von dei, dei wat för Jarmen öwrig hat hem'n. Un wi ut den Frünnenkreis von dei Ortschronisten willen uck wider alls upschriewen taum Maudmaken, dat hütige un künftige Generationen sich dei ollen Traditionen erinnern, um sei wedder mit Läben in dei Muren von uns' lütte Stadt an dei Peen' tau erfüllen. Ick bedank' mi sihr herzlich vör dat Tauhüren.

Das Fürstentum Rügen - ein Überblick[1]
von
Joachim Wächter

11. Demminer Kolloquium zur Geschichte Vorpommerns am 3. Juli 1993
unter dem Tagungsthema: »Zur Geschichte des Fürstentums Rügen«

Die zeitliche und räumliche Begrenzung des Fürstentums Rügen

Das Fürstentum Rügen war ein Herrschaftsbereich, den man mit den Jahren 1168 und 1325 zeitlich begrenzen kann. Im Jahre 1168 wurde die Insel Rügen durch die Dänen unterworfen. Damit erfolgte ihre Einbindung in das westeuropäische Lehnsystem und in den christlichen Kulturbereich. Zugleich begann ein Zeitabschnitt, der durch schriftliche Quellen wesentlich stärker belegt ist als die Zeit vor 1168. Andererseits gab es vor 1168 - wie einzelne Nachrichten beweisen - eine durchaus bemerkenswerte rügische Frühgeschichte, in der dieser Herrschaftsbereich allerdings einen anderen Charakter besaß.
Im Jahre 1325 starb das rügische Fürstenhaus im Mannesstamm aus. Das Fürstentum Rügen gelangte dann unter die Herrschaft des pommerschen Herzogshauses und wurde dem Herzogtum Pommern-Wolgast angegliedert. Damit verlor das Fürstentum Rügen seine lehnsmäßig weitgehend selbständige Stellung. Allerdings besaß dieser Herrschaftsbereich auch in der Folgezeit durchaus noch eigenständige Züge.
In räumlicher Hinsicht umfaßte das Fürstentum Rügen nicht nur die Insel Rügen, sondern auch den südwestlich der Insel gelegenen Festlandsbereich. Um 1300 wurde dieser begrenzt im Westen durch das Trebel-Recknitz-Tal, im Süden durch die mittlere Peene, im Osten durch die Ostgrenze des Landes Loitz von Jargenow bis Griebenow[2] und durch den Ryck und im Norden durch den Strelasund und den äußeren Küstensaum der Inseln Zingst und Darß. Freilich hatte es seit dem 12. Jahrhundert wiederholt Verschiebungen dieser Grenzen gegeben, ehe sie eine gewisse Festigkeit bekamen, nachdem das festländische Gebiet zunächst, 1168, anscheinend überhaupt nicht zum Herrschaftsgebiet der rügischen Fürsten gehört hatte.

Die frühgeschichtliche Zeit Rügens

In der frühgeschichtlichen Zeit vor 1168 war Rügen durch den slawischen Stamm der Ranen bewohnt, ebenso sicherlich der angrenzende Teil des festländischen Vorlands. In den schriftlichen Quellen jener Zeit sind die Ranen nur vereinzelt erwähnt worden, erstmals eingehender im Zusammenhang mit der Schlacht an der Raxa 955, in der sie auf der Seite des deutschen Königs Otto des Großen gegen ein obodritisch-lutizisches Heer gestanden und zum Sieg des deutschen Heeres beigetragen haben.³ Um 1070 schrieb der Chronist Adam von Bremen, die Ranen seien ein sehr tapferer Volksstamm der Slawen. Ohne ihre Meinungsäußerung habe in öffentlichen Angelegenheiten nichts betrieben zu werden. Sie verehrten ihre Gottheiten durch mehr Kulthandlungen als andere.⁴ Helmold von Bosau berichtete in seiner Slawenchronik über einen Kriegszug der Ranen gegen Alt-Lübeck, die Burg des christenfreundlichen Obodritenfürsten Heinrich. Der Zug, der um das Jahr 1111 erfolgt sein dürfte, mißlang und endete mit einer schweren Niederlage der Ranen, über die Helmold schrieb, daß sie ein blutdürstiges Volk und dem Götzendienst übermäßig ergeben seien. Andererseits übten sie Gastfreundschaft und Fürsorge für die Eltern. Dieses Volk habe den Vorrang unter allen Slawenvölkern, habe einen König und einen sehr berühmten Tempel. Swantewit, der Gott des Landes der Rügener, habe unter allen Gottheiten der Slawen den Vorrang behauptet. Nicht nur das wagrische Land, sondern alle Slawenländer schickten daher jährlich dorthin Tribut. Der König stände bei den Ranen im Vergleich zum Priester in geringerem Ansehen.⁵

Im Jahr 1114 unternahm der damalige Sachsenherzog, der spätere Kaiser, Lothar von Supplinburg einen Kriegszug, der zur Unterwerfung eines Wendenfürsten Dumar führte und den rügischen Fürsten, der Dumar zu Hilfe gekommen war, zur Tributzahlung und Geiselstellung zwang.⁶ Im Winter 1123/24 kam es zum Einfall einer Heeresmacht des Obodritenfürsten Heinrich, dem die Ranen einen Sohn getötet hatten, über das Eis nach der Insel Rügen. Die Ranen mußten eine hohe Zahlung zusichern. Als diese nicht in vollem Umfang erfolgt war, wurde der Zug im nächsten Winter wiederholt, diesmal zusammen mit Sachsenherzog Lothar. Einsetzendes Tauwetter zwang aber zu einem schnellen Rückzug.⁷

Im Jahre 1136 gelang es den Dänen unter dem König Erik Emune, die ranische Tempelfestung Arkona mit dem Standbild des Swantewit einzunehmen und die Ranen zu unterwerfen. Die von diesen zugesicherte Übernahme des Christentums wurde aber nach dem Abzug der Dänen nicht eingehalten.⁸

*Die dänischen und sächsischen Kriegszüge nach der Insel Rügen und dem Peeneraum 1159 - 1166*⁹

Als es im 12. Jahrhundert jahrzehntelang zu Machtkämpfen in Dänemark kam, wurden die dänischen Küsten immer wieder von gefürchteten ranischen Überfällen heimgesucht. Von 1159 an wendete sich aber das Blatt, als die Dänen unter König Waldemar I., der 1157 die Alleinherrschaft im Lande übernommen hatte, und Bischof Absalon von Roskilde erstmals seit Jahren einen erfolgreichen Zug nach Rügen unternehmen und ihm im selben Jahr noch einen zweiten folgen ließen. Im Jahr 1160 wandten sich Sachsenherzog Heinrich der Löwe und Waldemar von Dänemark gemeinsam gegen den Obodritenfürsten Niklot, der bei diesen Kämpfen fiel. Die dänische Flotte fuhr dann nach Rügen und plünderte dort, worauf die Ranen um Frieden baten und Geiseln stellten. Im Jahre 1162 leisteten daraufhin Ranen der dänischen Flotte bei ihrer Fahrt gegen Wolgast Hilfe; die Wolgaster mußten sich den Dänen unterwerfen.

Im Jahre 1163 brachte Heinrich der Löwe die Stämme der Kessiner und der Zirzipaner sowie die Landschaft Wolgast in seine Abhängigkeit und durch einen Überfall auf Rügen wohl auch diese Insel. Jedenfalls erschien eine ranische Gesandschaft 1163 bei der Domweihe in Lübeck Zugleich wurden Heinrich dem Löwen Geiseln gestellt. Als aber daraufhin Waldemar zur Unterstreichung seiner Machtansprüche seine Flotte zum Zuge gegen Rügen sammelte, unterwarfen sich die Ranen wieder seiner Lehnshoheit. Die Insel Rügen und der Peeneraum waren zum Objekt des Machtstrebens Heinrichs des Löwen und Waldemars von Dänemark und der Rivalität zwischen ihnen geworden.

Zur Bekämpfung eines großen Obodritenaufstands kam es 1164 wieder zu einer gemeinsamen Aktion Heinrichs und Waldemars. Das Heer Heinrichs besiegte die verbündeten Obodriten und Pomoranen bei Verchen und verbrannte die Burg Demmin und dann auch die Burg Gützkow. Waldemars Flotte fuhr gleichzeitig nach Wolgast. Sie wurde unterstützt von rügischen Hilfstruppen und besetzte die Burg. Anschließend trafen sich Heinrich und Waldemar in Stolpe an der Peene. Als sich die Ranen dann wieder Heinrich dem Löwen unterstellt hatten, demonstrierten die Dänen noch im Herbst 1164 und dann 1165 ihre Macht durch Brandschatzungs- und Plünderungszüge nach Rügen, wobei es 1165 zu einem für die Dänen erfolgreichen Gefecht am Garzer See kam. Nachdem die Dänen 1166 erstmals das Land Tribsees verwüstet hatten, erfolgten wieder in Abstimmung zwischen Heinrich und Waldemar ein Zug Heinrichs gegen Demmin und eine Kriegsfahrt Waldemars gegen Wolgast und auch Usedom.

Es ist erkennbar, daß die Dänen in jenen Jahren erfolgreich versuchten, die Ranen auf der Insel Rügen zu unterwerfen und sich darüber hinaus auf dem der Insel Rügen vorgelagerten Festland, insbesondere im unteren Peeneraum um Wolgast, eine weitere Machtstellung zu verschaffen. Ebenso ist deutlich, daß Heinrich der Löwe bestrebt war, die Obodriten endgültig zu unterwerfen sowie die mit ihnen verbündeten Pomoranen im Peeneraum und darüber hinaus die Ranen auf der Insel Rügen in seinen Machtbereich einzubeziehen. Zur Bekämpfung der gemeinsamen Gegner kam es immer wieder zu Absprachen zwischen Heinrich dem Löwen und Waldemar von Dänemark, denen aber Einzelaktionen zur Durchsetzung der jeweiligen eigenen Interessen folgten. Letztlich gerieten die Ranen auf der Insel in Abhängigkeit von den Dänen und die Pomoranen im Peeneraum in Abhängigkeit von den Sachsen bzw. Niedersachsen. Diese Abhängigkeiten führten dazu, daß die Ranen den Dänen Kampfeshilfe bei ihren Zügen gegen Burg Wolgast leisteten und umgekehrt die Pomoranen auf Veranlassung Heinrichs des Löwen sich 1168 an der Eroberung Arkonas beteiligten.

Die Unterwerfung der Insel Rügen
Als die Ranen sich 1167 trotz der dänischen Erfolge von 1165 wieder von den Dänen losgesagt hatten, landeten die Dänen zu Pfingsten 1168 auf Rügen und begannen eine Belagerung der Tempelburg Arkona. Nachdem es ihnen gelungen war, Feuer unter einen hölzernen Befestigungsturm zu legen und dadurch einen Teil der auf dem Burgwall befindlichen Befestigung in Brand zu setzen, entschlossen sich die belagerten Ranen zu verhandeln. Schließlich nahmen sie die Bedingungen der Dänen an: erstens Herausgabe der im Tempel befindlichen Swantewitfigur und des Tempelschatzes, zweitens Lehnsdienst für den dänischen König, d.h. Heeresfolge im Kriegsfall und jährliche Abgabenzahlung, drittens Annahme des Christentums und Übergabe der dem Tempel gehörenden Ländereien

an die christliche Priesterschaft, viertens Stellung von 40 Geiseln und Freigabe der gefangenen Christen. Zu gleichen Bedingungen ergaben sich zwei Tage später die beiden rügischen Fürsten Tezlaw und Jaromar mit ihrem Heer bei Garz und übergaben die dortige Wallburg mit den Götzenbildern des Rugewit, Porewit und Porenut. Bischof Absalon weihte drei Friedhöfe, d.h. drei Standorte für Kirchen, und führte Taufen von Ranen durch wie zwei Tage vorher in Arkona, wo aus dem für Belagerungsmaschinen bestimmten Holz eine Kirche erbaut worden war.

Auf Weisung Heinrichs des Löwen hatten sich die Fürsten der Pomoranen, Bogislaw I. und Kasimir I., sowie der Obodritenfürst Pribislaw mit ihren Streitkräften an der Belagerung Arkonas beteiligt. Ebenso war wohl der Schweriner Bischof Berno auf Rügen anwesend. Die Pomoranen, die anscheinend angenommen hatten, Rügen als Lohn zu erhalten, zumindest einen Teil der Beute, verließen in Feindschaft das dänische Heer.[10] Auch Heinrich der Löwe bekam keinen Anteil vom erbeuteten Gut. Erst im Jahre 1171 wurde ihm in einem Treffen an der Eider von Waldemar doch noch die Hälfte der Kriegsbeute aus dem Kriegszug gegen Rügen zugestanden. Im Gegenzug war Heinrich bereit, Einfluß zur Beendigung der vorher von ihm geduldeten oder ermutigten wendischen Seeräuberei an Dänemarks Küsten zu nehmen.[11]

Ein Jahr nach ihrer Eroberung, 1169, wurde die Insel Rügen durch den Papst in kirchlicher Hinsicht der Diözese des dänischen Bischofs von Roskilde zugeteilt.[12] Dementgegen erhielt zwar 1178 der Schweriner Bischof durch päpstliche Urkunde die geistliche Zuständigkeit für die Hälfte der Insel,[13] aber tatsächlich blieb die Insel in ihrer Gesamtheit bei der Diözese Roskilde. Die Zuständigkeit des Schweriner Bischofs erstreckte sich dagegen auf den der Insel vorgelagerten Festlandsstreifen nordwestlich des Ryck. Vielleicht hat die Entmachtung Heinrichs des Löwen durch den Kaiser 1180/81 dazu beigetragen, daß der in Heinrichs Machtbereich und unter seinem Schutz tätige Schweriner Bischof seinen Amtsbezirk nicht auf die Insel ausweiten konnte.

Die Zugehörigkeit des festländischen Bereichs

Im September 1171 wurde der pommersche Fürst Kasimir I. gleichzeitig mit dem Obodritenfürsten Pribislaw unter den Zeugen einer Urkunde Heinrichs des Löwen aufgeführt.[14] In den Jahren 1173 und 1174 bestätigten Bischof Berno von Schwerin und Fürst Kasimir Schenkungen, die dieser dem 1172 von dänischen Mönchen gegründeten, westlich von Demmin gelegenen Kloster Dargun hatte zukommen lassen.[15] Im Jahre 1178 wurden bei einer Bestätigung des Bistums Schwerin durch Papst Alexander III. unter den Schweriner Besitzungen auch das Land Pütte bei dem späteren Stralsund und ein Dorf im Barther Gebiet als Schenkungen Kasimirs aufgeführt.[16] Aus diesen urkundlichen Angaben läßt sich schließen, daß erstens Anfang der 1170er Jahre Fürst Kasimir ebenso der Oberhoheit Heinrichs des Löwen unterstand wie der von diesem im Obodritenland 1167 eingesetzte Fürst Pribislaw und daß zweitens der Herrschaftsbereich Kasimirs sich auch auf das zirzipanische Gebiet westlich von Demmin und auf den Raum zwischen Borgwallsee und Barth erstreckte.[17]

Im Jahr 1177 kam es auf Veranlassung des Dänenkönigs Waldemar erneut zu einem gemeinsamen kriegerischen Vorgehen Waldemars auf dem Wasserweg und

Heinrichs des Löwen auf dem Landweg ins Peene- und Odermündungsgebiet, nachdem wendische Seeräuber die Dänen geschädigt hatten. Heinrich belagerte zusammen mit Markgraf Otto I. von Brandenburg zehn Wochen lang vergeblich Demmin. Ohne erobert zu sein, verpflichtete sich dann die Stadt zu Tributzahlungen. Zu gleicher Zeit veranlaßte Waldemar, der von rügischen Kräften unterstützt wurde, Plünderungen in der Umgebung von Wollin und die Einäscherung der Burgen Usedom und Gützkow. Im folgenden Jahr plünderten die Dänen auch noch im Land Wusterhusen und bei Wolgast. Darauf boten die Fürsten Bogislaw und Kasimir Geld an und erkauften Frieden.[18]

Im Kampf gegen Heinrich den Löwen zog Kaiser Friedrich Barbarossa 1181 mit einem Heer gegen Heinrichs Stadt Lübeck, die von der Seeseite durch eine Flotte Waldemars von Dänemark abgeriegelt wurde und sich schließlich ergab. Friedrich und Waldemar bekräftigten ihre Verbindung durch die Verlobung eines Sohnes des Kaisers mit einer Tochter des Königs. Auch der pommersche Fürst Bogislaw I., dessen Bruder Kasimir I. im Jahr zuvor gestorben war, kam zur Belagerung nach Lübeck. Im Lager vor der Stadt belehnte ihn der Kaiser mit seinem Land durch Überreichung einer Adlerfahne und erhob ihn damit in den Reichsfürstenstand.[19]

Im Jahr darauf starb der dänische König Waldemar I. Sein Sohn Knut VI. weigerte sich, dem Kaiser die Lehnshuldigung zu leisten. Daraufhin soll der Pommernherzog Bogislaw I. im Einverständnis oder auf Veranlassung des Kaisers beabsichtigt haben, den Dänenkönig dazu zu zwingen; dabei wollte er zunächst Rügen unterwerfen. Aber 1184 wurde die pommersche Flotte von der dänisch-rügischen im Greifswalder Bodden geschlagen. Im gleichen Jahr führten die Dänen noch einen Zug mit Plünderung und Brandschatzung ins Wolgaster, Usedomer und Wolliner Gebiet und einen weiteren in das Land Tribsees durch. Im Jahr 1185 plünderten die Dänen an der Peenemündung, zerstörten die Burg Groswin bei Stolpe und verheerten die Umgebung von Kammin. Ohne Aussicht auf Hilfe fand sich darauf Herzog Bogislaw bereit, sich der Lehnshoheit des Dänenkönigs Knut VI. zu unterwerfen, Geldbuße zu leisten und einen gleichen jährlichen Betrag wie die Rügener zu zahlen. Ostern 1186 bekundete Bogislaw in Roskilde seine Vasallität zu Knut. Wie Rügen war damit auch das benachbarte Festlandsgebiet in den dänischen Machtbereich einbezogen worden.[20]

Als Bogislaw I. 1187 starb, wurde Vormund seiner beiden unmündigen Söhne der wahrscheinlich mit ihm verwandte Wartislaw Swantiboriz. Zwei Jahre später wurde dieser vom dänischen König abgesetzt und durch den Rügenfürsten Jaromar I. ersetzt.[21] Dieser hatte sich seit 1168 als treuer Lehnsmann des Dänenkönigs erwiesen und konnte sich nun der Ausweitung seines Herrschaftsbereichs erfreuen. Das kam schon bei der Gründung des Nonnenklosters Bergen 1193 zum Ausdruck, als diesem von Jaromar nicht nur Erträge von der Insel Rügen, sondern auch aus den Provinzen bzw. Landschaften Wusterhusen, Bukow, Miserez, Gützkow, Ziethen, Tribsees, Barth und wahrscheinlich Loitz, also aus einem ansehnlichen Festlandsbereich, über den er anscheinend nun verfügen konnte, verliehen wurden.[22]

In einem der nächsten Jahre entschied der dänische König in einem Grenzstreit zwischen der pommerschen Herzogin, der Witwe Bogislaws I., und dem rügischen Fürsten, daß die Länder Bukow,

Lassan und Ziethen zur Burg Wolgast und die Länder Miserez und Loitz zur Burg Gützkow gehören sollten. Die Länder Tribsees und Wusterhusen sollten keiner dieser Burgen zugehören, sondern Jaromar besäße sie als Lehen von ihm.[23] Offensichtlich befand sich damals die Burg Wolgast in pommerschem Besitz, die Burg Gützkow aber in rügischer Hand. Ende des 12. Jahrhunderts besaß also der rügische Fürst außer der Insel Rügen den größten Teil des angrenzenden Festlandes bis zur mittleren Peene. Zur pommerschen Herrschaft, der bis 1185 anscheinend der gesamte Festlandsbereich zwischen Peene und Küste unterstanden hatte, gehörten nur noch die Länder Wolgast, Lassan und Ziethen am westlichen Ufer der unteren Peene.

Dementsprechend erhielt das 1199 an der Ryckmündung gegründete Kloster Eldena bzw. Hilda eine erste Ausstattung mit Besitz und Einkünften durch den rügischen Fürsten als damaligen Landesherrn.[24] Aber bereits 1216 wurden urkundlich auch Schenkungen der pommerschen Herzöge für das Kloster Eldena erwähnt.[25] Und 1218 bestätigten die pommerschen Herzöge Kasimir II. und Bogislaw II. dem Kloster die diesem vom rügischen Fürsten Jaromar I. verliehenen Besitzungen, wobei sie betonten, daß diese aber eigentlich ihnen gehörten.[26] Zu dieser Zeit befand sich das Land Gützkow anscheinend wieder in pommerscher Hand, da 1216 und 1219 ein Gützkower Burgherr (Kastellan) als Zeuge in pommerschen, nicht rügischen Urkunden genannt wurde.[27] Schließlich mußte von rügischer Seite auch das südliche Ufer der Ryckmündung an die pommersche Herrschaft preisgegeben werden. In den 1240er Jahren bildete sich der Ryck als Grenze zwischen den beiden Territorien heraus. Pommersch war seither das Gebiet südlich des Ryck mit dem Kloster Eldena und mit der neugegründeten Stadt Greifswald, rügisch blieb der Bereich nordwestlich des Ryck bis hin zur Trebel-Recknitz-Niederung.[28]

In diesem Gebiet zwischen dem Trebel-Recknitz-Tal im Westen und dem Land Gützkow und dem Ryck-Tal im Osten gehörte damals lediglich der südliche Saum, das Land Loitz, nicht zum rügischen Herrschaftsbereich. Im Zuge des gegen die Pommern gerichteten Vorstoßes der Mekklenburger in das mittlere Peenegebiet um 1236 wurde Detlev von Gadebusch der Herr des Landes Loitz. Deutlichen Ausdruck fand diese Tatsache 1242 in der Verleihung des Lübischen Stadtrechts an den Ort Loitz durch Detlev.[29] Schon 1244 dürfte die Herrschaft Loitz wieder unter pommerscher Oberhoheit gestanden haben.[30] Nach Detlevs Tod 1245[31] wurde das Land Loitz von seinen Söhnen übernommen. Da Werner von Loitz in den Jahren 1267 bis 1271 als Zeuge zweimal in Urkunden Wizlaws II. von Rügen und viermal in Urkunden Barnims I. von Pommern genannt wurde,[32] scheint sich damals der Übergang der Herrschaft Loitz an das Fürstentum Rügen angebahnt zu haben. Vermutlich übernahm Witzlaw nach Werners Tod, dessen Zeitpunkt nicht bekannt ist, die Herrschaft Loitz mit Einverständnis Barnims. Bereits 1275 verfügte Wizlaw über den Brücken- und Wasserzoll in Loitz,[33] und 1299 transsumierte er die Stadtrechtsurkunde Detlevs von Gadebusch aus dem Jahre 1242.[34] Andererseits teilten 1277 der Pommernherzog und der Kamminer Bischof unter sich den Zehnten der zum Land Loitz gehörenden Orte Poggendorf, Kandelin und Drosedow.[35]

Die Entwicklung des festländischen Bereichs

Große Flächen des festländischen Bereichs

Liebe Leserin, lieber Leser,
wir möchten gern Ihre Interessen kennenlernen und
Ihnen in Zukunft unsere Verlagsprogramme zusenden.
Unter den Einsendern dieser Karte verlosen wir
jeweils zum Jahresende 10 Bücher.

Diese Karte entnahm ich dem Buch:

_____

Auf dieses Buch wurde ich aufmerksam durch:

❏ Anzeige in: _____

❏ Rezension in: _____

❏ Verlagsprospekt

❏ Geschenk

❏ Empfehlung des Buchhändlers

❏ Schaufensterauslage

❏ andere Hinweise

*Herzlichen Dank für Ihr Interesse und
freundliche Grüße aus dem*

THOMAS HELMS VERLAG • SCHWERIN
Wallstraße 46 19053 Schwerin Fax.: 0385-564273

Bitte
frei-
machen.

Postkarte

THOMAS HELMS VERLAG
Wallstraße 46

19053 Schwerin

Absender:

Name

Straße

PLZ   Ort

Meine Meinung zu diesem Buch:

Das Fürstentum Rügen - ein Überblick

des Fürstentums Rügen sind im 12. Jahrhundert von Wald, der sich in einem breiten Ost-West-Streifen durch das Land zog, bedeckt gewesen. Die dazwischen und an seinen Rändern befindlichen Siedlungskammern haben anscheinend in den 1170er Jahren der pommerschen Herrschaft unterstanden. Die Bewohner der küstennahen Flächen werden wahrscheinlich dem ranischen Stamm angehört haben. Nach der ausdrücklichen Zuweisung des festländischen Gebiets durch den dänischen König an den Rügenfürsten Jaromar in der Zeit nach 1193 haben sich die rügischen Fürsten in erheblichem Maße um die wirtschaftliche Erschließung und die Sicherung dieses Gebiets bemüht.

Den Anfang bildete seit 1207 die Förderung des Klosters Eldena im nordöstlichen Grenzraum. Auch wenn schließlich der südlich des Ryck gelegene Standort des Klosters an die Herrschaft der Pommernherzöge verloren ging, konnte doch der Ryck als Grenze gehalten werden und geschah im Klosterbereich nördlich des Ryck, im Lande Gristow, eine Siedlungstätigkeit und landeskulturelle Arbeit von erheblichem Ausmaß.[36]

Fast gleichzeitig begannen ähnliche Maßnahmen im westlichen Grenzraum bei Tribsees. Während im Osten 1209 dem Kloster Eldena das Recht zur Ansiedlung von Dänen, Deutschen und Slawen erteilt worden war,[37] ohne daß dieses Privileg gleich größere Auswirkungen hatte, waren 1221 bei Tribsees bereits die ersten deutschen Siedler ansässig geworden, wie sich aus einer urkundlichen Vereinbarung über künftige Abgaben zwischen dem rügischen Fürsten und dem Schweriner Bischof ergibt.[38] Im Jahre 1231 wurde dann niederrheinischen Zisterziensermönchen die Möglichkeit zur Gründung des Klosters Neuenkamp beim Richtenberger See gegeben.[39] Zu diesem Zeitpunkt hatten sich auch in diesem Gebiet bereits erste deutsche Siedler niedergelassen. Diesen Anfängen folgte in den nächsten Jahrzehnten eine vielfache Ansiedlung deutscher Bauern durch das Kloster Neuenkamp, die zu einer umfangreichen Rodung und Urbarmachung der 300 Hufen Waldland führte, die dem Kloster vom Rügenfürsten 1231 zugewiesen worden waren.

Auch in dem am Strelasund gelegenen nördlichen Teil des Landes Gristow, der nicht dem Kloster Eldena gehörte, sondern einer Nebenlinie des rügischen Fürstenhauses unterstand, kam es frühzeitig zur Herbeiholung bzw. Einwanderung deutscher Bauern. Ein eindrucksvolles Zeugnis dafür bildet die Kirche von Reinberg, ein typisches Bauwerk der mittelalterlichen Siedlungszeit in Pommern. Ihr Chor wurde noch im romanischen Stil erbaut und wird somit nicht später als 1230/1240 entstanden sein. Im übrigen stellte die Familie von Gristow als Seitenzweig des rügischen Fürstenhauses sicher auch eine Bekräftigung der Zugehörigkeit des Festlandsgebiets zwischen Ryck und Recknitz zum Fürstentum Rügen dar. Das gleiche läßt sich von dem Haus Putbus, ebenfalls einer Seitenlinie des rügischen Fürstenhauses, dessen Besitzungen teilweise nordwestlich der Gristower lagen, sagen.[40] Auf Borante I. von Putbus ist wahrscheinlich die Gründung von Borantshagen, des heutigen Brandshagen, vor 1241, also zu ähnlicher Zeit wie die Anlage von Reinberg, zurückzuführen.[41]

Von besonderer Bedeutung war die Gründung Stralsunds und seine Bewidmung mit lübischem, also deutschem Stadtrecht in den Jahren 1234 und 1240.[42] Diese auf der Festlandsseite des nördlichen Strelasunds gelegene Stadt wurde bald zum Hauptort nicht nur des festländischen, sondern auch des insularen Rügen. Darüber hinaus wurde sie zur bedeutendsten Stadt des gesamten Pommern, nachdem Rügen an Pommern im 14. Jahrhundert angeschlossen worden war. Besonders geprägt war sie durch ihren Fernhandel über See in Verbindung mit dem Kaufmanns- und Städtebund der Hanse.

Nach 1245 wird in der Nähe des alten wendischen Landeszentrums die deutschrechtliche Stadt Tribsees angelegt worden sein;[43] der genaue Zeitpunkt der Stadtrechtsverleihung ist nicht bekannt. Im Jahr 1255 verkaufte der rügische Fürst Jaromar II. der Stadt Barth für eine jährliche Rente den Stadtbereich zu lübischem Recht.[44] 1258 wurde der Grenzort Damgarten, gegenüber von Ribnitz gelegen, mit lübischem Stadtrecht versehen.[45] In den 1280er Jahren wird Grimmen das Lübische Stadtrecht erhalten haben, während Richtenberg, das 1297 als oppidum, d.h. Flecken, bezeichnet wurde,[46] sich wohl erst im 14. Jahrhundert des deutschen Stadtrechts erfreuen konnte.

Bemerkenswert ist eine weitere Stadtgründung im rügischen Festlandsbereich, sie erfolgte allerdings in Hinterpommern. Um 1270 muß Fürst Wizlaw II. das Land Schlawe in Besitz bekommen haben, wahrscheinlich auf Grund von Ansprüchen auf Heiratsgut seiner Mutter, einer Tochter Fürst Swantopolks von Pomerellen. Wizlaw hat dann dort, spätestens 1271, die Stadt mit dem bezeichnenden Namen Rügenwalde gegründet.[47]

Mit der Anlage deutscher dörflicher und städtischer Siedlungen im rügischen Festlandsgebiet war der Bau von Kirchen eng verbunden. Seit dem Missionszug Bischof Ottos von Bamberg 1128 in den Peeneraum und seit der Einnahme Rügens durch die Dänen im Jahre 1168 war das Christentum in der Bevölkerung nur wenig vorangekommen, im rügischen Festlandsbereich anscheinend überhaupt nicht. Jedenfalls ist keine einzige Kirche bekannt, die vor 1200 in diesem Gebiet entstanden wäre. Dieser Zustand änderte sich schlagartig mit der Ansiedlung Deutscher, die ja gewohnt waren, Kirchen zu haben. Schnell entstanden erste Kirchen in den Dörfern und Städten,[48] vielfach aus Feldsteinen errichtet; weitere folgten, mehr und mehr aus Backsteinen erbaut.

Schon 1231, bei der Gründung des Klosters Neuenkamp, wurde urkundlich eine Kirche für das benachbarte Richtenberg genannt.[49] Noch älter dürfte die schlichte, achtunggebietende Feldsteinkirche in Semlow sein, auch wenn sie damals keine urkundliche Erwähnung fand. Ungefähr zur gleichen Zeit wie die Kirche in Richtenberg werden die Kirchen in Reinberg und Brandshagen sowie eine Kirche in Voigdehagen errichtet worden sein. Im Jahre 1242 erteilte Wizlaw I. urkundlich die Erlaubnis zum Bau einer Kirche in Starkow bei Velgast.[50] 1245 übertrug er das Patronat über die Kirche in Tribsees dem Kloster Neuenkamp.[51]

Für die weitere kirchliche Entwicklung im Lande sind folgende Beispiele kennzeichnend: Im Jahr 1293 wurden in einer Urkunde die Kirchen in Leplow und Glewitz als schon erbaute Tochterkirchen der Tribseeser Kirche bezeichnet.[52] Im Jahr darauf richtete der Abt von Neuenkamp noch in Drechow eine Tochterkirche der Tribseeser ein.[53] Im Jahre 1300 wurden schließlich diese drei Tochterkirchen und dazu die Medrower von ihrer Tribseeser Mutterkirche durch den Schweriner Bischof getrennt,[54] so daß sie fortan jeweils den Mittelpunkt einer selbständigen Parochie darstellten. Das entstehende Kirchennetz wurde also damals immer engmaschiger und kräftiger.

Zu Beginn des 14. Jahrhunderts gliederte sich der rügische Festlandsbereich in die

Vogteien (advocatiae) Tribsees, Loitz, Grimmen, Barth und Sund; Tribsees, Barth und Loitz waren alte Zentren.[55] So vollzog sich im 13. Jahrhundert, seit etwa 1220, eine gewaltige Entwicklung im festländischen Teil des Fürstentums Rügen. Durch die Niederlassung deutscher Siedler in dem vorher rein slawisch bewohnten Lande entstanden Städte deutschen Rechts und zahlreiche neue Dörfer. Handel und Landwirtschaft nahmen einen mächtigen Aufschwung. Das Christentum fand mit der Erbauung zahlreicher Kirchen Eingang im Land. Aus einem stark bewaldeten, dünn besiedelten, unchristlichen Land mit wendischer Bevölkerung war ein wirtschaftlich erschlossenes, durchgesiedeltes, christliches Land mit deutsch-slawischer Bevölkerung geworden.

Die Entwicklung auf der Insel
Die Bevölkerung der Insel Rügen bestand auch nach 1168 fast ausschließlich aus Angehörigen des slawischen Stammes der Ranen. Die Unterwerfung der Insel durch die Dänen hat dort zu keiner wesentlichen dänischen Ansiedlung geführt, abgesehen von der Entsendung von dänischen Priestern und Bauleuten, die zunächst zur Einführung des Christentums und zur Anleitung beim ungewohnten Ziegelsteinbau früher Kirchen auf der Insel tätig gewesen sein werden. Über ein Jahrhundert lang kam es offenbar auch zu keiner nennenswerten deutschen Einwanderung auf der Insel, anders als im festländischen Bereich, wo sie bereits um 1220/30 einsetzte. Im Gegensatz zum rügischen Festland war die Insel schon vor 1200 stark besiedelt, wie die vielen slawischen Ortsnamen heute noch beweisen. Selbst wenn zahlreiche Orte nur aus wenigen Häusern bestanden haben wie später noch, wird es bei dem verhältnismäßig engen Siedlungsnetz eine beachtliche Zahl von Inselbewohnern gegeben haben. Daher bestand kein besonderes Bedürfnis und nur in geringerem Maße die Möglichkeit, die Insel durch Einwanderer landwirtschaftlich zusätzlich erschließen zu lassen.

Die Ranen hielten die von ihnen 1168 angenommenen Bedingungen ein. Es kam zu keinen Aufständen gegen die Dänen und gegen das Christentum. Vielleicht war den Fürsten die Lehnshoheit des dänischen Königs und die geistliche Zuständigkeit des Roskilder Bischofs weniger unbequem als die vorherige Machtstellung der Swantewit-Priester. Insgesamt sollen in der Folgezeit 11 oder 12 Kirchen auf Rügen erbaut worden sein,[56] sicherlich zunächst teilweise aus Holz. Anfang des 13. Jahrhunderts müssen die heute vier ältesten Backsteinkirchen Rügens, die Kirchen in Bergen, Altenkirchen, Sagard und Schaprode, im Bau gewesen sein, wie die an ihnen noch vorhandenen romanischen Stilelemente beweisen. 1193 wurde bei der Bergener Marienkirche ein Benediktiner-Nonnenkloster gegründet.[57] Langsam kam das Christentum auf der Insel voran.[58] Die zugesagte Heeresfolge wurde von den Ranen ebenfalls eingehalten. Immer wieder beteiligten sich rügische Streitkräfte an den kriegerischen Zügen der Dänen, sowohl gegen die Pommern als auch 1219 gegen die Esten.[59]

Bei der Unterwerfung Rügens 1168 hatten die Wallburgen Arkona und Garz die Brennpunkte des Geschehens gebildet. Arkona war das priesterliche Zentrum, Garz wohl das fürstliche Zentrum gewesen. Garz blieb auch weiterhin ein Mittelpunkt der Insel. Innerhalb des Burgwalls wurden eine Kapelle[60] und ein steinernes, wohl fürstliches Gebäude[61] errichtet. Neben Garz entwickelte sich mehr und mehr das zentral gelegene Bergen vor der Wallburg des Rugard zu einem Mittelpunkt und bald sogar zum Hauptzentrum der Insel. Im Jahr 1250 wurden urkundlich dort ein Markt und ein Krug bezeugt.[62] Auf dem Rugard gab es eine Kirche.[63] Auffälligerweise erhielten weder Bergen noch Garz und auch kein anderer Ort auf Rügen im 13. Jahrhundert das deutsche Stadtrecht. Vermutlich waren deutsche Kaufleute zu dieser Zeit noch nicht in größerer Zahl auf Rügen seßhaft geworden.

Eingeteilt war die Insel in neun Bezirke, die Anfang des 14. Jahrhunderts in einem Abgabeverzeichnis über den Bischofsroggen als advocaciae, also Vogteien, bezeichnet wurden. In einem Fall wurde »advocacia« mit »gharde« gleichgesetzt.[64] Aus dieser zweifachen Benennung läßt sich folgern, daß die mit der deutschen Einwanderung im Festlandsbereich eingeführte Vogteiverwaltung auch für die Insel gültig geworden war und daß sie mit einer älteren Garde-Einteilung der Insel verbunden worden war. Diese Garde könnten Siedlungskammern gewesen sein, die gleichzeitig Burg(Gard)bezirke waren.[65] Eine solche Verbindung von neuer Vogteiverwaltung und älterer Inselgliederung ließe darauf schließen, daß die alten Siedlungsräume nicht wesentlich verändert worden waren, daß also kaum eine Einwanderung von dänischer oder deutscher Seite erfolgt war.

Die Einführung der Vogteiverwaltung könnte durch die Übertragung der im Festlandsbereich erprobten deutschen Lehnverfassung auf die Insel eingeleitet worden sein. Die Durchdringung der Umgebung des Landesherrn mit Angehörigen des deutschen Adels und der deutschen Geistlichkeit könnte eine solche Übernahme der neuen festländischen Verfassungs- und Verwaltungsverhältnisse in den Inselbereich bewirkt haben, ohne daß dort schon in stärkerem Maße eine deutsche bäuerliche Einwanderung erfolgt wäre.[66] Es wären damit deutsche Verfassungs- und Verwaltungsverhältnisse über die ranischen Lebensverhältnisse gebreitet worden, die unter dieser Decke zunächst im wesentlichen erhalten bleiben konnten.[67]

Zugleich gibt es Hinweise auf eine damals beginnende deutsche Einwanderung. Ein Beispiel solcher Einwanderung um die Wende vom 13. zum 14. Jahrhundert stellt ein Siedlungsvorgang im Land Reddevitz, d.h. im nördlichen Teil des Mönchguts, dar. Im Jahre 1252 hatte das Kloster Eldena dieses Gebiet gekauft.[68] Nachdem das Kloster 1295 das Haus Putbus, das Rechte auf dieses Gebiet geltend machte, entschädigt hatte,[69] wurden drei Siedlungen, Grotenhagen, Middelhagen und Lütkenhagen, angelegt.[70] Die drei Ortsnamen lassen auf niederdeutsche Siedler schließen, sie stammten vielleicht aus Westfalen.[71]

Zur selben Zeit, im Jahre 1296, wurde ein Tochterkloster von Neuenkamp auf Hiddensee gegründet.[72] Auf die Tätigkeit dieses Klosters dürften die Orte Vitte und Plogshagen zurückgehen.

Auch im Bereich der Gemeindekirchen scheint damals eine Entwicklung vor sich gegangen zu sein. Während bis 1300 erst rund ein Dutzend rügischer Kirchen urkundlich genannt worden waren,[73] abgesehen von einzelnen Kapellen, hatte sich zwei Jahrzehnte später diese Zahl ungefähr verdoppelt.[74] Auch wenn man berücksichtigt, daß erst im 14. Jahrhundert die schriftliche Überlieferung häufiger wurde, ist doch eine zahlenmäßige Zunahme der Kirchen auf Rügen zum damaligen Zeitpunkt unverkennbar. Diese Zunahme könnte die Folge einer Einwanderung deutscher Siedler als Träger des Christentums gewesen sein.

Das Fürstentum Rügen - ein Überblick

Besonders aufschlußreich ist die Gründung der ersten deutschen Stadt auf der Insel. Im Jahre 1313 trat urkundlich erstmals die Stadt Rugendal in Erscheinung,[75] die im Jahr darauf als neue Stadt bezeichnet wurde.[76] Ihr Bestand war von Anfang an gefährdet, denn schon in der Urkunde von 1313 wurde in Betracht gezogen, daß Rugendal in einen Flecken (oppidum) oder ein Dorf (villa) umgewandelt oder an einen anderen Ort verlegt werden könnte. In einem Verzeichnis fürstlicher Hebungen aus dem Jahre 1314 wurden neben dieser neuen Stadt (nova civitas) die Burg Garz sowie ein wendisches Garz (slavicus Garz) und ein deutsches Garz (teutunicus Garz) genannt.[77] Im Jahre 1319 hatte sich die Befürchtung aus dem Jahre 1313 verwirklicht: Rugendal war nach Garz verlegt worden, und Garz hatte den Rang einer neuen Stadt erhalten.[78] Garz ist Stadt geblieben und Rugendal nicht mehr in Erscheinung getreten. Diesem Geschehen ist zu entnehmen, daß es damals im Garzer Raum sowohl eine ländliche (teutunicus Garz) als auch eine städtische (nova civitas Ruyendal) deutsche Ansiedlung gab.

Garz ist bis 1613, als Bergen Stadtrecht erhielt,[79] die einzige Stadt auf der Insel Rügen geblieben, hat aber nie für die ganze Insel Bedeutung erlangt. Stralsund, dessen Bürger teilweise auf der Insel Besitz erwarben, war die eigentliche Hauptstadt Rügens und erhielt - allerdings erst 1408 - das Getreideausfuhrmonopol für die Insel.[80]

Auf dem Lande sind sicher mehr deutsche Siedlungen entstanden, als es deutsche Ortsnamen gibt. Teilweise werden die deutschen Einwanderer, die in der Regel eigene Orte anlegten, die vorgefundenen slawischen Ortsnamen übernommen haben,[81] so daß sich die benachbarten deutschen und ranischen Orte nur durch die Zusatzbezeichnungen wie Groß- und Klein- oder Alt- und Neu- unterschieden.

Auf eine bäuerliche Einwanderung deutet auch das schnelle Vordringen der plattdeutschen Sprache auf der Insel hin. Hätte es sich nur um eine Zuwanderung von Angehörigen des deutschen Adels und der deutschen Priesterschaft gehandelt, wäre wahrscheinlich die ranische Sprache auf der Insel erhalten geblieben so wie damals im Baltikum die einheimische lettische und estnische Sprache. Die Pflege deutscher Sprache und Kultur am Hofe der Fürsten von Rügen und in den Kreisen des Adels auf Rügen - die ihren Ausdruck in der persönlichen Ausübung des deutschen Minnesangs durch Wizlaw III. fand[82] - und der internationale Gebrauch des Niederdeutschen im Hansebereich, zu dem im rügischen Umfeld allerdings nur Stralsund gehörte, hätten allein eine Durchsetzung der plattdeutschen Sprache auf Rügen kaum bewirken können, wie die damalige Entwicklung im Baltikum beweist. Auch dort gab es eine deutsche Landes- und Adelsherrschaft, dazu noch ein auf Rügen nicht vorhandenes deutsches Bürgertum mit hansischen Verbindungen, aber es gab dort kein deutsches Bauerntum.[83] Durch das Fehlen einer bäuerlichen Zuwanderung aus Deutschland konnte sich die Sprache der einheimischen Bevölkerung im liv-lett-estländischen Gebiet neben der deutschen Haupt- bzw. Amtssprache halten. Auf Rügen ging dagegen das Ranische wohl schon im Laufe des 14. Jahrhunderts weitgehend verloren.[84]

Insgesamt erfolgte offensichtlich die deutsche Siedlung auf der Insel Rügen wesentlich später als auf dem benachbarten Festland und wohl nicht mit gleicher Stärke.[85] Möglicherweise bewirkte vor allem die eindeutig günstige Entwicklung der Festlandsverhältnisse, durch die dem fürstlichen Hof vermehrte Einnamen zuflossen, eine Übertragung festländischer Verfassungs- und Verwaltungsverhältnisse auf die Insel, unabhängig von der Einwanderung deutscher Siedler und noch bevor diese in etwas stärkerer Weise einsetzte. Die bäuerliche deutsche Einwanderung auf der Insel war einerseits eine wesentliche Ursache für das Verschwinden der ranisch-wendischen Sprache, ließ aber andererseits wegen ihres geringeren Ausmaßes unter der Oberfläche deutscher Verfassungs- und Verwaltungseinrichtungen durchaus alte Siedlungs- und Agrarstrukturen bestehen bleiben.

Der Übergang des Fürstentums Rügen an Pommern
Am 8. November 1325 starb Fürst Wizlaw III. ohne Hinterlassung eines männlichen Erben, da sein Sohn Jaromar ein halbes Jahr vor ihm gestorben war.[86] Auf Grund einer Erbvereinbarung[87] wurde Herzog Wartislaw IV. von Pommern-Wolgast, ein Schwestersohn Wizlaws, dessen Nachfolger. Am 24. Mai 1326 erhielt Wartislaw durch König Christoph II. von Dänemark die Belehnung mit dem Fürstentum Rügen.[88] Aber schon am 1. August 1326 starb Wartislaw IV.[89] Da von mecklenburgischer Seite Anspruch auf seine Nachfolge im Fürstentum Rügen erhoben wurde, kam es von 1326 bis 1328 zum Rügischen Erbfolgekrieg, der in den Jahren 1351 bis 1354 eine Fortsetzung fand. Schließlich verblieb das Fürstentum Rügen endgültig beim Herzogtum Pommern.[90]

[1] Entsprechend der einen Absicht der Demminer Kolloquien, bekannte Tatsachen der totgeschwiegenen pommerschen Geschichte nicht in Vergessenheit geraten zu lassen, wurde mit diesem - jetzt überarbeiteten - Vortrag versucht, einen gerafften Überblick über die Ergebnisse der bisherigen Forschungen zur Geschichte des Fürstentums Rügen zu geben.

[2] Die Gemarkung von Griebenow gehörte noch zum Land Loitz, die von Jargenow gehörte anfangs zum Land Gützkow, später auch zu Loitz, vgl. Eginhard Wegner, Das Land Loitz zwischen 1200 u. 1700, Diss., Greifswald 1959, S. 49, 52 u. Abb. 13.

[3] Widukindi monachi Corbeiensis rerum gestarum Saxonicarum libri tres, hrsg. v. P. Hirsch, Scriptores (SS) rer. Germ. 57, 5. Aufl., Hannover 1935 u. Widukinds Sächsische Geschichten, hrsg. v. W. Wattenbach, D. Geschichtschreiber d. dt. Vorzeit 33, 4. Aufl., Leipzig (1913), III 53-54 (Hirsch, S. 132-134); vgl. Wolfgang Brüske, Untersuchungen zur Geschichte des Lutizenbundes, 2. Aufl., Köln/Wien 1983, S. 26-28; Joachim Herrmann, Der Lutizenaufstand 983 ..., S. 442 ff., in: Joachim Herrmann, Wege zur Geschichte, Ausgewählte Beiträge, Berlin 1986, S. 439-454.

[4] Magistri Adam Bremensis Gesta Hammaburgensis ecclesiae pontificum, hrsg. v. Bernhard Schmeidler, SS rer. Germ. 2, 3. Aufl., Hannover/Leipzig 1917 u. Adam von Bremen, Hamburgische Kirchengeschichte, bearb. v. Sigfrid Steinberg, Geschichtsschreiber 44, 3. Aufl., Leipzig 1926, IV 18 (Schmeidler, S. 245).

[5] Helmoldi presbyteri Bozoviensis Cronica Slavorum, bearb. v. Bernhard Schmeidler, SS rer. Germ. 18, 3. Aufl., Hannover 1937 u. Helmolds Chronik der Slawen, bearb. v. Bernhard Schmeidler, Geschichtschreiber 56, 3. Aufl., Leipzig 1910, I 36 (Schmeidler, S. 70) u. II 12 (S. 213 f.).

[6] Vgl. Brüske (s. Anm. 3), S. 91 f.

[7] Helmold (s. Anm. 5), I 38 (Schmeidler, S. 73-77); vgl. Brüske (s. Anm. 3), S. 93.

[8] Saxonis Grammatici Gesta Danorum, hrsg. v. Alfred Holder, Straßburg 1886, und hrsg. v. S. Olrik u. H. Raeder, T. 1, Hauniae 1931, p. 661 f. (Holder, S. 444 f., Olrik/Raeder, S. 368 f.); vgl. Martin Wehrmann, Geschichte der Insel Rügen, 2. Aufl., Greifswald 1923, S. 17.

[9] Zum folgenden Kapitel: Saxo (s. Anm. 8), p. 741-817 (Holder, S. 502-561, Olrik/Raeder, S. 414-462); vgl. Oskar Eggert, Dänisch-wendische Kämpfe in Pommern und Mecklenburg

(1157-1200), Stettin (1928), S. 3-33.

[10] Zum bisherigen Teil dieses Kapitels: Saxo (s. Anm. 8), p. 821-845 (Holder, S. 564-579, Olrik/Raeder, S. 464-476); vgl. Eggert (s. Anm. 9), S. 34-43; Alfred Haas, Arkona im Jahre 1168, Bergen 1918.

[11] Saxo (s. Anm. 8), p. 887 (Holder, S. 602, Olrik/Raeder, S. 499); Helmold (s. Anm. 5), II 14 (Schmeidler, S. 217); vgl. Eggert (s. Anm. 9), S. 53.

[12] Pommersches Urkundenbuch (PUB), Bd. 1, 2. Aufl., bearb. v. Klaus Conrad, Köln/Wien 1970, Nr. 52, (Bd. 2 u. 3, bearb. v. Rodgero Prümers, Stettin 1881/85 u. 1888/91, Bd. 4, bearb. v. Georg Winter, Stettin 1902/03, Bd. 5 u. 6, bearb. v. Otto Heinemann, Stettin 1903/05 u. 1906/07).

[13] PUB 1² (s. Anm. 12), Nr. 75; diese Regelung fand eine päpstliche Bestätigung 1186 (PUB 1², Nr. 99), dagegen wurde die Regelung von 1169 mehrfach von 1180 (PUB 1², Nr. 83b) bis 1232 (PUB 1², Nr. 283a) päpstlich bestätigt.

[14] PUB 1² (s. Anm. 12), Nr. 57.

[15] ebenda, Nr. 61 u. 62.

[16] ebenda, Nr. 75.

[17] Vgl. Detlef Kattinger, Heinrich der Löwe, Kasimir I. von Demmin und Bogislaw I. von Stettin, Ein Versuch über das Lehnsverhältnis Heinrich des Löwen gegenüber den pommerschen Herzögen, S. 78-80, in: Land am Meer, Pommern im Spiegel seiner Geschichte, Köln/Weimar/Wien 1995, S. 63-84; Hansdieter Berlekamp, Arkona und Rügen vor 1168 - Betrachtungen zum Quellenmaterial, S. 13, in: 825 Jahre Christianisierung Rügens, Altenkirchen 1993, S. 7-18.

[18] Vgl. Eggert (s. Anm. 9), S. 57-60.

[19] Vgl. Fritz Curschmann, Die Belehnung Herzog Bogislaws I. von Pommern im Lager vor Lübeck (1181), S. 9 u. 32 f., in: Pommersche Jahrbücher 31. Bd., 1937, S. 5-33; Karl Jordan, Heinrich der Löwe, Eine Biographie, München 1979, S. 207 f. - Mit der Belehnung Bogislaws durch den Kaiser kam die Einordnung der pomoranischen Fürsten in das deutsche Lehnswesen, die mit der - zumindest zeitweisen - Unterordnung unter die Oberhoheit Heinrichs des Löwen begonnen hatte, zu einem ersten Abschluß, so daß nun von pommerschen Herzögen gesprochen werden kann, wenn auch die Bildung des Neustammes der Pommern erst durch die deutsche Siedlung im 13. Jahrhundert erfolgt ist.

[20] Vgl. Martin Wehrmann, Geschichte von Pommern, 1. Bd., 2. Aufl., Gotha 1919, S. 89 f.; Eggert (s. Anm. 9), S. 62-70; Jürgen Petersohn, Der südliche Ostseeraum im kirchlich politischen Kräftespiel des Reichs, Polens und Dänemarks vom 10. bis 13. Jahrhundert, Köln/Wien 1979, S. 439 f.

[21] Vgl. Wehrmann, Pommern 1² (s. Anm. 20), S. 90 f.

[22] PUB 1² (s. Anm. 12), Nr. 123.

[23] ebenda, Nr. 125.

[24] ebenda, Nr. 145.

[25] ebenda, Nr. 172.

[26] ebenda, Nr. 187 u. 188.

[27] ebenda, Nr. 170 u. 195.

[28] Vgl. Joachim Wächter, Die Anfänge Greifswalds im Rahmen der Siedlungsgeschichte, S. 141 ff., in: Land am Meer, Pommern im Spiegel seiner Geschichte, Köln/Weimar/Wien 1995, S. 133-144.

[29] PUB 1² (s. Anm. 12), Nr. 397.

[30] ebenda, Nr. 429.

[31] ebenda, Nr. 441.

[32] PUB 2 (s. Anm. 12), Nr. 846, 894, 898, 905, 934, 938.

[33] ebenda, Nr. 1022.

[34] PUB 3 (s. Anm. 12), Nr. 1888.

[35] PUB 2 (s. Anm. 12), Nr. 1060; vgl. Wegner (s. Anm. 2), S. 55.

[36] 1285 wurden urkundlich dort die Kirchen in Neuenkirchen und Wieck genannt: PUB 2 (s. Anm. 12), Nr. 1343.

[37] PUB 1² (s. Anm. 12), Nr. 148.

[38] ebenda, Nr. 208; vgl. Hellmuth Heyden, Zur Kirchengeschichte des Festlandes Rügen, S. 52 f., in: Herbergen der Christenheit 1969, S. 47-65.

[39] PUB 1² (s. Anm. 12), Nr. 277; vgl. Heyden, Festland, (s. Anm. 38), S. 53.

[40] Vgl. Gunnar Möller, Der Landesausbau in der Terra Gristow am Greifswalder Bodden vom 7. bis 14. Jahrhundert, S. 109, in: Mensch und Umwelt, Studien zum Siedlungsausgriff und Landesausbau in Ur- und Frühgeschichte, Berlin 1992, S. 109-115; ders., Geschichte und Besiedlung der Terra Gristow vom 7. bis 14. Jahrhundert, in diesem Band.

[41] Vgl. Dietrich Kausche, Geschichte des Hauses Putbus und seines Besitzes im Mittelalter, Greifswald 1937, S. 17 f.

[42] PUB 1² (s. Anm. 12), Nr. 307 u. 375.

[43] vielleicht im Anschluß an die Verleihung des Kirchenpatronats 1245: PUB 1² (siehe Anm. 12), Nr. 439.

[44] PUB 2 (s. Anm. 12), Nr.604; vgl. Heyden, Festland, (s. Anm. 38), S. 53 f.

[45] PUB 2 (s. Anm. 12), Nr.661.

[46] PUB 3 (s. Anm. 12), Nr.1810. - Vgl. zu Grimmen: PUB 3 (s. Anm. 12), Nr. 1427 u. 1446.

[47] PUB 2 (s. Anm. 12), Nr.935; vgl. Gustav Kratz, Die Städte der Provinz Pommern, Berlin 1865, S. 327 f. u. 348.

[48] Vgl. Heyden, Festland, (s. Anm. 38), S. 55.

[49] PUB 1² (s. Anm. 12), Nr. 277.

[50] ebenda, Nr. 408.

[51] ebenda, Nr. 439.

[52] PUB 3 (s. Anm. 12), Nr. 1630.

[53] ebenda, Nr. 1701.

[54] PUB 6 (s. Anm. 12), Nr. 4059; zur Bildung von Tochterkirchen vgl. Hellmut Heyden, Untersuchungen und Anmerkungen zur Kirchengeschichte der Insel Rügen, S. 220, in: Neue Aufsätze zur Kirchengeschichte Pommerns, Köln/Graz 1965, S. 205-239.

[55] PUB 4 (s. Anm. 12), Nr. 2185; die Vogtei Loitz umfaßte außer dem alten Land Loitz auch das Land Gristow, die Vogtei Sund war anscheinend wegen Ausweitung der besiedelten Fläche und Verlagerung ihres Schwerpunkts durch die deutsche Einwanderung anstelle des Landes Pütte gebildet worden, die Vogtei Grimmen umfaßte in erheblichem Maße neubesiedeltes und -erschlossenes Gebiet. Über den Wechsel von den Kastellanen zu den Vögten vgl. Oskar Kossmann, Rügen im hohen Mittelalter, S. 178, in: Zeitschrift für Ostforschung 32. Jg. 1983, S. 173-233.

[56] Ex historia regum Danorum dicta Knytlingasaga, bearb. v. F. Jonsson, in: MG SS, T. XXIX, S. 271-322, Hannover 1892, c. 122 u. 123 (Jonsson,. S. 314); Helmold (s. Anm. 5), II 12 (Schmeidler, S. 212).

[57] PUB 1² (s. Anm. 12), Nr. 123.

[58] Vgl. Joachim Wächter, Die Entwicklung des Kirchenwesens auf Rügen im 13. Jahrhundert und in der ersten Hälfte des 14. Jahrhunderts, S. 94 f., in: Bistum Roskilde und Rügen, hrg. v. Bertil Wiberg, Roskilde 1987, S. 93-106.

[59] Vgl. Carl Hamann, Die Beziehungen Rügens zu Dänemark von 1168 bis zum Aussterben der einheimischen rügischen Dynastie 1325, Greifswald 1933, S. 31 ff., insbes. S. 36.

[60] Dieser Kapelle wurde 1232 das Dorf Gagern und eine Rente aus dem Krug in Gingst verliehen: PUB 1² (s. Anm. 12), Nr. 284.

[61] Vgl. Carl Schuchardt, Otto Stiehl, Wilhelm Petzsch, Ausgrabungen auf dem Burgwall von Garz, in: Sitzungsberichte der Preußischen Akademie der Wissenschaften, Phil.-hist. Klasse 27, Berlin 1928, S. 459 ff.

[62] PUB 1² (s. Anm. 12), Nr. 522; der Krug bzw. die Abgaben-Hebestätte wurde bereits 1232 genannt: PUB 1² (s. Anm. 12), Nr. 282.

[63] PUB 2 (s. Anm. 12), Nr. 1354.

[64] PUB 5 (s. Anm. 12), Nr. 3234; vgl. Wolfgang H. Fritze, Die Agrar- und Verwaltungsreform auf der Insel Rügen um 1300, S. 146-150, in: Germania Slavica II, Berlin 1981, S. 143-186, Fritze ist zuzustimmen hinsichtlich seiner zeitlichen Ansetzung der Vogteientstehung auf Rügen, die allerdings keine n e u e Verwaltungsgliederung zu sein scheint. Vgl. auch Wehrmann, Insel Rügen, (s. Anm. 8), S. 70 f.

[65] Vgl. Kossmann (s. Anm. 55), S. 174 u. Karte zw. S. 176 u. 177, einleuchtend ist Kossmanns Feststellung, daß die alten Gardbezirke auf »Fruchtkammern« zurückzuführen seien.

[66] Vgl. Kossmann (s. Anm. 55), S. 194-196, überzeugend ist der Hinweis auf die Bedeutung eines Wandels in der jeweiligen Herrschaftsschicht.

[67] Vgl. Fritze (s. Anm. 64), S. 143 f.

[68] PUB 1² (s. Anm. 12), Nr. 551.

[69] PUB 3 (s. Anm. 12), Nr. 1709 u. 1710.

[70] Vgl. Fritz Adler, Mönchgut, Greifswald 1936, S. 27 f.; Hellmuth Heyden, Die Evangelischen Geistlichen des ehem. Regierungsbezirkes Stralsund - Insel Rügen, Greifswald 1956, S. 251.

[71] Vgl. A. Haas u. Fr. Worm, Die Halbinsel Mönchgut und ihre Bewohner, Stettin 1909, S. 55 f; Adler (s. Anm. 70), S. 30.

[72] PUB 3 (s. Anm. 12), Nr. 1764 u. 1770.

[73] Vgl. Wehrmann, Insel Rügen, (s. Anm. 8), S. 39.

[74] Vgl. Hellmuth Heyden, Kirchengeschichte Pommerns, Bd. 1, 2. Aufl., Köln 1957, S. 48 f.; Ernst Wiedemann, Kirchengeschichte der Insel Rügen, (Stettin 1933), S. 50 f.; Wächter, Kirchenwesen, (s. Anm. 58), S. 102, Anm. 51a.

[75] PUB 5 (s. Anm. 12), Nr. 2853.

[76] ebenda, Nr. 2918, S. 196.

[77] ebenda, Nr. 2918, S. 197 u. 199.

[78] ebenda, Nr. 3287.

[79] Vgl. Horst-Diether Schroeder, Zur mittelalterlichen Geschichte Bergens, S. 225 ff., in: Wiss. Zeitschr. der E.-M.-Arndt-Univ. Greifswald, Jg. XII, 1963, Gesellschs.- u. Sprachwiss. Reihe, Heft 2, S. 219-227.

[80] Vgl. Wehrmann, Insel Rügen, (s. Anm. 8), S. 74; Wiedemann (s. Anm. 74), S. 32 u. 35 ff.

[81] Vgl. Adler (s. Anm. 70), S. 28 f.; Wehrmann, Pommern 1² (s. Anm. 20), S. 116 f.

[82] Vgl. Wehrmann, Insel Rügen, (s. Anm. 8), S. 49 f.; Erich Gülzow, Des Fürsten Wizlaw von Rügen Minnelieder und Sprüche, neu hrsg. mit e. Einführung in Wizlaws Leben u. Dichten, Greifswald 1922; Birgit Spitschuh, Wizlav von Rügen - Eine Monographie, Diss., Greifswald 1988; Otto Knoop, Fürst Wizlaw 3. von Rügen und der Ungelarde, in: Baltische Studien XXXIII. Bd., 1883, S 272-289.

[83] Vgl. Reinhart Wittram, Baltische Geschichte, Darmstadt 1973, S. 28-36, insbes. S. 33 u. 35.

[84] Vgl. Wehrmann, Pommern 1² (s. Anm. 20), S. 158.

[85] Vgl. Herbert Ewe, Rügensche Flurnamen des Mittelalters und ihre Bedeutung für Historische Geographie, S. 31-33, in: Greifswald-Stralsunder Jahrbuch Bd. 2/1962, S. 31-37; Hellmuth Heyden, Untersuchungen (s. Anm. 54), S. 217 u. 220f.

[86] PUB 6 (s. Anm. 12, Nr. 3887 u. 3848; vgl. Ursula Scheil, Zur Genealogie der einheimischen Fürsten von Rügen, Köln/Graz 1962, S. 139 ff.

[87] PUB 6 (s. Anm. 12), Nr. 3494.

[88] PUB 7 (s. Anm. 12), Nr. 4183.

[89] ebenda, Nr. 4210.

[90] Vgl. Horst-Diether Schroeder, Der Erste Rügische Erbfolgekrieg, in diesem Buch, 3. Kolloquium; Klaus Wriedt, Die mecklenburgisch-pommerschen Auseinandersetzungen nach dem Aussterben des rügenschen Fürstenhauses, Kiel 1962; ders., Die kanonischen Prozesse um die Ansprüche Mecklenburgs und Pommerns auf das rügische Erbe 1326-1348, Köln/Graz 1963.

Geschichte und Besiedlung der Terra Gristow vom 7. bis 14. Jahrhundert[1]

von
Gunnar Möller

11. Demminer Kolloquium zur Geschichte Vorpommerns am 3. Juli 1993
unter dem Tagungsthema: »Zur Geschichte des Fürstentums Rügen«

Im Gegensatz zur Insel Rügen schenkte die Forschung dem ehemals festländischen Teil des gleichnamigen mittelalterlichen Fürstentums in der slawischen und nachfolgenden hoch- bis spätmittelalterlichen Geschichte wenig Aufmerksamkeit. Jenes vom 12. bis zum ersten Viertel des 14. Jahrhunderts zum Fürstentum Rügen gehörende Gebiet hatte eine andere Entwicklung genommen als die Insel selbst und wies wesentlich engere Kontakte und Parallelen zum westlich angrenzenden Mecklenburg, zu Niedersachsen und Holstein auf als zu Rügen (Fritze 1981, 143 ff.).
Für die Ländereien der Klöster Eldena und Neuenkamp (vgl. Pyl 1880; Greifeld 1967) liegen bereits differenzierte Untersuchungen zum hochmittelalterlichen Landesausbau vor, die aber lediglich auf der Auswertung des Urkundenmaterials beruhen. Von archäologischer Seite fehlte bisher eine tiefgreifende Analyse der Entwicklung auf dem festländischen Rügen für das 7. bis 14. Jahrhundert.
Die Terra Gristow wurde erstmals 1285 in einer Urkunde des Bischofs Herrmann von Schwerin genannt (PUB 2, 1343), ist also die zuletzt erwähnte Terra zwischen Recknitz-Trebel-Ryck und Strelasund.[2]
Die Südgrenze des Landes Gristow ergibt sich aus der bischöflichen Urkunde von 1285, in der alle zwischen dem Ryck und dem Leister Bach (die heutige Beek nördlich von Petershagen und Leist) befindlichen Ortschaften des Klosters Eldena als zum Land Gristow gehörend bezeichnet werden. Daß dieses Gebiet bereits seit der ersten Hälfte des 13. Jahrhunderts zum Land Gristow (respektive der Herrschaft Gristow) gehörte, geht aus einer Urkunde von 1249 (PUB 1², 501) hervor. Ryckaufwärts zählten die Dörfer Willerswalde und Bremerhagen zur Herrschaft Gristow, westlich von Hildebrandshagen grenzten sie an die Abtei Neuenkamp sowie nördlich an die Herrschaft Brandshagen. Dieses relativ große, einheitliche Herrschaftsgebiet, das aus einer Reihe von Urkunden erschlossen werden kann (PUB 6, 3974; PUB 5, 2868 u. a.), kam nach 1300 mit der Neueinteilung des Herzogtums Pommern in Vogteien zur Vogtei Loitz (Curschmann 1940, 1 ff.).
Zusammen mit der Herrschaft Brandshagen, einer Apanage der Herren von Putbus, war die Herrschaft Gristow ein wichtiger Bestandteil in der politischen und militärischen Sicherung der festländischen Besitzungen des Fürstentums Rügen. Um 1200 wurde der ältere Sohn des Rügenfürsten Jaromar I., Barnuta, mit

großen Gebieten des späteren Neuvorpommern, ja selbst mit den von den Pommern geraubten Gebieten belehnt (PUB 1², 325, 326). Barnuta, der als Begründer des Geschlechts der Herren von Gristow gilt und zwischen 1217 und 1221 als ältester Sohn Jaromars I. sogar Fürst von Rügen war (Scheil 1962), war ebenso wie die Herren von Putbus (Borante von Boranteshagen) als Blutverwandter und zuverlässiger Untertan der Rügenfürsten mit einem politisch strittigen Gebiet zwischen Ryck und Strelasund apanagiert worden. Dadurch sicherte sich das Fürstenhaus Rügen die der Insel Rügen, einschließlich der wichtigen Fährstellen Stahlbrode und Niederhof, gegenüberliegenden Ländereien gegen das Herzogtum Pommern. Letztere beanspruchten bis Mitte des 13. Jahrhunderts ausdrücklich die Gebiete nördlich des Ryck (PUB 1², 187, 188). Ursprünglich scheint Barnuta mit wesentlich größeren Gebieten belehnt worden zu sein, die er aber später wieder an Pommern verlor; so heißt es 1236, daß Barnuta und Wizlaw von Rügen alle Besitzungen in den Ländern Loitz und Wolgast, speziell alle peeneabwärts gelegenen Gebiete besaßen.

Der Verfasser ist der Ansicht, daß, im Gegensatz zu W. Brüske (1955) und J. Herrmann (1968), das Gebiet zwischen Recknitz-Trebel-Ryck-Strelasund im 12. Jahrhundert nicht zum politischen Stammesbereich der Rügenslawen gehörte (obwohl hier durchaus Ranen gelebt haben könnten), sondern ein von den Pommern in der ersten Hälfte des 12. Jahrhunderts erobertes Gebiet darstellt (vgl. PUB 1², 27, 30, 99, 117, 187, 188 sowie Saxo Grammaticus p. 749, S. 511). Tribsees scheint mit Sicherheit erst Ende des 12. Jahrhunderts durch militärische Aktionen der Dänen und Ranen an das Fürstentum Rügen gekommen zu sein.

Ein weiterer Hinweis, daß der Ryck damals keine feste Grenze zwischen Rügen und Pommern war, kann aus den großzügigen Gebietsschenkungen anläßlich der durch Jaromar I. 1199 veranlaßten Ansiedlung der Zisterziensermönche an der Ryckmündung geschlußfolgert werden. Dadurch wollte sich Jaromar I. einen Bündnispartner als Pufferzone gegen die Pommern sichern.

Im Vergleich zu den umliegenden Gebieten weist die spätere Terra Gristow keine größere altslawische Besiedlung auf.[3] Die vereinzelten Funde von Keramik des Feldberger Typs, die hier ins 8. Jahrhundert gesetzt werden können, sind nur als sporadischer Siedlungsnachweis zu werten. Sie kommen auch nur in den Gemarkungen Gristow und Brook vor. Etwas zahlreicher ist die Keramik vom Fresendorfer Typ vertreten, die dem Zeithorizont des 9.-10. Jahrhunderts zugeordnet wird. Sie ist auf den selben oder dicht benachbarten Fundplätzen wie die Feldberger Keramik geborgen worden. Es läßt sich daher bei gebotener Vorsicht sagen, daß die darauffolgende, dicht besiedelte jungslawische Siedlungskammer um Gristow-Brook aus einer bescheidenen, eng begrenzten altslawischen Besiedlung hervorging.

Im 11. und 12. sowie dem frühen 13. Jahrhundert bildeten sich in der späteren Terra Gristow drei unterschiedlich große jungslawische Siedlungsgebiete heraus - zum einen die um Gristow-Brook mit 30 jungslawischen Fundplätzen sowie 10 Siedlungsstellen um Wampen-Ladebow und 2 Fundplätzen bei Wackerow. Desweiteren gibt es vereinzelte jungslawische Fundstellen bei Stahlbrode, Reinberg, Mannhagen und Wendorf. Zu vermuten ist, daß hier weitere slawische Fundplätze erschlossen werden können. Es fällt auf, daß sich die ehemaligen sla-

Geschichte und Besiedlung der Terra Gristow vom 7. bis 14. Jahrhundert

wischen Siedlungsplätze massiert im Mittel- und Ostteil der Terra Gristow konzentrieren. Dies ist auch das Gebiet mit überwiegend slawischen Orts- und z. T. auch Flurnamen. Westlich der heutigen Bahnlinie zwischen Stralsund und Greifswald liegen fast nur deutsche Ortsnamen (Hagendörfer).
Die Ursachen hierfür ergeben sich aus den geologischen Bedingungen. Im Osten der Terra Gristow überwiegen leichte Böden, die sich für die Slawen leichter landwirtschaftlich bearbeiten ließen als die fruchtbaren, aber schweren Böden der Grund- und Endmoränen. Außerdem bestand an der Küste ein alter Verkehrsweg, der aus Richtung Wolgast-Peenemündung kommend über den Ryck bei Wieck-Eldena, weiter über Wampen, Leist, Frätow, Gristow bis nach Stahlbrode zur Fähre nach Rügen verlief (vgl. Deeke 1906, 186 f.). Die jungslawischen Siedlungen orientierten sich in ihrer Masse nach diesem Verkehrsweg, der bis ans Ende des 14. Jahrhunderts bestand. 1396 zerstörte eine Flut die Brücke über die Beek und schuf die heutige Gristower Wiek (Gesterding 1827, 60, 64, 79).
Ein Großteil der jungslawischen Siedlungen mag das Ergebnis des im 12. Jahrhundert betriebenen umfangreicheren Landesausbaus im Gebiet der Wilzen sein. Nicht zu übersehen ist aber auch, daß nicht wenige Siedlungen nach 1200 weiter bewohnt bzw. neu angelegt wurden, was sich unter anderem in der typologisch späten slawischen Keramik bzw. der Vergesellschaftung jungslawischen Materials mit harter Grauware in Siedlungsgruben manifestiert.
Es ist sehr wahrscheinlich, daß die Bodendenkmalpflege auch im Raum Horst-Wüst-Eldena noch jungslawische Fundplätze belegen wird. Wir haben hier in einer Reihe von Dörfern mit slawischen und deutschen Ortsnamen für das 17. Jahrhundert Blockfluren bezeugt, die im Küstengebiet und auf der Insel Rügen als Reste slawischer Wirtschaftsweise anzusehen sind.
Wahrscheinlich ist, daß der Raum der Terra Gristow vor 1200 nicht siedlungsleer oder nur sehr dünn besiedelt gewesen ist, denn Verwandte der Rügenfürsten werden kaum mit einem Gebiet belehnt worden sein, das nicht entsprechende Einkünfte versprach (das gleiche gilt für die Herrschaft Brandshagen). Dies gilt nachhaltig vor allem vor dem Hintergrund der bereits für vor 1200 bezeugten Salinentätigkeit am Ryck und der sicherlich älteren Saline von Gristow, die 1276 genannt wurde.
Im Verlauf des 13. Jahrhunderts, vor allem in der zweiten Hälfte des 13. Jahrhunderts, veränderte sich die jungslawische Keramik unter Einfluß der harten Grauware eindeutig. Sie ist jetzt fein verschlämmt, dünnwandig, härter gebrannt und mehr von braungrauer Farbe. Verzierungen verschwanden bis auf flache Rillen, die besonders eng und hochgezogen sind, sowie einfache Wellenlinien fast vollständig.[4] Diese spätslawische Keramik liegt aus verschiedenen Dorfkernen des Arbeitsgebietes (z. B. Gristow, Mannhagen, Kirchdorf, Horst, Reinberg, Bremerhagen) und von den Wüstungen *»Buckow«*, *»Kahlenberg«* und bei Klein Ladebow vor. Sie ist stets vergesellschaftet mit harter Grauware. Einige Dörfer haben größere Mengen jungslawischer Keramik, die die Entwicklung des Dorfes aus einer jungslawischen Siedlung belegen (z. B. Gristow, Jeeser, Frätow, Leist, Kowall, Tremt), ergeben. Diese archäologischen Zeugnisse leiten über zum feudalen Landesausbau des 13. Jahrhunderts.
Gristow - trotz des slawisch anmutenden Namens - ist sicher erst ein Dorf der Lan-

desausbauzeit, denn der Name leitet sich vom polabisch-pommeranischen »*chrest* = *Taufe*« oder von »*Christus*« ab. Der Ortsname dürfte daher erst um oder nach 1200 entstanden sein (Witkowski 1978, 67). Gristow ging aus mehreren auf seiner Flur befindlichen kleinen slawischen Siedlungen hervor, indem deren Bewohner diese aufgaben und in das neugegründete Dorf zogen. Als ehemals kleines Anger- und Straßendorf[5] läßt sich Gristow, der namengebende Ort der Terra Gristow, zeitlich in die Phase des feudalen Landesausbaus stellen. Die Bedeutung des Ortes für das 13. und frühe 14. Jahrhundert ergibt sich aus der Tatsache, daß er als »*oppidum*« bezeichnet wurde, in dem sich auch zeitweise Fürst Wizlaw II. von Rügen aufhielt.

Weitere Belege für die Beteiligung von slawischen Siedlern am Landesausbau des 13. Jahrhunderts haben wir in der Urkunde von 1249, in der von einem Ort »*Priscekae im Wald, der zwischen Gristow und Leist ist*« gesprochen wird. »*Priscekae*« bedeutet »*abgeholzter Teil des Waldes, Waldlichtung, Durchhau im Wald*«. Noch ein Jahr zuvor war in einer sonst sehr gleichlautenden Urkunde nur von einem Wald zwischen Gristow und Leist die Rede. Der Ortsname steht wohl im Zusammenhang mit einer Rodungstätigkeit in der Herrschaft Gristow.

Der feudale Landesausbau im Land Gristow vollzog sich in den Ländereien der Abtei Eldena und der weltlichen Herrschaft Gristow unterschiedlich, wie auch die schriftliche Quellenlage verschieden ist. Für die Zeit zwischen 1207 und 1248 haben wir acht Urkunden zur Verfügung, die die Besitzungen des Klosters Eldena auch nördlich des Ryck benennen. 1207 sind es vier Orte - »*uillam Redos, locum salis, Wampand, Lestnice, ...*« (PUB 1[2], 145). Es handelt sich hier um eine Wüstung (Redos), deren Ortsflur später im Dorf Wackerow aufging oder mit den slawischen Fundplätzen wenig westlich Wackerows identisch ist, desweiteren um die Saline auf dem später genannten Rosental und die Dörfer Wampen und Leist. Zwei Jahre später gestattet Jaromar I. von Rügen dem Kloster Eldena dänische, deutsche und slawische Bauern in seinem Gebiet anzusiedeln. Das einzige wohl nicht von Slawen gegründete Dorf nördlich des Ryck blieb bis 1248 Wampen. Der Ortsname ist dänischen Ursprungs (vand = Wasser, pande = Stirn). Vermutlich sind in sehr bescheidenem Maße Dänen durch das Kloster am Landesausbau beteiligt worden.[6] Die inneren wirtschaftlichen und politischen Bedingungen Dänemarks mögen eine stärkere Abwanderung von Bauern und Handwerkern in die eroberten Gebiete nicht gestattet haben, so daß das bestimmende Bevölkerungselement neben den einheimischen Slawen die Deutschen wurden. Das Kloster übernahm nach 1209, dem Jahr der Genehmigung Jaromars I., dänische, deutsche und slawische Bauern anzusiedeln, die Funktion eines Großlokators. Dieser Aufgabe kam die Abtei allerdings nur zögernd nach, bis ab 1241 verstärkt deutsche Siedler in den Rodungsgebieten angesiedelt wurden. Pachtbauern übernahmen im Verlauf des 13. Jahrhunderts die Aufgaben der Konversen. Erst ab 1248 tauchen in den Urkunden neue Ortschaften in der Abtei auf, so die Orte Dammae (eventuell nördlich von Petershagen und nach 1250 wieder wüst) und Glambosic (auf der südlichen Feldmark Wampens), Wieck und Ladebow, ab 1267 Hankenhagen, ab 1280 Rosendal, Denschewic und Wendschewic, Neuenkirchen, Petershagen, Steffenshagen, Vogelsang seit 1285.

Bis auf die Wüstlegung der Dörfer Dammae, Glambosic, Hankenhagen, Rosendal, Wendschewic und Vogelsang sowie dem erst im 17. Jahrhundert entstandenen Ort Oldenhagen hat sich damit das Siedlungsbild in den Klosterbesitzungen nördlich des Ryck nicht verändert.

Auffallend sind zwei Orte mit slawischen Ortsnamen - Dammae und Glambosic. Das bedeutet, ähnlich wie in Wendschewic, daß Slawen auch noch 50 Jahre, nachdem dieses Gebiet Klostereigentum wurde, als nicht unbedeutender Bevölkerungsanteil am Landesausbau beteiligt waren. Vermutlich gab es zwei zeitlich voneinander abgegrenzte Phasen des feudalen Landesausbaus im nördlichen Klostergebiet, einmal der Abschnitt von ca. 1248-1267 mit fünf neu angelegten Dörfern und zweitens eine Phase von ca. 1280-1285 mit sieben Dörfern.

Bei Ortsbegehungen und auf den gesicherten Wüstungsplätzen fand sich slawische und »*deutsche*« Keramik, wobei die »*spätslawische*« Keramik aus Wampen Probleme bereitet, denn die Irdenware des 11./Anfang 13. Jahrhunderts auf den dänischen Inseln ist von der einheimischen Keramik nicht zu unterscheiden.[7]

In der eigentlichen Herrschaft Gristow haben wir erst für 1273 deutsche Hagendörfer (Kakerneleshagen und Hildebrandshagen) bezeugt. Wenn in derselben Urkunde die Dörfer Elmenhorst und Bookhagen erwähnt werden, dann ist dies ein Ausdruck für den sehr intensiven Landesausbau im nordwestlich gelegenen Gebiet der Terra Gristow und der benachbarten Abtei Neuenkamp. Mit gebotener Vorsicht gilt dies auch für das übrige Gebiet der Herrschaft Gristow. Die deutschen Siedler kamen aus Niedersachsen, Westfalen, Holstein und Mecklenburg. Die deutschen Adligen, die wohl ursprünglich Aftervasallen der Gristower waren, stammen wie die Blixen aus Holstein, aus dem Rheinland (so die Buchs), aus dem Mecklenburgischen wie die Dotenbergs oder aus der Nähe Lübecks (die von Schlagsdorf). Im Gebiet des Klosters Neuenkamp, das 1231 gegründet und 1233 vom Convent besetzt wurde, existierten bereits vor dem Kloster 4 Dörfer mit deutschen Ortsnamen. Wir haben für 1221 erstmals deutsche Siedler im rügenschen Festland urkundlich genannt.

Interessant ist ein slawisch-deutscher Mischname für den Ort Mesekenhagen, der als »*Hagen des Mesek*« gedeutet wird. Er belegt die Beteiligung slawischer Siedler bzw. Lokatoren am Landesausbau in der Herrschaft Gristow. In der nördlichen Nachbarherrschaft Brandshagen haben wir mit dem eponymen Ortsnamen Brandshagen (von Boranteshagen) sogar den adligen Grundherren als Lokator überliefert.

Große Teile des Arbeitsgebietes liegen in der sog. Zone der Hagendörfer Vorpommerns. Hier finden sich 17 Dörfer mit Hagennamen sowie drei Dörfer, für die Hagenhufen schriftlich bzw. kartographisch bezeugt sind (Willerswalde, Wüst-Eldena, Segebadenhau). Demnach entfallen in der gesamten Terra Gristow 20 Hagendörfer auf insgesamt 58 schriftlich überlieferte Ortschaften. Südlich des Dorfes Kirchdorf befindet sich in den Niederungen eine kleine jungslawische Niederungsburg, die mit der urkundlich überlieferten Anlage »*Gardist*«, »*Gartsin*«, bzw. »*Garchen*« identisch ist.[8] Hier urkundete 1207 Jaromar I. und bestätigte 1241 Fürst Wizlaw I. das Testament seines verstorbenen Bruders Fürst Barnuta, des Begründers der Herrschaft Gristow. 1249 ist nur noch von einem Berg »*Gardyst*« die Rede, wahrscheinlich wurde die Burg nach dem Tode Barnutas nicht mehr genutzt. Dies hängt mit der Übernahme deutschen Rechts und deutscher Feudalbräuche durch Barnutas ältesten Sohn Ritter Dobislaw von Gristow zusammen. Dobislaw scheint seinen neuen Herrensitz im Dorf Gristow gewählt zu haben. Daß das Gebiet um Kirchdorf wohl das ursprüngliche Verwaltungszentrum dieses Teils des festländischen Rügen war, ergibt sich aus der Tatsache, daß noch zu Beginn des 14. Jahrhunderts Kirchdorf - im Mittelalter stets Oldenkerkdorp (Altenkirchdorf) genannt - einen Pfarrer und 2 Pfarrhufen hatte, obwohl es schon zum Kirchspiel Gristow gehörte. Der Kirchspielsitz wechselte im Verlauf des 13. Jahrhunderts mit der weltlichen Verwaltung nach Gristow.

1307 ist allerdings in einer Urkunde (MUB 5, 3182) neben anderen Befestigungen auch von einem »*slote Cowal*« die Rede, was sich mit Sicherheit auf den unmittelbaren Burgwall bezieht. Nach 1300 ist die ehemals jungslawische Burg wieder als landesherrliche Befestigung genutzt worden, was durch einige archäologische Altfunde wohl bestätigt wird.

Eine weitere 1275 genannte, eventuell auf eine jungslawische Burg zurückgehende Anlage lag auf der Insel Koos - »*donec ad finem Cuzsce siue castrum quad Ghart dicitur*«. Es sind keine Wallreste auf der Insel erhalten, der Verfasser verweist aber auf die befestigte Siedlung am Löddigsee bei Neuburg, Kr. Parchim, bei der ebenfalls vor der Grabung keine Befestigungsspuren im Gelände auszumachen waren, sowie auf zahlreiche jüngere Beispiele, die im Zusammenhang mit der archäologischen Luftbildprospektion zu Tage kamen.

Im Land Gristow ließen sich acht hoch- und spätmittelalterliche Befestigungen des 13.-14. Jahrhunderts bodendenkmalpflegerisch nachweisen. Es handelt sich um Burghügel, zu denen höchstwahrscheinlich der Gristower Kirchhügel, eine Anlage bei Reinberg sowie ein Hügel in einem See bei Jeeser gehören. Desweiteren kommen Turmhügel bzw. Turmhügelburgen wie der Schloßberg von Segebadenhau, auf dem Kahlenberg bei Gristow, bei Jager (?) und der Lauerberg in Gerdeswalde hinzu. In Mesekenhagen befand sich ein befestigter Hof. Die Mehrheit dieser Befestigungen wird erst nach 1300 mit sinkender landesherrlicher Macht im Ergebnis des Rügenschen Erbfolgekrieges (1326-1328) entstanden sein. Unklar bleibt die Funktion des Turmhügels bei Wackerow. Eventuell handelt es sich hier um eine städtische Befestigung an einem Ryckübergang oder um eine klösterliche Fortifikation, die während der langjährigen Streitereien zwischen der Stadt Greifswald und dem Kloster Eldena um den Boltenhäger Teich angelegt wurde. Die große Turmhügelburg bei Segebadenhau am Rienegraben (Flurname »*Schloßberg*«) ist aller Wahrscheinlichkeit nach mit der urkundlich mehrfach überlieferten Burg »*Ekberg*« identisch. Diese ursprünglich sehr bedeutende landesherrliche Befestigung, die im Rügenschen Erbfolgekrieg in den Besitz der Herren von Gristow kam, wurde 1331 von einem Aufgebot der Stadt Greifswald zerstört (PUB 8, 4914).

Im Verlauf des 14. Jahrhunderts kamen die Ländereien der Herrschaft Gristow infolge Vermögensverfalls der Gristower und ihrer adligen Verwandten in den Besitz von Bürgern und Klöstern der Stadt Greifswald. Die Familie von Gristow siedelte nach Schlechtemühl (heute Hessenburg bei Damgarten) um, wo sie im 16. Jahrhundert ausstarb.

Die archäologisch-historischen Untersuchungen der slawisch-»frühdeutschen« Besiedlung müssen auch auf die übrigen Teile des festländischen Rügen und des

Geschichte und Besiedlung der Terra Gristow vom 7. bis 14. Jahrhundert

südlich anschließenden, ehemals pommerschen Raumes erweitert werden, um einen Vergleich der Ergebnisse vornehmen zu können. Desweiteren bietet sich die archäologische Siedlungsaufnahme im ganzen Gebiet des Klosters Eldena und des Klosters Neuenkamp an, da es sich gezeigt hat, daß ein ausschließliches Beschränken auf schriftliche Quellen (Greifeld 1967) nur unzureichende Auskunft auf Fragen der slawisch-deutschen Besiedlung des feudalen Landesausbaus geben kann.

Quellen- und Literaturverzeichnis

MUB: Mecklenburgisches Urkundenbuch, Schwerin 1863 f.

PUB: Pommersches Urkundenbuch, 1868 ff. Stettin. 1986 Köln-Wien 1. Band 1970 neu bearbeitet (PUB 1²).

Saxo Grammaticus: Gesta Danorum, Kopenhagen 1931, Hrsg. J. Orlik und H. Raeder.

Brüske, W. 1955: Untersuchungen zur Geschichte des Lutitzenbundes. Deutsch-wendische Beziehungen des 10.-12. Jahrhunderts. Köln-München.

Curschmann, F. 1940: Das Bederegister des Landes Loitz von 1343. In: Pommersche Jahrbücher 34, 1-46.

Deeke, W. 1906: Die alten vorpommerschen Verkehrswege in ihrer Abhängigkeit vom Terrain. In: Pommersche Jahrbücher 7, 171-190.

Fritze, H. W. 1981: Die Agrar- und Verwaltungsreform auf der Insel Rügen um 1300. In: Germania Slavica II, Bd. 4, 143-186.

Gesterding, C. 1827: Beitrag zur Geschichte der Stadt Greifswald. Greifswald.

Greifeld, A. 1967: Die Auswirkungen der mittelalterlichen Ostexpansion in Vorpommern und Rügen unter besonderer Berücksichtigung der Rolle der Zisterzienserklöster Eldena und Neuenkamp (ungedr. Diss. Univ. Greifswald).

Herrmann, J. 1968: Siedlung, Wirtschaft und gesellschaftliche Verhältnisse der slawischen Stämme zwischen Oder/Neiße und Elbe. Berlin.

Pyl, T. 1880-1883: Geschichte des Cistercienserklosters Eldena. 2 Bde. Greifswald.

Scheil, U. 1962: Zur Genealogie der einheimischen Fürsten von Rügen. In: Veröffentlichungen der Historischen Kommission für Pommern. Reihe V: Forschungen zur pommerschen Geschichte, Heft 1.

Witkowski, T. 1978: Die Ortsnamen des Kreises Greifswald. Berlin.

[1] Der vorliegende Aufsatz basiert auf der Diplomarbeit des Verfassers, die 1988 an der Sektion Geschichte der Humboldt-Universität Berlin, Bereich Ur- und Frühgeschichte verteidigt wurde (»*Studien zur slawisch-frühdeutschen Besiedlung der sogenannten terra Gristow vom 7. bis 13. Jahrhundert*«) sowie einem Aufsatz im Tagungsband der Historikergesellschaft der DDR »*Mensch und Umwelt*«, Berlin 1992, 109 ff. (»*Der Landesausbau in der Terra Gristow am Greifswalder Bodden vom 7. bis 14. Jahrhundert*«).

[2] Tribsees 1136; Barth 1178; Pütte 1178.

[3] Es liegen hier auch keine völkerwanderungszeitlichen Funde vor.

[4] In den ersten fünf Jahrzehnten nach 1200 war die jungslawische Keramik die dominante Irdenware in großen Gebieten des östlichen Mecklenburg und Vorpommerns, die erst nach dem beschleunigten Landesausbau allmählich von der harten Grauware verdrängt wurde.

[5] Vor 1396, der Zerstörung der Brücke und damit der ursprünglichen Straßenverbindung zwischen Greifswald und Stralsund durch eine Sturmflut, mag Gristow auch ein Straßendorf gewesen sein.

[6] Anders dagegen A. Greifeld (1967, 73 f.), der die dänischen Ortsnamen als Ergebnis einer selbständigen Siedlungstätigkeit des dänischen Feudalstaates sehen will. Andere Dörfer mit dänischen Ortsnamen im Klostergebiet sind Ladebow, Nubo (Wüstung) und indirekt Denschewic (Wüstung).

[7] Vielfach wird daher in der westdeutschen und skandinavischen Literatur der Ausdruck »*Ostseeware*« gebraucht.

[8] Die Lage der Burg ergibt sich aus den Urkunden PUB 1², 392, 478, 501.

Zur slawischen Besiedlung im mittleren Peeneraum

von
Ulrich Schoknecht

12. Demminer Kolloquium zur Geschichte Vorpommerns am 2. Juli 1994
unter dem Tagungsthema: »Zur Geschichte des mittleren Peeneraumes - 725 Jahre Jarmen«

Wenn ich heute zu Ihnen sprechen darf, so kann ich Ergebnisse einer langjährigen archäologisch-bodendenkmalpflegerischen Arbeit in diesem Gebiet vorstellen, und diese Arbeit ist natürlich nur durch den Einsatz einer Vielzahl ehrenamtlicher Bodendenkmalpfleger möglich.
Arbeit in der Bodendenkmalpflege heißt bei uns ununterbrochener Einsatz. Ich führe hier als Beispiel Relzow bei Anklam an, wo Herr Hauff mit seinen Mitarbeitern über ein Jahr lang in einem Kiestagebau weit über 160 Objekte aus slawischer Zeit geborgen und ausgegraben hat. Wo planiert wird, ist immer für uns ein Einsatzgebiet, dort müssen wir sehen, ob irgendwelche Funde und Gegenstände, Verfärbungen, Strukturen im Boden erhalten sind. Mehr ist leider archäologisch nicht erhalten aus diesen Zeiträumen, über die wir heute sprechen, also auch aus slawischer Zeit nicht. Es besteht deshalb eine besondere Verantwortung des Bodendenkmalpflegers und des Archäologen vor diesen unscheinbaren Quellen, einfachen Bodenverfärbungen, die zudem bei der Ausgrabung völlig zerstört und vernichtet werden. Wenn wir etwas ausgegraben haben ist der Befund vernichtet und nicht kontrollierbar. Deshalb ist es so wichtig, daß die Helfer sorgfältig dokumentieren, zeichnen, fotografieren usw., um diese geringen Spuren der Nachwelt auch zu erhalten. Der Fund allein ist es nicht, der uns glücklich macht.
Nun aber zu einem Problemkreis, der in der Archäologie eine große Rolle spielt, Fragen der Chronologie. Es gibt im Moment wieder Diskussionen über eine lange und eine kurze Chronologie. Bezogen auf die Slawen heißt das u. a., wann wanderten die Slawen in unser Gebiet ein. Und das ist ja heute Thema meines Vortrages, die Slawen im mittleren Peeneraum.
Es gibt folgende Überlegungen. Allgemein liest man in der Literatur, daß die Slawen am Ende des 6. Jahrhunderts einwanderten. Doch das ist jetzt in Frage gestellt worden durch dendrochronologische Untersuchungen, vor allen Dingen im brandenburgischen Raum durch einen Kollegen, der die ganze Chronologie kürzen will. Nach seinen Erkenntnissen sind die Slawen erst im 8. Jahrhundert in unsere Gebiete eingewandert. Betrachtet man sich das Fundspektrum zu diesem Problemkreis, nämlich die Funde der frühesten Slawen, wie wir sie fassen können, müssen wir auf Kontaktsuche gehen zu den Funden der letzten Germa-

Ulrich Schoknecht

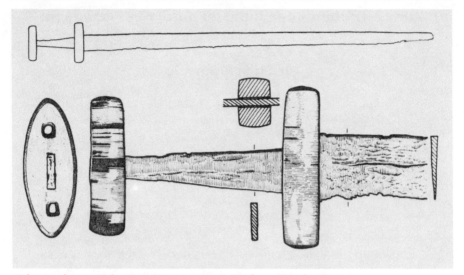

Wikingerschwert, Görke, Kreis Ostvorpommern. Zeichung H. Bolz, Waren

nen, die in der Völkerwanderungszeit hier siedelten. Kartiert man diese Funde einmal, nicht nur hier, sondern in der ganzen Osthälfte unseres Landes Mecklenburg-Vorpommern (in Westmecklenburg sind die Verhältnisse etwas anders), dann erscheinen bestimmte Räume, in denen sich sowohl die letzten germanischen Funde häufen als auch die ältesten slawischen Funde auftreten. Das ist hier z. B. im Raum Anklam, Görke, Stolpe der Fall, oder aber auch in hohem Maße um Demmin herum. In Demmin haben wir sehr viele völkerwanderungszeitliche Hinterlassenschaften gefunden, und in diesem Gebiet haben wir auch wieder sehr viele altslawische oder frühslawische Siedlungsfunde. Daraus läßt sich theoretisch erst einmal die Schlußfolgerung ableiten, daß die einwandernden Slawen in Landschaftsgebiete kamen, die noch siedlungsfreundlich waren. Wir wissen, daß eine Landschaft, die aufgegeben wird, die unbesiedelt ist, in kurzer Zeit bebuscht, bewaldet und zuwächst. Und wenn die Slawen nun gerade dorthin gegangen sind, wo die letzten Germanen von uns erfaßt wurden, so sollte das ein Hinweis darauf sein, daß dort dieser Prozeß des absoluten Verwachsens der Landschaft noch nicht abgeschlossen ist. Demnach hätten Germanen und Slawen in bestimmten Gebieten, wenn auch nicht persönlich, so aber räumlich und zeitlich Kontakt gehabt. Damit würden wir aber wieder auf eine ältere Datierung der slawischen Einwanderung kommen. Somit können wir annehmen, daß die Slawen um 600 in unseren Raum eingewandert sind. Wir haben einige Zeugnisse für Kontakte zwischen Germanen und Slawen. Dazu gehört die Klinge eines germanischen Kurzschwertes (ein alemannischer Typ), die bei Görke gefunden wurde. Das ist eine Form, die im alemannischen Gebiet noch am Anfang des 7. Jahrhunderts in Gebrauch war. Wenn hier also so ein Stück gefunden wurde, und Sie werden verstehen, daß wir viele Dinge nicht exakt datieren können, gerade die oft langlebige Keramik, so ist doch der Beleg gegeben, daß es auf jeden Fall Kontakte gegeben hat. Ich will durchaus nicht behaupten, daß Alemannen hier siedel-

Zur slawischen Besiedlung im mittleren Peeneraum

ten. Es gab aber Kontakte vom alemannischen Raum aus zu den letzten Germanen, die hier gelebt haben.
Derartige Verbindungen können wir auch anhand bestimmter Tonware feststellen. Hier sind Funde zu nennen, die aus Kagenow stammen. Dorther kennen wir einfache, breitbodige Kümpfe, also Tonware der Germanen in der Völkerwanderungszeit, etwa aus dem 4. - 5. Jahrhundert. Und großes Glück haben wir gehabt, als vor drei Jahren im Hafenbereich in Demmin gebaggert wurde. Es ist eine völkerwanderungszeitliche Schnalle aus dem 5. Jahrhundert ans Tageslicht gekommen. Als besonders wertvolles und wichtiges Stück germanischer Geschichte aus Demmin ist jedoch eine Helmspange zu nennen. Das mag als ein sehr unscheinbares Stück erscheinen, ist aber archäologisch von großer Bedeutung. Es ist ein Bronzestreifen, der mit Gold belegt ist, dazu ist er mit sehr reicher tremolierter Verzierung versehen. Solche Spangen gehören zu germanischen Helmen, die aus Einzelteilen zusammengesetzt wurden. Mehrere solcher Stücke wurden nebeneinandergesetzt, die Zwischenräume mit Platten verfüllt. Derartige Helme werden in die Zeit um 525 datiert, d. h. wir sind am Anfang des 6. Jahrhunderts, also in der Zeit, als wir die slawische Einwanderung annehmen müssen. Übrigens nimmt man an, daß Helme dieses Typs, es gibt einige prachtvolle ganze Stücke davon, von Theoderich als Gastgeschenke an hervorragende Persönlichkeiten gegeben wurden. Demmin ist der nördlichste Fundort dieses Typs. Es ist wirklich ein kleiner Schatz und deutet, wenn es stimmt, daß solche Helme nur an hohe Persönlichkeiten als Ehrenzeichen verliehen wurden, darauf hin, daß in Demmin ein bedeutender germanischer Fürst gesessen haben muß.

Adlerscheiben von Demmin und Sanzkow, Kreis Demmin. Foto: Landesamt für Bodendenkmalpflege Mecklenburg-Vorpommern

Betrachtet man die überlieferten Sitze der slawischen Stämme, so fällt auf, daß im Stammesverband der Lutizen mit den Kessinern, Zirzipanen, Tollensern und Redariern großflächige Räume abgedeckt werden, daneben aber im unteren Peenegebiet eine Vielzahl von Kleinstämmen genannt werden, die in den Urkunden einen geringeren Niederschlag fanden und möglicherweise politisch weniger Bedeutung hatten.
Die ältesten slawischen Funde unseres Gebietes sind einfache Töpfe vom Sukower Typ. Dann folgen weitere Formen, die sich zur Feldberger Gruppe entwickeln. Hier haben wir das 7. Jahrhundert erreicht. Unter den jungslawischen Formen sind besonders die Garzer Schalen charakteristisch für den nordostvorpommerschen Raum zu nennen.
Es gibt zahlreiche Hinweise dafür, daß die Slawen nicht selbstgenügsam für sich

an der Peene lebten, sondern daß ein weitreichender Austausch und Handel mit anderen Gebieten vonstatten ging. Und gerade das Peenemündungsgebiet mit der Insel Usedom davor ist reich an Hinweisen dazu, besonders durch Schatzfunde. Silberschatzfunde gibt es hier in großem Maße, selbst die größten Münz- und Hacksilberschätze unseres Landes stammen aus diesem Gebiet.

Die ältesten sind arabische Münzen vom Ende des 7. Jahrhunderts, wie aus Klein Polzin oder Görke bei Anklam. Oft sind sie zerbrochen. Das bedeutet im slawischen Handel nichts, denn nur der Silberwert spielt eine Rolle. Das Gewicht, nicht die Größe oder gar die Prägung (arabische Zeichen konnte man hier nicht deuten), waren wichtig. Mit Silber konnte man aber stets etwas anfangen, gleichgültig, ob Münzen, Schmuck oder Silberbarren. So bekam man für 125 g Silber ein Schwert oder einen Ochsen, für 50 g eine Lanze, ein Messer kostete 2, 8 g Silber.

Zu weiteren Dingen, die zu den ältesten Funden aus unserer Region stammen, gehört ein spezieller Typ Reitersporen, die sogenannten Hakensporen. Jan Zak aus Posen hat sich einmal damit beschäftigt und bestimmte Typen sogar ins 4. Jahrhundert gesetzt. Das paßt aber einfach nicht zu unserem Fund aus Görke, der in einer Siedlungsgrube lag, im geschlossenen Verband mit slawischer Keramik, die an das Ende des 7. Jahrhunderts gehört. Übrigens sind diese Sporen keine rein slawische Formen. Sie wurden auch im fränkischen Gebiet und anderen Räumen benutzt. Solche Funde sind für uns wichtige Hilfen zur Frühdatierung hier siedelnder slawischer Bevölkerungsgruppen.

Zu weiteren interessanten Stücken, die ein besonderes Licht auf das Peenegebiet werfen, gehört ein Tonei. Es ist ein echtes Osterei, ein Auferstehungsei. Derartige Funde kommen auch bunt glasiert vor. Sie wurden in der Nähe von Kiew hergestellt, sind hohl und enthalten ein Steinchen im Innern als Klapper. Sie symbolisieren das neue Leben, die Fruchtbarkeit, und wurden bei bestimmten Zeremonien angewandt. Solche Toneier haben wir nur in geringer Zahl in unserem Gebiet. Es gibt eins aus Usedom, ein weiteres aus Weisdin.

Ein anderes wichtiges Stück, das bei Görke gefunden wurde, ist ein Beschlag aus Hirschgeweih. Es ist ein Gegenstand, der aufgenietet war. Auf dem Rücken trägt er eine Zickzacklinie. So dürfte eine Schlange dargestellt sein. Vielleicht trug die Schlange auf dem Kopf eine kleine Krone. Wir kennen gerade aus dem slawischen Bereich und noch bis heute im Sorbischen die Sage vom Schlangenkönig. Es könnte ein Hinweis auf die weit zurückreichende Tradition dieses Märchens sein.

Ein besonders schönes Stück aus Demmin, das uns bestimmte Beziehungen zu anderen Gebieten zeigt, ist ein großes Kampfmesser mit erhaltenem Holzgriff. Dieser Griff hat eine reiche eingeschnitzte Verzierung skandinavischen Ursprungs und belegt Kontakte zu den Wikingern. Zu den geläufigen Funden aus slawischer Zeit gehören die Bartäxte. Es gibt sie nicht im germanischen und späteren deutschen Kulturbereich.

Es mag auch ein interessanter Hausgrundriß aus Anklam vom Hasenberg vorgestellt werden. Ein paar Pfostenlöcher, die durch Steine verkeilt sind, umschließen in der Mitte die Herdstelle. Das ist alles, was von so einem Haus geblieben ist. Die Slawen haben bei uns vorwiegend oberirdische Häuser gebaut, Blockhäuser und Flechtwandhäuser. Erhalten haben sich nur Verfärbungen im

Boden, die es dann zu interpretieren gilt. Hier war es einmal möglich. Von den ausgehenden Blockwänden hat sich nichts erhalten. Ich hatte schon auf bestimmte Verbindungen mit anderen Räumen hingewiesen. Dazu gehört u. a. ein echtes Wikingerschwert - und damit haben wir die Verbindung nach Skandinavien geschlagen. Solche Kontakte haben schon Ende des 7., hauptsächlich aber dann im 8. und 9. Jahrhundert ihren Niederschlag gefunden.
Hier mag ein sehr interessanter Schläfenring mit einem Tieraufsatz von der Kuhtränke bei Demmin vorgestellt sein. Es gibt dazu nur zwei Parallelen aus Tribsees und ein Vergleichsstück aus Zirzow bei Neubrandenburg. Ein anderer Beschlag, der auch bei Demmin gefunden wurde, zierte ein slawisches Messer. Die Messer steckten in einer Lederscheide, die mit Bronzebeschlägen versehen waren. Dies ist ein ganz eigenwilliges Stück, denn hier ist ein Tier dargestellt worden, das den Kopf zurückhält. Interessant ist, daß wir diese Beschläge aus einem weiten Verbreitungsgebiet kennen. Es reicht von Scheveningen in Holland bis nach Köslin in Pommern, von Erfurt in Thüringen bis nach Bornholm, also ein gemeineuropäischer Gegenstand. Interessant ist auch, daß diese Form bronzener Messerscheidenbeschläge immer an ganz exponierten Fundplätzen auftaucht, so in Demmin, in Dargun, in Usadel. Weitere Importe sind ein skandinavischer Armring, gefunden in Volksdorf, oder dieser massive bronzene Armring aus Trittelvitz, der aus dem sogenannten Permer Kulturkreis, also einem östlichen Gebiet, stammt.
Eine große Überraschung für uns war vor einigen Jahren diese Fibel. Es ist eine Vogelfibel, wie sie im 7. Jahrhundert verbreitet war. Unser Fund stammt aus Schönfeld von einer großen slawischen Siedlung. Auch diese kleine gleicharmige Fibel aus Verchen, die im 6. Jahrhundert ihre Hauptverbreitung hatte, belegt die besondere Bedeutung des Demminer Raumes. Wenn so ein Gegenstand datiert wird, wie hier ins 6. Jahrhundert, dann ist damit der Herstellungszeitraum gemeint. So ein Schmuckstück kann natürlich über 100 Jahre getragen worden sein und gelangte damit viel später in die Erde. Weitere Funde, die Hinweis auf Handelstätigkeiten und Kontakte geben, sind Perlen. Hier sind es vor allen Dingen Bergkristall- und Karneolperlen. Solche Stücke stammen als Handelsgut höchstwahrscheinlich aus dem Nordkaukasus. Dort wurden derartige Perlen hergestellt und dann auf weitem Wege bis Vorpommern vertauscht. Es gibt Theorien, daß sie sogar aus Indien stammen sollten. Diese Perlen legen Zeugnis ab von einer regen Handelstätigkeit, von einem intensiven Austausch. Übrigens gibt es Hinweise darauf, daß Perlen und Silber äquivalent im Handel waren. Wir kennen einen Schatzfund bei Potsdam, wo in einem Tongefäß Hacksilber zusammen mit Karneolperlen deponiert war. Wenn wir in slawischer Zeit Ausstattungen von Roß und Reiter finden, wie Sporen, Trensen, Sattelbeschläge u. a., dann deutet das immer daraufhin, daß wir es mit einem sozial Bevorrechtigten zu tun haben, d. h. einer Form des sich herausbildenden Adels bei den Slawen. Auch da gibt es viele Importe. Wichtig für den Handel sind weiterhin Bernsteinperlen. Bernstein wurde aber nur örtlich verarbeitet, so kennen wir auf slawischen Siedlungsstellen an mehreren Stellen richtige Werkstätten.
Ein besonders interessantes Stück ist ein Spielstein von einem Brettspiel, das unserem Schach ähnelte, der aus Walroß-

Wikingergrab (Bootsgrab), Menzlin, Kreis Ostvorpommern. Foto: Landesamt für Bodendenkmalpflege Mecklenburg-Vorpommern

zahn hergestellt wurde. Unser Stück stammt aus Usedom und ist sicher nordischer Herkunft. Hin und wieder begegnen uns auch frühe Formen christlicher Symbolik auf slawischen Plätzen. Hier ist es wieder der Bauhof bei Usedom, von dem das Hängekreuz aus Bernstein stammt. Es gibt weitere Dinge, die für eine gewisse Missionstätigkeit angesehen werden können, auch wenn keine schriftlichen Quellen darüber vorliegen. Es läßt sich schon das 8. Jahrhundert erschließen. Ein wichtiges Denkmal mit christlicher Symbolik ist der Wartislawstein bei Grüttow. Er wird mit der Ermordung Wartislaws in Zusammenhang gebracht. Es ist einmal das christliche Kreuz dargestellt, dann aber auch das Füllhorn, wie wir es vom Swantevit in Altenkirchen auf Rügen kennen. Die Rückseite trägt eine bildliche Ritzung, die kaum zu erkennen ist.

Die Verbreitung der Silberschatzfunde zeigt, daß die Flüsse in slawischer Zeit die Haupthandelstraßen waren. Dort entlang findet man diese Zeugnisse des Handels bevorzugt. Bedeutende Importfunde zeigen, wie sich in bestimmten Räumen Ballungen ergeben. So gibt es Schwerpunkte bei Anklam, Menzlin, Demmin bis Verchen, Dargun, im Raum der Lieps und am Tollensesee, in Drense als Hauptort des Stammes der Ukranen, bei Pasewalk und Löcknitz. Dort haben wir regelrechte Schwerpunkte an Importen, und dort müssen nach Aussage aller archäologischen Funde bestimmte Zentren gewesen sein. An derartigen Machtkonzentrationen gab es Leute, die sich einen bestimmten Luxus leisten konnten. Dazu gehörten u. a. auch Spinnwirtel aus Meerschaum, die in Böhmen hergestellt wurden.

Doch wenden wir uns noch einmal zurück an das Ende des 8., vor allem aber in das 9. Jahrhundert. Es ist die Zeit Karls des Großen, einem Symbol des Abend-

Wikingergrab (Bootsgrab), Menzlin, Kreis Ostvorpommern. Foto: Landesamt für Bodendenkmalpflege Mecklenburg-Vorpommern

landes. Zu dieser Zeit ereigneten sich grundlegende Wandlungen in Skandinavien, die nicht ohne Auswirkung auf die Gebiete südlich der Ostsee blieben. 793 tauchten vor dem Kloster Lindisfarne an der englisch-schottischen Grenze plötzlich Schiffe mit Nordmännern auf, die das Kloster plünderten. Damit traten die Wikinger in das Licht der Geschichte. Seitdem sind diese Formen der Wikingerzüge als Raubzüge bekannt. Wir haben sehr schöne Darstellungen über die Wikinger auf dem Teppich von Bayeux in Nordfrankreich, der die Eroberung Englands durch Wilhelm von der Normandie im Jahre 1066 zeigt. Da ist wunderschön eine Szene gestaltet, wie die Normannen Boote bauen.

Bei uns stand vor 30 Jahren die große Frage, ob auch in Mecklenburg-Vorpommern Wikinger nachweisbar sind. Überall haben wir Wikingersiedlungen, Wollin war bekannt, aber in unserem Land kannten wir nur einige Einzelfunde. Inzwischen haben wir, nachdem Menzlin als Wikingersiedlung entdeckt worden war und Ralswiek folgte, auch Rostock-Dierkow als wichtigen Fundplatz, wieder an so einer Flußmündung wie Menzlin gelegen, und jetzt auch Groß Strömkendorf bei Wismar. So zeigt sich eine ganz regelmäßige Abfolge von wikingischen Handels- und Kontaktplätzen entlang der Küsten unseres Landes. Die wikingischen Handelsorte liegen immer im Landesinneren, nie an der offenen See. Sie sind dadurch gut geschützt, und es erschließt sich das weite Hinterland. Wir hatten bei Menzlin das Glück, an einer Stelle an der Peene die Siedlung und ein zugehöriges Gräberfeld zu entdecken. Das ist eine besonders schöne Kombination. Und auf der anderen Peeneseite liegt mit Görke noch ein großer Siedlungskomplex dieser Zeit. Vor der Menzliner Siedlung konnten wir vor wenigen Jahren noch eine Straße

Wikingerstraße, Menzlin, Kreis Ostvorpommern. Foto: Landesamt für Bodendenkmalpflege Mecklenburg-Vorpommern

ausgraben, die durch die Niederung zur Peene führt, zum früheren Hafen. Die Siedlung ist 9 Hektar groß und damit größer als manche Kleinstadt im Mittelalter. In der Siedlung wurden Hausgrundrisse freigelegt, die sich als Werkstätten erwiesen. In einer Werkstatt wurde Eisen zu Messern und Pfeilspitzen verarbeitet, in einer anderen Hirschgeweih in großen Mengen zu Kämmen, Spinnwirteln und anderen Geräten. Vielfältig ist der Schmuck aus der Menzliner Siedlung, so ein silberner Fingerring und eine rechteckige Fibel in Kerbschnitt. Es ist eine Form, die am Niederrhein ihre Hauptverbreitung hat. Alle diese Indizien deuten daraufhin, daß in Menzlin wirklich Wikinger gesiedelt haben, daß sie dort nicht nur erschienen, um zu handeln, wie zu einer Messe, und dann wieder wegzogen, sondern daß sie dort dauerhaft mit ihren Familien wohnten. Eine Wikingerfibel war auch der erste Fund aus Menzlin, bereits 1930 entdeckt. Es ist ein typischer Wikingerschmuck, der nicht als Handelsgut hierher gelangte. Wo wir so etwas haben, müssen auch die Menschen gewesen sein, denn derartige Fibeln gehörten zu einer bestimmten Tracht. Und eine slawische Frau hat eine andere Tracht mit anderem Schmuck getragen als eine Wikingerfrau.

Aus einer Grabausstattung stammen Reste einer Schalenfibel und ein Schlüssel. Schlüssel spielen eine besondere Rolle in der nordischen Mythologie, eigentlich noch bis in die Gegenwart hinein. Der Schlüssel ist ja nicht nur Gegenstand, mit dem ein Schloß geöffnet wird, sondern wir kennen ihn auch als Himmelsschlüssel. So hat Petrus den Schlüssel, als Bewahrer des himmlischen Reiches. Der Menzliner Schlüssel zeigt am oberen Ösenrand starke Abnutzungsspuren, er wurde wohl als Amulett getragen, als ein Anhänger. Eine Ringfibel mit Augenperle

belegt Verbindungen zum baltischen Bereich, eine reichverzierte Gürtelschnalle aus Goldbronze zeigt Verbindungen nach Irland.
Die Grabformen aus Menzlin sind besonders interessant. Es sind ovale Steinsetzungen, Schiffsdarstellungen. Bug und Heck stehen höher, wie auf dem Teppich von Bayeux. Es sind rein skandinavische Bestattungen. Da wir hier hauptsächlich Frauengräber haben, ist wiederum ein Beleg dafür gegeben, daß hier wirklich Familien gewohnt haben, daß Wikinger hier mit kompletten Familien siedelten. Nach den untersuchten Flächen können wir, auf die Gesamtfläche des Gräberfeldes umgerechnet, mit 800 derartigen Bestattungen rechnen.
Großes Glück war der Fund einer gleicharmigen Fibel in der Peenemündung. Bei Nachgrabungen wurden Steinsetzungen angetroffen, die an der Seite durch Holzfaschinen befestigt waren. Sie liegen mitten im Moor in der Niederung. Die Steine sind mit Sand abgedeckt gewesen und fügen sich bei weiteren Untersuchungen zu einer Straße. Wir haben sie auf einer Länge von 25 Metern ausgegraben und konnten hier nun, da die Steine teilweise auf Holzbohlen lagen, Dendroproben nehmen. Als exaktes Datum der dendrochronologischen Untersuchungen ergab sich das Jahr 726 für die erste Bauphase, 846 für die zweite. Nach ungefähr 100 Jahren ist die Straße also erneuert worden. Mit 726 haben wir eine sehr schöne Datierung für die Menzliner Straße. Es ist damit die älteste Straße Pommerns. Der Bau von Wegen durch Moore, durch Senken und durch andere Feuchtgebiete stand bei den Wikingern in hohem Ansehen. Es war eine Tat für die Gemeinschaft, die der Betreffende vollbrachte und so nimmt es nicht Wunder, daß diese Taten auch sehr gerühmt und auf Bild- und Runensteinen verewigt wurden. So gibt es mehrere derartige Runensteine in Schweden.
Ein Brückenbauer großes Stils war der selbstgefällige Jarlabanke in Täby, dem ein ganzes Gebiet gehörte. Dort hat er eine Brücke von 120 m Länge gebaut und gleich an jedes Ende einen Runenstein gestellt und sich darauf verewigt. Er baute diese Brücke für seine Seele. Ein schönes Beispiel derartiger Inschriften mag folgen. Bei Sälna in Schweden steht ein 3 m hoher Stein mit einer der längsten Runeninschriften. Auf einem zusammenhängenden Band steht: »*Östen und Jorund und Björn, die Brüder stellten (diesen Stein für) ihren Vater auf. Gott helfe seinem Geist und seiner Seele, er vergebe ihm seine Schuld und Sünden.*

Immer soll liegen
während die Zeiten vergehen
die kräftige und breite Brücke
zu dem Guten
die Svenner bauten sie
zu ihrem Vater.
Es kann kein besserer
Brückenbau betrieben werden.«

Zum Schluß sei ein Neufund vorgestellt. Der Jugendklub aus Demmin hat in Gatschow eine kleine Untersuchung vorgenommen und eine Bronzeskulptur ausgegraben. Sie zeigt einen hockenden Menschen, eine Hand auf dem Knie und die andere Hand, das ist wichtig, an den Bart gelegt. Der Bart ist ein bedeutendes Symbol in dieser Zeit. Es gibt aus Schweden eine ganze Reihe von Parallelen ähnlicher Figuren, die immer den Bart anfassen. Kleine sitzende Figuren dieser Art gibt es bis nach Rußland hinein. Wir können die kleine Götterfigur voll in ein slawisches Spektrum einfügen mit interessanten Parallelen. Es ist das erste Stück dieser Art, das wir überhaupt haben: eine slawische Götterfigur, in Bronze gegos-

*Götteridol, Gatschow, Kreis Demmin.
Foto: S. Suhr, Landesamt für Bodendenkmalpflege Mecklenburg-Vorpommern*

sen. Wir kannten in der Slawenforschung zwar die Bildsteine, wir kennen inzwischen Tempel, dazu eine Holzplastik von der Fischerinsel im Tollensesee mit dem zweigesichtigen slawischen Gott, aber so eine kleine gegossene Götterfigur kannten wir noch nicht. Es ist somit ein bedeutendes neues Stück aus der Region, mit der wir es hier zu tun haben.

Zur Geschichte der Besiedlung des mittleren Peeneraums

von
Joachim Wächter

12. Demminer Kolloquium zur Geschichte Vorpommerns am 2. Juli 1994
unter dem Tagungsthema: »Zur Geschichte des mittleren Peeneraumes - 725 Jahre Jarmen«

Der mittlere Peeneraum, d. h. das Peenegebiet zwischen den heutigen Städten Demmin und Anklam, war vor dem 12. Jahrhundert von Angehörigen des slawischen Lutizenbundes bewohnt, zu dem hauptsächlich die Stämme der Kessiner, Zirzipaner, Tollenser und Redarier sowie der Ukrer gehörten. Unter ihnen waren lange Zeit die Redarier der bedeutendste Stamm. In seinem Gebiet befand sich Rethra bzw. Riedegost, das Heiligtum des Lutizenbundes, das aber im Winter 1067/68 bei einem Vergeltungskriegszug des Bischofs Burchard von Halberstadt zerstört und seither in den Quellen nicht mehr genannt wurde.[1]

Nach den schriftlichen Quellen ist der mittlere Peeneraum keinem der Lutizenstämme mit Sicherheit zuzuordnen. Es spricht aber manches dafür, daß sich dort und im unteren Peenebereich das Siedlungsgebiet des Stammes der Redarier, der als einziger nicht recht zu lokalisieren ist, befunden hat. Auffällig ist insbesondere die Fülle slawischer Ortsnamen und die Massierung slawenzeitlicher Funde in diesem Raum und auch auf Usedom. In den Quellen wurden für das Gebiet südlich der mittleren Peene von Westen nach Osten die »terrae« oder »provinciae«, d. h. die Länder bzw. Landschaften oder Bezirke, Ploth, Miserez, Groswin und anschließend Rochow genannt, für den Bereich nördlich dieses Peeneabschnitts die Länder oder Bezirke Loitz, Gützkow, Ziethen und anschließend Lassan. Aber ob diese Bezirke den Redariern oder doch einem anderen Stamm zugehört haben, ist - wie schon dargelegt - nicht überliefert.[2]

In den 1120er Jahren vollzog sich eine erste Veränderung im lutizischen Peeneraum. Als Bischof Otto von Bamberg 1128 in den Peenebereich kam, um dort das Christentum zu predigen, unterstand das Gebiet von Demmin über Gützkow bis nach Wolgast und der Burg Usedom dem Pomoranenherrscher Wartislaw I. Über den Vorgang der Einbeziehung dieses Gebietes in den Herrschaftsbereich des Pomoranenfürsten gibt es keine Nachrichten.

Im Winter 1120/21 war es den Polen nach jahrelangen Kämpfen gegen die hauptsächlich östlich der Oder ansässigen Pomoranen gelungen, deren westlich der Oder gelegene Burg Stettin zu erobern. Im Jahre 1121 führte der Polenherrscher Boleslaw III. ferner einen verwüstenden, blutigen Kriegszug bis an die Müritz durch. Vielleicht unternahmen in diesem Zusammenhang und in Verbindung mit den Polen die gerade selbst erst unterworfenen Pomoranen einen Vorstoß ins Lutizengebiet. Es ist aber auch denkbar, daß die Pomoranen unabhängig von den Polen versucht haben, als Ausgleich für ihre Niederlage und Tributpflichtigkeit sich nach Westen einen Freiraum zu schaffen. Mehr als Vermutungen sind aber zu diesem Vorgang nicht möglich.[3]

Auf dem Missionszug Ottos von Bamberg 1128 wurden nachweislich drei Kirchen errichtet, in Usedom, Wolgast und Gützkow, in Gützkow sogar im Zusammenhang mit dem vorherigen Abriß eines gerade erst fertiggestellten heidnischen Tempels. Da diese Kirchen die ersten im Peeneraum, d. h. in einem vorher unchristlichen Land waren, mußten Fremde als Geistliche an diesen Kirchen tätig werden. Es lag nahe, daß das Deutsche waren wie Otto von Bamberg. So kamen mit dem Christentum deutsche Menschen, ganz vereinzelt zunächst, als Träger dieses neuen Glaubens ins Land. Das Christentum war ein erster Ansatz für ein neues Bevölkerungselement.[4]

Dieser Ansatz verstärkte sich durch die Bildung eines pomoranischen Bistums im Jahre 1140. Sein Zentrum war zunächst in Wollin vorgesehen, kam dann nach Usedom und am Ende, in den 1170er Jahren, nach Kammin.[5]

Schließlich wurden in den 1150er Jahren die ersten Klöster gegründet. Das älteste war das Kloster Stolpe an der Peene, an einem Ort, wo es schon eine Gedächtniskirche für den ermordeten Fürsten Wartislaw I. gab. Vor 1156 kam als zweites das Kloster Grobe hinzu, das bei der heutigen Stadt Usedom angelegt wurde. Das Kloster Stolpe war ursprünglich ein Benediktinerkloster, dessen Mönche vom Kloster Berge bei Magdeburg entsandt worden waren. Das Prämonstratenserstift Grobe wurde anfangs durch Mönche des Marienstifts in Magdeburg besetzt, später durch Havelberger Mönche. Mit diesen Klostergründungen wurde an eine Festlegung aus dem 10. Jahrhundert, durch die die Diözese des zum Erzbistum Magdeburg gehörenden Bistums Havelberg bis ins Peenegebiet reichte, angeknüpft.[6]

Eine weitere Einwirkung von außen waren verheerende Kriegszüge ins Peenegebiet. Zunächst kam es zum Vorstoß des Niedersachsenherzogs Heinrich des Löwen 1164 nach Demmin und Gützkow. Gleichzeitig benutzten die Dänen den Wasserweg über die Ostsee und die Peene flußaufwärts bis nach Stolpe, wohin auch Heinrich der Löwe kam. Weitere verwüstende Kriegszüge folgten im Laufe der Jahre, bis es den Dänen 1185 gelang, die Pommernherzöge zur Unterwerfung zu zwingen. Diese dänische Lehnsherrschaft dauerte bis 1227.[7] Aufgrund dänischer Kriegszüge nach Zirzipanien und ins Odermündungsgebiet war es schon 1172, 1173 und 1177/80 zu ersten Klostergründungen durch dänische Mönche, allerdings außerhalb des mittleren Peeneraums, in Dargun, westlich von Demmin, sowie in Kolbatz und Belbuck, östlich der Oder, gekommen.[8] Ins Peenegebiet brachte die dänische Herrschaft anscheinend keine neuen Bevölkerungselemente.[9] Im Gegenteil werden die Kriegszüge eine Verringerung der Bevölkerung bewirkt haben.

Mehrere Zentren gab es damals, im 12. Jahrhundert, im Gebiet der mittleren Peene. Als erstes ist Demmin zu nennen. Schon in den Berichten Adams von Bremen um 1070 wird Demmin als ein bedeutender Ort gekennzeichnet. Anscheinend ist es das älteste Zentrum dieses Raums, das längst vor 1070 Bedeutung besaß, wie die Fülle der dortigen Bodenfunde beweist. Es wurde dann im Zusammenhang mit der zweiten Missionsreise

Ottos von Bamberg 1128, mit der Gründung des pomoranischen Bistums 1140 - als eine der seiner Diözese zugelegten Burgen - mit dem Wendenkreuzzug 1147 und mit den Kämpfen 1164, 1166 und 1177 genannt.[10]

Von Bedeutung war ebenfalls Gützkow. Durch die Chronisten Ottos von Bamberg wurde es für 1125 und vor allem für 1128 erwähnt. Auch in der Bistumsurkunde von 1140 und den Berichten über die Kriegszüge der Jahre 1164 und 1177 ist Gützkow genannt.[11]

Ein drittes Zentrum war Groswin, über das ebenfalls in Verbindung mit den Kriegszügen von 1164 und 1177 sowie auch im Zusammenhang mit einem Zug von 1185 berichtet wurde. Wiederholt wurde außerdem in Urkunden des 12. Jahrhunderts der Name Groswin für ein »*castrum*«, also einen Burgwall, und für eine »*provincia*«, also den zu dieser Befestigungsanlage gehörenden Herrschaftsbezirk, gebraucht. Groswin war das östliche Zentrum des mittleren Peenebereichs. Es wurde von den Dänen 1185 zerstört. Seine Lage konnte bisher nicht ermittelt werden. Es hat sich aber wohl westlich des heutigen Anklam befunden.[12] Die Annahme liegt nahe, daß Groswin seit 1185 nicht mehr existiert habe. Dem widerspricht aber die Tatsache, daß in einer Urkunde aus dem Jahre 1234 ein Groswiner Kastellan, also Burgherr, Jacobus genannt wurde.[13] Möglicherweise ist die Burg erst beim Aufkommen der Stadt Anklam eingegangen.

Es ist nicht auszuschließen, daß es im 12. Jahrhundert noch weitere Zentren an der mittleren Peene gegeben hat. Die schon genannten Bezirke bzw. Landschaften Ploth, Miserez, Loitz und Ziethen werden vielleicht ebenfalls jeweils als Zentrum einen Burgwall, wenn auch kleineren Ausmaßes, besessen haben. In den schriftlichen Quellen sind solche Burgen allerdings nicht nachweisbar.

Zusammenfassend läßt sich sagen: Bis zum Ende des 12. Jahrhunderts blieb der mittlere Peeneraum ein Gebiet mit slawischer Bevölkerung. Diese war einem deutsch geprägten Christentum zwar geöffnet, aber wenig von ihm durchdrungen. Die wohl seit den 1120er Jahren bestehende pomoranische Herrschaft blieb auch unter dänischer Lehnshoheit bestehen, fand aber um die Wende zum 13. Jahrhundert eine vorübergehende Einschränkung durch das Vordringen der mit den Dänen eng verbundenen rügischen Herrschaft.[14]

Während also in der zweiten Hälfte des 12. Jahrhunderts das Peenegebiet wie überhaupt das pomoranische Herrschaftsgebiet noch fast völlig eine slawische Bevölkerung besaß, waren zu dieser Zeit in den benachbarten Territorien - im Süden dem hevellisch-brandenburgischen und im Westen dem obodritisch-mecklenburgischen Land - Deutsche angesiedelt worden. Das hatte diesen teilweise entvölkert gewesenen Gebieten einen wirtschaftlichen Aufschwung und auch einen Machtzuwachs gebracht.[15] Nachdem um 1220 auch die Fürsten von Rügen eine Hereinholung deutscher Siedler vorgesehen hatten,[16] entschlossen sich schließlich in den 1230er Jahren auch die pomoranischen Herzöge zur Ansiedlung deutscher Bauern und zur Gründung von Städten durch deutsche Bürger nach deutschem Recht.[17] In den Urkunden fand dieser Vorgang einen eindeutigen Niederschlag durch das Auftreten deutscher Orts- und Personennamen sowie vor allem durch die Verleihung deutschen Stadtrechts an einzelne Orte, die dann gewöhnlich als »*civitas*« bezeichnet wurden.

In dieser allgemeinen Situation nahmen die drei Hauptzentren des mittleren Peenegebietes eine bemerkenswerte Entwicklung. Demmin,[18] d. h. die Demminer Burg, erhielt zusätzliche Bedeutung, indem sie der Hauptsitz Wartislaws III. (um 1210-1264),[19] des einen der beiden damaligen pomoranischen bzw. pommerschen[20] Herzöge, wurde. Für diese Burg sind bis 1235 slawische Kastellane, also Burggrafen oder Burgherren, bekannt, indem sie in Urkunden als Zeugen angegeben wurden. Als letzter wurde Nizul genannt.[21] 1248 wurde mit Ulrich von der Osten erstmals ein Demminer Vogt in einer urkundlichen Zeugenreihe aufgeführt.[22] Offenbar war in der Zeit von 1235 bis 1248 an die Stelle der slawischen Kastellanei- bzw. Burgbezirksverfassung die deutsche Vogteiverfassung getreten.

Aus den Urkunden ist auch erkennbar, daß damals in der herzoglichen Umgebung das deutsche Element mehr und mehr gegenüber dem slawischen bestimmend wurde. So wurden 1236 in einer Demminer Herzogsurkunde als Zeugen nebeneinander fünf Ritter und Adelige mit slawischen und drei Ritter mit deutschen Namen aufgeführt. Im Jahre 1241 wurden dagegen in einer anderen in Demmin ausgestellten herzoglichen Urkunde als Zeugen lediglich Burgmannen mit deutschen und vielleicht dänischen Namen angegeben.[23] Es ist unverkennbar, daß eine Einwanderung Deutscher eingesetzt hatte und daß diese von herzoglicher Seite gefördert wurde.

Dementsprechend kam es auch zur Gründung einer deutschrechtlichen Stadt in der Nähe der Burg Demmin. 1249 wurde erstmalig eine »*civitas*« Demmin urkundlich erwähnt[24] und 1269 eine Urkunde für die Ratsherren und Bürger (consules et burgenses) Demmins ausgestellt.[25] Eine Urkunde über die Verleihung des Lübischen Stadtrechts, das die Stadt später besaß, ist nicht bewahrt geblieben. Es kann aber keinem Zweifel unterliegen, daß Demmin vor 1250 Lübisches Stadtrecht erhalten hat.

Die Burg Gützkow war Mitte des 13. Jahrhunderts Sitz der Söhne des Jaczo von Salzwedel als Herren von Gützkow.[26] Das von Jaczo I., dem Bruder des Bischofs Konrad III. von Kammin, begründete Geschlecht trug später den Titel der Grafen von Gützkow,[27] und mehrfach wurden Angehörige von ihm dann als Verwandte pommerscher Herzöge bezeichnet.[28] Die Grafschaft Gützkow war eine Unterherrschaft unter der Lehnshoheit der pommerschen Herzöge. Bei der Landesteilung 1295 wurde sie der Wolgaster Linie der pommerschen Herzöge zugeordnet.[29] Nach dem Tode des letzten Grafen von Gützkow fiel die Grafschaft an das pommersche Herzogshaus zurück.

Der neben der Burg entstandene Ort Gützkow erhielt von der Gützkower Herrschaft das Lübische Stadtrecht.[30] Der Zeitpunkt der Verleihung ist nicht bekannt, wird aber in der ersten Hälfte des 13. Jahrhunderts gelegen haben, da aus dieser Zeit die Kirche stammt, die sich innerhalb einer für Pommern typischen deutschen Stadtanlage befindet.

Im Unterschied zu Demmin und Gützkow, wo im 13. Jahrhundert jeweils in der Nähe der alten Burg eine Stadt mit deutschem Recht angelegt wurde, ist keine deutsche Stadt Groswin entstanden. Die Rolle des Marktortes und des wirtschaftlichen Mittelpunktes für das Land Groswin hat ohne Zweifel Anklam, dessen Name in den Urkunden erstmalig 1243 erschien,[31] übernommen. Es ist denkbar, daß Anklam sich zunächst als Nahhandelsplatz für das Kloster Stolpe und seine Besitzungen herausgebildet hat und dann für das ganze Land Groswin wirksam geworden ist. Auch im Bereich anderer früher Feldklöster sind ja Marktorte geschaffen worden, z.B. im Eldenaer Bereich Greifswald und im Kolbatzer Bereich Altdamm.[32] Anklam hat offenbar frühe Anfänge gehabt. Gerhard Becker hat in der Marienkirche einen alten romanischen Kirchenkern entdeckt. Die Marienkirche muß also schon Anfang des 13. Jahrhunderts vorhanden gewesen sein und mit ihr der sie umgebende westliche Siedlungsbereich der Anklamer Innenstadt. Becker hat dazu interessante Überlegungen angestellt, die hoffentlich bald veröffentlicht werden können.[33] In diesem Zusammenhang ist bemerkenswert, daß 1243 ein Schultheiß (scultetus) aus Anklam als Urkundenzeuge belegt ist. Diese Tatsache deutet darauf hin, daß damals im Anklamer Bereich Magdeburger Recht gültig war. Vom Magdeburger Kloster Berge aus war das Kloster Stolpe an der Peene gegründet worden, so daß Magdeburger Einfluß verständlich wäre.

Wie die Ausstellung von Urkunden durch Herzog Barnim I. 1247,[34] 1254 und 1256 in Anklam beweist,[35] weilte der Herzog öfter dort. Nachdem 1256 und 1258 jeweils ein Anklamer Vogt (nicht Schultheiß!) und 1256 ein Münzmeister (monetarius) von Anklam als Urkundenzeugen aufgeführt worden waren,[36] gab es 1264 eine erste überlieferte Urkundenausstellung Barnims I. für die Bürger in der Stadt Anklam (burgenses in civitate Tanglym)[37] und damit den Beweis dafür, daß Anklam damals den Charakter einer deutschrechtlichen Stadt hatte. Wann die Verleihung des Stadtrechts an Anklam erfolgte, ist nicht belegt. Aus den genannten einzelnen Urkundenangaben läßt sich aber der Schluß ziehen, daß der Herzog im Zuge der Entstehung eines zweiten Siedlungsbereichs mit der Nikolaikirche durch nordwestdeutsche Siedler Anklam spätestens in den 1250er Jahren das Lübische Stadtrecht übertragen hat.

Die älteste Stadt deutschen Rechts im Peeneraum ist nicht bei einer der drei alten Hauptburgen entstanden, sondern in dem am Ende des 12. Jahrhunderts der Burg Gützkow zugeordneten Land Loitz. 1242 erhielt der Ort Loitz das Lübische Stadtrecht.[38] Diese Stadtgründung ist in erheblichem Maße auf die damaligen Machtverhältnisse in diesem Gebiet und überhaupt auf die außenpolitische Schwäche Pommerns in jener Zeit zurückzuführen. Das Herzogtum Pommern-Demmin mußte sich gleichzeitig des Vordringens der Mecklenburger, Dänen und Brandenburger erwehren. Ende der 1220er Jahre war diesem von Wartislaw III. regierten Landesteil das westlich von Demmin gelegene Land Zirzipanien an die Herrschaft Mecklenburg verlorengegangen. Diese war weiterhin bestrebt, ihre Macht in östlicher Richtung auszuweiten. 1233 war die Burg Demmin bei einem nochmaligen Vorstoß der Dänen von diesen erobert worden. Mit Hilfe Lübecks konnte sie zurückgewonnen werden. Die Markgrafen von Brandenburg hatten 1231 von Kaiser Friedrich II. die Lehnsherrschaft über Pommern erlangt.[39] Ihnen trat Wartislaw durch den Vertrag von Kremmen die Landschaften Stargard, Wustrow und Beseritz gegen die Zusage der Unterstützung gegen die Dänen ab.[40]

Ungefähr zur gleichen Zeit muß es den Mecklenburgern gelungen sein, bis an die mittlere Peene vorzustoßen. Der Ritter Detlef von Gadebusch, der noch 1236 und 1237 in mecklenburgischen Urkunden als Zeuge genannt wurde,[41] trat 1242 urkundlich als Herr des Landes Loitz auf und verlieh der Stadt Loitz das Lübische Recht. Da er ihr ein deutsches Stadtrecht verlieh, muß er deutsche Siedler zu ihrem Aufbau herangezogen haben. Loitz ist damit ein früher Beleg für die Einwanderung Deutscher ins mittlere Peeneland, aber auch dafür, daß deutschrechtliche Städte nicht nur wirtschaftliche Mittelpunkte, sondern auch Bollwerke zur Sicherung des Landes sein sollten. Den Pommern gelang es offenbar, die Mecklenburger zurückzudrängen, da das Land Loitz sich schon bald wieder unter der Lehnshoheit der pommerschen Herzöge befand.[42] Nach dem vermutlichen Aussterben der Familie Gadebusch gelangte dieses Gebiet schließlich in den 1270er Jahren an Rügen.[43]

Neben den vier Städten Demmin, Anklam, Gützkow und Loitz, die Mitte des 13. Jahrhunderts deutsches Stadtrecht erhielten, entstand mehrere Jahrzehnte später im mittleren Peenegebiet noch die Stadt Jarmen. Urkundlich trat der Name Jarmen in der Form von Germin erstmals 1269 in Erscheinung, als Dietrich, Gemeindepfarrer in Jarmen, als Zeuge genannt wurde.[44] Damals muß es also schon eine Jarmener Kirche, zumindest im Aufbau begriffen, gegeben haben. In den Jahren 1270, 1277 und 1290 wurden bischöfliche Urkunden in Jarmen ausgestellt,[45] ein Zeichen für wachsende Bedeutung des Ortes. Das bestätigte mittelbar auch die Abgabe der Dörfer Wotenick und Seedorf gegen zwei Dörfer bei Jarmen durch den Kamminer Bischof an den Herzog.[46] Ebenso wurde die Bedeutung Jarmens für die Kamminer Bischöfe dadurch unterstrichen, daß 1280 das Kloster Eldena vom Kamminer Bischof urkundlich verpflichtet wurde, jährlich sieben Last Salz aus den klösterlichen Salzwerken nach Jarmen zur Abgabe zu bringen. In dieser Urkunde war der Name Jarmen noch mit der Angabe Dorf (villa) verbunden.[47]

Dagegen wurde Jarmen 1290 zum ersten Male als städtische Siedlung, als »oppidum«, bezeichnet. Bischof Jaromar von Kammin übertrug damals für die Anerkennung Kolbergs, Naugards und Jarmens als Besitz des Stifts Kammin urkundlich den Markgrafen von Brandenburg das Dorf Kerkow.[48] Jarmens Bedeutung war offensichtlich weiter gestiegen. Das ergibt sich auch aus einer Urkunde vom Jahre 1305, in der sogar von einem Land Jarmen mit sechs Dörfern die Sprache ist.[49] Aus den Namen dieser Dörfer - Doytin slavicalis und Toytin teutonicalis, Mossentin, Summin, Beutin und Sarntin - ergibt sich, daß es sich bei dem Land Jarmen zwar nur um die Parochie Jarmen, aber doch einen recht großen Pfarrbezirk handelte, dessen Mittelpunkt Jarmen war. Wenn dann in einer Urkunde von 1315 »consules« und »proconsules« der Stadt (oppidi) Jarmen eine Getreide- und Geldschuld bestätigten,[50] so kann auf Grund dieser Ausdrucksweise geschlossen werden, daß inzwischen in Jarmen deutsches Stadtrecht in Geltung war, auch wenn keine Stadtrechts-Bewidmungsurkunde überliefert ist. Später soll in Jarmen lübisches Recht gebraucht worden sein.[51]

Aus der genannten Urkunde von 1305 ist ersichtlich, daß es damals zu einer grundlegenden Änderung der Besitzverhältnisse im Bereich von Jarmen kam. Herzog Otto I. von Pommern-Stettin erwarb das Land Jarmen gegen Abgabe von 300 Hufen im Gebiet zwischen Ihna und Plöne mit sechs Dörfern und zwei weiteren zur Hälfte an den Bischof von Kammin. Der Herzog muß erhebliches Interesse an dem Jarmener Bereich gehabt haben.

1339 schenkte Herzog Barnim III., der Sohn Ottos I., das Patronat über die Jarmener Kirche dem Kloster Michelsberg bei Bamberg.[52] Michelsberg war das Hauskloster des Bischofs Otto von Bamberg gewesen, der 1124/25 und 1128 das Herzogtum Pommern christianisiert hatte. Die Verbindung zwischen Pommern und Bamberg war nie völlig eingeschlafen. 1182 hatte Herzog Bogislaw I. dem

Michaelskloster in Bamberg eine jährliche Wachshebung aus den Krügen seines Landes für das Grabmal des 1139 verstorbenen Bischofs Otto verliehen.[53] Die Bamberger hatten ein großes Interesse daran gehabt. Sie wollten die Heiligsprechung ihres Bischofs Otto I. erreichen, die dann auch 1189 geschah. Dazu brauchten sie den Beweis, daß man seiner in Pommern noch gedachte. Deshalb war der Bamberger Klosterschatzmeister nach Pommern gereist und hatte einen jährlichen Wachszins für Kerzen bewirkt. Außerdem wurde um 1187 dem Kloster Michelsberg die ihm von dem gebürtigen Bamberger Beringer übertragene Stettiner Jakobikirche zur Verwaltung des Wachszinses durch den Kamminer Bischof und die Herzogin bestätigt.[54]

Um 1300 hatte man im Stettiner Herzogshaus begonnen, an die Taten Ottos von Bamberg zu erinnern und seine Verehrung in verstärktem Maße zu pflegen, wie Norbert Buske dargelegt hat.[55] Indem Bischof Otto zu einer Art von Landesheiligem erhoben wurde, konnte eine Stärkung des Herzogsansehens angestrebt werden, zumal der damalige Stettiner Herzog ebenfalls den Namen Otto trug. Er bestätigte noch 1339 die Schenkung seines Sohnes,[56] so daß Jarmen eng in die Politik des Herzogshauses einbezogen wurde.

Im Jahr darauf, 1340, kam es zu einer weiteren für Jarmen wichtigen Festlegung. Herzog Barnim III. einigte sich mit den Städten Greifswald, Anklam und Demmin, an der Peene den Bau von Befestigungen nicht zuzulassen außer dem der Stadt Jarmen.[57] Allem Anschein nach wollten die Stettiner Herzöge einen festen Stützpunkt im Mittelpunkt des mittleren Peeneraums haben. Es ist denkbar, daß sie ein Gegengewicht zu den emporgekommenen Städten Anklam und Demmin zu schaffen suchten, auch zur Herrschaft Gützkow. Möglicherweise ging es darüber hinaus nach der Landesteilung von 1295[58] um eine Sicherung des Stettiner Herzogtums gegenüber dem Wolgaster Herzogtum, dem ja die Städte Anklam und Demmin sowie auch die Grafschaft Gützkow angehörten. Auf jeden Fall ist Jarmen, anfangs ein kleineres Zentrum der Bischöfe von Kammin, in den Jahren 1305 bis 1340 zu einem Zentrum der Herzöge von Pommern-Stettin geworden. In den nächsten Jahrzehnten gab es keine weiteren Hervorhebungen Jarmens. Vielleicht lag es daran, daß die Unterherrschaft Gützkow in der männlichen Linie nach April 1359 ausstarb und an das Herzogshaus im entfernten Wolgast zurückfiel.[59] Immerhin hatte sich Jarmen zu einem neuen Zentrum im Peenegebiet entwickelt, das allerdings über den Rang einer kleinen Stadt dann nicht hinauskam.

Hinsichtlich der deutschen Einwanderung auf dem Lande ist die Errichtung von Dorfkirchen aufschlußreich. Nachdem Bischof Otto von Bamberg im pomoranischen Herrschaftsbereich das Christentum eingeführt hatte, kam es im 12. Jahrhundert trotz der Bildung eines eigenen Bistums und trotz der Anlage der ersten Klöster, wie dargelegt, kaum zu einer Verbreitung des Christentums und zur Gründung weiterer Kirchen im Lande.[60] Erst mit der Einwanderung deutscher Siedler, die ja eine christliche Tradition besaßen, entstanden im 13. Jahrhundert zahlreiche Kirchen im Lande.

Über die Entwicklung des dörflichen Kirchenwesens im mittleren Peeneraum in dieser Zeit läßt eine Zusammenstellung Hellmuth Heydens bezüglich der alten Propstei Demmin Rückschlüsse zu.[61] Danach sind für den westlichen Teil des mittleren Peenegebietes nur folgende Dorfkirchen vor 1300 urkundlich angegeben: Rakow (1232), Kartlow (1249), Sophienhof/Cerbencin (1265), Jarmen (1269). Im östlichen Teil des mittleren Peeneraums dürfte das Bild vor 1300 nicht anders gewesen sein. Sicher wird es damals schon manche Kirche gegeben haben, die in keiner Urkunde genannt wurde. Beispielsweise deuten Stil und Gestaltung der Kirchen von Ranzin und Völschow auf einen Baubeginn vor 1300 hin, und die 1308 erstmalig erwähnte Kirche von Bartow[62] dürfte auch älter sein. Aber trotzdem bekunden die Zahlen eine geringe Gründung von Kirchen und lassen damit auf eine verhältnismäßig seltene Niederlassung deutscher Bauern in diesem Raum vor 1300 schließen.

Die gleichen Schlußfolgerungen ergeben sich aus einer Betrachtung der Ortsnamen. Es gibt nur wenige deutsche Ortsnamen in diesem Gebiet. Freilich werden deutsche Siedler nicht selten den Namen des benachbarten slawischen Dorfes, das sie vorfanden, übernommen haben. Das war beispielsweise in Rakow der Fall, wo das heutige Klein-Rakow wohl der slawische Ort war, neben dem sich deutsche Bauern niederließen, deren Siedlung dann den Namen Groß-Rakow bekam.[63] Groß- und Klein-Toitin wurden 1305 als das slawische und das deutsche Toitin bezeichnet.[64] Andererseits zeigen die zahlreichen slawischen Ortsnamen, daß in diesem Peenegebiet eine relativ dichte slawische Besiedlung vorhanden gewesen ist ohne solche Freiräume wie im Waldgebiet nördlich davon, wo im 13. Jahrhundert eine Fülle von »hagen«-Namen und andere deutsche Ortsnamen neu aufgetreten sind. Der mittlere Peeneraum war ein altes, historisches Siedlungsgebiet.

Die deutschen Siedlerwellen sind offenbar anfangs wenig in seine ländlichen Bereiche geflossen, sondern haben dort mehr zur Gründung von Städten deutschen Gepräges geführt. Dieser Siedlungscharakter war allerdings längst nicht so einseitig wie im Lettland und im Estland des Mittelalters, wo von deutschen Geistlichen das Christentum gebracht wurde, von deutschen Bürgern Städte gegründet wurden und von deutschen Adeligen im Zuge der Ritterorden Güter angelegt wurden, aber wo keine deutschen Bauern hingekommen sind.

Im 14. Jahrhundert kam es anscheinend zu weiteren Ansiedlungen deutscher Bauern im Peeneland. Jedenfalls mehrten sich damals die Kirchen- oder Kapellengründungen. So erhielten von den sechs Tochterdörfern, die 1249 bei der Kartlower Johanniskirche - neben Kartlow selbst - eingepfarrt worden waren,[65] im Laufe der Zeit zwei selber eine Pfarrkirche und vier eine Kapelle. Im Pfarrsprengel Jarmen wurden 1327 und 1336 Kapellen in Zemmin, Toitin und Müssentin gestiftet.[66]

Insgesamt gesehen, wurden im mittleren Peeneraum während des 13. Jahrhunderts in der Nähe der alten drei slawischen Hauptzentren Demmin, Gützkow und Groswin deutschrechtliche Städte angelegt, die durch zwei weitere ergänzt wurden. Ferner entstanden im ländlichen Bereich zusätzliche Siedlungen durch deutsche Bauern, allerdings eindeutig weniger und verzögerter als in dem nördlich angrenzenden breiten Waldstreifen. Im mittleren Peeneraum ist offenbar die ländliche Siedlungsentwicklung ähnlich wie auf der Insel Rügen vor sich gegangen: Aufgrund einer vorhandenen stärkeren slawischen Bevölkerung blieb die deutsche Siedlungstätigkeit vor 1300 verhältnismäßig gering.

Wenn Ulrich Schoknecht feststellen konnte, daß alte Siedlungsplätze aus der germanischen Zeit auch in der slawischen Zeit wahrgenommen wurden, so läßt sich sagen, daß sie in deutscher Zeit weiter genutzt wurden und daß dabei das slawische Element noch vorhanden war und durch eine deutsche Einwanderung zunächst nur ergänzt, aber nicht überschichtet worden ist.

[1] Vgl. Wolfgang Brüske, Untersuchungen zur Geschichte des Lutizenbundes, 2. Aufl., Köln/Wien 1983, inbes. S. 9 ff., 83, 94 und 212 ff.

[2] Vgl. Brüske (s. Anm. 1), S. 152 ff. und 162 ff.; Horst-Diether Schroeder, Die Sitze der Redarier, in: Greifswald-Stralsunder Jahrbuch Bd. 10-1972/73, S. 35-63

[3] Vgl. Brüske (s. Anm. 1), S. 94 ff.; Jürgen Petersohn, Der südliche Ostseeraum im kirchenpolitischen Kräftespiel des Reichs, Polens und Dänemarks vom 10. bis 13. Jahrhundert, Köln/Wien 1979, S. 219 ff.

[4] Vgl. Hellmuth Heyden, Kirchengeschichte Pommerns, Bd. 1, 2. Aufl., Köln 1957, S. 14 ff.

[5] Pommersches Urkundenbuch (PUB), Bd. 1, 2. Aufl., bearb. von Klaus Conrad, Köln/Wien 1970, Nr. 30 und 111, (Bd. 2-5, bearb. v. Prümers, Winter, Heinemann), Stettin 1881/85, 1888/91, 1902/03, 1903/05, Bd. 7 (Frederichs u. Sandow), Stettin 1934/40, Bd. 10 (Conrad) Köln/Wien 1984); vgl. Petersohn (s. Anm. 3), S. 309 ff. und 386 f.

[6] PUB 1² (s. Anm. 5), Nr. 43, 48 und 72; vgl. H. Hoogeweg, Die Stifter und Klöster der Provinz Pommern, Bd. 2, Stettin 1925, S. 653 ff. und 260 ff.; Heyden 1² (s. Anm. 4), S. 118-120; Petersohn (s. Anm. 3), S. 326 f.

[7] Vgl. Oskar Eggert, Dänisch-wendische Kämpfe in Pommern und Mecklenburg (1157-1200), Stettin 1928, S. 23 ff., 33, 57 ff., 68 ff. und 73 f.

[8] PUB 1² (s. Anm. 5), Nr. 59, 61, 62, 63 und 84; vgl. H. Hoogeweg, Die Stifter und Klöster der Provinz Pommern, Bd. 1, Stettin 1924, S. 223 ff. und 13 ff.; Eggert (s. Anm. 7), S. 53 und 55 f.; Heyden 1² (s. Anm. 4), S. 120-124; Petersohn (s. Anm. 3), S. 327

[9] Vgl. Martin Wehrmann, Geschichte von Pommern, Bd. 1, 2. Aufl., Gotha 1919, S. 93

[10] Vgl. Brüske (s. Anm. 1), S. 199 f.

[11] Vgl. Brüske (s. Anm. 1), S. 202

[12] Vgl. Brüske (s. Anm. 1), S. 201 f. und 162 ff.

[13] PUB 1² (s. Anm. 5), Nr. 304 und 306

[14] Vgl. Wehrmann 1² (s. Anm. 9), S. 93; Gustav Kratz, Die Städte der Provinz Pommern, Berlin 1865, S. 230 f.

[15] Vgl. Johannes Schultze, Die Mark Brandenburg, 1. Bd., Berlin 1961, S. 86 f.; Manfred Hamann, Das staatliche Werden Mecklenburgs, Köln/Graz 1962, S. 7 f. und 11

[16] PUB 1² (s. Anm. 5), Nr. 208

[17] PUB 1² (s. Anm. 5), Nr. 308a und 377

[18] Vgl. zum Folgenden: Kratz (s. Anm. 14), S. 114 ff.

[19] Der Vetter, Herzog Barnim I., hatte seinen Hauptsitz in Stettin

[20] Nach der Einwanderung deutscher Siedler und ihrer Verschmelzung mit der einheimischen slawischen Bevölkerung zum Neustamm der Pommern können die pomoranischen als pommersche Herzöge bezeichnet werden

[21] PUB 1² (s. Anm. 5), Nr. 321

[22] PUB 1² (s. Anm. 5), Nr. 467

[23] PUB 1² (s. Anm. 5), Nr. 335 und 388

[24] PUB 1² (s. Anm. 5), Nr. 499 und 500

[25] PUB 2 (s. Anm. 5), Nr. 898

[26] PUB 1² (s. Anm. 5), Nr. 491 und 562

[27] Erstmals 1270: PUB 2 (s. Anm. 5), Nr. 920 und 921

[28] Erstmals 1280: PUB 2 (s. Anm. 5), Nr. 1183; vgl. Adolf Hofmeister, Untersuchungen zur Geschichte des pommerschen Herzogshauses, S. 91 ff., in: Pommersche Jahrbücher 31. Bd./1937, S. 35-112; Rudolf Benl, Die Gestaltung der Bodenrechtsverhältnisse in Pommern vom 12. bis zum 14. Jahrhundert, Köln/Wien 1986, S. 41 ff. Benl ist der Ansicht, daß Jaczo I. von Salzwedel wohl Dobroslawa, die wahrscheinlich eine Tochter Herzog Bogislaws I. gewesen sei, zur Frau gehabt habe.

[29] PUB 3 (s. Anm. 5), Nr. 1730

[30] Eine Bestätigung erfolgte 1353; vgl. Kratz (s. Anm. 5), S. 232

[31] PUB 1² (s. Anm. 5), Nr. 413: Tanchlim

[32] Vgl. Klaus Conrad, Herzogliche Städtegründungen in Pommern auf geistlichem Boden, in: Pommern und Mecklenburg - Beiträge zur mittelalterlichen Städtegeschichte, hrsg. v. Roderich Schmidt, Köln/Wien 1981, S. 43-73

[33] Gerhard Becker hat darüber in der Tagung der Arbeitsgemeinschaft Kirchengeschichte der (damaligen) Evangelischen Landeskirche Greifswald am 27.8.1988 in Anklam einen Vortrag »Zur frühen Kirchen- und Siedlungsgeschichte von Anklam« gehalten

[34] PUB 1² (s. Anm. 5), Nr. 452

[35] PUB 2 (s. Anm. 5), Nr. 595 und 630

[36] PUB 2 (s. Anm. 5), Nr. 631 und 659

[37] PUB 2 (s. Anm. 5), Nr. 755

[38] PUB 1² (s. Anm. 5), Nr. 397

[39] Vgl. Wehrmann 1² (s. Anm. 9), S. 97 f.

[40] PUB 1² (s. Anm. 5), Nr. 334: 1236 Juni 20

[41] PUB 1² (s. Anm. 5), Nr. 335a, 340 und 341

[42] 1244 wurde Detlef von Gadebusch als Zeuge in einer Urkunde der pommerschen Herzöge genannt: PUB 1² (s. Anm. 5), Nr. 429

[43] Vgl. Kratz (s. Anm. 14), S. 256 f.

[44] PUB 2 (s. Anm. 5), Nr. 893

[45] PUB 2 (s. Anm. 5), Nr. 912, 1064 und PUB 3, Nr. 1540

[46] PUB 2 (s. Anm. 5), Nr. 1060

[47] PUB 2 (s. Anm. 5), Nr. 1171

[48] PUB 3 (s. Anm. 5), Nr. 1555

[49] PUB 4 (s. Anm. 5), Nr. 2206

[50] PUB 5 (s. Anm. 5), Nr. 2964

[51] Vgl. Kratz (s. Anm. 14), S. 238

[52] PUB 10 (s. Anm. 5), Nr. 5722

[53] PUB 1² (s. Anm. 5), Nr. 91

[54] PUB 1² (s. Anm. 5), Nr. 108 und 109

[55] Vgl. Norbert Buske, Die Verehrung Bischof Otto I. von Bamberg und die spätere Erinnerung an ihn im ehemaligen Herzogtum Pommern, S. 61 ff., in: Bischof Otto I. von Bamberg - Beginn der Christianisierung des Peenegebiets, hrsg. v. Norbert Buske, 1978, S. 48-84

[56] PUB 10 (s. Anm. 5), Nr. 5732

[57] PUB 10 (s. Anm. 5), Nr. 5835

[58] PUB 3 (s. Anm. 5), Nr. 1730

[59] Vgl. Johannes Hoffmann, Studien zur Geschichte der Grafen von Gützkow, Diss., Greifswald 1946, S. 65-70

[60] Vgl. Heyden (s. Anm. 4), S. 43 f.

[61] Vgl. Hellmuth Heyden, Die Propstei Demmin, S. 43, in: Monatsblätter der Gesellschaft f. pomm. Gesch. u. Altertumskde., 55. Jg. (1941), S. 37-43

[62] PUB 4 (s. Anm. 5), Nr. 2406

[63] Nach dem Loitzer Bederegister von 1343 war Klein-Rakow ein Handwerkerdorf und Groß-Rakow ein Bauerndorf, vgl. Fritz Curschmann, Das Bederegister des Landes Loitz von 1343, S. 11 f., in: Pommersche Jahrbücher 34. Bd./ 1940, S. 1-46

[64] PUB 4 (s. Anm. 5), Nr. 2206

[65] PUB 1² (s. Anm. 5), Nr. 519a

[66] PUB 7 (s. Anm. 5), Nr. 4322 und PUB 10, Nr. 5352 und 5381

Personen- und *Orts*register

A

Absalon, Bischof von Roskilde, Erzbischof von Lund 113, 300, 302
Adalbert, Bischof von Pommern 116
Adam von Bremen 111, 169, 300, 334
Aepinus, Johannes 183
Afflußgraben, Groter (Großer Abflußgraben bei Gützkow) 292
Agnes, Gräfin von Anhalt, geb. Fürstin von Rügen 131
Agnes, Fürstin von Mecklenburg, verw. Fürstin von Rügen, geb. Gräfin von Lindow-Ruppin 131, 132, 137
Agnes, Fürstin von Rügen, geb. Herzogin von Braunschweig-Lüneburg 131
Ahlwardt, Peter 79, 80
Ahrend 51
Albrecht, Benedict 197
Albrecht der Bär, Markgraf von Brandenburg 112, 286
Albrecht II., Graf von Anhalt 131
Alemannen, alemannisch 324, 325
Alexander III., Papst 302
Aller 291
Alt-Lübeck, siehe Lübeck
Altdamm, (Damm) 23, 28, 30, 144, 177, 337
Altenkirchen 307, 328
Altentreptow, (Ollenträptow) 29, 116, 117, 137, 240, 266, 296
Altenwillershagen 51
altmärkischer Raum 121
Altona 30
Altwigshagen 135
Amandus, Johannes 182
amerikanisch 48
Amsterdam 198
Amtsberg, Gerhard 277, 283
Anastasia, Herzogin von Pommern-Stettin, geb. Fürstin von Polen 303
Anclamer Peendamm (Anklamer Peendamm) 52

Andershof 36
Andersen, Jacob 51
Andersson, Ingvar 192
Anklam, (Tanchlim, Tanglym), Anklamer 18, 19, 20, 29, 30, 134, 135, 136, 137, 142, 146, 148, 149, 159, 161, 165, 178, 184, 190, 231, 232, 238, 239, 240, 241, 242, 243, 244, 245, 248, 249, 265, 266, 267, 270, 271, 272, 274, 278, 290, 296, 323, 324, 326, 328, 333, 335, 336, 337, 338, 339, 341, 342
Anklamer Fähre, Insel 266, 269
Antwerpen 259
Appeldoorn, Adelsgeschlecht 293
arabisch 326
Arbshagen 51
Archangelsk 259
Arendsee 36
Aristoteles 227
Arkona 111, 113, 116, 286, 300, 301, 302, 307
Arndt, Ernst Moritz 221;
  dessen Vater 221;
  dessen Bruder 221;
  dessen Schwester 221
Arnim, Hans Georg von 23, 191
Arnim, von 82
Arnold, Udo 230, 236
Askanier, Fürstengeschlecht 153, 154, 155, 156, 159, 164, 165
Asmus, Ivo 10
Auerstedt 97
Augsburg, Augsburger, augsburgisch 21, 111, 180, 185, 186, 187, 205, 207, 223
Avignon 161, 162

B

Bach, Johann Sebastian 207
Bahn 28
Bake, Werner 207
Balsmiter, Herman 196
Balthasar 94
Balthasar, A. 226
Balthasar, J. H. 227
Balthasar; dessen Tochter 227

Baltikum, baltisch 251, 309, 331
Bamberg, Bamberger 117, 296, 296, 338, 339
Bamberg, Bistum 117
Banér, Johan 28, 193
Barcelona 259
Barnim, Fürst von Pommern 286
Barnim I., Herzog von Pommern-Stettin 119, 154, 155, 202, 267, 304, 337, 341
Barnim II., Herzog von Pommern 155, 238
Barnim III., Herzog von Pommern-Stettin 135, 137, 156, 157, 158, 159, 160, 161, 162, 240, 241, 249, 267, 293, 296, 297, 338, 339
Barnim IV., Herzog von Pommern-Wolgast 159, 161, 239, 249
Barnim V., Herzog von Pommern-Stolp 161
Barnim VII., Herzog von Pommern-Wolgast(-Gützkow) 288
Barnim VIII. von Pommern-Wolgast, rügensche Linie (Barth) 234, 268, 270
Barnim IX., Herzog von Pommern-Stettin 180, 181, 185, 204
Barnim X., Herzog von Pommern-Stettin 16, 205
Barnuta, Fürst von Rügen, ältester Sohn Jaromars I. 315, 316, 319, 320
Bartelt 178
Bartelt, Gustav 148
Barth, Barber, barthesch 38, 39, 42, 44, 45, 48, 51, 53, 54, 55, 56, 57, 62, 63, 64, 65, 66, 82, 90, 97, 125, 126, 130, 132, 133, 136, 142, 149, 192, 207, 219, 242, 243, 245, 250, 265, 266, 268, 269, 270, 271, 272, 273, 274, 275, 302, 306, 307
Barth, Distrikt 42, 51
Barth, Herzogtum, siehe Pommern-Barth
Barth, Land (Gebiet) 130, 137, 268, 269, 302, 303, 321
Barther Bodden 265, 268, 271, 274
Bartholomäus, Kastellan von Gützkow 287
Bartow 340

Basel 228
Bauhof (bei Usedom) 328
Bayerisch 296
Bayeux 329, 331
Bebel, August 144, 145
Becher, Johann Joachim 86, 88
Becker, Gerhard 337
Beek, siehe Leister Bach
Beguelin 253
Behrens, Fritz 92
Belbuck 181, 182, 334
Belgard 231, 248
Belzig 182
Benl, Rudolf 341
Bentzin 293
Benz 116, 117
Berg, Hans Peter 51
Berge, Kloster bei Magdeburg 334, 337
Bergen, Bergener 19, 20, 37, 38, 39, 40, 41, 42, 45, 46, 51, 53, 54, 55, 56, 57, 60, 62, 63, 64, 65, 66, 68, 69, 116, 117, 192, 219, 269, 303, 307, 309
Bergen, Kreis 252
Berghaus, H. 292
Beringer, 339
Berlekamp, G. 47
Berlin, Berliner 82, 96, 97, 101, 143, 147, 148, 149, 173, 175, 176, 220, 221, 222, 226, 232, 258, 260, 261, 289, 321
Bern 147
Bernhard, Grenzgraf im Gebiet der Wilzen/Redarier 108
Bernhard von Clairvaux 112
Berno, Bischof von Schwerin 302
Bernoulli, Jacob 228
Bernstein, Eduard 144
Bernstein, von 192
Berthold, Graf von Henneberg, (Bischof von Kammin, Fürst von Rügen) 133, 157, 165
Bertold VII., Graf von Henneberg, Kanzler und Verweser der Mark Brandenburg 157, 159
Beseritz, Land 120, 154, 337
Beseritz 97, 98

Bethe *253*
Beutin 338
Beyerhagen 51
Biederstedt, Rudolf *12, 280*
Biel, Johann Christian *51*
Billroth *46*
Billung, Hermann *108, 109*
Bismarck, Otto von *222, 257*
Björn *331*
Blixen, von, Adelsgeschlecht *319*
Blos, W. *257*
Blücher, Gebhard Leberecht von *221*
Bobbin 79
Bobowski, Kazimierz *12*
Böcker, Heidelore *297*
Böckmann, Jonas *197, 198*
Bode, Wilhelm *237*
Bogislaw I., Herzog von Pommern-Stettin *113, 117, 152, 287, 292, 302, 303, 311, 339, 341*
Bogislaw II., Herzog von Pommern-Stettin *176, 304*
Bogislaw IV., Herzog von Pommern (-Wolgast) *131, 155, 156, 238, 240, 248, 266, 267*
Bogislaw V., Herzog von Pommern-Wolgast(-Stolp) *132, 135, 159, 160, 161, 230, 239, 249*
Bogislaw VI., Herzog von Pommern-Wolgast *161, 233, 242*
Bogislaw VII., Herzog von Pommern-Stettin *161*
Bogislaw VIII., Herzog von Pommern (-Kammin) *162*
Bogislaw X., Herzog von Pommern *15, 127, 152, 163, 164, 166, 167, 177, 178, 179, 181, 182, 183, 204, 243, 269, 271*; dessen Söhne *15*
Bogislaw XIII., Herzog von Pommern-Stettin *15, 16, 19, 21, 22, 204, 205, 297*
Bogislaw XIV., Herzog von Pommern *21, 22, 23, 27, 28, 189, 190, 191, 194, 204, 205, 251*
Bohlen, von, Adelsgeschlecht *81*
Böhmen, (Behem) 109, 151, 328
Boldewan, Johannes *182*

Boleslaw Chobry, König von Polen *109, 110*
Boleslaw III. Krzywousty (Schiefmund), Herzog von Polen *112, 115, 117, 122, 333*
Bollnow, H. *169*
Boltenhäger Teich 320
Boltenstern, Carl von *83, 84, 89*
Bolz, H. *324*
Bonnus, Hermann *207*
Bookhagen 319
Boranteshagen, siehe Brandshagen
Borgwallsee 302
Born, Stefan *142*
Bornholm 327
Bornhöved *113, 153, 154, 165, 166*
Brabant, (Brabander) 86
Brandenburg, Bistum 108
Brandenburg, Brandenburger, brandenburgisch, (Mark, Mark Brandenburg, Marken, märkisch, märkische Gebiete) 28, 29, 30, 77, 78, 118, 120, 121, 132, 133, 137, 152, 153, 154, 155, 157, 158, 159, 160, 161, 162, 163, 164, 171, 172, 179, 190, 230, 251, 278, 288, 323, 335, 337
Brandenburg, Kurfürsten von (allgem.), Kurfürstenhaus *23, 27, 29, 77, 179, 229, 251*
Brandenburg, Kurfürstentum, (kurbrandenburgisch) 27, 163, 179
Brandenburg, Markgrafen von, markgräflich (allgem.) *120, 151, 153, 154, 155, 156, 158, 159, 160, 163, 166, 232, 238, 244, 337, 338*
Brandenburg, Markgrafen von, johanneische Linie (allgem.) *155*
Brandenburg, Markgrafschaft 156
Brandenburg-Preußen 251
Brandenburg, Stadt 97
Brandshagen (Boranteshagen) 305, 306, 316, 319
Brandshagen, Herrschaft 315, 317, 319
Braunschweig, Braunschweiger 21, 184
Bredow 142, 144, 145
Bremen, Bremer 147, 239, 244, 271

Bremen-Verden, Herzogtümer *251*
Bremerhagen *315, 317*
Brenonis, Johannes *161*
Breslau *12*
Briten *92*
Broda, Klosters Broda am Tollensesee *118*
Broderstorf, siehe Brudersdorf
Broemel *144*
Brook *34, 316*
Brudersdorf, (Broderstorf), Brudersdorfer *137, 157, 268*
Brügge *245*
Brühl, Graf *220*
Brunward, Bischof von Schwerin *118*
Brüske, W. *316*
Brützke *292, 296*
Brüxner, Georg *286*
Bublitz *180*
Bublitz, Land *15*
Bucenus, Paulus *208*
Buchholz *51*
Buch, von, Adelsgeschlecht *319*
Buckow *317*
Bugenhagen, Johannes, (Doktor Pommer, Doctor Pomeranus) *181, 184, 185, 206, 235*
Bugenhagen, von, Adelsgeschlecht *20*
Bugewitz *240*
Bukow (auf Usedom) *116, 117*
Bukow, Land *303*
Bülow, Graf *253*
Burchard, Bischof von Halberstadt *111, 333*
Burmester *270*
Buschmann, Arnold Engelbert *50*
Buske, Norbert *339*
Bütow, Land *162*

C

Cajetan *181*
Camin, (Cammin), siehe Kammin
Carry *92*
Cassuben, siehe Kaschuben
Cealadrag, Fürst der Wilzen *107*
Cerbencin, siehe Sophienhof

Cerezepani, siehe Zirzipanen
Charkow *148*
Christian, König von Dänemark *244*
Christoph II., Herzog von Halland, König von Dänemark *131, 132, 133, 137, 156, 158, 165, 267, 310*
Christus, siehe Jesus Christus
Chyträus, David *207*
Circipanen, siehe Zirzipanen
Clemens, Hans *11*
Cölln an der Spree (Berlin) *232*
Conrad, Klaus *278*
Cowal, siehe Kowall
Craco *119*
Cramer, Daniel *21*
Cramer *81*
Cranach, Lukas *204*
Cuzsce, siehe Koos
Czok, Karl *125*

D

Dahlhoff, Wilhelm *282*
Dähnert, Johann Carl *88, 228*
Dalmar, Martin *204*
Damgarten, Damgartener *51, 53, 54, 55, 56, 57, 62, 63, 64, 65, 66, 125, 126, 198, 243, 250, 268, 271, 306, 320*
Damgarten, Land *268*
Damitz, Paul von *22*
Damm, siehe Altdamm
Dammae *318*
Dänemark (Danemarcken), Dänen, dänisch *18, 22, 23, 29, 30, 31, 87, 105, 106, 110, 111, 112, 113, 116, 117, 118, 119, 120, 132, 133, 134, 138, 152, 153, 157, 158, 159, 160, 161, 164, 165, 166, 180, 188, 209, 230, 233, 234, 239, 241, 252, 265, 267, 270, 286, 294, 295, 299, 300, 301, 302, 303, 305, 306, 307, 308, 316, 318, 321, 334, 335, 337*
dänische Inseln *319*
dänische Küsten *300*
dänische Könige (allgem.), Königshaus, dänische Krone *120, 125, 130, 151, 152, 153, 156, 158, 159, 162, 164, 166, 229, 239, 307*

Personen- und Ortsregister

Dannenberg, Hermann *169, 176*
Dannenfeld, Anna *197*
Danzig, Danziger 223, 245, 266, 270, 271
Dargun 116, 118, 302, 327, 328, 334
Darß 130, 136, 299
Dassow 137
Davenant, Charles *91*
David *209*
DDR, siehe Deutsche Demokratische Republik
Dedelow, Nikolaus *207*
Defoe *90*
Demmin, Demminer 7, 9, 10, 11, 12, 13, 14, 24, 27, 29, 52, 95, 96, 106, 112, 116, 117, 120, 134, 135, 136, 137, 142, 148, 149, 159, 165, 169, 170, 171, 172, 175, 176, 178, 218, 220, 231, 232, 236, 237, 238, 239, 240, 241, 242, 243, 244, 245, 246, 247, 248, 259, 265, 266, 267, 269, 271, 272, 274, 277, 278, 279, 284, 289, 295, 296, 301, 302, 303, 324, 325, 326, 327, 328, 331, 333, 334, 336, 337, 338, 339, 340
Demmin, Burg, (Haus Demmin) 154, 169, 171, 244, 267, 272, 301, 336, 337
Demmin, Herzogtum, siehe Pommern-Demmin
Demmin, Kreis 12, 13, 95, 96, 220
Demmin, Propstei 339
Demmin, Raum 327
Denschewic 318, 321
Descartes *227*
Deutsche Bauernpartei (DBD) 283
Deutsche Demokratische Republik (DDR) 7, 11, 12, 13, 84, 86, 91, 210, 215, 219, 228, 280, 283, 321
Deutscher Orden, (Deutschritterorden, Ordensland Preußen) 152, 158, 161, 162, 163, 164, 166, 203, 230
Deutsches Reich, (mittelalterliches), siehe Heiliges Römisches Reich Deutscher Nation
Deutsches Reich, (2. Kaiserreich) 221, 257, 260, 262
Deutschland, (Teutschland), deutsch (dütsch, teutonicalis), Deutsche

(Dütsche, Theutunicorum) 9, 12, 28, 29, 35, 45, 47, 48, 80, 83, 84, 86, 88, 91, 99, 105, 108, 109, 110, 111, 112, 113, 115, 116, 118, 119, 120, 121, 122, 123, 125, 126, 130, 131, 138, 143, 147, 148, 152, 153, 158, 160, 164, 165, 166, 170, 175, 178, 192, 196, 205, 206, 208, 209, 218, 219, 221, 222, 223, 224, 228, 229, 231, 234, 238, 244, 257, 258, 260, 261, 263, 277, 286, 287, 293, 294, 299, 305, 306, 307, 308, 309, 310, 311, 312, 317, 318, 319, 320, 321, 334, 335, 336, 337, 338, 339, 340, 341
deutsche Könige (allgem.) *157, 166, 221*
Dewitz 292, 293, 294, 295
Dietrich, Bischof von Lübeck *123*
Dievenow 295
Dijon 99
Dinnies, Albert *198*
Dithmarschen, Dithmarscher 153
Dobislaw, Ritter, Herr von Gristow, ältester Sohn Barnutas *320*
Dobroslawa, Herrin von Schlawe und Gräfin von Gützkow, geb. Herzogin von Pommern-Stettin *287, 341*
Dollinger, Philippe 237, 242
Dörschlag *51*
Dotenberg, Herren von, Adelsgeschlecht *139, 319*
Dotenberg, Johann von *135*
Doytin, siehe Klein bzw. Groß Toitin
Draeger *292*
Dragovit, Fürst der Wilzen *106, 107*
Dralle, Lothar *107*
Drechow 306
Drense 328
Dresden *98, 203, 222*
Drönnewitz 239
Drosedow 278, 304
Ducherow 142
Dulichius, Philipp *208*
Dulmen, Johannes van *244*
Dumar, Fürst der Wenden *300*
Dummersdorf 239
Dunker *51*

E

Eberswalde, Eberswalder 162
Ebo *111*
Eck *181*
Eddelink, Peter 207
Eggebrecht, Niclas 51
Ehrhardt 149
Eichmann, Petrus 208
Eickhof 51
Eider 302
Einhard 106
Eisenach 222
Eisenhart, Hugo 98
Ekberg 136, 138, 320
Elbe 105, 106, 108, 109, 110, 112, 113, 152
Elbmündung 152, 157, 169
Elbing 239
Eldena, (Hilda), Kloster, Dorf 116, 118, 119, 130, 184, 278, 304, 305, 308, 315, 317, 318, 320, 321, 337, 338
Eldena, Amt 28
Elisabeth, Herzogin von Pommern-Wolgast, geb. Gräfin von Lindow-Ruppin 134, 135, 241
Elisabeth, Kaiserin, geb. Herzogin von Pommern 160, 230
Elisabeth, Herzogin von Pommern, geb. Herzogin von Schleswig-Holstein-Sonderburg 21
Elisabeth Christine, Königin von Preußen 80, 82
Elmenhorst 319
Engel 294
Engel, Hans 201
Engelbrecht, Johannes 261, 262
Engels, Friedrich 98, 99, 141
England, Engländer, englisch 18, 20, 47, 81, 84, 88, 90, 91, 92, 98, 152, 202, 205, 230, 235, 245, 329
England, Königshaus von (allgem.) 229
Ennen, Edith 231
Erfurt 230, 327
Erich II., Herzog von Pommern-Stettin 242, 243, 244, 274
Erich II., König von Dänemark *113*

Erich IV., Herzog von Sachsen *163*
Erich V., König von Dänemark 247
Erich, König von Norwegen *239*
Erich, Sohn König Christophs II. von Dänemark 267
Erich von Pommern, (Bogislaw), König von Norwegen, Dänemark und Schweden, Herzog von Pommern-Stolp *162, 163, 165, 166, 229, 233*
Erik Emune, König von Dänemark *300*
Erik Menved, König von Dänemark *131, 138, 156, 165, 166, 232*
Erlangen 258
Ernst Ludwig, Herzog von Pommern-Wolgast 15, 20, 196, 204, 205, 227, 278
Eschner, Reinhold 148
Estland, Esten, estnisch 307, 309, 340
Eufemia, geb. Fürstin von Rügen *131*
Eufemia, Königin von Dänemark, geb. Herzogin von Pommern-Wolgast *131, 132*
Euler, Leonhard 224, 226
Europa, (gemein-/mittel-/west-)europäisch, (kontinental) 21, 43, 77, 83, 97, 99, 106, 164, 190, 206, 207, 226, 230, 231, 260, 261, 299, 327
Ewert, Walter 286

F

Faber, Henning 209
Fabricius, Adam *51*
Fabricius *261*
Fabricius, Johann 210
Fehrbellin 29, 77
Feldberg, Feldberger 107, 316, 325
Ferber 209
Ferger, August Carl 144
Feuerbach 102
Finkenwalde 144
Finnland 252
Fischerinsel (im Tollensesee) 332
Flandern 235
Fock, Otto 189
Forkenbeck 51
Framer, Hans *197*

Franck-Bobbin, Bernhard Friedrich Olivius 79
Franken(-Reich), fränkisch *106, 107, 326*
Frankfurt am Main, Frankfurter *142, 257, 258, 262*
Frankfurt an der Oder *182, 189, 196, 197, 198, 199*
Frankreich, (Franckreich), Franzosen, französisch *30, 77, 78, 87, 97, 98, 102, 202, 221, 228, 235, 251, 252, 280*
Franz, Bischof von Kammin, Herzog von Pommern-Stettin *16, 19, 22*
Franzburg, Franzburger *19, 23, 38, 53, 54, 55, 56, 57, 62, 63, 64, 65, 66, 83, 90, 191, 219, 297*
Franzburg, Kreis *149, 252*
Frätow *317*
Frauensdorf *142*
Freder, Johann *207*
Frederiksborg *31, 252*
Freesendorf, Fresendorfer *225, 316*
Freiburg im Breisgau *196, 198*
Freising *208*
Friderici, Daniel *209*
Friedeborn, Paul *21*
Friedland *97, 98, 101*
Friedrich, Caspar David *285*
Friedrich der Weise, Kurfürst von Sachsen *181*
Friedrich I. Barbarossa von Hohenstaufen, Kaiser *152, 303*; dessen Sohn *303*
Friedrich I., König von Dänemark *230*
Friedrich I., Landgraf von Hessen, König von Schweden *223, 224*
Friedrich I. von Hohenzollern, Kurfürst von Brandenburg *232*
Friedrich II. von Hohenstaufen, König, Kaiser *153, 154, 165, 337*
Friedrich II. der Große, König von Preußen *80, 81, 82*
Friedrichs III. von Habsburg, Kaiser *163*
Friedrich III., König von Preußen, Kaiser, (Friedrich Wilhelm als Prinz) *221*
Friedrich VI. von Hohenzollern, Burggraf von Nürnberg, Verweser der Mark Brandenburg *162*

Friedrich Wilhelm der Große, Kurfürst von Brandenburg *29, 77, 78*
Friedrich Wilhelm I., König in Preußen *30*
Friedrich Wilhelm III., König von Preußen *221*
Friedrich Wilhelm IV., König von Preußen *258, 260, 261*
Friesen, friesisch *106, 121*
Fritze, Konrad *42, 127, 273, 277*
Fritze, Wolfgang H. *312*
Fromm, Andreas *208*
Füßli, Heinrich *82*

G

Gadebusch, Detlef von, (Ritter Detlev) *278, 284, 304, 337, 342*; dessen Söhne *304*
Gadebusch, Herren von, Adelsgeschlecht *130, 338*
Gadebusch, Thomas Heinrich *43, 94, 198*
Gagern *312*
Gallas *28*
Garchen, (Gardist, Gardyst, Gartsin), (Burg/Berg bei Kirchdorf) *319*
Gartz an der Oder *30, 120, 145, 149, 177, 246*
Garz auf Rügen, Garzer *42, 48, 51, 53, 54, 55, 56, 57, 62, 63, 64, 65, 66, 125, 127, 136, 266, 269, 302, 307, 308, 309, 325*
Garz, deutsches (teutunicus), siehe Garz auf Rügen *309*
Garz, wendisches (slavicus), siehe Garz auf Rügen *309*
Garz, Raum *309*
Garzer See *301*
Gatschow *331, 332*
Gebhardi *80*
Gebhardi, Wilhelmine, siehe Spalding, Wilhelmine
Gee, Josua *90*
Geffke, Herta *147, 148*
Gemeinhardt, Johann Martin *90, 198, 260*
Gentzkow *205*
Georg, Herzog von Braunschweig-Lüneburg *189*

Georg I., Herzog von Pommern *180, 183, 204*

Georg Wilhelm, Kurfürst von Brandenburg *28, 189*

Gerdes, Heinrich *84, 85, 86, 87, 88, 89*

Gerdeswalde *320*

Gerhard III., Graf von Holstein *132, 133, 134, 135, 136*

Germanen, germanisch *106, 130, 285, 323, 324, 325, 326, 340*

Germen, (Germin), siehe Jarmen

Germin, Dietrich de, (Thidericus) *292, 294, 338*

Germin, von (de), Leutinen, Adelsgeschlecht *294, 295*

Germin, Johann *294*

Gero, Markgraf von Brandenburg *108, 109*

Gesterding *192, 292*

Ghart (auf der Insel Koos) 320

Giese, Familie *47*

Giese, Ulrich *47, 51*

Giesebrecht, Ludwig *219*

Gießen 97

Gingst 269, 312

Glambosic 318, 319

Gleim, Johann Wilhelm Ludwig *80, 81*

Glewitz (bei Grimmen) 306

Gnesen 117

Gnitz, (Halbinsel auf Usedom) 116, 117

Gnoien 239

Gollnow 28, 30, 231, 249

Görke 324, 326, 329

Gotland 230, 239

Göttingen 97, 198

Gottschalk, Fürst der Obodriten *110*

Gottsched, Johann Christoph *80*

Gottschovius, Nikolaus *208*

Grabow *142, 144, 145, 146*

Greifeld, A. *321*

Greifen, siehe Pommern, Fürsten und Herzöge von

Greifenberg 184, 220, 231, 242, 248

Greifenhagen 28, 145, 146, 249

Greifswald, Greifswalder, (Gripeswolde, Gripswold) 11, 12, 14, 16, 18, 19, 20, 24, 27, 28, 29, 33, 34, 37, 38, 39, 41, 42, 44, 45, 46, 48, 51, 53, 54, 55, 56, 57, 62, 63, 64, 65, 66, 67, 79, 80, 81, 89, 95, 96, 97, 98, 119, 129, 133, 134, 135, 136, 137, 138, 139, 141, 142, 148, 149, 159, 165, 178, 179, 182, 183, 184, 186, 192, 193, 195, 196, 197, 198, 199, 201, 202, 203, 204, 205, 206, 207, 208, 209, 210, 213, 215, 220, 223, 224, 225, 226, 227, 228, 231, 232, 233, 234, 237, 238, 239, 240, 241, 242, 243, 244, 245, 246, 248, 249, 250, 259, 262, 265, 266, 267, 268, 269, 270, 271, 272, 274, 278, 283, 284, 288, 289, 290, 292, 296, 304, 317, 320, 321, 337, 339

Greifswald, Kreis 252

Greifswald, Raum 36

Greifswald, Stadtgüter/Grundherrschaft 34, 36

Greifswalder Bodden 116, 225, 303

Grell, Albert *279*

Griebenow 136, 138, 278, 299, 310

Grimmen, (Grymmer) 38, 39, 40, 53, 54, 55, 56, 57, 62, 63, 64, 65, 66, 70, 71, 125, 126, 130, 133, 136, 142, 247, 250, 259, 268, 269, 270, 272, 274, 275, 306, 312

Grimmen, Kreis 252

Grimmen, Land (Vogtei) 130, 136, 137, 268, 307, 312

Grimnitz 179

Gristow, Gristower 316, 317, 318, 320, 321

Gristow, Herren von, Adelsgeschlecht *138, 305, 316, 319, 320*

Gristow, Herrschaft, (Land, Terra) *130, 139, 305, 312, 315, 316, 317, 318, 319, 320*

Gristow, Kirchspiel 320

Gristower Wiek 317

Grobe (bei Usedom) 116, 117, 334

Groos, Karl *218*

Groß Strömkendorf (bei Wismar) 329

Groß Methling 238

Groß Rakow 340, 342

Groß Stresow 31

Personen- und Ortsregister

Groß Toitin, (deutsches Toitin, Toytin teutonicalis) 338, 340
Groswin, Groswiner 240, 266, 292, 303, 335, 340
Groswin, Land 333, 336
Grotenhagen 308
Grünau 81
Grüttow 292, 328
Grüttow'sch Bäk, (Grüttower Bach) 292
Grymmer, siehe Grimmen
Guderow 51
Gülzow, Christian 277, 282, 283, 284
Gülzow, Erich 277, 283
Gülzow-Park (in Loitz) 282, 283
Günter, Daniel Friedrich 51
Gustav II. Adolf, König von Schweden 23, 24, 27, 189, 190, 191, 192, 193, 210, 233, 251
Gustav IV. Adolf, König von Schweden 34, 260
Güstrow 204
Gütschow, siehe Gützkow
Gützkow, Gützkower 38, 39, 40, 41, 53, 54, 55, 56, 57, 62, 63, 64, 65, 66, 74, 75, 115, 269, 285, 286, 287, 288, 289, 290, 295, 297, 301, 303, 304, 334, 333, 335, 336, 337, 338, 340
Gützkow, Grafen von, Adelsgeschlecht, (Kastellane, Herren) 134, 135, 136, 137, 138, 287, 288, 336
Gützkow, Grafschaft, (Fürstentum, Unter-Herrschaft, Kastellanei, Land) 130, 240, 286, 287, 288, 303, 304, 310, 333, 336, 339
Gützkow, Fähre 244, 269, 288
Gützkow, Gegend 285, 286

H

Haase, Otto 148
Habsburger, Fürstengeschlecht 164
Haff, siehe Stettiner Haff
Hagemeister, Christian 197
Hager, Kurt 12
Hainhofer, Philipp 21, 205
Hainholz 232
Hakon, König von Norwegen 244

Halberstadt 81
Halle, hallesch 197, 198, 215, 217, 218, 219, 223
Hamburg, Hamburger 14, 165, 178, 182, 184, 238, 239, 244, 245
Hane, Statius 197; dessen Witwe 197
Hankenhagen 318, 319
Hannover 251
Hannover, König von 258
Hanse, hansisch 17, 128, 155, 159, 161, 165, 166, 179, 229, 230, 231, 232, 233, 234, 235, 236, 237, 238, 240, 241, 242, 244, 245, 246, 258, 265, 306, 309
Hardenberg, von 252, 253, 260, 263
Hasenberg (bei Gützkow) 285, 290
Hasenberg (in Anklam) 326
Hasenkop, Johann 196
Hasse, Nikolaus 207
Hasselbach 292
Hauff 323
Havelberg, Havelberger 122, 334
Havelberg, (Havelbarg), Bistum (Diözese) 108, 112, 118, 292, 334
Haydn 220
Hecket, Thomas 182
Heidelberg 98, 258
Heiliges Land, siehe Palästina
Heiliges Römisches Reich Deutscher Nation, (Deutsches Reich, heiliges romisches reich) 15, 28, 48, 105, 108, 109, 110, 113, 151, 152, 153, 155, 157, 158, 160, 161, 162, 163, 164, 165, 166, 167, 175, 179, 180, 181, 185, 186, 191, 192, 193, 203, 229, 230, 239
Heilwig, Schwester König Waldemars III. von Dänemark 132
Heinrich Borwin I., Fürst zu Mecklenburg 123
Heinrich der Löwe, Herzog von Sachsen und Bayern 112, 113, 152, 153, 156, 286, 294, 295, 300, 301, 302, 303, 311, 334
Heinrich I., Herzog von Sachsen, König 108
Heinrich II., Kaiser 109, 110

Heinrich II. der Löwe, Fürst von Mecklenburg *131, 132, 133, 136, 137, 267;* dessen Tochter *132*
Heinrich (VI.) von Hohenstaufen *153*
Heinrich, Fürst der Obodriten *277, 300*
Heinrich, Graf von Schwerin *153*
Heitz, Gerhard *43, 197*
Helena, Fürstin von Mecklenburg, geb. Fürstin von Rügen *132*
Helmold von Bosau *111, 300*
Helmstedt 198
Hennings, Johann Nicolaus *52, 88, 89, 90, 91, 92, 93, 94*
Henselmann *51*
Herbert, Fritz *141, 143, 144, 145*
Hermann, Bischof von Pommern *294*
Herrmann, Bischof von Schwerin *315*
Herrmann, Joachim *316*
Hertesburg 136, 250, 268, 269
Hertesburg, Land, (Vogtei) 137, 268, 269
Herwegh, Georg *257, 262*
Heß, Felix *82*
Hessenburg, (Schlechtemühl) 320
Hevelius, Johannes *223*
Heveller, hevellisch 107, 108, 118, 335
Heydebreck, von, Adelsgeschlecht *293*
Heyden, von, Adelsgeschlecht *293*
Heyden, Hellmuth *339*
Hiddensee 47, 308
Hilda, siehe Eldena, Kloster
Hildebrand, Bruno *99, 100*
Hildebrandshagen 315, 319
Hinrich, Christian *51*
Hinterpommern, (Hinnerpommern), hinterpommersch 13, 15, 24, 28, 122, 160, 166, 220, 251, 293, 306
hochdeutsch 178
Hoffmann, Eucharius *206, 209*
Hogensee, Jakob *183, 185, 188*
Hohenlandin (bei Schwedt) 155
Hohenstaufer, Fürstengeschlecht *152, 154*
Hohenzollern, Fürstengeschlecht *163, 164, 258*
Holland, siehe Niederlande
Holstein 315, 319

Holstein, Grafen von, Fürstengeschlecht *113*
Holstein, Herzog von *191*
Homeyer *51*
Horn, August *147*
Horn, Philipp *190*
Horst 317
Huistanger 248
Hull 259
Humes *92*

I

Ihna 338
Ike, David *51*
Indien 327
Ingersleben, von *253*
Ingolstadt 181, 198
Innsbruck 177, 179
Irland 331
Italien, (Italia) 95, 202, 222, 230

J

Jacobus, Kastellan von Groswin *335*
Jaczo I., Vogt von Salzwedel, Herr von Gützkow *287, 288, 336, 341*
Jager 320
Jagetzow 96, 97, 98, 120
Jargenow 299, 310
Jarlabanke *331*
Jarmen, (Germen, Germin), Jarme(ne)r 120, 149, 241, 267, 291, 292, 293, 294, 295, 296, 297, 338, 339, 340
Jarmen, Land 295, 338
Jarmen, Parochie 338, 340
Jaromar I., Fürst von Rügen *113, 118, 286, 319, 302, 303, 304, 305, 318*
Jaromar II., Fürst von Rügen *273, 306*
Jaromar, Fürst von Rügen, Bischof von Kammin *338*
Jaromar von Rügen, Sohn Fürst Wizlaws III. *131, 132, 310*
Jaroslaw, Fürst von Kiew *110*
Jaspis, Albert *220*
Jatznick 145
Jeeser 317, 320

Personen- und Ortsregister

Jena, Jenaer 97, 100, 196, 202, 207
Jesus Christus 21, 180, 181
Johann, Herzog von Sachsen-Lauenburg 155
Johann, Herzog von Weimar 189, 191
Johann, König von Böhmen 157, 159
Johann, Pfalzgraf von Neuburg 162
Johann von Gristow 135, 136
Johann von Sachsen-Lauenburg, Bischof von Kammin 155, 160
Johann I., Herzog von Mecklenburg 242
Johann I., Markgraf von Brandenburg 155
Johann II., Fürst von Werle 267
Johann III., Fürst von Werle 132, 267
Johann IV., Graf von Gützkow 288
Johann Friedrich, Bischof von Kammin, Herzog von Pommern-Stettin 16, 186
Johann(es) V., Graf von Gützkow 288; dessen Schwestern 288
Johannes XXII., Papst 156, 157
Jones, Richard 99
Jorund 331
Jüterbog 22

K

Kagenow 325
Kahlenberg (bei Gristow) 317, 320
Kaiser, kaiserlich (allgem.) 15, 21, 23, 24, 27, 28, 29, 179, 180, 190, 191, 192, 193, 243, 251, 288, 302, 311
kaiserliche Erblande 86
Kakerneleshagen 319
Kalmar, Kalmarer 165
Kammin (Camin, Cammin) 16, 28, 116, 117, 146, 231, 242, 295, 296, 334
Kammin, Bistum, (Diözese) 15, 22, 158, 160, 161, 164, 180, 185, 187, 204, 339
Kammin, Land, (Umgebung) 178, 295, 303
Kammin, Stift 154, 157, 185, 186, 338
Kammin, Stiftsgebiet 15, 22, 151, 180, 184, 185, 186
Kammin, Bischöfe von (allgem.) 15, 22, 119, 120, 156, 166, 180, 185, 186, 304, 338, 339

Kampen (an der Zuidersee) 230
Kandelin 304
Kant 227
Kantzow, Thomas 130, 204, 231, 265
Karith, Martin, Bischof von Kammin 180
Karl der Große, (Korl de Grote), Kaiser der Franken 106, 107, 176, 291, 328
Karl IV. von Luxemburg, König, Kaiser 151, 157, 159, 160, 161, 162, 164, 165, 230
Karl XII., König von Schweden 30, 251
Karlstadt 181
Karolinger, Fürstengeschlecht 106
Kartlow, Kartlower 120, 123, 340
Karsten 226
Kaschuben, (Cassuben) 151
Kasimir I., Fürst der Pomoranen 113, 118, 302, 303
Kasimir II., Herzog von Pommern-Demmin 118, 176, 304
Kasimir V., Herzog von Pommern-Stettin 163
Kasimir VI., Bischof von Kammin, Herzog von Pommern 16
Kasimir der Große, König von Polen 160, 230
Kasten, Dorothea 222
Katharina, Herzogin von Mecklenburg-Stargard, geb. Fürstin von Werle 268
Katharina, Pfalzgräfin von Neuburg, geb. Herzogin von Pommern-Stolp 162
Kattegatt 234
Kaukasus 327
Kerkow 338
Kessiner 109, 111, 300, 325, 333
Ketelhot, Christian 182, 183
Keyser, Erich 238
Kiel, Kieler 188, 252
Kiew 326
Kirch, Christfried 223
Kirch, Gottfried 223
Kirchberg, Werner von 130, 139
Kirchdorf, (Oldenkerkdorp, Altenkirchdorf) 317, 319, 320

353

Kittler, Günther 207
Klein Ladebow 317
Klein Polzin 326
Klein Rakow 340, 342
Klein Toitin, (Lütten Toitin, Doytin slavicalum) 293, 338, 340
Kleist, Ewald von 80
Klingstädt, Thimotheus Merzahn von 83, 84, 89, 90
Knipstro, Johannes 182, 183, 184, 185, 186, 188
Knopke, Andreas 182
Knut VI., König von Dänemark 152, 153, 165, 287, 303, 305
Knyphausen, von 48
Kohn 51
Kolbarg, siehe Kolberg
Kolbatz, 116, 122, 155, 156, 334
Kolbatz, Bereich 337
Kolberg, (Kolbarg), Kolbergische 16, 24, 27, 146, 165, 180, 182, 184, 186, 205, 231, 232, 244, 294, 338
Kolberg, Land 15
Köln, Kölner, kölnisch 137, 177, 198, 232
Königsberg (in Preußen) 182, 209
Konrad II., Kaiser 110
Konrad III., König 118
Konrad III., Herr von Salzwedel, Bischof von Kammin 336
Konrad IV., Bischof von Kammin 157
Konrad, Propst in Greifswald 135
Konstantinopel 259
Konstanz 163
Koos, Insel, (Cuzsce) 320
Kopenhagen 132
Korl Treu, Sohn Ernst Moritz Arndts 221
Korling, Ghisebert 234
Körver, Johann 21
Kosegarten, Gotthard Ludwig 79, 139, 292
Kosenowsee 290
Köslin, Kösliner 15, 23, 145, 146, 180, 184, 204, 205, 231, 252, 253, 254, 327
Kossmann 312
Kowall, (Cowal) 317, 320
Krakau, Krakauer 161, 230
Krassow, von 50

Kratz, Gustav 238, 241, 245
Krekow 120
Kremmen, Kremmener 154, 337
Kronwald (bei Loitz) 284
Krüger, Manfred 219
Krüger, Walter 148
Krukow 120
Kruse, Helmut 13
Kübler, Carl Ludwig 261, 262
Kuckucksgraben 292
Kuczynski, Jürgen 84, 88
Kummerow 242
Kummerower See 115, 238
Kureke, Johann 182, 183
Kurland 230
Kurmark 164
Kusch, R. 41, 44, 47
Kyle, Joachim van 275

L

Labes 220
Ladebow 316, 318, 321
Ladenthin 120
Lange 51
Lange 51
Lassalle, Ferdinand 99, 142
Lassan 38, 53, 54, 55, 56, 57, 62, 63, 64, 65, 66, 80, 81, 82, 235, 304, 333
Lassan, Land 333
Lassus 208
lateinisch 178, 206
Lauenburg 146, 220
Lauenburg (an der Elbe), Herzogtum 252
Lauerberg (in Gerdeswalde) 320
Lausitz 109
Lavater, Johann Kaspar 82
Lazarus, (Lazaro) 208
Lebus, Bistum 112
Leibniz 224, 227
Leipzig, Leipziger 41, 80, 181, 196, 198, 208, 218, 221, 223
Leist 315, 317, 318
Leister Bach, (Beek) 315, 317
Lencker, Christoph 21
Lencker, Zacharias 21

Lenné, Peter Joseph *213*
Lenzen *108*
Lepel, von, Adelsgeschlecht *290*
Leplow 306
Lettland, lettisch 309, 340
Leutinen, siehe Germin, von
Levin, August *283*
Liebknecht, Wilhelm *144, 145*
Liebknecht, Karl *147*
Liepe 116, 117
Liepen 292
Lieps 328
Lindisfarne 329
Lippehne 157
Listenius *206*
litauisch, littauisch 87
Liub, Fürst der Wilzen *107*
Liverpool 259
Livland, livländisch 163, 177, 309
Löbenicht (in Königsberg) 209
Löbnitz, (Löbbenitz) 51
Löcknitz 328
Löddigsee (bei Neuburg) 320
Löding *51*
Loewe, Karl *219*
Löhding, Christian Jacob *51*
Loitz, Loitzer 38, 53, 54, 55, 56, 57, 62, 63, 64, 65, 66, 120, 125, 126, 130, 134, 135, 136, 137, 138, 221, 241, 247, 250, 266, 268, 273, 277, 278, 279, 280, 281, 282, 283, 284, 285, 288, 296, 297, 304, 307, 337, 338
Loitz, Land, (Herrschaft, Vogtei) 130, 137, 268, 277, 287, 299, 303, 304, 307, 310, 312, 316, 333, 335, 337, 338, 342
Loitz, Werner von *304*
London 18, 259
Lorentz *47*
Lörke, Johannes *182*
Lorsch, Lorscher 106
Lothar III. von Supplinburg, Herzog der Sachsen, Kaiser *111, 112, 152, 300*
Lübeck, (Alt-Lübeck), Lübecker, lübisch 119, 121, 125, 130, 137, 155, 165, *169, 176, 177, 178, 184, 208, 232, 238, 239, 243, 244, 245, 266, 270, 271, 273, 278, 281, 300, 301, 303, 304, 305, 306, 319, 336, 337, 338*
Lübecker Bucht 133
Lubin, Eilhard *20, 21*
Lubmin 225
Luckow 120
Ludwig der Bayer von Wittelsbach, König, Kaiser *133, 151, 156, 157, 158, 159, 164, 165*
Ludwig der Fromme, Kaiser der Franken *107*
Ludwig von Wittelsbach, Markgraf von Brandenburg *158, 165, 166, 249*
Ludwig XIV., König von Frankreich *77*
Luetkemann, Paul *208*
Lüneburg 178
Luther, Martin *16, 180, 181, 182, 183, 184, 185, 187, 205, 218*
Lutizen, Lutizenbund, lutizisch 109, 110, 111, 112, 116, 117, 277, 286, 291, 292, 296, 299, 325, 333, 334
Lütkenhagen 308
Lütten Toitin, siehe Klein Toitin
Lützen 193
Lützow, von Ludwig Adolf Wilhelm *97, 258*
Luxemburger, Fürstengeschlecht *151, 159, 161, 162, 164, 166*

M

Magdeburg, Magdeburger 116, 117, 119, 121, 286, 334, 337
Magdeburg, Erzbistum 112, 117, 334
magdeburgischer Raum 121
Magnus Birgersson, Prinz von Schweden *131*
Magnus von Sachsen-Lauenburg, Bischof von Kammin *163*
Magnus, König von Schweden *244*
Mähren, Markgrafschaft 229
Mainz 291
Malchin 238, 240
Maltzahn, Heinrich, Ritter *135, 137*
Maltzahn, von, Adelsgeschlecht *20*
Mannhagen 316, 317

Mansfeld, von *189*
Manteuffel, Erasmus von, Bischof von Kammin *180, 182, 184, 185*
Marburg, Marburger 107, 198, 206, 223, 247
Marcus, Joachimus *208*
Margarete, Fürstin von Rügen *131*
Margarete, Herrin von Rostock, geb. Herzogin von Pommern-Wolgast *131, 155*
Margarete, Herzogin von Pommern-Wolgast, geb. Burggräfin von Nürnberg *162*
Margarete, Herzogin von Pommern-Wolgast, geb. Fürstin von Rügen *131*
Margarete die Große, Regentin, Königin von Dänemark und Norwegen *161, 165, 229*
Margaretha, Herzogin von Pommern, geb. Kurfürstin von Brandenburg *163*
Maria, Herzogin von Pommern-Wolgast, geb. Kurfürstin von Sachsen *16*
Maria Eleonora, Königin von Schweden, geb. Kurfürstin von Brandenburg *193*
Marienburg 203
Marks, Gustav *148*
Marx, Karl *96, 98, 99, 100, 103, 141*
Matull, Wilhelm *141*
Mau, Jürgen Peter *51*
Maximilian I. von Habsburg, Kaiser *177, 179, 271*
Mayer, Andreas *223, 224, 225, 227, 228;* dessen Vater *223*
Mayerfeldt, von, schwedischer Generalgouverneur von Pommern *224*
Mecklenburg, Mecklenburger, mecklenburgisch 12, 13, 44, 45, 118, 120, 121, 129, 130, 132, 133, 134, 135, 136, 137, 138, 156, 157, 159, 160, 161, 165, 166, 182, 190, 198, 213, 221, 229, 230, 231, 241, 244, 252, 268, 269, 278, 288, 297, 304, 310, 315, 319, 321, 324, 335, 337, 338
Mecklenburg, Herren, Fürsten bzw. Herzöge zu/von (allgem.) *113, 125, 132, 133, 137, 151, 157, 158, 159, 161, 163, 233, 241, 242, 243, 244, 245, 249, 267, 278*
Mecklenburg, Herzogtum 126
Mecklenburg, Herrschaft, (Gebiet) 133, 337
Mecklenburg-Schwerin, Herzöge von (allgem.) *268*
Mecklenburg-Stargard, Herzöge von (allgem.) *268*
Mecklenburg-Strelitz, Land 120, 154
Mecklenburg-Vorpommern, Land 170, 324, 329
Medrow, Medrower 306
Mehl *279, 324*
Mehring, Franz *98, 104*
Meink, Jochim *42, 51*
Meißen, Mark 109
Meißen, Meißner 107
Melanchthon, Philipp *186*
Menzikoff, Fürst *30*
Menzlin, Menzliner 107, 328, 329, 330, 331
Merodes *191*
Merseburg 95, 112, 255
Merseburg, Bistum 110
Mesekenhagen 319, 320
Meseritz 287
Mestwin II., Herzog von Ostpommern/Pommerellen/Schwetz *155*
Michelsberg, (Michelsbarg, Michaelskloster), Kloster bei Bamberg 296, 338, 339
Micraelius, Johannes *192, 193, 207*
Middelhagen 308
Miezko I., König von Polen *109*
Milegost, Fürst der Wilzen *107*
Misereth, (Miserez), Landschaft, Burgward, Terra 292, 293, 294, 295, 303, 304, 333, 335
mitteldeutsch 210
mittelmärkisch 159
Mittelstädt; dessen Frau *219*
Mittenzwei, Ingrid *85*
Mitzlaw, Fürst von Gützkow *286*
Moll *51*

Möller, Joachim *182*
Mönchgut *191, 308*
Montpellier *196*
Mossentin *338*
Mozart *220*
Muglitz *148*
Müller, Anna *197*
Müller, Heinrich *207*
Müller, Wilhelm *215*
Müller-Grählert, Martha *219*
Müller-Mertens, Eckhard *125*
Mun, Thomas *90, 91, 92*
München *296*
Münster *194*
Muris, Johannes de *206*
Müritz *112, 333*
Müssentin *340*

N

Napoleon Bonaparte, Kaiser der Franzosen *97, 221, 228, 260*
Napoleon III., Kaiser von Frankreich *220*
Naugard *338*
Nemitz *145, 146*
Netze *231*
Netzelkow (auf dem Gnitz) *117*
Neubrandenburg *97, 98, 101, 175, 178, 248, 327*
Neuendorf *135*
Neuendorfer Feldmark *285*
Neuenkamp *118, 119, 120, 123, 127, 130, 184, 305, 306, 308, 315, 319, 321*
Neuenkirchen *311, 318*
Neuenlübcke *51*
Neuenrost *51*
Neues Tief *191*
Neukamp (auf Rügen) *29*
Neukloster *252*
Neumark, neumärkisch *151, 158, 159, 161, 162*
Neustrelitz *220, 222*
Neuvorpommern, neuvorpommersch *175, 253, 254, 255, 258, 259, 282, 316*
Newton *224*
Nicolai, Christoph Friedrich *80*

niederdeutsch, (plattdeutsch, plattdütsch) *21, 121, 131, 137, 184, 207, 222, 291, 308, 309*
Niederelbe *108*
Niederhof *316*
Niederlande, (Niederländer, niederländisch, Holland, Holländer, holländisch) *17, 77, 78, 86, 87, 91, 97, 232, 234, 235, 283, 327*
Niederrhein, niederrheinisch *235, 330*
Niedersachsen, niedersächsisch *121, 301, 315, 319, 334*
Niepars *51*
Niklot, Fürst der Obodriten *300*
Nikolaus das Kind, Herr von Rostock *131, 132, 156*
Nikolaus II., Herr von Werle *132*
Nikolaus vom Hofe *183*
Nizul, Kastellan von Demmin *336*
Nizze, Johann Ernst *257, 258*
Norbert, Erzbischof von Magdeburg *117*
Norddeutschland, (Reichsnorden), norddeutsch *97, 113, 127, 129, 132, 153, 155, 156, 157, 159, 160, 162, 163, 164, 165, 166, 176, 178, 191, 232, 233, 235, 286*
nordelbisch *165*
nordisch, siehe Skandinavien
Nordmänner, siehe Wikinger
Nordmark, Zacharias *228*
Nordsee *17, 18, 219*
Nordseeraum *251*
Normannen *329*
Norwegen, norwegisch *230, 233, 252*
nordwestdeutsch *337*
Nossendorf *239*
Notke, Bernt *234*
Novalis *215*
Nubo *321*
Nürnberg, Burggrafschaft *229*
Nürrenberg, Christoph *51*
Nüske *148*
Nykammer, Joachim *198*
Nykammer, Thomas *198*
Nymwegen, Nymwegener *78*

O

Oberdeutschland 235
Obodriten, obodritisch 106, 107, 108, 110, 111, 116, 118, 299, 301, 302, 335
Oder, (Ufer) 11, 28, 30, 31, 105, 108, 109, 110, 112, 113, 115, 119, 120, 132, 133, 134, 152, 189, 190, 231, 249, 251, 267, 333, 334
Odermündung, (Gebiet) 28, 152, 153, 157, 169, 252, 303, 334
Oderraum, (Bereich, Gebiet) 21, 28, 116
Odessa 259
Oelrich, Johann Carl Conrad 173
Olaf, König von Norwegen und Dänemark 161, 165
Oldenhagen 319
Oldenhauer, Johannes 207
Oldenkerkdorp, siehe Kirchdorf
Olechnowitz, Karl Friedrich 197
Oliva 29
Ollenträptow, siehe Altentreptow
Öresund, (Sund) 234
Ornitoparch, Andreas 207
Osnabrück 28, 194, 251, 254
Ostelbien, ostelbisch, (deutsche Territorialstaaten östlich der Elbe) 35, 43, 48, 106, 178, 234
Osten, Ulrich von der 336
Östen 331
Österreich 143
Ostmecklenburg 11
Ostpommern, ostpommersch 151, 155, 158
Ostsee 17, 18, 113, 155, 166, 191, 193, 219, 225, 230, 231, 234, 235, 244, 265, 321, 329, 334
Ostseeküste 113, 117, 153, 164, 189, 196, 231
Ostseeraum 153, 192, 251
Ostvorpommern, Kreis 328, 329, 330
Otto I., Bischof von Bamberg 111, 112, 115, 117, 277, 286, 296, 306, 333, 334, 335, 338, 339
Otto I. der Große, König, Kaiser 108, 109, 117, 299
Otto I., Herzog von Pommern-Stettin 135, 155, 156, 238, 239, 240, 249, 266, 267, 338, 339
Otto I., Markgraf von Brandenburg 303
Otto II., Herzog von Pommern-Stettin, (Erzbischof von Riga) 162, 163
Otto II. von Wittelsbach, Markgraf von Brandenburg 160
Otto III., Markgraf von Brandenburg 155
Ottonen, Fürstengeschlecht 110
Owstien, von 84, 86, 87, 88

P

Pachelbel, von 254
Padderow 292
Padua 179
Palästina, (Heiliges Land) 177, 179, 204
Pansow 278
Papke, Jeremias 224
Papst, (Kurie), päpstlich (allgem.) 156, 179, 181, 185, 302
Paris 195, 206, 221, 222
Pasewalk 29, 116, 117, 145, 146, 149, 184, 246, 248, 328
Pauli 51
Peene, (Peen) 31, 78, 111, 120, 125, 130, 134, 136, 169, 220, 231, 238, 240, 241, 243, 244, 245, 247, 249, 251, 265, 266, 267, 269, 270, 271, 272, 277, 278, 281, 291, 292, 295, 296, 297, 298, 299, 301, 303, 304, 326, 329, 330, 333, 334, 335, 337, 339,
Peenemünde 23, 193, 251
Peenemündung, (Gebiet) 317, 326, 331
Peeneraum, (Peenrum, Peengegend), (Bereich, Gebiet, Land) 115, 116, 117, 120, 121, 240, 246, 291, 292, 300, 301, 304, 306, 316, 323, 325, 326, 333, 334, 335, 337, 338, 339, 340
Peenestrom 265, 267, 272
Peenesümpfe 221
Peenewiesen 290
Penkun 120
Penkun, Land 119
Pentz, Reinfried von, Ritter 134, 135, 136
Perm, Permer 327

Peters, Jan *36, 38, 50*
Petersburg 259
Petershagen 315, 318
Petrus *330*
Pfalzgrafschaft bei Rhein 229, 230
pfälzisches Kurfürstenhaus *229*
Philipp I., Herzog von Pommern-Wolgast *16, 196, 205, 206*
Philipp II., Herzog von Pommern-Stettin *16, 17, 18, 21, 22, 205*
Philipp Julius, Herzog von Pommern-Wolgast *15, 16, 17, 18, 19, 20, 22, 189*
Pinnow 120
Pistorius-Poseritz, Andreas *79*
Planitz 42
Plato *227*
plattdeutsch, (plattdütsch), siehe niederdeutsch
Plennin 51
Plogshagen 308
Plöne 338
Ploth, Land 292, 333, 335
Plötz 120
Plotze, Borchard *195*
Podejuch 145, 146, 148
Poel, (Insel) 122, 252
Poggendorf 304
polabisch *318*
Polen, polnisch *12, 29, 30, 105, 109, 110, 111, 112, 113, 115, 116, 117, 122, 141, 153, 158, 160, 161, 162, 163, 166, 189, 190, 191, 192, 219, 205, 230, 333, 334*
Polen, König von (allgem.), Königshaus *110, 152, 156, 164, 166, 229, 230*
Polzin 210
Pomerellen 158
Pommerensdorf 142
Pommern, (Pommerland), pommersch 7, 9, 10, 11, 12, 13, 14, 16, 17, 18, 19, 20, 21, 22, 23, 24, 27, 28, 29, 30, 35, 46, 47, 77, 78, 79, 82, 83, 84, 86, 88, 96, 109, 112, 113, 115, 116, 117, 119, 120, 121, 127, 129, 133, 135, 137, 138, 141, 142, 143, 144, 145, 148, 149, 152, 154, 155, 156, 157, 158, 159, 160, 161, 162, 163, 164, 165, 166, 169, 170, 171, 172, 176, 177, 178, 179, 180, 181, 182, 183, 184, 185, 186, 187, 189, 190, 191, 192, 193, 194, 195, 198, 201, 202, 203, 204, 206, 207, 208, 210, 215, 217, 218, 219, 220, 222, 224, 226, 228, 229, 230, 231, 232, 233, 234, 235, 236, 238, 241, 243, 248, 251, 253, 254, 278, 279, 281, 286, 287, 288, 291, 292, 293, 295, 296, 297, 300, 304, 305, 306, 307, 310, 311, 316, 321, 331, 337, 338, 339, 341
Pommern, Fürsten und Herzöge von (allgem.), (Greifen), Fürstenhaus *15, 16, 27, 28, 115, 121, 125, 126, 131, 134, 137, 151, 152, 153, 154, 155, 156, 157, 158, 159, 160, 161, 162, 163, 164, 165, 166, 170, 171, 177, 180, 182, 193, 194, 196, 204, 208, 229, 230, 233, 234, 236, 240, 245, 246, 248, 267, 269, 278, 281, 286, 281, 293, 299, 304, 305, 311, 333, 334, 335, 336, 338, 341, 342*
Pommern, Provinz 7, 143, 144, 148, 238, 252, 253, 254
Pommern, Bistum, siehe auch Kammin *115, 116, 334, 335*
Pommern, Fürstentum, Herzogtum, (ducatus Pomeranie) *15, 84, 117, 119, 120, 121, 122, 152, 154, 164, 167, 169, 170, 171, 179, 180, 185, 189, 193, 194, 251, 299, 304, 305, 310, 315, 316, 335, 338*
Pommern, Oberpräsidialbezirk *253, 254*
Pommern-Barth, Herzöge von (allgem.), Linie *271*
Pommern-Demmin, Herzogtum 120, 156, 267, 336, 337
Pommern-Stettin, Herzöge von (allgem.), (herczog von Stetyn), Fürstenhaus, Linie *133, 134, 136, 137, 151, 159, 161, 162, 163, 165, 189, 203, 267, 288, 293, 304, 339*
Pommern-Stettin, Herzogtum, (herczoktum zu Stetyn) *15, 16, 17, 20, 21, 22, 28, 132, 137, 156, 158, 163, 185, 189, 205, 339*

Pommern-Stolp, Herzöge von (allgem.), Linie *203, 229*
Pommern-Wolgast, Herzöge von (allgem.), Fürstenhaus, Linie *159, 160, 162, 163, 229, 230, 241, 242, 245, 271, 336*
Pommern-Wolgast, Herzogtum 15, 20, 129, 130, 131, 132, 133, 134, 138, 156, 165, 178, 185, 189, 205, 245, 249, 267, 299
pommersche Küste 231, 251
Pomoranen, (Pomeranen), pomoranisch *116, 117, 151, 286, 301, 302, 318, 333, 334, 336, 339*
Pompe, Gustav Adolf Reinhard *215, 216, 217, 218, 219, 220, 222;* dessen Vater *219;* dessen Mutter *219, 220*
Pompe, Hedwig *220*
Pompe, Henriette Wilhelmine *218*
Porada, Eckhard *10*
Porenut *302*
Porewit *302*
Portugal 87, 230
Posen 326
Poseritz 79
Post, Friedrich, Ritter *134, 135*
Post, Walter, Ritter *134*
Potsdam 327
Potsdam-Sanssouci 213
Praetorius, Abraham *209*
Praetorius, Johannes *206*
Praetorius, Michael *208*
Prag, Prager 161, 189
Preitzen 292
Prenzlau, Prenzlauer *119, 161, 163, 248, 258*
Prenzlau, Land 119
Prerow 48
Prerow-Strom 265
Prerower Fahrwasser 265
Preußen, preußisch *7, 12, 30, 31, 34, 44, 45, 48, 49, 85, 86, 95, 96, 97, 98, 175, 177, 198, 223, 252, 253, 254, 258, 259, 260, 262, 263, 281, 282, 288, 289*
Preußen, siehe auch Deutscher Orden

Preußen, Könige von (allgem.) *96, 223, 226, 253, 254, 258*
Pribislaw, Fürst der Obodriten *113, 302*
Priemen 292
Priscekae 318
Probn 219
Proudhon *102*
Putbus 148, 228
Putbus, Moritz Ulrich zu *83*
Putbus, Herren von, Adelsgeschlecht *136, 305, 308, 315, 316*
Putbus, Borante I. von *305*
Putbus, Volkmar Wolf von *22*
Pütte, Land 130, 302, 312, 321
Pütter *261*
Pyl, Theodor *130*
Pyritz 145, 146, 163, 182
Pyritz, Land 119
Pyritz, Gegend 91

Q

Quadt, Heinz-Gerhard *175*
Quilow 288

R

Rakow 340
Ralswiek 107, 329
Ramelow, Christian *210*
Ramsthal, Johann August *51*
Randow, Dorf 238
Randow, Fluß 120
Randow, Kreis 141
Ranen, ranisch *109, 111, 116, 130, 299, 300, 301, 302, 305, 307, 308, 309, 310, 316*
Ranzin 340
Rasche *189*
Ratibor, Fürst von Pommern *112, 287*
Ratward *119*
Rau *98*
Ravenna, Petrus von *179*
Ravenna, Vincentius von *179*
Recknitz, (Raxa) *105, 109, 115, 125, 130, 180, 198, 265, 272, 299, 304, 305, 315, 316*

Redarier, (Riedere), redarisch 108, 109, 111, 112, 286, 292, 295, 325, 333
Reddevitz, Land 308
Redos 318
Reichardt, Gustav 220, 221, 222;
  dessen Vater 220, 221;
  dessen Frau 222;
  dessen Sohn 222
Reichenbach, Johann David von 43, 88, 89, 90, 91, 92, 93
Reimer, P. H. 51
Reinberg 305, 306, 316, 317, 320
Reinkendorf 119
Reißland, Manfred 36, 42, 43
Relzow 323
Rethra, (Riedegost) 111, 286, 333
Reuter, Fritz 222
Reval 239
Revens, Thomas von 270
Rhein 192, 245
Rheinland, rheinisch 77, 245, 269, 274, 319
Rhense 158
Ribnitz 126, 198, 225, 258, 306
Ribow, Laurentius (Lorenz) 207, 209
Ricardo, David 98, 99, 100, 103
Richtenberg 38, 44, 53, 54, 55, 56, 57, 60, 62, 63, 64, 65, 66, 119, 125, 126, 127, 306
Richtenberger See 305
Rieck 51
Riecke, Hermann 184
Riedegost, siehe Rethra
Riedere, siehe Redarier
Riemann, Hugo 212
Rienegraben 320
Riezani 292
Riga, Rigaer 162, 182, 208, 239, 259
Riga, Erzbistum 162
Ripen 162
Rischer, Henning 10
Rochow, Land 333
Rodbertus, Johann Christoph 97
Rodbertus, Karl 13, 95, 96, 97, 98, 99, 100, 102, 103, 104

Rode, Paul vom 183, 185
Rodigast, Rolf 36, 42
Röhl, Lambert Heinrich 225, 226, 228
Rom, römisch, (romisch) 151, 156, 179, 187, 190
Roscher, Wilhelm 99, 100
Rosental 318, 319
Roskilde 303
Roskilde, Bistum, (Diözese) 116, 166, 180, 185, 188, 302
Roskilde, Bischöfe von (allgem.) 116, 307
Rossmäßler, W. H. 225
Rostock 33, 80, 132, 133, 155, 156, 165, 177, 178, 195, 196, 197, 198, 199, 205, 207, 209, 226, 232, 238, 239, 243, 240, 244, 245, 250, 258, 259, 270
Rostock, Herren bzw. Fürsten von (allgem.) 113
Rostock, Land 132
Rostock-Dierkow 329
Rotermund, Martin, Ritter 136
Rother 253
Rousseau 103
Rubenow, Heinrich 195, 234, 242
Rubert, Johann Martin 209
Rudolf I. von Habsburg, König 155
Rugard 308
Ruge, Arnold 219
Rügen, festländisches 117, 130, 268, 299, 302, 303, 304, 305, 306, 307, 308, 309, 310, 315, 319, 320
Rügen, Fürsten von (allgem.), Fürstenhaus 113, 119, 120, 121, 126, 127, 129, 130, 132, 156, 241, 270, 287, 299, 300, 303, 304, 305, 309, 316, 317, 335
Rügen, Fürstentum 116, 120, 121, 123, 125, 127, 129, 130, 131, 132, 133, 137, 138, 139, 153, 156, 159, 165, 194, 234, 241, 245, 267, 269, 274, 278, 284, 286, 299, 303, 304, 305, 307, 310, 315, 316, 320
Rügen, (Royen), Land 133, 269, 270, 271
Rügen, Insel 23, 31, 116, 123, 125, 130, 166, 180, 192, 253, 266, 268, 272, 273, 299, 300, 301, 304, 306, 307, 309, 312, 315, 316, 317, 340

Rügen, Rügener, rügisch, (rügensch, rugianisch) 19, 20, 22, 29, 31, 107, 108, 112, 113, 116, 125, 126, 127, 130, 131, 133, 134, 137, 148, 159, 165, 166, 188, 219, 225, 226, 232, 238, 252, 265, 267, 269, 275, 278, 299, 300, 301, 302, 303, 304, 307, 308, 316, 328, 338
Rugendal 125, 127, 266, 273, 309
Rügenwalde, Rügenwalder 21, 184, 205, 231, 306
Rugewit *302*
Rummel, Ernst *148*
Rumsland, Meister *202*
Runge, Jakob *188, 207*
Runge, Ludwig *207*
Ruprecht von der Pfalz, König *162, 164*
Rus 107
Rußland, russisch 30, 48, 87, 107, 147, 230, 235, 252, 331
Rustow 238, 279, 284
Ruyendale, siehe Rugendal
Ryck 125, 133, 180, 215, 299, 302, 304, 305, 315, 316, 317, 318, 319, 320
Ryckmündung 304, 316

S

Sachsen, sächsisch 11, 30, 106, 107, 111, 229, 286, 300, 301
Sachsen, Kurfürsten von (allgem.), Kurfürstenhaus *163, 229*
Sack *82*
Sack, geb. Spalding *82*
Sack, Johann August *254*
Sagard 307
Saint-Simon *97, 102, 103*
Sälna 331
Saloniki 259
Salvius *191*
Sambor, Fürst von Rügen *131*
Sandhop, Julius *262*
Sanzkow 325
Sarntin 338
Sastrow, Bartholomäus *196, 203, 205, 234*
Saxo Grammaticus *295, 316*

Schadegard 125, 127, 266
Schaprode 307
Scheffelke, Jörg *219*
Schenkendorf, Max von *218*
Schepler *51*
Scheune 144
Scheveningen 327
Schildener, Johann Carl *51*
Schlagsdorf 319
Schlawe 184, 231
Schlawe, Land 306
Schlechtemühl, siehe Hessenburg
Schlegel, Gottlieb *79*
Schleinert, Dirk *10*
Schleswig, Herzöge von (allgem.) *132*
Schlesien 109, 189, 230
schlesische Herzöge (allgem.) *157*
Schleswig-Holstein 229, 231
Schlettwein, August *97*
Schlettwein, Friederike Eleonore *97*
Schlichtkrull, Arnold *197*
Schlichtkrull, Arnold Emanuel *51*
Schloßberg (bei Segebadenhau) 320
Schmarsow 120, 220, 221, 222
Schmidt *144*
Schmidt, Roderich *247*
Schmoller, Gustav von *99, 100*
Schneekoppe 221
Schoknecht, Ulrich *340*
Schonen 138, 166, 239, 244
Schonevelt 122
Schönfeld 327
Schönwalde 136
Schopenburg 136, 137
Schopendamm, (Schoppendamm) 136, 138, 288
Schottland, schottisch 230, 235, 329
Schröder, Wilhelm von *86*
Schroeder, Horst-Diether *284*
Schubert, Franz *215*
Schuckmann, von *253*
Schulenburg, Werner von der *243*
Schultz, Helga *40, 41*
Schulz, Karl *148*
Schumacher, Otto *277*

Personen- und Ortsregister

Schupplenberg, Dietrich *136*
Schütz, Heinrich *209*
Schwartz *224*
Schwarz, Albert Georg von *292*
Schweden, (Sveden), schwedisch 12, 23, 24, 27, 28, 29, 30, 31, 34, 35, 42, 43, 45, 48, 52, 77, 78, 83, 87, 88, 89, 94, 160, 171, 189, 190, 191, 192, 193, 194, 197, 209, 223, 224, 228, 231, 233, 234, 251, 252, 253, 258, 260, 280, 281, 284, 288, 331
schwedische Könige (allgem.), Krone Schweden 28, 29, 83,165, 251
Schwedisch-Pommern, (Schwedens deutsche Provinz), schwedischpommersch 29, 33, 34, 35, 37, 38, 41, 43, 44, 45, 46, 47, 48, 49, 53, 54, 55, 56, 57, 62, 63, 64, 65, 66, 79, 80, 83, 84, 86, 88, 89, 90, 91, 92, 93, 224, 260
Schwedisch-Vorpommern, schwedischvorpommersch 12, 97, 252, 253, 254, 258, 280, 281, 282
Schweiz 97, *143*
Schwerin, Schweriner 125, 127, 204
Schwerin, Bistum, (Diözese) 116, 117, 133, 180, 185, 302
Schwerin, Bischöfe von (allgem.) *116*, 117, 118, 274, 302, 305, 306
Schwerin, Grafen von (allgem.) 155, 163, 165
Schwerin, Heinrich d. Ä. von, Ritter *135*
Schwerin, Ulrich von, Ritter *135*
Schwerin, von, Adelsgeschlecht *81*
Seedorf 238, 338
Seehagen 51
Segebadenhau 319, 320
Semlow 306
Semlow, Gerwin von *234*
Sesenheim 81
Shaftesbury, von *81*
Siefke, Willi *148*
Sievert 51
Sigismund von Luxemburg, König, Kaiser 162, 163, 164, 230
Simon, Heinrich *239*
Sismondi, Simonde de 97, 98

Singer, Paul *144*
Sinklaire, Friedrich Carl von *46*
Skagerak 234
Skandinavien, skandinavisch, nordisch 18, 30, 83, 107, 129, 157, 161, 164, 165, 166, 230, 235, 244, 251, 279, 321, 326, 327, 328, 329, 330, 331
Slavien 153
Slawen, slawisch, (slavicalis), (Wenden, wendisch) 105, 106, 107, 108, 109, 110, 111, 112, 113, 115, 116, 117, 118, 119, 120, 121, 123, 125, 126, 130, 152, 153, 277, 285, 287, 292, 293, 294, 299, 300, 302, 305, 306, 307, 309, 310, 316, 317, 318, 319, 320, 321, 323, 324, 325, 326, 327, 328, 330, 331, 332, 333, 335, 336, 338, 340, 341
Slutow, Otto *182*
Smith, Adam *100*
Soldin 163
Sonnenberg, Heinrich *198*
Sonnenberg, Joachim *198*
Sonnenberg, Sabel *198*
Sophia Hedwig, Herzogin von Pommern-Wolgast, geb. Herzogin von Braunschweig 278, 279, 284
Sophienhof, (Cerbencin) 340
sorbisch 106, 326
Sowjetische Besatzungszone (SBZ) 11, 283
sowjetisch 283
Spalding, Gebhard *80*
Spalding, Johann Joachim 79, 80, 81, 82; dessen Töchter 80, 81, 82
Spalding, Johann Georg *80*
Spalding, Johanna *81*
Spalding, Wilhelmine, geb. Gebhardi 80, 81
Spandauer 158
Spanien 87, 230
Spantekow 135
Spinoza, Benedictus de *227*
Spitzersdorf 51
St. Gallen 144
St. Germain 30

Stade 244
Stadtberg (in Gützkow) 286
Stahlbrode 139, 316, 317
Stangenberg, Teze, Ritter 136
Stargard (in Pommern) 20, 144, 145,
    146, 180, 184, 208, 231, 242, 248
Stargard, Land (Land im späteren Mecklenburg) 120, 132, 136, 337
Stargard, Land (in Pommern) 119
Starkow 51, 306
Stavenhagen 239
Stecher, Christoph 205
Steffenshagen 318
Stegmann, Lucas Friedrich 51
Stein, Lorenz von 98
Steinfeld 271
Stendal 108
Stenzel, Knut 10
Sternbach, von 84, 85, 86, 88
Stettin, Stettiner 15, 16, 18, 19, 20, 21,
    23, 27, 28, 29, 30, 78, 107, 112,
    115, 116, 117, 119, 120, 141,
    142, 143, 144, 145, 146, 148, 149,
    155, 159, 165, 173, 177, 178, 180,
    182, 183,184, 186, 193, 203, 205,
    206, 207, 208, 209, 215, 219, 231,
    232, 238, 239, 244, 245, 248, 249,
    254, 271, 333, 339, 341
Stettin, Herzogtum, siehe Pommern-Stettin
Stettin, Land 119
Stettin, Regierungsbezirk 252, 253, 254
Stettin-Grünhof 143
Stettiner Haff 249, 267
Stöcker, von 143
Stockholm, Stockholmer 31, 47, 193, 224, 226, 251
Stoignev, Fürst der Obodriten 109
Stolle, Wilhelm Carl 237
Stolp 13, 146, 181, 182, 184, 185, 231
Stolp, Herzogtum, siehe Pommern-Stolp
Stolpe (an der Peene) 116, 117, 292, 296,
    301, 303, 324, 334, 336, 337
Stolzenhagen 145, 146
Stoy, Caspar 297
Stralsund, (Sunde, Sundstadt), Stralsunder, (Sundische, Sundstädter),
    (sundisch) 18, 19, 20, 23, 29, 30,
    31, 33, 36, 37, 38, 39, 41, 42, 43,
    44, 45, 46, 47, 48, 51, 53, 54, 55,
    56, 57, 60, 62, 63, 64, 65, 66, 67,
    78, 80, 89, 90, 94, 119, 125, 126,
    127, 130, 131, 132, 133, 134, 136,
    137, 138, 141, 142, 145, 146, 148,
    149, 156, 159, 165, 170, 177, 178,
    182, 183, 184, 191, 193, 195, 196,
    197, 198, 199, 202, 204, 207, 209,
    231, 232, 233, 234, 238, 239, 240,
    241, 242, 243, 244, 245, 246, 248,
    249, 250, 257, 258, 259, 260, 261,
    262, 263, 265, 266, 267, 268, 269,
    270, 271, 272, 273, 274, 289, 302,
    305, 309, 317, 321
Stralsund, Regierungsbezirk 251, 253, 254, 255
Stralsund, Gebiet 36
Strecker, Hans 147, 148
Strelasund 127, 130, 195, 259, 273, 299, 305, 306, 315, 316
Strelitz, Land 154
Ströpke 81
Stuttgart 257
Suawe, Bartholomäus, evangelischer Bischof von Pommern 185
Suawe, Peter 181, 182
Subzow 278
süddeutsch 202, 204, 210
Südostpommern 162
Sukower 325
Summin 338
Sund, siehe Öresund
Sund, (Stralsund), Vogtei 137, 307, 312
Svenner, Geschlecht 331
Sventipolk, Fürst der Kessiner 111
Swantewit 112, 116, 300, 307, 328
Swantibor I., Herzog von Pommern-Stettin 161, 162
Swantopolk, Fürst/Herzog von Pomerellen 306; dessen Tochter 306
Swine 240, 249, 267
Swinemünde 146, 149

T

Täby 331
Tanchlim, (Tanglym), siehe Anklam
Tantow 120

Tempel 51
Templin, Templiner 156, 248
Tetzel 182
Tezlaw, (Tetzlaw), Fürst von Rügen 113, 302
Theoderich, König der Ostgoten 325
Thidericus plebanus (de Germin), siehe Germin, Dietrich de
Thietmar von Merseburg 110, 295
Tholensane, siehe Tollenser
Tholenz, siehe Tollense
Thölke 51
Thölke 51
Thompson, William 99
Thüringen, thüringisch 89, 222
Thutke, Nikolaus 244
Todenhagen 51
Todenhagen 51
Toitz 238
Toitz-Rustow 284
Tollense 169, 220, 238, 267
Tollense, (Tholenz), Land 292
Tollenser, (Tholensane) 109, 111, 112, 292, 325, 333
Tollensesee 118, 328, 332
Torgelow 145, 148, 149, 231
Torney 148
Toytin, siehe Groß bzw. Klein Toitin
Trantow 221
Trave 244
Trebel 11, 125, 130, 220, 238, 247, 267, 299, 304, 315, 316
Trelleborg 244
Tremt 317
Treptow an der Rega 181, 182, 184, 185, 231, 239, 242, 248
Treptow an der Tollense, siehe Altentreptow
Tribohm 51
Tribsees, Tribseer 29, 38, 39, 40, 53, 54, 55, 56, 57, 62, 63, 64, 65, 66, 72, 73, 80, 125, 126, 130, 137, 245, 250, 268, 269, 271, 272, 274, 305, 306, 307, 316, 321, 327
Tribsees, Land, (Vogtei) 118, 130, 132, 136, 137, 268, 301, 303, 304, 307

Trinwillershagen 51
Trittelvitz 327
Trudemann 51
Tübingen 196

U

Uckermark 29, 108, 151, 155, 156, 158, 160, 162, 163, 189
Ückermünde, Georg von 182, 183
Uecker 120, 121, 267
Ueckermünde 149, 178, 184, 192, 231, 240, 244, 269, 270
Ueckermünde, Fähre 269
Ukranen, (Ucrani, Ukrer) 108, 111, 112, 292, 328, 333
Ulrich, Bischof von Kammin, Herzog von Pommern 22, 204, 205
Ulrich II., Herzog von Mecklenburg-Stargard 268
Ungarn 108
Ungelarde, Magister 131
Urban V., Papst 162
Usadel 327
Usedom 115, 116, 301, 303, 326, 328, 333, 334
Usedom, Insel 23, 27, 31, 111, 117, 252, 303, 326
Utrecht 245

V

Vanselow 120
Veit, (Heiliger) 112
Velgast 306
Venedig 179
Venediger, Georg 186
Verchen 116, 123, 301, 327, 328
Verden an der Aller, Bistum 291
Verona 222
Vetter, Walther 201
Vierdanck, Johann 209
Vierraden 155
villa Theutunicorum 122
Visby 230
Vitte 308
Voge, Otto 234
Vogelsang 318, 319

Voigdehagen 119, 306
Volksdorf 238, 327
Völschow 96, 120, 137, 340
Vorpommern, (Vörpommern, Vor Pommern), vorpommersch, (vörpommersch) 7, 9, 10, 11, 12, 13, 14, 15, 17, 19, 24, 28, 30, 31, 33, 34, 38, 48, 49, 77, 78, 83, 84, 85, 86, 88, 89, 90, 91, 92, 105, 106, 107, 108, 110, 111, 112, 115, 118, 121, 123, 138, 141, 142, 166, 170, 175, 177, 178, 197, 198, 201, 204, 208, 210, 213, 219, 220, 224, 225, 238, 239, 240, 241, 245, 246, 251, 252, 253, 254, 267, 272, 273, 277, 281, 284, 285, 288, 289, 291, 293, 297, 304, 319, 321, 325, 327
vorpommersche Küste 121, 304
Vorwerk (bei Demmin) 106
Voß, Charles 222
Vossem 77
Voth, Arnd 234
Vunke, Merten 244
Vunke, Tymmo 244

W

Wächter, Joachim 10, 12, 283, 292
Wackerow 316, 318, 320
Wagenius, Sven 224
Wagner, Maria 148
Wagner, Richard 148
Wagrier, wagrisch 108, 300
Waldemar I. der Große, König von Dänemark 112, 113, 153, 295, 300, 301, 302, 303; dessen Tochter 303
Waldemar II. der Sieger, König von Dänemark 113, 152, 153, 165, 287
Waldemar III., Herzog von Schleswig, König von Dänemark 132, 137, 239
Waldemar IV. Atterdag, König von Dänemark 158, 160, 161, 165, 166, 232, 233, 250
Waldemar, Markgraf von Brandenburg 156, 166, 232
Waldemar, der falsche, (angeblicher Markgraf von Brandenburg) 160, 165
Waldemar, Herr von Rostock 132
Wallenstein, Albrecht von, Herzog von Friedland 23, 24, 189, 191, 233, 258
Walsleben (bei Stendal) 108
Walsleben, von, Adelsgeschlecht 293
Walther, Johann Gottfried 209
Wampen 225, 316, 317, 318, 319
Waren 324
Warsow 120, 144
Wartburg 181, 222
Wartenberg 148
Warthe 231
Wartislaw Bartholomeowicz, Kastellan von Stettin, Herr von Gützkow 287
Wartislaw I., Fürst von Pommern 112, 115, 277, 286, 328, 333, 334
Wartislaw II. Swantiboriz, Kastellan von Stettin, Regent von Pommern 303
Wartislaw III., Herzog von Pommern-Demmin 120, 154, 155, 169, 170, 171, 267, 336, 337
Wartislaw IV., Herzog von Pommern-Wolgast 129, 131, 132, 133, 156, 233, 239, 240, 241, 267, 268, 310; dessen Söhne 241, 267
Wartislaw V., Herzog von Pommern-Wolgast 134, 159, 249
Wartislaw VI. von Pommern-Wolgast 161, 233, 242
Wartislaw VII. von Pommern-Wolgast (-Stolp) 161, 165, 229
Wartislaw VIII., Herzog von Pommern-Stolp 163
Wartislaw IX., Herzog von Pommern-Wolgast 162, 242, 244, 245, 268, 270, 271, 274, 288
Wartislaw X., Herzog von Pommern-Wolgast 243
Waterstrat 51
Weigel, Christian Ehrenfried 51
Weiher, Martin 186
Weinhold, Rudolf 47
Weisdin 326

Personen- und Ortsregister

Weitenhagen 51
Weitling 99
Welataben, siehe Wilzen
Welfen, Fürstengeschlecht 152, 153, 154
Wenden, Land 244
Wenden, Titularherzogtum der Herzöge von Pommern 151
Wenden, siehe Slawen
wendische Städte (der Hanse) 42, 155, 156, 157, 165, 166, 178, 232, 233, 238, 248
Wendorf 316
Wendschewic 318, 319
Wenzel, König von Böhmen, deutscher König 160, 161, 162, 164
Werder, (Insel in der Peene bei Demmin) 136
Werle, Herren bzw. Fürsten von (allgem.) 132, 133, 136, 137, 155, 163, 241, 242, 249, 267
Wernher, (sagenhafter) Graf von Gützkow 286
Wernicke, Horst 237
Westpommern, westpommersch, (westpomoranisch) 115, 117, 122, 169, 170, 171
Westvorpommern 170
Westfal, Joachim 196
Westfalen, westfälisch 77, 106, 169, 235, 308, 319
Wibald, Abt von Corvey 112
Widukind von Corvey 108, 109
Wieck (bei Greifswald) 311, 317, 318
Wieck (bei Gützkow) 290
Wiener 252, 281
Wikinger, (Nordmänner), wikingisch 324, 326, 327, 328, 329, 330, 331
Wilhelm I., König von Preußen, Kaiser 260
Wilhelm der Eroberer, Herzog der Normandie 329
Willerswalde 315, 319
Wilzen, (Welataben) 106, 107, 108, 109, 317
Winter, Karl 283
Winterfeld, Herren von, Adelsgeschlecht 134, 293

Wismar 29, 33, 133, 178, 232, 238, 239, 243, 244, 250, 252, 265
Witkowski, Theodolius 318
Wittelsbacher, Fürstengeschlecht 151, 156, 157, 158, 159, 160, 164
Wittenberg 181, 182, 184, 187, 196, 198, 205, 223, 224
Witzan, Fürst der Obodriten 106
Wizlaw I., Fürst von Rügen 118, 266, 273, 306, 316, 319
Wizlaw II., Fürst von Rügen 131, 132, 133, 155, 266, 304, 306, 318
Wizlaw III., Fürst von Rügen 129, 131, 132, 133, 137, 202, 239, 266, 267, 274, 309, 310
Wladislaw Jagiello, König von Polen 162, 163
Wladislaw Lokietek, König von Polen 155
Wolfenbüttel 204
Wolff, Christian 80, 223, 224, 226, 227
Wolgast, Wolgaster 15, 16, 20, 22, 23, 29, 30, 38, 39, 42, 44, 45, 46, 48, 50, 53, 54, 55, 56, 57, 62, 63, 64, 65, 66, 89, 94, 115, 134, 135, 136, 144, 145, 146, 148, 149, 182, 193, 205, 210, 235, 239, 241, 243, 244, 245, 265, 267, 269, 270, 271, 272, 274, 286, 289, 300, 301, 303, 304, 317, 333, 334, 339
Wolgast, Herzogtum, siehe Pommern-Wolgast
Wolgast, Land 120, 155, 300, 304, 316
Wöller, Ludwig 282
Wollin 115, 184, 231, 242, 286, 303, 329, 334
Wollin, Insel, (Land) 23, 31, 178, 252, 303
Wolliner 111
Wollin, (Woldin) 120
Worms, Wormser 179, 181, 182
Wotenick 238, 338
Wrocław, siehe Breslau
Wulfer 119
Wulflam, Bertram 234, 274
Wussentin 292
Wüst-Eldena 317, 319
Wusterhusen 116, 117

Wusterhusen, Land 135, 136, 303, 304
Wustrow, Land 120, 154, 337
Wuthenow 289
Wuthenow, Alwine 289

Z

Zak, Jan *326*
Zarnekla 278
Zarnow 51
Zehden, Land 119
Zeitlow 292
Zemmin 340
Zickermann, Fritz *155*
Zielkowsky, Gregor *142, 143*

Ziese 135, 136
Ziethen, Land 303, 304, 333, 335
Zimmermann, Hermann *148*
Zingst 219, 268, 299
Zirzipanen, (Cerezepani, Circipaner, Zirzipaner) 109, 111, 292, 300, 333, 325
Zirzipanien, Land 120, 302, 334, 337
Zirzow 327
Znaim 159
Zodeman, Dietrich *244*
Zuidersee 230
Züllchow 142, 145, 146
Zwahr, Hartmut *41*

Anhang

Tagungsthemen und Themen aller gehaltenen Vorträge der Demminer Kolloquien zur Geschichte Vorpommerns in den Jahren 1985 bis 1994
zusammengestellt von
Henning Rischer/Haik Porada

1985

1. KOLLOQUIUM IN DEMMIN
AM 6. JULI 1985
EINIGE ASPEKTE DER SCHWEDENZEIT IN VORPOMMERN

1. Dipl.-Arch. Joachim Wächter: Überblick über die Geschichte Vorpommerns bis 1630.

und: Zur frühen Schwedenzeit in Vorpommern 1630 bis 1720.

2. Dr. Rolf Rodigast: Die Position der Stadt Greifswald in der agrarpolitischen Auseinandersetzung zwischen Regierung und Landständen am Vorabend der Aufhebung der Leibeigenschaft in Schwedisch-Pommern.

3. Prof. Dr. Jörg-Peter Findeisen: Zwischen Handwerk und Manufaktur - Schwedisch-Pommern nach 1750.

4. Dr. Peter Kiehm: Die Feldzüge des brandenburgischen Kurfürsten Friedrich Wilhelm in Vorpommern 1675 bis 1679: Hintergründe und Ziele.

5. Bernd Jordan: Johann Joachim Spalding - Ein Vertreter der Aufklärung in Pommern.

2. KOLLOQUIUM IN DEMMIN
AM 19. OKTOBER 1985
KARL RODBERTUS

1. Prof. Dr. Jörg-Peter Findeisen: Progressives Wirtschaftsdenken in Schwedisch-Pommern zwischen 1650 und 1800.

2. Dr. Dr. sc. Günther Rudolph: Karl Rodbertus (1805-1875) - Landwirt, ökonomischer Schriftsteller, Minister und utopisch-sozialistischer Kapitalismuskritiker.

1986

3. KOLLOQUIUM IN DEMMIN
AM 5. JULI 1986
VON ARKONA BIS SCHOPPENDAMM - DER VORPOMMERSCHE RAUM VOM 10. JAHRHUNDERT BIS 1370

1. Prof. Dr. Konrad Fritze †: Zur politisch-militärischen Machtkonstellation im vorpommerschen Raum vom 10. bis 12. Jahrhundert.

2. Dipl.-Arch. Joachim Wächter: Entwicklung der deutschen Besiedlung und der Christianisierung des vorpommerschen Raums bis zum Beginn des 14. Jahrhunderts.

3. Dr. Heidelore Böcker: Die Bedeutung von Städten bei der Festigung feudaler Territorialherrschaften am Beispiel des Fürstentums Rügen.

4. Dr. Horst-Diether Schroeder †: Der Rügische Erbfolgekrieg - Ursache, Verlauf, Bedeutung.

4. KOLLOQUIUM IN DEMMIN
AM 8. OKTOBER 1986
ZUR GESCHICHTE
DER ARBEITERBEWEGUNG
IN VORPOMMERN

1. Dr. Werner Lamprecht: Zur Entwicklung der Sozialdemokratie in Vorpommern.

2. Dr. sc. Gerhard Janitz: Zur Entwicklung der KPD in Vorpommern.

3. Dr. Günter Schmeer: Zum antifaschistischen Widerstandskampf in Vorpommern.

4. Dr. Johannes Kornow: Bestandsübersicht des Staatsarchives Greifswald zur Geschichte der Arbeiterbewegung in Vorpommern.

1987
5. KOLLOQUIUM IN DEMMIN
AM 17. OKTOBER 1987
POMMERSCHE GESCHICHTE
ZWISCHEN 1370 UND 1648

1. Prof. Dr. Horst Wernicke: Das Herzogtum Pommern, das Reich und Dänemark zwischen Lehnsstaat, Territorialfürstentum und Ständestaat 1348 - 1468.

2. Prof. Dr. Kazimierz Bobowski: Die Siegel und die Bildung des Wappens der Stadt Demmin seit der Mitte des 14. Jahrhunderts bis 1648.

3. Heinz Großkopf: Zur Münzgeschichte Vorpommerns.

4. Dr. Henning Rischer: Zu einigen Reformbestrebungen Bogislaws X.

5. Dipl.-Arch. Joachim Wächter: Die Reformation in Pommern.

6. Dr. Hans-Joachim Hacker: Der Dreißigjährige Krieg in Pommern.

1988
6. KOLLOQUIUM IN DEMMIN
AM 2. JULI 1988
ASPEKTE DER KUNST UND KULTUR
IM VORPOMMERSCHEN RAUM
BIS 1648

1. Prof. Dr. Nikolaus Zaske: Mittelalterliche Architektur in Vorpommern.

2. Universitätsarchivar Dipl.-Hist., Dipl.-Arch. Manfred Herling: Die Geschichte der Greifswalder Universität bis 1637.

3. Prof. Dr. Dr. Herbert Ewe: Stadt und Universität.

4. Universitätsmusikdirektor Dipl.-Musikwiss. Ekkehard Ochs: Zur Musikkultur bis 1648.

1989
7. KOLLOQUIUM IN DEMMIN
AM 1. JULI 1989
ASPEKTE DER KUNST UND KULTUR
IM VORPOMMERSCHEN RAUM
VON 1648 BIS ZUM 19. JAHRHUNDERT

1. Barbara Resch: Lenné-Parks in Vorpommern und Mecklenburg.

2. Prof. Dr. Nikolaus Zaske: Caspar David Friedrich.

3. Heinz-Gerhardt Quadt: Adolf Pompe, Gustav Reichardt, Charles Voß - Ein Beitrag zur Musikgeschichte Demmins.

4. Dr. habil. Joachim Buhrow: Die Aufklärung in Greifswald - eine Blütezeit der Wissenschaft in Vorpommern.

1990
8. KOLLOQUIUM IN DEMMIN
AM 7. JULI 1990
POMMERN UND DIE HANSE - 850
JAHRE DEMMIN

1. Prof. Dr. Konrad Fritze †: Pommern und die Hanse.

2. Dr. Heidelore Böcker: Demmin - eine Hansestadt?

1991
9. KOLLOQUIUM IN DEMMIN
AM 6. JULI 1991
POMMERSCHE GESCHICHTE
IM 19. JAHRHUNDERT

1. Dipl.-Arch. Joachim Wächter: Die Bildung des Regierungsbezirkes Stralsund.

2. Dr. Karl-Heinz Loui: Stralsund im Revolutionsjahr 1848.

3. Peter Koepke: Der Maler Carl von Hoewel und das Anklamer Rathausbild von 1841.

4. Dr. Gustav Erdmann †: Pommersche Literaten zwischen Vormärz und Gründerzeit.

1992

10. KOLLOQUIUM IN LOITZ
AM 4. JULI 1992
DIE KLEINEN STÄDTE IN
VORPOMMERN - 750 JAHRE LOITZ

1. Dr. Heidelore Böcker: Zur Entwicklung der kleinen Städte in Vorpommern.

2. Dr. Henning Rischer: Zur frühen Geschichte der Stadt Loitz.

3. Werner Wöller: Zur Geschichte der Stadt Gützkow.

4. Arnold Engfer: Zur Geschichte der Stadt Jarmen.

1993

11. KOLLOQUIUM IN DEMMIN
AM 3. JULI 1993
ZUR GESCHICHTE DES
FÜRSTENTUMS RÜGEN

1. Dipl.-Arch. Joachim Wächter: Das Fürstentum Rügen - ein Überblick.

2. Dr. Gustav Erdmann †: Wizlaw III. von Rügen, der »letzte Minnesänger«.

3. Dipl.-Prähist. Gunnar Möller: Der Landesausbau in der terra Gristow.

4. Petra Spade: Zur Entstehung der rügischen Städte.

1994

12. KOLLOQUIUM IN JARMEN
AM 2. JULI 1994
ZUR GESCHICHTE DES MITTLEREN
PEENERAUMES - 725 JAHRE JARMEN

1. Dr. Ulrich Schoknecht: Slawische Siedlungen im mittleren Peeneraum.

2. Dipl.-Arch. Joachim Wächter: Zur Geschichte der Besiedlung des mittleren Peeneraumes.

Zeittafel zur pommerschen Geschichte
von Joachim Wächter

995
Ausstellung einer Schenkungsurkunde durch den deutschen König Otto III. im Tollenserland, d.h. im späteren Vorpommern.

1046
Einfinden und Tributzahlung der Fürsten von Böhmen und von Polen und des Pomoranenfürsten Zemuzil vor dem deutschen König Heinrich III. in Merseburg und Meißen.

1121
Eroberung Stettins und damit Unterwerfung der West-Pomoranen durch die Polen.

1124-25
Christianisierung der slawischen West-Pomoranen und Gründung erster Kirchen im Gebiet zwischen Stettin und Belgard durch Bischof Otto I. von Bamberg auf Bitte des Polenherrschers Boleslaw III.

1120er Jahre
Ausweitung der Herrschaft des Fürsten Wartislaw I. von West-Pommern (Slawien-Pommern) auf das lutizische Gebiet an mittlerer und unterer Peene.

1128
Christianisierung der slawischen Lutizen im mittleren und unteren Peenegebiet - in Usedom, Wolgast und Gützkow - durch Bischof Otto von Bamberg auf Bitte des westpommerschen Fürsten Wartislaw I.

1138
Tod Boleslaws III. von Polen, damit Ende der Vorherrschaft Polens über Westpommern für immer.

1140
Gründung des Bistums Pommern, das keinem Erzbistum zugeordnet wurde und nur dem Papst unterstellt blieb.

1153/55
Gründung der beiden ältesten pommerschen Klöster: 1153 des Benediktinerklosters Stolpe an der Peene und um 1155 des Prämonstratenserstifts Grobe bei Usedom.

1168/69
1168: Unterwerfung und Christianisierung der slawischen Ranen auf der Insel Rügen durch die Dänen; 1169: kirchliche Zuweisung Rügens durch den Papst an das dänische Bistum Roskilde.

Um 1176
Verlegung des Sitzes des Bischofs von Pommern nach Kammin.

1221
Erste deutsche Siedler im Fürstentum Rügen, bei Tribsees ansässig.

1234
Erste Verleihungen deutschen Stadtrechts im Fürstentum Rügen und im Herzogtum Pommern: an Stralsund durch Rügenfürsten Wizlaw I., an Prenzlau und Bahn durch Pommernherzog Barnim I.

1240/1243
1240: Planung der Wiederbebauung verlassener Dörfer durch (deutsche) Siedler in den Bereichen um Zehden, Pyritz, Prenzlau, Penkun und Stettin durch den Pommernherzog Barnim I. und den Kamminer Bischof Konrad III.; 1243: Bestehen des (deutschen) Dorfes Reinkendorf, südlich von Stettin.

1243
Verleihung Magdeburger Stadtrechts an Stettin durch Barnim I.

1248/1277/1339
Erwerb des östlichen Teils des Landes Kolberg 1248, des westlichen Teils 1277 (1276) und des Landes Bublitz 1339 durch die Bischöfe von Kammin; dadurch Entstehung des Stiftsgebiets Kammin unter

bischöflicher Landesherrschaft, die sich allerdings nie gänzlich von der Oberherrschaft der pommerschen Herzöge freimachen konnte.

1250/1255/1262
1250: Verleihung lübischen Stadtrechts durch Pommernherzog Wartislaw III. an Greifswald, das schnell zur rechtlichen Berufungsinstanz für Kolberg und Greifenberg, die 1255 und 1262 lübisches Stadtrecht erhielten, wurde.

1266
Verleihung lübischen Stadtrechts an das im Kamminer Stiftsgebiet gelegene Köslin durch den Kamminer Bischof Hermann.

1294
Aussterben des Fürstenhauses von Pommerellen (Ostpommern).

1295
Teilung des Herzogtums Pommern (Westpommern) in die Herzogtümer Pommern-Stettin und Pommern-Wolgast.

1302
Regierungsantritt Wizlaws III., des letzten einheimischen Rügenfürsten, der als Sohn von Wizlaw II. und von Anna von Braunschweig-Lüneburg und als Minnesänger in deutscher Sprache die allmähliche Verschmelzung der einheimischen slawischen und der eingewanderten deutschen Bevölkerungsteile und ihrer Kulturen verkörperte.

1317
Übernahme des westlichen Teils des ehemaligen Fürstentums Pommerellen (Ostpommern), d.h. der Länder Schlawe, Rügenwalde und Stolp, durch das Herzogtum Pommern (Westpommern).

1325
Aussterben des Fürstenhauses von Rügen und Erbschaft des Fürstentums Rügen durch das Herzogtum Pommern, das damit von der Trebel und der Recknitz im Westen bis zur Leba im Osten reichte.

1456
Gründung der pommerschen Landesuniversität in Greifswald.

1464/1472
1464: Aussterben des Herzoghauses Pommern-Stettin; 1472: Nach jahrelangem Streit mit dem Kurfürstentum Brandenburg Übernahme des Herzogtums Pommern-Stettin durch die Herzöge von Pommern-Wolgast.

1466
Erwerb der Lande Lauenburg und Bütow als polnische Lehen durch das Herzogtum Pommern.

1478-1523
Alleinherrschaft Herzog Bogislaws X. über das Herzogtum Pommern.

1529
Vertrag von Grimnitz zwischen dem Kurfürstentum Brandenburg und dem Herzogtum Pommern mit folgenden Festlegungen: Lehnsempfang der Herzöge unmittelbar vom Kaiser, Sessionsrecht Pommerns auf den Reichstagen, Nachfolgerecht der Kurfürsten beim Aussterben des pommerschen Herzogshauses. Damit Abwehr alter brandenburgischer Ansprüche auf Lehnshoheit über Pommern.

1532
Erneute Teilung des Herzogtums Pommern in die Landesteile Pommern-Stettin und Pommern-Wolgast.

1534-1535
Einführung der lutherischen Reformation im Herzogtum Pommern.

1616/1646
1616: Erlaß einer Bauern- und Schäferordnung im Landesteil Pommern-Stettin, nach der die Bauern Leibeigene waren, unbegrenzte Herrendienste zu leisten hatten und die Einziehung ihrer Höfe durch die Grundherrschaft zulassen mußten; seit 1646: Geltung dieser Ordnung auch im Wolgaster Landesteil.

Zeittafel zur pommerschen Geschichte

1625-1637
1625: Aussterben des Herzogshauses Pommern-Wolgast; 1625-37: Alleinherrschaft Herzog Bogislaws XIV. über Pommern, d.h. über die Landesteile Stettin und Wolgast und das Bistum (Stiftsgebiet) Kammin; 1637: Tod Bogislaws XIV. und damit Erlöschen des pommerschen Herzogshauses im Mannesstamm.

1627-1648
Im Dreißigjährigen Krieg: 1627 Einfall kaiserlich-wallensteinscher Truppen in Pommern; 1630-31 Eroberung Pommerns durch schwedische Truppen unter König Gustav II. Adolf; später wechselhafte Kämpfe auf pommerschem Boden, dadurch Raub und Vernichtung, Not und Tod im Lande.

1648
Im Friedensvertrag von Osnabrück Teilung Pommerns: Anfall Vorpommerns (westlich der Oder gelegen) und der gesamten Odermündung an die schwedische Krone, Anfall Hinterpommerns (östlich der Oder gelegen) ohne einen Oderuferstreifen an den Kurfürsten von Brandenburg.

1674-1679
Schwedisch-Brandenburgischer Krieg: völliger Sieg und Eroberung des gesamten Vorpommern, einschließlich Stettins, durch die Brandenburger unter dem großen Kurfürsten Friedrich Wilhelm, aber 1679 durch den Friedensvertrag von Saint Germain auf Druck Frankreichs: Rückgabe Vorpommerns bis zur Oder an Schweden.

1713/1715
Im Nordischen Krieg: 1713: Belagerung Stettins durch russische und sächsische Truppen, dann Besetzung der Stadt durch preußische und holsteinische Truppen; 1715: Kapitulation Stralsunds, der letzten schwedischen Festung in Pommern, Übernahme der Verwaltung des Gebietes zwischen Oder und Peene, einschließlich Stettins, durch (Brandenburg-)Preußen und des Gebietes nordwestlich der Peene, einschließlich Rügens, durch Dänemark.

1720
Durch den Friedensvertrag von Stockholm: Erwerb des (später Altvorpommern genannten) Gebietes zwischen Oder und Peene mit Stettin und den Inseln Usedom und Wollin durch Preußen von Schweden; durch den Friedensvertrag von Frederiksborg: Rückgabe des nordwestlichen Vorpommern mit Rügen durch Dänemark an Schweden.

1806/1807
Aufhebung der Leibeigenschaft bzw. Erbuntertänigkeit 1806 in Schwedisch-Vorpommern, 1807 in Preußen, einschließlich Preußisch-Vorpommerns und Hinterpommerns.

1815
Durch Verträge mit Dänemark und Schweden auf dem Wiener Kongreß: Erwerb des restlichen, nordwestlich der Peene gelegenen Vorpommern, das die Bezeichnung Neuvorpommern erhielt, durch Preußen.

1815-1818
Gliederung des wiedervereinigten Pommern als preußische Provinz in die Regierungsbezirke Stettin, Köslin und Stralsund; Erweiterung Pommerns durch die neumärkischen Kreise Schivelbein und Dramburg.

1932
Aufhebung des Regierungsbezirks Stralsund und Angliederung an den Regierungsbezirk Stettin.

1938
Angliederung großer Teile der Grenzmark Posten-Westpreußen und von zwei neumärkischen Kreisen an die Provinz Pommern und Bildung des Regierungsbezirks Schneidemühl.

1945
Auf Grund der Vereinbarungen der aliier-

ten Siegermächte des Zweiten Weltkriegs: Unterstellung des östlich von Oder und Swine gelegenen Teils von Pommern sowie der westlich dieser Linie gelegenen Bereiche um Stettin und Swinemünde unter polnische Verwaltung; Beginn der Vertreibung und Aussiedlung der deutschen Bevölkerung aus diesem Gebiet.

1946
Zusammenschluß des verbliebenen Vorpommern mit Mecklenburg zum Land Mecklenburg-Vorpommern, das seit 1947 nur noch als Land Mecklenburg bezeichnet wurde.

1952
Bei der Bildung von Bezirken in der DDR: Aufteilung Vorpommerns auf die Bezirke Rostock und Neubrandenburg und mit dem Gebiet um Gartz auf den Bezirk Frankfurt/Oder.

1990
Erneuter Zusammenschluß Vorpommerns mit Mecklenburg zum Land Mecklenburg-Vorpommern.

Zeittafel zur pommerschen Geschichte

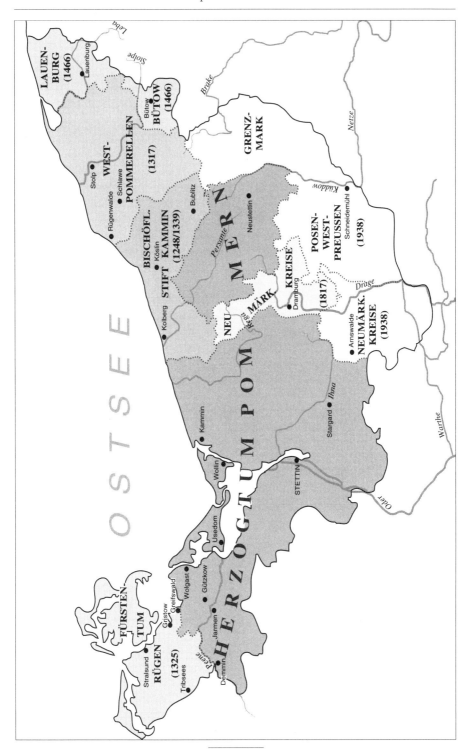

Sachverzeichnis zu den im Greifswald-Stralsunder Jahrbuch Band 1 bis Band 13/14 veröffentlichten Beiträgen

von

Roswitha Hanske/Haik Thomas Porada und Joachim Wächter.

Vorbemerkung

Dem Anliegen dieses Sammelbandes zu den Demminer Kolloquien getreu, auch eine Dokumentation über die Beschäftigung mit der Landesgeschichte in Vorpommern in den vergangenen Jahrzehnten zu sein, hat sich der Herausgeber entschlossen, ein neues Verzeichnis zum Greifswald-Stralsunder Jahrbuch vorzulegen.[1] Damit soll einerseits eine Traditionslinie, die zu den Demminer Kolloquien führte, verdeutlicht werden, andererseits aber auch eine verstärkte Benutzung dieses Jahrbuchs angeregt werden. Der Bekanntheitsgrad der in dieser früheren Zeitschrift veröffentlichten Beiträge außerhalb des Kreises der Wissenschaftler ist nämlich besonders durch die damals geringe Auflagenzahl nur sehr begrenzt. Allerdings ist die Zugänglichkeit in fast allen größeren Bibliotheken und Archiven für eine Benutzung gewährleistet.

Dieses Jahrbuch erschien in 14 Bänden zwischen 1961 und 1982. Herausgegeben vom Kulturhistorischen Museum und dem Stadtarchiv in Stralsund, dem Landes- bzw. Staatsarchiv Greifswald, sowie dem Museum und dem Stadtarchiv in Greifswald, war dieses Jahrbuch in Vorpommern sowohl vom territorialen Bereich, dem die darin veröffentlichten Untersuchungen galten, als auch vom wissenschaftlichen Anspruch her als legitimer Nachfolger der Pommerschen Jahrbücher aus der Vorkriegszeit zu sehen.[2] Eine bemerkenswerte Ausweitung des Themenspektrums gelang den Herausgebern des Greifswald-Stralsunder Jahrbuchs u. a. durch die stärkere Einbeziehung volkskundlich-musealer Aspekte in das Spektrum der Aufsätze. Dies war hauptsächlich der Tatsache geschuldet, daß sich zwei Museen unter den Herausgebern befanden.[3]

Im letzten Band dieses Jahrbuchs wurde im Jahr 1982 bereits ein »Verzeichnis der im Greifswald-Stralsunder Jahrbuch Band 1 bis Band 13/14 veröffentlichten Beiträge«, zusammengestellt von Roswitha Hanske, publiziert. Diese Liste war alphabetisch nach den Autoren und in der zeitlichen Reihenfolge der Veröffentlichung der einzelnen Aufsätze angelegt. Bereits damals hatte Roswitha Hanske eine sachliche Gliederung parallel vorbereitet, die allerdings aus verschiedenen Gründen nicht zum Abdruck gelangte. Dieses Sachverzeichnis haben wir jetzt gemeinsam überarbeitet, um es der Öffentlichkeit zugänglich zu machen. Dabei wurden die Titel der einzelnen Aufsätze zugrundegelegt. Diese wurden dann in einen grobgefaßten Rahmen nach sachlichen und regionalen Gesichtspunkten geordnet. Es ist selbstverständlich, daß dabei die einzelnen Titel in den verschiedenen Rubriken mehrfach genannt werden. Dieses Problem nehmen wir gern in Kauf, wenn wir damit ein zielgerichtetes Suchen in den einzelnen Bänden des Jahrbuches erleichtern. Wir sind uns bei der Gestaltung dieses Verzeichnis der Defizite bewußt, die einer solchen Aufschlüsselung immer anhaften müssen. Die Gliederung nach regionalen Gesichtspunkten stellte ein spezielles Problem dar, da durch die zahlreichen Veränderungen der Verwaltungsgrenzen für die pommerschen Kreise in diesem Jahrhundert eine Festlegung auf einen Zeitschnitt erforderlich war. Diese haben wir nach reiflichem Überlegen für den Zustand, der bis zur Verwaltungsreform des Jahres 1938 galt, getroffen. Die bis zu diesem Zeitpunkt geltenden Kreisgrenzen, haben zumindest in Vorpommern eine relativ große Stabilität über mehr als ein Jahrhundert gehabt. Außerdem haben sich die meisten Beiträge im Jahrbuch auf diese Verwaltungseinteilung in historischer Sicht bezogen.[4] Eine Bezugnahme auf die Nachkriegs-, DDR- oder heutigen Kreise schien uns nicht ratsam, u. a. da mit diesen Verwaltungseinteilungen sehr unterschiedliche Gebiete abgedeckt wurden, die teilweise auch nichtpommersche Landschaften beinhalteten.[5] Bei der Auflistung der Kreise stehen die Sitze der Landratsämter in Klammern, wo dies nicht explizit aus dem Namen des jeweiligen Landkreises hervorgeht.

[1] Wir sind uns natürlich bewußt, daß die Aufsätze des Greifswald-Stralsunder Jahrbuchs bereits bibliographisch erfaßt sind, u. a. in: Geschichtliche und landeskundliche Literatur Pommerns 1958-66, 1961-70, 1971-76, 1977-80, 1981-84. Bearbeitet von H. Rister. - Marburg 1975-1986, sowie auch in der Mecklenburgischen Bibliographie. Berichtsjahre 1965-1979. Bearbeitet von G. Baarck; Berichtsjahre 1980-1982. Bearbeitet von Grete Grewolls, einschließlich der Sachregister für den hier relevanten Zeitraum 1965-1984. - Schwerin 1966-1986.

[2] Zu dieser traditionsreichen Zeitschrift siehe jüngst Gerhild Atze: Die »Pommerschen Jahrbücher« und die Universitätsbibliothek Greifswald, in: Baltische Studien N.F. Band 78 [124] (1992), S. 95 ff. Die Gründe dafür, warum ein Anknüpfen an diesen Titel 1961 nicht möglich war, legen Henning Rischer in seiner Einleitung zu diesem Band und Joachim Wächter in dem abschließenden geschichtlichen Abriß über das Greifswald-Stralsunder Jahrbuch ausführlich dar. Einen interessanten Hinweis auf die politischen Schwierigkeiten bei der Veröffentlichung dieses Jahrbuchs bietet auch die einleitende Bemerkung von Rudolf Biederstedt zu seinem Aufsatz »Frühneuzeitliche Steuerregister als sozialstatistische Quelle«, in: Baltische Studien N.F. Band 79 [125] (1993), S. 7.

[3] Den frühen Versuchen um die Jahrhundertwende, der Volkskunde in Pommern ein Publikationsorgan zu schaffen, bzw. den daran anschließenden verstreuten Bemühungen bis zum Zweiten Weltkrieg ist der Artikel von Kurt Dröge: Die »Blätter für Pommersche Volkskunde« 1893 bis 1902, in: Baltische Studien N.F. Band 79 [125] (1993), S. 81 ff. gewidmet. In der Bundesrepublik wurde seit den 60er Jahren auf wissenschaftlichem Niveau in der Zeitschrift »Pommern«, die von der Stiftung Pommern in Kiel herausgegeben wird, an diese editorischen Traditionen angeknüpft.

[4] Vgl. die beigefügte Karte »Politische Gliederung Pommerns« (Blatt 1, Karte 3) aus dem Wirtschafts- und Verkehrsgeographischen Atlas von Pommern. Herausgegeben von Werner Witt. - Stettin 1934.

[5] Siehe zum Problem der zahlreichen Kreisreformen nach dem letzten Krieg den sehr aufschlußreichen Aufsatz von Manfred Vollack: Die heutige Verwaltungseinteilung Pommerns. Teil II: Vorpommern als Teil der SBZ (DDR), in: Unser Pommerland - Beilage der »Pommerschen Zeitung« (33. Jahrgang, Folge 33), 24. Jahrgang, Nr. 7/8, Juli/August 1983. Zu den diversen Veränderungen der Kreisgrenzen vor 1945 siehe: Staats- und Verwaltungsgrenzen in Ostmitteleuropa. Historisches Kartenwerk. Band III: Pommern. Hrsg. vom Göttinger Arbeitskreis im Auftrag der Historischen Kommission für Pommern, bearbeitet von Franz Engel, München 1955. Außerdem ist für diesen Zeitraum sehr empfehlenswert: Grundriß zur deutschen Verwaltungsgeschichte 1815-1945. Reihe A: Preußen. Hrsg. von Walther Hubatsch. Band 3: Pommern, bearbeitet von Dieter Stüttgen. - Marburg/Lahn 1975.

Sachverzeichnis

1. **Quellenkunde**
   1.1. *Archive, Bibliotheken, Museen*
   1.2. *Quellen, bibliographische Nachweise*

2. **Historische Geographie**
   2.1. *Physische Geographie*
   2.2. *Allgemeine Historische Geographie*
   2.3. *Bevölkerungskunde*
   2.4. *Siedlungskunde*
   2.5. *Kartographie*

3. **Ur- und Frühgeschichte (einschl. der slawischen Zeit)**

4. **Diplomatische und Kriegsgeschichte**

5. **Wirtschaftsgeschichte**
   5.1. *Allgemeine Wirtschaft*
   5.2. *Land- und Forstwirtschaft*
   5.3. *Handwerk und Industrie*
   5.4. *Bauwesen und Architektur*
   5.5. *Handel, Verkehr, Seewirtschaft*
   5.6. *Finanz- und Münzwesen*

6. **Sozialgeschichte des Mittelalters und der Frühen Neuzeit**

7. **Geschichte der Arbeiterbewegung und des Widerstandskampfes**

8. **Medizingeschichte, Gesundheits- und Erholungswesen**

9. **Verfassungs-, Rechts- und Verwaltungsgeschichte**

10. **Kirchengeschichte**

11. **Geistes- und Kulturgeschichte**
    11.1. *Schulwesen*
    11.2. *Wissenschaft und Universität*
    11.3. *Darstellende Kunst, Literatur und Musik*
    11.4. *Volkskunde*
    11.5. *Sprachwissenschaft*
    11.6. *Zeitungswesen*

12. **Personengeschichte**

13. **Orts- und Landesgeschichte**
    13.1. *Allgemeine und überregionale Geschichte*
    13.2. *Einzelne pommersche Kreise mit ihren Ortschaften [in den Kreisgrenzen aus der Zeit vor dem 1. April 1937]*
    13.2.1. *Kreis Anklam*
    13.2.2. *Kreis Demmin*
    13.2.3. *Kreis Franzburg-Barth (Barth)*
    13.2.4. *Kreis Greifswald*
    13.2.5. *Kreis Greifswald-Stadt*
    13.2.6. *Kreis Grimmen*
    13.2.7. *Kreis Kammin*
    13.2.8. *Kreis Lauenburg*
    13.2.9. *Kreis Randow (Stettin)*
    13.2.10. *Kreis Rügen (Bergen)*
    13.2.11. *Kreis Schlawe*
    13.2.12. *Kreis Stettin-Stadt*
    13.2.13. *Kreis Stolp*
    13.2.14. *Kreis Stralsund-Stadt*
    13.2.15. *Kreis Ueckermünde*
    13.2.16. *Kreis Usedom-Wollin (Swinemünde)*

Gliederung zum Sachverzeichnis des Greifswald-Stralsunder Jahrbuchs

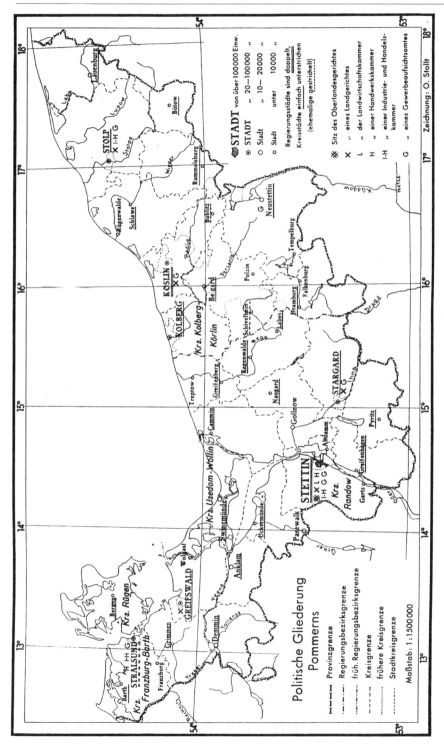

Politische Gliederung Pommerns, aus: Wirtschafts- und Verkehrsgeographischer Atlas von Pommern. Herausgegeben von Werner Witt. - Stettin 1934.

Anhang

1. Quellenkunde

1.1. Archive, Bibliotheken, Museen

Biederstedt, Rudolf: Geschichte des Greifswalder Stadtarchivs. (2/165)

Biederstedt, Rudolf: Eine neue Handschrift des Seerechtes von Damme im Stadtarchiv Greifswald. (7/25)

Biederstedt, Rudolf: Häuserbuch der Altstadt Greifswald. (11/125)

Braun, Wilhelm: Existenzkampf einer kritischen Zeitschrift in Schwedisch-Pommern 1743 bis 1748 - Aus den Anfängen des Greifswalder Bibliothekars Johann Carl Dähnert. (4/217)

Buske, Maria: Aus der fünfzigjährigen Geschichte des Demminer Museums. (8/111)

Ewe, Herbert: Peter Pooth und seine Bedeutung für das Archiv. Ein Beitrag zur Geschichte des Stadtarchivs Straslund. (5/119)

Frankenstein, Wolfgang: In memoriam Ursula Meyer. (9/8)

Gaude, Werner: Die Bibliothek des Dominikanerklosters St. Peter und Paul in Pasewalk. (4/205)

Herfert, Peter: Erik von Schmiterlöw (25. 7. 1882 bis 29. 5. 1964). (6/99)

Herling, Manfred: Johann Carl Dähnert [1719-1785]. Seine Bedeutung als Bibliothekar, Historiker und insbesondere als Reorganisator des Universitätsarchivs Greifswald. (13-14/82)

Meyer, Ursula: Zur Geschichte des Museums der Stadt Greifswald. (2/207)

Meyer, Ursula: Ein italienisches Skizzenbuch Wilhelm Titels im Besitz des Museums der Stadt Greifswald. (3/153)

Meyer, Ursula: Die Sammlung der Handzeichnungen Caspar David Friedrichs im Museum der Stadt Greifswald. (9/131)

Nitschke, Willi: Zu einigen Bürgerporträts von Jacob Christoph Ringk [1793-1849] - Neuerwerbungen der Porträtsammlung im Kulturhistorischen Museum Stralsund. (6/253)

Pieske, Christa: Volkstümliche Graphik im Kulturhistorischen Museum Stralsund: Die Patenbriefe. (1/172)

Pieske, Christa: Volkstümliche Graphik im Kulturhistorischen Museum Stralsund: Die Bilderbogen. (2/223)

Pieske, Christa: Silhouetten im Kulturhistorischen Museum Stralsund. (3/163)

Pieske, Christa: Die Stammbücher im Kulturhistorischen Museum Stralsund. (7/211)

Rieck, Käthe: 100 Jahre Kulturhistorisches Museum in Stralsund. (1/122)

Schott, Alexander: Das Kopenhagener Stammbuch des Caspar David Friedrich. (11/133)

Trauschies, Helene: Zur Gründung und Entwicklung des Darßer Heimatmuseums in Prerow. (6/103)

Wächter, Joachim: Die Archive im vorpommerschen Gebiet und ihr historisches Quellengut. (2/145)

Wächter, Joachim: Quellengut zur pommerschen Geschichte in ausländischen Archiven. (4/195)

Wächter, Joachim: Hermann Scheel zum Gedenken. (10/275)

Winter, Renate: Zum niederdeutschen Wort- und Namengut im Stralsunder »Liber memorialis« des 14. Jahrhunderts. (7/163)

Ziegler, Hans: Wilhelm Braun. Direktor der Universitätsbibliothek Greifswald 1946-1955. Verzeichnis seiner Schriften 1914-1964. (5/115)

1.2. Quellen, bibliographische Nachweise

Biederstedt, Rudolf: Eine neue Handschrift des Seerechtes von Damme im Stadtarchiv Greifswald. (7/25)

Biederstedt, Rudolf: Häuserbuch der Altstadt Greifswald. (11/125)

Giese, Friedrich: Quellensammlung zur Musikgeschichte Greifswalds [Teil I und II]. (6/207)

Hanske, Roswitha: Verzeichnis der im Greifswald-Stralsunder Jahrbuch Band 1 bis Band 13/14 veröffentlichten Beiträge. (13-14/313)

Kusch, Reinhard: Die schwedische Stadtaufnahme von Stralsund 1706/07. Ein soziotopographischer und sozialökonomischer Querschnitt. (11/103)

Langer, Herbert: Spätmittelalterliche Lohnarbeit im Spiegel der Stralsunder Gerichtsbücher und Handwerkerakten. (10/87)

Maur, Hans: Bibliographie zur Geschichte der Arbeiterbewegung für den Nordosten der DDR. [Selbständige Veröffentlichungen der Jahre 1945-1970/71]. (10/245)

Schildhauer, Johannes: Die Hanse und ihre Städte in der geschichtswissenschaftlichen Literatur der DDR 1970-1980. (13-14/7)

Wachowiak, Bogdan: Polnische Forschungen zur westpommerschen Geschichte im 13. bis 18. Jahrhundert. (12/226)

Wächter, Joachim: Die Archive im vorpommerschen Gebiet und ihr historisches Quellengut. (2/145)

Wächter, Joachim: Quellengut zur pommerschen Geschichte in ausländischen Archiven. (4/195)

Wegner, Eginhard: Der Ackerbau und die Viehwirtschaft im Amt und Distrikt Loitz um 1700. (5/29)

Winter, Renate: Zum niederdeutschen Wort- und Namengut im Stralsunder »Liber memorialis« des 14. Jahrhunderts. (7/163)

Ziegler, Hans: Wilhelm Braun. Direktor der Universitätsbibliothek Greifswald 1946-1955. Verzeichnis seiner Schriften 1914-1964. (5/115)

Zoellner, Klaus-Peter: Eine Chronik der Stadt Richtenberg. (6/43)

2. Historische Geographie

2.1. Physische Geographie

Engelmann, Gerhard: Die russische Chronometer-Expedition im Jahre 1833 und ihre Durchführung an der südlichen Ostseeküste. (9/151)

Heß, Gerhard: Das Küstengebiet Vorpommerns im Spiegelbild historischer Karten. (7/55)

Mohr, Lutz: Aufgebaute und zerstörte Eilande an der Ostseeküste der DDR. (11/17)

2.2. Allgemeine Historische Geographie

Hellmundt, Albert: Die Ablassung des ehemaligen Ahlbeckschen Sees im Kreis Ueckermünde und die Entstehung der Dörfer Vorsee, Gegensee und Hintersee auf dem Seegrund. (2/49)

Hormann, Werner: Die ehemalige Kleinbahn Greifswald-Jarmen aus historisch-geographischer Sicht. (13-14/271)

Schmidt, Harry: Zur historisch-geographischen Entwicklung des Nordteils der Schmalen Heide auf Rügen. (11/7)

Schmidt, Harry: Zur Heideverbreitung auf Rügen - eine historisch-geographische Betrachtung. (13-14/163)

Wegner, Eginhard: Skizze der Entwicklung der Kulturlandschaft im Gebiet zwischen Trebel und Peene seit dem frühen Mittelalter. (6/7)

Wegner, Eginhard/Engelmann, Peter: Loitz - Ein Beitrag zur Geographie der Stadt. (7/79)

2.3. Bevölkerungskunde

Czarnik, Andrzej: »Glos Praci« [Arbeiterstimme]. Zur Frage der Zusammenarbeit der deutschen und polnischen Arbeiterklasse. (13-14/127)

Fritze, Konrad: Die Bevölkerungsstruktur

Rostocks, Stralsunds und Wismars am Anfang des 15. Jahrhunderts. Versuch einer sozialanalytischen Analyse. (4/69)

Fritze, Konrad: Stralsunds Bevölkerung um 1400. (6/15)

Grimm, Hans: Slawenzeitliche Menschenreste auf Rügen. (2/21)

Lamprecht, Werner: Die Lage der russisch-polnischen Arbeiter in der Landwirtschaft des Regierungsbezirkes Stralsund während des 1. Weltkrieges [1914-1918]. (2/127)

Salomon, Karl-Heinz: Die bevölkerungsgeographischen Auswirkungen der inneren Kolonisation auf Rügen. (12/38)

Schwettmann, Helmut: Demographische Veränderungen nach der Bodenreform im Landkreis Stralsund. (10/209)

Schwettmann, Helmut: Demographische Veränderungen im Landkreis Stralsund von 1953 bis 1960, dem Zeitpunkt der vollgenossenschaftlichen Umgestaltung der Landwirtschaft. (11/228)

Wechmar, Ilse von/Biederstedt, Rudolf: Die schottische Einwanderung in Vorpommern im 16. und frühen 17. Jahrhundert. (5/7)

Zimdahl, Winfried: Die Sprachsituation im Kreis Pasewalk. [Hochdeutsch: Niederdeutsch] (6/285)

2.4. Siedlungskunde

Baumgarten, Karl: Der Zuckerhut von Pantow auf Rügen. (1/202)

Baumgarten, Karl: Der Ummanzer Bauernhof des 17. Jahrhunderts. (5/279)

Baumgarten, Karl: Das Hallenhaus im Greifswalder Universitätsdorf. (7/243)

Baumgarten, Karl: Das Durchfahrtshaus in Vorpommern. (13-14/236)

Bentzien, Ulrich: Der Pflug auf der Insel Rügen. (3/203)

Berlekamp, Hansdieter: Probleme der Frühgeschichte Stralsunds. (4/31)

Biederstedt, Rudolf: Häuserbuch der Altstadt Greifswald. (11/125)

Biederstedt, Rudolf: Die Straßennamen der Greifswalder Altstadt. (13-14/25)

Blaschke, Karlheinz: Nikolaikirchen und Stadtentstehung im pommerschen Raum. (9/21)

Börner, Günther/Werner, Heinz: Die künftige städtebauliche Entwicklung der Stadt Stralsund. (1/216)

Ewe, Herbert: Rügensche Flurnamen des Mittelalters und ihre Bedeutung für die Historische Geographie. (2/31)

Hellmundt, Albert: Die Ablassung des ehemaligen Ahlbeckschen Sees im Kreis Ueckermünde und die Entstehung der Dörfer Vorsee, Gegensee und Hintersee auf dem Seegrund. (2/49)

Heyden, Hellmuth: Zum Schadegard-Problem. (3/17)

Hormann, Werner: Die ehemalige Kleinbahn Greifswald-Jarmen aus historisch-geographischer Sicht. (13-14/271)

Hornemann, Wolfgang: Zu den Wüstungen im Westteil des Landes Wusterhusen [1200-1300]. (7/7)

Hornemann, Wolfgang: Zur Veränderung des slawischen Siedlungsbildes nach 1250 in den Ländern Lassan und Wusterhusen. (8/19)

Känel, Alfred von: Zur Entwicklung und Wirtschaftsstruktur der Siedlungen im Kreis Wolgast. (8/69)

Kusch, Reinhard: Die schwedische Stadtaufnahme von Stralsund 1706/07. Ein soziotopographischer und sozialökonomischer Querschnitt. (11/103)

Mohr, Frank: Zur Umgestaltung der Altstadtgebiete in Greifswald. (12/101)

Salomon, Karl-Heinz: Die innere Kolonisation auf Rügen 1890 bis 1945 und ihre Auswirkungen auf die Besitzstruktur. (10/139)

Schäwel, Herbert: Die Durchführung der demokratischen Bodenreform im Kreise Rügen. (3/107)

Schroeder, Horst-Diether: Schadegard, St. Peter-Paul und die Stralsunder Neustadt. Zu einigen Fragen der älteren Stralsunder Stadtgeschichte. (4/45)

Schroeder, Horst-Diether/Hornemann, Wolfgang: Die Sitze der Redarier und die Lage Rethras. (10/35)

Wächter, Joachim: Die Bildung des Kreises Ueckermünde und seine gebietsmäßige Entwicklung seit 1818. (7/105)

Weber, Egon: Die Entwicklung des Ostseebades Saßnitz bis zum ersten Weltkrieg [Teil I]. (4/117)

Weber, Egon: Die Entwicklung des Ostseebades Saßnitz bis zum ersten Weltkrieg [Teil II]. (5/45)

Wegner, Eginhard: Wandlungen im ländlichen Siedlungs- und Wirtschaftsbild des 17. Jahrhunderts im Amt Loitz und ihre Ursachen. (2/39)

Wegner, Eginhard: Skizze der Entwicklung der Kulturlandschaft im Gebiet zwischen Trebel und Peene seit dem frühen Mittelalter. (6/7)

Wegner, Eginhard/Engelmann, Peter: Loitz - Ein Beitrag zur Geographie der Stadt. (7/79)

Wegner, Eginhard: Dreißig Jahre Entwicklung sozialistischer Landwirtschaft im Kreis Greifswald. (12/71)

2.5. Kartographie

Berlekamp, Hansdieter: Aus der Arbeit Friedrich von Hagenows. (1/7)

Engelmann, Gerhard: Die russische Chronometer-Expedition im Jahre 1833 und ihre Durchführung an der südlichen Ostseeküste. (9/151)

Heß, Gerhard: Das Küstengebiet Vorpommerns im Spiegelbild historischer Karten. (7/55)

Kusch, Reinhard: Die schwedische Stadtaufnahme von Stralsund 1706/07. Ein soziotopographischer und sozialökonomischer Querschnitt. (11/103)

Wegner, Eginhard: Der Ackerbau und die Viehwirtschaft im Amt und Distrikt Loitz um 1700. (5/29)

3. Ur- und Frühgeschichte (einschl. der slawischen Zeit)

Berlekamp, Hansdieter: Nachrichten über zerstörte Großsteingräber der Insel Rügen. (2/9)

Berlekamp, Hansdieter: Der Bronzefund von Neuhof. (3/7)

Dieck, Alfred: Die Moorleiche im Günzer See bei Stralsund vom Sommer 1879 und das Problem der Moorbutter. (1/26)

Eggers, Hans-Jürgen: Die Bedeutung Rügens für die ältere Bronzezeit. (1/19)

Grimm, Hans: Slawenzeitliche Menschenreste auf Rügen. (2/21)

Herfert, Peter: Slawische Schalengefäße von der Insel Rügen. (4/7)

Herfert, Peter: Ralswiek - ein frühgeschichtlicher Seehandelsplatz auf der Insel Rügen. (10/7)

Saal, Walter: Das Horn auf dem Bildstein von Altenkirchen [Rügen]. (12/7)

Schroeder, Horst-Diether/Hornemann, Wolfgang: Die Sitze der Redarier und die Lage Rethras. (10/35)

4. Diplomatische und Kriegsgeschichte

Fritze, Konrad: Die Hansestädte und die Hussitenkriege. (1/40)

Fritze, Konrad: Stralsund 1370. (10/73)

Hacker, Hans-Joachim: Die Finanzlage Stralsunds 1630 bis 1648 im Spiegel der städtischen Einnahme- und Ausgabe-Register. (12/18)

Heyden, Hellmuth: Zu Jürgen Wullenwevers »Grafenfehde« und ihren Auswirkungen auf Pommern.(6/29)

Lamprecht, Werner: Die Lage der russischpolnischen Arbeiter in der Landwirtschaft des Regierungsbezirkes Stralsund während des 1. Weltkrieges [1914-1918]. (2/127)

Langer, Herbert: Stralsunds Entscheidung 1628. (4/81)

Schroeder, Horst-Diether: Kämpfe um Rügen im Mittelalter. (8/7)

Zoellner, Klaus-Peter: Stralsund und die nordischen Mächte vor 400 Jahren. (10/81)

5. Wirtschaftsgeschichte
5.1. Allgemeine Wirtschaft

Wegner, Eginhard/Engelmann, Peter: Loitz - Ein Beitrag zur Geographie der Stadt. (7/79)

Findeisen, Jörg-Peter: Reform contra Revolution. Johann David Reichenbach - ein schwedisch-pommerscher Ideologe »landesväterlicher« Reformtätigkeit. (13-14/55)

Känel, Alfred von: Zur Entwicklung und Wirtschaftsstruktur der Siedlungen im Kreis Wolgast. (8/69)

Kusch, Reinhard: Die schwedische Stadtaufnahme von Stralsund 1706/07. Ein soziotopographischer und sozialökonomischer Querschnitt. (11/103)

Langer, Herbert: Spätmittelalterliche Lohnarbeit im Spiegel der Stralsunder Gerichtsbücher und Handwerkerakten. (10/87)

5.2. Land- und Forstwirtschaft

Baumgarten, Karl: Der Zuckerhut von Pantow auf Rügen. (1/202)

Baumgarten, Karl: Der Ummanzer Bauernhof des 17. Jahrhunderts. (5/279)

Baumgarten, Karl: Das Hallenhaus im Greifswalder Universitätsdorf. (7/243)

Baumgarten, Karl: Das Durchfahrtshaus in Vorpommern. (13-14/236)

Bentzien, Ulrich: Der Pflug auf der Insel Rügen. (3/203)

Czarnik, Andrzej: »Glos Praci« [Arbeiterstimme]. Zur Frage der Zusammenarbeit der deutschen und polnischen Arbeiterklasse. (13-14/127)

Griebenow, Willi: Tertialrecht und Tertialgüter im ehemaligen Neuvorpommern und Rügen. (10/101)

Knorr, Heinz A.: Das mittelalterliche Jagdmesser mit Drachenornament aus Rogge, Kreis Grimmen. (9/9)

Lamprecht, Werner: Die Lage der russischpolnischen Arbeiter in der Landwirtschaft des Regierungsbezirkes Stralsund während des 1. Weltkrieges [1914-1918]. (2/127)

Rodigast, Rolf: Besitzrecht und persönliche Rechtsstellung der Greifswalder Stadtbauern im 17. und 18. Jahrhundert. (11/57)

Rodigast, Rolf: Die Greifswalder Gutsherrschaft am Ende des 18. und zu Beginn des 19. Jahrhunderts. (13-14/71)

Salomon, Karl-Heinz: Die innere Kolonisation auf Rügen 1890 bis 1945 und ihre Auswirkungen auf die Besitzstruktur. (10/139)

Salomon, Karl-Heinz: Die bevölkerungsgeographischen Auswirkungen der inneren Kolonisation auf Rügen. (12/38)

Schäwel, Herbert: Die Durchführung der demokratischen Bodenreform im Kreise Rügen. (3/107)

Schreiner, Klaus: Der Anteil der revolutionären Landarbeiter des ehemaligen Regierungsbezirkes Stralsund an der Niederschlagung des Kapp-Putsches im März 1920. (3/101)

Schwettmann, Helmut: Demographische

Veränderungen nach der Bodenreform im Landkreis Stralsund. (10/209)

Schwettmann, Helmut: Demographische Veränderungen im Landkreis Stralsund von 1953 bis 1960, dem Zeitpunkt der vollgenossenschaftlichen Umgestaltung der Landwirtschaft. (11/228)

Wachowiak, Bogdan: Die Beteiligung des Herzogtums Pommern am Export von Agrarprodukten aus dem Ostseeraum in die westeuropäischen Länder im 16. und am Anfang des 17. Jahrhunderts. (11/52)

Wegner, Eginhard: Wandlungen im ländlichen Siedlungs- und Wirtschaftsbild des 17. Jahrhunderts im Amt Loitz und ihre Ursachen. (2/39)

Wegner, Eginhard: Der Ackerbau und die Viehwirtschaft im Amt und Distrikt Loitz um 1700. (5/29)

Wegner, Eginhard: Dreißig Jahre Entwicklung sozialistischer Landwirtschaft im Kreis Greifswald. (12/71)

Zoellner, Klaus-Peter: Ein rügenscher Bauernhof von 1575. (11/49)

5.3. Handwerk und Industrie

Baier, Wolfgang: Zur Frühgeschichte der Photographie in Stralsund und Greifswald. (3/179)

Berlekamp, Hansdieter: Aus der Arbeit Friedrich von Hagenows. (1/7)

Biederstedt, Rudolf: Der Aufstand der Greifswalder Handwerker im Jahre 1556. (3/45)

Jagdmann, Ernst: Das Elektrizitätswerk und die Straßenbahn in Stralsund. Ein Beitrag zur Wirtschaftsgeschichte der Stadt. (6/53)

Kröger, Paul: Das Aufkommen der Ansichtspostkarte in Stralsund. (5/301)

Langer, Herbert: Spätmittelalterliche Lohnarbeit im Spiegel der Stralsunder Gerichtsbücher und Handwerkerakten. (10/87)

Prost, Dietrich W.: Die Stellwagen-Orgel in der Marienkirche zu Stralsund - Beschreibung und Geschichte [Teil I]. (6/225)

Prost, Dietrich W.: Die Stellwagen-Orgel in der Marienkirche zu Stralsund - Beschreibung und Geschichte [Teil II]. (7/267)

Prost, Dietrich W.: Die Stellwagen-Orgel in der Marienkirche zu Stralsund - Beschreibung und Geschichte [Teil III]. (8/197)

Prost, Dietrich W.: Lebensbericht eines Stralsunder Orgelbauers. (11/87)

Prost, Dietrich W.: Die Orgel in der Jakobikirche zu Stralsund. (12/161)

Prost, Dietrich W.: Die Orgeln in der Pfarrkirche St. Nikolaikirche und in den Kirchen der Klöster und Hospitäler zu Stralsund. (13-14/205)

Rieck, Käthe: Das Gürtlerhandwerk in Stralsund 1743-1954. (6/163)

Scheel, Hermann: Haus- und Meistermarken in Anklam und Umgebung. (10/279)

Weiß, Wisso: Zu einem Riesumschlag der Papiermühle Hanshagen. (8/61)

Wilhelmus, Wolfgang: Der Wolgaster Zementarbeiterstreik von 1908. (9/85)

5.4. Bauwesen und Architektur

Baumgarten, Karl: Der Zuckerhut von Pantow auf Rügen. (1/202)

Baumgarten, Karl: Der Ummanzer Bauernhof des 17. Jahrhunderts. (5/279)

Baumgarten, Karl: Das Hallenhaus im Greifswalder Universitätsdorf. (7/243)

Baumgarten, Karl: Das Durchfahrtshaus in Vorpommern. (13-14/236)

Biederstedt, Rudolf: Häuserbuch der Altstadt Greifswald. (11/125)

Börner, Günther/Werner, Heinz: Die künftige städtebauliche Entwicklung der Stadt Stralsund. (1/216)

Ewe, Herbert: Das Bauwerk des ehemaligen Franziskanerklosters St. Johannis zu

Stralsund und der Beginn seiner Restaurierung. (8/121)

Fait, Joachim: Die Benediktinerkirche in Stolpe an der Peene. Ein Ausgrabungsbericht und Rekonstruktionsversuch. (3/119)

Hertel, Margrit: Die Zisterzienserklosterkirche Neuenkamp (Franzburg) nach dem Befund der Ausgrabung 1959/60. (5/129)

Kusch, Reinhard: Die schwedische Stadtaufnahme von Stralsund 1706/07. Ein soziotopographischer und sozialökonomischer Querschnitt. (11/103)

Mohr, Frank: Zur Umgestaltung der Altstadtgebiete in Greifswald. (12/101)

Scheel, Hermann: Haus- und Meistermarken in Anklam und Umgebung. (10/279)

Swartling, Ingrid: Pilger- oder Gefängniszellen in Zisterzienserklöstern. (6/115)

Thümmel, Hans Georg: Die Baugeschichte der Nikolaikirche zu Greifswald. (10/253)

5.5. Handel, Verkehr, Seewirtschaft

Biederstedt, Rudolf: Eine neue Handschrift des Seerechtes von Damme im Stadtarchiv Greifswald. (7/25)

Fritze, Konrad: Stralsund 1370. (10/73)

Fritze, Konrad: Die Häfen von Wismar, Stralsund und Greifswald zur Hansezeit. (13-14/16)

Hacker, Hans-Joachim: Die Finanzlage Stralsunds 1630 bis 1648 im Spiegel der städtischen Einnahme- und Ausgabe-Register. (12/18)

Herfert, Peter: Ralswiek - ein frühgeschichtlicher Seehandelsplatz auf der Insel Rügen. (10/7)

Hormann, Werner: Die ehemalige Kleinbahn Greifswald-Jarmen aus historisch-geographischer Sicht. (13-14/271)

Jagdmann, Ernst: Das Elektrizitätswerk und die Straßenbahn in Stralsund. Ein Beitrag zur Wirtschaftsgeschichte der Stadt. (6/53)

Köppen, Peter/Poßekel, Kurt: Der Dampfer »Vorwärts« und die Anfangsjahre der DDR-Handelsflotte. (13-14/138)

Lachs, Johannes: Die Anfänge beim Aufbau von Seenotrettungseinrichtungen auf Rügen, Hiddensee und dem Darß. (13-14/264)

Lindal, Harald: Beziehungen zwischen Stralsund und Trelleborg im Laufe von sieben Jahrhunderten. (1/97)

Meyer, Günther: Zur Geschichte der Zoll- und Quarantäne-Wachschiffe vor der Küste Vorpommerns. (11/96)

Mohr, Lutz: Zur Geschichte der GST-Marineschule »August Lütgens« in Greifswald-Wieck. (12/83)

Rudolph, Wolfgang: Zur Geschichte des Eisenschiffbaues in Greifswald und Anklam. (1/66)

Rudolph, Wolfgang: Rügischer Schiffbau auf der Werft zu Seedorf. (2/257)

Rudolph, Wolfgang: Die Boote vom Garder und Leba-See. (3/225)

Rudolph, Wolfgang: Boote der pommerschen Haffe und Bodden zwischen Recknitz und Nogat. (7/231)

Rudolph, Wolfgang: Boote der pommerschen Haffe und Bodden zwischen Recknitz und Nogat [Teil II]. (8/185)

Rudolph, Wolfgang: Frauenbesatzung auf Schiffsfahrzeugen im Oderhaff. (10/325)

Rudolph, Wolfgang: »Japanische Stube« und »Chinesische Ecke«. (12/209)

Rudolph, Wolfgang: Präsente an Schiffskapitäne. Eine maritime Brauchtums-Novation des 18. Jahrhunderts. (13-14/223)

Scherer, Franz: Zur Entwicklung der genossenschaftlichen See- und Küstenfischerei in der DDR von 1945 bis zur ersten Konferenz der Fischereiproduktionsgenossenschaften 1957. (11/203)

Schildhauer, Johannes: Die Hanse und ihre Städte in der geschichtswissenschaftlichen Literatur der DDR 1970-1980. (13-14/7)

Wachowiak, Bogdan: Die Beteiligung des Herzogtums Pommern am Export von Agrarprodukten aus dem Ostseeraum in die westeuropäischen Länder im 16. und am Anfang des 17. Jahrhunderts. (11/52)

Zoellner, Klaus-Peter: Der Stralsunder Seehandel am Ausgang des Mittelalters. (9/41)

Zoellner, Klaus-Peter: Stralsund und die nordischen Mächte vor 400 Jahren. (10/81)

5.6. Finanz- und Münzwesen

Biederstedt, Rudolf: Zum Problem der Löhne und Preise im Spätmittelalter. (9/73)

Biederstedt, Rudolf: Löhne und Preise in Vorpommern 1500-1627. (12/13)

Hacker, Hans-Joachim: Die Finanzlage Stralsunds 1630 bis 1648 im Spiegel der städtischen Einnahme- und Ausgabe-Register. (12/18)

Langer, Herbert: Spätmittelalterliche Lohnarbeit im Spiegel der Stralsunder Gerichtsbücher und Handwerkerakten. (10/87)

Meyer, Günther: Zur Geschichte der Zoll- und Quarantäne-Wachschiffe vor der Küste Vorpommerns. (11/96)

Räbiger, Wolfgang: Der Stralsunder Talerfund. (9/103)

Räbiger, Wolfgang: Der Stralsunder Talerfund [Teil II]. (10/283)

Sobietzky, Gerd: Der Münzfund von Gingst auf Rügen. (11/75)

Suhle, Arthur: Neue Münzfunde aus der Umgebung von Stralsund. (1/139)

6. Sozialgeschichte des Mittelalters und der Frühen Neuzeit

Biederstedt, Rudolf: Der Aufstand der Greifswalder Handwerker im Jahre 1556. (3/45)

Fritze, Konrad: Die Bevölkerungsstruktur Rostocks, Stralsunds und Wismars am Anfang des 15. Jahrhunderts. Versuch einer sozialanalytischen Analyse. (4/69)

Fritze, Konrad: Stralsunds Bevölkerung um 1400. (6/15)

Heyden, Hellmuth: Die Fürsorgearbeit und insbesondere das Hospitalwesen in Pommern bis zum 16. Jahrhundert. (3/17)

Langer, Herbert: Spätmittelalterliche Lohnarbeit im Spiegel der Stralsunder Gerichtsbücher und Handwerkerakten. (10/87)

Pooth, Peter: Das Gasthaus zu Stralsund und seine Beziehung zur Geschichte des städtischen Krankenhauses. (5/157)

Schildhauer, Johannes: Reformation und »Revolution« in den Hansestädten Stralsund, Rostock und Wismar. (1/54)

Westien, Fritz: Über die soziale Stellung der Spielleute im mittelalterlichen Greifswald. (5/149)

7. Geschichte der Arbeiterbewegung und des Widerstandskampfes

Czarnik, Andrzej: »Glos Praci« [Arbeiterstimme]. Zur Frage der Zusammenarbeit der deutschen und polnischen Arbeiterklasse. (13-14/127)

Genz, Peter: Der Kampf antifaschistischer Kräfte des Kreises Grimmen gegen Faschismus und Krieg in den Jahren des zweiten Weltkrieges. (7/125)

Haese, Klaus: Die Greifswalder Bronzetür. (7/295)

Haese, Klaus: Das Mahnmal in Barth. (8/213)

Lamprecht, Werner/Haese, Klaus: Die Gedenkstätten des antifaschistischen Widerstandskampfes auf Usedom. Peenemünde-Karlshagen und Benz. (10/175)

Jahnke, Karl-Heinz: Aus den ersten Jahren der Tätigkeit der Sozialdemokratischen Partei Deutschlands in Stralsund. (1/76)

Jahnke, Karl-Heinz: Aus dem Kampf polnischer und deutscher Antifaschisten während des zweiten Weltkrieges in Mecklenburg und Pommern. (5/107)

Kornow, Johannes: Zur führenden Rolle der Arbeiterklasse und ihrer Partei bei der Entwicklung der Organe der Volksmacht in Mecklenburg 1945 bis 1952. Teil I. (11/183)

Kornow, Johannes: Zur führenden Rolle der Arbeiterklasse und ihrer Partei bei der Entwicklung der Organe der Volksmacht in Mecklenburg 1945 bis 1952. Teil II. (13-14/287)

Krüger, Ernst-Joachim: Zum Kampf der Greifswalder Antifaschisten in einer Gruppe des Nationalkomitees »Freies Deutschland« 1944/1945. (6/67)

Lamprecht, Werner: Die Lage der russisch-polnischen Arbeiter in der Landwirtschaft des Regierungsbezirkes Stralsund während des 1. Weltkrieges [1914-1918]. (2/127)

Lamprecht, Werner: Pommersche Antifaschisten als Mitglieder der Internationalen Brigaden in Spanien 1936-1939. (4/181)

Lamprecht, Werner: Der Kampf der pommerschen Parteiorganisation der KPD gegen Faschismus und Krieg [1933-1945]. (5/93)

Lamprecht, Werner: Zum antifaschistischen Kampf von Mitgliedern der SPD, der SAP und der Gewerkschaften in Stettin [1933-1935]. (8/99)

Lamprecht, Werner: Die Flucht von Hermann Matern und weiteren Kommunisten aus dem Gefängnis in Altdamm bei Stettin. (9/93)

Lamprecht, Werner: Margarethe Walters Wirken in Pommern. (10/165)

Lamprecht, Werner/Lewandowski, Fritz: Zum Wirken des Kommunisten Ernst Boberg. (12/62)

Maur, Hans: Die Aktionseinheit der vorpommerschen Arbeiterklasse im Kampf um die Fürstenenteignung im Jahre 1926. (2/135)

Maur, Hans: Beiträge zur Geschichte der Stadt Greifswald im Sommer 1919. (3/91)

Maur, Hans: Bibliographie zur Geschichte der Arbeiterbewegung für den Nordosten der DDR. [Selbständige Veröffentlichungen der Jahre 1945-1970/71]. (10/245)

Schreiner, Klaus: Der Anteil der revolutionären Landarbeiter des ehemaligen Regierungsbezirkes Stralsund an der Niederschlagung des Kapp-Putsches im März 1920. (3/101)

Wilhelmus, Wolfgang: Die ersten Aktionen der Spartakusgruppe in Stettin. (1/89)

Wilhelmus, Wolfgang: Der Wolgaster Zementarbeiterstreik von 1908. (9/85)

8. Medizingeschichte, Gesundheits- und Erholungswesen

Benthien, Bruno: Studien zur Entwicklung des Erholungswesens an der Ostseeküste der DDR von 1945 bis 1965. 1. Teil: Der Zeitraum bis 1952. (6/79)

Benthien, Bruno: Studien zur Entwicklung des Erholungswesens an der Ostseeküste der DDR von 1945 bis 1965. 2. Teil: Von 1953-1965. (7/135)

Buchholz, Werner: Die Gasthauskirche zu Stralsund, Grundstein einer Krankenhausentwicklung. (5/169)

Buchholz, Werner: Zur Geschichte der Chirurgie in Stralsund. Teil 1: Das Amt der Bader und Wundärzte. (6/125)

Buchholz, Werner: Zur Geschichte der Chirurgie in Stralsund. Teil 2: Das Amt der Barbiere und Chirurgen in Stralsund. (7/175)

Buchholz, Werner: Zur Geschichte der Chirurgie in Stralsund. Teil 3: Die Chirurgie im 19. Jahrhundert. (8/165)

Buchholz, Werner: Zur Geschichte der Chirurgie in Stralsund. Teil 4: Die Chirurgie im 20. Jahrhundert. (9/177)

Dieck, Alfred: Die Moorleiche im Günzer See bei Stralsund vom Sommer 1879 und das Problem der Moorbutter. (1/26)

Heyden, Hellmuth: Die Fürsorgearbeit und insbesondere das Hospitalwesen in Pommern bis zum 16. Jahrhundert. (3/17)

Köhler, Günter: Entwicklung und Aufgaben der Geburtshilfe und Frauenheilkunde an der Universität Greifswald im 19. Jahrhundert. (13-14/138)

Meyer, Günther: Zur Geschichte der Zoll- und Quarantäne-Wachschiffe vor der Küste Vorpommerns. (11/96)

Osterloh, Erik Olav: Ein Stralsunder Arzt im Zeitalter des Barock. Dr. Bartholomäus Horn [1614-1694]. (8/139)

Pooth, Peter: Das Gasthaus zu Stralsund und seine Beziehung zur Geschichte des städtischen Krankenhauses. (5/157)

Spies, Helmut: Über die Entstehung der drei Greifswalder Frauenkliniken. (9/169)

Weber, Egon: Die Entwicklung des Ostseebades Saßnitz bis zum ersten Weltkrieg [Teil I]. (4/117)

Weber, Egon: Die Entwicklung des Ostseebades Saßnitz bis zum ersten Weltkrieg [Teil II]. (5/45)

Wellner, Klaus: Die Entwicklung der Pockenschutzimpfung in der Hansestadt Stralsund während des 19. Jahrhunderts. Ein Beitrag zur medizinischen Pockenprophylaxe. (13-14/194)

9. Verfassungs-, Rechts- und Verwaltungsgeschichte

Biederstedt, Rudolf: Eine neue Handschrift des Seerechtes von Damme im Stadtarchiv Greifswald. (7/25)

Findeisen, Jörg-Peter: Reform contra Revolution. Johann David Reichenbach - ein schwedisch-pommerscher Ideologe »landesväterlicher« Reformtätigkeit. (13-14/55)

Griebenow, Willi: Tertialrecht und Tertialgüter im ehemaligen Neuvorpommern und Rügen. (10/101)

Kornow, Johannes: Zur Entstehung des Bezirkes Rostock. (10/229)

Kornow, Johannes: Zur führenden Rolle der Arbeiterklasse und ihrer Partei bei der Entwicklung der Organe der Volksmacht in Mecklenburg 1945 bis 1952. Teil I. (11/183)

Kornow, Johannes: Zur führenden Rolle der Arbeiterklasse und ihrer Partei bei der Entwicklung der Organe der Volksmacht in Mecklenburg 1945 bis 1952. Teil II. (13-14/287)

Langer, Herbert: Die Reformschriften des Stralsunder Ratsherrn Balthasar Prütze [1570-1632]. (8/39)

Langer, Herbert: Spätmittelalterliche Lohnarbeit im Spiegel der Stralsunder Gerichtsbücher und Handwerkerakten. (10/87)

Maur, Hans: Die Aktionseinheit der vorpommerschen Arbeiterklasse im Kampf um die Fürstenenteignung im Jahre 1926. (2/135)

Rodigast, Rolf: Besitzrecht und persönliche Rechtsstellung der Greifswalder Stadtbauern im 17. und 18. Jahrhundert. (11/57)

Rodigast, Rolf: Die Greifswalder Gutsherrschaft am Ende des 18. und zu Beginn des 19. Jahrhunderts. (13-14/71)

Schmidt, Arno: Der Mordstein in Pasewalk. (3/135)

Schroeder, Horst-Diether: Zur Geschichte des Greifswalder Stadtparlaments. 1. Teil: Vom Ausgang des Mittelalters bis zum Jahre 1815. (1/102)

Schroeder, Horst-Diether: Zur Geschichte des Greifswalder Stadtparlaments. 2. Teil:

Vom Übergang Schwedisch-Pommerns an Preußen bis zum 1. Weltkrieg. (2/103)

Schroeder, Horst-Diether: Zur Geschichte des Greifswalder Stadtparlaments. 3. Teil: Von der Novemberrevolution bis zur Gegenwart. (3/67)

Steudtner, Kurt: Matthäus Normann und sein Werk. (11/42)

Wächter, Joachim: Die Bildung des Kreises Ueckermünde und seine gebietsmäßige Entwicklung seit 1818. (7/105)

Wächter, Joachim: Die Bildung des Regierungsbezirkes Stralsund 1815-1818. (10/127)

10. Kirchengeschichte

Blaschke, Karlheinz: Nikolaikirchen und Stadtentstehung im pommerschen Raum. (9/21)

Buchholz, Werner: Die Gasthauskirche zu Stralsund, Grundstein einer Krankenhausentwicklung. (5/169)

Ewe, Herbert: Das Bauwerk des ehemaligen Franziskanerklosters St. Johannis zu Stralsund und der Beginn seiner Restaurierung. (8/121)

Fait, Joachim: Die Benediktinerkirche in Stolpe an der Peene. Ein Ausgrabungsbericht und Rekonstruktionsversuch. (3/119)

Gaude, Werner: Die Bibliothek des Dominikanerklosters St. Peter und Paul in Pasewalk. (4/205)

Hertel, Margrit: Die Zisterzienserklosterkirche Neuenkamp (Franzburg) nach dem Befund der Ausgrabung 1959/60. (5/129)

Heyden, Hellmuth: Die Fürsorgearbeit und insbesondere das Hospitalwesen in Pommern bis zum 16. Jahrhundert. (3/17)

Heyden, Hellmuth: Niederdeutsch als Kirchensprache in Pommern während des 16. und 17. Jahrhunderts. (5/189)

Heyden, Hellmuth: Stralsunder Wallfahrten. (8/29)

Pooth, Peter: Das Gasthaus zu Stralsund und seine Beziehung zur Geschichte des städtischen Krankenhauses. (5/157)

Prost, Dietrich W.: Die Stellwagen-Orgel in der Marienkirche zu Stralsund - Beschreibung und Geschichte [Teil I]. (6/225)

Prost, Dietrich W.: Die Stellwagen-Orgel in der Marienkirche zu Stralsund - Beschreibung und Geschichte [Teil II]. (7/267)

Prost, Dietrich W.: Die Stellwagen-Orgel in der Marienkirche zu Stralsund - Beschreibung und Geschichte [Teil III]. (8/197)

Prost, Dietrich W.: Lebensbericht eines Stralsunder Orgelbauers. (11/87)

Prost, Dietrich W.: Die Orgel in der Jakobikirche zu Stralsund. (12/161)

Prost, Dietrich W.: Die Orgeln in der Pfarrkirche St. Nikolaikirche und in den Kirchen der Klöster und Hospitäler zu Stralsund. (13-14/205)

Schildhauer, Johannes: Reformation und »Revolution« in den Hansestädten Stralsund, Rostock und Wismar. (1/54)

Schroeder, Horst-Diether: Schadegard, St. Peter-Paul und die Stralsunder Neustadt. Zu einigen Fragen der älteren Stralsunder Stadtgeschichte. (4/45)

Swartling, Ingrid: Pilger- oder Gefängniszellen in Zisterzienserklöstern. (6/115)

Thümmel, Hans Georg: Die Baugeschichte der Nikolaikirche zu Greifswald. (10/253)

Thümmel, Hans Georg: Die Greifswalder Rubenow-Tafel und die Anfänge des Gruppenbildes im 15. und 16. Jahrhundert. (12/122)

11. Geistes- und Kulturgeschichte

11.1. Schulwesen

Mohr, Lutz: Zur Geschichte der GST-Marineschule »August Lütgens« in Greifswald-Wieck. (12/83)

Schömann, Hartmut: Die Wiedereröffnung der Stralsunder Schulen am 1. Oktober 1945. (10/197)

Schömann, Hartmut/Godglück, Fred: Die Hilfe und Unterstützung der sowjetischen Militäradministration für die Schulen im Stadt- und Landkreis Stralsund. (11/161)

Schwettmann, Helmut: Zu einigen Aspekten der Schulentwicklung im Landkreis Stralsund in der Zeit von 1946 bis 1960. (11/171)

Siemon, Susanne/Wilhelmus, Wolfgang: Die beginnende Erneuerung des geistig-kulturellen Lebens in Greifswald und Stralsund 1945/46. (10/185)

11.2. Wissenschaft und Universität

Berlekamp, Hansdieter: Aus der Arbeit Friedrich von Hagenows. (1/7)

Bittel, Karl: Revolutionäre Burschenschaftler in Greifswald 1831-1834. (4/99)

Braun, Wilhelm: Existenzkampf einer kritischen Zeitschrift in Schwedisch-Pommern 1743 bis 1748 - Aus den Anfängen des Greifswalder Bibliothekars Johann Carl Dähnert. (4/217)

Braun, Wilhelm: Adjunkt Wortberg: Freund und Mitarbeiter des Schwedischen Philosophen Thorild? (7/259)

Engelmann, Gerhard: Die russische Chronometer-Expedition im Jahre 1833 und ihre Durchführung an der südlichen Ostseeküste. (9/151)

Friedrich, Christoph/Langer, Herbert: Christian Ehrenfried von Weigel - ein bedeutender Naturwissenschaftler an der Universität Greifswald. (13-14/102)

Gustavs, Arne: Albert Einstein. Seine Beziehungen zu Hiddensee und zu Gerhart Hauptmann. (6/275)

Herling, Manfred: Johann Carl Dähnert [1719-1785]. Seine Bedeutung als Bibliothekar, Historiker und insbesondere als Reorganisator des Universitätsarchivs Greifswald. (13-14/82)

Köhler, Günter: Entwicklung und Aufgaben der Geburtshilfe und Frauenheilkunde an der Universität Greifswald im 19. Jahrhundert. (13-14/138)

Mai, Joachim: Der preußische Staat und die polnischen Studenten in Greifswald 1870-1919. (13-14/116)

Siemon, Susanne/Wilhelmus, Wolfgang: Die beginnende Erneuerung des geistig-kulturellen Lebens in Greifswald und Stralsund 1945/46. (10/185)

Spies, Helmut: Über die Entstehung der drei Greifswalder Frauenkliniken. (9/169)

Thümmel, Hans Georg: Die Greifswalder Rubenow-Tafel und die Anfänge des Gruppenbildes im 15. und 16. Jahrhundert. (12/122)

Weiß, Wisso: Zu einem Riesumschlag der Papiermühle Hanshagen. (8/61)

Wilhelmus, Wolfgang: 525 Jahre Universität Greifswald - ein Beitrag zur neuesten Geschichte der Hochschule. (13-14/152)

Ziegler, Hans: Wilhelm Braun. Direktor der Universitätsbibliothek Greifswald 1946-1955. Verzeichnis seiner Schriften 1914-1964. (5/115)

11.3. Darstellende Kunst, Literatur und Musik

Baier, Wolfgang: Zur Frühgeschichte der Photographie in Stralsund und Greifswald. (3/179)

Bentzien, Ulrich: »Von Stralsund, seggt he, nah Ollfähr, seggt he ...« - Zur Geschichte eines Volksliedes. (2/273)

Bethe, Hellmuth: Neue Funde zur Kunst am Hofe der pommerschen Herzöge. (1/152)

Erdmann, Gustav: Gerhart Hauptmann und die Kruses. (2/243)

Erdmann, Gustav: Einige pommersch-rügensche Motive in Gerhart Haptmanns Schaffen. Quellenkundliche Untersuchungen. (5/211)

Frankenstein, Wolfgang: In memoriam Ursula Meyer. (9/8)

Giese, Friedrich: Quellensammlung zur Musikgeschichte Greifswalds [Teil I und II]. (6/207)

Gustavs, Arne: Albert Einstein. Seine Beziehungen zu Hiddensee und zu Gerhart Hauptmann. (6/275)

Haese, Klaus: Die Greifswalder Bronzetür. (7/295)

Haese, Klaus: Das Mahnmal in Barth. (8/213)

Lamprecht, Werner/Haese, Klaus: Die Gedenkstätten des antifaschistischen Widerstandskampfes auf Usedom. Peenemünde-Karlshagen und Benz. (10/175)

Hinz, Sigrid: Zur Datierung der norddeutschen Landschaften Caspar David Friedrichs. (4/241)

Hinz, Sigrid: Der Maler Otto Niemeyer-Holstein. Bemerkungen zu seinem neueren Schaffen. (6/261)

Knorr, Heinz A.: Das mittelalterliche Jagdmesser mit Drachenornament aus Rogge, Kreis Grimmen. (9/9)

Kröger, Paul: Das Aufkommen der Ansichtspostkarte in Stralsund. (5/301)

Lichtnau, Bernfried: Untersuchungen zur Entwicklung der Wandmalerei im Bezirk Rostock 1945-1969/70. (12/183)

Meyer, Hans-Joachim: Die Beziehungen des Menschen zur Landschaft des Ostseegebietes in epischen Darstellungen gesellschaftlicher und individueller Konflikte unter besonderer Berücksichtigung zweier Romane Herbert Nachbars. (6/293)

Meyer, Ursula: Ein italienisches Skizzenbuch Wilhelm Titels im Besitz des Museums der Stadt Greifswald. (3/153)

Meyer, Ursula: Die Sammlung der Handzeichnungen Caspar David Friedrichs im Museum der Stadt Greifswald. (9/131)

Nitschke, Willi: Zu einigen Bürgerporträts von Jacob Christoph Ringk [1793-1849] - Neuerwerbungen der Porträtsammlung im Kulturhistorischen Museum Stralsund. (6/253)

Pieske, Christa: Volkstümliche Graphik im Kulturhistorischen Museum Stralsund: Die Patenbriefe. (1/172)

Pieske, Christa: Volkstümliche Graphik im Kulturhistorischen Museum Stralsund: Die Bilderbogen. (2/223)

Pieske, Christa: Silhouetten im Kulturhistorischen Museum Stralsund. (3/163)

Pieske, Christa: Die Stammbücher im Kulturhistorischen Museum Stralsund. (7/211)

Prost, Dietrich W.: Die Stellwagen-Orgel in der Marienkirche zu Stralsund - Beschreibung und Geschichte [Teil I]. (6/225)

Prost, Dietrich W.: Die Stellwagen-Orgel in der Marienkirche zu Stralsund - Beschreibung und Geschichte [Teil II]. (7/267)

Prost, Dietrich W.: Die Stellwagen-Orgel in der Marienkirche zu Stralsund - Beschreibung und Geschichte [Teil III]. (8/197)

Prost, Dietrich W.: Lebensbericht eines Stralsunder Orgelbauers. (11/87)

Prost, Dietrich W.: Die Orgel in der Jakobikirche zu Stralsund. (12/161)

Prost, Dietrich W.: Die Orgeln in der Pfarrkirche St. Nikolaikirche und in den Kirchen der Klöster und Hospitäler zu Stralsund. (13-14/205)

Saal, Walter: Das Horn auf dem Bildstein von Altenkirchen [Rügen]. (12/7)

Schott, Alexander: Das Kopenhagener Stammbuch des Caspar David Friedrich. (11/133)

Siemon, Susanne/Wilhelmus, Wolfgang: Die beginnende Erneuerung des geistig-kulturellen Lebens in Greifswald und Stralsund 1945/46. (10/185)

Thümmel, Hans Georg: Die Greifswalder Rubenow-Tafel und die Anfänge des Gruppenbildes im 15. und 16. Jahrhundert. (12/122)

Westien, Fritz: Über die soziale Stellung der Spielleute im mittelalterlichen Greifswald. (5/149)

Winter, Renate: Ein altes Stralsunder Wachtlied. (3/141)

11.4. Volkskunde

Baumgarten, Karl: Der Zuckerhut von Pantow auf Rügen. (1/202)

Baumgarten, Karl: Der Ummanzer Bauernhof des 17. Jahrhunderts. (5/279)

Baumgarten, Karl: Das Hallenhaus im Greifswalder Universitätsdorf. (7/243)

Baumgarten, Karl: Das Durchfahrtshaus in Vorpommern. (13-14/236)

Bentzien, Ulrich: »Von Stralsund, seggt he, nah Ollfähr, seggt he ...« - Zur Geschichte eines Volksliedes. (2/273)

Bentzien, Ulrich: Der Pflug auf der Insel Rügen. (3/203)

Borchers, Walter: Das Bauern- und Fischermöbel auf Hiddensee, Ummanz, dem Darß und Mönchgut. (1/184)

Pieske, Christa: Volkstümliche Graphik im Kulturhistorischen Museum Stralsund: Die Patenbriefe. (1/172)

Pieske, Christa: Volkstümliche Graphik im Kulturhistorischen Museum Stralsund: Die Bilderbogen. (2/223)

Pieske, Christa: Silhouetten im Kulturhistorischen Museum Stralsund. (3/163)

Pieske, Christa: Die Stammbücher im Kulturhistorischen Museum Stralsund. (7/211)

Pötschke, Dieter: Das Tonnenabschlagen und verwandte Reiterspiele. (13-14/242)

Rudolph, Wolfgang: Die Boote vom Garder und Leba-See. (3/225)

Rudolph, Wolfgang: Boote der pommerschen Haffe und Bodden zwischen Recknitz und Nogat. (7/231)

Rudolph, Wolfgang: Boote der pommerschen Haffe und Bodden zwischen Recknitz und Nogat [Teil II]. (8/185)

Rudolph, Wolfgang: Frauenbesatzung auf Schiffsfahrzeugen im Oderhaff. (10/325)

Rudolph, Wolfgang: »Japanische Stube« und »Chinesische Ecke«. (12/209)

Rudolph, Wolfgang: Präsente an Schiffskapitäne. Eine maritime Brauchtums-Novation des 18. Jahrhunderts. (13-14/223)

Scheel, Hermann: Haus- und Meistermarken in Anklam und Umgebung. (10/279)

Winter, Renate: Ein altes Stralsunder Wachtlied. (3/141)

11.5. Sprachwissenschaft

Heyden, Hellmuth: Niederdeutsch als Kirchensprache in Pommern während des 16. und 17. Jahrhunderts. (5/189)

Winter, Renate: Zum niederdeutschen Wort- und Namengut im Stralsunder »Liber memorialis« des 14. Jahrhunderts. (7/163)

Witkowski, Teodolius: Strěla - Stralow - Stralsund - Schadegard sprachlich. (4/63)

Zimdahl, Winfried: Die Sprachsituation im Kreis Pasewalk. [Hochdeutsch: Niederdeutsch] (6/285)

11.6. Zeitungswesen

Blühm, Elger: Der »Stralsundische Relations Courier« und der »Nordische Mercurius« in Hamburg. (9/79)

Braun, Wilhelm: Existenzkampf einer kritischen Zeitschrift in Schwedisch-Pommern 1743 bis 1748 - Aus den Anfängen des Greifswalder Bibliothekars Johann Carl Dähnert. (4/217)

Czarnik, Andrzej: »Glos Praci« [Arbeiterstimme]. Zur Frage der Zusammenarbeit der deutschen und polnischen Arbeiterklasse. (13-14/127)

12. Personengeschichte

Berlekamp, Hansdieter: Aus der Arbeit Friedrich von Hagenows. (1/7)

Braun, Wilhelm: Existenzkampf einer kritischen Zeitschrift in Schwedisch-Pommern 1743 bis 1748 - Aus den Anfängen des Greifswalder Bibliothekars Johann Carl Dähnert. (4/217)

Braun, Wilhelm: Adjunkt Wortberg: Freund und Mitarbeiter des Schwedischen Philosophen Thorild? (7/259)

Erdmann, Gustav: Gerhart Hauptmann und die Kruses. (2/243)

Erdmann, Gustav: Einige pommerschrügensche Motive in Gerhart Haptmanns Schaffen. Quellenkundliche Untersuchungen. (5/211)

Ewe, Herbert: Peter Pooth und seine Bedeutung für das Archiv. Ein Beitrag zur Geschichte des Stadtarchivs Straslund. (5/119)

Findeisen, Jörg-Peter: Reform contra Revolution. Johann David Reichenbach - ein schwedisch-pommerscher Ideologe »landesväterlicher« Reformtätigkeit. (13-14/55)

Frankenstein, Wolfgang: In memoriam Ursula Meyer. (9/8)

Friedrich, Christoph/Langer, Herbert: Christian Ehrenfried von Weigel - ein bedeutender Naturwissenschaftler an der Universität Greifswald. (13-14/102)

Gustavs, Arne: Albert Einstein. Seine Beziehungen zu Hiddensee und zu Gerhart Hauptmann. (6/275)

Herfert, Peter: Erik von Schmiterlöw (25. 7. 1882 bis 29. 5. 1964). (6/99)

Herling, Manfred: Johann Carl Dähnert [1719-1785]. Seine Bedeutung als Bibliothekar, Historiker und insbesondere als Reorganisator des Universitätsarchivs Greifswald. (13-14/82)

Hinz, Sigrid: Zur Datierung der norddeutschen Landschaften Caspar David Friedrichs. (4/241)

Hinz, Sigrid: Der Maler Otto Niemeyer-Holstein. Bemerkungen zu seinem neueren Schaffen. (6/261)

Lamprecht, Werner: Pommersche Antifaschisten als Mitglieder der Internationalen Brigaden in Spanien 1936-1939. (4/181)

Lamprecht, Werner: Margarethe Walters Wirken in Pommern. (10/165)

Lamprecht, Werner/Lewandowski, Fritz: Zum Wirken des Kommunisten Ernst Boberg. (12/62)

Meyer, Ursula: Ein italienisches Skizzenbuch Wilhelm Titels im Besitz des Museums der Stadt Greifswald. (3/153)

Osterloh, Erik Olav: Ein Stralsunder Arzt im Zeitalter des Barock. Dr. Bartholomäus Horn [1614-1694]. (8/139)

Prost, Dietrich W.: Lebensbericht eines Stralsunder Orgelbauers. (11/87)

Steudtner, Kurt: Matthäus Normann und sein Werk. (11/42)

Wächter, Joachim: Hermann Scheel zum Gedenken. (10/275)

Ziegler, Hans: Wilhelm Braun. Direktor der Universitätsbibliothek Greifswald 1946-1955. Verzeichnis seiner Schriften 1914-1964. (5/115)

13. Orts- und Landesgeschichte

13.1. Allgemeine und überregionale Geschichte

Baumgarten, Karl: Das Durchfahrtshaus in Vorpommern. (13-14/236)

Benthien, Bruno: Studien zur Entwicklung des Erholungswesens an der Ostseeküste der DDR von 1945 bis 1965. 1. Teil: Der Zeitraum bis 1952. (6/79)

Benthien, Bruno: Studien zur Entwicklung des Erholungswesens an der Ostseeküste der DDR von 1945 bis 1965. 2. Teil: Von 1953-1965. (7/135)

Berlekamp, Hansdieter: Aus der Arbeit Friedrich von Hagenows. (1/7)

Biederstedt, Rudolf: Zum Problem der Löhne und Preise im Spätmittelalter. (9/73)

Biederstedt, Rudolf: Löhne und Preise in Vorpommern 1500-1627. (12/13)

Blaschke, Karlheinz: Nikolaikirchen und Stadtentstehung im pommerschen Raum. (9/21)

Blühm, Elger: Der »Stralsundische Relations Courier« und der »Nordische Mercurius« in Hamburg. (9/79)

Braun, Wilhelm: Existenzkampf einer kritischen Zeitschrift in Schwedisch-Pommern 1743 bis 1748 - Aus den Anfängen des Greifswalder Bibliothekars Johann Carl Dähnert. (4/217)

Czarnik, Andrzej: »Glos Praci« [Arbeiterstimme]. Zur Frage der Zusammenarbeit der deutschen und polnischen Arbeiterklasse. (13-14/127)

Engelmann, Gerhard: Die russische Chronometer-Expedition im Jahre 1833 und ihre Durchführung an der südlichen Ostseeküste. (9/151)

Erdmann, Gustav: Einige pommersch-rügensche Motive in Gerhart Haptmanns Schaffen. Quellenkundliche Untersuchungen. (5/211)

Findeisen, Jörg-Peter: Reform contra Revolution. Johann David Reichenbach - ein schwedisch-pommerscher Ideologe »landesväterlicher« Reformtätigkeit. (13-14/55)

Fritze, Konrad: Die Hansestädte und die Hussitenkriege. (1/40)

Fritze, Konrad: Die Bevölkerungsstruktur Rostocks, Stralsunds und Wismars am Anfang des 15. Jahrhunderts. Versuch einer sozialanalytischen Analyse. (4/69)

Fritze, Konrad: Die Häfen von Wismar, Stralsund und Greifswald zur Hansezeit. (13-14/16)

Griebenow, Willi: Tertialrecht und Tertialgüter im ehemaligen Neuvorpommern und Rügen. (10/101)

Heß, Gerhard: Das Küstengebiet Vorpommerns im Spiegelbild historischer Karten. (7/55)

Heyden, Hellmuth: Die Fürsorgearbeit und insbesondere das Hospitalwesen in Pommern bis zum 16. Jahrhundert. (3/17)

Heyden, Hellmuth: Niederdeutsch als Kirchensprache in Pommern während des 16. und 17. Jahrhunderts. (5/189)

Heyden, Hellmuth: Zu Jürgen Wullenwevers »Grafenfehde« und ihren Auswirkungen auf Pommern. (6/29)

Hinz, Sigrid: Zur Datierung der norddeutschen Landschaften Caspar David Friedrichs. (4/241)

Jahnke, Karl-Heinz: Aus dem Kampf polnischer und deutscher Antifaschisten während des zweiten Weltkrieges in Mecklenburg und Pommern. (5/107)

Köppen, Peter/Poßekel, Kurt: Der Dampfer »Vorwärts« und die Anfangsjahre der DDR-Handelsflotte. (13-14/138)

Kornow, Johannes: Zur Entstehung des Bezirkes Rostock. (10/229)

Kornow, Johannes: Zur führenden Rolle der Arbeiterklasse und ihrer Partei bei der Entwicklung der Organe der Volksmacht in Mecklenburg 1945 bis 1952. Teil I. (11/183)

Kornow, Johannes: Zur führenden Rolle der Arbeiterklasse und ihrer Partei bei der Entwicklung der Organe der Volksmacht in Mecklenburg 1945 bis 1952. Teil II. (13-14/287)

Lamprecht, Werner: Die Lage der russisch-polnischen Arbeiter in der Landwirtschaft des Regierungsbezirkes Stralsund während des 1. Weltkrieges [1914-1918]. (2/127)

Lamprecht, Werner: Pommersche Antifaschisten als Mitglieder der Internationalen Brigaden in Spanien 1936-1939. (4/181)

Lamprecht, Werner: Der Kampf der pommerschen Parteiorganisation der KPD gegen Faschismus und Krieg [1933-1945]. (5/93)

Lamprecht, Werner: Margarethe Walters Wirken in Pommern. (10/165)

Lichtnau, Bernfried: Untersuchungen zur Entwicklung der Wandmalerei im Bezirk Rostock 1945-1969/70. (12/183)

Lindal, Harald: Beziehungen zwischen Stralsund und Trelleborg im Laufe von sieben Jahrhunderten. (1/97)

Maur, Hans: Die Aktionseinheit der vorpommerschen Arbeiterklasse im Kampf um die Fürstenenteignung im Jahre 1926. (2/135)

Maur, Hans: Bibliographie zur Geschichte der Arbeiterbewegung für den Nordosten der DDR. [Selbständige Veröffentlichungen der Jahre 1945-1970/71]. (10/245)

Meyer, Günther: Zur Geschichte der Zoll- und Quarantäne-Wachschiffe vor der Küste Vorpommerns. (11/96)

Meyer, Hans-Joachim: Die Beziehungen des Menschen zur Landschaft des Ostseegebietes in epischen Darstellungen gesellschaftlicher und individueller Konflikte unter besonderer Berücksichtigung zweier Romane Herbert Nachbars. (6/293)

Mohr, Lutz: Aufgebaute und zerstörte Eilande an der Ostseeküste der DDR. (11/17)

Pötschke, Dieter: Das Tonnenabschlagen und verwandte Reiterspiele. (13-14/242)

Rieck, Käthe: 100 Jahre Kulturhistorisches Museum in Stralsund. (1/122)

Rudolph, Wolfgang: Boote der pommerschen Haffe und Bodden zwischen Recknitz und Nogat. (7/231)

Rudolph, Wolfgang: Boote der pommerschen Haffe und Bodden zwischen Recknitz und Nogat [Teil II]. (8/185)

Rudolph, Wolfgang: »Japanische Stube« und „Chinesische Ecke«. (12/209)

Rudolph, Wolfgang: Präsente an Schiffskapitäne. Eine maritime Brauchtums-Novation des 18. Jahrhunderts. (13-14/223)

Scherer, Franz: Zur Entwicklung der genossenschaftlichen See- und Küstenfischerei in der DDR von 1945 bis zur ersten Konferenz der Fischereiproduktionsgenossenschaften 1957. (11/203)

Schildhauer, Johannes: Reformation und »Revolution« in den Hansestädten Stralsund, Rostock und Wismar. (1/54)

Schildhauer, Johannes: Die Hanse und ihre Städte in der geschichtswissenschaftlichen Literatur der DDR 1970-1980. (13-14/7)

Schott, Alexander: Das Kopenhagener Stammbuch des Caspar David Friedrich. (11/133)

Schreiner, Klaus: Der Anteil der revolutionären Landarbeiter des ehemaligen Regierungsbezirkes Stralsund an der Niederschlagung des Kapp-Putsches im März 1920. (3/101)

Schroeder, Horst-Diether: Kämpfe um Rügen im Mittelalter. (8/7)

Schroeder, Horst-Diether/Hornemann, Wolfgang: Die Sitze der Redarier und die Lage Rethras. (10/35)

Swartling, Ingrid: Pilger- oder Gefängniszellen in Zisterzienserklöstern. (6/115)

Wachowiak, Bogdan: Die Beteiligung des Herzogtums Pommern am Export von Agrarprodukten aus dem Ostseeraum in die westeuropäischen Länder im 16. und am Anfang des 17. Jahrhunderts. (11/52)

Wachowiak, Bogdan: Polnische Forschungen zur westpommerschen Geschichte im 13. bis 18. Jahrhundert. (12/226)

Wächter, Joachim: Die Archive im vorpommerschen Gebiet und ihr historisches Quellengut. (2/145)

Wächter, Joachim: Quellengut zur pommerschen Geschichte in ausländischen Archiven. (4/195)

Wächter, Joachim: Die Bildung des Regierungsbezirkes Stralsund 1815-1818. (10/127)

Wechmar, Ilse von/Biederstedt, Rudolf: Die schottische Einwanderung in Vorpommern im 16. und frühen 17. Jahrhundert. (5/7)

Zoellner, Klaus-Peter: Stralsund und die nordischen Mächte vor 400 Jahren. (10/81)

13.2. Einzelne pommersche Kreise mit ihren Ortschaften [in den Kreisgrenzen aus der Zeit vor dem 1. April 1937]

13.2.1. Kreis Anklam

Fait, Joachim: Die Benediktinerkirche in Stolpe an der Peene. Ein Ausgrabungsbericht und Rekonstruktionsversuch. (3/119)

Rudolph, Wolfgang: Zur Geschichte des Eisenschiffbaues in Greifswald und Anklam. (1/66)

Scheel, Hermann: Haus- und Meistermarken in Anklam und Umgebung. (10/279)

Wächter, Joachim: Hermann Scheel zum Gedenken. (10/275)

13.2.2. Kreis Demmin

Buske, Maria: Aus der fünfzigjährigen Geschichte des Demminer Museums. (8/111)

13.2.3. Kreis Franzburg-Barth (Barth)

Borchers, Walter: Das Bauern- und Fischermöbel auf Hiddensee, Ummanz, dem Darß und Mönchgut. (1/184)

Dieck, Alfred: Die Moorleiche im Günzer See bei Stralsund vom Sommer 1879 und das Problem der Moorbutter. (1/26)

Haese, Klaus: Das Mahnmal in Barth. (8/213)

Herfert, Peter: Erik von Schmiterlöw (25. 7. 1882 bis 29. 5. 1964). (6/99)

Hertel, Margrit: Die Zisterzienserklosterkirche Neuenkamp (Franzburg) nach dem Befund der Ausgrabung 1959/60. (5/129)

Lachs, Johannes: Die Anfänge beim Aufbau von Seenotrettungseinrichtungen auf Rügen, Hiddensee und dem Darß. (13-14/264)

Schömann, Hartmut/Godglück, Fred: Die Hilfe und Unterstützung der sowjetischen Militäradministration für die Schulen im Stadt- und Landkreis Stralsund. (11/161)

Schwettmann, Helmut: Demographische Veränderungen nach der Bodenreform im Landkreis Stralsund. (10/209)

Schwettmann, Helmut: Zu einigen Aspekten der Schulentwicklung im Landkreis Stralsund in der Zeit von 1946 bis 1960. (11/171)

Schwettmann, Helmut: Demographische Veränderungen im Landkreis Stralsund von 1953 bis 1960, dem Zeitpunkt der vollgenossenschaftlichen Umgestaltung der Landwirtschaft. (11/228)

Suhle, Arthur: Neue Münzfunde aus der Umgebung von Stralsund. (1/139)

Trauschies, Helene: Zur Gründung und Entwicklung des Darßer Heimatmuseums in Prerow. (6/103)

Zoellner, Klaus-Peter: Eine Chronik der Stadt Richtenberg. (6/43)

13.2.4. Kreis Greifswald

Baumgarten, Karl: Das Hallenhaus im Greifswalder Universitätsdorf. (7/243)

Hormann, Werner: Die ehemalige Kleinbahn Greifswald-Jarmen aus historisch-geographischer Sicht. (13-14/271)

Hornemann, Wolfgang: Zu den Wüstungen im Westteil des Landes Wusterhusen [1200-1300]. (7/7)

Hornemann, Wolfgang: Zur Veränderung des slawischen Siedlungsbildes nach 1250 in den Ländern Lassan und Wusterhusen. (8/19)

Känel, Alfred von: Zur Entwicklung und Wirtschaftsstruktur der Siedlungen im Kreis Wolgast. (8/69)

Lamprecht, Werner/Lewandowski, Fritz: Zum Wirken des Kommunisten Ernst Boberg. (12/62)

Mohr, Lutz: Zur Geschichte der GST-Marineschule »August Lütgens« in Greifswald-Wieck. (12/83)

Rodigast, Rolf: Besitzrecht und persönliche Rechtsstellung der Greifswalder Stadtbauern im 17. und 18. Jahrhundert. (11/57)

Rodigast, Rolf: Die Greifswalder Gutsherrschaft am Ende des 18. und zu Beginn des 19. Jahrhunderts. (13-14/71)

Wegner, Eginhard: Dreißig Jahre Entwicklung sozialistischer Landwirtschaft im Kreis Greifswald. (12/71)

Weiß, Wisso: Zu einem Riesumschlag der Papiermühle Hanshagen. (8/61)

Wilhelmus, Wolfgang: Der Wolgaster Zementarbeiterstreik von 1908. (9/85)

13.2.5. Kreis Greifswald-Stadt

Baier, Wolfgang: Zur Frühgeschichte der Photographie in Stralsund und Greifswald. (3/179)

Biederstedt, Rudolf: Geschichte des Greifswalder Stadtarchivs. (2/165)

Biederstedt, Rudolf: Der Aufstand der Greifswalder Handwerker im Jahre 1556. (3/45)

Biederstedt, Rudolf: Eine neue Handschrift des Seerechtes von Damme im Stadtarchiv Greifswald. (7/25)

Biederstedt, Rudolf: Häuserbuch der Altstadt Greifswald. (11/125)

Biederstedt, Rudolf: Die Straßennamen der Greifswalder Altstadt. (13-14/25)

Bittel, Karl: Revolutionäre Burschenschaftler in Greifswald 1831-1834. (4/99)

Braun, Wilhelm: Existenzkampf einer kritischen Zeitschrift in Schwedisch-Pommern 1743 bis 1748 - Aus den Anfängen des Greifswalder Bibliothekars Johann Carl Dähnert. (4/217)

Braun, Wilhelm: Adjunkt Wortberg: Freund und Mitarbeiter des Schwedischen Philosophen Thorild? (7/259)

Frankenstein, Wolfgang: In memoriam Ursula Meyer. (9/8)

Friedrich, Christoph/Langer, Herbert: Christian Ehrenfried von Weigel - ein bedeutender Naturwissenschaftler an der Universität Greifswald. (13-14/102)

Fritze, Konrad: Die Häfen von Wismar, Stralsund und Greifswald zur Hansezeit. (13-14/16)

Giese, Friedrich: Quellensammlung zur Musikgeschichte Greifswalds [Teil I und II]. (6/207)

Haese, Klaus: Die Greifswalder Bronzetür. (7/295)

Herling, Manfred: Johann Carl Dähnert [1719-1785]. Seine Bedeutung als Bibliothekar, Historiker und insbesondere als Reorganisator des Universitätsarchivs Greifswald. (13-14/82)

Köhler, Günter: Entwicklung und Aufgaben der Geburtshilfe und Frauenheilkunde an der Universität Greifswald im 19. Jahrhundert. (13-14/138)

Krüger, Ernst-Joachim: Zum Kampf der Greifswalder Antifaschisten in einer Gruppe des Nationalkomitees »Freies Deutschland« 1944/1945. (6/67)

Mai, Joachim: Der preußische Staat und die polnischen Studenten in Greifswald 1870-1919. (13-14/116)

Maur, Hans: Beiträge zur Geschichte der Stadt Greifswald im Sommer 1919. (3/91)

Meyer, Ursula: Zur Geschichte des Museums der Stadt Greifswald. (2/207)

Meyer, Ursula: Ein italienisches Skizzenbuch Wilhelm Titels im Besitz des Museums der Stadt Greifswald. (3/153)

Meyer, Ursula: Die Sammlung der Handzeichnungen Caspar David Friedrichs im Museum der Stadt Greifswald. (9/131)

Mohr, Frank: Zur Umgestaltung der Altstadtgebiete in Greifswald. (12/101)

Rudolph, Wolfgang: Zur Geschichte des Eisenschiffbaues in Greifswald und Anklam. (1/66)

Schroeder, Horst-Diether: Zur Geschichte des Greifswalder Stadtparlaments. 1. Teil: Vom Ausgang des Mittelalters bis zum Jahre 1815. (1/102)

Schroeder, Horst-Diether: Zur Geschichte des Greifswalder Stadtparlaments. 2. Teil: Vom Übergang Schwedisch-Pommerns an Preußen bis zum 1. Weltkrieg. (2/103)

Schroeder, Horst-Diether: Zur Geschichte des Greifswalder Stadtparlaments. 3. Teil: Von der Novemberrevolution bis zur Gegenwart. (3/67)

Siemon, Susanne/Wilhelmus, Wolfgang: Die beginnende Erneuerung des geistig-kulturellen Lebens in Greifswald und Stralsund 1945/46. (10/185)

Spies, Helmut: Über die Entstehung der drei Greifswalder Frauenkliniken. (9/169)

Thümmel, Hans Georg: Die Baugeschichte der Nikolaikirche zu Greifswald. (10/253)

Thümmel, Hans Georg: Die Greifswalder Rubenow-Tafel und die Anfänge des Gruppenbildes im 15. und 16. Jahrhundert. (12/122)

Westien, Fritz: Über die soziale Stellung der Spielleute im mittelalterlichen Greifswald. (5/149)

Wilhelmus, Wolfgang: 525 Jahre Universität Greifswald - ein Beitrag zur neuesten Geschichte der Hochschule. (13-14/152)

Ziegler, Hans: Wilhelm Braun. Direktor der Universitätsbibliothek Greifswald 1946-1955. Verzeichnis seiner Schriften 1914-1964. (5/115)

13.2.6. Kreis Grimmen

Berlekamp, Hansdieter: Der Bronzefund von Neuhof. (3/7)

Genz, Peter: Der Kampf antifaschistischer Kräfte des Kreises Grimmen gegen Faschismus und Krieg in den Jahren des zweiten Weltkrieges. (7/125)

Knorr, Heinz A.: Das mittelalterliche Jagdmesser mit Drachenornament aus Rogge, Kreis Grimmen. (9/9)

Rodigast, Rolf: Besitzrecht und persönliche Rechtsstellung der Greifswalder Stadtbauern im 17. und 18. Jahrhundert. (11/57)

Rodigast, Rolf: Die Greifswalder Gutsherrschaft am Ende des 18. und zu Beginn des 19. Jahrhunderts. (13-14/71)

Wegner, Eginhard: Wandlungen im ländlichen Siedlungs- und Wirtschaftsbild des 17. Jahrhunderts im Amt Loitz und ihre Ursachen. (2/39)

Wegner, Eginhard: Der Ackerbau und die Viehwirtschaft im Amt und Distrikt Loitz um 1700. (5/29)

Wegner, Eginhard: Skizze der Entwicklung der Kulturlandschaft im Gebiet zwischen Trebel und Peene seit dem frühen Mittelalter. (6/7)

Wegner, Eginhard/Engelmann, Peter: Loitz - Ein Beitrag zur Geographie der Stadt. (7/79)

13.2.7. Kreis Kammin

Rudolph, Wolfgang: Frauenbesatzung auf Schiffsfahrzeugen im Oderhaff. (10/325)

13.2.8. Kreis Lauenburg

Rudolph, Wolfgang: Die Boote vom Garder und Leba-See. (3/225)

13.2.9. Kreis Randow (Stettin)

Lamprecht, Werner: Die Flucht von Hermann Matern und weiteren Kommunisten aus dem Gefängnis in Altdamm bei Stettin. (9/93)

Zimdahl, Winfried: Die Sprachsituation im Kreis Pasewalk. [Hochdeutsch: Niederdeutsch] (6/285)

13.2.10. Kreis Rügen (Bergen)

Baumgarten, Karl: Der Zuckerhut von Pantow auf Rügen. (1/202)

Baumgarten, Karl: Der Ummanzer Bauernhof des 17. Jahrhunderts. (5/279)

Bentzien, Ulrich: »Von Stralsund, seggt he, nah Ollfähr, seggt he ...« - Zur Geschichte eines Volksliedes. (2/273)

Bentzien, Ulrich: Der Pflug auf der Insel Rügen. (3/203)

Berlekamp, Hansdieter: Nachrichten über zerstörte Großsteingräber der Insel Rügen. (2/9)

Berlekamp, Hansdieter: Der Bronzefund von Neuhof. (3/7)

Borchers, Walter: Das Bauern- und Fischermöbel auf Hiddensee, Ummanz, dem Darß und Mönchgut. (1/184)

Eggers, Hans-Jürgen: Die Bedeutung Rügens für die ältere Bronzezeit. (1/19)

Erdmann, Gustav: Gerhart Hauptmann und die Kruses. (2/243)

Erdmann, Gustav: Einige pommersch-rügensche Motive in Gerhart Haptmanns Schaffen. Quellenkundliche Untersuchungen. (5/211)

Ewe, Herbert: Rügensche Flurnamen des Mittelalters und ihre Bedeutung für die Historische Geographie. (2/31)

Grimm, Hans: Slawenzeitliche Menschenreste auf Rügen. (2/21)

Gustavs, Arne: Albert Einstein. Seine Beziehungen zu Hiddensee und zu Gerhart Hauptmann. (6/275)

Herfert, Peter: Slawische Schalengefäße von der Insel Rügen. (4/7)

Herfert, Peter: Ralswiek - ein frühgeschichtlicher Seehandelsplatz auf der Insel Rügen. (10/7)

Lachs, Johannes: Die Anfänge beim Aufbau von Seenotrettungseinrichtungen auf Rügen, Hiddensee und dem Darß. (13-14/264)

Rudolph, Wolfgang: Rügischer Schiffbau auf der Werft zu Seedorf. (2/257)

Saal, Walter: Das Horn auf dem Bildstein von Altenkirchen [Rügen]. (12/7)

Salomon, Karl-Heinz: Die innere Kolonisation auf Rügen 1890 bis 1945 und ihre Auswirkungen auf die Besitzstruktur. (10/139)

Salomon, Karl-Heinz: Die bevölkerungsgeographischen Auswirkungen der inneren Kolonisation auf Rügen. (12/38)

Schäwel, Herbert: Die Durchführung der demokratischen Bodenreform im Kreise Rügen. (3/107)

Schmidt, Harry: Zur historisch-geographischen Entwicklung des Nordteils der Schmalen Heide auf Rügen. (11/7)

Schmidt, Harry: Zur Heideverbreitung auf Rügen - eine historisch-geographische Betrachtung. (13-14/163)

Sobietzky, Gerd: Der Münzfund von Gingst auf Rügen. (11/75)

Steudtner, Kurt: Matthäus Normann und sein Werk. (11/42)

Weber, Egon: Die Entwicklung des Ostseebades Saßnitz bis zum ersten Weltkrieg [Teil I]. (4/117)

Weber, Egon: Die Entwicklung des Ostseebades Saßnitz bis zum ersten Weltkrieg [Teil II]. (5/45)

Zoellner, Klaus-Peter: Ein rügenscher Bauernhof von 1575. (11/49)

13.2.11. Kreis Schlawe

Bethe, Hellmuth: Neue Funde zur Kunst am Hofe der pommerschen Herzöge. (1/152)

13.2.12. Kreis Stettin-Stadt

Bethe, Hellmuth: Neue Funde zur Kunst am Hofe der pommerschen Herzöge. (1/152)

Lamprecht, Werner: Zum antifaschistischen Kampf von Mitgliedern der SPD, der SAP und der Gewerkschaften in Stettin [1933-1935]. (8/99)

Wilhelmus, Wolfgang: Die ersten Aktionen der Spartakusgruppe in Stettin. (1/89)

Ziegler, Hans: Wilhelm Braun. Direktor der Universitätsbibliothek Greifswald 1946-1955. Verzeichnis seiner Schriften 1914-1964. (5/115)

13.2.13. Kreis Stolp

Rudolph, Wolfgang: Die Boote vom Garder und Leba-See. (3/225)

13.2.14. Kreis Stralsund-Stadt

Baier, Wolfgang: Zur Frühgeschichte der Photographie in Stralsund und Greifswald. (3/179)

Bentzien, Ulrich: »Von Stralsund, seggt he, nah Ollfähr, seggt he ...« - Zur Geschichte eines Volksliedes. (2/273)

Berlekamp, Hansdieter: Probleme der Frühgeschichte Stralsunds. (4/31)

Blühm, Elger: Der »Stralsundische Relations Courier« und der »Nordische Mercurius« in Hamburg. (9/79)

Börner, Günther/Werner, Heinz: Die künftige städtebauliche Entwicklung der Stadt Stralsund. (1/216)

Buchholz, Werner: Die Gasthauskirche zu Stralsund, Grundstein einer Krankenhausentwicklung. (5/169)

Buchholz, Werner: Zur Geschichte der Chirurgie in Stralsund. Teil 1: Das Amt der Bader und Wundärzte. (6/125)

Buchholz, Werner: Zur Geschichte der Chirurgie in Stralsund. Teil 2: Das Amt der Barbiere und Chirurgen in Stralsund. (7/175)

Buchholz, Werner: Zur Geschichte der Chirurgie in Stralsund. Teil 3: Die Chirurgie im 19. Jahrhundert. (8/165)

Buchholz, Werner: Zur Geschichte der Chirurgie in Stralsund. Teil 4: Die Chirurgie im 20. Jahrhundert. (9/177)

Ewe, Herbert: Peter Pooth und seine Bedeutung für das Archiv. Ein Beitrag zur Geschichte des Stadtarchivs Stralsund. (5/119)

Ewe, Herbert: Das Bauwerk des ehemaligen Franziskanerklosters St. Johannis zu Stralsund und der Beginn seiner Restaurierung. (8/121)

Fritze, Konrad: Die Bevölkerungsstruktur Rostocks, Stralsunds und Wismars am Anfang des 15. Jahrhunderts. Versuch einer sozialanalytischen Analyse. (4/69)

Fritze, Konrad: Stralsunds Bevölkerung um 1400. (6/15)

Fritze, Konrad: Stralsund 1370. (10/73)

Fritze, Konrad: Die Häfen von Wismar, Stralsund und Greifswald zur Hansezeit. (13-14/16)

Hacker, Hans-Joachim: Die Finanzlage Stralsunds 1630 bis 1648 im Spiegel der städtischen Einnahme- und Ausgabe-Register. (12/18)

Heyden, Hellmuth: Zum Schadegard-Problem. (3/17)

Heyden, Hellmuth: Stralsunder Wallfahrten. (8/29)

Jagdmann, Ernst: Das Elektrizitätswerk und die Straßenbahn in Stralsund. Ein Beitrag zur Wirtschaftsgeschichte der Stadt. (6/53)

Jahnke, Karl-Heinz: Aus den ersten Jahren der Tätigkeit der Sozialdemokratischen Partei Deutschlands in Stralsund. (1/76)

Langer, Herbert: Stralsunds Entscheidung 1628. (4/81)

Langer, Herbert: Die Reformschriften des Stralsunder Ratsherrn Balthasar Prütze [1570-1632]. (8/39)

Langer, Herbert: Spätmittelalterliche Lohnarbeit im Spiegel der Stralsunder Gerichtsbücher und Handwerkerakten. (10/87)

Lindal, Harald: Beziehungen zwischen Stralsund und Trelleborg im Laufe von sieben Jahrhunderten. (1/97)

Nitschke, Willi: Zu einigen Bürgerporträts von Jacob Christoph Ringk [1793-1849] - Neuerwerbungen der Porträtsammlung im Kulturhistorischen Museum Stralsund. (6/253)

Osterloh, Erik Olav: Ein Stralsunder Arzt im Zeitalter des Barock. Dr. Bartholomäus Horn [1614-1694]. (8/139)

Pieske, Christa: Volkstümliche Graphik im Kulturhistorischen Museum Stralsund: Die Patenbriefe. (1/172)

Pieske, Christa: Volkstümliche Graphik im Kulturhistorischen Museum Stralsund: Die Bilderbogen. (2/223)

Pieske, Christa: Silhouetten im Kulturhistorischen Museum Stralsund. (3/163)

Pieske, Christa: Die Stammbücher im Kulturhistorischen Museum Stralsund. (7/211)

Pooth, Peter: Das Gasthaus zu Stralsund und seine Beziehung zur Geschichte des städtischen Krankenhauses. (5/157)

Prost, Dietrich W.: Die Stellwagen-Orgel in der Marienkirche zu Stralsund - Beschreibung und Geschichte [Teil I]. (6/225)

Prost, Dietrich W.: Die Stellwagen-Orgel in der Marienkirche zu Stralsund - Beschreibung und Geschichte [Teil II]. (7/267)

Prost, Dietrich W.: Die Stellwagen-Orgel in der Marienkirche zu Stralsund - Beschreibung und Geschichte [Teil III]. (8/197)

Prost, Dietrich W.: Lebensbericht eines Stralsunder Orgelbauers. (11/87)

Prost, Dietrich W.: Die Orgel in der Jakobikirche zu Stralsund. (12/161)

Prost, Dietrich W.: Die Orgeln in der Pfarrkirche St. Nikolaikirche und in den Kirchen der Klöster und Hospitäler zu Stralsund. (13-14/205)

Räbiger, Wolfgang: Der Stralsunder Talerfund. (9/103)

Räbiger, Wolfgang: Der Stralsunder Talerfund [Teil II]. (10/283)

Rieck, Käthe: 100 Jahre Kulturhistorisches Museum in Stralsund. (1/122)

Rieck, Käthe: Das Gürtlerhandwerk in Stralsund 1743-1954. (6/163)

Schildhauer, Johannes: Reformation und »Revolution« in den Hansestädten Stralsund, Rostock und Wismar. (1/54)

Schömann, Hartmut: Die Wiedereröffnung der Stralsunder Schulen am 1. Oktober 1945. (10/197)

Schömann, Hartmut/Godglück, Fred: Die Hilfe und Unterstützung der sowjetischen Militäradministration für die Schulen im Stadt- und Landkreis Stralsund. (11/161)

Schroeder, Horst-Diether: Schadegard, St. Peter-Paul und die Stralsunder Neustadt. Zu einigen Fragen der älteren Stralsunder Stadtgeschichte. (4/45)

Siemon, Susanne/Wilhelmus, Wolfgang: Die beginnende Erneuerung des geistig-kulturellen Lebens in Greifswald und Stralsund 1945/46. (10/185)

Wellner, Klaus: Die Entwicklung der Pockenschutzimpfung in der Hansestadt Stralsund während des 19. Jahrhunderts. Ein Beitrag zur medizinischen Pockenprophylaxe. (13-14/194)

Winter, Renate: Ein altes Stralsunder Wachtlied. (3/141)

Winter, Renate: Zum niederdeutschen Wort- und Namengut im Stralsunder »Liber memorialis« des 14. Jahrhunderts. (7/163)

Witkowski, Teodolius: Strèla - Stralow - Stralsund - Schadegard sprachlich. (4/63)

Zoellner, Klaus-Peter: Der Stralsunder Seehandel am Ausgang des Mittelalters. (9/41)

Zoellner, Klaus-Peter: Stralsund und die nordischen Mächte vor 400 Jahren. (10/81)

13.2.15. Kreis Ueckermünde

Gaude, Werner: Die Bibliothek des Dominikanerklosters St. Peter und Paul in Pasewalk. (4/205)

Hellmundt, Albert: Die Ablassung des ehemaligen Ahlbeckschen Sees im Kreis Ueckermünde und die Entstehung der Dörfer Vorsee, Gegensee und Hintersee auf dem Seegrund. (2/49)

Rudolph, Wolfgang: Frauenbesatzung auf Schiffsfahrzeugen im Oderhaff. (10/325)

Schmidt, Arno: Der Mordstein in Pasewalk. (3/135)

Wächter, Joachim: Die Bildung des Kreises Ueckermünde und seine gebietsmäßige Entwicklung seit 1818. (7/105)

Zimdahl, Winfried: Die Sprachsituation im Kreis Pasewalk. [Hochdeutsch: Niederdeutsch] (6/285)

13.2.16. Kreis Usedom-Wollin (Swinemünde)

Lamprecht, Werner/Haese, Klaus: Die Gedenkstätten des antifaschistischen Widerstandskampfes auf Usedom. Peenemünde-Karlshagen und Benz. (10/175)

Hinz, Sigrid: Der Maler Otto Niemeyer-Holstein. Bemerkungen zu seinem neueren Schaffen. (6/261)

Känel, Alfred von: Zur Entwicklung und Wirtschaftsstruktur der Siedlungen im Kreis Wolgast. (8/69)

Rudolph, Wolfgang: Frauenbesatzung auf Schiffsfahrzeugen im Oderhaff. (10/325)

Zur Geschichte des Greifswald-Stralsunder Jahrbuchs

von

Joachim Wächter

Zwischen den beiden Weltkriegen hatten die Forschungen und Veröffentlichungen zur Landesgeschichte Pommerns einen beachtlichen Stand und Umfang erreicht. Nicht nur zur pommerschen Geschichte im engeren Sinne, sondern auch zur Vor- und Frühgeschichte, zur Historischen Geographie, zur Sprach- und Literaturgeschichte, zur Volkskunde, zur Bau- und Kunstgeschichte, zur Kirchengeschichte und zur Musikgeschichte des Landes erschienen zahlreiche Einzelveröffentlichungen. Darüber hinaus zeugten die Jahrgänge der Baltischen Studien, der Pommerschen Jahrbücher, des Jahrbuchs der Pommerschen Geographischen Gesellschaft und der Blätter für pommersche Kirchengeschichte von der thematischen Vielfalt und der ansehnlichen Zahl wissenschaftlicher Untersuchungen zur Geschichte Pommerns.

Im Zweiten Weltkrieg kamen viele solcher Arbeiten zum Erliegen, und die Herausgabe der wissenschaftlichen Jahrbücher mußte eingestellt werden. Auch nach dem Kriege war zunächst an ihre Fortsetzung nicht zu denken. Als Anfang der 1950er Jahre Archive, Bibliotheken und Museen in Vorpommern die größten Auswirkungen des Krieges bewältigt hatten und sich allmählich eine Normalisierung der Arbeitsmöglichkeiten in diesen Einrichtungen entwickelte, begann die Zahl der Forschungen auf der Grundlage historischer Quellen langsam zu steigen. Infolgedessen entstanden nach der 500-Jahrfeier der Ernst-Moritz-Arndt-Universität Greifswald 1956, die einige historische Veröffentlichungen ausgelöst hatte, und nach dem Erscheinen des ersten Nachkriegsbandes der Baltischen Studien 1955 in Hamburg Überlegungen über die Möglichkeit, auch in Vorpommern wieder ein Jahrbuch zur pommerschen Geschichte herauszugeben.

Erste Gespräche fanden im Frühjahr 1957 statt. Dabei bestand schnell Einigkeit darüber, daß das Jahrbuch einen ähnlichen Charakter bekommen sollte, wie ihn die Pommerschen Jahrbücher gehabt hatten. Schwieriger zu klären war die Frage der Herausgeberschaft und der Finanzierung. Eine Trägerschaft des Jahrbuchs durch einen pommerschen Geschichtsverein war von vornherein auszuschließen, da bei der Politik der DDR-Regierung auf keinen Fall mit der erforderlichen staatlichen Genehmigung zur Gründung eines regionalen Geschichtsvereins und schon gar nicht eines pommerschen Vereins zu rechnen war. Deshalb wurde in Erwägung gezogen, das Jahrbuch als gemeinsame Veröffentlichung der in Stralsund und Greifswald befindlichen quellenbewahrenden Einrichtungen, d.h. des Landesarchivs Greifswald, der Stadtarchive und kulturhistorischen Museen beider Städte und der Universitätsbibliothek Greifswald, sowie der von ihrer Forschungsrichtung her in Frage kommenden Greifswalder Universitätsinstitute, d.h. insbesondere des Historischen, Kunsthistorischen und Geographischen Instituts, herauszugeben. Als aber 1958 politische Säuberungen an der Universität erfolgten, erschien es ratsam, den Universitätsbereich nicht an der Herausgeberschaft zu beteiligen. Diese ist vielmehr auf die insgesamt fünf Archive und Museen beschränkt worden, die jeweils aus ihren Haushaltsmitteln die Gelder für die Druckkosten zusammenzubringen hatten.

Im einzelnen bestand die Absicht, ein Jahrbuch ins Leben zu rufen, das nicht ideologisch festgelegt war, sondern einen wissenschaftlichen, insgesamt unpolitischen Charakter trug, auch wenn einzelne Aufsätze tendenziöse Färbungen aufweisen sollten. Fachlich war an die Veröffentlichung von Aufsätzen zur pommerschen Geschichte im weitesten Sinne gedacht, d.h. erstens zur allgemeinen Landes- und Ortsgeschichte von den frühesten Zeiten der Urgeschichte bis zur Zeitgeschichte, zweitens zur Quellen- und Literaturkunde, einschließlich der Archiv-, Museums- und Bibliothekskunde, und drittens zur Geistes- und Kulturgeschichte. In diese drei thematischen Blöcke - bei chronologischer Reihung der einzelnen Aufsätze - wurden die Bände des Jahrbuchs dann jeweils gegliedert. Im übrigen bestand Klarheit darüber, daß eine angemessene Berücksichtigung der Geschichte der neuesten Zeit und insbesondere der Arbeiterbewegung nicht nur berechtigt, sondern auch eine Voraussetzung zur Erlangung der Druckgenehmigung wäre.

Als erster Band wurde eine Festschrift zum 100jährigen Bestehen des 1858 gegründeten Kulturhistorischen Museums Stralsund, des ehemaligen Provinzialmuseums für Neuvorpommern und Rügen, vorgesehen. Nach anfänglicher Ablehnung wurde schließlich 1960, nach Einreichung eines veränderten Manuskripts, die erforderliche Druckgenehmigung erteilt, so daß 1961 die neue Publikationsreihe eröffnet werden konnte. Da der Gebrauch des Namens »Pommern« damals in der DDR weitgehend verpönt war, wurde als Titel der Reihe die Bezeichnung »Greifswald-Stralsunder Jahrbuch« gewählt. Erfreulicherweise hatte der Verlag die Lizenz für eine Veröffentlichungsreihe, nicht nur für einen einzelnen Band, erhalten. Dadurch wurde zwar die Vorlage der Manuskripte für die nächsten Bände bei der Genehmigungsstelle nicht überflüssig, aber die Reihenlizenz erleichterte doch das Genehmigungsverfahren für die einzelnen Bände.

Als Verlag war von den Herausgebern der Petermänken-Verlag Schwerin gewählt worden. Dort erschien schon seit 1954 in guter Qualität das »Jahrbuch für Bodendenkmalpflege in Mecklenburg«. Außerdem war der Geschäftsführer des Verlages, Ernst Wähmann, als erfahrener, tüchtiger Verleger bekannt. Als dieser Privatverlag sich auf Druck der SED auflöste, wurde die Fortsetzung der Verlagsarbeit für das Greifswald-Stralsunder Jahrbuch von staatlicher Seite dem volkseigenen Hinstorff-Verlag in Rostock zugewiesen, der darüber keineswegs erfreut war. Infolgedessen erschienen die Bände 5 bis 7 (1965 1967) bei diesem Verlag, ehe die etwas gequälte Zusammenarbeit ein Ende fand und die Betreuung des Jahrbuchs erfreulicherweise vom Verlag Hermann Böhlaus Nachfolger in Weimar übernommen wurde.

Eingehend wurde von der Redaktion die Erweiterung des Jahrbuchs durch die Einfügung eines Besprechungsteils erörtert. Um aber dem Zwang zu einseitigen, überkritischen Beurteilungen westlicher Veröffentlichungen zu entgehen, wurde schließlich auf einen Besprechungsteil verzichtet. Selbst Annotationen von Veröffentlichungen zur pommerschen Geschichte schienen ohne Einseitigkeit bei der Auswahl nicht möglich.

Dagegen wurde Mitte der 1960er Jahre zur Ergänzung des Jahrbuchs eine Reihe »Quellen zur vorpommerschen Regionalgeschichte« ins Auge gefaßt. Als ein erster Band erschien 1966 die von Rudolf Biederstedt erarbeitete Übersicht über die Bestände des Stadtarchivs Greifswald. Als weitere Bände waren u. a. ein Text-Karten-Band über den Greifswald-Wolgaster Teil der im Landesarchiv (seit 1965 Staatsarchiv) Greifswald befindlichen Schwedischen

Landesmatrikel von Vorpommern und das Inventar eines Greifswalder Museumsbestandes vorgesehen. Zum Abschluß dieser Vorhaben ist es nicht mehr gekommen. Die jahrelange harmonische Zusammenarbeit im Redaktionskollegium fand ein Ende, als 1971 die Bände 8 und 9 des Jahrbuchs durch die SED-Kreisleitung Greifswald in Verbindung mit einer insgesamt negativen Einschätzung dieser Bände durch den neueingesetzten Direktor des Staatsarchivs Greifswald einer massiven Kritik politisch-ideologischer Natur unterzogen wurden. Die unmittelbare Folge war die Einsetzung eines Redaktionsbeirates. Das Ziel bildete die Erarbeitung und Durchsetzung einer neuen Konzeption für das Jahrbuch, das heißt, es sollte eine wesentliche Erhöhung des Anteils an Aufsätzen zur neuesten Geschichte und damit auch zur DDR-Geschichte sowie eine stärkere Berücksichtigung der marxistischen Geschichtsauffassung in den Aufsätzen erfolgen. In der Praxis konnten dann allerdings die Veränderungen - auch wenn sie unverkennbar waren - in Grenzen gehalten werden, zumal solide Aufsätze der gewünschten Art keineswegs reichlich zur Verfügung standen.

Trotzdem bildete letztlich dieser Eingriff in die Redaktionsarbeit den Anfang vom Ende des Jahrbuchs. Der Schwung und die Freudigkeit der alten Redaktionsmitglieder bei der Jahrbucharbeit war geschwunden. Und der Verlag befürchtete, daß der Absatz des Jahrbuchs in westlichen Bereichen und damit die von ihm geforderte Einnahme an Devisen zurückgehen würde. Kennzeichnend für die eingetretene Situation war die lange Pause von vier Jahren zwischen dem Erscheinen der Bände 10 und 11. Schließlich kam 1982 das mühsame Weiterschleppen des Jahrbuchs mit Band 13/14 zum Ende, als sich für das Jahrbuch keine weitere verlagsmäßige Betreuung mehr finden ließ.

Das Greifswald-Stralsunder Jahrbuch ist wohl das erste dieser Art in der DDR gewesen und ausgerechnet für ein Gebiet zustande gekommen, dessen Name in der DDR totgeschwiegen wurde. Eine wirkliche Nachfolge für dieses Jahrbuch hat es bis 1989 nicht gegeben. Das weiter bestehende Interesse an der pommerschen Geschichte bekundeten aber die Veröffentlichungen des Stadtarchivs Stralsund, die Jahrestagungen der Arbeitsgemeinschaft Kirchengeschichte der Pommerschen Evangelischen Kirche (damals Evangelische Landeskirche Greifswald) und seit 1985 die Demminer Kolloquien zur Geschichte Vorpommerns. Der vorliegende Sammelband mit den dort gehaltenen Vorträgen stellt nun gewissermaßen eine einzelne Fortsetzung des Greifswald-Stralsunder Jahrbuchs dar, dessen Anliegen in der Gegenwart von den Baltischen Studien mit wahrgenommen wird.